Schöningh

ZEITEN UND MENSCHEN 2

Geschichte • Kursstufe

Herausgegeben von:
Hans-Jürgen Lendzian

Autoren:
Lambert Austermann
Andreas Gawatz
Helga Jung-Paarmann
Thomas Keukeler
Hans-Jürgen Lendzian
Tanja Milse
Felix Rengstorf
Beatrix Ringelsbacher
Friedhelm Schütze
Jörg van Norden

www.schoeningh-schulbuch.de
Schöningh Verlag, Jühenplatz 1–3, 33098 Paderborn

Druck 5 4 3 2 / Jahr 2015 14 13 12
Die letzte Zahl bezeichnet das Jahr dieses Druckes.

Umschlaggestaltung: Franz-Josef Domke, Hannover
Druck und Bindung: westermann druck GmbH, Braunschweig

ISBN 978-3-14-024976-8

Arbeiten und lernen mit „Zeiten und Menschen"

Auftaktseiten: Jedes Kapitel beginnt mit einer Auftaktdoppelseite. Abbildungen, die für die Kapitelthematik repräsentativ sind, führen in Verbindung mit kurzen begleitenden Texten, die zentrale Frage- und Problemstellungen sowie die Gegenwartsbedeutung aufzeigen, in die Themengebiete ein.

Info: Darstellungstexte informieren über ereignisgeschichtliche Zusammenhänge und historische Strukturen des Kapitelthemas. Sie entfalten argumentativ zentrale Struktur- und Problemzusammenhänge und ermöglichen den Aufbau eines geordneten Basis- und Orientierungswissens.

Thema: Thematisch konzipierte Einheiten dienen der vertiefenden Beschäftigung mit relevanten historischen Problemstellungen in Anknüpfung an die jeweiligen Leitthemen des Kapitels. Facettenreiche Materialien (zentrale sprachliche Quellen und Bildquellen, Karten, Statistiken, Schaubilder, Tabellen) stellen die Grundlage für eigenständiges fachliches Lernen und systematischen Kompetenzerwerb dar.
Arbeitsanregungen, die vernetzt Bezug auch auf die Darstellungstexte nehmen, strukturieren und erleichtern die fachgerechte Erarbeitung und kritische Auseinandersetzung mit dem vielfältigen Materialangebot mit zielführendem Blick auf die ausgewiesenen thematischen Leitfragen der jeweiligen Einheit. So, wie die ausgewählten Materialien als Angebot zu verstehen sind, das jederzeit durch eigene Recherche veränder- und erweiterbar ist, stellen auch die Arbeitsaufträge Vorschläge für einen möglichen Arbeits- und Erkenntnisweg dar.

Methode: Methodenseiten (am Ende des Bandes wie auch im Kontext von Thema-Einheiten) führen in grundlegende Methoden historischen Arbeitens ein. Sie vermitteln und trainieren das systematische, fachgerechte Umgehen mit fachbezogenen Arbeitstechniken, die an den wissenschaftlichen Standards historischen Arbeitens orientiert sind. Neben Methoden, die speziell den Umgang mit Geschichte schulen, finden sich methodische Angebote, die sich die Einübung allgemeiner, fachübergreifender Schlüsselqualifikationen und Methodenkompetenz (z. B. Recherche, Präsentation) zum Ziel gesetzt haben.

Forum: Hier kommen vornehmlich Experten – Historikerinnen und Historiker, Publizisten – zu Wort. Die Analyse und kritische Auseinandersetzung mit unterschiedlichen Standpunkten der Wissenschaft und Publizistik schafft Voraussetzungen und Möglichkeiten, eigene historisch-politische Urteilsfähigkeit zu erproben, in Zustimmung und Abgrenzung eigene Standpunkte zu formulieren und eigene Perspektiven für gegenwärtiges und zukünftiges Handeln zu gewinnen. Arbeitsvorschläge helfen auch hier auf dem Weg der Erkenntnisgewinnung.

Üben – Vertiefen – Anwenden Zu jedem Kapitel gibt es am Ende unterschiedliche Arbeitsanregungen, um erworbenes Sachwissen, gewonnene Erkenntnisse sowie Urteils- und Problemkompetenz in wiederholenden und neuen Arbeitszusammenhängen anzuwenden und erlernte fachmethodische Fähigkeiten wie auch fachübergreifende Methodenkompetenz zu trainieren.
Das Klausurtraining ermöglicht anhand von Schlüsselmaterialien die Einübung der unterschiedlichen Aufgabentypen im Abitur.

Der Band ist geeignet für die vierstündige Kursstufe. Für den zweistündigen Kurs kann eine entsprechende Auswahl getroffen werden.

Inhaltsverzeichnis

Ein Volk – zwei Geschichten: Bundesrepublik Deutschland und DDR 1949–1989 114

Die deutsche Einheit: Aus der Vergangenheit in die Zukunft 212

Die Welt im Schatten des Ost-West-Konfliktes

Von 1945 bis 1989 war die Welt zweigeteilt.
Bis an die Zähne bewaffnet und in tiefer Feindseligkeit standen sich zwei Gesellschaftsentwürfe, der Kommunismus und der liberale Kapitalismus, gegenüber.
Die Führungsmächte beider Blöcke, die USA im Westen und die UdSSR im Osten, führten – wie es in zeitgenössischen Quellen heißt – einen Kampf auf Leben und Tod.
Im – nicht nur symbolischen – Mittelpunkt dieses Kampfes stand die Wasserstoffbombe, deren ungeheure Zerstörungskraft die Existenz der Menschheit infrage stellte.
Im Bewusstsein dieser Gefahr entstanden neue Ansätze zur Kontrolle und Entschärfung des Konfliktes. Entspannungspolitik und neue Konfrontationen wechselten einander ab, bis revolutionäre Wandlungsprozesse in der Sowjetunion und den osteuropäischen Ländern in den Jahren 1989/90 die Zweiteilung der Welt auflösten.

Zündung der 15-Megatonnen-Wasserstoffbombe der USA auf dem Bikini-Atoll am 1. März 1954

Die bipolare Welt nach 1945

1. Der Ost-West-Konflikt (1945–1989)

Als im Jahr 1945 der Zweite Weltkrieg zu Ende gegangen war, beschäftigten sich die Menschen weltweit mit der Verarbeitung des grausamen Krieges und seiner Folgen. Seine Grundstruktur – der Kampf der Alliierten gegen die faschistischen Achsenmächte – dominierte noch die zeitgenössische Wahrnehmung der Welt, während unter der Hand ein neuer Grundkonflikt Gestalt annahm und die Weltpolitik für etwa vier Jahrzehnte zu bestimmen begann: der Ost-West-Konflikt.

Zum Selbstverständnis und zur historischen Entwicklung der USA und der UdSSR seit 1917: „Zeiten und Menschen"/ Oberstufe, Bd. 1, S. 22 ff. und S. 106 ff.

Weltpolitische Alternative seit 1917. Aus der historischen Distanz wird deutlich, dass der weltumspannende Konflikt zwischen den USA als Führungsmacht der westlichen und der UdSSR als Führungsmacht der östlichen Welt schon wesentlich früher angelegt war. Seit der russischen Oktoberrevolution (1917) hatte sich mit der sozialistisch-kommunistischen Sowjetunion eine grundlegende Alternative zu den westlichen, liberal-demokratischen Gesellschaftsordnungen entwickelt. Trotz dieses ideologischen Gegensatzes hatten sich beide Seiten zusammengeschlossen, um den gemeinsamen Feind, das faschistische Deutschland und das autoritär-imperialistische Japan, niederzuringen.

Japan: In der sog. „Showa-Zeit" (1926–1945) unter Kaiser Hirohito entwickelte sich Japan unter dem Einfluss nationalistischer Militärkreise zu einem autoritären und imperialistischen Staat. Seit 1931 eroberte Japan Territorien in China (Mandschurei) und suchte sein eigenes Kolonialreich in Südostasien auszubauen.

Nach dem Ende des Krieges zerbrach das Zweckbündnis, der tiefer liegende ideologische Gegensatz trat wieder zu Tage und verschärfte sich dramatisch zu einem Konflikt um die Vorherrschaft in der internationalen Politik. Die beiden mächtigsten Staaten der Welt, die USA und die Sowjetunion, standen einander gegenüber – unterschiedlich, ja gegensätzlich in allen wesentlichen Aspekten des menschlichen Lebens. Menschenbild, politisches System, Wirtschaftsordnung und kulturelles Leben unterschieden sich grundsätzlich. Beide Seiten beanspruchten für sich, die bessere Alternative zu sein. Und versuchten, sie auch machtpolitisch durchzusetzen.

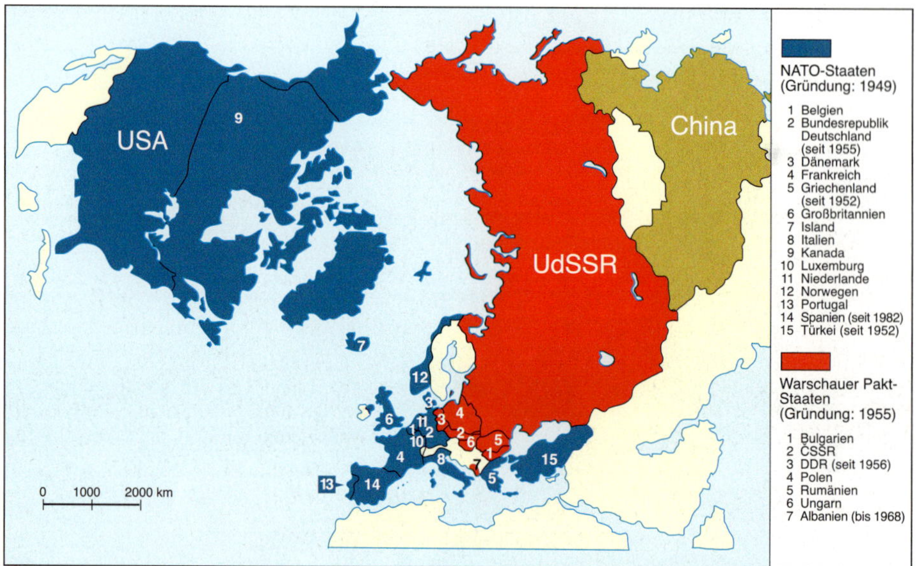

Nato und Warschauer Pakt

„Kalter Krieg" – ein umstrittener Begriff
Der zeitgenössische Begriff „Kalter Krieg" (er wurde 1947 „erfunden") ist bis heute umstritten: Einerseits verweisen viele Historiker darauf, dass zwar ein dritter Weltkrieg vermieden wurde, aber eine Vielzahl von lokal begrenzten „Stellvertreterkriegen" (wie der Ko-

Der „Kalte Krieg". Symbol und tatsächliches Herzstück des „Kalten Krieges" war die Atombombe. Ihr Zerstörungspotenzial führte in den Händen der verfeindeten Supermächte die Menschheit an den Rand ihrer physischen Existenz. Die Zerstörung allen Lebens auf dem Globus war buchstäblich nur einen Knopfdruck entfernt. Die Atomrüs-

tung im „Kalten Krieg" führte aber auch zu einer welthistorisch neuen, paradoxen Situation: dem atomaren Patt. Jede der beiden Seiten hätte bei einem Einsatz der neuen Waffen nicht nur den Gegner besiegt, sondern zugleich sich selbst zerstört. Ein militärischer Sieg über den Gegner war also nur noch um den Preis der Selbstzerstörung erreichbar. Das atomare Patt war letztlich der Grund für die glückliche Tatsache, dass der Konflikt „kalt" blieb und nie in eine direkte militärische Konfrontation der Supermächte umschlug.
Der Ost-West-Konflikt und seine Erscheinungsform, der „Kalte Krieg", prägten die internationale Politik fast ein halbes Jahrhundert lang, von 1946/47 bis 1989/90. Heute ist er Geschichte, aber seine Wirkungen sind bis heute überall spürbar: Nicht nur die anhaltenden Ost-West-Unterschiede in Wirtschaft, Gesellschaft und Politik, sondern eine Vielzahl weiterer gegenwärtiger und vermutlich auch zukünftiger Probleme blieben ohne seine Kenntnis unverständlich. Vor allem kann der Ost-West-Konflikt heute, in einer Zeit der Globalisierung, geradezu als historisches Lehrstück für mögliche Ursachen, Verläufe, Wirkungsmechanismen, Handlungsspielräume und schließlich auch Lösungsmöglichkeiten für weltumspannende Konflikte dienen.

rea- oder der Vietnamkrieg) unterhalb der atomaren Schwelle stattfanden, die insgesamt in der Zeit des „Kalten Krieges" mehr Opfer forderten als der Zweite Weltkrieg. Andererseits halten eine Reihe von Historikern die Bezeichnung „Krieg" für unrichtig: Aus ihrer Sicht bewirkte die atomare Pattsituation eine lange Phase internationaler Stabilität und des Weltfriedens.

2. Die Herausbildung des Ost-West-Konfliktes: Von der „Anti-Hitler-Koalition" zum „Kalten Krieg" (1943–1947)

Die Siegermächte

Die Neuordnung der Welt. Mit der Kapitulation des Deutschen Reiches (8. Mai) und Japans (9. August) endete 1945 der Zweite Weltkrieg. Weite Teile der Welt boten ein Bild der Zerstörung und des Grauens, insbesondere in Europa und im Südpazifik. Unter großen Kraftanstrengungen hatten die Alliierten den Angriff der Achsenmächte abgewehrt, ein Kapitel der Weltgeschichte war zu Ende gegangen.
Die Potsdamer Konferenz (17.7.–2.8.1945) der Alliierten markierte den Scheitelpunkt dieser Zeitenwende: Die Siegermächte mussten zugleich versuchen, ihre gemeinsame Kriegspolitik zum Abschluss zu bringen und die Neuordnung der Welt in Angriff zu nehmen.

http://www.historicum.net/themen/internationale-geschichte/bibliographie/
Umfangreiche Bibliografie zum Thema „Europa im Ost-West-Konflikt 1945–1991"

Attlee, Truman und Stalin (von links nach rechts) auf der Konferenz von Potsdam, Juli/August 1945. Zu diesem Zeitpunkt war die Allianz der Siegermächte – zumindest an der Oberfläche – noch intakt.

Die gewichtigsten Rollen in diesem Prozess spielten der amerikanische Präsident Harry S. Truman und der Generalsekretär der KPdSU, Josef Stalin. Die USA und die UdSSR waren zu den führenden Weltmächten aufgestiegen. Die alten europäischen Großmächte Frankreich und England gehörten zwar ebenfalls zu den Siegern, konnten jedoch keine Weltmachtpolitik mehr betreiben.

Die beiden Großmächte hatten die Achsenmächte nur gemeinsam besiegen können; gemeinsam gingen sie aus dem Zweiten Weltkrieg als militärische und politische Sieger hervor. Beide leiteten aus ihrem Status als siegreiche Großmächte den moralischen und machtpolitischen Anspruch auf eine führende Rolle in der künftigen Weltpolitik ab.

Achsenmächte: Sammelbezeichnung für die im Zweiten Weltkrieg verbündeten Staaten Deutschland, Italien und Japan (Pakt Deutschland-Italien vom 22.5.1939; „Drei-Mächte-Pakt" Deutschland-Italien-Japan vom 27.9.1940). Die Bezeichnung geht auf eine frühere, von Benito Mussolini 1936 verwandte Formel von einer „Achse Berlin - Rom" zurück.

Von der Kooperation zur Konfrontation. Innerhalb weniger Jahre wandelte sich das Bündnis der Alliierten des Zweiten Weltkrieges in die Konfrontation zweier Blöcke, schließlich in offene Feindschaft. Warum die Kooperation der Konfrontation wich und zu welchem Zeitpunkt dieser Umschwung genau einsetzte – das wird auch heute noch kontrovers diskutiert (vgl. S. 18f.). Unstrittig ist allerdings, dass beide Seiten sich vor dem Hintergrund ihrer jeweils grundlegenden Weltanschauung sowie ihrer jeweils besonderen machtpolitischen Situation am Ende des Zweiten Weltkrieges wechselseitig mit zunehmendem Misstrauen beobachteten. In einer Art Teufelskreis suchte jede ihre eigene Position abzusichern und löste damit bei der Gegenseite weiteres Misstrauen aus. Der tief sitzende Konflikt entzündete sich vor allem an einer zentralen Streitfrage: der territorialen Neuordnung Europas nach dem Krieg, insbesondere in Bezug auf Polen und auf Deutschland.

Karikatur der „Schweizer Illustrierten" (11. April 1945)

Noch an einem Tisch: Die alliierten Konferenzen. Noch während des Krieges waren diese Fragen auf den alliierten Konferenzen von Teheran (28.11.–1.12.1943) und Jalta (4.2.–12.2.1945) von Churchill, Roosevelt und Stalin erörtert worden, ohne dass allerdings ein endgültiges Ergebnis erzielt worden wäre. Die Westmächte hatten den sowjetischen Wunsch nach einer „gewissen" Verschiebung Polens nach Westen vorläufig akzeptiert. Bezogen auf die Behandlung des besiegten Deutschland blieben die Pläne der Alliierten noch sehr unbestimmt: Churchill wollte ein relativ starkes Deutschland als Bollwerk gegen den Kommunismus erhalten, während Roosevelt und Stalin eine möglichst weitgehende Schwächung und Zerstückelung in verschiedene kleine Staaten planten.

Die Potsdamer Konferenz. Die entscheidende Konferenz fand nach der deutschen Kapitulation vom 17.7. bis zum 2.8.1945 in Potsdam statt. An ihr nahmen für die UdSSR Marshall Stalin, für die USA der neue Präsident Truman und für Großbritannien zunächst Premierminister Churchill und – nach seiner Abwahl – sein Nachfolger Clement R. Attlee teil.

Teilnehmerausweis der Potsdamer Konferenz

Die äußere Notwendigkeit, nun gemeinsame Entscheidungen zur territorialen Nachkriegsordnung zu schaffen, machte das zu diesem Zeitpunkt bereits deutlich angewachsene Misstrauen zwischen der UdSSR einerseits und den Westmächten andererseits deutlich. Die Westmächte registrierten, dass die UdSSR in den von der Roten Armee besetzten Ländern begann, Fakten zu schaffen. Sie stimmten der von Stalin verlangten Westverschiebung Polens nur unter Vorbehalt und vorläufig zu. Tatsächlich begann die UdSSR bereits zu diesem Zeitpunkt mit der Vertreibung der polnischen Bevölkerung aus Ostpolen und der deutschen Bevölkerung aus Schlesien – eine Politik, die den Prinzipien der Atlantik-Charta (vgl. Bd. 1) fundamental widersprach. Bezogen auf Deutschland konnte man sich zwar auf einige grundlegende Prinzipien (Demilitarisierung, Denazifizierung, Dezentralisierung) einigen; die zentralen Fragen der zukünftigen territorialen und politischen Ordnung Deutschlands blieben aber ungeklärt oder wurden mit Formelkompromissen wie „Demokratisierung“ bedacht, unter denen sich beide Seiten offenkundig sehr Unterschiedliches vorstellten. Unmittelbar praktische und auf die Dauer folgenschwere Konsequenzen hatte die Aufteilung Deutschlands in vier Besatzungszonen, die jeweils von einem Militärgouverneur verwaltet werden sollten. Da alle vier Besatzungsmächte (Frankreich war – obwohl an der Potsdamer Konferenz nicht beteiligt – ebenfalls eine Zone zugestanden worden) ihre eigenen deutschlandpolitischen Vorstellungen hatten, entwickelte sich die Politik in den Zonen unterschiedlich und führte zur Entwicklung divergierender gesellschaftlicher, ökonomischer und politischer Systeme in der sowjetisch besetzten Zone (SBZ) einerseits und den Westzonen andererseits sowie letztlich zur Gründung der beiden deutschen Staaten.

Franklin D. Roosevelt (1882–1945) Präsident der USA (1933–1945). Roosevelt stand innenpolitisch für demokratische Reformen und sozialen Ausgleich, außenpolitisch trat er für eine aktive Rolle der USA in der Weltpolitik ein.
Seit 1904: Jura-Studium.
1910: Abgeordneter des Senates des Bundesstaates New York.
1928: Gouverneur von New York.
1932: Roosevelt gewinnt die Präsidentschaftswahlen. In der Folgezeit bekämpft er durch seine expansionistische Wirtschaftspolitik des „New Deal“ erfolgreich die Folgen der Wirtschaftskrise (seit 1929).
1939: Roosevelt unterstützt die Alliierten im Kampf gegen die Achsenmächte, kann sich aber gegen die Position der „Isolationisten“, die einen Eintritt der USA in den Weltkrieg ablehnen, zunächst nicht durchsetzen.
7.12.1941: Der japanische Angriff auf Pearl Harbor sorgt für einen Stimmungsumschwung und den Eintritt der USA in den Zweiten Weltkrieg.
14.8.1941: Atlantik-Charta.
28.11.–1.12.1943: Konferenz von Teheran.
4.–11.2.1945: Konferenz von Jalta.

Der Weg in die Konfrontation: Perspektive und Politik der USA

Die USA nach dem Zweiten Weltkrieg. Die USA hatten durch ihren Kriegseintritt im Dezember 1941 entscheidend mit zum Sieg über die Achsenmächte beigetragen. Die Kriegsführung kostete das Land viele Opfer und bedeutete eine große Kraftanstrengung; dennoch gingen die USA ökonomisch gestärkt aus dem Zweiten Weltkrieg hervor: Im Unterschied zu den Ländern der Verbündeten blieb das Territorium der USA von Kriegshandlungen verschont. Waffenlieferungen der amerikanischen Industrie an die Alliierten und eigene Rüstungsanstrengungen führten zu einem Wirtschaftsaufschwung, der schließlich 1942 – zum ersten Mal seit Beginn der Wirtschaftskrise im Jahre 1939 – wieder zu Vollbeschäftigung führte. Die zur Unterstützung der Alliierten gewährten privaten und staatlichen Kredite hatten die USA nach dem Krieg zum größten Gläubiger der Welt aufsteigen lassen; gegen Ende des Krieges verfügten die USA über rund drei Viertel der weltweiten Goldreserven.
Die USA waren aber nicht nur unbestritten die weltweit bedeutendste Volkswirtschaft, sondern besaßen auch die stärkste machtpolitische Position: Amerikanische Truppen hielten weite Teile Europas, Südostasiens und des pazifischen Raumes besetzt. Vor allem verfügten sie – zu diesem Zeitpunkt – als einziger Staat über Atomwaffen.

Nachkriegskonzept der USA. In der Atlantik-Charta (1941) hatte Präsident Roosevelt die Kriegsziele und damit die Vorstellungen der USA über die Nachkriegsordnung formuliert: Die „vier Freiheiten“ (Selbstbestimmungsrecht der Völker, Garantie der Unabhängigkeit der Staaten, wirtschaftliche Gleichberechtigung und Verzicht auf territoriale Expansion) sollten das Fundament einer kollektiven Sicherheitsordnung bilden, die das Konzept Woodrow Wilsons von 1914 aufnahm und weiterentwickelte. Nach dem „Open door“-Prinzip sollten alle Staaten ungehinderten Zugang zur Weltwirtschaft erhalten; nach dem „One World“-Prinzip sollte kein Staat für sich machtpolitische Interessenssphären beanspruchen.
Sichtbarer Ausdruck dieses Konzepts war die Gründung der „Vereinten Nationen“ („United Nations“, UN) als – modifizierte – Nachfolgeorganisation des Völkerbundes. Auf der Konferenz von San Francisco (1945) unterzeichneten 50 Staaten die UN-Charta, die am 24. Oktober 1945 in Kraft trat. Zentrales Gremium der UN wurde der Sicherheitsrat, dessen fünf „ständige Mitglieder“ (USA, Großbritannien, Frankreich, UdSSR und China) ein Vetorecht erhielten.
Neben der Gestaltung der politischen Weltordnung nahmen die USA die Neuordnung der internationalen Handelsbeziehungen in Angriff. Auf der Konferenz von Bretton Woods (1944) wurde eine neue Handels- und Währungsordnung geschaffen, die auf dem Prinzip des Freihandels beruhte und zugleich Abstimmungsmechanismen zur Vermeidung einer Krise, wie der Weltwirtschaftskrise von 1929, vorsah. Der US-Dollar wurde als neue Leitwährung vorgesehen und löste damit das britische Pfund Sterling, das diese Rolle zuvor informell innehatte, ab.

12.4.1945: Roosevelt stirbt wenige Wochen nach der Konferenz von Jalta und kurz vor dem Ende des Zweiten Weltkrieges.
Sein Nachfolger, Harry S. Truman, vertrat die USA auf der Potsdamer Konferenz (17.7–2.8.1945).

http://www.foreignaffairs.com/articles/23331/x/the-sources-of-soviet-conduct
Originaltext des Artikels von George F. Kennan „The Sources of Soviet Conduct" vom Juli 1947 in der Zeitschrift „Foreign Affairs"

Marshall-Plan
5.6.1947: Ankündigung durch George Marshall.
3.4.1948: Beschluss durch den US-Kongress.
Höhe der Hilfe (1948–1952): 13 Mrd. Dollar, davon 1,4 Mrd. für Westdeutschland. Verwaltung der Mittel in Europa: OEEC (Organization for European Economic Cooperation, seit 1960: OECD). Verwaltung der Mittel in Westdeutschland: KfW (Kreditanstalt für Wiederaufbau, gegründet 16.12.1948).

www.mediathek.at/staatsvertrag/Zum_Staatsvertrag/seite1_8.htm
Originalton der Rede Marshalls vom 5.6.1947

Das „One World"-Konzept Roosevelts stieß bereits früh an Grenzen: Die UdSSR beteiligte sich zwar an der UN und hatte auch an der Konferenz von Bretton Woods teilgenommen, lehnte aber eine Teilnahme am dort beschlossenen Handels- und Währungssystem ab. Zudem hatte sich Stalin schon in Teheran und Jalta geweigert, die Gebiete, die der Sowjetunion nach dem Hitler-Stalin-Pakt zugesprochen worden waren, wieder abzutreten.
Dennoch hielt Roosevelt an seiner Hoffnung fest, mit Stalin kooperieren zu können. Unmittelbar nach dem Krieg sah er in der UdSSR noch vorrangig den militärischen Partner, dessen Bedürfnis nach Sicherheit und nach Ausgleich der Kriegsschäden anerkannt und berücksichtigt werden müsse.

Vom „One World"-Konzept zur „Containment"-Politik. Als sein Nachfolger, Harry S. Truman, im Juli 1945 zur Konferenz nach Potsdam fuhr, hatten die skeptischen Stimmen in der amerikanischen Öffentlichkeit jedoch bereits zugenommen. Sie warnten davor, der UdSSR zu viele Zugeständnisse zu machen und einer Ausweitung ihres machtpolitischen Einflusses Vorschub zu leisten. Der bis heute prominenteste Vertreter dieser Denkrichtung war Georg Frost Kennan, von 1944 bis 1946 amerikanischer Geschäftsträger in Moskau. 1947 formulierte er in einem Artikel der Zeitschrift „Foreign Affairs" seine Einschätzung der sowjetischen Politik, die grundlegend von machtpolitischem Expansionsstreben gekennzeichnet sei. Seine Folgerung: Die USA müssten im Vertrauen auf die eigene Stärke vom Kommunismus bedrohte Länder vor allem finanziell und wirtschaftlich unterstützen, um den Einfluss der Sowjetunion einzudämmen (Politik des „Containment"). Dieses Konzept war zunächst umstritten, gewann aber mit den territorialen Expansionsversuchen der UdSSR in Ost- und Südeuropa (Bürgerkrieg in Griechenland, 1946–49; Staatsstreich in der CSSR, 1948; Berliner Blockade, 1948–49) immer mehr Zuspruch und wurde schließlich Leitlinie der amerikanischen Politik gegenüber der Sowjetunion.
Ein erstes deutlich sichtbares Zeichen der veränderten Politik der USA war eine Rede des amerikanischen Außenministers Byrnes am 6.9.1945 in Stuttgart. Byrnes stellte den wirtschaftlichen Wiederaufbau und – in absehbarer Zeit – eine politische Souveränität der Westzonen in Aussicht. Die amerikanische Deutschlandpolitik vollzog damit eine deutliche Kehrtwende: Statt der Schwächung des ehemaligen Kriegsgegners bildete nun die Stärkung der Westzonen als Prellbock gegen den sowjetischen Einfluss in Deutschland und Europa das zentrale Ziel.
Die anfängliche Weigerung der UdSSR, ihre Truppen aus der Türkei abzuziehen, und ihre Unterstützung der kommunistischen Verbände im griechischen Bürgerkrieg führten schließlich zur sogenannten Truman-Doktrin, dem zentralen Dokument der amerikanischen Containment-Politik. In seiner Botschaft an den US-Kongress am 12.3.1947 sicherte der amerikanische Präsident allen vom Kommunismus bedrohten Ländern die Hilfe und Unterstützung der USA zu (vgl. Thema, S. 45 f., M 1).
Das von Außenminister George Marshall am 5.6.1947 verkündete „European Recovery Program" (ERP, „Marshall-Plan") unterstützte die Truman-Doktrin wirtschaftlich. Durch die Gewährung von Zuschüssen und Krediten sowie die Lieferung von Rohstoffen und Fertigprodukten an europäische Staaten sollten die Weltwirtschaft in Schwung gebracht und gesellschaftliche Verhältnisse geschaffen werden, die eine demokratische Entwicklung ermöglichten. Mit diesem Plan warfen die USA ihre ökonomische Leistungsfähigkeit in die Waagschale, um die Widerstandsfähigkeit der europäischen Gesellschaften gegen den kommunistischen Einfluss zu stärken.

Berlin-Blockade (24.6.1948–12.5.1949). Im Juni 1948 brüskierte die UdSSR die Westmächte offen durch die Blockade der drei Westsektoren Berlins, die wie eine Insel im sowjetischen Einflussbereich lagen. Die Sperrung aller Zufahrtswege nach Westberlin durch die Rote Armee geriet zum ersten Höhepunkt des „Kalten Krieges" und zu einem Testfall der Ost-West-Beziehungen im „Kalten Krieg". Die Westmächte erwogen ein militärisches Eingreifen, entschieden sich dann aber – auf Anraten des amerika-

Im Drei-Minuten-Takt transportierten während der Berlin-Blockade britische und amerikanische Transportflugzeuge im Volksmund „Rosinenbomber" genannt Nahrungsmittel, Kohle und Industriegüter aus den Westzonen nach Westberlin.

http://www.magazinusa.com/us/info/show.aspx?unit=geschichte
Informationen zur Geschichte der USA, u. a. zum Marshall-Plan und zur Luftbrücke

nischen Militärgouverneurs in Deutschland, General Lucius D. Clay – zu einer Luftbrücke, die die Westberliner Bevölkerung zehn Monate lang mit allen lebenswichtigen Gütern versorgte. Am 12. Mai 1949 wurde die Blockade, nachdem ihre Nutzlosigkeit deutlich geworden war, aufgehoben. Die Westmächte hatten demonstriert, dass sie weitere territoriale Veränderungen des Status quo in Europa nicht hinnehmen würden.

Gründung der NATO (April 1949). Nach der Berlin-Blockade war der Bruch zwischen Ost und West eindeutig vollzogen. Im Westen setzte sich nun endgültig die Überzeugung durch, dass die Sowjetunion eine aggressive Machtpolitik betreibe. Dieser Bedrohung setzten die westeuropäischen Staaten England, Frankreich sowie die Beneluxstaaten ein Verteidigungsbündnis mit den USA entgegen: Im April 1949 gründeten sie die NATO (North Atlantic Treaty Organization), in der die USA eine Sicherheitsgarantie für die westeuropäischen Mitgliedsstaaten übernahmen.

http://www.nato.int/60years/
Darstellung und viele Originaldokumente zur Geschichte auf der Homepage der NATO.

Der Weg in die Konfrontation: Perspektive und Politik der UdSSR

Die UdSSR nach dem Zweiten Weltkrieg. Nach dem Ende des Krieges befand sich die UdSSR in einer völlig anderen Lage als die USA: Da sich der Weltkrieg zu großen Teilen auf eigenem Territorium zugetragen hatte, waren weite Teile des Landes völlig verwüstet. Der erbittert und mit aller Härte geführte „Ostfeldzug" (so die deutsche Bezeichnung) bzw. „Große Vaterländische Krieg" (so die sowjetische Bezeichnung) hatte Städte und Dörfer, Produktionsanlagen und Verkehrswege dem Erdboden gleichgemacht; mit über 20 Millionen Toten unter Soldaten und Zivilbevölkerung hatte die UdSSR mit weitem Abstand den höchsten Blutzoll unter allen Kriegsteilnehmern bezahlen müssen. Äußerste Kraftanstrengung und Opferbereitschaft hatten mit der Niederlage der deutschen Truppen in Stalingrad im Februar 1943 zur Wende im Krieg und schließlich zum Sieg über Deutschland geführt.

Nachkriegskonzept der UdSSR. Das Kriegsziel der UdSSR war die „Vernichtung des Faschismus" sowie die „Befreiung der vom Faschismus unterdrückten Völker". Über weitere Vorstellungen äußerte sich Stalin öffentlich nicht, sodass in der zeitgenössischen Öffentlichkeit Unsicherheit über seine Absichten herrschte. Bis heute ist unter

Josef Stalin (1878–1953)
Sowjetischer Generalsekretär (1922–1953).
Als Nachfolger Lenins leitete Stalin seit 1922 die Kommunistische Partei und die Sowjetunion. In seine Zeit fällt der Aufstieg der UdSSR zu einer Industrienation und die Errichtung einer kommunistisch-totalitären Diktatur („Stalinismus").
Seit 1899: Stalin kämpft als sozialistischer Revolutionär in verschiedenen Untergrundorganisationen.
1913–1917: Verhaftung und Verbannung.
1917: Teilnahme an der Februar- und Oktoberrevolution.
1922–1927: Stalin setzt sich gegen seinen innerparteilichen Konkurrenten Trotzki als Nachfolger Lenins durch.
1936–1938: „Großer Terror": Innerparteiliche Widersacher werden in Schauprozessen verurteilt und hingerichtet.
23.8.1939: Nichtangriffspakt mit dem nationalsozialistischen Deutschland.
1941–1945: Oberbefehlshaber im „Großen Vaterländischen Krieg".
5.3.1953: Tod Stalins.
1956: Stalins Nachfolger als Generalsekretär, Nikita Chruschtschow, distanziert sich von den Verbrechen und dem „Personenkult" Stalins („Entstalinisierung").

Historikern umstritten, welche Ziele Stalin verfolgte und ob seine Außenpolitik überhaupt einem langfristigen Konzept folgte.
Zum Verständnis seiner Politik ist jedoch bedeutsam, dass – in der Sicht des Marxismus-Leninismus – der Faschismus nicht als mehr oder weniger zufällige Fehlentwicklung der Geschichte, sondern als eine logische Konsequenz des Kapitalismus begriffen wurde. Das Schlagwort vom „Kampf gegen den Faschismus" meinte deshalb immer auch die Bekämpfung seiner historischen Grundlage, also des Kapitalismus, mit. Die Folge dieser Sichtweise war die konsequente Umwandlung aller Gesellschaftsordnungen im Einflussbereich der Sowjetunion in sozialistische Staats- und Gesellschaftsordnungen nach dem eigenen Vorbild.

Wandel in Osteuropa. Hinzu kam – nach dem verlustreichen Krieg – ein ausgeprägtes Sicherheitsbedürfnis, das die Errichtung eines „Sicherheitsgürtels" abhängiger Staaten vor der sowjetischen Westgrenze maßgeblich motivierte. Die Sowjetunion behielt die seit 1939 annektierten Gebiete (vor allem die baltischen Staaten, Ostpolen und Bessarabien). Mit dem Vorrücken der Roten Armee wurden ab der zweiten Jahreshälfte 1944 die besetzten osteuropäischen Staaten (Bulgarien, Rumänien, Ungarn, Polen, Tschechoslowakei, Jugoslawien, Albanien) planmäßig nach sowjetischem Vorbild umgestaltet (vgl. Karte S. 18). So wurde etwa in Polen gegen den Protest der Westmächte und der westlich orientierten Londoner Exilregierung, der die Einreise verweigert wurde, das konkurrierende, kommunistisch dominierte „Lubliner Komitee" als neue Regierung eingesetzt. Ein mit sowjetischer Unterstützung durchgeführter Staatsstreich brachte im Februar 1948 in der CSSR eine kommunistische Regierung an die Macht. Mit diesem Ereignis war die Umwandlung aller osteuropäischen Staaten in sogenannte „Volksdemokratien" abgeschlossen. Eine Sonderrolle spielte Jugoslawien, das unter Führung von Marshall Tito und aufbauend auf einer starken Partisanenbewegung aus dem Zweiten Weltkrieg einen eigenständigen Weg zum Sozialismus ging und deshalb zunehmend in einen Konflikt mit der UdSSR geriet, der seit 1948 mit dem Ausschluss Jugoslawiens aus der Kominform (s. S. 17) offen ausgetragen wurde und erst 1955 – nach Stalins Tod – beigelegt werden konnte.

Weltpolitik. Die Mitgliedschaft der UdSSR in den Vereinten Nationen zeigte zunächst, dass auch sie bereit war, bei der Gestaltung einer neuen internationalen Friedensordnung mitzuwirken. Allerdings basierte diese Teilnahme auf der Zusicherung des Vetorechts im Sicherheitsrat, die der UdSSR – wie allen „ständigen Mitgliedern" – eine Sonderrolle einräumte. Im weiteren Verlauf des Ost-West-Konfliktes führte dieses Vetorecht dazu, dass sich die beiden Supermächte im Sicherheitsrat nahezu permanent gegenseitig blockierten.
Das Handels- und Währungssystem von Bretton Woods rief in der UdSSR Ängste vor einer weltweiten handelspolitischen Hegemonie der USA hervor. Zwei seiner Grundelemente, die Festlegung auf den Dollar als internationales Zahlungsmittel und das Prinzip des Freihandels, dienten in der Sicht der UdSSR ausschließlich der Unterdrückung der Völker durch den kapitalistischen „Imperialismus" der USA. Eine Teilnahme an diesem System wäre einer Selbstaufgabe gleichgekommen und war deshalb für die Sowjetunion nicht akzeptabel. Zumindest in handels- und währungspolitischer Hinsicht trennten sich bereits 1944 die Wege der westlichen und der östlichen Welt.
Die Truman-Doktrin und der Marshall-Plan bestätigten in der UdSSR das Bild der USA als einer imperialistischen Macht, die ihre militärische Macht und ihre ökonomische Vorherrschaft zielgerichtet nutzt, um andere Staaten in ihre Abhängigkeit zu bringen. Das Angebot des Marshall-Plans richtete sich zwar formell an alle europäischen Staaten, bedeutete aber de facto eine Unterordnung der Empfängerstaaten unter die wirtschafts- und handelspolitischen Vorstellungen der USA. Deshalb verbot die UdSSR allen in ihrem Einflussbereich liegenden ost- und südosteuropäischen Staaten die Annahme der Marshallplan-Hilfe und reagierte mit einer verstärkten Politik der Abschottung und machtpolitischen Konsolidierung.

Dazu gehörte die Gründung der „Kominform" im September 1947 und des „Rates für gegenseitige Wirtschaftshilfe" (RGW) im Januar 1949.

West- und ostdeutsche Plakate zum Marshall-Plan (1947)

Deutschlandpolitik. Ein besonderes Problem stellte die Behandlung des besiegten Deutschland dar. Nachdem die USA ihre Deutschlandpolitik radikal verändert hatten, vollzog auch die UdSSR eine Kehrtwende. Stalin begegnete dem wirtschaftlichen Wiederaufbau in den Westzonen und den Vorschlägen der Westmächte zum Aufbau eines westdeutschen Staates mit der öffentlichen Forderung nach einem einheitlichen deutschen Staat, da nur so die UdSSR hoffen konnte, ihre Reparationsforderungen durchsetzen zu können. Außerdem versuchte er auf diese Weise, Sympathien in der deutschen Bevölkerung zu gewinnen. Auf einen gesamtdeutschen Staat hätte er weiterhin Einfluss nehmen können. Als deutlich wurde, dass die Westmächte in der Frage einer zukünftigen inneren politischen Ordnung Deutschlands zu keinen Kompromissen bereit waren (vgl. S. 13 f.), wechselte Stalin seine Strategie erneut und integrierte die SBZ in seine osteuropäische Pufferzone. Die Teilung Deutschlands war damit besiegelt.

Berlin-Blockade. Ausdruck dieser neuen Politik war die Berlin-Blockade, denn die westlichen Sektoren der Stadt störten die sowjetische Vorherrschaft in der SBZ. Unmittelbarer Auslöser der Blockade war die Ankündigung der Weststaatslösung durch die Westmächte (3.6.1948) und die Währungsreform in den Westzonen sowie den Westsektoren von Berlin (20.6.1948). Offiziell richtete sich die Blockade gegen die Teilung Berlins durch die Währungsreform, tatsächlich sollte die Blockade den Einflussbereich der UdSSR arrondieren oder zumindest ihren Führungsanspruch in Osteuropa demonstrieren. Die Luftbrücke der Westmächte zeigte, dass diese zwar einerseits keine territorialen Veränderungen in Europa mehr akzeptierten, andererseits aber den Einsatz militärischer Mittel scheuten.

Warschauer Pakt (14.5.1955). Auf die Gründung des westlichen Verteidigungsbündnisses, der NATO, reagierte die Sowjetunion mit dem „Vertrag über Freundschaft, Zusammenarbeit und gegenseitigen Beistand" („Warschauer Pakt", 14.5.1955), dem neben der Sowjetunion Rumänien, Ungarn, die CSSR, Polen, Bulgarien und Albanien beitraten.

Kominform (1947–1956): = „Kommunistisches Informationsbüro", formeller Zusammenschluss kommunistischer Parteien verschiedener Staaten (v. a. des Ostblocks), der von der KPdSU unter Josef Stalin beherrscht wurde. Nach Stalins Tod (1953) und der folgenden Entstalinisierung wurde die Kominform 1956 aufgelöst.
RGW (1949–1991): = „Rat für gegenseitige Wirtschaftshilfe", wirtschaftlicher Zusammenschluss der Ostblock-Staaten unter Führung der SU. Der RGW wurde als Reaktion auf den Marshall-Plan (dessen Annahme den Staaten im sowjetischen Machtbereich untersagt war) gegründet. Nach den osteuropäischen Revolutionen 1989 löste er sich auf.

http://www.hdg.de/lemo/html/NachkriegsjahreEntstehungZweierDeutscherStaaten/derKalteKrieg.html
Seite des Hauses der Geschichte der Bundesrepublik Deutschland zum „Kalten Krieg"

http://www.php.isn.ethz.ch/
Dokumentensammlung zur Geschichte der NATO und des Warschauer Paktes des „Parallel History Projekt on NATO and the Warsaw Pact" (PHP) der ETH Zürich (englisch)

Mit der Gründung der beiden Militärbündnisse, der NATO und des Warschauer Paktes, war die Blockbildung in Europa abgeschlossen. Die neue Grundstruktur der internationalen Beziehungen, die Bipolarität, hatte klare Konturen gewonnen. Die Trennlinie, ein „eiserner Vorhang" (Churchill), verlief mitten durch Europa und durch Deutschland.

Expansion des sowjetischen Machtbereichs und Blockbildung in Europa nach dem Zweiten Weltkrieg

3. Die Ursachen des Konfliktes

Umstrittenes Forschungsthema. Die Frage nach den Ursachen des „Kalten Krieges" gehörte bis 1989/90 zu den umstrittensten Forschungsthemen der Geschichtswissenschaft, denn auch die Historikerinnen und Historiker konnten sich dem Sog des Ost-West-Konflikts nicht entziehen. Im Grundsatz wurde in beiden Hemisphären der jeweils anderen Seite angelastet, den Konflikt verursacht und verschuldet zu haben. Nach dem ersten Höhepunkt des „Kalten Krieges", der Kuba-Krise (vgl. S. 21), entspannte sich der Konflikt etwas und die historische Forschung konnte etwas differenziertere Positionen entwickeln. Erst seit der weltpolitischen Wende der Jahre 1989/90 und der Öffnung der Moskauer Archive scheinen allerdings gesicherte Ergebnisse möglich zu werden, wenngleich Bewertungen nach wie vor unterschiedlich ausfallen.

Position der „Realisten". Basierend auf dem Artikel, den George F. Kennan 1947 in der Zeitschrift „Foreign Affairs" veröffentlichte, machten die sogenannnten „Realisten" die östliche Seite für den Konflikt verantwortlich. Die Sowjetunion habe letztlich das Ziel einer kommunistischen Weltrevolution verfolgt und dazu ihre machtpolitischen Mittel nach dem Zweiten Weltkrieg zur territorialen Expansion in Europa eingesetzt. Diese Strategie sei vom Westen zunächst nicht durchschaut und erst mit Verzögerung mit der Truman-Doktrin, dem Marshall-Plan und der Gründung der Bundesrepublik Deutschland gestoppt worden. Darauf habe die Sowjetunion mit einer doppelten Strategie reagiert: Zum einen habe sie ihren Herrschaftsbereich noch stärker abgeschottet und innenpolitisch mit zunehmender Repression gesichert. Zum anderen habe sie mit Maßnahmen unterhalb der Schwelle einer offenen Konfrontation versucht, den Westen zu destabilisieren.

Position der „Revisionisten". Ende der 1960er- und zu Beginn der 1970er-Jahre entwickelte sich in der westlichen Geschichtswissenschaft eine konkurrierende Position („Revisionisten"), die den Konflikt vor allem der ökonomischen Dynamik der USA anlastete. Die Suche nach Rohstoffquellen und Absatzmärkten habe die USA dazu motiviert, unter dem Etikett des „freien Welthandels" eine weltweite Vorherrschaft anzustreben. Dieses Motiv habe auch Truman-Doktrin und Marshall-Plan bestimmt, wodurch wiederum die Sowjetunion, die angesichts der Kriegsschäden im eigenen Land gar nicht zu einer „Weltrevolution" in der Lage gewesen sei, sich bedroht habe fühlen müssen.

Revisionisten: Allgemeine Bezeichnungen für eine Gruppe von Menschen, die eine zuvor allgemein anerkannte wissenschaftliche Position oder politische Haltung in Zweifel ziehen und durch eine geänderte Position oder Haltung ersetzen.

Neuere Ansätze. Seit 1990 gewinnt ein dritter Ansatz an Bedeutung, der eher die Bedeutung wechselseitiger Fehlinterpretationen vor dem Hintergrund gegensätzlicher Weltbilder und Interpretationsmuster betont. Diese Fehlinterpretationen hätten zu zunehmender außenpolitischer Abschottung und innenpolitischer Uniformierung geführt, zu einem stark verengten Blickwinkel auf beiden Seiten. Insgesamt wird heute über die Ursachen des Ost-West-Konfliktes differenzierter geurteilt, die Interessenlagen unterschiedlicher Gruppen innerhalb der beiden Lager werden deutlicher hervorgehoben. Unstrittig ist, dass aufseiten der UdSSR die territoriale und machtpolitische Expansion als konsequente Fortführung stalinistischer Machtpolitik, zu einem Teil auch in der Tradition des traditionellen russischen Großmachtstrebens, angesehen werden kann und dass auf Seite der USA ökonomische Interessen im Sinne des traditionellen „informal empire" eine bedeutende Rolle gespielt haben. Unstrittig ist auch, dass Wahrnehmungs- und Kommunikationsmechanismen den Konflikt über lange Zeit und immer wieder auf irrationale Weise verschärft haben. Jenseits dieser grundsätzlichen Übereinstimmungen, die hier in nur sehr allgemeiner Form skizziert werden können, werden Motive, Interessen und Strukturen jedoch bis heute sehr unterschiedlich gewichtet und bewertet. Dies gilt auch für die Rolle, die einzelne Persönlichkeiten oder politische Gruppen für die Eskalation beziehungsweise Deeskalation des Konfliktes gespielt haben.

4. Der Konfliktverlauf: Zwischen Eskalation und Deeskalation

Der Ost-West-Konflikt verlief nicht gleichförmig, sondern war von einer Art Wellenbewegung geprägt: Er schwankte zwischen scharfer Eskalation bis knapp unterhalb der Schwelle atomarer Konfrontation und Phasen der Deeskalation durch vertrauensbildende Maßnahmen. Zusammenfassend lassen sich sechs Phasen des Konfliktverlaufes beschreiben:

Die Herausbildung des Ost-West-Gegensatzes (1944–1949). Der tief greifende Systemgegensatz zwischen den Flügelmächten der Anti-Hitler-Koalition führte zu Differenzen, die sich vor allem an der Frage der territorialen Neuordnung Europas nach dem Zweiten Weltkrieg ent-

Der „Kalte Krieg": Phasen und wichtige Daten im Überblick

Phase 1: Die Herausbildung des Ost-West-Gegensatzes

1945: Ende des Zweiten Weltkrieges in Europa und Asien, Gründung der UNO
1947: Truman-Doktrin und Marshall-Plan (vgl. Thema, S. 45 ff.)
1948: Sowjetische Blockade Westberlins
1949: Gründung der NATO

Phase 2: Die Verschärfung des Ost-West-Gegensatzes zum „Kalten Krieg"

1950: Beginn des Korea-Krieges (bis 1953)
1956: Beginn der „Entstalinisierung" in der Sowjetunion nach Stalins Tod (1953)
Niederschlagung einer Demokratiebewegung in Ungarn
1961: Bau der Berliner Mauer
1962: Kuba-Krise: In der Auseinandersetzung um sowjetische Atomwaffen auf Kuba steht die Welt kurz vor einem Atomkrieg (Höhepunkt des „Kalten Krieges").

Phase 3: Die Politik des Status quo, Rüstungsbegrenzung und Entspannungspolitik
1963: Vertrag über Stopp von Atomtests, Verabredung eines „heißen Drahts" zwischen Moskau und Washington
1968: Atomwaffensperrvertrag, „Prager Frühling": Ein demokratischer Aufstand in der CSSR wird mit Truppen des Warschauer Paktes niedergeschlagen.

Phase 4: Die Politik der Entspannung
1972: SALT 1-Vertrag: Begrenzung der strategischen Atomwaffenrüstung
1975: Schlussakte der KSZE in Helsinki (s. S. 22f.)

Phase 5: „Second Cold War"
1979: NATO-„Doppelbeschluss": Die NATO verlangt den Abzug neu aufgestellter Mittelstreckenraketen in Osteuropa und droht ihrerseits mit der Aufstellung neuer atomarer Mittelstreckenraketen.
1979: Sowjetischer Einmarsch in Afghanistan
1981: Kriegsrecht in Polen zur Unterdrückung der Demokratiebewegung „Solidarnosc"
1983: Abbruch der Rüstungskontrollverhandlungen zwischen den Supermächten

Phase 6: Entspannung und Ende des Ost-West-Gegensatzes
1985: Gipfeltreffen in Genf
1986: Gipfeltreffen in Reykjavik
1987: Einigung über die Abrüstung von Mittelstreckenraketen
1989: Friedliche Revolutionen und demokratische Wahlen in Polen, Ungarn und der CSSR
Friedliche Revolution in der DDR, Öffnung der innerdeutschen Grenze
1990: Deutsche Einheit
1991: Auflösung der Sowjetunion (Dezember)

Präsidenten der USA		Erste Sekretäre bzw. Generalsekretäre der KPdSU	
Franklin D. Roosevelt	1933–1945	Josef Stalin	1924–1953
Harry S. Truman	1945–1953		
Dwight D. Eisenhower	1953–1961	Nikita Chruschtschow	1953–1964
John F. Kennedy	1961–1963		
Lyndon B. Johnson	1963–1969	Leonid Breschnew	1964–1982
Richard Nixon	1969–1974		
Gerald Ford	1974–1977		
Jimmy Carter	1977–1981		
Ronald Reagan	1981–1989	Jurij Andropow	1982–1984
		Konstantin Tschernenko	1984–1985
George W. Bush (sen)	1989–1993	Michail Gorbatschow	1985–1991

zündeten und aus denen schließlich mit der wirtschaftlichen, politischen und militärischen Blockbildung die Grundstruktur des „Kalten Krieges" entstand (s. S. 10f.).

Die Verschärfung des Ost-West-Gegensatzes zum „Kalten Krieg" (1949–1962). Nach Abschluss der Blockbildung bemühten sich beide Seiten um eine Ausdehnung ihres Einflussbereiches und die Destabilisierung des politischen Gegners. Im Westen, vor allem in den USA, wurde die Politik des „Containment" langsam durch eine Politik des „Roll-back" abgelöst: Die sowjetische Expansion sollte nicht nur aufgehalten, sondern zurückgedrängt werden. In der Sowjetunion wurden Pläne zur militärischen Eroberung Westeuropas aufgestellt. Allerdings vermieden beide Supermächte letztlich die direkte militärische Konfrontation in Europa und beschränkten sich auf Propaganda und die verdeckte Unterstützung von Regimegegnern im jeweils anderen Lager. Die Gefahr eines Atomkrieges führte dazu, dass zumindest in Europa der Status quo strikt respektiert wurde. Das zeigte sich besonders deutlich am Beispiel der Aufstände in Osteuropa (DDR 1953, Polen und Ungarn 1956), die von der UdSSR

Amerikanische und sowjetische Panzer stehen sich in Berlin an der Zonengrenze gegenüber (1961).

militärisch niedergeschlagen wurden, ohne dass der Westen offen oder gar militärisch einzugreifen wagte.
Außerhalb Europas sah die Situation anders aus: Im Korea-Krieg (1950–1953) kämpften Truppen der USA und anderer westlicher Staaten unter Führung des amerikanischen Generals McArthur auf der Seite Südkoreas gegen das von der Sowjetunion unterstützte Nordkorea. Nach langwierigen und verlustreichen Kämpfen einigten sich beide Seiten auf eine Waffenstillstandsgrenze, die im Wesentlichen der Grenze zwischen Nord- und Südkorea vor dem Krieg entsprach (und die bis heute besteht). Der Korea-Krieg stellte einen ersten Höhepunkt des „Kalten Krieges" dar. Im historischen Rückblick zeigt bereits der Korea-Krieg, dass beide Seiten zwar einerseits ihren Macht- und Einflussbereich zu erweitern suchten, dass sie aber andererseits letztlich dazu gezwungen waren, die gegebenen territorial-machtpolitischen Verhältnisse zu akzeptieren („Status-quo-Politik").
In der zeitgenössischen Politik setzte sich diese Erkenntnis endgültig aber erst nach einer weiteren Eskalation durch, die die Welt an den Rand der atomaren Katastrophe geführt hatte. Die sogenannte „Kuba-Krise" im Jahr 1962 bildete deshalb zugleich den Höhepunkt und den Wendepunkt des „Kalten Krieges" (vgl. Thema, S. 50ff.). Sie zeigte, dass fehlende Mechanismen der Verständigung zwischen den verfeindeten Supermächten die Selbstzerstörung der Menschheit zur Folge haben konnten und lieferte zugleich ein erstes Beispiel für eine erfolgreiche Deeskalationspolitik.

Die Politik des Status quo (1962–1968). Die auf die Kuba-Krise folgenden Jahre waren durch die wechselseitige Anerkennung der Einflusssphären, des Status quo, zumindest in Europa gekennzeichnet. Beide Seiten unternahmen erste Versuche, die Atomrüstung zu kontrollieren und zu begrenzen. Das Ziel dieser Maßnahmen war die Kontrolle des Konfliktes, nicht seine Überwindung. Der Systemgegensatz bestand unvermindert weiter. Die Politik der Abschreckung durch die Atompotenziale beider Seiten blieb das Fundament der Weltpolitik; Hochrüstung und militärische Modernisierung hielten in beiden Blöcken an.
Als in der CSSR im Frühjahr 1968 reformorientierte Kräfte die Oberhand gewannen („Prager Frühling"), besetzten Truppen des Warschauer Paktes die CSSR, setzten den reformorientierten Parteichef Alexander Dubcek ab und eine moskautreue Regierung ein. Die Invasion in die CSSR war die erste Anwendung der sogenannten „Breschnew-Doktrin", nach der die Sowjetunion berechtigt sei, im Falle einer Bedrohung des sozialistischen Systems in die inneren Angelegenheiten eines sozialistischen Staates einzugreifen. Wie schon im Falle der Aufstände in der DDR (1953) und in Polen oder Ungarn (1956) sahen die USA keine Möglichkeit, in die Entwicklungen im Machtbereich der UdSSR – jedenfalls in Europa – einzugreifen.
In der „Dritten Welt" lieferten sich beide Seiten jedoch heftige, auch militärische Auseinandersetzungen. Mit eigenen Truppen griffen die USA seit November 1961 verstärkt in den Vietnam-Krieg ein, um zu verhindern, dass nach dem Zusammenbruch der französischen Kolonialherrschaft die kommunistisch orientierte Partisanenbewegung Vietkong, die vom kommunistischen Nordvietnam unterstützt wurde, in Südvietnam die Oberhand gewann. Diesem militärischen Engagement lag die sogenannte „Dominotheorie" zugrunde, nach der ein Sieg Nordvietnams den Fall weiterer Staaten Südostasiens zur Folge haben würde. Der Vietnam-Krieg entwickelte sich zu einem langwierigen und verlustreichen Guerillakrieg; insbesondere der Einsatz von chemischen Waffen und Napalmbomben rief zunehmend internationale Proteste auch in der westlichen Öffentlichkeit hervor. Die hohen Verluste in den eigenen Reihen, der wachsende Widerstand gegen den Krieg in den USA sowie die Einsicht, dass der Guerillakrieg nicht zu gewinnen sein würde, führten zu einem Waffenstillstandsabkommen (27.1.1973). Am 29. März 1973 verließen die letzten US-Truppen Vietnam.

Maßnahmen zur Konfliktkontrolle
„Heißer Draht" (seit 1963): Eine direkte Telefonverbindung zwischen den Führungen der USA und der UdSSR soll im Notfall den Ausbruch eines Atomkrieges verhindern.
Teststoppabkommen (5.8.1963): Beendigung von Atomtests über der Erde, im Weltraum und unter Wasser (USA, GB, UdSSR).

Lektüretipps zum Vietnamkrieg:
Peter Scholl-Latour, Tod im Reisfeld – Dreißig Jahre Krieg in Indochina, München (dtv) 2000.
Marc Frey, Geschichte des Vietnam-Kriegs, München (Beck) [7]2004.
Tim Page, Ein anderes Vietnam – Bilder des Krieges von der anderen Seite, Hamburg (National Geographic) 2002.

Vietnamesische Kinder fliehen vor einem Napalmangriff der US-Armee in Vietnam (April 1972). Das Foto des Fotografen Huynh Cong UT (Nachrichtenagentur AP) ist ein bedeutendes Beispiel für den Wandel von der heroischen Kriegsfotografie zur Fotografie als Mittel des Protestes gegen den Krieg. Es brachte den Schrecken des Krieges in die amerikanischen Wohnzimmer und trug zum Stimmungsumschwung in den USA bei. Die New York Times schrieb: „Es fällt schwer angesichts solcher Aufnahmen, den Glauben an die Menschheit nicht zu verlieren".

Die Politik der Entspannung (1968–1977). Enorm hohe Rüstungskosten, eine durch die „Zweitschlagskapazität" (vgl. S. 25) entstandene neue militärstrategische Lage sowie eine zunehmende Einsicht in die Notwendigkeit, die Irrationalität der atomaren Gefahr möglichst beherrschbar zu machen, führten seit dem Ende der 1960er-Jahre zu einer zunehmenden Entspannung zwischen den Supermächten. Langsam bildete sich eine Ebene der internationalen Politik, die den nach wie vor unvermindert scharfen Systemgegensatz zwischen Ost und West überwölben konnte: Unter dem – ursprünglich von sowjetischer Seite in die Diskussion eingebrachten – Schlagwort „friedliche Koexistenz" versuchten beide Seiten, die Aufrüstung zu begrenzen, die Kommunikation zwischen den Blöcken zu verbessern und den Weltfrieden zu sichern. Allerdings waren auch in dieser Phase beide Seiten genauestens darauf bedacht, das globale „Gleichgewicht des Schreckens" aufrechtzuerhalten.

Entspannungspolitik – Verhandlungen und Verträge
Atomwaffensperrvertrag (1968) USA, Großbritannien und die UdSSR verabreden Maßnahmen gegen die Weiterverbreitung von Atomwaffen.
SALT I-Vertrag (1972) „Strategic Arms Limition Talks": Begrenzung der Gesamtzahl bestimmter strategischer Atomwaffen.
MBFR-Verhandlungen (1973–1989) „Mutual Balanced Force Reductions": Verhandlungen zur Begrenzung konventioneller Bewaffnung in Europa, bis 1989 allerdings erfolglos.
KSZE-Schlussakte (Helsinki 1975) „Konferenz über Sicherheit und Zusammenarbeit in Europa": Vereinbarungen über Gewaltverzicht, Zusammenarbeit auf wirtschaftlichem und kulturellem Gebiet, Menschenrechte.

Der „Geist von Helsinki" (Karikatur von 1990)

Beide Seiten bemühten sich um regelmäßige Treffen auf höchster politischer Ebene; der kulturelle, wirtschaftliche und wissenschaftliche Austausch wurde – vorsichtig, aber doch deutlich erkennbar – intensiviert. Den Höhepunkt der Entspannungspolitik bildete die Unterzeichnung der Schlussakte der Konferenz über Sicherheit und Zusammenarbeit in Europa (KSZE) im August 1975. In diesem Abkommen wurden nach langen Verhandlungen der territoriale Status quo in Europa anerkannt und vertrauensbildende Maßnahmen (z. B. eine frühzeitige Information über Militärmanöver) vereinbart; ferner wurden die verstärkte Zusammenarbeit auf wissenschaftlichem und kulturellem Gebiet geregelt sowie ein Katalog von Menschen- und Grundrechten beschlossen. Von unmittelbarer Bedeutung war zunächst, dass eine derartige umfangreiche Konferenz über die Blockgrenzen hinweg überhaupt stattfinden konnte. Für die östliche Seite war der vereinbarte Verzicht auf eine gewaltsame Änderung der Grenzen in Europa (und damit auch der innerdeutschen Grenze) ein wichtiger Erfolg, der den internationalen Status der Ostblockstaaten, insbesondere der DDR, konsolidieren half. Langfristig entwickelte jedoch der in Helsinki fixierte Katalog individueller Grundrechte eine enorme innenpolitische Sprengkraft in den osteuropäischen Staaten, weil sich die verschiedenen Oppositionsbewegungen auf diese (von ihren Regierungen unterzeichneten) Rechte berufen konnten. Dennoch wurden die Oppositionellen massiv verfolgt – eine Repressionspolitik, die in offenem Widerspruch zur KSZE-Schlussakte stand und bereits das Ende der Entspannungsphase andeutete.

Der „Second Cold War" (1977–1985). Ende der 1970er- und zu Beginn der 1980er-Jahre verschärfte sich der Ost-West-Konflikt erneut deutlich, sodass Historiker von einem „Second Cold War" sprechen. Den Auftakt dieser Phase bildete die Stationierung neuer atomarer Mittelstreckenraketen („SS20") mit größerer Reichweite in Osteuropa im Jahr 1977. Die NATO reagierte mit dem – in der westlichen Öffentlichkeit heftig umstrittenen – „Doppelbeschluss", der den Abzug dieser Raketen verlangte und andernfalls mit der Aufstellung von neuen Atomraketen („Pershing II") in Westeuropa drohte.

Neben die bedrohliche neue Hochrüstung in Europa traten auf beiden Seiten neue Expansionsmaßnahmen in anderen Teilen der Welt. Die Sowjetunion marschierte Ende Dezember 1979 in Afghanistan ein, um die dortige sozialistisch-kommunistische Regierung im Kampf gegen muslimisch-fundamentalistische Rebellen, die ihrerseits indirekt durch die USA unterstützt wurden, zu stützen. Ähnlich wie der Vietnam-Krieg für die USA endete das militärische Engagement der UdSSR in Afghanistan letztlich in einem zermürbenden Guerillakrieg, dessen innenpolitische Rückwirkungen später die Reformpolitik Gorbatschows wesentlich mitbestimmten.

Die USA unterstützten neben den afghanischen Rebellen auch die antikommunistischen „Contras" in Mittel- und Südamerika, um ihren traditionellen „Hinterhof" machtpolitisch abzusichern. Die Sowjetunion unterstützte die polnische Regierung in der Verhängung des Kriegsrechtes, mit dessen Hilfe die Reformbestrebungen der Gewerkschaft „Solidarnosc" unterdrückt wurden.

Die Phase des „Second Cold War" ist mit dem Namen des republikanischen US-Präsidenten Ronald Reagan verbunden: Er verschärfte den propagandistischen Ton gegenüber der Sowjetunion, indem er vom „Reich des Bösen" sprach, und kündigte ein umfangreiches Programm zur Aufrüstung im Weltraum an, das das strategische Gleichgewicht zwischen den Supermächten zu Lasten der Sowjetunion aufgehoben hätte. Seine historische Bedeutung wird bis heute kontrovers diskutiert: Während einige die gefährliche Rücksichtslosigkeit seiner Konfrontationspolitik betonen, sind andere der Ansicht, dass seine konsequente Haltung und seine Hochrüstungspolitik letztlich den Reformprozess in der Sowjetunion beförderten.

Das Ende des „Second Cold War" und der Beginn der letzten (sechsten) Phase des „Kalten Krieges" lassen sich auf das Jahr 1985 datieren. In diesem Jahr wurde Michail Gorbatschow zum Generalsekretär der KPdSU ernannt – ein Ereignis, das zwar weltweit

Ronald Reagan (1911–2004)

Ab 1937: Filmschauspieler.

1981–1989: Präsident der USA. Seine Amtszeit war von seinem Antikommunismus und seiner „Politik der Stärke" gegenüber der UdSSR geprägt. In Verhandlungen mit dem sowjetischen Generalsekretär Michail Gorbatschow gelangen nach 1985 wesentliche Abrüstungsschritte.

30.3.1981: Reagan überlebt schwer verletzt ein Attentat.

23.3.1983: Offizielle Ankündigung der SDI-Initiative.

1985–1986: START-Verhandlungen zur Reduzierung strategischer Atomwaffen.

10.–12.10.1986: Gipfeltreffen von Reykjavik mit Gorbatschow, grundsätzliche Einigung über Abrüstungsschritte.

8.12.1987: INF-Vertrag mit der UdSSR (Vernichtung aller atomaren Mittelstreckenraketen).

Afghanische Kämpfer auf einem eroberten russischen Panzer.
Durch den sowjetischen Einmarsch in Afghanistan erhielt die Entspannungspolitik einen deutlichen Rückschlag. Im Westen wuchs die Sorge vor einem neuen Aufleben des russischen Expansionismus und die Staaten des westlichen Blocks reagierten mit der Aussetzung des SALT II-Vertrages sowie einem Boykott der Olympischen Spiele in Moskau 1980, auf den der Ostblock seinerseits mit einem Boykott der Olympischen Spiele vier Jahre später in Los Angeles reagierte.
Nach einem zermürbenden Guerillakrieg gegen den muslimisch-fundamentalistischen Widerstand zog sich die UdSSR 1988 aus Afghanistan zurück. Die USA mussten ihre Unterstützung des Widerstandes später teuer bezahlen, denn aus ihm wuchs nach dem Sturz der sozialistisch-laizistischen Regierung Nadschibullah und unter dem Schutz des von den sogenannten „Taliban" (Gotteskämpfern) geführten fundamentalistischen „Gottesstaates" das Terrornetzwerk „Al Quaida" heran, das für den Angriff auf das World Trade Center in New York am 11.9.2001 verantwortlich war.

Plakat des „Office of Civil Defense" (USA, 1960er-Jahre)

mit Aufmerksamkeit verfolgt wurde, von dem aber kaum ein Zeitgenosse ahnte, dass mit ihm ein dramatischer Veränderungsprozess begann, der zu einem umfassenden Wandel in Osteuropa sowie zur Selbstauflösung der UdSSR und des Warschauer Paktes führte. Im „Epochenjahr" 1989 endete der Ost-West-Konflikt, weil eine der beiden Konfliktparteien – die Sowjetunion – einen grundlegenden Systemwechsel vollzogen und dem Konflikt damit seinen Gegenstand – die Systemkonkurrenz – entzogen hatte.

5. Das „Gleichgewicht des Schreckens": Militärstrategien im „Kalten Krieg"

Wettrüsten. Obwohl der Ost-West-Konflikt nie in einen „heißen" Krieg mündete, stand seine militärische Dimension immer im Mittelpunkt des Geschehens. Beide Seiten bedrohten sich gegenseitig mit der ungeheuren Zerstörungskraft ihres Atomwaffenarsenals. Um mit der jeweils anderen Seite Schritt halten zu können, entwickelten und produzierten beide Blöcke unter großem finanziellem Aufwand ständig neue Waffentechnologien, vor allem neue Sprengköpfe und Trägersysteme („Wettrüsten"). Schließlich war das Nuklearpotenzial der Supermächte so groß, dass man mit seiner Hilfe die gesamte Oberfläche des Globus mehrfach hätte zerstören können („overkill").

„Hilfe, ich werde verfolgt!" (Karikatur von Horst Haitzinger, Bundesrepublik Deutschland, 1981)

Abschreckungspolitik. Unter diesen Bedingungen war „Frieden" – im engeren Sinn des Wortes – schwer vorstellbar, „Nicht-Krieg" die einzig realistische Perspektive. Entsprechend kristallisierte sich auf beiden Seiten und in verschiedenen Nuancen das sicherheitspolitische Konzept der „Sicherheit durch Abschreckung" heraus: das „Gleichgewicht des Schreckens", das „atomare Patt", sollte den Ausbruch eines Atomkrieges verhindern. Bis heute ist umstritten, ob der glimpfliche Ausgang dieser „Politik am Rande des Abgrunds" auf eine rationale Logik der Abschreckungspolitik zurückzuführen oder eher glücklichen Umständen zu verdanken ist.
Die zeitgenössische Diskussion war immer von der Angst vor einer apokalyptischen Atomkriegskatastrophe begleitet – dass ein solches Szenario durchaus im Rahmen des Möglichen lag, hatte die „Kuba-Krise" der Weltöffentlichkeit deutlich vor Augen geführt. Während die Befürworter des Konzeptes einer „Sicherheit durch Abschreckung" auf die letztlich friedensstiftende Wirkung und die Alternativlosigkeit der Atomdrohung verwiesen, bestritten Oppositionsgruppen in beiden Lagern aus grundsätzlichen ethischen Erwägungen heraus, dass die Produktion von Atomwaffen und die Androhung ihres Einsatzes überhaupt – durch welches Ziel auch immer – zu rechtfertigen seien. Kritiker hoben auch ein offensichtliches Paradoxon hervor: Das Konzept einer Sicherheit durch Abschreckung konnte nur funktionieren, wenn beide Seiten einerseits glaubwürdig mit dem Einsatz ihres Atomwaffenpotenzials drohten, andererseits aber diese Drohung niemals in die Tat umsetzten.

Militärstrategien. Das atomare Wettrüsten stellte die Sicherheitspolitiker und die militärischen Führungen der beiden Blöcke vor ein weiteres, fundamentales Problem: sich verändernde weltpolitische Rahmenbedingungen und neue waffentechnologische Entwicklungen drohten immer wieder, das Gleichgewicht des Schreckens zugunsten der anderen Seite aufzuheben. Beide Seiten waren deshalb dazu gezwungen, ihre Militärstrategien permanent zu überprüfen und anzupassen.

NATO-Strategie der „massiven Vergeltung". Unmittelbar nach dem Zweiten Weltkrieg war das strategische Kräfteverhältnis zwischen den Blöcken durch das Atomwaffenmonopol der USA und die gleichzeitige deutliche sowjetische Überlegenheit an konventionellen Landstreitkräften gekennzeichnet. Auf diesen Voraussetzungen basierte die erste, 1952 verbindlich fixierte Militärstrategie der NATO, das Konzept der „massiven Vergeltung" („massive retaliation"). Die konventionelle Unterlegenheit der NATO sollte durch das strategisch-nukleare Monopol der USA ausgeglichen werden. Auf einen wie auch immer vorgetragenen Angriff des Warschauer Pakts sollte sofort mit einem massiven strategisch-nuklearen Vergeltungsschlag in das Gebiet des Warschauer Pakts reagiert werden.
Nach 1954 veränderte sich die Situation, denn der Sowjetunion war es gelungen, selbst Atomwaffen zu entwickeln und herzustellen. Gegen Ende der 1950er-Jahre kam außerdem die sogenannte „Zweitschlagskapazität" hinzu: Zerstörungssicher verbunkerte Interkontinentalraketen und auf U-Booten stationierte Raketen hatten zur Folge, dass beide Supermächte selbst nach einem „erfolgreichen", zerstörerischen Angriff auf ihr Territorium ihrerseits einen umfassenden Atomangriff auf das gegnerische Territorium würden starten können, sodass sich im Endeffekt beide Supermächte gegenseitig auslöschen würden.

NATO: „North Atlantic Treaty Organization". 1949 mit dem „Nordatlantikvertrag" gegründetes Militärbündnis der westlichen Staaten unter Führung der USA. Mitgliedstaaten sind: (seit 1949) Belgien, Dänemark, Frankreich, Island, Italien, Kanada, Luxemburg, Niederlande, Norwegen, Portugal, Großbritannien, USA; (seit 1952) Griechenland, Türkei; (seit 1955) Bundesrepublik Deutschland; (seit 1982) Spanien; (seit 1999) Polen, Tschechien, Ungarn; (seit 2004) Bulgarien, Estland, Lettland, Litauen, Rumänien, Slowakei, Slowenien; (seit 2009) Albanien, Kroatien. Die NATO ist ein reines Verteidigungsbündnis, in der Epoche des „Kalten Krieges" bildete sie das Gegenstück zum „Warschauer Pakt", dem Militärbündnis der östlichen Staaten unter Führung der UdSSR. In dieser Zeit wurde die Militärstrategie mehrfach veränderten politischen und waffentechnologischen Entwicklungen angepasst (s. Thema, S. 63 ff.).

NATO-Strategie der „angemessenen Reaktion". In dieser Situation verlor das Konzept der „massiven Vergeltung" an Glaubwürdigkeit, denn aus der Sicht der USA war es nicht rational, auf einen begrenzten konventionellen Angriff des Warschauer Paktes mit einem strategischen Atomangriff zu reagieren und damit die atomare Zerstörung des eigenen Territoriums einzuleiten. In den Jahren 1961/62 entwickelte die NATO deshalb das neue Konzept der „angemessenen Reaktion" („flexible response"). Es sah vor, auf einem möglichen Angriff des Warschauer Paktes „flexibel" zu reagieren: entweder nur konventionell, auf der Ebene taktischer Atomwaffen oder – als letzte Eskalationsstufe – unter Einsatz des strategischen Atomwaffenpotenzials. Der Automatismus des Konzeptes der „massiven Vergeltung" wurde durch die Ankündigung „angemessener" Reaktionen ersetzt, deren Art, Umfang und Zeitpunkt für den Angreifer nicht kalkulierbar sein sollten. Gleichzeitig sollte dem potenziellen Aggressor klargemacht werden, dass ein militärischer „Erfolg" zu akzeptablen Kosten nicht zu erreichen sein würde.

WVO-Strategie der „Vorwärtsverteidigung". Die Militärstrategie des Warschauer Paktes (Warschauer Vertragsorganisation, WVO) basierte auf dem Konzept der „Vorwärtsverteidigung" („Offensivdoktrin"), nach der Kriegshandlungen auf dem Territorium der UdSSR durch offensive Strategien vermieden werden sollten. Aus diesem Grund unterhielten die Staaten des Warschauer Paktes neben dem Nuklearpotenzial der UdSSR weiterhin ein umfangreiches konventionelles Streitkräftepotenzial, das – um die Offensivdoktrin glaubwürdig zu halten – in ständiger Einsatzbereitschaft bleiben musste.

„Zwei-Säulen-Konzept" der NATO. Gegen Ende der 1960er- und im Verlauf der 1970er-Jahre ergänzten die NATO-Staaten ihr sicherheitspolitisches Konzept ausdrücklich um die Entspannungspolitik. Unter der griffigen Formel „Abschreckung + Entspannung = Sicherheit" wurden der militärischen und der diplomatischen Seite der Sicherheitspolitik eine komplementäre und gleichberechtigte Funktion zugeschrieben („Zwei-Säulen-Konzept"). Dennoch drohte in den 1980er-Jahren die Abschreckungspolitik wieder aus dem Gleichgewicht zu geraten. Der amerikanische Präsident Ronald Reagan kündigte ein Programm zur Entwicklung satellitengestützter Abwehrraketen an, mit deren Hilfe sowjetische Atomraketen abgefangen werden sollten („Strategic Defence Initiative", SDI). Ein solcher Schutzschild hätte die USA in die Lage versetzt, einen Erstschlag durchzuführen, ohne der Gefahr eines Gegenangriffs ausgesetzt zu sein („first-strike-capability"). Das Ende des „Kalten Krieges" führte dazu, dass dieses Programm nie in die Realität umgesetzt wurde.

6. Das Epochenjahr 1989: Der Zusammenbruch der Sowjetunion, die Revolutionen in Osteuropa und das Ende des Ost-West-Konfliktes

1989 – Epochenjahr der Weltgeschichte

Das Jahr 1989 gilt als markanter Wendepunkt der Weltgeschichte, als „Epochenjahr". Mit ihm endete das „kurze 20. Jahrhundert", das mit dem ersten Weltkrieg (1914–1918) bzw. der russischen Oktoberrevolution (1917) begonnen hatte.

Das „kurze" 20. Jahrhundert: In der Geschichtswissenschaft übliche Bezeichnung für die Epoche zwischen dem Ersten Weltkrieg (1914–18) und den osteuropäischen Revolutionen (1989/90). Der Begriff steht in Analogie zum sog. „langen" 19. Jahrhundert zwischen der Französischen Revolution (1789) und dem Ersten Weltkrieg (1914–18).

Wende in Osteuropa. Zunächst bedeutete das Jahr 1989 eine entscheidende Wende für die Völker Osteuropas. In der Sowjetunion brach die kommunistische Herrschaft zusammen. Dadurch entstanden Freiräume für die zuvor vollständig von der Sowjetunion abhängigen Staaten Osteuropas, in denen vielfältige Oppositionsgruppen sich nun Gehör verschaffen, die kommunistischen Herrschaftsapparate abschütteln und einen eigenständigen Weg einschlagen konnten. Auf dem Gebiet der ehemaligen

Sowjetunion und in ganz Osteuropa entstanden teils neue, teils grundlegend veränderte Staaten, die sich – bei aller Unterschiedlichkeit im Detail – am westlichen Gesellschafts-, Staats- und Wirtschaftsmodell orientierten.
Die kommunistische Ideologie, die seit 1917 Russland bzw. die Sowjetunion und seit 1945/46 die Ostblockstaaten geprägt hatte, war 1989 vollständig diskreditiert. An ihre Stelle waren die Anerkennung grundlegender Freiheits- und Menschenrechte, die Demokratisierung der politischen Systeme, die Liberalisierung der Gesellschaft und die marktwirtschaftliche Umgestaltung der Wirtschaftsordnungen getreten. Neue, bisher nur im Westen bekannte Freiheiten wie die Versammlungs-, Meinungs- und Reisefreiheit wurden nun auch für die Bürger Osteuropas Realität.

Wende in der Weltpolitik. Diese revolutionäre Veränderung Osteuropas bedeutete zugleich eine dramatische Wende der Weltpolitik: die Auflösung des sowjetischen Herrschaftsbereiches bedeutete auch das Ende des Ost-West-Konfliktes, der über Jahrzehnte die Weltpolitik bestimmt hatte. Der Wandel in der Sowjetunion und in Osteuropa erreichte damit auch die westlichen Gesellschaften und letztlich alle Staaten der Welt, die bis dahin im Kräftefeld des „Kalten Krieges" gelebt hatten.
Als Epochenwende wird das Jahr 1989 aber vor allem angesehen, weil mit dem Untergang der Sowjetunion und der Diskreditierung des Marxismus-Leninismus als Staatsideologie – nach Ansicht vieler Historiker – das von ideologischen und machtpolitischen Gegensätzen geprägte „kurze 20. Jahrhundert" (1917–1989) endete. Von den drei „großen" Ideologien (Faschismus, Kommunismus, liberaler Kapitalismus), die sich am Ausgang des Ersten Weltkrieges als historische Alternativen präsentiert und die mit allen Machtmitteln moderner Staaten gegeneinander gekämpft hatten, war 1989 nur der liberale Kapitalismus mit seiner Führungsmacht, den USA, übriggeblieben.
Nicht zuletzt für die Deutschen bedeutete das Jahr 1989 eine Epochenwende. In diesem Jahr führte die friedliche Revolution in der DDR zum Ende der SED-Diktatur, zur Öffnung der Mauer am 9. November 1989 und schließlich am 3.10.1990 zur Vereinigung der beiden deutschen Staaten zur neuen Bundesrepublik Deutschland.

Schattenseiten. All diese dramatischen Veränderungsprozesse lösten unter den Zeitgenossen – zu recht – euphorische Begeisterung aus. Dennoch zeigt sich bei genauerer Betrachtung, dass die Epochenwende auch ihre Schattenseiten hatte: Während die meisten der osteuropäischen Revolutionen gerade durch ihren friedlichen Charakter geprägt waren, durchlitten andere Staaten und Regionen (Jugoslawien, Rumänien, Albanien, Tschetschenien) brutale und gewalttätige Bürgerkriege. In manchen Staaten oder sozialen Gruppen hinterließ die kommunistische Staatsideologie ein Vakuum, in dem nationalistisches, religiös-fundamentalistisches oder rassistisches Gedankengut wieder Platz finden konnte. Entgegen ursprünglichen Hoffnungen entwickelte sich auch die Weltpolitik nicht eindeutig im Sinne eines umfassenden Völkerfriedens, neue Gefährdungen und Konflikte waren und sind unübersehbar.

Die Reformpolitik Michail Gorbatschows

„Perestroika" und „Glasnost". Gorbatschows Politik ging davon aus, dass die innere Stabilität und äußere Macht der Sowjetunion angesichts der massiven volkswirtschaftlichen Probleme und des wachsenden äußeren Drucks nur durch umfassende innenpolitische Reformen zu sichern sein würden. Unter den Schlagworten „Perestroika" (Umbau) und „Glasnost" (Offenheit, Transparenz) versuchte Gorbatschow, Wirtschaft und Gesellschaft der UdSSR umfassend zu modernisieren. Der Umbau („Perestroika") von Staat und Gesellschaft zielte im Kern auf die Entbürokratisierung und Dezentralisierung der Planwirtschaft, die um marktwirtschaftliche Elemente ergänzt und auf diese Weise effizienter gestaltet werden sollte. Ein solcher Umbau konnte nur auf der Basis der Verantwortlichkeit und Transparenz von Entscheidungen verwirklicht werden: „Glasnost" sollte wirtschaftlichen Entscheidungen durchsichtig und kalkulierbar ma-

Michail Gorbatschow (geb. 1931)
Sowjetischer Reformpolitiker.
1950–1955: Jurastudium.
1985–1991: Generalsekretär des ZK der KPdSU und Staatsoberhaupt der Sowjetunion. Innen- und außenpolitische Reformen.
1987: Ablösung der Breschnew-Doktrin durch das Konzept des „Neuen Denkens".
1990: Gorbatschow stimmt der deutschen Einheit zu.
1990: Friedensnobelpreis.
1991: Nachdem eine ganze Reihe von Staaten ihre Unabhängigkeit von der Sowjetunion erklärt hat und nach einem missglückten Putsch gegen ihn, tritt Gorbatschow als Präsident zurück.

chen, gleichzeitig aber weit über die ökonomische Sphäre hinaus Vorgänge in Staat und Gesellschaft für alle Bürgerinnen und Bürger öffnen. Auf diese Weise sollten die Reformen die Leistungsfähigkeit und -bereitschaft der einzelnen Bürgerinnen und Bürger fördern. Mit diesem freiheitlichen und individualistischen Element wollte Gorbatschow allerdings die sozialistische Gesellschaft und Staatsorganisation der Sowjetunion nicht ablösen, sondern sie im Gegenteil stärken und modernisieren.

„Neues Denken". Um sein innen- und wirtschaftspolitisches Reformprogramm umsetzen zu können, versuchte Gorbatschow, den Staat außenpolitisch zu entlasten und internationale Konfliktfelder abzubauen. Im April 1987 löste Gorbatschow öffentlich die „Breschnew-Doktrin" durch sein Konzept des „Neuen Denkens" ab. Darin lehnte er Expansions- und Machtansprüche der Sowjetunion ab und betonte den Vorrang des Weltfriedens sowie das Recht aller Staaten auf eine freie, selbstbestimmte Entwicklung. Am 15. Mai 1987 begann sich die Sowjetunion aus Afghanistan zurückzuziehen, am 15. Februar 1989 verließen die letzten sowjetischen Truppen das Land.
Für die weitere Entwicklung in Osteuropa war entscheidend, dass die Politik des „Neuen Denkens" neue innenpolitische Freiräume in den Staaten des Warschauer Paktes eröffnete. Reformkräfte beriefen sich auf „Perestroika" und „Glasnost", die noch traditionell orientierten Regierungen konnten sich nicht mehr auf eine – letztlich militärische – Absicherung ihrer Herrschaft durch die UdSSR stützen.

Reformprozess und Auflösung der UdSSR. In der Sowjetunion selbst ging der Reformprozess schnell voran: Die Opfer der Stalin-Ära wurden rehabilitiert, Religions-, Meinungs- und Pressefreiheit garantiert sowie private Unternehmen zugelassen. Im Laufe des Jahres 1990 wurde der Übergang von der Plan- zur Marktwirtschaft eingeleitet, eine neue Verfassung führte ein Präsidialsystem ein, die einzelnen Republiken des Landes erhielten weitreichende Autonomierechte. Der Reformprozess entwickelte aber bald eine Dynamik, die weit über seine ursprünglichen Ziele hinausging. Bewegungen in allen Teilen des Landes stellten die ideologischen und territorialen Grundlagen des Staates infrage. Gorbatschow versuchte zunächst, die territoriale Einheit der Union auch mit militärischen Mitteln gegen sezessionistische Bestrebungen zu verteidigen. So hatten sich etwa in den baltischen Staaten Litauen, Estland und Lettland, die seit dem Ende des Zweiten Weltkrieges als „sozialistische Sowjetrepubliken" zur Sowjetunion gehörten, Unabhängigkeitsbewegungen gebildet. Die Parlamente der drei Re-

Gorbatschow gewährt den Bündnispartnern mehr Freiheit für eigenständige Entwicklungen (Karikatur von Nick Garland, Großbritannien, 1989).

publiken verabschiedeten im Frühjahr 1990 Erklärungen, in denen die Ungültigkeit des erzwungenen Beitritts und die Unabhängigkeit erklärt wurden. Die sowjetische Regierung wollte diese Pläne nicht hinnehmen und reagierte mit militärischen Mitteln. Der Angriff sowjetischer Truppen auf das lettische Innenministerium scheiterte ebenso wie ein von Moskau gesteuerter Putschversuch in Litauen. Im Frühjahr 1991 ergaben Volksabstimmungen in den drei baltischen Staaten klare Mehrheiten für die Unabhängigkeit. Im Sommer 1991 wurden sie von der EU anerkannt.

Im August 1991 forcierte ein Putschversuch orthodoxer kommunistischer Kräfte in Moskau den Veränderungsprozess noch weiter. Der Putschversuch scheiterte am Widerstand der Bevölkerung und von Teilen der Armee. Dieser Widerstand wurde von neuen, antikommunistischen Kräften getragen, die Gorbatschows Regierung gegen die Putschisten verteidigt hatten und nun zur bestimmenden Kraft in Russland und der Union wurden. Im September wurde die Unabhängigkeit der baltischen Staaten anerkannt. Am 8.12.1991 beschlossen die Staatsoberhäupter der drei verbliebenen Unionsrepubliken – Russland, Ukraine und Weißrussland – die Auflösung der Sowjetunion. Gleichzeitig gründeten sie die „Gemeinschaft unabhängiger Staaten" (GUS), der sich später – mit Ausnahme der baltischen Staaten – auch die anderen ehemaligen Sowjetrepubliken anschlossen. Mit diesen beiden Beschlüssen war der letzte sowjetische Präsident, Michail Gorbatschow, entmachtet und trat zurück.

Die Auflösung der Sowjetunion und die Gründung der „Gemeinschaft unabhängiger Staaten" (GUS)

Das Ende des Ost-West-Konfliktes

Ihre weltpolitisch epochale Bedeutung erhielt die Reformpolitik Gorbatschows, weil sie einen Weg zur friedlichen Beendigung des Ost-West-Konfliktes ebnete. Die neue defensive Militärdoktrin der Sowjetunion ermöglichte der Führung der USA, ihren Konfrontationskurs zu ändern. Im Herbst 1986 gelang es den Führern der beiden Supermächte, Ronald Reagan und Michael Gorbatschow, während eines Gipfeltreffens im isländischen Rykjavik, eine grundsätzliche Verständigung und einen entscheidenden Durchbruch in der atomaren Abrüstung zu erzielen. In den nachfolgenden INF-Verhandlungen („Intermediate Range Nuclear Forces") wurde der weltweite Abbau aller atomaren Mittelstreckenraketen vereinbart.

Der sowjetische Parteichef Michail Gorbatschow und der US-Präsident Ronald Reagan treffen zum ersten Mal im November 1985 in Genf aufeinander.

Bereits im Juni 1990 hatte Michail Gorbatschow einen radikalen Wandel des Warschauer Paktes und eine Annäherung an die NATO gefordert, bis Ende Dezember waren bereits viele Mitgliedsstaaten ausgetreten. Mit der formellen Auflösung des Warschauer Paktes am 1.7.1991 verschwand einer der beiden Militärblöcke, die für Jahrzehnte die Weltpolitik geprägt hatten, von der historischen Bildfläche. Übrig blieb die NATO, die nun – ihrer traditionellen Aufgabe beraubt – ihre weltpolitische und militärstrategische Rolle neu zu bestimmen hatte.

Friedensnobelpreis für Michail Gorbatschow (15.10.1991). In Anerkennung seiner historischen Leistungen für den Weltfrieden erhielt Gorbatschow am 15.10.1991 den Nobelpreis. Sein persönlicher Beitrag zum friedlichen Wandel der Sowjetunion und der Ostblockstaaten ist unumstritten, ebenso wie seine Verdienste um die friedliche Revolution in der DDR (1989) und die deutsche Einheit (1990) (vgl. S. 214 ff.). Allerdings werden seine anfängliche Politik gegenüber den Minderheitsrepubliken in der Sowjetunion ebenso wie die Tragweite seiner zunächst begrenzten Reformpolitik bis heute unterschiedlich bewertet.

Revolution und Wandel in Osteuropa

Polen. „In Danzig fing alles an" – große Plakate in ganz Polen im Sommer 2005 sollen an die Ereignisse vor 25 Jahren erinnern, die heute als Beginn des revolutionären Wandels in den osteuropäischen Staaten gelten: der Streik polnischer Werftarbeiter in der Danziger Lenin-Werft im August 1980. Dieser Streik richtete sich gegen von der Staatsführung verfügte Preiserhöhungen, hatte aber seinen tieferen Grund in der bereits seit Langem anhaltenden Entfremdung zwischen der kommunistischen Staatsführung und der mehrheitlich tief katholisch geprägten Bevölkerung. Den letzten Anlass bildete die Entlassung der Kranführerin Anna Walentynowicz, die sich gegenüber der Werftleitung für Arbeiterrechte eingesetzt hatte. Mit hohem persönlichen Risiko (erst vor zehn Jahren waren bei der Niederschlagung eines Streiks in der Lenin-Werft 80 Arbeiter von der Polizei erschossen worden) versammelten sich Arbeiter vor dem Werkstor und legten die Arbeit nieder. Am 14.8.1980 erkletterte der Elektriker Lech Walesa illegal die Werftmauer und hielt eine Rede an die Streikenden – Walesa wurde zur Führungsfigur einer Streikbewegung, die sich auf andere Betriebe in Danzig und schließlich auf das ganze Land ausweitete.

Lech Walesa, Vorsitzender der unabhängigen polnischen Gewerkschaft „Solidarnosc“, in der Lenin-Werft in Danzig (1980)

Im September gründeten die streikenden Arbeiter die unabhängige Gewerkschaft „Solidarnosc“ (Solidarität), die zur entscheidenden Triebkraft des antikommunistischen Widerstandes wurde. Wesentliche Kraft schöpfte diese Widerstandsbewegung durch die Wahl des polnischen Kardinals Karol Wojtyla zum Oberhaupt der katholischen Kirche im Jahr 1978. Als Papst Johannes Paul besuchte er 1979 seine Heimat und die kommunistische Staatsführung musste ihm wohl oder übel einen freundlichen Empfang bereiten, während ein Großteil der polnischen Bevölkerung sich durch den Papstbesuch in seiner oppositionellen Haltung gegenüber der Staatsführung bestätigt und ermutigt fühlte.

Die kommunistische Staatsführung gab dem Druck der Revolution zunächst nach. Sie erkannte die unabhängige Gewerkschaft „Solidarnosc“ am 10.9.1980 offiziell an und begann Gespräche zur Reform von Staat und Gesellschaft. So entstand die in der Geschichte des Ostblocks bis dahin größte, gesellschaftlich organisierte, gewaltlos agierende Protestbewegung in einem kommunistischen Staat. Als aber die Staatsführung immer weiter in die Defensive geriet und die Situation im Verlauf des Jahres 1981 weiter eskalierte, beendete General Wojciech Jaruzelski am 13.12.1981 die Zeit des – wie polnische Historiker sie nennen – „Karneval der Solidarnosc“: Angeblich um eine Invasion sowjetischer Truppen zu verhindern, verhängte er das Kriegsrecht, ließ alle Oppositionellen und Arbeiterführer verhaften und verbot Anfang 1982 die „Solidarnosc“.

Durch Gorbatschows Politik des „neuen Denkens“ veränderte sich die Lage wieder und die polnische Regierung sah sich im Frühjahr 1989 gezwungen, wieder Verhandlungen mit der „Solidarnosc“ an einem sogenannten „Runden Tisch“ aus Vertretern der Regierung und der Opposition aufzunehmen. Zwar wurden der Opposition nur halblegale Wahlen zugestanden, aber das Machtmonopol der kommunistischen Partei war gebrochen. Die Solidarnosc gewann alle der Opposition zugestandenen Sitze im polnischen Parlament, dem Sejm. Im August 1989 wurde Tadeusz Mazowiecki nach freien Wahlen erster nicht-kommunistischer Ministerpräsident im gesamten Ostblock. Im Dezember 1990 wurde Lech Walesa zum Staatspräsidenten gewählt. Die neue Staatsführung begann mit der Umgestaltung des politischen Systems, der Einführung der Marktwirtschaft und der außenpolitischen Neuorientierung des Landes, die letztlich in den Beitritt zur NATO (1999) und zur EU (2004) mündete.

www.solidarnosc.gov.pl
Mehrsprachige, sehr informative und anschauliche Internetseite zum „Phänomen Solidarnosc“ mit einer Chronologie der Ereignisse des Jahres 1980

Bilanz der polnischen Revolution. Das polnische Beispiel zeigt im Kern die Elemente, die in allen osteuropäischen Revolutionen der 1980er-Jahre der Opposition zum Durchbruch verhalfen: Es war die Kombination aus erstens der – vor allem ökonomischen – Schwäche des herrschenden Systems, zweitens stärkenden äußeren Faktoren – in Polen vor allem die Unterstützung durch die katholische Kirche und den polnischen Papst – sowie drittens großem persönlichen Mut der Oppositionellen. Im Rückblick wird aber auch eine gewisse Ambivalenz in der Bilanz der Revolution deutlich: Während die Einführung der Menschenrechte, der Demokratie und der freiheitlichen gesellschaftlichen Ordnung uneingeschränkt positiv bilanziert wird, bleiben die sozialen und ökonomischen Ergebnisse der „Wende" umstritten.

http://www.ungarn1956.de/
Sehr informative und materialreich-anschauliche Internetseite des Zentrums für zeithistorische Forschung Potsdam, der Stiftung Aufarbeitung der SED-Diktatur und des Collegium Hungaricum Berlin zur ungarischen Revolution

Ungarn. Die Revolution in Ungarn 1989 basierte wesentlich auf den Spielräumen, die die Reformpolitik in der Sowjetunion geschaffen hatte. In der Zeit des „Kalten Krieges" war Ungarn durch eine besondere Grundstimmung geprägt gewesen: Einerseits litt das Land unter dem Trauma der Niederschlagung des ungarischen Aufstandes durch sowjetische Truppen im Jahr 1956. Die ungarische Bevölkerung war gezwungen, sich mit den gegebenen Machtverhältnissen zu arrangieren. Andererseits betrieb die „Ungarische Sozialistische Arbeiterpartei" (USAP) eine relativ liberale Politik und gewährte deutlich mehr Freiheiten als die sozialistischen Nachbarstaaten.
Mit Gorbatschows Reformen gewannen Oppositionsgruppen und Reformer innerhalb der USAP Auftrieb und Einfluss. Im Januar 1989 verzichtete die USAP auf ihre – bis dahin von der Verfassung zugesicherte – Führungsrolle im Staat. Gespräche mit der Opposition am „Runden Tisch" führten auf friedlichem Wege zu einem grundlegenden Systemwandel: Mit einer Verfassungsreform wurden ein Mehrparteiensystem, freie Wahlen und eine marktwirtschaftliche Wirtschaftsordnung eingeführt.
Weit über Ungarn hinaus wirkte die Öffnung der Grenzbefestigungen zu Österreich seit 1989: Der „Eiserne Vorhang" war durchlässig geworden. Nicht nur Ungarn nutzten die neue Reisemöglichkeit, auch Tausende DDR-Bürger reisten nach Ungarn, um von dort aus über Österreich in die Bundesrepublik zu fliehen. Indirekt trieb die ungarische Revolution auf diese Weise das SED-Regime, das sich nun gezwungen sah, ihrer Bevölkerung auch Reisen nach Ungarn zu verbieten, weiter in die Defensive.

http://www.tagesschau.de/multimedia/pragerfruehling100.html
Eine multimediale Chronik zum Prager Frühling

Tschechoslowakei. Ähnlich wie im Nachbarland Ungarn hatte auch die Bevölkerung der Tschechoslowakei nach der Niederschlagung des „Prager Frühlings" im August 1968 durch Truppen des Warschauer Paktes den Glauben an eine Reformierbarkeit des Systems für lange Zeit verloren. Die bürgerlich-liberale Opposition im Land erhielt jedoch nach der Unterzeichnung der KSZE-Schlussakte von Helsinki (1975) neue Ermutigung. Intellektuelle gründeten 1977 die Bürgerrechtsbewegung „Charta 77". Zu ihrem führenden Vertreter wurde der international bekannte Schriftsteller und Bürgerrechtler Vaclav Havel. Das Regime versuchte, Havel und seine Mitstreiter durch Berufsverbote, Hausarreste und Gefängnisstrafen einzuschüchtern – ohne Erfolg. 1989 begann in der Tschechoslowakei, zeitgleich mit dem Wandel in der UdSSR, Polen und Ungarn, eine friedliche, „samtene Revolution": Massendemonstrationen und ein Generalstreik führten – ebenfalls wie in Polen und Ungarn – zu einem „Runden Tisch" und zu einer Wende zu Demokratie und Marktwirtschaft. Im Dezember 1989 wurde Vaclav Havel in freien Wahlen zum Staatspräsidenten gewählt.

Plakate zur Wahl Vaclav Havels, Prag 1989

Neben dem friedlichen Charakter des Systemwechsels ist die dann folgende – ebenfalls friedliche – Teilung der Tschechoslowakei in zwei Nationalstaaten, die slowakische und die tschechische Republik, besonders bemerkenswert. Die auch räumlich relativ klare Trennung der beiden Nationalitäten, Sprachen und Kulturen hatte die friedlichen Nationalstaatsgründungen erleichtert. Dennoch bilden sie, gerade auch im Kontrast zu den bürgerkriegsartigen Auseinandersetzungen etwa in Jugoslawien, eine geradezu vorbildliche Ausnahme in der Geschichte der europäischen Nationalstaatsbildung.

Rumänien. Im Unterschied zu Polen, Ungarn und der Tschechoslowakei verlief der Umsturz in Rumänien gewaltsam. Der berüchtigte, stalinistisch geprägte Diktator Nicolae Ceaucescu (1908–1989) hatte sein Volk mithilfe der straff geführten Geheimpolizei „Securitate“ über Jahrzehnte brutal unterdrückt. Als am 20.12.1989 die Verhaftung eines regimekritischen Pfarrers den „Aufstand von Temesvar“ auslöste, reagierte der Diktator erneut mit massiver Repression: Tausende wurden verhaftet, verschleppt, gefoltert und ermordet. Als sich Teile der Polizei und Armee gegen den Diktator stellten, kam die Wende: Ceaucescu wurde am 22.12.1989 gestürzt, während eines Fluchtversuches festgenommen und am 25.12.1989 von einem Militärgericht zum Tode verurteilt.

http://www.km.bayern.de/blz/web/700105/index.asp
Informative Seite der bayrischen Landeszentrale für politische Bildungsarbeit zur Geschichte Rumäniens

Ein Bündnis aus ehemaligen Kommunisten und Teilen der Oppositionsbewegung, die „Front zur nationalen Rettung“, gewann die Parlamentswahlen im Mai 1990 und leitete die Neuorientierung des Staates ein. Eine neue Verfassung (1991) begründete ein Mehrparteiensystem. Dennoch sollte Rumänien noch für Jahrzehnte unter der Hinterlassenschaft Ceaucescus leiden, der das Land mit seiner Diktatur in bittere Armut gestoßen hatte. Mithilfe marktwirtschaftlicher Reformen versuchen die rumänischen Regierungen seit 1990, Anschluss an die westeuropäische Entwicklung zu gewinnen.

Kämpfe in Temesvár, Dezember 1989

Bulgarien. Weniger gewalttätig, dafür aber umständlicher und langwieriger als in Rumänien verlief der Wandel in Bulgarien. Dort hatte die Opposition im Herbst 1989 zwar den Sturz des kommunistischen Diktators Todor Schikow und den offiziellen Verzicht der kommunistische Partei auf ihren Führungsanspruch erreicht. Unter wechselnden Regierungen behielt die alte kommunistische Elite mithilfe der „Bulgarischen Sozialistischen Partei“ (BSP), der Nachfolgeorganisation der kommunistischen Partei, jedoch zentrale Machtpositionen im Staat. Erst eine tiefe wirtschaftliche Krise führte 1996 zu einer erneuten Massenbewegung und 1997 zur Auflösung des Parlaments und dem Verzicht der Sozialisten auf eine Interimsregierung. Seitdem führen antikommunistische Regierungen das Land auf einem Kurs der Annäherung an den Westen. Sie erreichten eine Verbesserung der wirtschaftlichen Stellung des Landes in der Weltwirtschaft, während die materiellen und sozialen Lebensbedingungen in Bulgarien weiter bedrückend blieben.

Albanien. Während des Kalten Krieges hatte in Albanien ein brutaler, stalinistischer Überwachungsstaat unter dem Diktator Enver Hoxha geherrscht, in dem jede freie Meinungsäußerung oder Religionsausübung streng verboten war. Nach dem Tod Josef

Maoismus: Bezeichnung für eine auf dem chinesischen Revolutionär Mao Zedong (1893–1976) basierende, kommunistische Ideologie. Der Maoismus entfaltete in Konkurrenz zum Kommunismus sowjetischer Prägung weltweiten Einfluss, v. a. in Ländern der „Dritten Welt". Als radikale Ideologie setzte der Maoismus den gesellschaftlichen Fortschritt über das Wohl des Einzelnen. Er war für zahlreiche Menschenrechtsverletzungen in China während der sog. „Kulturrevolution" (1966–1976), aber z. B. auch in Kambodscha während der Herrschaft der „Roten Khmer" verantwortlich.

Stalins (1953) hatte der Diktator Hoxha, dem die nachstalinistische UdSSR eine zu lockere Politik betrieb, das Land in eine völlige außenpolitische Isolation geführt. 1968 war Albanien aus dem RGW und dem Warschauer Pakt ausgetreten und verfolgte zeitweise eine an China angelehnte, maoistische Politik. Nach dem Tode Hoxhas 1985 führte sein Nachfolger Ramiz Alia dessen Politik brutaler Repression fort.
1990 wurde die kommunistische Regierung zwar gestürzt, aber das Land versank im Chaos. Korruption und Willkür ließen den Transformationsprozess in einen demokratischen Staat scheitern und bürgerkriegsähnliche Zustände entstehen. Zahlreiche Albaner versuchten per Schiff, aus dem Land zu fliehen. 1997 eskalierten diese Zustände so weit, dass außerhalb der Hauptstadt Tirana alle staatlichen Strukturen zusammenbrachen und internationale Truppen im Auftrag der UNO eingreifen mussten. Unter ihrem Schutz wurden 1997 die ersten freien Wahlen durchgeführt. Seitdem erholt sich das Land langsam und die Lebensverhältnisse verbessern sich.

Jugoslawien. Der Wandel im ehemaligen Jugoslawien war (und ist bis heute) von dem gewalttätigen Aufbrechen teils alter, teils neu induzierter Nationalitätenkonflikte nach dem Zusammenbruch der alten „sozialistischen Republik Jugoslawien" geprägt.
Nach dem Zweiten Weltkrieg hatte der ehemalige Partisanenführer Josip Broz Tito Jugoslawien als sozialistischen Bundesstaat aus sechs Teilrepubliken (Slowenien, Kroatien, Bosnien-Herzegowina, Montenegro, Serbien, Mazedonien) und zwei Autonomen Provinzen innerhalb der Teilrepublik Serbien (Vojvodina, Kosovo) gegründet. Tito hatte sich früh von der stalinistischen Sowjetunion abgewandt; Jugoslawien verfolgte innenpolitisch eine eher liberale Spielart des Sozialismus. Den Vielvölkerstaat hielt Tito einerseits durch eine Vielzahl von festgelegten Mechanismen, die die gleichberechtigte Berücksichtigung aller Nationalitäten in Partei, Staat und Gesellschaft sichern sollten, und andererseits durch die Unterdrückung nationaler und separatistischer Tendenzen zusammen. Nach seinem Tod am 4.5.1980 begann der übernationale Konsens des jugoslawischen Staatsgebildes zusammenzubrechen, separatistische Tendenzen und Autonomiebestrebungen nahmen zu und entwickelten sich zu regelrechten Kriegen.
Im Jahre 1990 fanden in allen Teilrepubliken freie Wahlen statt, in denen zumeist die Anhänger einer größeren Selbstständigkeit siegten. 1991 erklärten als erste Kroatien und Slowenien ihren Austritt aus dem jugoslawischen Staatsverband. Die serbisch dominierte Bundesarmee ging mit Waffengewalt gegen diese Erklärungen vor. Während Slowenien relativ schnell gegen die Bundesarmee siegte, zog sich der Krieg in Kroatien, wo die Bundesarmee durch serbische Freischärler unterstützt wurde, über Jahre hin. Im Dezember 1991 bzw. im Januar 1992 wurden Kroatien und Slowenien international anerkannt; die UNO entsendete im Januar 1992 ein internationales Truppenkontingent nach Kroatien, um den dortigen Bürgerkrieg unter Kontrolle zu bringen.
Danach verlagerte sich der Schwerpunkt des Bürgerkrieges nach Bosnien-Herzegowina, das am 15.10.1991 ebenfalls seine Unabhängigkeit erklärt hatte. In dieser Teilrepublik war die Lage insofern besonders kompliziert, als verschiedene Nationalitäten und Religionen (orthodoxe Serben, muslimische Bosnier, christliche Kroaten) nicht in getrennten, sondern gemeinsamen Siedlungsgebieten lebten. Die Hauptstadt der Teilrepublik, Sarajevo, galt seit langem als vorbildliches Beispiel eines friedlichen Miteinanders verschiedener Religionen und Nationen. Unter dem Einfluss sezessionistischer Bewegungen einerseits und dem forcierten Nationalismus des Präsidenten der Teilrepublik Serbien, Slobodan Milosevic, andererseits, zerbrach dieses friedliche Miteinander und mündete in einen mörderischen Bürgerkrieg (1991–1995), dessen Gewaltexzesse (vorwiegend durch serbische Truppen und Freischärlergruppen) erst durch das Eingreifen einer NATO-Schutztruppe unter der Führung der USA (seit dem 28.2.1994) beendet werden konnten (Frieden von Dayton, 14.12.1995).
Die gewaltsamen Übergriffe der serbischen Regierung auf die ebenfalls nach Unabhängigkeit strebende albanische Bevölkerung des Kosovo führten knapp vier Jahre später zum Kosovo-Krieg (24.3.–10.6.1999) der NATO gegen Serbien. Der ohne UNO-Man-

http://www.bpb.de/publikationen/5DDGVJ,0,Der_Zerfall_Jugoslawiens_und_dessen_Folgen.html
Informative Darstellung über den Zerfall Jugoslawiens. Bundeszentrale für politische Bildung (Holm Sundhaussen, Aus Politik und Zeitgeschichte; Nr. 32/2008)

dat geführte Krieg und insbesondere die heftigen Bombenangriffe auf Belgrad und andere Städte Serbiens waren (und sind bis heute) völkerrechtlich umstritten. Im Zentrum steht dabei die Frage, ob es sich um einen ungerechtfertigten Angriffskrieg oder um einen legitimen Einsatz zum Schutz der Menschenrechte (der Kosovo-Albaner) gehandelt habe.
Nach der militärischen Niederlage Serbiens wurde die Provinz Kosovo von Serbien abgekoppelt und unter die Kontrolle der UNO gestellt, die ersten KFOR-Truppen marschierten am 13.6.1999 in das Kosovo ein. In Serbien selbst wurde Milosevic durch eine serbische Oppositionsbewegung am 5.10.2000 gestürzt. Am 1.4.2001 wurde er verhaftet und an das UN-Kriegsverbrechertribunal in Den Haag überstellt.

Karikatur zum Kosovo-Krieg 1999 (Der Mann mit dem Messer ist der serbische Präsdent Milosevic.)

7. Internationale Politik nach dem Ende des Ost-West-Konfliktes

Ende der Geschichte?

Utopien. Als 1990 der Ost-West-Konflikt zu Ende ging, war die Freude, ja Euphorie über das Ende der Bedrohung durch die Blockkonfrontation groß. Die Chance auf eine friedliche Entwicklung der Welt schien greifbar nahe.
Manche zeitgenössische Kommentatoren sahen zudem bereits das „Ende der Geschichte" (so der Titel eines Buches des amerikanischen Politikwissenschaftlers Francis Fukuyama) gekommen, denn durch den Wegfall der sozialistisch-kommunistischen Alternative schien das westliche Weltmodell als „Sieger aus der Geschichte" hervorgegangen zu sein. Dessen Grundwerte, seine Gesellschafts- und Wirtschaftsordnung sowie sein Demokratieverständnis hätten sich – so lautete die These – als fraglos überlegen erwiesen und würden in Zukunft – jedenfalls im Grundsatz – weltweit akzeptiert und angewendet werden.
Beide Utopien – der Weltfriede und der liberaldemokratische Weltkonsens – erwiesen sich bald als unzutreffend. Tatsächlich sind die Strukturen der internationalen Politik insgesamt unübersichtlicher und neue Bedrohungen offensichtlich geworden.

Neue Dynamik. Von der bilateralen Ordnung des Ost-West-Konfliktes war zwar eine existentielle Bedrohung ausgegangen, zugleich aber hatte sie die Staaten der Welt mehr oder weniger strikt in die jeweiligen Blockstrukturen integriert und ein den jeweiligen Zielen angepasstes Verhalten erzwungen. Abweichungen wurden bestraft, positives Verhalten durch militärischen Schutz, wirtschaftliche Unterstützung und intensive Handelsbeziehungen belohnt. Nach dem Ende des Ost-West-Konfliktes verloren beide Blöcke ihre integratorische Funktion in der internationalen Politik: Im Bereich des ehemaligen Ostblocks ging diese Integration vollständig verloren, im Westen wurde sie zumindest aufgeweicht. In der Folge gewannen lokal begrenzte Konflikte, aber auch Problembereiche von weltweiter Bedeutung oftmals eine neue, eher unkontrollierte Dynamik. Ob diese Konfliktpotenziale weiter wachsen und sich zu einer Bedrohung des Weltfriedens ausweiten werden oder ob es gelingen wird, sie international anerkannten Regeln zu unterwerfen und friedlich zu lösen, ist heute eine offene Frage.

Weltprobleme zu Beginn des 21. Jahrhunderts

„Sustainable development". Zu den Problemen, die heute die Menschheit als Ganzes betreffen, gehört die fortschreitende Umweltzerstörung. Sie gründet bisher vor allem auf dem Ressourcenverbrauch (Energie, Rohstoffe) und der Schadstoffemission durch die traditionelle Industrieproduktion vor allem der Industrieländer. Eine Ausweitung dieses Wachstumsmodells durch Bevölkerungswachstum und durch die industrielle Entwicklung weiterer, bisher eher agrarisch geprägter Volkswirtschaften würde die natürlichen Lebensgrundlagen aller Menschen auf dem gesamten Globus bedrohen. Aus diesem Grund ist der Umweltschutz bereits seit langem keine nationale, sondern eine globale politische Aufgabe. Auf der Weltumweltkonferenz von Rio de Janeiro (1992) und ihren Nachfolgekonferenzen wurden unter dem Leitbegriff der „nachhaltigen Entwicklung" („sustainable development") Konzepte einer Entkopplung von Wachstum und Umweltverbrauch diskutiert und Maßnahmen zum Umweltschutz beschlossen. Deren konkrete Umsetzung bleibt allerdings bis heute eine Aufgabe der Nationalstaaten, die auf diesem Feld unterschiedlich erfolgreich agieren. Manche Staaten, vor allem die USA unter Präsident George Bush jun., stiegen ganz aus dem Konferenzprozess aus, weil sie ökonomische Einschränkungen durch strenge Umweltauflagen befürchteten und internationale Reglementierungen ihrer nationalen Wirtschaftspolitik ablehnten.

Internationale Wirtschaftsbeziehungen. Der Begriff der „nachhaltigen Entwicklung" verweist auf einen zweiten Problembereich der Gegenwart: Die Bekämpfung der Armut und die Entwicklung „gerechter" internationaler Wirtschaftsbeziehungen. Der Austausch zwischen den entwickelten Industriestaaten Nordamerikas, Europas und Asiens droht immer wieder in handelspolitische Konflikte zwischen den zur Zeit weltwirtschaftlich stärksten Zentren USA, Europa und Japan abzugleiten. Der Zusammenschluss der Industriestaaten in der OECD (Organization for Economic Cooperation and Development) (seit 1961) ermöglicht allerdings eine internationale politische Regulierung solcher Konflikte. Im Rahmen der OECD sind darüber hinaus wichtige regionale Handelsräume mit gemeinsamen Märkten, wie die Europäsiche Union (EU), die Nordamerikanische Freihandelszone (NAFTA) und die asiatisch-pazifische Handelsverbund (APEC), entstanden.

Weit schwieriger zu lösen ist das Problem der ungleichen Handelsbeziehungen zwischen den OECD-Staaten einerseits und den sogenannten Entwicklungsländern andererseits. Seit dem Ende des Ost-West-Konfliktes können die Entwicklungsländer nicht mehr auf wirtschaftliche Vorteile durch politisch angepasstes Verhalten hoffen; die OECD-Staaten stehen ihnen nun als eher einheitlicher Block gegenüber. Hinzu kommt, dass die Hoffnung der frühen 1990er-Jahre auf eine „Friedensdividende" – also die Umwidmung von Rüstungsgeldern zur Zeit des „Kalten Krieges" in Entwicklungshilfemittel nach dessen Ende – sich weitgehend aufgelöst hat. Weltweit sind die Ausgaben der OECD-Staaten für Entwicklungshilfe seit 1990 nicht gestiegen, sondern gesunken. Umstritten ist auch die Frage, ob die beiden großen Institutionen zur Regulierung der Weltwirtschaft, die Weltbank (die Entwicklungskredite an Staaten vergibt) und der Internationale Währungsfonds (IWF) (der die internationale Währungspolitik reguliert), eher im Interesse der OECD-Staaten oder der Entwicklungsländer agieren.

Proliferation. Das dritte globale Problem der Gegenwart – die Bedrohung durch eine unkontrollierte Verbreitung von Massenvernichtungswaffen („Proliferation") – ist in gewisser Weise ein Erbe des „Kalten Krieges". Vor allem der rasche und zum Teil unkontrollierte Umbau der staatlichen Strukturen in der ehemaligen Sowjetunion und in anderen Ostblockstaaten hat Befürchtungen im Hinblick auf eine Weitergabe von Atomwaffen oder Technologien zu ihrer Herstellung an Drittstaaten oder terroristische Gruppen genährt.

Globalisierung. Ein viertes global bedeutsames Phänomen wird meist mit dem Schlagwort „Globalisierung" bezeichnet. Damit werden zusammenfassend die komplexen Prozesse einer zunehmenden wirtschaftlichen, politischen und kulturellen Verflechtung aller Volkswirtschaften, Staaten und Kulturen der Welt bezeichnet, die durch verbesserte technische Möglichkeiten des Transportes und der Kommunikation, aber auch durch den Abbau von politisch motivierten Handelshemmnissen nach dem Ende des Ost-West-Konfliktes vorangetrieben werden. Obwohl solche Prozesse bereits seit langer Zeit begonnen haben, scheint nun die internationale Mobilität von (vor allem) Kapital, Waren, Dienstleistungen und Informationen eine neue Qualität erreicht zu haben, die traditionelle Produktions- und Lebensformen in Frage stellt und eine Vielzahl nur schwer abschätzbarer Chancen, aber auch Risiken birgt.

Nationalstaaten. Unmittelbar mit dem Prozess der Globalisierung ist – fünftens – die Frage nach der zukünftigen Rolle der Nationalstaaten verbunden. Globale Strukturen – wie etwa die Aktivitäten transnationaler Wirtschaftsunternehmen – lassen sich nicht mehr auf der Ebene von Nationalstaaten regulieren und unterhöhlen die Handlungsspielräume nationaler Souveränität. Vor diesem Hintergrund spricht vieles für eine sinkende Bedeutung der Nationalstaaten und die Forderung nach dem Aufbau einer – wie immer gearteten – „Weltregierung". Auf der anderen Seite scheint gerade die kulturelle Verunsicherung infolge der Globalisierung zu einer Renaissance der Orientierung vieler Menschen an religiöser, ethnischer oder nationaler Zugehörigkeit zu führen. Besonders in Osteuropa sind – nach dem Zerfall der kommunistischen Regime – solche Tendenzen in den zum Teil blutigen Auseinandersetzungen um zukünftige staatliche Ordnungen zu beobachten, wie z. B. in Tschetschenien, Georgien und vor allem auf dem Balkan. Als weitere Tendenz sind in vielen Teilen der Welt eine Auflösung staatlicher Strukturen und eine Zunahme der Bedeutung regionaler „warlords", rivalisierender und z. T. über Landesgrenzen hinweg operierender Interessengruppen, mafiaähnlicher Organisationen oder paramilitärischer Organisationen zu beobachten. Dies gilt vor allem für die ärmsten Regionen der Welt wie Afrika oder Zentralasien. Die beiden letztgenannten Phänomene stehen im Hintergrund des blutigsten Völkermordes der neueren Geschichte in Ruanda (1994).

Imperiale Hegemonie oder kooperativer Multilateralismus?

Neue Weltordnung? (Karikatur von 2002)

Die Struktur der internationalen Politik seit 1990 ist vor allem durch den Status der USA als einzig verbliebener Supermacht gekennzeichnet. Kein anderer Staat und keine andere Staatengruppe der Welt verfügt über eine vergleichbare wirtschaftliche, vor allem aber militärische Macht, seine oder ihre Interessen jederzeit weltweit zur Geltung zu bringen. Offen und auch innerhalb der USA umstritten ist die Frage, wie sich die amerikanische Außenpolitik auf dieser Grundlage gestalten wird.
Seit den 1990er-Jahren wird in der internationalen Politikwissenschaft die These von einem „amerikanischen Imperium", vergleichbar dem britischen Kolonialreich im 19. Jahrhundert oder dem römischen Imperium in der Antike, kontrovers diskutiert. In einem positiven Sinne sahen manche Wissenschaftler die Chance, die amerikanischen Werte und Erfahrungen zu einer – in ihrem Sinne – Befriedung und Zivilisierung der Welt auf den Globus ausdehnen zu können. In diesem außenpolitischen Paradigma scheint deutlich das traditionelle amerikanische Sendungsbewusstsein wieder auf. Die Kritiker dieses Ansatzes teilen dessen Diagnose eines imperialen Strebens der US-Außenpolitik nach dem Ende des Ost-West-Konfliktes, lehnen es aber als rücksichtslose und letztlich zum Scheitern verurteilte Macht- und Interessenpolitik ab. Sie fordern stattdessen die Integration der Außenpolitik der USA in einen kooperativen Multilateralismus und die Stärkung internationaler Organisationen und Prozesse der Friedenssicherung und der Lösung von Problemen, die die Menschheit als Ganzes betreffen (vgl. Forum, S. 74ff.).

Kriegerische Konflikte, die Entwicklung des internationalen Rechts und die UNO

Vereinte Nationen (UN). Zur wichtigsten Institution internationaler Friedenssicherung entwickelten sich nach dem Ende des Ost-West-Konfliktes die „Vereinten Nationen" (UN). War der Sicherheitsrat der UN durch das Vetorecht der Ständigen Mitglieder (USA, UdSSR, Großbritannien, Frankreich, UdSSR/Russland) in der Zeit des Ost-West-Konfliktes regelmäßig blockiert gewesen, so ergab sich nun die Chance einer konstruktiven Zusammenarbeit im Interesse des Weltfriedens.
Die Grundlage der *Arbeit des Sicherheitsrates* ist die Charta der Vereinten Nationen, die ein generelles Gewaltverbot ausspricht, von dem es nur zwei Ausnahmen gibt: zum einen die individuelle oder kollektive Selbstverteidigung nach einem bewaffneten Angriff und zum anderen eine vom Sicherheitsrat autorisierte Gewaltanwendung, wenn ein Staat internationales Recht (z. B. die Menschenrechtskonvention der UN) verletzt. Vor allem die letztere Bestimmung eröffnet sehr kontroverse Interpretationsspielräume, denn sie ermöglicht auf der einen Seite sogenannte „humanitäre Interventionen" der Völkergemeinschaft, während auf der anderen Seite die Einmischung in die inneren Angelegenheiten eines Staates den anerkannten *Regeln des Völkerrechts* widerspricht. Hinzu kommt ein weiteres, eher praktisches Problem: Da der Sicherheitsrat selbst über keine militärischen Mittel verfügt, gerieten die durch ihn autorisierten Gewaltmaßnahmen faktisch zu einer Ermächtigung an einzelne Staaten oder Staatenbündnisse zur Führung von Kriegen – bzw. zum Ausdruck der Machtlosigkeit des Sicherheitsrates, wenn sich solche Staaten nicht zu einem militärischen Einsatz bereitfanden.

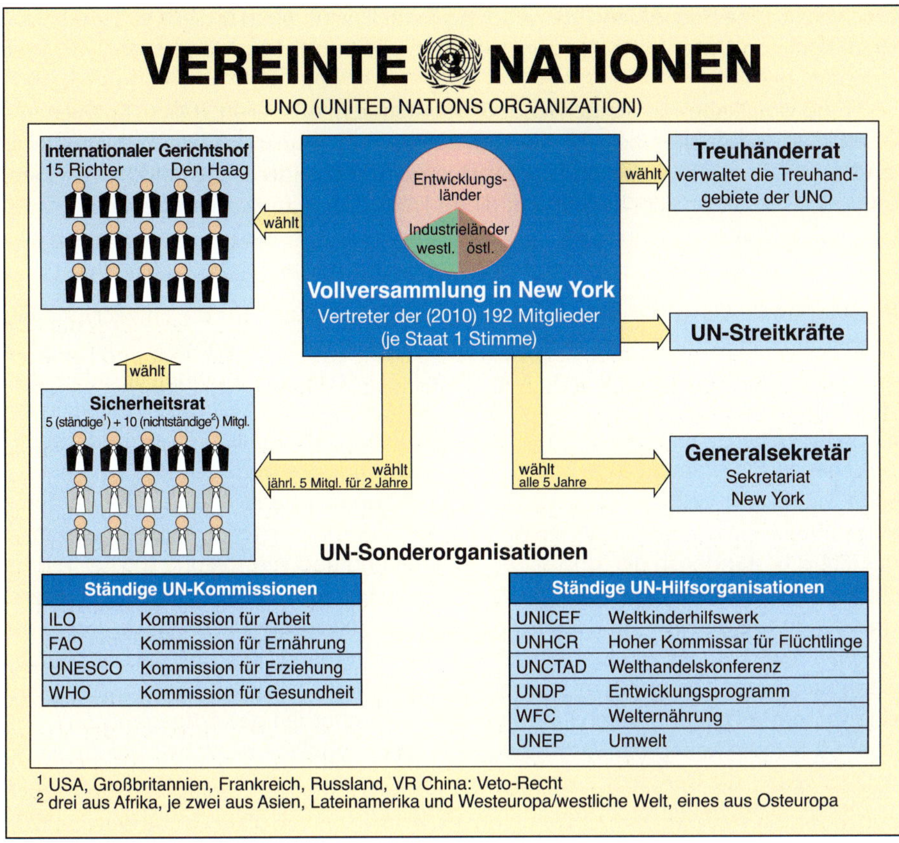

Der Aufbau der Vereinten Nationen (Stand 2010)

Weiterentwicklung des internationalen Rechts. In der Praxis führte diese Gemengelage zu scharfen Debatten und schließlich auch zu Lernprozessen zur Weiterentwicklung des internationalen Rechts. Die in dieser Hinsicht – nach Ansicht des ehemaligen UN-Generalsekretärs Kofi Annan – schlimmste und wichtigste Erfahrung war die Tatsache, dass UN-Truppen aufgrund eines unzureichenden Mandats nicht in der Lage waren, die ihnen anvertrauten Menschen im Konflikt zwischen der Hutu-Mehrheit und der Tutsi-Minderheit in Ruanda zu schützen. Vor ihren Augen wurden von April bis Mai 1994 etwa 800 000 Menschen (Angehörige der Tutsi und gemäßigte Hutu) von Hutumilizen getötet. Diese Erfahrung führte zu einer Stärkung des Anliegens, „humanitäre Interventionen" zu ermöglichen.

Als ähnlich massive Völkerrechtsverletzungen 1999 im aufkeimenden *Kosovo-Konflikt* deutlich wurden, wurden diese vom Sicherheitsrat zwar verurteilt, zu einer ausdrücklichen Kriegsermächtigung konnte sich der Sicherheitsrat (vor allem aufgrund russischer und chinesischer Bedenken) insgesamt jedoch nicht durchringen. So begann die NATO ihre Bombardements im März 1999 zwar mit der Begründung einer „humanitären Intervention", aber ohne ausdrückliches Mandat der UN.

Im *ersten Irakkrieg* (1991) war die Rechtslage eindeutiger. Da der Irak sein Nachbarland Kuwait angegriffen hatte, agierten die Koalitionstruppen unter Führung der USA auf der Grundlage des Rechts auf Selbstverteidigung und eines Mandats des Sicherheitsrates.

Den *zweiten Irakkrieg* (2003) führten die USA, Großbritannien und weitere Verbündete mit der Begründung, der irakische Diktator Saddam Hussein verletze die Menschenrechte der eigenen Bevölkerung massiv und produziere Massenvernichtungswaffen. Obwohl in diesem Fall der Sicherheitsrat Sanktionen gegen den Irak verhängte, ihn aufforderte, die Überprüfung der Vorwürfe durch eine internationale Expertengruppe zuzulassen, und in der Resolution Nr 1441 mit der Anwendung von Gewalt drohte,

beschloss er eine solche Gewaltanwendung formell nicht. Auch dieser Krieg wurde von einer Koalition unter Führung der USA ohne ausdrückliches Mandat der Vereinten Nationen geführt.
Während eine Reihe von Staaten (u. a. Großbritannien, Australien, Italien, Spanien und Polen) den USA folgten, lehnten andere Staaten (u. a. Frankreich, Deutschland, Russland und China) den Krieg ab. Die Spaltung der Mitglieder des UN-Sicherheitsrates und der Bündnispartner der NATO in dieser Frage führte zu Spannungen in der internationalen Staatengemeinschaft und insbesondere zu ernsthaften Zerwürfnissen zwischen den USA einerseits und einem Teil der europäischen Staaten andererseits.

Internationale Gerichtshöfe. Zu einer wichtigen Institution für die Entwicklung des internationalen Rechts haben sich die beiden UN-Gerichtshöfe entwickelt. Der „Internationale Gerichtshof" (IGH) im niederländischen Den Haag verhandelt Streitfälle zwischen Staaten und Staatengemeinschaften. Daneben existiert seit 2002 – ebenfalls mit Sitz in Den Haag – der Internationale Strafgerichtshof (IStGH), der Völkermord, Verbrechen gegen die Menschlichkeit, Kriegsverbrechen und das Verbrechen eines Angriffskrieges juristisch verfolgen und verurteilen soll, wenn eine solche Verfolgung durch eine nationale Justiz nicht gewährleistet werden kann. Die ersten Arbeitsschwerpunkte des IStGH bestanden in der juristischen Aufarbeitung und Verurteilung solcher Verbrechen im Zusammenhang des Bosnien- und Kosovokrieges sowie – durch ein entsprechendes Sondergericht – in Ruanda. Wesentlich ist, dass durch die Arbeit des IStGH das internationale Bewusstsein für Menschenrechte weiterentwickelt wird und Verbrecher, wenn sie schon nicht an ihrem Tun unmittelbar gehindert werden können, zumindest eine spätere Verfolgung durch internationale Strafbehörden gewärtigen müssen.
Über 60 Staaten haben das Vertragswerk, das die Grundlage der Arbeit des IStGH bildet, ratifiziert; die USA sind – neben anderen Staaten – dem Vertragswerk bis heute allerdings nicht beigetreten, da sie eine mögliche Anklage amerikanischer Soldaten wegen Kriegsverbrechen befürchten und eine entsprechende Einschränkung ihrer nationalen Souveränität nicht akzeptieren.

Der „Kampf gegen den Terror"

New York, 11.9.2001

11. September 2001. In den Morgenstunden des 11. September 2001 entführte ein Terrorkommando in den USA vier Verkehrsflugzeuge und steuerte zwei von ihnen als „fliegende Bomben" in das World Trade Center in New York. Das dritte Flugzeug raste in das Pentagon, das militärische Zentrum der USA, während das vierte von Passagieren zum Absturz gebracht wurde, bevor es sein Ziel treffen konnte. Neben zahlreichen weiteren Opfern fielen allein dem Flammeninferno im World Trade Center ca. 3000 Menschen zum Opfer.
Der 11. September 2001 erschütterte das Verständnis der Bevölkerung der USA von sich selbst und ihrer Rolle in der Welt nachhaltig; mit einem Schlag wurde die Verletzbarkeit der Supermacht und die Realität eines unerklärten Krieges offenbar.
Islamistische Terroristen der von dem saudiarabischen Millionär Osama bin Laden gegründeten „Al Quaida" hatten mit dem Pentagon und dem World Trade Center die wichtigsten Symbole der amerikanischen Macht (Ökonomie und Militär) getroffen. Nach dem Rückzug der UdSSR aus Afghanistan hatte sich diese Organisation in dem von den Taliban („Gotteskrieger") be-

herrschten Staat entwickelt, Kämpfer vor allem aus arabischen Ländern ausgebildet und seitdem – als dezentrales Netzwerk – in vielen Staaten Terrorzellen gebildet. Ursprünge, Motive und Ziele des islamistischen Terrors sind vielfältig und bis heute letztlich nicht eindeutig, sie haben aber auf mehr oder weniger unmittelbare Weise mit allen oben genannten Problembereichen zu tun (vgl. S. 329 ff.).

„Krieg gegen den Terror". Der amerikanische Präsident George Bush jun. antwortete auf die Anschläge des 11. September mit einem umfassenden „Krieg gegen den Terror", der vor allem mit geheimdienstlichen und militärischen Mitteln geführt wurde. Die USA formierten eine weltweite Antiterrorkoalition und die NATO stellte den Bündnisfall (d. h. den Angriff auf einen ihrer Mitgliedsstaaten) fest. Eine breite Koalition von Staaten griff im Oktober 2001 Afghanistan militärisch an, besetzte das Land, entmachtete die Taliban und zerschlug die dortigen Al Quaida-Strukturen. Auch der zweite Irakkrieg wurde mit einer möglichen Unterstützung der Al Quaida durch den irakischen Diktator Saddam Hussein begründet – eine Behauptung, die, ebenso wie die angebliche Produktion von Massenvernichtungswaffen im Irak, heute als falsch angesehen werden kann.
Notwendigkeit und Legitimität des Kampfes gegen den Terrorismus waren und sind in der internationalen Staatengemeinschaft unumstritten; kontrovers diskutiert wird jedoch, in welcher Form er zu führen sei. Die Befürworter der Politik des damaligen US-Präsidenten Bush führen vor allem das Selbstverteidigungsrecht der USA gegen einen schwer greifbaren, mit unmenschlichen Mitteln agierenden Feind an. Kritiker verweisen auf die tiefer liegenden politischen, kulturellen, sozialen und wirtschaftlichen Hintergründe des terroristischen Islamismus, die mit militärischen Mitteln nicht zu beseitigen seien. Der demonstrative Einsatz militärischer Macht – so ihre Sorge – könnte den Eindruck einer imperialen Weltherrschaft und einer Geringschätzung der islamischen Kulturen noch weiter verstärken und damit den radikalen Varianten des Islamismus weiter Vorschub leisten.
Seit der Ablösung des republikanischen Präsidenten George W. Bush durch den Demokraten Barack Obama am 20.1.2009 verfolgen die USA erklärtermaßen eine gewandelte Sicherheits- und Außenpolitik, die eher auf Multilateralismus und Verständigung abzielt. Ob diese Politik Erfolge in der Bekämpfung des islamistischen Terrors erzielen und die Weltordnung insgesamt sicherer gestalten kann, ist ungewiss.

Wandel in Europa

KSZE/OSZE. Da der Ost-West-Konflikt den europäischen Kontinent durch einen „Eisernen Vorhang" (Winston Churchill) in der Mitte geteilt hatte, wirkte sich sein Ende in Europa besonders deutlich aus. Bevor die Vision eines geeinten Europa Wirklichkeit werden konnte, waren unmittelbar nach 1989/90 zwei wichtige Probleme zu bewältigen: Erstens mussten weithin vorhandene Ängste vor einem – in den Augen der Nachbarn – zu starken geeinten Deutschland überwunden werden (vgl. S. 214 ff.). Zum anderen mussten die Konflikte um die Zukunft der ost- und südosteuropäischen Gesellschaften reguliert werden; hier wurde deutlich, dass in dem neu entstandenen Freiraum Minderheiten, ethnische oder religiöse Gruppierungen oder andere Interessengruppen widersprüchliche Ziele zu verfolgen begannen.
Zur Lösung beider Problembereiche bot sich vor allem die KSZE an, in der fast alle europäischen Staaten bereits eine gemeinsame, wenn auch schwach ausgebildete Organisationsstruktur besaßen. Seit der KSZE-Charta von Paris (1990) wurde ein Vertrag zur Reduzierung der konventionellen Streitkräfte in Europa (KSE, 1990) abgeschlossen, weitere Staaten wurden aufgenommen (mit der Aufnahme der Nachfolgestaaten der UdSSR umfasste die KSZE 53 Staaten) und die Strukturen der KSZE beständig weiterentwickelt. 1995 wurde die KSZE deshalb in „Organisation" (OSZE) umbenannt. In vielen Fällen gelang es der KSZE/OSZE, Konflikte zu verhindern oder zumindest zu

moderieren; in schwierigen Fällen, wie den Kriegen in Tschetschenien oder im ehemaligen Jugoslawien, zeigten sich jedoch auch deutlich die Grenzen der Organisation.

NATO. Vor ganz neuen Herausforderungen stand nach der Auflösung des Warschauer Paktes auch das transatlantische Verteidigungsbündnis, die NATO. Sie begann einen fundamentalen Wandlungsprozess, dessen vorläufigen Endpunkt eine neue Militärstrategie bildet, die im Jahr 1999 auf einem Gipfel der Staatschefs der NATO in Washington anlässlich des 50-jährigen Bestehens der NATO verabschiedet wurde. Bis zu diesem Zeitpunkt hatte die NATO in einem schwierigen und mit Rücksicht auf Russland vorsichtigen Prozess bilaterale Abkommen mit einer Reihe von osteuropäischen Staaten im Rahmen des 1995 gegründeten „Nordatlantischen Kooperationsrates" geschlossen und einige ehemalige Gegnerstaaten (Polen, Ungarn, Tschechien) sogar als Mitglieder aufgenommen. Damit schloss die NATO in einem historisch bemerkenswerten Prozess jedenfalls weitgehend das Sicherheitsvakuum, das nach dem Zusammenbruch des feindlichen Bündnisses auf dessen früherem Territorium entstanden war.
Die neue Strategie der NATO wurde endgültig vom Ballast des „Kalten Krieges" befreit. Zwar blieb die NATO in ihrem Selbstverständnis im Kern ein kollektives Verteidigungsbündnis, fügte aber dieser klassischen Kernfunktion die neue Aufgabe einer „Krisenbewältigung im euro-atlantischen Raum" hinzu. Diese undeutliche Formulierung resultiert aus einem Kompromiss zwischen dem Interesse mancher Staaten, auf neue, auch innerstaatliche Konflikte gegebenenfalls auch militärisch reagieren zu können („humanitäre Intervention", wie 1999 im eskalierenden Kosovo-Konflikt), und der Sorge anderer Staaten vor unkontrollierten hegemonialen Bestrebungen.

Europäische Union (EU). Ganz besondere Chancen, aber auch Herausforderungen ergaben sich nach 1989/90 für die Europäische Union (UN). 1957 als Wirtschaftsgemeinschaft (EWG) gegründet, hatte sie sich mehr und mehr zu einer politischen Gemeinschaft der westeuropäischen Staaten entwickelt. Mit dem Fall des „Eisernen Vorhangs" ergab sich die Chance zu einer politischen Einheit aller europäischen Nationalstaaten unter ihrem Dach. Mit dem Beitritt von zehn ost- und mitteleuropäischen Staaten am 1. Mai 2004 umfasste die EU insgesamt 25 Staaten (seit dem Beitritt Bulgariens und Rumäniens 2007 sind es 27). Sie bildet seither den größten gemeinsamen Wirtschaftsraum der Welt mit ca. 500 Millionen Menschen.
Die Erweiterung der EU erfordert allerdings zwei wichtige Veränderungsprozesse: Die osteuropäischen Beitrittsländer müssen sich in einem umfangreichen Prozess den ökonomischen, rechtlichen und politischen Standards der EU annähern und die EU selbst muss ihre Entscheidungsstrukturen reformieren, um handlungsfähig bleiben zu können (vgl. S. 274 ff.).

Ein Konflikt – zwei Perspektiven: Ideologie und Wahrnehmung im „Kalten Krieg“

Nach dem Ende des Zweiten Weltkrieges gelang es den verbündeten Siegermächten nicht, ihre Kooperation fortzusetzen. Stattdessen bildete sich eine tiefe und gefährliche Feindschaft zwischen Ost und West. Schlüssel zum Verständnis dieser Konfrontation kann ein Blick in die Gedankenwelt der Zeitgenossen und deren Wahrnehmungen der Realität sein.
Die Analyse und Interpretation der Perspektiven beider Lager auf den Weltkonflikt, der sich spätestens zu Beginn des Jahres 1947 in seiner bipolaren Struktur herauszubilden begann, ermöglichen ein vertieftes Verständnis der Facetten des „Kalten Krieges“, vom propagandistischen über den gesellschafts-, wirtschafts- und machtpolitischen Gegensatz bis hin zur militärischen Konfrontation in der Atomrüstung.

- **Welche Perspektiven standen sich im „Kalten Krieg“ in Ost und West gegenüber?**
- **Welchen Stellenwert und welche Bedeutung hatten sie als Auslöser und Triebkräfte für die weltpolitische Konstellation und die weiteren Entwicklungsprozesse?**

Präsentieren Sie die Perspektiven der USA und der Sowjetunion in einem historischen Rollenspiel und erörtern Sie daran anknüpfend im Kursgespräch an diesem Beispiel die Rolle von Ideologien als Erklärungsmuster für historische Entwicklungen.

Methodische Hinweise und Anregungen für die Vorbereitung des historischen Rollenspiels:

1. Vorbereitungsphase

a) Bestimmen Sie aus Ihrem Kurs eine Sprecherin bzw. einen Sprecher (s. Durchführungsphase), deren/dessen Aufgabe es sein wird, das Rollenspiel zu moderieren.
Wichtig! Sprecherin bzw. Sprecher sollten sich inhaltlich z. B. mithilfe des Infotextes auf ihre Rolle – Vorstellung der ereignisgeschichtlichen Zusammenhänge – vorbereiten.

b) Erarbeiten Sie die historischen Perspektiven arbeitsteilig, indem Sie in drei Gruppen die Quellen M 1 – M 3 unter der ersten Leitfrage interpretieren (s. Methode auf S. 44).
Halten Sie Ihre Ergebnisse in Stichworten auf Rollenkarten fest.

c) Bestimmen Sie in jeder Gruppe einen Rollenspieler, der Ihre Perspektive im anschließenden Rollenspiel vorträgt.

2. Durchführungsphase

a) Das Rollenspiel wird von einem Sprecher eröffnet, der die historische Situation vorstellt.

b) Die Rollenspieler tragen ihre Sicht der weltpolitischen Lage vor. Sie verbleiben dabei in der historischen Perspektive. Die Vortragszeit beträgt maximal fünf Minuten.

c) Anschließend wird in der Gesamtgruppe unter Einbeziehung der Zuhörer nach Rednerliste diskutiert. Dabei sollen sich die Vertreter der beiden Perspektiven (USA und UdSSR) gegenübersitzen.

3. Auswertungsphase

In dieser Phase verlassen die Schülerinnen und Schüler die historische Perspektive.

a) Die Kursmitglieder beschreiben ihre Eindrücke und Wahrnehmungen zum abgelaufenen Rollenspiel. Sie geben Rückmeldungen, wie kompetent und überzeugend die Rollenspieler inhaltlich und darstellerisch ihre Rolle gespielt haben und in welchen Punkten sie kritische Anmerkungen haben.

b) Die Kursmitglieder werten zusammenfassend im Plenumsgespräch das historische Rollenspiel inhaltlich aus und sichern die Ergebnisse (Folie, Flipchart, Tafelbild, Plakat o. Ä.).

c) Abschließend wird anknüpfend an die Ergebnisse des Rollenspiels im gemeinsamen Kursgespräch die zweite Leitfrage diskutiert.

4. Abschlussreflexion

Der Kurs reflektiert Ergebnisse und Verfahren.

Historisches Rollenspiel
In einem historischen Rollenspiel werden vergangenes Denken und Handeln aus unterschiedlichen Perspektiven nachvollzogen. Dabei geht es nicht um schauspielerische Qualitäten, sondern darum, verschiedene Perspektiven der historischen Wirklichkeit möglichst exakt zu erfassen und zueinander in Beziehung zu setzen.

Methode

Ideologiekritische Quelleninterpretation

A. Ideologie und Ideologiekritik

Die ideologiekritische Quelleninterpretation untersucht, inwiefern die Deutung der Wirklichkeit (historische Perspektive) in einer Quelle durch eine zugrunde liegende Weltanschauung (Ideologie) geprägt wird.

Unter einer „Ideologie" versteht man ein verfestigtes System von Vorstellungen und Meinungen über die Wirklichkeit. Alle menschlichen Wahrnehmungen und Handlungen basieren auf solchen Vorstellungen von der Welt, die sich auf sehr komplexe Weise bilden, verändern und festigen. Sie wirken wie eine Brille, durch die hindurch wir auf die Welt schauen und sie deuten.

Die „Ideologiekritik" verfolgt im Grundsatz immer die Frage, inwieweit die Wirklichkeitsdeutung in einer Quelle die Realität angemessen oder – beeinflusst durch eine ideologische Grundhaltung – einseitig bzw. verfälschend wahrnimmt.

B. Schritte der ideologiekritischen Quelleninterpretation

1. Schritt – Leitfrage klären:

Die Leitfrage der Quelleninterpretation klären und festlegen.
Welche ideologischen Perspektiven standen sich im „Kalten Krieg" gegenüber?

2. Schritt – Analyse:
– Klärung und Beschreibung der äußeren formalen Merkmale der Quelle

- Die Quellengattung und die Textsorte bestimmen und charakterisieren.
- Den Autor vorstellen.
- Den engeren, situativen Kontext, in dem die Quelle steht, darstellen.
- Den Adressatenkreis der Quelle benennen.

– Strukturierte Textwiedergabe

- Das Thema der Quelle knapp und zusammenfassend benennen.
- Den Inhalt der Quelle (Deutung der Realität) zusammenfassend wiedergeben. Die Wiedergabe muss ohne eigene Wertungen oder Kommentare erfolgen, damit die historische Perspektive der Quelle möglichst unverfälscht deutlich werden kann.
  Welche eigenen Motive, Ziele und Handlungen werden dargestellt?
  Wie werden die Motive, Ziele und Handlungen der Gegenseite wahrgenommen und gedeutet?

3. Schritt – Interpretation:
– Kritische Erläuterung und Deutung im historischen Kontext

- Die Intention (Absicht) der Quelle aufzeigen.
  Der Autor will seine Adressaten von seiner Politik und seiner Deutung der Ereignisse überzeugen.
- Den Einfluss einer weltanschaulichen Grundhaltung (Ideologie) des Autors auf seine konkrete Wahrnehmung bzw. Beschreibung der Wirklichkeit (Inhalt der Quelle) herausarbeiten.
  Z. B.: Auf welche Motive wird die Politik der Sowjetunion, auf welche Motive die Politik der USA in M 1 zurückgeführt? Wie und aus welchem Grund werden in M 2 auf indirekte Weise die Sowjetunion bzw. von ihr abhängige Staaten von der Marshallplan-Hilfe ausgeschlossen? Aus welchem Grund wird in M 3 die Marshallplan-Hilfe abgelehnt?

– Beurteilung und Bewertung im historischen Kontext

- Die Deutung der Realität in der Quelle beurteilen: Nimmt sie die Realität angemessen oder ideologisch einseitig bzw. verfälschend auf?
  Z. B. M 1: Ist die Deutung der Errichtung der Volksdemokratien in Osteuropa als „aufgezwungene totalitäre Regimes" nachvollziehbar?

– Zusammenfassendes Resümee in Bezug auf die Leitfrage

Zusammenfassende Darstellung der ideologischen Perspektiven (1) der USA und (2) der Sowjetunion.

MATERIALIEN

M 1 Harry S. Truman: Rede vor dem Kongress (12.3.1947)

Harry S. Truman (1884–1972) war seit 1944 Vizepräsident der USA und trat nach dem Tode Franklin D. Roosevelts dessen Nachfolge als Präsident der USA an. Die folgende Rede, deren Kernaussage als „Truman-Doktrin" bekannt wurde, hielt er vor beiden Häusern des US-Kongresses.

Der Ernst der Lage, vor die sich die Welt heute gestellt sieht, machte mein Erscheinen vor einer gemeinsamen Sitzung des Kongresses notwendig.

Ein Gebiet der Gegenwartslage, das ich Ihnen heute zur Erwägung und Entscheidung vorlegen möchte, betrifft Griechenland und die Türkei. Die griechische Regierung hat an die Vereinigten Staaten einen dringenden Ruf nach finanzieller und wirtschaftlicher Unterstützung gerichtet. […]

Durch den Terror einiger tausend bewaffneter Männer, die von Kommunisten angeführt werden, wird der griechische Staat heute in den Grundlagen seiner Existenz bedroht. […]

Griechenland muss Unterstützung haben, wenn es eine auf eigenen Füßen stehende und auf Selbstachtung begründete Demokratie werden soll. Die griechische Regierung hat in einer Atmosphäre des Chaos und des Extremismus gewirkt. Sie hat auch Fehler gemacht. Wenn wir ihr Unterstützung gewähren, so bedeutet das nicht, dass die Vereinigten Staaten alles, was die griechische Regierung getan hat oder tun wird, für richtig halten und billigen. Wir haben in der Vergangenheit extremistische Maßnahmen der Rechten sowie der Linken verurteilt und verurteilen sie auch heute noch. Wir haben in der Vergangenheit zur Toleranz geraten, und wir raten auch heute noch dazu.

Griechenlands Nachbar, die Türkei, verdient ebenfalls unsere Beachtung. […] Die britische Regierung hat uns mitgeteilt, dass sie auf Grund ihrer eigenen Schwierigkeiten der Türkei keine finanzielle oder wirtschaftliche Hilfe mehr gewähren kann. Wenn die Türkei die notwendige Unterstützung haben soll, so muss diese, ebenso wie im Falle Griechenlands, von den Vereinigten Staaten kommen. Wir sind das einzige Land, das Hilfe leisten kann. Ich bin mir vollkommen bewusst, was es bedeutet, wenn die Vereinigten Staaten Griechenland und der Türkei ihre Unterstützung zukommen lassen, und das möchte ich jetzt mit Ihnen besprechen.

Eins der ersten Ziele der Außenpolitik der Vereinigten Staaten ist es, Bedingungen zu schaffen, unter denen wir und andere Nationen uns ein Leben aufbauen können, das frei von Zwang ist. Das war ein grundlegender Faktor im Krieg gegen Deutschland und Japan. Wir überwanden mit unserem Sieg Länder, die anderen Ländern ihren Willen und ihre Lebensweise aufzwingen wollten.

Um die friedliche, ungezwungene Entwicklung der Nationen sicherzustellen, haben die Vereinigten Staaten sich an führender Stelle an der Errichtung der Vereinten Nationen beteiligt. Die Vereinten Nationen sollen dauernde Freiheit und Unabhängigkeit für alle ihre Mitgliedstaaten ermöglichen. Wir werden unser Ziel jedoch nicht verwirklichen, wenn wir nicht bereit sind, den freien Völkern zu helfen, ihre freien Einrichtungen und ihre nationale Integrität gegenüber aggressiven Bewegungen zu erhalten, die ihnen totalitäre Regimes aufzwingen wollen. Das ist nichts weiter als ein offenes Zugeständnis der Ansicht, dass totalitäre Regimes, die freien Völkern durch direkte oder indirekte Aggression aufgezwungen werden, die Grundlagen des internationalen Friedens und damit die Sicherheit der Vereinigten Staaten untergraben.

In einer Anzahl von Ländern waren den Völkern kürzlich gegen ihren Willen totalitäre Regimes aufgezwungen worden. Die Regierung der Vereinigten Staaten hat mehrfach gegen Zwang und Einschüchterung bei der Verletzung des Jalta-Abkommens in Polen, Rumänien und Bulgarien protestiert. Und weiter muss ich feststellen, dass in einer Anzahl anderer Staaten ähnliche Entwicklungen stattgefunden haben.

Im gegenwärtigen Abschnitt der Weltgeschichte muss fast jede Nation ihre Wahl in Bezug auf ihre Lebensweise treffen. Nur allzu oft ist es keine freie Wahl.

Die eine Lebensweise gründet sich auf den Willen der Mehrheit und zeichnet sich durch freie Einrichtungen, freie Wahlen, Garantie der individuellen Freiheit, Rede- und Religionsfreiheit und Freiheit vor politischer Unterdrückung aus.

Die zweite Lebensweise gründet sich auf den Willen einer Minderheit, der der Mehrheit aufgezwungen wird. Terror und Unterdrückung, kontrollierte Presse und Rundfunk, fingierte Wahlen und Unterdrückung der persönlichen Freiheiten sind ihre Kennzeichen.

Ich bin der Ansicht, dass es die Politik der Vereinigten Staaten sein muss, die freien Völker zu unterstützen, die sich der Unterwerfung durch bewaffnete Minderheiten oder durch Druck von außen widersetzen.

Ich glaube, dass wir den freien Völkern helfen müssen, sich ihr eigenes Geschick nach ihrer eigenen Art zu gestalten.

Ich bin der Ansicht, dass unsere Hilfe in erster Linie in Form wirtschaftlicher und finanzieller Unterstützung gegeben werden sollte, die für eine wirtschaftliche Stabilität und geordnete politische Vorgänge wesentlich ist.

Die Welt steht nicht still, und der Status quo ist nicht heilig. Aber wir können keine Veränderungen im Status quo zulassen, die eine Verletzung der Charta der Vereinten Nationen durch Zwangsmethoden oder durch vorsichtigere Maßnahmen wie eine politische Durchdringung bedeuten. Wenn wir freien und unabhängigen Nationen helfen, ihre Freiheit zu bewahren, so werden wir damit die Prinzipien der Charta der Vereinten Nationen verwirklichen.

Es wäre eine unbeschreibliche Tragödie, wenn diese Länder, die so lange gegen eine Übermacht angekämpft haben, verlieren sollten. Der Zusammenbruch freier Einrichtungen und der Verlust der Unabhängigkeit wären nicht nur für sie, sondern für die ganze Welt verheerend. Entmutigung und möglicherweise Fehlschläge würden bald die Nachbarvölker in ihrem Kampf für die Erhaltung von Freiheit und Unabhängigkeit treffen. […]

Die Saat der totalitären Regimes gedeiht in Elend und Mangel. Sie verbreitet sich und wächst in dem schlechten Boden von Armut und Kampf. Sie wächst sich vollends aus, wenn in einem Volk die Hoffnung auf ein besseres Leben ganz erstirbt. Wir müssen diese Hoffnung am Leben erhalten. Die freien Völker der Erde blicken auf uns und erwarten, dass wir sie in der Erhaltung der Freiheit unterstützen.

(Zit. nach: Materialien für den Geschichtsunterricht, Frankfurt a. M. (Diesterweg) 1983, Bd. VI, Teil 1, S. 154 ff.)

M 2 Rede des amerikanischen Außenministers George Marshall an der Harvard Universität (5.6.1947)

George Marshall (1880–1959) trug in der folgenden Rede die Grundgedanken des European Recovery Program/ERP („Marshall-Plan") öffentlich vor.

Ich brauche Ihnen, meine Herren, nicht zu erzählen, dass die Weltlage sehr ernst ist. Das ist allen intelligenten Menschen offenbar. […] Bei unseren Erwägungen über die Bedürfnisse Europas für den Wiederaufbau wurden die Menschenverluste, die sichtbare Zerstörung der Städte, Fabriken, Bergwerke und Eisenbahnen richtig einkalkuliert, aber es hat sich in den letzten Monaten herausgestellt, dass diese sichtbare Zerstörung wahrscheinlich weniger schwerwiegend ist als die Tatsache, dass das gesamte europäische Wirtschaftssystem aus den Angeln gehoben wurde. […]

In dem Erholungsprozess ist dadurch eine schwerwiegende Verzögerung eingetreten, dass man sich zwei Jahre nach Einstellung der Feindseligkeiten noch immer nicht auf eine Friedensregelung mit Deutschland und Österreich geeinigt hat. Aber selbst bei einer schnelleren Lösung dieser schwierigen Probleme würde die Gesundung der europäischen Wirtschaftsstruktur ganz offensichtlich eine sehr viel längere Zeitspanne und viel größere Anstrengungen fordern, als man anfangs angenommen hatte. […]

Inzwischen leidet die Stadtbevölkerung unter dem Mangel an Nahrungsmitteln und Brennstoffen. Die Regierungen sind also gezwungen, ihre Devisen und ausländischen Kredite zum Einkauf dieser lebensnotwendigen Dinge aus dem Auslande zu benutzen. Durch diesen Vorgang werden die Geldmittel erschöpft, die für den Wiederaufbau dringend benötigt werden, und so entwickelt sich sehr bald eine ernste Lage, die der Welt nicht viel Gutes verheißt. Das moderne System der Arbeitsteilung, auf das sich der Warenaustausch gründet, steht vor dem Zusammenbruch.

In Wahrheit liegt die Sache so, dass Europas Bedarf an ausländischen Nahrungsmitteln und anderen wichtigen Gütern – hauptsächlich aus Amerika – während der nächsten drei oder vier Jahre um so viel höher liegt als seine gegenwärtige Zahlungsfähigkeit, dass beträchtliche zusätzliche Hilfsleistungen notwendig sind, wenn es nicht in einen wirtschaftlichen, sozialen und politischen Verfall sehr ernster Art geraten soll.

Die Lösung liegt in einer Durchbrechung des Circulus vitiosus und in der Wiederherstellung des Vertrauens bei den europäischen Völkern auf die wirtschaftliche Zukunft ihrer Länder und ganz Europas. Der Fabrikant und der Landwirt in weiten Gebieten müssen gewillt und in der Lage sein, ihre Produkte für eine Währung in Tausch zu geben, deren fester Wert außer Zweifel steht. Abgesehen von der de-

moralisierenden Wirkung auf die ganze Welt und von der Möglichkeit, dass aus der Verzweiflung der betroffenen Völker sich Unruheherde ergeben könnten, dürfte es auch offensichtlich sein, welche Folgen dieser Zustand auf die Wirtschaft der Vereinigten Staaten haben muss.
Es ist nur logisch, dass die Vereinigten Staaten alles tun, was in ihrer Macht steht, um die Wiederherstellung gesunder wirtschaftlicher Verhältnisse in der Welt zu fördern, ohne die es keine politische Stabilität und keinen sicheren Frieden geben kann. Unsere Politik richtet sich nicht gegen irgendein Land oder irgendeine Doktrin, sondern gegen Hunger, Armut, Verzweiflung und Chaos. Ihr Zweck ist die Wiederbelebung einer funktionierenden Weltwirtschaft, damit die Entstehung politischer und sozialer Bedingungen ermöglicht wird, unter denen freie Institutionen existieren können. […]
Jeder Regierung, die bereit ist, beim Wiederaufbau zu helfen, wird die volle Unterstützung der Regierung der Vereinigten Staaten gewährt werden, dessen bin ich sicher. Aber eine Regierung, die durch Machenschaften versucht, die Gesundung der anderen Länder zu hemmen, kann von uns keine Hilfe erwarten. Darüber hinaus werden alle Regierungen, politischen Parteien oder Gruppen, die es darauf abgesehen haben, das menschliche Elend zu einem Dauerzustand zu machen, um in politischer oder anderer Hinsicht Nutzen daraus zu ziehen, auf den Widerstand der Vereinigten Staaten stoßen. […]
Es wäre weder angebracht noch zweckmäßig, wenn die Regierung der Vereinigten Staaten von sich aus ein Programm entwerfen würde, um die wirtschaftliche Wiederaufrichtung Europas durchzuführen. Das ist Sache der Europäer selbst. Die Initiative muss von Europa ausgehen, meine ich. Unsere Rolle sollte darin bestehen, den Entwurf eines europäischen Programms freundschaftlich zu fördern und später dieses Programm zu unterstützen, soweit das für uns praktisch ist. Es sollte ein gemeinsames Programm entworfen werden, hinter dem, wenn nicht alle, so doch eine Anzahl von europäischen Nationen stehen.

(Zit. nach: Materialien für der Geschichtsunterricht, a. a. O., S. 156 ff.)

M 3 Andrej Shdanov: Rede auf der Gründungsversammlung der „Kominform" (1.10.1947)

Andrej Shdanov (1892–1948), seit 1939 Mitglied des Politbüros der KPdSU, galt seit 1945 als führender Theoretiker der Sowjetunion.

In der „Kominform" waren die kommunistischen Parteien Osteuropas unter der Führung der KPdSU mit dem Ziel gegenseitiger Unterrichtung und Unterstützung vereinigt.

Die grundlegenden Veränderungen in der internationalen Lage und in der Lage der einzelnen Staaten nach dem Krieg haben das ganze politische Weltbild verändert. Es ist zu einer Neuaufteilung der politischen Kräfte gekommen. Je größer der Zeitraum wird, der uns von der Beendigung des Krieges trennt, desto schärfer heben sich zwei Grundtendenzen in der internationalen Nachkriegspolitik hervor, die der Teilung der politischen Kräfte in zwei Lager entsprechen: in das imperialistische und antidemokratische Lager einerseits und das antiimperialistische und demokratische Lager andererseits.
Die führende Hauptkraft des imperialistischen Lagers sind die USA. Mit Amerika verbündet sind England und Frankreich. Das imperialistische Lager unterstützen auch die Kolonialstaaten, wie Belgien und Holland, Länder mit reaktionären, antidemokratischen Regimes, wie die Türkei und Griechenland, Länder, die politisch und wirtschaftlich von den USA abhängen, wie die Staaten des Nahen Ostens, Südamerikas und China. Das Hauptziel des imperialistischen Lagers ist die Festigung des Imperialismus, die Vorbereitung eines neuen imperialistischen Krieges, der Kampf gegen den Sozialismus und die Demokratie und allerorts die Unterstützung der reaktionären und antidemokratischen profaschistischen Regimes und Bewegungen.
Die antiimperialistischen und antifaschistischen Kräfte bilden das andere Lager. Die Grundlage dieses Lagers sind die UdSSR und die Länder der neuen Demokratie. Zu ihm gehören auch Länder, die mit dem Imperialismus gebrochen haben und festen Fuß auf dem demokratischen Entwicklungsweg gefasst haben, wie Rumänien, Ungarn und Finnland. An das antiimperialistische Lager schließen sich Indonesien und Viet Nam an. Indien, Ägypten und Syrien sympathisieren mit ihm. Das antiimperialistische Lager stützt sich auf die Arbeiterbewegung in allen Ländern, auf die kommunistischen Bruderparteien, auf die Kämpfer der nationalen Befreiungsbewegungen in den kolonialen und abhängigen Ländern, auf die Unterstützung der in jedem Land vorhandenen progressiven de-

mokratischen Kräfte. Das Ziel dieses Lagers ist der Kampf gegen die Gefahr neuer Kriege und der imperialistischen Expansion, die Befestigung der Demokratie und die Ausrottung der Überreste des Faschismus. Das Ende des Zweiten Weltkrieges hat an alle freiheitsliebenden Völker die überaus wichtige Aufgabe der Gewährleistung eines stabilen demokratischen Friedens gestellt, der den Sieg über den Faschismus festigt. Bei der Lösung dieser Hauptaufgabe fällt die führende Rolle der UdSSR und ihrer Außenpolitik zu. Das ergibt sich aus dem Wesen des Sowjetstaates, der jeglichen aggressiven, ausbeuterischen Gelüsten zutiefst fremd ist und an der Schaffung der günstigsten Bedingungen für den Aufbau der kommunistischen Gesellschaft interessiert ist. Eine dieser Bedingungen ist der äußere Friede. […]

Die sowjetische Außenpolitik geht von der Tatsache aus, dass die beiden Systeme, das des Kapitalismus und das des Sozialismus, auch eine lange Periode gemeinsam bestehen werden. Daraus ergibt sich die Möglichkeit der Zusammenarbeit zwischen der UdSSR und den Ländern anderer Systeme, unter der Bedingung der Gegenseitigkeit und der Erfüllung der übernommenen Verpflichtungen. Eine ganz entgegengesetzte Politik betreiben England und Amerika in der UNO. Sie machen alles, um sich von den früher übernommenen Verpflichtungen loszusagen und sich die Hände freizumachen für eine neue Politik, die nicht auf die Zusammenarbeit der Völker berechnet ist, sondern darauf, sie gegeneinander aufzuhetzen. Die Sowjetpolitik hält sich an den Kurs der Aufrechterhaltung loyaler gutnachbarlicher Beziehungen zu allen Staaten, die den Wunsch nach Zusammenarbeit bekunden. Im Interesse der Aufrechterhaltung des Friedens lehnt die sowjetische Außenpolitik den Grundsatz der Rache gegenüber den besiegten Völkern ab.

Wie bekannt, ist die UdSSR für die Bildung eines einheitlichen, friedliebenden, demilitarisierten, demokratischen Deutschlands. Genosse Stalin wies darauf hin, als er die Sowjetpolitik in Bezug auf Deutschland formulierte, dass die Politik der Sowjetunion in der deutschen Frage auf die Demilitarisierung und Demokratisierung Deutschlands hinausläuft. Dies ist eine der wichtigsten Bedingungen für die Errichtung eines stabilen, langen Friedens. Doch diese Politik der UdSSR in Bezug auf Deutschland stößt auf den Widerstand der USA und Englands. Die Tagung des Rates der Außenminister im März und April 1947 in Moskau zeigte, dass die USA, England und Frankreich nicht nur bereit sind, auf die Sprengung der Demokratisierung und Demilitarisierung Deutschlands einzugehen, sondern sogar auf die Liquidierung Deutschlands als einheitlicher Staat, auf seine Zergliederung und auf eine Separatlösung der Frage des Friedens. Diese Politik wird unter den neuen Verhältnissen betrieben, da Amerika mit dem alten Kurs vor Roosevelt gebrochen hat und zu einer neuen Politik übergeht, zur Politik der Vorbereitung neuer kriegerischer Abenteuer […].

Die wirtschaftliche Expansion der USA bildet eine Ergänzung zum strategischen Plan. Der amerikanische Imperialismus trachtet, die Schwierigkeiten der Nachkriegszeit in den europäischen Ländern, den Mangel an Rohstoffen, Treibstoff und Lebensmitteln in den alliierten Ländern, die durch den Krieg am stärksten geschädigt wurden, auszunützen, um ihnen Bedingungen für die Hilfeleistung aufzuzwingen. In Voraussicht der bevorstehenden Wirtschaftskrise beeilen sich die USA, neue Monopolsphären ausfindig zu machen, wo sie ihr Kapital investieren und ihre Waren absetzen könnten. Die „US-Wirtschaftshilfe" verfolgt das weitgesteckte Ziel, Europa mit Hilfe des amerikanischen Kapitals zu versklaven. Doch die wirtschaftliche Kontrolle zieht auch die politische Unterordnung nach sich […].

Ihren Ausdruck haben die Bestrebungen in den USA gegenwärtig in der Truman-Doktrin und im Marshall-Plan gefunden. Dem Wesen nach bilden beide Dokumente den Ausdruck einer einheitlichen Politik, obwohl die gleiche Forderung nach Unterwerfung Europas in den beiden Dokumenten verschieden dargelegt ist. […] Die Truman-Doktrin, die darauf berechnet ist, alle aktiv gegen die demokratischen Völker kämpfenden reaktionären Regime zu unterstützen, trägt unverhüllt aggressiven Charakter. Da die Truman-Doktrin eine so ungünstige Aufnahme fand, tauchte die Notwendigkeit des Marshall-Planes auf. Das Wesen der verschwommenen Formulierungen dieses Planes besteht darin, einen Block der Staaten zu schaffen, die durch Verpflichtungen den USA gegenüber gebunden sind, und den europäischen Staaten als Lohn für ihren Verzicht auf die wirtschaftliche und dadurch auch politische Selbständigkeit amerikanische Kredite zu gewähren. […]

Wie aus den Beratungen hervorgeht, besteht der Marshall-Plan darin, die Hilfeleistung in erster Linie nicht den verarmten Siegerländern, den Verbündeten Amerikas im Kampf gegen Deutschland, zu gewähren, sondern den deutschen Kapitalisten, um sich der für Europa und Deutschland wichtigsten Kohle- und Eisenerzgebiete zu bemächtigen. […] Aus diesem Grund müssen sich die kommunistischen Parteien an die Spitze des Widerstandes gegen die imperialistischen Expansionspläne und gegen Aggressionen aller Arten – staatlicher, wirtschaftlicher und ideologischer Natur – stellen, sich zusammenschließen, ihre Kräfte auf einer allgemeinen antiimperialistischen und demokratischen Plattform vereinigen und alle demokratischen und patriotischen Kräfte des Volkes um sich sammeln. Auf den Schultern der kommunistischen Bruderparteien Frankreichs, Italiens, Englands und anderer Länder liegt eine besondere Aufgabe. Sie müssen das Banner der Verteidigung der nationalen Unabhängigkeit und Souveränität ihrer Länder in ihre Hände nehmen. Wenn die kommunistischen Parteien fest auf ihren Positionen stehen werden, wenn sie sich nicht einschüchtern lassen, wenn sie mutig auf der Wacht für einen festen Frieden und eine Volksdemokratie stehen werden, auf der Wacht der nationalen Souveränität, Freiheit und Unabhängigkeit ihrer Länder, wenn sie imstande sind, sich im Kampfe gegen die Versuche der wirtschaftlichen und politischen Versklavung ihrer Länder an die Spitze zu stellen, bereit sind, mit allen Kräften für die Ehre und nationale Unabhängigkeit einzustehen, dann können keinerlei Versklavungspläne Europas verwirklicht werden.

(Zit. nach: Keesing's Archiv der Gegenwart, 1946/47)

Gefährliche Provokation, kluges Krisenmanagement oder zufälliges Glück? – Die Konfrontation der Supermächte in der Kuba-Krise 1962

Am 14. Oktober 1962 überflog ein US-amerikanisches Aufklärungsflugzeug die Karibikinsel Kuba – seit der dortigen Revolution im Jahre 1959 ein sozialistischer, mit der UdSSR verbündeter Staat. Die Bilder der Bordkamera lösten in den USA Entsetzen aus: Sie zeigten Abschussrampen für sowjetische Atomraketen nur 150 Kilometer vom amerikanischen Festland entfernt, also – wie es damals hieß – unmittelbar „vor der eigenen Haustür".

Heimlich hatte die UdSSR begonnen, Abschussvorrichtungen für atomare Mittelstreckenraketen auf Kuba zu stationieren. Der Präsident der USA, John F. Kennedy, forderte den sowjetischen Generalsekretär Nikita Chruschtschow auf, die Raketen zurückzuziehen, und versetzte die US-Armee in Alarmbereitschaft. Direkt standen sich die Supermächte gegenüber, ein weltweiter Atomkrieg schien unmittelbar bevorzustehen.

Die auf den 14. Oktober 1962 folgenden Tage stellten – so weiß man heute – den Höhepunkt und zugleich den Wendepunkt des „Kalten Krieges" dar. Wie in einem Brennglas spiegelten sich in dieser Krise die Grundstrukturen und -probleme des „Kalten Krieges". Im konkreten Handeln der Politiker schienen aber unter dem Druck der drohenden Apokalypse zum ersten Mal auch die Möglichkeiten einer Bewältigung und Regulierung des „Kalten Krieges" auf.

Die Kuba-Krise enthält also beides: Die Schärfe des Konfliktes und die Ansätze einer rationalen Konfliktregulierung. Wie aber beide Seiten im Verhältnis zueinander zu gewichten sind und wie zudem die Rolle der beiden Protagonisten, Kennedy und Chruschtschow, sowie ihrer Berater zu bewerten ist – darüber gehen die Meinungen bis heute weit auseinander.

- **Wie verlief der Konflikt um Kuba, wie wurde er gelöst?**
- **Wie ist das Handeln der Beteiligten zu beurteilen?**
- **Inwiefern bedeutet die Kuba-Krise einen Wendepunkt in der Geschichte des „Kalten Krieges"?**

„Zeitzeichen": Präsentieren Sie ein Radiofeature, in dem aus der historischen Rückschau auf die Kuba-Krise als eines der Schlüsselereignisse der Weltgeschichte des 20. Jahrhunderts zurückgeblendet wird.

So können Sie zusammen mit mehreren Lernpartnern in einer Arbeitsgruppe Ihr Feature redaktionell vorbereiten:

1. Informieren Sie sich anhand der Chronologie und der Kurzbiografien (S. 52 f.) über den Ablauf der Ereignisse und die beiden Hauptprotagonisten.
2. Untersuchen Sie die Kuba-Krise mithilfe der Methode „Analyse historischer Konflikte".
   a) Analysieren Sie dazu die vorliegenden Historikertexte (M 1, M 7).
   b) Interpretieren Sie die Quellen (M 2 - M 6) mithilfe der Methode „Sprachliche historische Quellen interpretieren" (s. S. 369 f.). Achten Sie besonders auf eine korrekte Analyse der äußeren Merkmale (Autor, Textsorte, Adressaten) sowie des situativen historischen Kontextes der Quellen, um ihre Perspektivität zu erfassen und fachlich korrekte Interpretationsergebnisse zu erzielen.
   c) Halten Sie Ihre Analyse- und Interpretationsergebnisse auf Karteikarten fest.
3. Erstellen Sie auf dieser Basis in gemeinsamer Arbeit ein Konzept für den Aufbau und die inhaltliche Anlage Ihres Radiobeitrags.
   Empfehlung:
   - Sie könnten z. B. die Überschrift auf dieser Seite als Themaformulierung für das Feature wählen.
   - Als inhaltliche Grundstruktur und Gliederungshilfen für die komplexen Zusammenhänge bieten sich die drei Leitfragen und die Leitkategorien einer historischen Konfliktanalyse (s. Methode) an.
   - Bauen Sie Original-Quellenzitate als Belege oder zur Veranschaulichung ein.
4. Üben Sie das Einsprechen des Features in Ihrer Gruppe ein.

➡ Weiterführende Literatur- und Recherchetipps finden Sie im Anschluss an die Materialien, s. S. 62.

Methode

Analyse historischer Konflikte

A. Konflikte

Obwohl Konflikte meist negativ gesehen werden, sind das Austragen und Aushandeln unterschiedlicher Interessen, Ziele und Ideen elementare und „normale" Vorgänge im menschlichen Miteinander. Konflikte sind also an sich nichts Schlechtes. Ob sie schöpferisch oder zerstörerisch wirken – das hängt vor allem von der Art ab, mit der sie ausgetragen werden. In pluralistischen Gesellschaften werden Konflikte als legitim anerkannt und offen ausgetragen; in diktatorischen oder gar totalitären Gesellschaften werden sie unterdrückt und bahnen sich deshalb oftmals gewalttätige Wege. Internationale, zwischenstaatliche Konflikte sind oft schwer zu lösen, weil es keine oder nur wenige verbindliche Konfliktlösungsregeln gibt.

Konflikte können sehr unterschiedlicher Natur sein, aber es gibt doch eine Reihe von gemeinsamen Merkmalen, aus denen Kriterien zu ihrer Analyse entwickelt werden können. Diese Kriterien bilden das Instrumentarium der Methode der Konfliktanalyse. Mit dieser Methode können auch vergangene (historische) Konflikte untersucht und durchschaut werden. Dabei ist die Konfliktanalyse kein Selbstzweck; sie soll vielmehr helfen, „Lehren aus der Geschichte zu ziehen", um gegenwärtige oder zukünftige Konflikte besser bewältigen zu können.

B. Schritte der historischen Konfliktanalyse

1. Schritt – Leitfrage festlegen: Das eigene Erkenntnisinteresse, das für die Konfliktanalyse leitend sein soll, bestimmen und eingrenzen.
Wie ist das Handeln des amerikanischen Präsidenten und des sowjetischen Generalsekretärs zu beurteilen und zu bewerten?

2. Schritt – Analysieren: Den Konflikt nach bestimmten Kriterien untersuchen.

- **Konfliktparteien:** Wer steht sich in dem Konflikt gegenüber (Personen, soziale Gruppen, Parteien, Staaten etc.)? Welche sind die an entscheidender Stelle handelnden Personen?
- **Konfliktgegenstand:** Um welchen Gegenstand oder Inhalt dreht sich der Konflikt?
- **Konfliktursachen und -anlass:** Lassen sich – langfristige – Ursachen feststellen? Welches konkrete Ereignis oder welche Situation löste den Konflikt in seiner konkreten Erscheinungsform aus?
- **Konfliktverlauf:** Wie verläuft der Konflikt? Verschaffen Sie sich einen Überblick über die wesentlichen chronologischen Daten und unterscheiden Sie verschiedene Phasen (der Verschärfung, der Entspannung, der Verständigung ...).
- **Interessen und Ziele:** Welche materiellen oder immaterielle Interessen haben Einfluss auf das Handeln der Konfliktparteien? Welche Ziele streben die Konfliktparteien an?
- **Recht und Macht:** Welche äußeren Bedingungen bestimmen und/oder begrenzen das Handeln der Konfliktparteien (Gesetze, Verhaltensnormen, Machtverhältnisse, Traditionen)?
- **Mittel und Strategien:** Über welche Mittel verfügen die Konfliktparteien, um sich in dem Konflikt durchzusetzen? Welche wenden sie an? Welche langfristigen Strategien und/oder kurzfristigen Taktiken sind erkennbar?
- **Öffentlichkeit:** Wie stellen sich die Konfliktparteien nach außen (z. B. in Medien) – auch gegenüber Dritten – dar? Versuchen sie, Unterstützung zu gewinnen?
- **Kommunikation:** Kommunizieren die Konfliktparteien miteinander? Wie lässt sich die Form der Kommunikation charakterisieren (offen/erstarrt, rational/irrational, aufmerksam/ignorant etc.)?
- **Konfliktlösung:** Ist der Konflikt gelöst? Wenn ja: Wie? Gibt es Gewinner und Verlierer? Wären andere (bessere, schlechtere) Möglichkeiten der Konfliktlösung möglich gewesen? Wenn nein: Lassen sich Ansatzpunkte oder mögliche Wege einer Konfliktlösung erkennen?

3. Schritt – Beurteilung und Bewertung: Den Konflikt mit Bezug auf die Leitfrage beurteilen und bewerten.

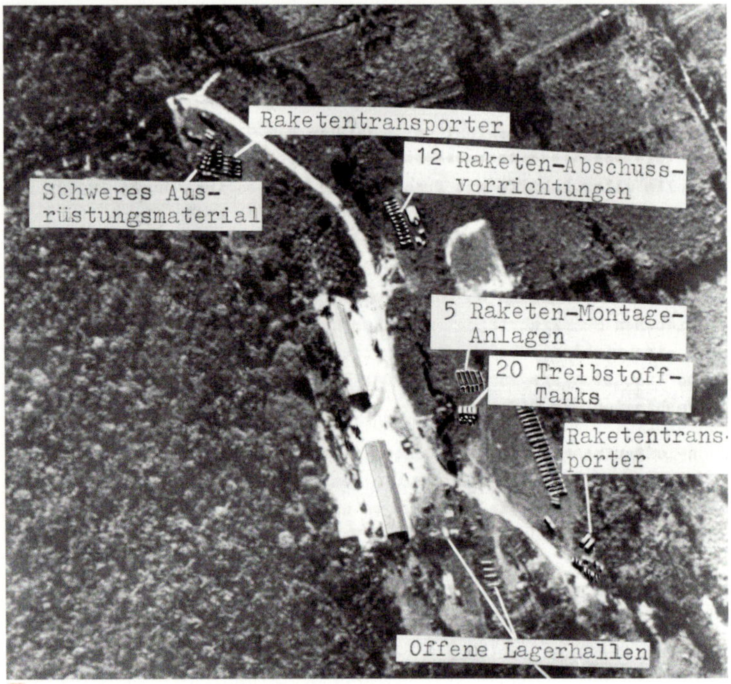

US-Aufklärungsfoto von sowjetischen Raktenstellungen auf Kuba, Oktober 1962

Zeitgenössische Reichweitengrafik

Die Kuba-Krise: Eine Chronologie

Dezember 1958: Kubanische Revolution: Truppen des Revolutionsführers Fidel Castro stürzen den Diktator Batista. Castros Politik ist linkssozialistisch und gegen die „imperialistische" Vorherrschaft der USA in Lateinamerika gerichtet.

April 1960: Kuba nimmt diplomatische Beziehungen mit der UdSSR auf. In den USA werden geheime Invasionspläne zum Sturz Castros und zur Rückgewinnung Kubas ausgearbeitet.

3.1.1961: Die USA brechen die diplomatischen Beziehungen mit Kuba ab.

20.1.1961: John F. Kennedy wird als Nachfolger von Dwight Eisenhower zum Präsidenten der USA gewählt. Er unterstützt die bereits ausgearbeiteten geheimen Invasionspläne, legt aber Wert darauf, dass offizielle Truppen der USA nicht teilnehmen.

15.4.1961: Unternehmen „Schweinebucht": Die Invasion einer von Exilkubanern mit Unterstützung der CIA gebildeten Truppe an kubanischen Stränden beginnt. Sie scheitert nach drei Tagen.

3.–4.6.1961: Präsident Kennedy und Generalsekretär Chruschtschow treffen sich in Wien, ohne eine Annäherung im Ost-West-Konflikt zu erreichen.

13.8.1961: Bau der „Berliner Mauer".

22.1.1962: Auf Betreiben der USA wird Kuba aus der Organisation amerikanischer Staaten (OAS) ausgeschlossen.

14.10.1962: Ein U-2-Aufklärungsflugzeug der USA macht Fotos von Abschussrampen für sowjetische Atomraketen (SS-4).

16.10.1962: Kennedy bildet das „Exekutiv-Komitee" des Nationalen Sicherheitsrates („ExKomm") zur Beratung möglicher Maßnahmen.

18.10.1962: Kennedy empfängt den sowjetischen Außenminister Gromyko.

19./20.10.1962: Entscheidende Sitzungen der „Exkomm".

20.10.1962: Konzentration von US-Marineeinheiten in Florida.

22.10.1962: Rundfunk- und Fernsehansprache Kennedys an das amerikanische Volk (M 4).

23.10.1962: Brief Chruschtschows an Kennedy.

24.10.1962 (14.00 Ortszeit): Quarantäne tritt in Kraft (Seeblockade der US-Marine gegen sowjetische Schiffe im Umkreis von 500 Meilen um Kuba).

25.10.1962: Die US-Armee wird in die Alarmbereitschaft „Defcon 2" versetzt („Defcon 1" bedeutet Krieg). Stopp des Tankers „Bukarest" durch die US-Navy.

26.10.1962: Stopp und Inspektion des Tankers „Marucla" durch USS „J. P. Kennedy".
Chruschtschow bietet in einer Botschaft an Kennedy die Demontage der sowjetischen Raktenbasen gegen die Zusicherung der USA, nicht in Kuba zu intervenieren, an.

27.10.1962: Abschuss eines amerikanischen Aufklärungsflugzeuges (U-2) über Kuba. Brief Chruschtschows an Kennedy (M 5).
Telegramm Kennedys an Chruschtschow (M 5).
Der Bruder J. F. Kennedys, Justizminister Robert Kennedy, trifft mit dem Botschafter der UdSSR, Dobrinin, zusammen und verlangt eine Abzugszusage der UdSSR bis spätestens zum nächsten Morgen. Er stellt – als geheim zu haltende Information – in Aussicht, dass die USA beabsichtigten, möglicherweise in Zukunft die Mittelstrekkenraketen aus der Türkei abzuziehen.
Eine amerikanische U-2 dringt versehentlich über der Halbinsel Tschukotka in sowjetischen Luftraum ein. Sowjetische Abfangjäger steigen auf, das amerikanische Flugzeug kann aber noch rechtzeitig abdrehen.

28.10.1962: Brief Chruschtschows an Kennedy (M 5).

John F. Kennedy

Wurde am 29. Mai 1917 als zweites von neun Kindern des Unternehmers und Diplomaten Joseph P. Kennedy geboren. Studium an der Harvard Universität, während des zweiten Weltkrieges Seeoffizier im Pazifik. 1947–1953 demokratischer Abgeordneter im Abgeordnetenhaus, seit 1953 Senator für Massachusetts. Am 8. November 1960 wurde er zum – ersten katholischen – Präsidenten der USA gewählt. Der junge Präsident wurde bald eine charismatische Figur, er galt als typischer Vertreter des reichen, eher intellektuellen Ostküsten-Establishments. Innenpolitisch suchte er seine Reformpolitik des „New Frontier" (Ausbau der Sozialversicherung, Bürgerrechte für Afroamerikaner, Ausbau des Bildungssystems) gegen den republikanisch dominierten Kongress durchzusetzen. Am 22. November 1963 wurde John F. Kennedy in Dallas/Texas auf offener Straße erschossen; die genauen Umstände des Mordes wurden nie aufgeklärt.

Nikita Sergewitsch Chruschtschow

wurde am 17.4.1894 in Kalinowa (Kursk) geboren. Seit 1918 Mitglied der Bolschewiki, 1935–1938 erster Parteisekretär Moskaus, seit 1939 Mitglied des Politbüros des Zentralkomitees der KPdSU. Nach Stalins Tod wurde er dessen Nachfolger als Erster Sekretär des ZK der KPdSU. In den Jahren 1953 bis 1959 schaltete er die gesamte Führungsriege der Stalinzeit – bis auf seinen persönlichen Freund Anastas Mikojan – aus. Auf dem xx. Parteitag der KPdSU brach er mit dem Stalinismus und setzte eine gewisse innen- und wirtschaftspolitische Liberalisierung durch. Außenpolitisch verfolgte er bei fortgesetzter Hochrüstung den Kurs der friedlichen Koexistenz, unterstützte jedoch „antiimperialistische Befreiungsbewegungen" in der Dritten Welt. Wirtschaftliche Misserfolge und die Verschärfung des Konfliktes mit der Volksrepublik China führten 1964 zu seiner Ablösung als Parteichef. Nikita Chruschtschow starb am 11.9.1971 in Moskau.

MATERIALIEN

M 1 Der Historiker Bernd Greiner zur Vorgeschichte der Kuba-Krise

Seit dem 19. Jahrhundert galt Mittel- und Südamerika als „Hinterhof" der USA. 1823 hatte der damalige Präsident James Monroe die nach ihm benannte und seitdem gültige „Monroe-Doktrin" formuliert, die sich gegen europäische Kolonialeinflüsse in Amerika wandte und den gesamten amerikanischen Kontinent zum Einflussgebiet der USA erklärte. Seitdem hatten die USA zwar formal keine Kolonien in Mittel- und Südamerika errichtet, aber mit einer Vielzahl von wirtschaftlichen, diplomatischen und militärischen Interventionen ihren Einfluss zu sichern versucht.
Mit Beginn des „Kalten Krieges" geriet die traditionelle Mittel- und Südamerikapolitik der USA in den Sog des Ost-West-Gegensatzes. Der Historiker Bernd Greiner beschreibt in seinem Standardwerk über die Kuba-Krise die Vorgeschichte des Konfliktes:

Als John F. Kennedy im Januar 1961 ins Weiße Haus einzog, hatte er genaue Vorstellungen über die künftige Außenpolitik. Auf einen kurzen Nenner gebracht, hieß die Devise: Die Auseinandersetzung mit dem Sozialismus wird in der Dritten Welt entschieden. In Europa waren die Würfel längst gefallen; in Lateinamerika, Südostasien und Afrika hingegen standen harte Kämpfe bevor. Kennedy wollte hier Marksteine setzen und als der Präsident in die Geschichte eingehen, der den Sozialismus aus den Entwicklungsländern verbannte. [...]
Kaum waren die neuen Minister ernannt, beraumte Kennedy eine Diskussion über jene Länder an, die ihm besonders wichtig erschienen: Kuba und Vietnam. Die ersten exemplarischen Siege über nationale Befreiungsbewegungen und sozialistische Entwicklungsmodelle in der Dritten Welt sollten dort errungen werden. [...] Kuba, die kleine Insel im Schatten Floridas, wurde also wieder einmal zum Symbol amerikanischer Interessen und Politik. [...] Kuba sei mittlerweile, so heißt es im Protokoll der Sitzung vom 28. Januar, „praktisch ein von den Kommunisten kontrollierter Staat". Damit wollte sich die neue Administration in keinem Fall abfinden. Ihr kam es darauf an, dass die USA ihre Rolle als „Weltmacht Nr. 1" weiterhin überzeugend spielten – und dabei neues Terrain hinzugewannen. Wie sollte dies aber möglich sein, wenn man im eigenen „Hinterhof", wie Lateinamerika im Washingtoner Polit-Jargon genannt wird, ein kommunistisches Regime duldete? [...] Castro muss jetzt weg – darin waren sich alle in der neuen Administration einig. Wie aber sollte er gestürzt werden?
John F. Kennedy [...] vermisste bei [den vorgelegten] Konzepten ein propagandistisch effektvolles Motiv für die Konterrevolution, einen Anlass, mit dem sich eine Intervention in der Öffentlichkeit überzeugend inszenieren ließ. Wäre es nicht, so fragte er seine Berater am 17. Februar 1961, sinnvoll, den Sturz Castros mit den Waffenlieferungen der Sowjets in Verbindung zu bringen? Könnte man nicht behaupten, das eigentliche Angriffsziel wären moderne Düsenbomber und Raketen, die Amerikas Sicherheit bedrohten? Eine Idee war geboren – aber sie war noch nicht viel wert. Zum damaligen Zeitpunkt gab es nur wenige sowjetische Rüstungsgüter auf Kuba: einige Panzer, Gewehre, vereinzelt Luftabwehrraketen und veraltete Kampfflugzeuge. Aber möglicherweise würde sich die Situation bald ändern.
[Währenddessen] bereitete die CIA zusammen mit Exilkubanern das Unternehmen „Schweinebucht" vor. Im Morgengrauen des 15. April 1961 landete die „Brigade 2506" an kubanischen Stränden. [...] Der Angriff scheiterte kläglich. Nach drei Tagen war die „Brigade 2506" aufgerieben – manche konnten fliehen, viele wurden getötet, mehr als 1100 Söldner gerieten in kubanische Gefangenschaft. [...] Das Debakel in der Schweinebucht erwies sich als politisches Schlüsseldatum für die neue Administration. Kennedy und seine Berater sahen von einem Tag auf den anderen ihr gesamtes außenpolitisches Konzept gefährdet. Kein anderes Ereignis in den 1000 Tagen der Präsidentschaft Kennedys verursachte so viel Zorn, Niedergeschlagenheit, ohnmächtige Wut – und wilde Entschlossenheit, die Scharte alsbald auszuwetzen.
Auch für die UdSSR war die Regierung Castro mittlerweile zu einem Symbol geworden. Nach den Ereignissen in der Schweinebucht nahm die sowjetische Wirtschafts- und Militärhilfe sprunghaft zu. „Wir gaben ihnen so viele Waffen, wie die kubanische Armee verdauen konnte", erinnerte sich Nikita Chruschtschow in seinen 1971 publizierten Memoiren. [...]
In Kuba, so hofften sie, würde der erfolgreiche und daher nachahmenswerte Beweis erbracht, dass der Sozialismus auch außerhalb Europas Fuß fassen konnte. Dort wollte die UdSSR ihre neu gewonnene ökonomische und technologische Stärke politisch umsetzen. Die USA und die anderen kapitalistischen Staaten sollten nicht länger die weltpolitischen Koordinaten diktieren und den Sowjets Vorschriften machen können. Hatte man Erfolg, so würde langfristig die Signalwirkung nicht ausblei-

ben. Das politische Gewicht der UdSSR würde in der Gruppe der Entwicklungsländer enorm aufgewertet werden und die gesamte Weltpolitik danach eine andere sein. Chruschtschow wollte versuchen, auf diesem Weg so weit wie möglich zu kommen. Wie aber konnte Castro politisch stabilisiert werden? [...] Nach wochenlangen Überlegungen glaubte Chruschtschow, die rettende Idee gefunden zu haben: „Die logische Antwort waren Raketen." [...] Absolute Geheimhaltung war die Bedingung des Erfolgs. Die USA sollten elegant getäuscht und nach Abschluss der Stationierungsarbeiten vor vollendete Tatsachen gestellt werden. Die überraschende Enthüllung würde Washington zunächst politisch lähmen. Hätte sich die Administration von ihrem Schock erholt, sei es zu spät, noch etwas gegen die Raketen zu unternehmen. „Ich dachte mir das folgendermaßen", schrieb Chruschtschow: „Wenn wir die Raketen heimlich installierten und wenn die Vereinigten Staaten die Raketen erst dann entdeckten, nachdem sie bereits ausgerichtet und abschussbereit waren, würden die Amerikaner es sich zweimal überlegen, bevor sie versuchten, unsere Einrichtungen mit militärischen Mitteln zu vernichten. Ich wusste, dass die Vereinigten Staaten einige unserer Einrichtungen zerstören konnten, aber nicht alle. Wenn ein Viertel oder selbst nur ein Zehntel unserer Raketen überlebte – oder falls nur eine oder zwei große übrig blieben –, dann könnten wir immer noch New York treffen, und dann wäre von New York nicht mehr viel übrig." Diese Entscheidung hatte in den Augen der Sowjets zusätzlich positive Nebeneffekte. Das militärische Kräfteverhältnis jener Jahre fiel geradezu dramatisch zugunsten der USA aus. Bei den Atomsprengköpfen waren die Sowjets im Verhältnis 1:17 unterlegen (300 gegenüber 5000), bei den Langstreckenbombern 1:8 (155 gegenüber 1300) und bei den Interkontinentalraketen 1:5 (44 gegenüber 229). [...] Vielleicht würde eine erfolgreiche Stationierung von Atomraketen in Kuba dieser Entwicklung Einhalt gebieten? [...] Aber allein deshalb wäre Chruschtschow das Risiko der Stationierung nie eingegangen. Wichtiger als alle Militärstrategie und das Denken in schablonenhaften Kategorien des Gleichgewichts der Waffen waren ihm die erhofften weltpolitischen Konsequenzen. Indem er Kuba half, vor aller Augen dem mächtigen Nachbarn aus dem Norden zu trotzen, würde er Prestige und Einfluss der Sowjetunion beispiellos aufwerten. Er hätte die weltweiten politischen Kräfteverhältnisse zu seinen Gunsten verschoben. Und das zählte mehr als jede neue Rakete im Vernichtungspotenzial.

So begann die geheimste Operation in der sowjetischen Nachkriegspolitik. Lastwagen transportierten nachts und in eigens abgedunkelten Straßen die Raketenfracht zu den Schiffen. Andernorts gingen Soldaten an Bord, die sich auf einen längeren Aufenthalt in der Fremde eingestellt hatten, aber nicht wussten, wohin die Reise ging. Erst nach einigen Tagen und mitten auf dem Atlantik wurden sie informiert. Immerhin wussten diese Soldaten jetzt mehr als die sowjetischen Botschafter in Washington (Dobrynin) und bei der UNO in New York (Zorin). Beide tappten völlig im Dunkeln und erfuhren erst am 22. Oktober, was in Kuba vor sich ging. [...] Hatte die sowjetische Presse seit September nicht immer wieder kategorisch bestritten, dass Mittelstreckenraketen nach Kuba geliefert würden? Hatte Chruschtschow der eigenen Botschaft in Washington nicht wiederholt mitteilen lassen, Castro erhielte nur Boden-Luft-Raketen zum Schutz gegen Flugzeuge? Alle diese Täuschungsmanöver hatten stattgefunden. In Moskau dachte offenbar niemand daran, dass sich diese Politik sehr schnell gegen ihren Urheber wenden und als propagandistische Waffe einsetzen ließ. Auch glaubte man im Kreml, die US-Geheimdienste würden wochenlang übersehen, was sich in Kuba tat. Vielleicht war dies der größte aller Irrtümer.

(Bernd Greiner, Kuba-Krise – 13 Tage im Oktober, Nördlingen (Greno) 1988, S. 168ff.)

M 2 Tonbandtranskript der Sitzung der „ExKomm" am Vormittag des 16. Oktober 1962

Das „ExKomm" („Exekutiv-Komitee des Nationalen Sicherheitsrates") war kein offizielles Gremium, sondern ein ad hoc zusammengerufenes Beratungsgremium des Präsidenten der USA, an dem Vertreter des Außen- und Verteidigungsministeriums, der CIA, des Militärs sowie Justizminister Robert Kennedy, UNO-Botschafter Stevenson, der Sonderberater Kennedys, Sorensen, und der nationale Sicherheitsberater Bundy teilnahmen. Die Erörterungen des Gremiums wurden vom Präsidenten heimlich und ohne Wissen der Teilnehmer auf einem Tonbandgerät mitgeschnitten. Die Existenz der Tonbänder wurde erst Jahre später, im Zuge der „Watergate-Affaire", aufgedeckt. Heute sind die Abschriften der insgesamt 127 Tonbänder öffentlich zugänglich und einzigartige Primärquellen. Trotzdem erlauben sie keine lückenlose Rekonstruktion der Entscheidungsfindung in der US-Regierung. Zum einen sind manche Passagen gelöscht worden, zum anderen ist ihr Stellenwert unter Historikern umstritten: Während einige meinen, das „ExKomm" sei ein hervorragendes Beispiel für die intellektuell hochstehende Art der Entscheidungsfin-

dung unter der Präsidentschaft Kennedys gewesen, sind andere der Ansicht, die wichtigen Entscheidungen seien woanders gefällt worden und das „ExKomm" sei eher nur ein Gremium gewesen, das die Entscheidungen des Präsidenten durch die Einbeziehung oppositioneller Politiker und wichtiger Institutionen vor späterer Kritik schützen sollte. Die hier abgedruckten und stark gekürzten Passagen geben die ersten Debatten des Gremiums am 16. Oktober 1962 wieder. Ausführliche Passagen des Transskripts sind abgedruckt in: Greiner, a. a. O. S. 242 ff. oder im Internet einsehbar (z. B. www.mtholyke.edu/acad/intrel/cuba.htm).

LUNDAHL[1]: Das ist ein Ergebnis der Aufnahme von Sonntag, Sir.
J. F. KENNEDY: Ja.
LUNDAHL: Es gibt da eine Abschussbasis für Mittelstreckenraketen und zwei neue Militärlager am Südrand der Sierra del Rosario im westlichen Zentralkuba. [...]
J. F. KENNEDY: Woher wissen Sie, dass das eine Mittelstreckenrakete ist?
LUNDAHL: Die Länge, Sir.
J. F. KENNEDY: Die was? Die Länge?
LUNDAHL: Ihre Länge. Ja.
J. F. KENNEDY: Die Länge der Rakete? Welcher Teil? Ich meine, welcher [...]
LUNDAHL: Ja. Eh, Mr. Graybeal, unser Raketen- eh, Fachmann, hat einige Bilder von der entsprechenden sowjetischen Ausrüstung, die man durch die Straßen von Moskau gefahren hat, die Ihnen einen gewissen...
GRAYBEAL[2]: Es geht um zwei Raketen. Eine davon ist unsere SS-3[z], die 1 100 Kilometer und weiter bis zu 1 300 Kilometer weit reicht. Sie ist etwa 20,7 Meter lang. Die Raketen messen etwa 20,7 Meter. Die andere Rakete, die 2000 Kilometer Rakete, eh, ist 22,25 Meter lang. Die Frage, die sich uns aus der Aufnahme stellt, ist der Kopf. Wenn der Sprengkopf nicht auf der Rakete ist und sie misst 20,7 Meter – der Kopf wäre 1,20 bis 1,50 Meter länger, Sir; und mit dieser zusätzlichen Länge könnten wir es hier mit einer Rakete zu tun haben, die eine Reichweite von 2000 Kilometern hätte, Sir. [...]
J. F. KENNEDY: Ist diese abschussbereit?
GRAYBEAL: Nein, Sir.
J. F. KENNEDY: Wie lang haben wir noch? ... Das lässt sich nicht sagen, nehme ich an ...
GRAYBEAL: Nein, Sir. [...]
J. F. KENNEDY: Stimmt es, dass wir bis jetzt noch kein Atomwaffenlager ausgemacht haben? Das ist eine der wichtigsten Überlegungen, die wir bei der Einschätzung der Einsatzbereitschaft dieser, dieser Raketen anstellen. [...]
MCNAMARA[3]: Das steht außer Frage. Die Frage ist die Einsatzbereitschaft der, zum Abschuss und – und das ist für unsere Planungen äußerst entscheidend – dass die Zeit von heute bis zu dem Zeitpunkt, an dem die Möglichkeit der Einsatzbereitschaft entsteht, ein sehr wesentlicher Punkt ist. [...] Wir haben bislang noch kein mögliches Sprengkopflager gefunden, und daher scheint es äußerst unwahrscheinlich, dass sie derzeit einsatzbereit sind oder möglicherweise innerhalb von Stunden oder sogar von ein oder zwei Tagen einsatzbereit sein werden. [...]
MCNAMARA: Nun, welche Art von Militäraktion können wir durchführen und was sind möglicherweise die Konsequenzen? Eh, wir könnten einen Luftangriff innerhalb einiger Tage durchführen. Wir wären innerhalb, innerhalb einiger Tage bereit, so einen Luftangriff aufzunehmen. Falls es unbedingt erforderlich wäre, ließe es sich buchstäblich innerhalb einiger Stunden machen. Ich glaube, die Stabschefs würden es vorziehen, wenn man ihn einige Tage hinauszögern könnte, aber wir sind darauf schnell vorbereitet. Der Luftangriff ließe sich im Anschluss an den ersten Tag noch über einige Tage fortsetzen, falls erforderlich. Eh, vermutlich wird es entweder unmittelbar vor dem Luftangriff oder sowohl vorher als auch währenddessen einige politische Diskussionen geben. Jedenfalls wären wir darauf vorbereitet, im Anschluss an den Luftangriff eine Luft-, Invasion durch Luft- und Seestreitkräfte durchzuführen. (*Gelöscht*) Nach Beginn des Luftangriffs wäre das möglich, sofern das politische Umfeld es zu diesem Zeitpunkt ratsam oder notwendig machen sollte. Nun, das sind in sehr groben Zügen die militärischen eh Möglichkeiten. [...]
MCNAMARA: Wenn wir einen Sprengkopf auf dem Gelände gesehen hätten und wenn wir wüssten, dass diese Abschussrampe in der Lage ist, den Sprengkopf abzuschießen, würde ich ... Ganz offen, ich würde eindringlich von einem Luftangriff abraten, um ganz offen zu sein, weil ich glaube, dass die Gefahr für dieses Land im Verhältnis zum Gewinn, den er uns nach allzu (langer Zeit?) bringen würde [...]. Deshalb schlage ich vor, dass, wenn wir über einen Luftangriff sprechen, wir meiner Ansicht nach ihn *ausschließlich* unter der Voraussetzung in Betracht ziehen sollten, dass wir ihn durchführen können, bevor sie einsatzbereit werden.
J. F. KENNEDY: Was ist der, eh, Vort- ... Es muss einen wesentlichen Grund für die Russen geben, das, eh, auszubauen als ... Es muss so sein, dass sie mit ihren Interkontinentalraketen nicht zufrieden sind. Was könnte der Grund sein, dass sie eh ...

Taylor[4]: Was es ihnen in erster Linie bringen würde, es bildet eine Abschussbasis eh, für Kurzstreckenraketen gegen die Vereinigten Staaten als Ergänzung zu ihrer recht (anfälligen?) Ausrüstung mit Interkontinentalraketen zum Beispiel. Das ist ein Grund.

J. F. Kennedy: Ich sehe natürlich keine Möglichkeit, wie wir verhindern könnten, dass weitere per U-Boot hereinkommen.

J. F. Kennedy: Nun, ich denke, diese Sache ist insgesamt ...

J. F. Kennedy: Ich meine, wenn wir das Ding blockieren lassen, kommen sie mit U-Booten herein.

McNamara: Nun, ich glaube, die einzige Möglichkeit, zu verhindern, dass sie hereinkommen, ist – ganz offen zu sagen –, dass man sie im selben Moment zerstört, wie sie hereinkommen. Man wird sie zerstören und eine offene Überwachung durchführen und eine Politik verfolgen, bei der man sie zerstört, sobald sie hereinkommen. (*Gelöscht*)

(John F. Kennedy Library Boston, Presidents Office Files/Presidential Recordings/Transcripts/Cuban Missile Crisis Meetings, 16.10.1962, 11.50 AM–12.57 PM; zit. nach: Greiner, a. a. O., S. 242ff.)

---

1 Arthur Lundahl: Fotoauswerter der CIA
2 Sidney Graybeal: Fotoauswerter der CIA
3 Robert S. McNamara: Verteidigungsminister der USA
4 Maxwell Taylor: General; Vorsitzender der Vereinigten Stabschefs der Streitkräfte der USA

M 3 „ExKomm" am Nachmittag, 16. Oktober 1962

McNamara: Es ist fast mit Sicherheit, eh, ein, ein erhebliches Potenzial an hochexplosiven Sprengstoffen in dem Sinne, dass sie eine oder zwei oder zehn hochexplosive Bomben irgendwo entlang der Ostküste abwerfen können. [...]

Rusk[1]: Ich würde nicht meinen, dass sie eine Atomwaffe einsetzen, es sei denn, dass sie bereit wären, einen Atomkrieg (einzugehen?), das glaube ich nicht. Ich s-, seh-, sehe diese Möglichkeit einfach nicht.

Bundy[2]: Das ist auch meine Meinung.

Rusk: Das würde heißen, eh, wir könnten uns auch sehr irren, aber eh, wir haben nie wirklich geglaubt, dass, dass Chruschtschow wegen Kuba einen allgemeinen Atomkrieg anfangen würde. [...]

Bundy: Aber die, eh, Frage, die ich gerne stellen würde, ist [...] welchen strategischen Einfluss haben die Mittelstreckenraketen in Kuba auf die Position der Vereinigten Staaten? Wie ernsthaft verändert sich dadurch das strategische Gleichgewicht?

McNamara: Mac, ich habe genau das auch die Stabschefs heute Nachmittag gefragt. Und sie haben gesagt, erheblich. Meine persönliche Auffassung ist, überhaupt nicht.

J. F. Kennedy: [...] Herr Präsident. Sie haben ganz Recht, wenn sie sagen, dass das, das nur ein paar Raketen mehr sind, eh, die auf die Vereinigten Staaten zielen. Eh, aber sie können eine, eine sehr, eine ziemlich wichtige Ergänzung und Verstärkung für das, für das Angriffspotenzial der Sowjetunion werden. [...]

J. F. Kennedy: [...] sagen wir einfach mal, dass eh, sie, sie sie da stationiert bekommen [...]. Dann wollen wir sie nicht zerstören, [weil?] eh, das ein zu großes Risiko ist. [...] Dann fangen sie an, sich darauf vorzubereiten, uns in Berlin unter Druck zu setzen [...]. Sie mögen sagen, es macht keinen Unterschied, ob man von einer Interkontinentalrakete in die Luft gejagt wird, die aus der Sowjetunion herüberfliegt, oder von einer, die 150 Kilometer weit weg war. [...] Ich würde meinen, dass unser Risiko wächst. Eh, ich stimme dem zu. Was macht es für einen Unterschied? Sie haben ohnehin genug, um uns in die Luft zu jagen. [...] Letzten Endes ist das ebenso sehr ein politischer Kampf wie ein militärischer [...].

(John F. Kennedy Library Boston, Presidents Office Files/Presidential Recordings/Transcripts/Cuban Missile Crisis Meetings, 16.10.1962, 6.30–7.55 PM; zit. nach: Greiner, a. a. O., S. 259ff.)

---

1 Dean Rusk: Außenminister der USA
2 McGeorge Bundy: Sonderberater Kennedys für Fragen der nationalen Sicherheit

M 4 Aus John F. Kennedys Fernsehansprache vom 22.10.1962

Unsere Regierung hat, wie versprochen, den sowjetischen Militäraufbau auf der Insel Kuba unter schärfster Überwachung gehalten. Innerhalb der letzten Wochen brachten unmissverständliche Beweise die Gewissheit, dass jetzt eine Reihe offensiver Raketenbasen auf der unterjochten Insel entsteht. Der Zweck dieser Basen kann nur sein, gegen die westliche Hemisphäre eine nukleare Angriffsmöglichkeit zu schaffen. [...]

Unsere eigenen strategischen Waffen sind nie unter dem Deckmantel der Geheimhaltung und der Irreführung auf das Hoheitsgebiet irgendeines anderen Landes verlegt worden, und unsere Geschichte zeigt – im Gegensatz zu der der Sowjets seit dem Zweiten Weltkrieg –, dass wir nicht danach streben, irgendein anderes Land zu beherrschen oder zu erobern oder unser System einem anderen Volk aufzuzwingen. [...]

Aber diese geheime, schnelle und außerordentliche

Massierung kommunistischer Raketen [...], diese plötzliche und heimliche Entscheidung, zum ersten Male außerhalb der Sowjetunion strategische Waffen zu stationieren, ist eine absichtlich provokatorische und ungerechtfertigte Veränderung des Status quo, die von unserem Land nicht hingenommen werden kann, wenn unser Mut und unsere Versprechen von Freund und Feind noch ernst genommen werden sollen. [...]

Wir werden nicht verfrüht oder unnötigerweise einen weltweiten Kernwaffenkrieg riskieren, bei dem selbst die Früchte des Sieges in unserem Munde zu Asche würden. Aber wir werden vor diesem Risiko auch nicht zurückschrecken, wenn wir ihm gegenüberstehen.

Zur Verteidigung unserer eigenen Sicherheit und der Sicherheit der ganzen westlichen Hemisphäre, nach den Vollmachten, die mir durch die Verfassung gegeben sind und die durch den Kongress bestätigt wurden, habe ich deshalb angeordnet, dass folgende erste Schritte sofort eingeleitet werden:

1. Um den offensiven Aufbau zum Halten zu bringen, wird eine strikte Quarantäne aller für Kuba bestimmten militärischen Angriffsausrüstungen eingeleitet. Schiffe jeglicher Art mit Bestimmungsort Kuba, von welcher Nation oder welchem Hafen sie auch kommen, werden zurückgeschickt werden, wenn festgestellt wird, dass sie Ladungen mit Angriffswaffen führen. [...]

2. Ich habe die Fortdauer und Verstärkung der genauen Überwachung Kubas und seines militärischen Aufbaus angeordnet. [...]

3. Es ist die Politik unserer Nation, jede auf Kuba gegen irgendeine Nation der westlichen Hemisphäre gestartete Atomrakete als einen Angriff der Sowjetunion gegen die Vereinigten Staaten zu betrachten, der eine umfassende Vergeltungsantwort gegen die Sowjetunion erfordert. [...]

7. Ich appelliere an den Ministerpräsidenten Chruschtschow, diese heimliche, rücksichtslose und provokative Bedrohung des Weltfriedens einzustellen und die Beziehungen zwischen unseren Nationen zu stabilisieren. [...]

Wir sind bereit, neue Vorschläge für die Beseitigung von Spannungen auf beiden Seiten zu diskutieren, einschließlich der Möglichkeit eines wirklich unabhängigen Kubas, das sein eigenes Schicksal frei bestimmen kann. Wir haben nicht den Wunsch, mit der Sowjetunion Krieg zu führen, denn wir sind ein friedliebendes Volk, das mit allen Völkern in Frieden leben möchte.

Aber es ist schwierig, diese Probleme in einer Atmosphäre der Einschüchterung zu regeln oder nur zu diskutieren. Darum muss und wird dieser jüngsten sowjetischen Bedrohung [...] mit Entschlossenheit begegnet werden. Jede feindselige Handlung irgendwo in der Welt gegen die Sicherheit und Freiheit von Völkern, denen wir verpflichtet sind, einschließlich insbesondere der tapferen Bevölkerung West-Berlins, wird mit jeder notwendigen Aktion beantwortet werden. [...]

Der Weg, den wir jetzt gewählt haben, ist voller Gefahren, wie es alle Wege sind – aber es ist der Weg, der am meisten mit unserem Wesen und unserem Mut als Nation und unseren Verpflichtungen in aller Welt übereinstimmt. Der Preis der Freiheit ist stets hoch, aber die Amerikaner haben ihn noch immer bezahlt. Und der Pfad, den wir niemals wählen werden, ist der Pfad der Kapitulation oder der Unterwerfung. Unser Ziel ist nicht ein Sieg der Macht, sondern die Verteidigung des Rechts – nicht Frieden um den Preis der Freiheit, sondern Frieden und Freiheit, hier in dieser Hemisphäre und, wie wir hoffen, in der ganzen Welt. Wenn Gott will, wird dies Ziel erreicht.

(Zit. nach: Europa-Archiv, 1962, S. 568 ff.)

M 5 Briefwechsel Kennedy – Chruschtschow

Der Briefwechsel zwischen Chruschtschow und Kennedy gibt einen unmittelbaren Eindruck der Kommunikation zwischen beiden Staatsführern. Zu beachten ist die Zeitverzögerung in der Kommunikation: Aus Sicherheitsgründen wurden diese Briefe in der Regel durch Emissäre überbracht, sodass zwischen Absendung und Empfang eines Briefes mehrere Stunden (in der Regel etwa 8 Stunden) vergingen. In sehr eiligen Situationen (z.B. im Falle der Botschaft vom 28.10.1962) ließ Chruschtschow den Brief auf Radio Moskau verlesen, sein Inhalt wurde in den USA aufgezeichnet und an Kennedy weitergeleitet. Eine direkte Telefonverbindung wurde erst später eingerichtet.

In einem ersten Brief an Kennedy am 26.10. hatte Chruschtschow seine Bereitschaft zum Einlenken ohne weitere Bedingungen erklärt. Die Überbringung dieses Briefes dauerte bis zum folgenden Tag, sodass Lektüre und Diskussion des Briefes im „ExKomm" in Washington mit der Übermittlung eines zweiten, am 27.10. verfassten und durch die sowjetische Nachrichtenagentur TASS veröffentlichten Briefes zusammenfielen. In der Nacht vom 27. auf den 28.10. wusste niemand in Washington, wie die UdSSR reagieren würde.

a) Aus dem Schreiben Chruschtschows vom 27.10.1962:

Sehr geehrter Herr Präsident, ich habe mich mit tiefer Genugtuung mit Ihrer Antwort an Herrn

U Thant[1] vertraut gemacht, wonach Maßnahmen getroffen werden sollen, um die Berührung unserer Schiffe auszuschließen und auf diese Weise nicht wiedergutzumachende verhängnisvolle Folgen zu vermeiden. Dieser vernünftige Schritt Ihrerseits bestärkt mich in der Meinung, dass Sie für die Erhaltung des Friedens Sorge tragen, was ich mit Befriedigung vermerke. [...]

Sie wollen die Sicherheit Ihres Landes gewährleisten, und dies ist verständlich. Das will aber auch Kuba. Alle Länder wollen ihre Sicherheit gewährleisten. Wie aber sollen wir, die Sowjetunion, soll unsere Regierung Ihre Handlungen bewerten, die darin Ausdruck finden, dass Sie die Sowjetunion mit Militärstützpunkten eingekreist haben, ihre Verbündeten mit Militärstützpunkten umgeben haben, buchstäblich rings um unser Land Militärstützpunkte angelegt und dort Raketenwaffen stationiert haben? Das ist kein Geheimnis. Verantwortliche amerikanische Männer erklären dies demonstrativ. Ihre Raketen sind in Großbritannien stationiert, sie sind in Italien stationiert, und sie sind gegen uns gerichtet. Ihre Raketen sind in der Türkei stationiert.

Ich denke, dass man den Konflikt schnell beenden und die Lage normalisieren könnte. Dann würden die Menschen befreit aufatmen und der Ansicht sein, dass die Staatsmänner, denen die Verantwortung übertragen wurde, einen nüchternen Verstand besitzen, sich ihrer Verantwortung bewusst und fähig sind, komplizierte Fragen zu lösen und die Dinge nicht zu einer Kriegskatastrophe zu treiben.

Deshalb mache ich den Vorschlag: Wir willigen ein, die Mittel aus Kuba zu entfernen, die Sie für offensive Mittel halten. Wir willigen ein, dies zu tun und in den UN eine entsprechende Verpflichtung abzugeben. Ihre Vertreter geben eine Erklärung ab, dass die Vereinigten Staaten, der Beunruhigung und Besorgnis des Sowjetstaates Rechnung tragend, ihrerseits ihre entsprechenden Mittel aus der Türkei entfernen. Lassen Sie uns eine Vereinbarung treffen, welche Zeit für Sie und für uns notwendig ist, um dies zu verwirklichen.

Dafür sollten wir Übereinkommen und eine gewisse Frist festsetzen. Lassen Sie uns eine bestimmte Zeit vereinbaren, aber es nicht in die Länge ziehen: zwei oder drei Wochen, nicht mehr als einen Monat.

b) Aus der Antwort Kennedys vom 27.10. auf ein Schreiben Chruschtschows vom 26.10.1962:

Sehr geehrter Herr Ministerpräsident,

ich habe Ihr Schreiben vom 26. Oktober mit großer Sorgfalt gelesen und die Erklärung begrüßt, dass es Ihr Wunsch ist, sich um eine rasche Lösung des Problems zu bemühen. [...] Wie ich aus Ihrem Schreiben entnehme, sind die Kernpunkte Ihrer Vorschläge, die – so wie ich sie verstehe – im Allgemeinen annehmbar erscheinen, die folgenden:

1. Sie würden sich bereit finden, diese Waffensysteme auf Kuba unter angemessener Beobachtung und Überwachung der Vereinten Nationen zu entfernen, und sich unter geeigneten Garantien verpflichten, die weitere Einfuhr solcher Waffen nach Kuba einzustellen.
2. Wir wären unsererseits bereit, nach Ausarbeitung entsprechender Vorkehrungen durch die Vereinten Nationen für die Durchführung und weitere Beachtung dieser Absprachen a) alsbald die gegenwärtigen Quarantänemaßnahmen aufzuheben und b) Garantien gegen eine Invasion Kubas zu geben. Ich bin überzeugt, dass andere Nationen der westlichen Hemisphäre bereit sind, das gleiche zu tun.

Falls Sie Ihrem Beauftragten ähnliche Anweisungen erteilen, gibt es keinen Grund, warum wir nicht in der Lage sein sollten, diese Übereinkünfte zu treffen und sie der Weltöffentlichkeit innerhalb von zwei Tagen bekannt zu geben. Die Auswirkung einer solchen Regelung über den Abbau der Spannungen in der Welt würde uns in die Lage versetzen, auf eine allgemeinere Abmachung in Bezug auf „andere Rüstungen" hinzuarbeiten, wie Sie dies in Ihrem zweiten Schreiben, das Sie veröffentlicht haben, vorschlugen. Ich möchte noch einmal erklären, dass die Vereinigten Staaten an einer Verminderung der Spannungen und einer Beendigung des Wettrüstens sehr interessiert sind; und wenn Ihr Schreiben bedeutet, dass Sie bereit sind, über eine Entspannung im Hinblick auf die NATO und den Warschauer Pakt zu diskutieren, dann sind wir jederzeit willens, mit unseren Verbündeten jeden nützlichen Vorschlag zu erörtern.

Aber die Vorbedingung – lassen Sie mich das noch einmal unterstreichen – ist die Einstellung der Arbeiten an den Raketenbasen auf Kuba sowie Maßnahmen, um solche Waffen einsatzunfähig zu machen, und zwar unter wirksamen internationalen Garantien. Das Anhalten dieser Bedrohung oder ein Hinausziehen dieser Kuba betreffenden Diskussion, indem diese Probleme mit den umfassenderen Fragen der europäischen und der Weltsicherheit verbunden werden, würden ohne Frage zu einer Verschärfung der Kuba-Krise und zu einer ernsten Gefährdung des Weltfriedens führen. Aus diesem Grunde hoffe ich, dass wir uns rasch auf der in diesem Schreiben sowie in Ihrem Schreiben vom 26. Oktober aufgezeigten Grundlage einigen können.

c) Botschaft Chruschtschows an Kennedy vom 28.10.1962:

Verehrter Herr Präsident!

Ich habe Ihre Botschaft vom 27. Oktober dieses Jahres erhalten. Ich gebe meiner Befriedigung und Erkenntlichkeit Ausdruck für den von Ihnen gezeigten Sinn für das rechte Maß und Ihre Einsicht für die Verantwortung, die Sie gegenwärtig für die Aufrechterhaltung des Friedens in der ganzen Welt tragen. Ich habe großes Verständnis für Ihre Befürchtung und für die Befürchtung des Volkes der Vereinigten Staaten von Amerika angesichts der Tatsache, dass die Waffen, die Sie als Angriffswaffen bezeichnen, wirklich gefährliche Waffen sind. Sowohl Ihnen als auch uns ist bekannt, was dies für Waffen sind.

Um die Beilegung des den Frieden gefährdenden Konflikts rascher zu beenden, um allen nach Frieden dürstenden Völkern das Gefühl der Sicherheit zu geben, um das Volk Amerikas zu beruhigen, welches, dessen bin ich gewiss, ebenfalls Frieden wünscht wie die Völker der Sowjetunion, hat die Sowjetregierung in Ergänzung zu früher schon erteilten Anweisungen neuerdings angeordnet, die Arbeiten auf den Bauplätzen für die Stationierung von Waffen einzustellen, die Rüstungen, die Sie als Angriffswaffen bezeichnen, zu demontieren, zu verpacken und in die Sowjetunion zurückzuführen. [...]

Und wenn es uns mit Hilfe anderer Menschen guten Willens gelingt, diese gespannte Situation zu überwinden, so müssen wir auch dafür sorgen, dass keine anderen gefährlichen Konflikte ausbrechen, die zu einer thermonuklearen Weltkatastrophe führen können. [...] Wir müssen jetzt sehr vorsichtig sein und dürfen keine Schritte unternehmen, die der Verteidigung der in den Konflikt verwickelten Staaten nicht nützen, sondern nur Verstimmung schaffen und gar die Herausforderung zu einem verhängnisvollen Schritt darstellen könnten. Daher müssen wir Nüchternheit und Vernunft zeigen und uns derartiger Schritte enthalten.

(Zit. nach: Europa-Archiv, 1963, S. 259ff.)

---

[1] U Thant: damaliger Generalsekretär der UN

M 6 Interview des Historikers Bernd Greiner mit Sergo Mikojan, Chefredakteur der Zeitschrift „America Latina" (1987)

Sergo Mikojan ist der Sohn von Anastas Mikojan, enger Vertrauter und Stellvertreter Nikita Chruschtschows. Zur Zeit der Kubakrise arbeitete Sergo Mikojan als politischer Sekretär und Reisebegleiter seines Vaters.

Zur Politik der UdSSR in der Kubakrise gibt es – im Unterschied zur Politik der USA – kaum veröffentlichte interne Quellen. Nach dem Amtsantritt Gorbatschows und dem Beginn seiner Reformen sind jedoch Zeitzeugen bereit, ihre Erinnerungen frei zu berichten. Allerdings sind diese Berichte – wie das vorliegende Interview – vom Standpunkt des Zeitzeugen geprägt.

BERND GREINER: Sie haben die Versuche angesprochen, die Bundesrepublik mit Atomwaffen aufzurüsten. Hing die sowjetische Kuba-Politik mit diesen Vorgängen zusammen?

SERGO MIKOJAN: Ich kann mich nur an eines erinnern: Wir hatten große Angst davor, dass die Amerikaner Atomwaffen an die Bundesrepublik weitergeben würden. Wir wussten um den Einfluss Adenauers, wussten, wie sehr er sich um solche Waffen bemühte, und wir fühlten uns sehr unsicher. Dadurch wäre die gesamte strategische Situation in Westeuropa von Grund auf geändert worden. Ich möchte nicht ausschließen, dass die Lieferung von Raketen nach Kuba in diesem Kontext diskutiert und entschieden wurde.

BERND GREINER: Wann genau fiel die Entscheidung in Moskau? Und wer traf sie? Wer war die treibende Kraft?

SERGO MIKOJAN: Chruschtschow selbst brachte die Idee ein. Er redete erstmals Ende April 1962 mit meinem Vater darüber. Anfang Mai wurde der Plan dann in einer kleinen Gruppe besprochen. [...] Es wurden möglichst wenige Leute unterrichtet. [...]

BERND GREINER: Im Laufe unseres Treffens sagte Robert McNamara, eine Eskalation wäre unvermeidbar gewesen, wenn die USA Kuba angegriffen hätten. [...] Die UdSSR hätte mit Sicherheit an irgendeinem anderen Ort militärisch geantwortet. Aber wo? Welches waren die Pläne der UdSSR? Waren beispielsweise Angriffe auf Berlin oder die amerikanischen Mittelstreckenraketen in der Türkei vorgesehen?

SERGO MIKOJAN: Wenn die Amerikaner Kuba bombardiert oder besetzt hätten, dann hätten wir meiner Meinung nach keine andere Wahl gehabt, als militärisch zu reagieren. Ich kann nicht sagen, wo oder in welcher Weise, aber natürlich standen Berlin und die amerikanischen Raketen in der Türkei ganz oben auf der Liste. [...]

BERND GREINER: Dann müssen diese Diskussionen [über die Reaktion der UdSSR] aber ziemlich kontrovers gewesen sein. Oder wie anders ist es zu erklären, dass Chruschtschow innerhalb von zwölf Stunden zwei völlig verschiedene, ja sich widersprechende Briefe nach Washington schickt? Am 26. Oktober verlangt er als Preis eines Nachgebens nur die Garantie, dass die Amerikaner keine Invasionstruppen nach Kuba schicken. Am folgenden Tag legt er zu und fordert jetzt auch den Abzug der Jupiter-Raketen aus der Türkei. Was war damals in Moskau los? Warum sandte Chruschtschow in so kurzer Zeit zwei verschiedene Briefe?

SERGO MIKOJAN: Wie ich bereits sagte, gab es Diskussionen und auch unterschiedliche Meinungen. Der erste Brief wurde ganz offensichtlich von Chruschtschow selbst diktiert – weder hatte er jemanden um Rat gefragt, noch hatte er diesen Brief mit jemandem diskutiert. Der zweite Brief hingegen trägt die Handschrift einiger anderer. Diese Leute brachten die Jupiter-Forderung ein, weil sie glaubten, das wäre ein einfacher Weg, um aller Welt zu zeigen, dass wir ohne Gesichtsverlust aus der Krise herauskommen. [...]

BERND GREINER: Was war Robert Kennedys Absicht? Was war seine Botschaft?

SERGO MIKOJAN: Nun, was Robert Kennedy sagte, lief auf ein Ultimatum hinaus. Er selbst nannte es nicht so, er sprach nur von einer „Feststellung der Tatsachen". Aber es war eine Art Ultimatum. Wenn wir unsere Raketen abzögen, würden sie in Kuba nicht einmarschieren. Aber wenn wir die Raketen nicht beseitigten, würden sie es für uns tun – das sagte Bobby. Das bedeutete, dass sie Luftangriffe fliegen würden. Und wir hatten Tausende von Soldaten nach Kuba geschickt, Soldaten, die für die Bewachung der Raketen abgestellt waren. Sehr viele von ihnen wären getötet worden. Wir hätten darauf etwas erwidern müssen. Und wir waren uns sehr klar darüber, wie eine Eskalation aussehen würde. Deshalb gaben wir nach. Ausschließlich deshalb.

BERND GREINER: Aber Robert Kennedy erwähnte auch, dass innerhalb von drei bis vier Monaten die Jupiter aus der Türkei abgezogen würden. War dies in sowjetischen Augen ein bedeutendes Zugeständnis, ein Angebot, das Chruschtschow zum Einlenken bewegte?

SERGO MIKOJAN: Nein. Das war es nicht. Bobbys eigentliche Absicht war das Ultimatum. Wir sollten wissen, dass die Uhr abgelaufen war. Er überbrachte eine dringende Botschaft. Und wir verstanden sie. Das ist der Punkt. [...]

BERND GREINER: Gibt es weitere erwähnenswerte Konsequenzen oder Lehren dieser Krise?

SERGO MIKOJAN: Nun, die Erfahrung der Kuba-Krise trug dazu bei, der Politik des „Abenteurertums" eine endgültige Absage zu erteilen. Es war eine Tragödie, dass Chruschtschow und Kennedy von der politischen Bühne verschwanden. Wir verloren Jahre mit einem sinnlosen Wettrüsten. Unmittelbar nach der Krise hätte die Entspannungspolitik einsetzen können. Das Feld war bestellt. Präsident und Parteivorsitzender begannen, sich zu respektieren und einander zu vertrauen. Wir hätten den Beginn eines kontinuierlichen Entspannungsprozesses erleben können.

(Bernd Greiner, a. a. O., S. 404 ff.)

M 7 „Rationales Krisenmanagement" – Das Urteil des Historikers Bernd Greiner

Der Historiker Bernd Greiner fasst seine Einschätzung des Handelns der amerikanischen und der sowjetischen Regierung wie folgt zusammen:

Kaum war die Krise beigelegt, entbrannte der Streit darum, ob in den 13 Tagen des Oktobers tatsächlich eine akute Kriegsgefahr bestanden habe. Parteigänger und Bewunderer John F. Kennedys vertraten mit Nachdruck die These des „rationalen Krisenmanagements". [...] Sie gipfelte in Arthur Schlesingers Hymne: Die Beratungen des Oktobers seien eine „Kombination von Härte und Zurückhaltung, Willenskraft, Nervenstärke und Weisheit, brillant kontrolliert und geeicht".

Die Tonbandprotokolle der Sitzungen des Executive Committee vermitteln einen anderen Eindruck. Sie bestätigen die in den letzten Jahren formulierte Kritik am Modell des „rational actor" und „rational decision-making". [...] Auch kann keine Rede von einer stets kontrollierten und risikoarmen Politik des ExComm sein. Im Gegenteil: Am 27. Oktober war die Geduld der Gruppe eindeutig erschöpft. Amerikanische Herrschaftsinteressen wurden der Erhaltung des Friedens übergeordnet. Man war nicht einmal zu einer Kursänderung fähig, als der Abschuss der U-2[1] eine eigendynamische Eskalation signalisierte. [...] Es gibt somit keinen Grund, das Kriegsrisiko herunterzuspielen und demgegenüber die Effizienz des „politischen Krisenmanagements" nachträglich aufzuwerten. Alle Beteiligten in Washington schätzten am Abend des 27. Oktober das Kriegsrisiko als sehr hoch ein. In Abwägung aller Faktoren scheint dieses situative Urteil der Wirklichkeit am nächsten zu kommen.

Es bleibt die Frage, warum eine Eskalation trotzdem vermieden werden konnte. Vier Momente scheinen ausschlaggebend zu sein:

- Offenkundig liegt eine Verkettung glücklicher Zufälle vor. Zufall war es, dass ein sowjetisches U-Boot, als man es zum Auftauchen zwang, nur beschädigt, nicht aber versenkt wurde. [...] Nur zufällig wurden zwischen dem 22. und 27. Oktober gravierende Mängel in der politisch-militärischen Kommunikationsstruktur rechtzeitig entdeckt. Zufall schließlich, dass der Blockadering im letzten Moment verlegt und ein frühzeitiger Zusammenstoß mit sowjetischen Schiffen vermieden wurde. Die flexible Handhabung der Blockade lebte von solchen und ähnlichen Zufälligkeiten.

- Die Sowjets verhielten sich so, wie man es erhofft hatte. Überzeugende Gründe für diese Erwartung gab es freilich nicht. Eine Spekulation ging auf. Sie bleibt aber eine Spekulation, trotz des glücklichen Ausgangs. [...]
- Chruschtschow hatte im eigenen Lager politischen Handlungsspielraum. Freilich stellte sich auch dies erst heraus, nachdem er in die Enge getrieben worden war. [...]
- Beiden Seiten stand genügend Zeit zur Verfügung. Zumindest zu Beginn und in der mittleren Phase der Krise konnten immer wieder Denk- und Entscheidungspausen eingelegt, neue Entwicklungen sondiert und Beschlüsse differenziert vorbereitet werden. Wahrscheinlich – so legen Studien über simuliertes Krisenverhalten nahe – wäre der Angriff befohlen worden, wenn statt der 13 Tage nur ein oder zwei Tage zur Verfügung gestanden hätten. Wahrscheinlich brauchte auch Chruschtschow diese lange Zeitspanne, um in letzter Minute einlenken zu können.

Der Oktober 1962 ist ein typisches Beispiel dafür, wie Kriege entstehen können. Von einem ungewollten „Hineinschlittern" in die Gefahr kann keine Rede sein. Im vollen Bewusstsein der möglichen Konsequenzen ließ man sich auf eine Politik des „brinkmanship"[2], des Wandelns am atomaren Abgrund, ein. Die gefährliche Dynamik dieser Entscheidung war offenkundig, aber auf amerikanischer Seite war kaum jemand willens oder fähig, dieser Dynamik Einhalt zu gebieten. Auf sowjetischer Seite dauerte es ziemlich lange, bis die Notbremse gezogen wurde. Nachdem die USA mehrere informelle Angebote abgelehnt hatten, entschloss sich Chruschtschow mit dem Brief vom 27. Oktober zu einer politischen Eskalation. Ohne die amerikanische Reaktion prognostizieren und abschätzen zu können, ließ er es auf den Test ankommen. Wahrscheinlich erkannte man in Moskau erst im Nachhinein, auf welches Risiko man sich eingelassen hatte.

(Bernd Greiner, a. a. O., S. 168ff.)

---

[1] Vgl. S. 53.
[2] „brinkmanship": engl. für „Politik des äußersten Risikos"

Weiterführende Literatur- und Recherchetipps:
Zur Kuba-Krise (oder – im amerikanischen Sprachgebrauch – „Cuba missile crisis") liegen sehr umfangreiche Web-Beiträge, Quellensammlungen und viele Darstellungen vor, z. B.:
- Zahlreiche Verweise bei Google, Stichwort „Kuba-Krise".
- Bernd Greiner, Kuba-Krise: 13 Tage im Oktober – Analysen, Dokumente, Zeitzeugen, Nördlingen (Greno) 1988.
- Arnold Piock, Kennedys Kuba-Krise – Planung, Irrtum und Glück am Rande des Atomkriegs, Marburg (Tectum) 2003.
- www.kssursee.ch/schuelerweb/kalter-krieg/kk/index.htm (prämierte Schülerarbeit).

Rational oder irrational? – Militärstrategien im „Kalten Krieg"

Obwohl der Ost-West-Konflikt nie in einen „heißen" Krieg mündete, stand seine militärische Dimension immer im Mittelpunkt des Geschehens. Beide Seiten bedrohten sich gegenseitig mit der ungeheuren Zerstörungskraft ihres Atomwaffenarsenals. Schließlich war das Nuklearpotenzial der Supermächte so groß, dass man mit seiner Hilfe die gesamte Oberfläche des Globus mehrfach hätte zerstören und die Existenz der Menschheit hätte auslöschen können („overkill").
Angesichts dieser grauenhaften Gefahr ähnelten alle militärischen Strategien einer „Politik am Rande des Abgrunds".

- **Militärstrategien im „Kalten Krieg": Rationale Antworten auf die Atomrüstung?**

Setzen Sie sich in Form eines Ampelspiels mit der Frage nach der Rationalität der Militärstrategien im „Kalten Krieg" auseinander und formulieren Sie auf dieser Grundlage eine zusammenfassende eigene, begründete Einschätzung.

So können Sie das Ampelspiel inhaltlich vorbereiten:

1. Bilden Sie Arbeitsgruppen, in denen Sie arbeitsteilig die zeitgenössischen Darstellungen der NATO-Strategien (M 1 – M 3) mit Blick auf die Leitfrage analysieren.
   Nutzen Sie dabei auch die Informationen des darstellenden Textes auf S. 24 – 26.
   Empfehlungen für eine strukturierte Erfassung und Wiedergabe der jeweiligen Textinhalte:
   a) Erschließen Sie aus dem Textzusammenhang und erläutern Sie zentrale verteidigungspolitische Fachbegriffe (konventionelle – nukleare Waffen, taktische – strategische Atomwaffen, nukleare Gefechtsfeldwaffen, Zweitschlagsfähigkeit, Eskalation).
   b) Benennen Sie die jeweils untersuchte Strategie und arbeiten Sie heraus, welche zentralen Merkmale (Handlungsregeln) dieser Strategie beschrieben werden.
   c) Stellen Sie dar, welche historischen (militärischen oder politischen) Gründe zur Entwicklung der Strategie genannt werden und welche Waffensysteme jeweils zur Umsetzung notwendig waren.
   d) Arbeiten Sie heraus, unter welchen Bedingungen nach Ansicht der Autoren die Strategie zur Verhinderung eines Atomkrieges beitragen konnte und wie diese Bedingungen beurteilt werden.
   e) Arbeiten Sie heraus, welche Position zur Rationalität der Atomrüstung eingenommen wird und mit welchen einzelnen Argumenten sie begründet wird.
2. Fassen Sie Ihre Analyseergebnisse in Thesenpapieren zusammen und stellen Sie Ihre Arbeitsergebnisse in der Gruppe vor.
3. Nehmen Sie jeder für sich oder zusammen mit einer Lernpartnerin bzw. einem Lernpartner kritisch Stellung zu den analysierten drei Einschätzungen und entwickeln Sie aus Ihrer Sicht eine vorläufige Position zur Leitfrage, die Sie in das Ampelspiel einbringen möchten.

➡ **Tipp:** Karteikarten nutzen.

Ampelspiel
Das Ampelspiel ist eine besondere Form der Debatte, in der begründete (historische) Urteile in strukturierter Form ausgetauscht werden.
1. Schritt: Erste Abstimmung: Alle Teilnehmer antworten auf eine Entscheidungsfrage (Leitfrage) mit „grün" (= „ja"), „rot" (= „nein") oder „gelb" (= „unentschieden"). Positionieren Sie sich – je nach Antwort – an einer bestimmten Seite im Raum.
2. Schritt: Strukturierte Debatte: Zur Begründung des eigenen Urteils werden (immer abwechselnd) Argumente benannt. Es können auch Fragen an die Gegenseite gestellt werden.
3. Schritt: Erneute Abstimmung. Teilnehmer können jetzt ihre Position wechseln.

MATERIALIEN

M 1 Die Strategie der „flexiblen Erwiderung"

In einer Darstellung der Bundeszentrale für politische Bildung aus dem Jahr 1981 schrieben die Autoren:

Die 50er-Jahre und die Regierungszeit Eisenhowers endeten mit einer Krise der amerikanischen Sicherheitspolitik. Die Drohung der USA, bereits im Falle eines begrenzten sowjetischen Angriffs Kernwaffen einzusetzen, war nicht mehr glaubwürdig, seit auch die Sowjetunion den USA einen mehr oder weniger unberechenbaren Schaden zufügen konnten. Angesichts dieser Lage war der Westen gezwungen, seine Sicherheitspolitik einer grundlegenden Überprüfung zu unterziehen. [...]

Die seit Jahresbeginn 1961 amtierende Regierung Kennedy versuchte der veränderten Situation auf zweierlei Weise gerecht zu werden: durch eine Aufwertung und Verstärkung der konventionellen Verteidigungskräfte sowie durch einen Ausbau der atomaren Rüstung. Ziel dieser Rüstungsanstrengung war es, kleineren, mit konventionellen Waffen vorgetragenen Angriffen konventionell begegnen zu können. Gleichzeitig sollte das Arsenal der Waffen, angefangen bei den konventionellen Streitkräften über nukleare Gefechtsfeld- und atomare Mittelstreckenwaffen bis hin zu den weit reichenden Raketen und Flugzeugen, so ausgebaut werden, dass der militärische Einsatz zur Verteidigung jederzeit gesteigert werden konnte, wenn beispielsweise die Mittel für eine konventionelle Verteidigung nicht mehr ausreichen würden („Eskalationsdrohung"). Der Westen wollte also „flexibel" reagieren können, um zum einen das Risiko für einen Angreifer zu erhöhen und zum anderen den Verlauf eines Konfliktes besser unter Kontrolle zu haben. Dabei ist es ein wesentlicher Gedanke dieses Konzepts der „flexiblen Erwiderung", dass der Gegner nie genau kalkulieren kann, welche Mittel der Westen einem Angriff entgegenstellt. Diese Ungewissheit sollte die abschreckende Wirkung erhöhen.

Die Strategie der „flexiblen Erwiderung" stieß zunächst auf erheblichen Widerstand der europäischen Allianzpartner. Erst 1967 wurde sie zur offiziellen NATO-Strategie. Sie erweckte erneut die Befürchtung, dass eine militärische Auseinandersetzung auf dem Rücken der Europäer ausgetragen würde. Musste es nicht das Interesse der USA sein, so lautete die immer wieder gestellte Frage, einen atomaren Schlagabtausch auf Europa zu begrenzen? Erhöhte nicht gerade der Ausbau nuklearer Waffen in Europa diese Gefahr? Diese und ähnliche Fragen sind bis heute nicht mehr verstummt. Die Befürworter von taktischen Nuklearwaffen vertraten dagegen die Ansicht, dass gerade ihre Stationierung in Westeuropa ein notwendiges Bindeglied zum strategischen Potenzial der USA sei. Mit ihrer Hilfe könne die Glaubwürdigkeit der Drohung der strategischen Waffen der USA erhalten bleiben. [...]

Die Fähigkeit, einen Krieg bis zur letzten Konsequenz, also bis hinauf zu den strategischen Waffen steigern (eskalieren) zu können, ohne der Gefahr eines atomaren Gegenschlags ausgesetzt zu sein, war eine wichtige Bedingung für die Glaubwürdigkeit der Eskalationsdrohung. Die amerikanische Verteidigungsstrategie konnte also nur dann wirklich funktionieren, wenn das Rückgrat der US-Streitmacht, die strategischen Waffen, dem sowjetischen Potenzial überlegen und die Gefahr eines Gegenschlags gering war. In der ersten Hälfte der 60er-Jahre unternahmen die USA deshalb große Anstrengungen, ihre strategischen Waffen möglichst vielfältig auszubauen. Die in den Vereinigten Staaten stationierten Interkontinentalraketen sollten, da sie als besonders treffsicher galten, militärische und industrielle Ziele in der Sowjetunion vernichten können. Ab 1963 rüsteten die USA dann auch U-Boote mit Raketen aus. Der Vorteil bestand darin, dass sie relativ unverwundbar sind und folglich auch noch nach einem sowjetischen Überraschungsangriff auf die USA für einen Gegenschlag eingesetzt werden können („Zweitschlagfähigkeit"). Das dritte Glied in der Kette strategischer Waffen bildete schließlich die Bomberflotte.

Die Bereitschaft, dieses umfangreiche Potenzial strategischer Überlegenheit („Triade") auch tatsächlich einzusetzen, wurde in dem Augenblick fragwürdig, als die Sowjetunion in allen Bereichen der strategischen Rüstung soweit aufgeholt hatte, dass sie nun ebenfalls (etwa seit 1964) über eine „gesicherte Zweitschlagfähigkeit" verfügte. Die Folge war, dass sich die strategischen Potenziale beider Seiten gewissermaßen gegenseitig blockierten („atomares Patt"), denn keine Macht war nun vor unkalkulierbaren Schäden durch die jeweilige Gegenseite geschützt.

Robert McNamara, der amerikanische Verteidigungsminister jener Jahre, zog aus dieser Situation die Schlussfolgerung, dass sich eigentlich beide Seiten mit diesem Zustand „wechselseitig gesicherter Zerstörung" zufriedengeben müssten. Es käme nun nicht mehr darauf an, die Voraussetzung für einen begrenzten atomaren Krieg zu schaffen, sondern einen Atomkrieg überhaupt zu verhindern. Dabei sei es freilich notwendig, dass keine Macht der jeweils anderen überlegen ist. McNamara stoppte aufgrund dieser Überlegungen 1967 den weiteren Ausbau des amerikanischen Raketenpotenzials in der Hoffnung, dass sich die Sowjetunion dieser einseitigen Vorleistung anschließen würde. Gleichzeitig bot er der Sowjetunion Verhandlungen über die Begrenzung der strategischen Rüstungen an, um zu verhindern, dass durch technische Neuerungen die erreichte Parität gestört würde. Anlass für diese Sorge war durchaus gegeben. Sowohl die Sowjetunion wie die USA planten zum Schutz ihrer Städte und Abschussrampen Raketenabwehrsysteme, um das Schadensrisiko eines atomaren Angriffs oder Gegenschlages herabzusetzen. Sollte es tatsächlich einer Seite gelingen, ein umfangreiches Raketenabwehrsystem aufzubauen, wäre damit die Wirksamkeit der gegenseitigen Abschreckungsdrohung infrage gestellt und auch die Gefahr eines atomaren Erstschlags wieder vorhanden.

(Bundeszentrale für politische Bildung (Hg.), Informationen zur politischen Bildung, Heft 189/Frieden und Sicherheit 1, Bonn 1981, S. 21)

M 2 Zur Glaubwürdigkeit der Eskalationsdrohung

Der Autor Peter Schlotter urteilte 1980 über die Abschreckungspolitik:

„Die Militärstrategie der NATO – flexible Reaktion – hat zum Ziel, Krieg durch Abschreckung zu verhüten. Abschreckung ist dann glaubwürdig, wenn die Bündnisstaaten fähig und willens sind, sich gemeinsam zu verteidigen, und wenn diese Fähigkeit und Bereitschaft zur Verteidigung für einen Angreifer evident ist. Für jeden Aggressor muss das Risiko seines Angriffs unkalkulierbar sein. Mögliche Erfolge des Angreifers dürfen in keinem tragbaren Verhältnis zu seinen Verlusten und Schäden stehen"[1].

Was so einfach und plausibel klingt, ist in Wirklichkeit eine sehr komplizierte und fragwürdige Angelegenheit. Zwei Gründe sind es vor allem, die die Abschreckungsstrategie problematisch machen: die Unterstellung der Handlungsrationalität der Akteure und die Suche nach Kriegsführungsoptionen, um die Abschreckung glaubhaft zu machen.

a) Die Unterstellung wechselseitiger Handlungsrationalität macht ein zentrales Dilemma der Nuklearstrategie deutlich, das in der Entschlossenheit zur Anwendung von Kernwaffen und gleichzeitig in der Furcht vor ihrer Anwendung liegt. Beim gegenwärtigen Stand der Rüstungen in den USA und der UdSSR, bei dem beide Seiten über gesicherte Zweitschlagskapazitäten (Second-strike-capabilities) verfügen (d. h. die Fähigkeit, selbst nach einem atomaren Überraschungsangriff dem Gegner noch unannehmbaren Schaden zufügen zu können), bedeutet dies, dass beide Seiten in permanenten Drohsituationen einander davon zu überzeugen (suchen), dass sie irrational genug seien, im Zuge der Bekräftigung ihrer eigenen Positionen mittels Kernwaffen auch die eigene Vernichtung in Kauf zu nehmen, wobei sie gleichzeitig annehmen, dass die andere Seite rational genug sein werde, eine solche irrationale Reaktion nicht zu provozieren.

In der Realität verhalten sich Staaten jedoch weit weniger rational, als es die Theorie der Abschreckung verlangt. [...] Gerade in Krisensituationen, die militärischen Auseinandersetzungen in der Re-

gel vorangehen, kann kaum ein rationales, besonnenes und abwägendes Handeln erwartet werden. Wenn Entscheidungen unter Stress und Zeitdruck gefällt werden müssen, wenn Informationen fehlen, falsche und richtige nicht unterschieden werden können, ist das Risiko einer Fehlentscheidung extrem hoch, „irrationales" Handeln wahrscheinlich.
b) Die Abschreckungsdoktrin führt zu einem (langfristig beide Seiten zerstörenden) Rüstungswettlauf, da nur so die „Glaubwürdigkeit" des Handelns aller Beteiligten gewährleistet sein könne. Trotz gesicherter wechselseitiger Zweitschlagskapazitäten wird wechselseitig die Gefahr beschworen, der Gegner sei bemüht oder gar bereits kurz davor, eine Erstschlagskapazität zu erlangen, d. h. die Fähigkeit zum risikolosen Angriff. Das hat die ständige quantitative und qualitative „Vervollkommnung" der Waffenpotenziale zur Folge, den Versuch, alle möglich erscheinenden rüstungstechnologischen Neuerungen zu realisieren, mit dem Ziel eines quantitativ und qualitativ möglichst lückenlosen Spektrums von Militärpotenzialen und militärischen Optionen. Da Potenziale nur glaubwürdig abschrecken, wenn sie auch tatsächlich eingesetzt werden können, gehört zu dem Zwang zur Glaubwürdigkeit die Suche nach handhabbaren militärischen (nuklearen) Optionen. Damit sind notwendig in die Abschreckungsdoktrin, die behauptet, den Krieg verhindern zu wollen, zugleich die Kriegsführungsoptionen eingebaut. [...]
Aus diesem allgemeinen Dilemma jeder Abschreckungspolitik [...] lässt sich das spezifische Dilemma einer militärischen Verteidigung der Bundesrepublik Deutschland unmittelbar entwickeln. Ein abhängiger Bündnispartner wie die Bundesrepublik Deutschland ist in seiner Abschreckungsfähigkeit wesentlich auf die nukleare Garantie der USA angewiesen. D. h., die Bundesrepublik Deutschland muss darauf vertrauen, dass die USA immer wieder glaubwürdig deutlich machen, sie seien entschlossen, auch bei einer Bedrohung der Bundesrepublik Deutschland durch die Sowjetunion notfalls die strategischen Nuklearwaffen einzusetzen. Das bedeutet im (gedachten) Extremfall die Drohung, die Zerstörung der USA wegen der Bedrohung z. B. Berlins durch die Sowjetunion zu riskieren. Da solche Drohungen mit der Selbstvernichtung nicht eigentlich glaubwürdig sind, bleibt die Nukleargarantie der USA letztlich immer offen, was sich darin ausdrückt, dass der Präsident der USA die letzte Entscheidung hat. Ein Versuch, dieses Dilemma zugunsten glaubwürdiger Kriegsführungsoptionen der USA ohne Einbeziehung ihres Territoriums zu lösen, ist die Strategie der flexiblen Reaktionen (flexible response).

(Peter Schlotter, Sicherheit durch Abschreckung und Rüstungskontrolle; in: Sozialwissenschaftliche Informationen für Unterricht und Studium, Jg. 9/1980, S. 135 f.)

---

[1] Der Autor zitiert hier das sogenannte „Weißbuch" des Verteidigungsministeriums, in dem jährlich die Grundlinien der Verteidigungspolitik der Bundesrepublik dargestellt werden (BMV, Weißbuch 1979 – Zur Sicherheit der Bundesrepublik Deutschland und zur Entwicklung der Bundeswehr, Bonn 1979).

M 3 Die Folgen der NATO-Strategie für die Bundesrepublik

Zu den Folgen der NATO-Strategie der „flexiblen Antwort" für die Bundesrepublik gab Peter Schlotter (s. M 2) im Jahr 1980 Folgendes zu bedenken:

Die Strategie der „flexible response" ist in sich widersprüchlich und hat für die Bundesrepublik im Kriegsfall verheerende Konsequenzen:
a) Der Zeitpunkt des Einsatzes nuklearer Waffen, die „nukleare Schwelle", ist der militärisch und politisch kritischste Punkt der Gesamtstrategie. Da die Bundesrepublik selbst über keinerlei atomare Waffen (nur Trägersysteme) verfügt, ist sie hier völlig von den USA abhängig. Es hängt letztlich vom Risikokalkül der amerikanischen politischen und militärischen Führung ab, ob die Bundesrepublik nuklear „verteidigt" wird. Allerdings endet jeder Lösungsversuch für eine militärische Sicherheitspolitik für die Bundesrepublik in einer Sackgasse: Entweder „verteidigen" die USA die Bundesrepublik nuklear, was – unter der Annahme, dass die WVO angreift – nur zum Einsatz von Nuklearwaffen auf dem Gebiet der Bundesrepublik führen kann. Ein Großteil der hier in der Bundesrepublik gelagerten sogenannten taktischen Nuklearwaffen hat jedoch eine Sprengkraft, die bis zum 20-fachen der Hiroshima-Bombe reicht. Der Einsatz bedeutet das Ende der physischen und gesellschaftlichen Existenz der Bundesrepublik Deutschland. Im anderen Fall würde die Bundesrepublik sicherlich schnell von WVO-Truppen überrannt werden, was das Ende der Sicherheit als Freiheit der Eigenentwicklung bedeutete.
b) Außerdem ist es mehr als fraglich, ob ein sog. taktischer Nuklearkrieg überhaupt geführt werden kann. Mit dem Einsatz von nuklearen Waffen wird eine völlig neue Dimension der Kriegsführung erreicht, die sich militärischer und politischer Kontrolle völlig entziehen dürfte. Man stelle sich nur das Chaos vor, das nach dem Einsatz von Nuklear-

waffen herrscht. Es ist kaum denkbar, dass Soldaten dann noch planmäßig militärische Aufträge erfüllen können. Selbst der frühere Inspekteur der Luftwaffe und Vorsitzende des Militärausschusses der NATO, General Steinhoff, meldet sehr vorsichtig Zweifel daran an, ob „die moralische Kraft der Verteidiger groß genug sei, auch unter den Bedingungen der nuklearen Apokalypse weiter zu kämpfen". [...]

c) Ein zusätzlicher Unsicherheitsfaktor tritt auf, wenn berücksichtigt wird, dass die Entscheidung zur nuklearen Kriegsführung von den USA gefällt wird und damit den Interessen der USA entsprechen muss. Die politische und militärische Führung der USA muss dazu bereit sein, bei einem Krieg in Europa durch den Einsatz von Nuklearwaffen gegen die Sowjetunion frühzeitig die Existenz des eigenen Landes aufs Spiel zu setzen. Da dies dem Interesse der USA nicht entsprechen kann, haben diese ihre militärisch-strategischen Doktrinen für Europa mit dem Ziel modifiziert, den strategischen Kernwaffenkrieg zu vermeiden, d.h. die strategischen Waffen möglichst weitgehend vom Eskalationsverbund abzukoppeln. Dem dient letztlich die Strategie der flexible response, d.h. – trotz aller gegenteiligen Beteuerungen – die des Einsatzes von Nuklearwaffen auf dem sogenannten Gefechtsfeld in Europa. [...]

Die amerikanische Interpretation der flexible response untergräbt jedoch die Grundlagen des offiziellen Strategieverständnisses in der Bundesrepublik, das von der Androhung des frühen Einsatzes von Nuklearwaffen zur Abschreckung ausgeht. Die Strategie der „flexible response" macht solche Interpretationsdifferenzen möglich, weil militärische Doktrinen ohnehin ein Minimalkonsens zwischen unterschiedlichen Interessen sind, d.h. sie müssen verbal hinreichend flexibel sein, um Interessengegensätze und Meinungsverschiedenheiten in einem Bündnis (hier zwischen USA und den Westeuropäern) verdecken zu können. Diese Unklarheit der Strategie hat damit gleichzeitig eine auch bündnisintegrierende Funktion; zusammen mit der letzten Endes alleinigen Verfügung der Amerikaner über strategische Nuklearwaffen der NATO sichert sie amerikanische Interessen – nicht nur militärischer Art – in der westlichen Allianz.

(Peter Schlotter, a.a.O., S. 136f.)

Umbrüche in Osteuropa – Das Beispiel „Solidarnosc" in Polen

Im Sommer 1980 – der „Kalte Krieg" war noch in vollem Gange – erschütterte eine Streikwelle, von Danzig ausgehend, ganz Polen. Die folgende, von der Gewerkschaft „Solidarnosc" getragene „polnische Revolution" gilt als die früheste der osteuropäischen Revolutionen, die schließlich in die Auflösung des „Ostblocks" und damit des Ost-West-Konfliktes mündeten.

- **Welche Aktionen, Motive und Ziele prägten die polnische Oppositionsbewegung?**
- **Wie reagierte die sozialistische Staatsmacht?**
- **Welche Handlungsspielräume und -grenzen ergaben sich für die Revolution, unter welchen Bedingungen konnte sie erfolgreich sein?**

Präsentieren Sie zwei multiperspektivische Geschichtsdarstellungen zur polnischen Revolution auf Positionsplakaten und diskutieren Sie auf dieser Basis im Plenum die Frage der Handlungsspielräume und -grenzen.

Vorschläge, wie Sie die beiden Arbeitsprozesse methodisch und inhaltlich organisieren können:

1. Bilden Sie im Kurs zwei Arbeitsgruppen, die jeweils eine der beiden historischen Perspektiven (Solidarnosc oder polnische Regierung) bearbeiten. Ziel Ihrer Arbeit ist, die von Ihnen gewählte spezifische Perspektive zu verstehen und nachzuvollziehen (Aktionen, Motive, Ziele, Handlungsspielräume etc.).
   Tipps zur Vorgehensweise:
   a) Informieren Sie sich über den Ablauf und die Hintergründe der Ereignisse im Infotext (S. 30 ff.) und anhand der Zeitleiste (S. 69).
   b) Interpretieren Sie die Quellen M 1 – M 6 unter der ersten (Solidarnosc) oder der zweiten (Regierung) Leitfrage. Je nach der von Ihnen gewählten Perspektive werden die Quellen unterschiedlich ertragreiche Ergebnisse liefern.
   c) Fassen Sie Ihre Ergebnisse zusammen, indem Sie den Ablauf der Ereignisse zeitlich geordnet (1970 – 1990) aus Ihrer Perspektive schriftlich in Stichworten darstellen.
2. Führen Sie beide Perspektiven zusammen, indem Sie sie (s. Formulierungsvorschlag) vergleichend gegenüberstellen.
   Entscheiden Sie, wie Sie Ihre multiperspektivische Geschichtsdarstellung präsentieren wollen. Sie könnten den Gang der Ereignisse chronologisch geordnet aus beiden Perspektiven immer abwechselnd z. B. in einem Gruppenvortrag vorstellen.
3. Bereiten Sie sich in Ihrer Arbeitsgruppe auf die Plenumsdiskussion zur dritten Leitfrage vor, indem Sie vorbereitend Einschätzungen formulieren, die Sie vertreten möchten.

Multiperspektivische Geschichtsdarstellung
In einer multiperspektivischen Geschichtsdarstellung wird vergangenes Denken und Handeln chronologisch geordnet aus zwei (oder mehr) unterschiedlichen Perspektiven dargestellt. Dabei geht es darum, verschiedene Perspektiven der historischen Wirklichkeit und ihre historische Wechselwirkung (Kompromiss, Konfrontation, Nebeneinander, Ignoranz, Entfremdung etc.) möglichst exakt zu erfassen.

So könnte Ihre multiperspektivische Darstellung beginnen:

Perspektive Solidarnosc	Ereignis	Perspektive der Regierung
Eine bittere Niederlage der Opposition, die die Ohnmacht im kommunistischen System verdeutlicht. Die Trennung von Gesellschaft und Staat wird deutlich.	1970: Streik wird blutig unterdrückt.	Die Gefährdung der kommunistischen Staatsordnung kann durch eine Machtdemonstration abgewendet werden. Es bleibt vermutlich Misstrauen gegenüber oppositionellen Kräften in der Bevölkerung.
Bürgerrechte werden international und von der eigenen Regierung anerkannt. Der Widerspruch zur Realität ist offensichtlich.	1975: KSZE-Schlussakte	Die Schlussakte sichert die Grenzen und damit die Stabilität des Staates. Bürgerrechte werden pro forma akzeptiert.

Chronologie der Ereignisse

1970: Blutige Unterdrückung eines Streiks in Danzig seitens der polnischen Regierung.

1975: Schlussakte der KSZE (Helsinki).

1.7.1980: Preiserhöhung für Lebensmittel, Streikwelle, Entlassung der Aktivistin Anna Walentynowicz und des Meinungsführers Lech Walesa in der Danziger Lenin-Werft.

14.8.1980: Besetzung der Lenin-Werft durch streikende Arbeiter, die 11 Forderungen veröffentlichen.

18.8.1980: Ausweitung der Streiks, 21 Forderungen der Arbeiter.

31.8.1980: Danziger Verständigung zwischen den Streikenden und der polnischen Regierung, vertreten durch Verteidigungsminister General Wojciech Jaruzelski.

17.9.1980: Landesweite Gründung der Gewerkschaft Solidarnosc, die Lech Walesa zu ihrem Vorsitzenden wählt.

3.10.1980: Generalstreik zur Durchsetzung der Danziger Vereinbarung. Gesetzliche Anerkennung von Solidarnosc, die Zugang zum staatlichen Radio und Fernsehen erhält. Eigene Zeitung.

Dezember 1980: Einweihung des Denkmals des ermordeten Werftarbeiters in Danzig mit 100 000 Teilnehmern.

11.2.1981: Ernennung General Jaruzelskis zum Premierminister.

März 1981: Gewaltsame Ausschreitungen zwischen Polizei und Gewerkschaftlern, Generalwarnstreik, „Waffenstillstand" zwischen Regierung und Solidarnosc.

Herbst 1981: Versorgungskrise, Rationierung der Lebensmittel, Hungermärsche. Sowjetische Manöver an der polnischen Grenze.

Dezember 1981: Forderungskatalog der Solidarnosc.

13.12.1981: Verhängung des Kriegsrechts durch die polnische Regierung unter Jaruzelski. Internierung von Gewerkschaftlern u. a. auch von Lech Walesa, Verbot der Solidarnosc.

November 1982: Walesa wird aus der Internierung entlassen, steht aber (bis 1987) unter Hausarrest.

Juli 1983: Aufhebung des Kriegsrechts.

Oktober 1983: Friedensnobelpreis für Walesa.

1985: Beginn der Reformpolitik Gorbatschows in der Sowjetunion.

August 1988: Wirtschaftskrise, landesweite Streiks.

Februar 1989: „Runder Tisch" aus Vertretern der Streikenden und der Regierung. Der „Runde Tisch" trifft Vereinbarungen zur Vorbereitung von freien Wahlen.

April 1989: Wiederzulassung der Solidarnosc.

4./18.6.1989: Erste freie Wahlen in Polen (und im gesamten Ostblock). Die Solidarnosc gewinnt alle 160 frei gewählten Sitze im Abgeordnetenhaus (die restlichen der insgesamt 460 Sitze gingen nach den Vereinbarungen des runden Tisches automatisch an die Kommunistische Partei) und 99 von 100 Sitzen im Senat. Tadeusz Mazowiecki wird zum ersten nichtkommunistischen Ministerpräsidenten Polens seit dem Zweiten Weltkrieg gewählt.

Dezember 1990: Wahl Walesas zum Staatspräsidenten. Umwandlung der polnischen Wirtschaftsordnung in eine Marktwirktschaft. Zerfall der Solidarnosc.

September 1993: Regierungswechsel durch eine Koalition unter der Führung der Reformkommunisten.

1995: Abwahl Walesas, Wahl des Reformkommunisten Aleksander Kwasniewski zum Staatspräsidenten.

1999: Beitritt Polens zur NATO.

2004: Beitritt Polens zur EU.

2005: Wahl des national-konservativen Lech Kaczynski zum Staatspräsidenten.

2010: Der Bruder des – bei einem Flugzeugabsturz ums Leben gekommenen – Lech Kaczynski, Jaroslaw Kaczynski, bewirbt sich um das Präsidentenamt, verliert die Wahl jedoch knapp gegen den liberal-konservativen Politiker Bronislaw Komorowski.

MATERIALIEN

M 1 Forderungen der streikenden Arbeiter der Lenin-Werft in Danzig (14.8.1980)

1. Sofortige Wiedereinstellung von Anna Walentynowicz an ihrem alten Arbeitsplatz.
2. 2000 Zloty[1] Lohnerhöhung für alle.
3. Angleichung des Kindergeldes an das der Miliz.
4. Einheitliche Pensionsregelung nach dem derzeit höchsten Satz.
5. Sofortige Veröffentlichung genauer Informationen über die Streiks durch Presse, Fernsehen und Radio.
6. Errichtung eines Denkmals für die im Dezember 1970 gefallenen Arbeiter am Eingang der Werft.
7. Auflösung des Betriebsrats der offiziellen Gewerkschaft; sofortige Neuwahlen, um eine wirkliche Vertretung der Arbeiter zu garantieren.
8. Auflösung der Kette „kommerzieller" Läden [in denen Fleisch zum doppelten Preis angeboten wurde].
9. Rückkehr und Wiedereinstellung von Lech Walesa.
10. Auflösung der offiziellen Gewerkschaften auf zentraler Ebene.

11. Sofortige Freilassung aller politischen Gefangenen.

(Zit. nach: Solidarität mit Solidarnosc (Electronic ed.), Frankfurt (Neuer ISP-Verlag) 1981; Retrodigitalisierung: Gewerkschafter fordern Solidarität mit Solidarnosc (Electronic ed.), Bonn (FES Library) 2004)

[1] Sloty = Landeswährung

M 2 Vereinbarung zwischen dem überbetrieblichen Streikkomitee in Danzig und dem stellvertretenden Ministerpräsidenten Jagielski (18.8.1980)

1. Anerkennung freier, von Partei und Arbeitgebern unabhängiger Gewerkschaften auf der Grundlage der Konvention Nr. 87 der Internationalen Arbeiterorganisation (IAO), die von Polen ratifiziert worden ist.

2. Garantie für die Beachtung des Streikrechts, der Sicherheit der Streikenden und von Personen, die ihnen helfen.

3. Innerhalb von drei Monaten soll ein Gesetz über die Zensur ausgearbeitet werden. Ein Verwaltungsgericht wird entscheiden, was publiziert wird, um Staats- und Wirtschaftsgeheimnisse zu wahren.

4. Arbeiter, die in der Vergangenheit an Streiks teilgenommen haben, sollen sofort wiedereingestellt werden, wenn sie keine kriminellen Handlungen begangen haben. [...]

5. Die Forderungen des Streikkomitees sollen veröffentlicht werden.

6. Die Regierung wird bekanntgeben, wie die Wirtschaftsreformen durchgeführt werden. Sie wird den Betrieben größere Freiheit in der Planung geben. [...]

7. Die Streikenden erhalten für die Zeit der Arbeitsniederlegung Gehalt in der Höhe des Urlaubsgeldes, verpflichten sich jedoch gleichzeitig, die durch den Streik entstandenen wirtschaftlichen Verluste innerhalb von drei Monaten aufzuarbeiten.

8. Alle Arbeiter steigen um eine Stufe in der Lohntabelle. [...]

9. Ein Inflationsausgleich wurde zugesagt.

10. Die Fleischversorgung soll bis zum 31. Dezember 1980 verbessert werden. Exporte sollen reduziert und der Import erhöht werdet. Es wird erwogen, Lebensmittelkarten für Fleisch einzuführen.

11. Die sogenannten „kommerziellen Läden" für Fleisch, die ihre Ware zu überhöhten Preisen verkaufen, werden abgeschafft.

12. Die Kriterien für Personaleinstellungen richten sich nur nach der Qualifikation und nicht nach der Parteimitgliedschaft.

13. Die Gewerkschaften werden prüfen, ob es Privilegien für Parteimitglieder und die Miliz gibt (Jagielski versicherte, es gäbe keine).

[...]

16. Die Verbesserung der medizinischen Versorgung ist zugesagt.

17. Die Zahl der Plätze in Kindergärten und Kinderkrippen wird erhöht, ein Bericht dazu wird bis zum 31. Dezember ausgearbeitet.

18. Drei Jahre Mutterschaftsurlaub werden vom ersten Halbjahr 1981 an gewährt. Das erste Jahr wird voll bezahlt, das zweite und das dritte Jahr zu 50 Prozent. [...]

(Zit. nach: a. a. O.)

M 3 Ansprache des Parteichefs Edward Gierek im polnischen Fernsehen und Rundfunk (18.8.1980)

Die Ereignisse der letzten Wochen, vor allem aber der letzten Tage, erfüllen uns alle mit tiefer Sorge. Die Arbeitsunterbrechungen in vielen Betrieben [...] stören den normalen Lauf des Lebens, desorganisieren die Produktion und beschwören die Gefahr von Spannungen herauf.

Heute würde es schwerfallen, alle Gründe anzuführen, die die gegenwärtigen wirtschaftlichen Probleme und vor diesem Hintergrund die gesellschaftliche Unzufriedenheit hervorgerufen haben. [...] Ich möchte jedoch mit voller Aufrichtigkeit sagen, dass wir uns bewusst sind, dass neben vielen objektiven Faktoren Fehler in der Wirtschaftspolitik eine große Rolle gespielt haben. [...]

Wir verstehen die Ermüdung und die Ungeduld der Werktätigen wegen der Alltagssorgen, wegen der Unzulänglichkeiten in der Versorgung, wegen der Schlangen vor den Läden, wegen der wachsenden Lebenshaltungskosten, wegen der unregelmäßigen Lieferungen von Rohstoffen und Materialien, wegen des mangelnden Fortschritts in der Organisation der Produktion und des kollektiven Lebens. Aber Streiks wenden hier nichts zum Besseren. Im Gegenteil, sie verstärken nur noch die Schwierigkeiten in der Versorgung und in der Produktion, sie stören den Ablauf des normalen Lebens der Bevölkerung. [...]

Das Politbüro unserer Partei ist zu bestimmten Schlussfolgerungen gelangt, die ich hier darlegen möchte.

Erstens haben wir beschlossen, eine genaue und reelle Analyse der Veränderungen in den Lebenshaltungskosten der einzelnen Bevölkerungsgruppen anzufertigen. [...] Die Regierung wird gemeinsam mit den Gewerkschaften ihre Ergebnisse bei der

Festlegung der Erhöhungen von Löhnen, Renten, Altersrenten und Stipendien in Betracht ziehen. Ab Juli haben mehrere Berufsgruppen Lohnerhöhungen erhalten. Auf organisierte Weise und Schritt für Schritt werden alle übrigen Berufsgruppen an die Reihe kommen. [...] Zweitens wird mit ganzer Konsequenz die Entscheidung der Regierung über die Einfrierung der Fleischpreise und der Preise für Fleischwaren bis zum Herbst kommenden Jahres durchgesetzt.
Drittens haben wir die Verschärfung der Preiskontrolle für Waren beschlossen, vor allem für solche Artikel, die grundlegende Bedeutung für die Familien der Werktätigen haben. [...]
Man kann die Atmosphäre der Emotionen und der Spannungen, der sogar die aufrichtigsten Menschen verfallen können, verstehen. Es ist jedoch unsere Pflicht, mit aller Entschiedenheit festzustellen, dass Maßnahmen, die die Grundlagen der politischen und gesellschaftlichen Ordnung in Polen beeinträchtigen, nicht toleriert werden können und nicht toleriert werden. In diesen fundamentalen Fragen kann niemand mit Nachsicht, Kompromissen oder gar Schwanken rechnen. Das Gefühl der Verantwortlichkeit für die Geschicke Polens und der Polen gebietet uns, an offenkundige Wahrheiten zu erinnern: dass die sozialistische Gesellschaftsordnung unlöslich mit der polnischen Staatsräson verbunden ist, dass nur ein sozialistisches Polen ein freier und unabhängiger Staat mit unverletzlichen Grenzen sein kann. [...].
Es gibt Grenzen, die niemand überschreiten darf. [...]

(Zit. nach: H. Volle/W. Wagner (Hg.), Krise in Polen, Bonn (Verlag für Internationale Politik) 1982, S. 126ff.)

M 4 Interview deutscher Gewerkschaftler mit Karol Modzelewski (November 1980)

Modzelewski war Bürgerrechtler, Präsidiumsmitglied und Pressesprecher von Solidarnosc in Wroclaw (Breslau).

Frage: Wenn wir mit den Kollegen hier über die politische Bedeutung der Streiks und der Selbstorganisation sprechen, antwortet man uns: Wir sind eine Gewerkschaftsbewegung, mit Politik haben wir nichts zu tun. Wir verstehen natürlich gut, dass die grundlegende Aufgabe der Gewerkschaft darin besteht, die unmittelbaren Belange der Arbeiter zu vertreten. Aber bei uns – und sicher noch mehr in Ländern, in denen die Industrie verstaatlicht ist, – sind wirtschaftliche Fragen auch politische Fragen.

Modzelewski: Sicher. Die Leute haben hier einen anderen Sprachgebrauch. Wenn sie sagen, sie kümmern sich nicht um Politik, verteidigen sie sich gegen den Vorwurf, „Solidarität" wolle eine politische Opposition zur Kommunistischen Partei werden. Außerdem verbinden viele mit dem Wort Politik zunächst das, was die Partei tut. Sie sagen also: Wir wollen mit der Partei nichts zu tun haben, wir wollen unsere Unabhängigkeit als soziale Bewegung. Aber diese Tatsache ist natürlich politisch. Unsere Ziele sind politisch, denn wenn man über die Verteilung des Nationaleinkommens diskutiert, redet man über Politik. Das nicht als Politik zu bezeichnen, ist eher ein psychologisches Problem. Selbst die am meisten politisierten Aktivisten legen Wert auf den „unpolitischen Charakter" von „Solidarität". [...]

Frage: Wenn die Verwaltung (der Betriebe) in die Hände von Leuten übergeht, die den Arbeitern verantwortlich sind, ist also auch die politische Macht der Partei und der Bürokratie infrage gestellt?

Modzelewski: Bei uns wird es [...] keine wirkliche Selbstverwaltung geben. Es gibt gegenwärtig keinen wirklichen Druck in diese Richtung. Die Forderungen unterliegen bestimmten Beschränkungen. Ihr Ziel ist es nicht, die politische Macht wiederzugewinnen, sondern die eigene Identität. Es geht darum, dass die Arbeiterklasse ihre eigene Identität durch den Aufbau ihrer eigenen unabhängigen Gewerkschaft wiedergewinnt. Als man den Arbeitern von Gdansk sagte: „ihr wollt das Regime in die Luft jagen" antworteten sie: „Aber nein, wir wollen nur unsere unabhängige Gewerkschaftsbewegung". Offensichtlich liegt darin ein Stück Naivität, es steckt aber auch ein gutes Stück Wahrheit darin. Wir beabsichtigen nicht den Sturz des Regimes.
Wir wollen seine politische Macht auf die wichtigsten Fragen – auch der Wirtschaft – beschränken und einer gewissen gewerkschaftlichen Kontrolle unterwerfen. Darüber hinaus fordern wir Spielraum für soziale Selbstorganisation der Arbeiter, aber auch der Angestellten, der Bauern, der Studenten. Es ist eine Bewegung für alle. Natürlich würde es den Charakter das Regimes gründlich ändern, wenn es zu einer Koexistenz zwischen der Bevölkerung käme, die ihre Autonomie erkämpft und dem Regime, das von ihr toleriert wird, weil es nicht anders geht.

Frage: Führt der Mitgliederverlust der Partei zu einem politischen Vakuum?

Modzelewski: Die Partei hat viele Mitglieder verloren. Aber die etwa drei Millionen Parteimitglieder waren keine politische Kraft. Die Kommunistische Partei war der Apparat der politischen Macht. Und die lag nicht bei der Masse der Mitglieder. Mit dem politischen Aufschwung sind viele ausgetreten. Andere werden in der Partei aktiv. Wieder andere arbeiten in „Solidarität“. [...] Und es gibt den Parteiapparat, der ebenfalls durch die Ereignisse schwer erschüttert wurde. Es gab eine ganze Reihe personeller Veränderungen. Der Apparat muss sich anpassen, oder er muss die totale Konfrontation anstreben, und das würde natürlich die ausländische Intervention bedeuten. Die totale Konfrontation wäre die Intervention.

[...] Wir haben nicht den Ehrgeiz, in Polen einen Arbeiterstaat zu schaffen. Der soll kommunistisch bleiben. Für uns stellt sich die Frage nach der Macht nicht. [...]

Trotz Afghanistan – man kann nach dem Einmarsch in die CSSR 1968 weder auf die internationalen Proteste hoffen, noch auf die Unterstützung der Tschechoslowaken, der Ostdeutschen, der Ungarn oder der Sowjetbevölkerung, die übrigens tatsächlich gleichzeitig erfolgen müsste, um überhaupt wirkungsvoll zu sein. Solange die internationale Konjunktur anhält, solange wir unter der Breshnew-Doktrin leben, oder genauer, unter den Auswirkungen von Jalta, wo die Entscheidungen gefallen sind, müssen wir die Konsequenz ziehen und Kompromisslösungen suchen. Erweisen diese sich nicht als dauerhaft, so ist das schlecht für uns.

(Zit. nach: a. a. O. s. M 1)

M 5 Aus der Sitzung des Politbüros der Kommunistischen Partei der Sowjetunion (10.12.1981)

Das folgende Protokoll war zunächst geheim und wurde erst nach 1991 für die Forschung zugänglich.

Geheimdienstchef Jurij Andropow: Wir haben nicht vor, in Polen einzumarschieren. Dieser Standpunkt ist richtig, und wir sollten ihn bis zu Ende beibehalten. Ich weiß nicht, wie sich die Dinge in Polen entwickeln werden, aber selbst wenn sich Polen unter der Herrschaft von „Solidarnosc“ befände, so ist das eine Sache. Wenn allerdings die kapitalistischen Staaten gegen die Sowjetunion auftreten – und sie haben schon entsprechende Verabredungen für verschiedene wirtschaftliche und politische Sanktionen getroffen –, dann wird eine sehr schwierige Situation entstehen.

Außenminister Andrey Gromyko: Wir können den Polen sagen, dass wir die Ereignisse mit Verständnis verfolgen. Das ist die treffendste Formulierung, und es gibt keinen Grund, sie zu verändern. Gleichzeitig müssen wir uns bemühen, die Erwartungen von Jaruzelski und anderen polnischen Führern zu dämpfen, dass wir einmarschieren. Es kann keinen Einmarsch in Polen geben. Ich denke, dass wir unserem Botschafter raten können, Jaruzelski zu besuchen und ihn darüber zu informieren.

Chefideologe Michail Suslow: Mir scheint, Jaruzelski zeigt eine gewisse Verschlagenheit. Mit der Hilfe von Bitten an die Sowjetunion will er für sich ein Alibi schaffen. Diese Bitte können wir natürlich physisch nicht erfüllen, infolgedessen wird Jaruzelski später sagen, ich habe mich doch an die Sowjetunion um Hilfe gewandt, aber ich habe diese Hilfe nicht bekommen. Gleichzeit erklären die Polen deutlich, dass sie gegen jeden Einmarsch sind. Im Falle eines Einmarsches werde es eine Katastrophe geben. Also glaube ich, wir sind hier alle einig, dass von einem Einmarsch gar keine Rede sein kann.

(Zit. nach der polnischen Übersetzung des Dokuments in der „Rzeczpospolita“ vom 27.8.1993; in: Die Zeit; Nr. 50/1993, S. 98)

M 6 Rede Premierminister Jaruzelskis zur Verhängung des Kriegszustandes (13.12.1981)

Unser Vaterland steht vor dem Abgrund [...]. Streiks, Streikbereitschaft und Protestaktionen sind zur Norm geworden [...]. Die mir in diesem dramatischen Augenblick der polnischen Geschichte zufallende Last der Verantwortung ist groß. Es ist meine Pflicht, diese Verantwortung zu übernehmen. Es geht um die Zukunft Polens. [...]

Wir achten die Vielfalt der Weltanschauungen. Wir wissen die patriotische Haltung der Kirche vollauf zu würdigen. Es gibt ein übergeordnetes Ziel, das alle denkenden, verantwortungsbewussten Polen vereint: die Vaterlandsliebe, die Notwendigkeit, die so schwer erkämpfte Unabhängigkeit zu festigen, die Achtung vor dem eigenen Staat. [...]

Bürgerinnen und Bürger! So wie es keine Abkehr vom Sozialismus gibt, gibt es auch keine Rückkehr zu den fehlerhaften Methoden und Praktiken vor dem August 1980. Die heute unternommenen Schritte dienen der Aufrechterhaltung der grundsätzlichen Voraussetzungen der sozialistischen Erneuerung. Alle bedeutsamen Reformen werden unter den Bedingungen der Ordnung, der sachlichen Diskussion und Disziplin fortgesetzt. Das bezieht sich ebenfalls auf die Wirtschaftsreform. [...] Eines möchte ich erreichen: Ruhe. Das ist die Grundbedingung, von der eine bessere Zukunft anfangen sollte. [...]

Ich verkünde, dass sich am heutigen Tage ein Militärrat der Nationalen Rettung konstituiert hat. Der

Staatsrat hat in Übereinstimmung mit den Bestimmungen der Verfassung heute Mitternacht den Kriegszustand im ganzen Land eingeführt.

(Zit. nach: Europa-Archiv, 1982, D 125ff.)

M 7 Offener Brief des Bürgerrechtlers Jerzy Holzer (1988)

Holzer richtete diesen Brief an den Staatsratsvorsitzenden und Parteichef Jaruzelski sowie an den Vorsitzenden der verbotenen Gewerkschaft Solidarnosc Lech Walesa.

Auf dem Land lastet ein Gefühl der Hoffnungslosigkeit, der Enttäuschung und der Apathie; über dem Land hängt die vergiftende Wolke des Alkoholismus, dem immer mehr Menschen auf ihrer Flucht vor der Wirklichkeit verfallen. Trotz aller Bemühungen der Machthaber ist es ihnen seit der Ausrufung des Kriegszustandes nicht gelungen, die aktive Unterstützung der Mehrheit zu erlangen. Die Solidarität, welche sich in den Jahren 1980/81 großer Sympathien erfreuen konnte, hat heute ebenfalls eine begrenzte Zahl von aktiven Anhängern. Die ungeheure Mehrheit der Gesellschaft wartet mit abnehmender Hoffnung darauf, dass ihr die Machthaber oder die Solidarnosc vor Augen führt, wie die Krise überwunden werden könnte. Aber es kommen keine überzeugenden Antworten [...], der Kampf der Machthaber mit der Solidarnosc zerstört die Autorität beider Seiten und hinterlässt ein Vakuum. Es ist an der Zeit, einen letzten Versuch zu machen [...] und sich ohne Vorbedingungen, aber mit gutem Willen zu treffen. [...] Es hat sich gezeigt, dass der Staat genauso wenig in der Lage ist, die Gesellschaft zu unterwerfen, wie die Gesellschaft außerstande ist, ihre Probleme zu lösen, wenn der Staat nicht funktioniert. [...]

Herr Vorsitzender des Staatsrats, Herr Vorsitzender der Solidarnosc! Die Zukunft Polens liegt in unser aller Hände, aber auf Sie blicken Ihre Mitbürger, von Ihnen erwarten sie eine Initiative. Sie haben noch eine reelle Chance, das Rad der Geschichte durch gemeinsame Anstrengungen und mit moralischer Unterstützung der Kirche in letzter Minute anzuhalten und auf eine neue Bahn zu lenken. [...]

(Zit. nach: Frankfurter Allgemeine Zeitung, 16.2.1988)

Amerikanisches Empire? – Positionen zur Entwicklung der internationalen Politik nach 1991

Als 1990 der Ost-West-Konflikt zu Ende ging, war die Freude, ja Euphorie über das Ende der Bedrohung durch die Blockkonfrontation groß. Die Chance auf eine friedliche Entwicklung der Welt schien greifbar nahe.

Heute sind die Gefühle gemischter. Unverkennbaren Fortschritten stehen neue Ungewissheiten und Bedrohungen gegenüber. Hinzu kommt, dass die neue Situation – in historischen Maßstäben gemessen – „jung" ist. Ihre Strukturen sind noch in Entwicklung begriffen und insofern nur schwer begrifflich zu fassen.

Wissenschaftler und Kommentatoren versuchen in dieser Situation durch historische Vergleiche und Bezüge, den Erfahrungsschatz der Geschichte für die Analyse der Gegenwart zu nutzen. Im Mittelpunkt dieses Forums stehen gedankliche Ansätze, den gegenwärtigen Status der USA als einziger verbliebener Supermacht mit früheren Weltreichen – dem britischen Empire im 18./19. Jahrhundert und dem römischen Weltreich in der Antike – zu vergleichen.

- **Gemeinsamkeiten und Unterschiede – zu welchen Ergebnissen kommen Wissenschaftler im historischen Vergleich?**
- **Wie bedeutsam können die Ergebnisse historischer Vergleiche für die Analyse der Gegenwart und die Politik der Zukunft sein?**

Präsentieren Sie zwei Historikerpositionen in Form von Thesen und diskutieren Sie beide Positionen im Kursgespräch mit Blick auf Gemeinsamkeiten und Unterschiede im historischen Vergleich sowie ihren Erkenntniswert für gegenwärtige und zukünftige Politik.

Vorschlag zur Vorgehensweise:

1. Analysieren Sie in kleinen Arbeitsgruppen die beiden Historikertexte M 1 und M 2, indem Sie
   a) arbeitsteilig in Ihrer Gruppe ausgehend von einer Benennung der formalen Daten für jeden Textauszug die Kernaussagen und die Argumentation, mit der diese begründet und gestützt werden, herausarbeiten;
   b) Ihre Arbeitsergebnisse in Form einer strukturierten Textwiedergabe einander in der Gruppe vorstellen.
2. Vergleichen Sie die beiden Historikerpositionen mithilfe der Methode „Historischer Vergleich".
3. Fassen Sie die Ergebnisse Ihres historischen Vergleichs in Form von Thesen zusammen und überlegen Sie, wie Sie diese anschaulich im Plenum präsentieren möchten.
4. Bereiten Sie sich abschließend in Ihrer Arbeitsgruppe auf das Kursgespräch vor, indem Sie mögliche persönliche Diskussionsbeiträge in Stichworten auf Karteikarten notieren.

Thesen

Thesen fassen die wesentlichen Schlussfolgerungen historischer Forschungen und auf ihnen aufbauende Argumentationen pointiert zusammen. Durch ihre Reduziertheit und Verknappung auf die wesentlichen Ergebnisse können Thesen helfen, die wissenschaftliche Diskussion zu strukturieren und den Überblick zu behalten. Auf Anfrage sollte allerdings jemand, der Thesen vorträgt, auch detaillierte Begründungen und Erläuterungen vortragen können.

Methode

Historischer Vergleich

A. Worum geht es beim historischen Vergleich?

„Äpfel kann man nicht mit Birnen vergleichen" – was im Volksmund richtig ist, gilt auch für die Geschichtswissenschaft. Zwar kann man – prinzipiell – alle historischen Phänomene miteinander vergleichen. Damit ein solcher Vergleich aber sinnvoll ist, muss er von einer, beide Phänomene umfassenden und auf beide Phänomene sinnvoll anwendbaren, gemeinsamen Leitfrage ausgehen. Dann kann es gelingen, Erkenntnisse zu gewinnen und Schlussfolgerungen zu ermöglichen, die aus der isolierten Untersuchung jeweils eines der Phänomene nicht möglich wären.

Man unterscheidet zwischen synchronen und diachronen Vergleichen. Beim synchronen Vergleich werden zwei zeitgleiche historische Phänomene verglichen. Ein Vergleich des nationalsozialistischen Deutschland und des faschistischen Italien kann zum Beispiel grundlegende Merkmale des Begriffs „Faschismus" klären, während zugleich Besonderheiten des deutschen Nationalsozialismus deutlicher zu Tage treten.

Im Falle diachroner Vergleiche werden Phänomene aus unterschiedlichen Zeiten oder Epochen miteinander verglichen, meist um Entwicklungen oder Veränderungen herauszuarbeiten. So ist Ihnen zum Beispiel vermutlich der Vergleich zwischen der Bundesrepublik Deutschland und der Weimarer Republik unter dem Vergleichsaspekt „Stabilität der Demokratie" bekannt. Auch der Vergleich der verschiedenen Verfassungen in der deutschen Geschichte wäre ein Beispiel für einen diachronen Vergleich.

Der historische Vergleich ist eine sehr anspruchsvolle Methode, denn er setzt umfassende historische Kenntnisse der untersuchten Phänomene voraus. Außerdem muss man sehr sorgfältig arbeiten, wenn man nicht Gefahr laufen will, „Äpfel mit Birnen" zu vergleichen. Die betrachteten historischen Phänomene müssen also – auch und gerade im Vergleich – in ihrer jeweiligen historischen Bedingtheit und Besonderheit betrachtet werden.

B. Schritte der historischen Vergleichs

1. Schritt – Leitfrage und Vergleichstyp klären bzw. festlegen:
Welche Phänomene werden mit welchem Erkenntnisziel miteinander verglichen?
In diesem Thema vergleichen die Autoren die aktuelle weltpolitische Stellung der USA mit dem antiken römischen Imperium bzw. mit dem britischen Kolonialreich im 18. und 19. Jahrhundert. Das Erkenntnisziel besteht in der Erkundung von typischen Merkmalen imperialer Weltmächte. Daraus werden wiederum politisch relevante Einschätzungen der gegenwärtigen und zukünftigen Politik der USA abgeleitet. Beide Vergleichsansätze sind einerseits diachron, weil sie sich auf unterschiedliche Zeitepochen beziehen. Andererseits heben sie nicht auf historische Entwicklungen ab, sondern versuchen, einen bestimmten Herrschaftstyp („Imperium") begrifflich zu fassen.

2. Schritt – Einzelphänomene klären und beschreiben:
Verschaffen Sie sich ein möglichst umfassendes Bild der einzelnen Phänomene. Legen Sie dabei vor allem Wert auf die besonderen (z.B. zeithistorischen, regionalen) Kontexte.
Welche besonderen zeithistorischen Kontexte kennzeichnen das antike römische Imperium, das britische Kolonialreich der Neuzeit und die weltpolitische Rolle der USA in der Gegenwart?

3. Schritt – Vergleichsaspekte festlegen:
Klären Sie, welche Aspekte sinnvoll miteinander verglichen werden können.
Vergleichbar sind hier z.B. die weitreichenden Herrschaftsräume sowie – prinzipiell – die angewandten Mechanismen zur Herrschaftssicherung.

4. Schritt – Vergleichen:
Historisch-genetischer Vergleich: Identifizieren Sie Kontinuitäten und Veränderungen.
Historisch-typologischer Vergleich: Lassen sich typische Gemeinsamkeiten feststellen und auf einen (aussagekräftigen) Begriff (z.B. *„Imperium"*) bringen? Worin bestehen Besonderheiten? *Welche Gemeinsamkeiten führen die Autoren von M1 und M2 dazu, von einem „amerikanischen Imperium" zu sprechen? Wo sehen sie wesentliche Besonderheiten gegenüber den antiken bzw. neuzeitlichen Vergleichsphänomenen?*

5. Schritt – Vergleichsergebnisse beurteilen und bewerten:
Beurteilen und/oder bewerten Sie Gemeinsamkeiten, Unterschiede und Entwicklungen.
Welche Urteile und Wertungen formulieren die Autoren als Ergebnis ihres Vergleichs? Nehmen Sie dazu auch aus Ihrer Sicht Stellung.

MATERIALIEN

M 1 Eric Hobsbawm: Das britische und das amerikanische Weltreich im Vergleich (2003)

Der renommierte britische Historiker Eric Hobsbawm gilt als einer der führenden Experten für die Weltgeschichte des 20. Jahrhunderts. 1995 veröffentlichte er sein Werk „Das Zeitalter der Extreme. Weltgeschichte des 20. Jahrhunderts".
Der vorliegende Textauszug ist einem Artikel für die französische Zeitschrift „Le Monde diplomatique" vom 13.6.2003 entnommen.

Die derzeitige Weltlage ist ein historisches Novum. Die großen Weltreiche früherer Epochen, das Spanische Reich des 16. und 17. Jahrhunderts und das britische Empire im 19. und 20. Jahrhundert, sind mit dem Imperium der Vereinigten Staaten der Gegenwart kaum zu vergleichen. […]
Im 19. Jahrhundert war das britische Empire das einzig tatsächlich „globale", insofern sich seine Aktivitäten rund um die Erde erstreckten. Und in diesem Sinne kann man es als Vorläufer des US-Empires bezeichnen. […] Das britische Empire betrieb Weltpolitik im britischen, nicht etwa in einem universell begründeten Interesse, wobei natürlich seine Propagandisten die nationalen Motive zuweilen auch in altruistischen Formeln artikulierten. Zum Beispiel wurde die britische Seemacht auch mit dem Kampf um die Abschaffung des Sklavenhandels legitimiert, so wie die USA ihre militärische Macht heutzutage des Öfteren mit dem Kampf für die Menschenrechte rechtfertigen. Ähnlich wie das revolutionäre Frankreich am Ende des 18. und das revolutionäre Russland am Beginn des 20. Jahrhunderts sind die USA eine Großmacht, die sich auf eine universalistische Revolution beruft. Das heißt, sie ist im Grunde der Meinung, die übrige Welt habe ihrem guten Beispiel zu folgen, beziehungsweise müsse befreit werden. Es gibt kaum etwas Gefährlicheres als ein Empire, das seine eigenen Interessen in dem Glauben verfolgt, damit der ganzen Menschheit einen Dienst zu erweisen.
Das britische Empire war zwar in gewisser Hinsicht sogar noch globaler als die heutigen Vereinigten Staaten, denn seine Flotte beherrschte die Weltmeere so unangefochten und eindeutig, wie keine Macht von heute den globalen Luftraum kontrolliert. Aber Großbritannien strebte nicht nach globaler Macht – nicht einmal nach militärischer und politischer Kontrolle zu Lande in Europa oder Amerika. Das britische Empire diente den ökonomischen Interessen Großbritanniens, wobei es sich so wenig wie möglich in fremde Angelegenheiten einmischte. Es war sich der eigenen Grenzen durch seine geografische Größe und seine Ressourcen stets bewusst und hat nach 1918 seinen Niedergang auch völlig klar gesehen. […]
Mit dem Kalten Krieg wurden die USA zur Hegemonialmacht der westlichen Welt, wobei sie sich allerdings als Kopf eines internationalen Bündnisses verstanden. Unter den Verbündeten machte sich natürlich niemand Illusionen über die wahren Kräfteverhältnisse: Die reale Macht lag in Washington und nirgendwo sonst. Die Europäer erkannten damals in gewisser Weise die Logik eines amerikanischen Imperiums an. […]
Da sich nach dem Zusammenbruch der Sowjetunion keine andere Macht mit den USA anlegen konnte oder wollte, ist es nur schwer zu verstehen, dass sich Washington plötzlich als eigensinnige, rücksichtslose und zänkische Macht aufspielt. Dies entspricht weder der bewährten und im Kalten Krieg erprobten imperialen Strategie noch den Interessen der US-Wirtschaft. Ohnehin ist die Welt von heute zu kompliziert, als dass ein einziger Staat sie dominieren könnte. Und die materiellen Vorteile der USA sind von ihrer militärischen Überlegenheit bei den Hightech – Waffensystemen abgesehen – im Schwinden begriffen oder zumindest gefährdet. Die US-Volkswirtschaft hat zwar immer noch riesige Dimensionen, aber ihr Anteil an der Weltwirtschaft nimmt stetig ab. […]
Auf politischer Ebene haben die USA die meisten ihrer Trümpfe in den letzten 18 Monaten leichtfertig aus der Hand gegeben, auch wenn ihnen noch einige bleiben. An dem vorherrschenden Einfluss der US-amerikanischen Kultur und der englischen Sprache wird sich nichts ändern. Aber der entscheidende Vorteil bei allen imperialen Plänen liegt im Militärischen: Hier steht das amerikanische Empire völlig konkurrenzlos da, und das wird auf absehbare Zeit so bleiben. Keine andere Macht, auch nicht China, ist in der Lage, den technologischen Vorsprung der Amerikaner aufzuholen. […]
Die USA sind natürlich keineswegs darauf aus, die ganze Welt zu erobern. Wenn sie einen Krieg führen, wollen sie vielmehr proamerikanische Regierungen installieren und anschließend wieder nach Hause fahren. Doch dieses Konzept wird nicht aufgehen. Der Irakkrieg zum Beispiel war militärisch höchst erfolgreich. Darüber wurden allerdings die ganz praktischen Anschlussprobleme vernachlässigt. Wie etwa die Frage, wie man in einem besetzten Land die zivile Verwaltung und die wichtigsten Alltagsfunktionen in Gang halten kann, wie es die

Briten in ihrem klassischen Kolonialland Indien getan haben. Und die USA machen sich etwas vor, wenn sie glauben, sie benötigten keine echten Verbündeten unter den anderen Staaten oder sie könnten ohne echte Unterstützung in den Ländern auskommen, die sie zwar militärisch erobern, aber nicht erfolgreich verwalten können. [...]
Das heißt konkret, dass die USA jedes Land besetzen können, wenn es nur klein genug ist und damit einen schnellen Sieg gestattet. Doch dieses Konzept ist keine Politik und erst recht kein Rezept für erfolgreiche Politik.
[...]
Für die USA wird das innen- wie außenpolitisch gefährliche Folgen haben. Innenpolitisch droht einem Land, das die Welt kontrollieren will – und zwar mit vornehmlich militärischen Mitteln –, die ernsthafte und bislang beträchtlich unterschätzte Gefahr der Militarisierung. Außenpolitisch droht eine große Destabilisierung. [...] In Europa hat sie bereits das Nordatlantische Verteidigungsbündnis untergraben – ein Verlust, der wohl zu verschmerzen wäre. Aber der Versuch, aus der NATO eine globale Polizeitruppe im Dienst der USA zu formen, entlarvt das Ganze endgültig als Farce. [...]
Wie soll die Welt den Vereinigten Staaten begegnen, respektive ihre Macht eindämmen? Natürlich halten es einige Länder für günstiger, sich dem neuen Empire anzuschließen, weil sie davon ausgehen, dass sie nicht mächtig genug sind, um sich ihm entgegenzustellen. Gefährlicher sind freilich die Politiker, die zwar die vom Pentagon verfochtene Ideologie entschieden ablehnen, das imperiale Projekt aber dennoch mit dem Argument unterstützen, dass man in diesem Rahmen immerhin auf lokaler und regionaler Ebene gewisse ungerechte Zustände beseitigen könne. Diese Auffassung eines „Imperialismus im Dienst der Menschenrechte" wurde vor allem durch das Scheitern der europäischen Politik in den Balkankonflikten der 1990er-Jahre genährt. [...] Nun lässt sich tatsächlich argumentieren, dass es Regierungen gibt, die so verbrecherisch und grausam sind, dass ihre Beseitigung ein Segen wäre. Aber das rechtfertigt noch nicht das daraus entstehende Risiko: eine Weltmacht, die sich im Grunde für den Rest der Welt nicht interessiert, weil sie ihn ohnehin nicht versteht, und die zugleich jederzeit in der Lage ist, militärisch zu intervenieren, wenn ihr irgendwo etwas nicht passt. [...]
Das amerikanische Empire könnte aus innergesellschaftlichen Gründen ins Wanken geraten. Der aktuellste Grund liegt darin, dass die meisten US-Amerikaner an Imperialismus im Sinne von Weltherrschaft und Weltregierung sehr viel weniger Interesse haben als an ihrem eigenen Wohlergehen in den Vereinigten Staaten. Angesichts der kriselnden US-Wirtschaft werden sowohl die Regierenden als auch die Wähler irgendwann zu dem Ergebnis kommen, dass es weitaus wichtiger ist, die eigenen ökonomischen Probleme zu lösen, als sich auf weitere militärische Abenteuer in aller Welt einzulassen. [...]
Es gab ja durchaus Zeiten, in denen das US-Empire anerkannt hat, dass seiner Macht Grenzen gesetzt sind – oder dass es sich zumindest so verhalten sollte, als ob es sie gäbe. Der Grund war natürlich, dass man die andere Weltmacht Sowjetunion zu fürchten hatte. Heute müssen wir an Stelle der Furcht auf andere limitierende Faktoren setzen: auf das aufgeklärte Eigeninteresse der USA und auf die mäßigende Wirkung der anderen Staaten.

(Eric Hobsbawm, Das britische und das amerikanische Weltreich im Vergleich, Le Monde diplomatique, 13.6.2003, deutsch von Niels Kadritzke)

M 2 Peter Bender: Römisches Reich und amerikanisches Empire (2003)

Der renommierte Althistoriker Peter Bender vergleicht in seinem Buch „Weltmacht Amerika. Das neue Rom." systematisch das antike römische Imperium mit der gegenwärtigen Rolle der USA in der internationalen Politik.

Nachdem Rom zur einzigen Weltmacht geworden war, verwandelte es sich: aus einer Kolonialmacht (im Sinne des 19. Jahrhunderts) wurde ein Imperium, aus einer Republik wurde eine Monarchie. Müssen die Vereinigten Staaten, nachdem sie zur einzigen Weltmacht geworden sind, sich ebenfalls verwandeln? Darüber hat in Amerika eine lebhafte Diskussion begonnen, die um genau die gleichen Veränderungen kreist, die Rom durchlief. Der Zustand, einzige Weltmacht zu sein, führt, wie es scheint, zu den gleichen Folgen oder Folgerungen. [...] Die Advokaten eines American Empire sagen, eine anarchische Welt mit Terroristen, Schurkenstaaten und Massenvernichtungswaffen verlange eine global dominierende Kraft, und das könne nur Amerika sein. Amerikaner können sich, so Robert Kagan, „eine stabile und erfolgreiche Weltordnung" nur vorstellen, wenn „in deren Zentrum die USA stehen" und wenn sie „mit militärischer Macht verteidigt wird, besonders amerikanischer Macht". Der Vergleich mit Rom bietet sich an.
[...]
Städtische Lebensform und lateinische Sprache schufen die kulturelle Grundlage des römischen

Reiches. Tacitus hat beschrieben, wie die Römer unterentwickelte Völkerschaften zwangen, drängten und lockten, Städte zu bauen und sich der Zivilisation zu erfreuen [...]. Was Tacitus nur als Herrschaftsmethode beschrieb, war zugleich Kultivierung durch Romanisierung.

Der *Roman way of life* tat vor zweitausend Jahren, was heute der *American way of life* teils versucht, teils erreicht. Ein Lebensstil fasziniert, der im einen Fall von künstlichen Bädern bis zu den Feinheiten der Redekunst sich erstreckte, im anderen von McDonald's bis Harvard. Die Grenzen, die Amerika in vielen Ländern politisch gesetzt sind, überwindet es oft kulturell. Etwa ein Viertel der Weltbevölkerung spricht englisch oder kann sich darin verständigen, in mindestens 48 Staaten ist Englisch Amtssprache, in allen globalen und in den meisten internationalen Organisationen ist es Arbeitssprache, in der internationalen Wirtschaft ist es Geschäftssprache, und in der Wissenschaft ist es weltweit die lingua franca. Mit der Sprache umkreisen amerikanische Filme, Fernsehserien, Songs den Erdkreis, begleitet von Jazz, Pop, Jeans, Cola und Hamburger, oft verärgert abgewehrt, weit häufiger begeistert aufgenommen als der wahre Ausdruck der Zeit. Amerika ist Weltmacht – nicht nur, weil es jeden Winkel der Welt militärisch erreichen kann, sondern auch, weil es ihn mit den Erzeugnissen seiner Alltagskultur schon erreicht hat. Soft power ist eine stärkere Kraft als hard power, Verführung erfolgreicher als Vergewaltigung, aber ersetzen kann sie politische Macht nicht. [...]

Nur die Vereinigten Staaten haben die militärischen Mittel, an jedem Ort des Globus – außer in Großstaaten wie Rußland, Indien oder China – Frieden zu erzwingen, Massenmord und -vertreibung zu beenden, Annexionen rückgängig zu machen, unliebsame Regime zu stürzen.

Von Amerikanern könnte stammen, was einst der römische Feldherr Cerialis aufständischen Galliern zurief: „Wenn, was die Götter verhüten mögen, die Römer vertrieben werden, was anderes würde daraus entstehen als Kriege aller Völker untereinander!" Roms Herrschaft könne nicht zerstört werden ohne den Ruin der Zerstörer. Bill Clinton meinte das gleiche, als er Amerika zur „unverzichtbaren Nation" erklärte, das hieß: Es spielt eine unentbehrliche Rolle für die Welt, aber kann nicht Herrscher der Welt sein. Im Gegenteil, es steht schon jetzt vor dem kaum lösbaren Problem, das den Römern erst in ihrer Spätzeit begegnete: Amerika muss sich um mehr kümmern, als es bewältigen kann.

Amerika hat nur die erste Stufe der Weltmacht erreicht: Es kann gegen den Protest der halben Welt so ziemlich alles tun, was es will; auch Großstaaten sind außerstande, es zu hindern. Die zweite Stufe der Weltmacht, auf der Rom stand, bleibt für Amerika unerreichbar: Es kann nicht alle zwingen zu tun, was es will. Ein Imperium wie das römische können die Vereinigten Staaten nicht schaffen, die *Pax Americana* hat nicht Aussicht auf jahrhundertelangen Bestand wie die *Pax Romana*. [...]

Soweit es historische Ewigkeit gibt, hat Rom sie erreicht. Ohne Rom gäbe es weder Europa noch Amerika, beide erinnern sich dieser Herkunft immer weniger, aber „man kann von einem Erbe zehren, ohne viel davon zu wissen" (Werner Dahlheim). Roms weltgeschichtliches Erbe war nicht Rom allein, es war die Antike, und die Antike war Hellas und Rom. Amerikas Erbe wird nicht allein Amerika sein, sondern das Abendland, also Europa und Amerika. Roms weltgeschichtliche Leistung lag in seinem Reich, das „zur politischen Hülle der griechischen Zivilisation und ihr Halt und ihre Stütze nach außen" wurde (Alfred Heuss). Amerikas weltgeschichtliche Leistung könnte gleicher Art sein. In einer künftigen Welt, in der andere Kulturen sich gegen den „Westen" behaupten, stärken und vordringen, werden Amerikaner und Europäer genötigt sein, sich ihrer Verwandtschaft stärker bewusst zu werden und zusammenzurücken, auch wenn sie politisch oft uneins sind und sich in Stil und Lebensauffassung vielfach unterscheiden. Amerika würde zu einem neuen Rom – nicht durch ein Rom-ähnliches Empire, das es nicht schaffen kann und wohl auch nicht will, sondern weil es die Zivilisation des Abendlandes schützt und gemeinsam mit Europa bewahrt.

(Peter Bender, Weltmacht Amerika – Das neue Rom, Stuttgart (Klett-Cotta) 2003, S. 250ff. u. S. 263f.)

Üben – Vertiefen – Anwenden

Die Welt im Schatten des Ost-West-Konfliktes

Kernbegriffe:

- ★ Ost-West-Konflikt
- ★ Kalter Krieg
- ★ Atomares Patt
- ★ Containment
- ★ Roll-Back
- ★ Friedliche Koexistenz
- ★ Kuba-Krise
- ★ Abrüstung

Info, S. 10f.
1. Stellen Sie die Grundmerkmale des Ost-West-Konfliktes in der Epoche des „Kalten Krieges" in einer Übersicht dar. Erläutern Sie, aus welchen Gründen der Begriff „Kalter Krieg" umstritten ist.

Info, S. 11ff.
2. Nennen Sie die wesentlichen Streitpunkte und Inhalte der alliierten Konferenzen von Teheran, Jalta und Potsdam.

Info, S. 13ff.
3. Beschreiben Sie wesentliche Etappen des Weges in die Konfrontation von 1945 bis 1947/48 aus der Sicht der USA und der Sowjetunion.

Info, S. 18
4. Stellen Sie Ansätze zur Erklärung der Ursachen des Ost-West-Konfliktes vergleichend dar und nehmen Sie aus Ihrer Sicht Stellung.

Info, S. 19ff.
5. Stellen Sie den Verlauf des Ost-West-Konfliktes im Überblick dar (zum Beispiel in einer Zeitleiste) und erläutern Sie die Charakteristika der verschiedenen Phasen des Konfliktes.

Info, S. 13ff.
Thema, S. 43ff.
6. Stellen Sie die wechselseitige Wahrnehmung der beiden Supermächte, wie sie in der Truman-Doktrin und der Rede des Vorsitzenden der Kominform, A. Shdanov, im Jahre 1947 zum Ausdruck kam, in einem systematischen Vergleich einander gegenüber. Erörtern Sie, welchen Stellenwert diese Wahrnehmungsstruktur für die Epoche des „Kalten Krieges" hatte.

Info, S. 24ff.
Thema, S. 63ff.
7. Erläutern Sie die wesentlichen Inhalte, Grundüberlegungen sowie historische Voraussetzungen der Militärstrategien der NATO und des Warschauer Paktes.

Info, S. 24ff.
Thema, S. 63ff.
8. Erörtern Sie (z. B. in einem schriftlichen Statement oder auch in Form einer Podiumsdiskussion mit verteilten Rollen) ethische *und sicherheitspolitische Positionen zur Politik der atomaren Abschreckung („Gleichgewicht des Schreckens").*

Thema, S. 50ff.
9. Beurteilen Sie aus Ihrer Sicht das Verhalten (a) der amerikanischen und (b) der sowjetischen Regierung in der „Kuba-Krise": Welche Elemente erscheinen Ihnen – im Rahmen des zeitgenössischen Kontextes – rational und klug, welche irrational und gefährlich?

Info, S. 21
Thema, S. 50ff.
10. Benennen und erläutern Sie die Konsequenzen, die beide Supermächte aus der Erfahrung der Kuba-Krise zogen.

Info, S. 10ff.
Methode, S. 51
11. Beschreiben und bewerten Sie den Ost-West-Konflikt (evtl. in arbeitsteiliger Form) nach der Methode der Konfliktanalyse.

Info, S. 26ff.
12. Benennen Sie die Ereignisse, Entwicklungen und Faktoren, die die Kennzeichnung des Jahres 1989 als „Epochenjahr" begründen können.

Info, S. 27ff.
u. S. 30ff.
13. Beschreiben Sie die Reformpolitik Michail Gorbatschows in der Sowjetunion seit 1985 und erklären Sie, welche Folgen diese Reformpolitik für die Entwicklung der Sowjetunion und für die Staaten in Ost- und Ostmitteleuropa hatte.

Info, S. 30ff.
14. Arbeiten Sie typische (gemeinsame und unterschiedliche) Merkmale der osteuropäischen Revolutionen der Jahre 1989/90 heraus und erläutern Sie sie am Beispiel einer dieser Revolutionen genauer.

Info, S. 30 ff. 15. Untersuchen Sie, inwieweit Politik und Entwicklung der „Solidarnosc" in Polen von 1980 bis 1989/90 als frühes Modell für die Revolutionen in anderen osteuropäischen Staaten angesehen werden können.

Info, S. 30 ff. 16. Ordnen Sie – unter Einbeziehung des Infotextes im Kapitel „Ein Volk – zwei Geschichten" – die sogenannte „Friedliche Revolution" in der DDR (1989) in den Prozess des revolutionären Umbruchs in Osteuropa ein und arbeiten Sie übereinstimmende Merkmale sowie Besonderheiten heraus.

Info, S. 35 ff. 17. Benennen Sie die im Autorentext dargestellten gegenwärtigen Probleme von weltweiter Bedeutung und ergänzen Sie sie ggf. um weitere Problembereiche. Ordnen Sie diese Problemlagen – aus Ihrer Sicht – nach ihrer Bedeutung für die Zukunft der internationalen Politik und begründen Sie Ihre Gewichtungen.

Info, S. 38 ff. 18. Erstellen Sie eine chronologische Liste wichtiger internationaler Konflikte nach dem Ende des Ost-West-Konfliktes und ergänzen Sie sie ggf. um weitere Ereignisse. Erörtern Sie, welche besondere Bedeutung diese Konflikte jeweils für die Entwicklung des internationalen Rechts hatten bzw. haben.

Klausurtraining

Interpretation einer sprachlichen historischen Quelle

1. Beschreiben Sie die äußeren formalen Merkmale der Quelle und fassen Sie die Hauptaussagen in einer strukturierten Textwiedergabe zusammen.
2. Erläutern Sie das politische Konzept, das Kennedy in der vorliegenden Rede entwickelt, vor dem Hintergrund grundlegender Ursachen und Strukturen des Ost-West-Konfliktes.
3. Beurteilen Sie die Tragfähigkeit dieses Konzeptes für die Sicherung des Weltfriedens in Bezug auf die tatsächliche Entwicklung des „Kalten Krieges" bis 1989/90.

M Rede des Präsidenten der USA, John F. Kennedy, vor der American University in Washington (10.6.1963)

Ich habe diesen Zeitpunkt und diesen Ort gewählt, um ein Thema zu erörtern, über das zu oft Unwissenheit herrscht und bei dem die Wahrheit zu selten gesehen wird – und doch ist es eines der wichtigsten Themen auf Erden: der Weltfrieden. […]
Ich spreche vom Frieden, weil der Krieg ein neues Gesicht bekommen hat. Ein totaler Krieg ist sinnlos in einem Zeitalter, in dem Großmächte umfassende und verhältnismäßig unverwundbare Atomstreitkräfte unterhalten können und sich weigern zu kapitulieren, ohne vorher auf diese Streitkräfte zurückgegriffen zu haben. Er ist sinnlos in einem Zeitalter, in dem eine einzige Atomwaffe fast das Zehnfache an Sprengkraft aller Bomben aufweist, die von den gesamten alliierten Luftstreitkräften während des Zweiten Weltkrieges abgeworfen wurden. Und er ist sinnlos in einem Zeitalter, in dem die bei einem Atomkrieg freigesetzten tödlichen Giftstoffe von Wind und Wasser, Boden und Saaten bis in die entferntesten Winkel des Erdballs getragen und sich selbst auf die noch ungeborenen Generationen auswirken würden. […] Ich spreche daher vom Frieden als dem zwangsläufig vernünftigen Ziel vernünftiger Menschen. […]
Lassen Sie uns zunächst unsere Haltung gegenüber dem Frieden selbst überprüfen. Zu viele von uns halten ihn für unmöglich. Zu viele von uns halten ihn für nicht zu verwirklichen. Aber das ist ein ge-

fährlicher, defätistischer Glaube. Er führt zu der Schlussfolgerung, dass der Krieg unvermeidlich ist, dass die Menschheit zum Untergang verurteilt ist, dass wir uns in der Gewalt von Kräften befinden, die wir nicht kontrollieren können. [...]

Ich spreche jetzt nicht von der absoluten, nicht mehr fassbaren Idee des Weltfriedens und des guten Willens, von der einige Phantasten und Fanatiker immer noch träumen. [...] Wir sollten uns stattdessen auf einen praktischeren, erreichbareren Frieden konzentrieren, der nicht auf einer plötzlichen Revolution der menschlichen Natur, sondern auf einer allmählichen Evolution der menschlichen Institutionen basiert – auf einer Reihe von konkreten Maßnahmen und wirksamen Übereinkünften, die im Interesse aller Betroffenen liegen. [...]

Lassen Sie uns zweitens unsere Haltung gegenüber der Sowjetunion überprüfen. [...] Keine Regierung und kein Gesellschaftssystem sind so schlecht, dass man das unter ihm lebende Volk als bar jeder Tugend ansehen kann. Wir Amerikaner empfinden den Kommunismus als Verneinung der persönlichen Freiheit und Würde zutiefst abstoßend. Dennoch können wir das russische Volk wegen vieler seiner Leistungen – sei es in der Wissenschaft und Raumfahrt, in der wirtschaftlichen und industriellen Entwicklung, in der Kultur und in seiner mutigen Haltung – rühmen.

Unter den vielen Zügen, die den Völkern unserer beiden Länder gemeinsam sind, ist keiner ausgeprägter als unsere beiderseitige Abscheu vor dem Krieg. Unter den großen Weltmächten haben wir – und dies ist beinahe einzigartig – niemals gegeneinander im Krieg gestanden. Wohl kein anderes Volk in der Geschichte hat mehr gelitten als das russische Volk im Verlaufe des Zweiten Weltkrieges. [...]

Sollte heute – wie auch immer – ein totaler Krieg ausbrechen, dann würden unsere beiden Länder die Hauptziele darstellen. Es ist eine Ironie, aber auch eine harte Tatsache, dass die beiden stärksten Mächte zugleich auch die beiden Länder sind, die in der größten Gefahr einer Zerstörung schweben. Alles, was wir aufgebaut haben, alles, wofür wir gearbeitet haben, würde vernichtet werden. Und selbst im Kalten Kriege – der für so viele Länder, unter ihnen die engsten Verbündeten der Vereinigten Staaten, Lasten und Gefahren bringt – tragen unsere beiden Länder die schwersten Lasten. Denn wir werfen beide für gigantische Waffen riesige Beträge aus – Beträge, die besser für den Kampf gegen Unwissenheit, Armut und Krankheit aufgewandt werden sollten. Wir sind beide in einem unheilvollen und gefährlichen Kreislauf gefangen, in dem Argwohn auf der einen Seite Argwohn auf der anderen auslöst und in dem neue Waffen zu wieder neuen Abwehrwaffen führen. Kurz gesagt: Beide, die Vereinigten Staaten und ihre Verbündeten sowie die Sowjetunion und ihre Verbündeten, haben ein gemeinsames tiefes Interesse an einem gerechten und wirklichen Frieden und einer Einstellung des Wettrüstens. [...] Denn letztlich bildet die Tatsache, dass wir alle Bewohner dieses Planeten sind, doch das uns im Tiefsten gemeinsame Band. Wir alle atmen die gleiche Luft, uns allen liegt die Zukunft unserer Kinder am Herzen, und wir sind alle sterblich.

Lassen Sie uns drittens unsere Einstellung zum Kalten Krieg überprüfen. [...] Wir müssen auf der Suche nach Frieden ausdauernd bleiben, in der Hoffnung, dass konstruktive Veränderungen innerhalb des kommunistischen Blocks Lösungen in Reichweite bringen könnten, die heute noch unerreichbar scheinen. Wir müssen unsere Politik so betreiben, dass es schließlich das eigene Interesse der Kommunisten wird, einem echten Frieden zuzustimmen. Vor allem müssen die Atommächte, bei gleichzeitiger Wahrung ihrer eigenen Lebensinteressen, solche Konfrontationen vermeiden, die einem Gegner nur die Wahl zwischen einem demütigenden Rückzug oder einem Atomkrieg lassen. Wenn man im Atomzeitalter den letzteren Kurs einschlagen wollte, dann wäre dies nur der Beweis für den Bankrott unserer Politik – oder den kollektiven Todeswunsch für die Welt. [...]

Wie die Welt weiß, werden die Vereinigten Staaten niemals einen Krieg beginnen. Wir wollen keinen Krieg. Wir rechnen jetzt nicht mit einem Krieg. Die gegenwärtige Generation von Amerikanern hat bereits genug – mehr als genug – von Krieg, Hass und Unterdrückung erlebt. Wir werden auf den Krieg vorbereitet sein, wenn andere ihn wünschen. Wir werden wachsam sein, um zu versuchen, ihm Einhalt zu gebieten. Aber wir werden ebenfalls unseren Teil dazu beitragen, um eine Welt des Friedens aufzubauen, in der die Schwachen sicher und die Starken gerecht sind. Wir stehen nicht hilflos vor dieser Aufgabe und sind nicht hoffnungslos im Hinblick auf ihren Erfolg. Voller Vertrauen und ohne Furcht werden wir weiterarbeiten, nicht in Richtung auf eine Strategie der Vernichtung, sondern in Richtung auf eine Strategie des Friedens.

(Europa-Archiv 1963, S. 259 ff.; zit. nach: Materialien für den Geschichtsunterricht, Frankfurt a. M. (Diesterweg) 1987, Band VI, S. 426 ff.)

Zusammenbruch und Neubeginn: Deutschland 1945–1949

Berlin, im Sommer 1949.
Normaler Badebetrieb an der Havel? Junge Frauen und Männer baden im Fluss. Ihre Freude über die Sonne und den Frieden wird gebrochen durch ein Soldatengrab direkt am Ufer.
Ein extremes Spannungsfeld prägte die Jahre nach 1945: Einerseits Zusammenbruch, Trümmer, Kriegstote, zerrissene Familien, unbewältigte Vergangenheit – andererseits Frieden, Neubeginn, Nachkriegsalltag, politische Neuordnung.
Die Geschicke des Landes bestimmten allerdings weniger die Deutschen selbst als vielmehr die Siegermächte des Zweiten Weltkrieges. Denn als Staat hatte Deutschland aufgehört zu existieren. An seine Stelle war die Besatzungsherrschaft getreten.
Zunächst wusste niemand genau, wie es mit Deutschland und den Deutschen weitergehen würde. Dann aber wurde das Land von den bipolaren Spannungen der Nachkriegswelt erfasst und in zwei Teile zerrissen.

Deutschland 1945–1949

1. Alltag im besiegten Deutschland

Am Brandenburger Tor, Berlin 1945

Am 8. Mai 1945 hatte das nationalsozialistische Deutschland bedingungslos kapituliert. Der Zweite Weltkrieg war zu Ende. Völkerrechtlich und auch tatsächlich existierte kein deutscher Staat mehr. Die alliierten Siegermächte teilten das Territorium des besiegten Landes in vier Besatzungszonen auf. Zwar gab es erste Absprachen, Überlegungen und Pläne, aber es war unklar, wie es auf Dauer mit Deutschland weitergehen sollte.

Von der Mangelsituation zur Existenznot. Kälte, Hunger und Wohnungsnot bestimmten den Alltag der Menschen. Viele Großstädte wie Köln, Berlin, Hamburg oder Dresden waren fast vollständig zerstört. Grundnahrungsmittel und Kohlen waren sehr knapp. Viele notwendige Dinge gab es nur im Tauschhandel auf dem Schwarzmarkt. Auf tagelangen „Hamsterfahrten" versuchten die Hungernden, auf dem Land Wertgegenstände gegen Lebensmittel einzutauschen. Viele wanderten zu Fuß, andere hatten das Glück, einen der unregelmäßig fahrenden, mühsam zusammengeflickten und völlig überfüllten Züge zu erwischen. Sie fuhren auf den Dächern, Trittbrettern oder Puffern. Im Kampf gegen den Hunger wurden Parks und Freiflächen in den Städten umgegraben und in Gemüsebeete verwandelt.
Der Höhepunkt der wirtschaftlichen Notlage war im extrem strengen Winter 1946/47 erreicht. Ein gravierendes Problem war die Versorgung mit Kohle und zwar sowohl der privaten Haushalte wie der Industrie. Im Alltag trat als brennendstes Problem die Unterversorgung mit Nahrungsmitteln in den Vordergrund. Das Bewirtschaftungssystem der alliierten Besatzungsmächte mit genau festgelegten Rationierungen sicherte nicht die Versorgung der Bevölkerung mit den lebensnotwendigen Produkten. Da das Geld und die Lebensmittelkarten nur von geringem Wert waren, begann sich überall ein schwarzer Markt zu entwickeln. Zigaretten waren bald eine eigene Währung. Außerdem kehrten die Menschen weitgehend zur Naturalwirtschaft zurück, sodass ein reger Tauschhandel einsetzte. Das Elend in den Städten war besonders groß, da es nicht selten zum Horten von Lebensmitteln und zu Preiswucher kam. Deshalb wurden sogenannte „Hamsterfahrten" in ländliche Regionen überlebenswichtig, von denen z. B. von Verwandten günstigere oder sonst gar nicht zu kaufende Lebensmittel mitgebracht wurden.
Millionen Flüchtlinge und Heimatvertriebene aus dem Osten machten die Situation noch schwieriger. Täglich zogen 300 000 von ihnen durch Berlin. Andere suchten verzweifelt nach ihren vermissten Angehörigen: Waren sie im Krieg gefallen, irrten sie irgendwo durch Deutschland, hatte sie jemand gesehen, von ihnen gehört?
Unzählige Männer waren gefallen oder lebten in Kriegsgefangenschaft. Die Bevölkerung bestand zu zwei Dritteln aus Frauen. Sie standen dem Chaos in Deutschland alleine gegenüber. Unter härtesten Bedingungen sorgten sie für ihre Familien und begannen, die Trümmer der zerstörten Städte wegzuräumen. Weil es kein Baumaterial gab, wurden die Steine der zerstörten Häuser aufgesammelt, Stein für Stein mit dem

http://www.hdg.de/lemo/html/Nachkriegsjahre/index.html
Informationen, Links, Zeitzeugenberichte und Dokumente zu allen wesentlichen Aspekten der Nachkriegsjahre in Deutschland

Ein Kohlelaster im Winter 1946/47. Angesichts der großen Not hatte der Kölner Kardinal Frings den Kohlenklau für den eigenen Bedarf als moralisch nicht verwerflich bezeichnet. Im Volksmund sprach man deshalb vom „Fringsen".

Hammer gesäubert, wegtransportiert und gestapelt. Unterbrochen von nur kurzen Pausen reinigte eine Frau im Durchschnitt 1 200 Ziegelsteine pro Tag. Ohne die Arbeit der Trümmerfrauen wäre an Wiederaufbau nicht zu denken gewesen.

Vergangenheitsbewältigung. Neben der materiellen Not prägten eine Vielzahl menschlicher und gesellschaftlicher Probleme als Folge des Zweiten Weltkrieges und der nationalsozialistischen Diktatur die Nachkriegsjahre in Deutschland. Dazu zählte zunächst die politisch-moralische Bewältigung der verbrecherischen Vergangenheit. Die völlige Diskreditierung des NS-Wertesystems, das über 15 Jahre mit intensivster Propaganda vermittelt worden war, stellte ein gravierendes sozialpsychologisches Problem dar. Insbesondere junge Menschen, die nichts anderes gekannt hatten als den NS-Staat, mussten ein ganz neues Wertesystem aufbauen. Gegner des Nationalsozialismus, die im Inland überlebt hatten oder aus dem Exil zurückkehrten, begannen – in zum Teil schonungslos selbstkritischer Form – mit der Aufarbeitung der Vergangenheit. Dabei spielten unabhängige Intellektuelle und Schriftsteller sowie kirchliche Oppositionsgruppen und Exilgruppen politischer Parteien eine wichtige Rolle. In Flugschriften, Zeitungen und Predigten stellten sie auch die Frage nach ihrer eigenen persönlichen Schuld und der der großen, „schweigenden" Mehrheit des deutschen Volkes. Dennoch muss man in der Rückschau feststellen, dass viele Menschen nach dem ersten Schock der Niederlage begannen, die Vergangenheit zu verdrängen und die Auseinandersetzung mit der persönlichen Verstrickung zu vermeiden. Diese Verdrängung führte zusammen mit der Erfahrung der hochpolitisch aufgeladenen Phase des Nationalsozialismus und seines katastrophalen Zusammenbruches insgesamt eher zu der Tendenz, alles Politische und Ideologische abzulehnen und zu vermeiden.

Unfähig, die Mutter zu trösten. Viele Kriegs- und Flüchtlingskinder leiden bis heute unter dem Trauma der Kriegserfahrung.

Flucht und Vertreibung. Wichtige Entscheidungen hatten die Alliierten schon vor Kriegsende auf den Konferenzen in Teheran (November 1943) und Jalta (Februar 1945) beschlossen. Dazu gehörte die Verschiebung der Westgrenzen der Sowjetunion und Polens, die die Westmächte der Sowjetunion als Ausgleich für die besonders hohen Kriegsschäden und -verluste vorbehaltlich einer endgültigen Friedensregelung zugestanden hatten. Dies führte dazu, dass Millionen von Menschen nach dem Krieg ihre Heimat verlassen mussten. Polen verlor im Osten 180 000 qkm Land; Millionen Polen mussten ihre Heimat verlassen und nach Westen ziehen. Zum Ausgleich erhielt Polen Pommern, Schlesien und Ostbrandenburg. Die dort lebenden Deutschen sollten – wie es wörtlich hieß – „planvoll umgesiedelt" werden. Tatsächlich wurden sie wegen der zuvor von den Deutschen im zweiten Weltkrieg verübten Gräueltaten oft mit Härte behandelt.

www.dhm.de/sfvv
Homepage der „Stiftung Flucht, Vertreibung, Versöhnung" mit Hinweisen zu aktuellen Ausstellungen, Publikationen und Veranstaltungen sowie zum Projekt „Sichtbares Zeichen gegen Flucht und Vertreibung" der Bundesregierung

Insgesamt verloren über 12 Millionen Menschen in Polen, der Tschechoslowakei und Ungarn ihre Heimat.
Die Integration der Flüchtlinge und Vertriebenen wurde eine der größten Herausforderungen im besetzten Deutschland. Insgesamt erreichte ihre Zahl um die 15 Millionen. Mit „Flüchtlingen" waren die Menschen gemeint, die 1944/45 vor der anrückenden Roten Armee oder vor polnischen bzw. tschechoslowakischen Verbänden geflohen waren. Als „Vertriebene" wurden im Westen diejenigen bezeichnet, die nach Artikel 13 des Potsdamer Abkommens vertrieben wurden, während „Umsiedlung" der gängige Ausdruck in der SBZ/DDR für dasselbe Phänomen war. Häufig wahrgenommen als Konkurrenten um Wohnraum, Arbeit und Essen, war der Neuanfang für sie ein mehr als steiniger Weg in einer fremden Umwelt. Die Bewältigung dieser Aufgabe gehört mit zu den größten Nachkriegsleistungen der deutschen Gesellschaft.

* Unter „Displaced Persons" verstand man Personen, die als Zwangsarbeiter oder aus rassischen, religiösen oder politischen Gründen ihr Land verlassen hatten. Bei Kriegsende befanden sich acht bis zehn Millionen DP's in Deutschland, deren Unterbringung (nach wie vor in Lagern), Versorgung und Repatriierung sich zu einem schwierigen Problem für die Besatzungsmächte auswuchs.

Überblick zu den Bevölkerungsbewegungen infolge des Zweiten Weltkriegs

2. Der Aufbau der Besatzungsherrschaft

Die Deutschlandpläne der Alliierten. Je mehr die militärische Niederlage der deutschen Truppen absehbar wurde, entwickelten die alliierten Kriegsgegner Pläne für die Zukunft Deutschlands. Die USA und England strebten eine Befreiung von der Nazi-Diktatur an für eine westlich-demokratische Zukunft. Der UdSSR ging es nach der Befreiung des eigenen Landes um Entschädigungen für die erlittenen Opfer und um die Expansion des kommunistischen Gesellschaftsmodells.

Die unterschiedlichen Zielvorstellungen wurden auf den seit 1941 stattfindenden Konferenzen der alliierten Kriegsgegner Deutschlands zunehmend sichtbar. Die Verhandlungen Roosevelts (USA), Churchills (England) und Stalins (UdSSR) auf der letzten Konferenz der drei Regierungschefs vor Kriegsende im Februar in Jalta waren schon durch starkes Misstrauen geprägt. Dennoch gelang es den Alliierten, sich auf einige Grundsätze einer gemeinsamen Deutschlandpolitik zu einigen: auf eine vollständige Entwaffnung und Entmilitarisierung Deutschlands, die Verpflichtung zu Reparationsleistungen, die Hinzuziehung Frankreichs als vierter Besatzungsmacht und auf eine gemeinsame Verwaltung Berlins.

Allierte Konferenzen:
Teheran (28.11.–1.12.1943)
Jalta (4.2.–12.2.1945)
Potsdam (17.7.–2.8.1945)

Das Potsdamer Abkommen. Auf der Potsdamer Konferenz im Frühsommer 1945 einigten sich die Siegermächte auf vier Grundsätze, nach denen das besiegte Deutschland behandelt werden sollte. Sie zielten insgesamt darauf ab, die grundlegenden ideologischen und machtpolitischen Strukturen des Nationalsozialismus für alle Zukunft zu beseitigen und einen – nicht näher definierten – demokratischen Neubeginn zu ermöglichen.

Zudem einigte man sich auf eine Aufteilung des besiegten Deutschland in vier Besatzungszonen. Jede dieser Zonen sollte eigenständig von der jeweiligen Besatzungsmacht verwaltet werden. Auch die ehemalige Hauptstadt Berlin wurde in vier Sektoren aufgeteilt. Ein „Alliierter Kontrollrat", bestehend aus den vier Militärgouverneuren der vier Besatzungszonen, sollte für die gemeinsame und einheitliche Verwaltung Deutschlands sorgen.

Das Potsdamer Abkommen – die Vier D's
Unter dieser Bezeichnung sind die vier Grundsätze bekannt geworden, nach denen das besetzte Deutschland behandelt werden sollte.

1. Demilitarisierung: Auflösung aller militärischen Verbände, Beseitigung der Rüstungsindustrie.

2. Denazifizierung: Aufhebung aller NS-Organisationen, Bestrafung der Kriegsverbrecher, Umerziehung der Bevölkerung.

3. Demokratisierung: Schaffung der Grundlagen für einen Neubeginn des demokratischen Lebens.

4. Dezentralisierung: Politische Dezentralisierung, Aufteilung von Großunternehmen.

Die Besatzungszonen der Alliierten nach dem Zweiten Weltkrieg

Lucius D. Clay (1897–1978)
General der US-Armee und Militärgouverneur der amerikanischen Besatzungszone. Clay prägte die Besatzungspolitik der USA maßgeblich: Er betrieb die Bildung der Bi-Zone und den demokratischen Neuanfang in den Westzonen. Auch die Luftbrücke in das blockierte Berlin (1948/49) geht wesentlich auf seine Initiative zurück.

Unterschiedliche Interessen der Besatzungsmächte. Mit Beginn des „Kalten Krieges" wuchs das Misstrauen, das die vier Besatzungsmächte gegeneinander hegten. Eine gemeinsame Verwaltung Deutschlands wurde deshalb immer schwieriger. Die Alliierten begannen zunehmend, in ihren jeweiligen Besatzungszonen ihre eigenen Interessen zu verfolgen:

Die Politik der Sowjetunion war besonders tief von der Erfahrung des Zweiten Weltkrieges bestimmt. Ihr Territorium war durch Krieg weithin verwüstet worden. Von den insgesamt 55 Millionen Opfern des Zweiten Weltkrieges waren allein 20 Millionen Bürger der Sowjetunion. Die sowjetische Regierung erhob deshalb Anspruch auf besondere Wiedergutmachungsleistungen, vor allem durch Reparationslieferungen aus allen vier Besatzungszonen. Um die eigene im Zweiten Weltkrieg zerstörte Industrie wieder aufzubauen, begann sie, in ihrer eigenen Zone in großem Umfang Industrieanlagen abzubauen und abzutransportieren.

Die französische Regierung widersetzte sich energisch allen Versuchen, einheitliche Verwaltungsorgane oder ein gemeinsames Wirtschaftsgebiet für ganz Deutschland zu errichten. Sie wollte – nach zwei Überfällen in einem halben Jahrhundert – auf keinen Fall ein einheitliches und starkes Deutschland an seiner Grenze mehr dulden. Aus demselben Grund verlangte sie, das Ruhrgebiet dauerhaft unter internationale Kontrolle zu stellen.

Die amerikanische und die englische Regierung verfolgten immer deutlicher das Ziel einer wirtschaftlichen Wiederbelebung in ihren Zonen. Sie erkannten, dass die Deutschen immer weniger in der Lage waren, die Kosten für ihre Nahrungsmittelversorgung aufzubringen. Sie wollten schließlich ihren eigenen Wählern diese Kosten nicht zumuten.

Noch weniger wollten sie durch Reparationslieferungen aus ihren Zonen die Sowjetunion indirekt unterstützen. Als die Sowjetunion ihrer eigene Zone wirtschaftlich abzuschotten begann, um ihren eigenen Einfluss zu sichern, stoppte der amerikanische Militärgouverneur Lucius D. Clay die Reparationslieferungen aus den Westzonen. Zum ersten Mal war damit der Streit zwischen den Alliierten offen ausgebrochen. Der Wettstreit um die „richtigere" oder „bessere" Besatzungspolitik begann.

Demokratisierung. Äußerlich gelang den Alliierten 1945 noch die Formulierung gemeinsamer Zielsetzungen. Dazu gehörte das Ziel, Deutschland zu „demokratisieren". Unter der Formel „Demokratie" aber verstanden die Sowjetunion einerseits und die Westmächte andererseits etwas Grundverschiedenes. Entsprechend begannen die Besatzungsmächte in ihren Besatzungszonen schon früh, ihre Vorstellungen eines „demokratischen" politischen Systems umzusetzen.

Die Demokratie, wie sie die westlichen Alliierten definierten, beruhte vom Grundsatz her auf dem Selbstbestimmungsrecht der Völker. Zwar war auch in den westlichen Zonen der politische Handlungsspielraum für die deutsche Bevölkerung zunächst sehr eingeschränkt, aber angestrebt wurde eine Demokratie im Sinne eines freiheitlichen, selbstbestimmten und offenen politischen Systems.

Die neu geschaffenen Demokratien im russischen Einflussbereich, „Volksdemokratien" genannt, hatten wenig mit diesem Typus einer parlamentarischen Demokratie zu tun. Der „Kampf um eine wirkliche Demokratie" bedeutete in kommunistischer Lesart, dass den kommunistischen Parteien die führende Stellung gesichert wurde und ein kommunistisches Staats- und Gesellschaftssystem aufgebaut wurde, sodass eine sowjetfreundliche Politik gesichert war.

So war es nicht verwunderlich, dass die „Demokratisierungsschritte", also die Umsetzung der gemeinsam formulierten Ziele, zunehmend unterschiedlich ausfielen. Nur hinsichtlich der Bestrafung der Hauptkriegsverbrecher am Beginn der Besatzungszeit konnte noch ein gemeinsames Vorgehen realisiert werden.

Die Nürnberger Prozesse. Die Hauptverantwortlichen für die nationalsozialistische Herrschaft wurden vor einem internationalen Gerichtshof in Nürnberg im Namen der

Blick auf die Hauptanklagebank beim Hauptkriegsverbrecherprozess in Nürnberg

www.hdg.de/lemo/html/Nachkriegsjahre/LastDerVergangenheit/nuernbergerProzesse.html
Seite des Hauses der Geschichte zu den Nürnberger Prozessen
www.justiz.bayern.de/gericht/olg/n/imt/
Informative Seite des Oberlandesgerichts Nürnberg zu den Nürnberger Prozessen
www.zeno.org/Geschichte/M/Der+Nürnberger+Prozeß
Umfangreiche und detaillierte Sammlung von Dokumenten zu den Nürnberger Prozessen

Vereinten Nationen zur Rechenschaft gezogen. Die Hauptkriegsverbrecherprozesse fanden in Deutschland und international große Beachtung. Seit dem 20. November 1945 tagte das Gericht in Nürnberg und führte Anklage gegen 24 Personen der NS-Führungselite und sechs Kollektive (NSDAP, deutsche Reichsregierung, SS, Gestapo, SA, Generalstab und das Oberkommando der Wehrmacht). Die vier Anklagepunkte lauteten: „Verschwörung gegen den Frieden", „Verbrechen gegen den Frieden", „Kriegsverbrechen" und „Verbrechen gegen die Menschlichkeit". Am 16. Oktober 1946 wurden zwölf Todesurteile vollstreckt. Daneben verhängte das Gericht längere Haftstrafen und drei Personen bekamen Freisprüche.
Als neuer Anklagepunkt in der Rechtsgeschichte wurde der Vorwurf „Durchführung eines Angriffskrieges" verhandelt. Insgesamt bewegte sich der Prozess in der Debatte der Zeitgenossen in dem Spannungsfeld zweier Perspektiven. Von den Befürwortern wurde die Gerichtsarbeit als „Nürnberger Lehrprozess" betrachtet, in dem ein Beispiel für die Fortentwicklung internationalen Rechts gegeben wurde; die Kritiker sahen in ihr einen Akt der „Sieger- oder Rachejustiz". Wenn die Nürnberger Grundsätze auch nicht ins Völkerrecht aufgenommen wurden, so haben die Prozesse gegen die Hauptschuldigen und die durch die Amerikaner bis 1949 durchgeführten zwölf „Nürnberger Nachfolgeprozesse" (gegen einzelne gesellschaftliche Gruppen, wie z. B. Ärzte, oder bestimmte Verbrechensarten, wie „Euthanasie") zur Aufklärung über die NS-Diktatur beigetragen und damit auch zur Demokratisierung. Die Verfahren vor dem internationalen Gerichtshof in Den Haag, in denen Kriegsverbrechen der Gegenwart verfolgt werden, haben ihren historischen Vorläufer in den Nürnberger Prozessen.

3. Die Entnazifizierung

Neben den Hauptkriegsverbrechern standen die Mitglieder der NSDAP, also 8,5 Millionen Menschen, im Visier der Alliierten. Noch im Krieg plante man gemeinsam eine politische Säuberung, aber es gab kein einheitliches Vorgehen und keine allgemein eingehaltenen Vorgehensbestimmungen. So verlief die Entnazifizierung je nach Zone sehr unterschiedlich.

Bevölkerungsgruppen nach dem „Befreiungsgesetz" (1946):
1. Hauptschuldige
2. Belastete (Aktivisten, Militaristen, Nutznießer)
3. Minderbelastete (Bewährungsgruppe)
4. Mitläufer
5. Entlastete

Entnazifizierung und Reeducation in den Westzonen. Die Amerikaner begannen die Aufgabe der Entnazifizierung in ihrer Zone mit großem Elan. Die deutsche Bevölkerung wurde nach dem sogenannten „Befreiungsgesetz" 1946 nach dem Grad ihrer Schuld in fünf Gruppen eingeteilt. Jeder, der irgendeine berufliche Tätigkeit aufnehmen wollte, musste sich nach diesem Gesetz zunächst einem Verfahren vor einer sogenannten Spruchkammer unterziehen. Diese mit Laienrichtern besetzten Kammern führten die Entnazifizierung durch. Nur wer seine Unschuld nachgewiesen hatte, konnte in Gruppe 5 eingestuft werden. Schon 1946 bekamen deutsche Stellen die Verantwortung für die Verfahren übertragen – natürlich unter der Kontrolle der Besatzungsmacht. Die Basis für die Einteilung in die fünf Gruppen bildete ein umfangreicher Fragebogen, in dem genaue Auskunft über die Aktivitäten in der NS-Zeit gegeben werden musste. Für die eigene Entlastung konnten Zeugnisse anderer Personen beigefügt werden.
900 000 Fragebögen waren im Dezember 1945 eingegangen und führten zur sofortigen Entlassung von 140 000 Personen. Die Maßnahmen reichten von automatischem Arrest (Höchstbelastete) über Entlassung (NS-Aktivisten) zu „Entlassung empfohlen" (harmlosere Fälle). „Mitläufer" konnten ihre Stellung beibehalten. Der bürokratische Aufwand für die Durchführung der Maßnahmen sprengte aber rasch die personellen Möglichkeiten. Zunehmend wurden Kompromisse zwischen dem Strafgedanken und der Rehabilitierung gemacht.
In der britischen und französischen Zone verlief die Entnazifizierung vom Prinzip her gleich, auch wenn es im Detail erhebliche Unterschiede gab.

Reeducation – Umerziehung. Neben der Säuberung war die „Umerziehung" der Deutschen ein wichtiges Ziel der Besatzungspolitik. In diesen Bereich fielen die Reformen im Schulwesen, in der Kulturpolitik und im Presse- und Rundfunkwesen.
Schon die ersten Maßnahmen, wie die Schließung aller Schulen oder der Zwang, Dokumentarfilme über die geöffneten Konzentrationslager anzusehen, stießen aber auf große Ablehnung in der deutschen Bevölkerung. Viele Maßnahmen hatten auch nur kurzen Bestand. So wurden die Schulen in allen Zonen – ohne vorherige Durchführung von Reformen – schon im Herbst 1945 aus pragmatischen Gründen wieder eröffnet, um die Kinder von der Straße zu holen.
Hinsichtlich Presse und Rundfunk erfolgte in den Westzonen ein Neuanfang in drei Schritten. Mit der Besatzung war zunächst jegliche Publizistik verboten worden. Dann

Improvisierte Zeitungsverkaufsstände, 1949

gab es unter alliierter Regie Rundfunksendungen und Heeresgruppenblätter und erst danach begann die Vergabe von Lizenzen an deutsche Organe. Auch im Medienbereich zeigten sich allerdings bald Unterschiede in den Besatzungszonen. In den Westzonen entwickelte sich schnell eine vielfältige Presselandschaft, trotz des gravierenden Grundproblems der Papierknappheit: So gab es zum Beispiel in der US-Zone Mitte 1946 schon 35 neue Zeitungen. In der sowjetischen Besatzungszone wurden Presse und Rundfunk nach dem Vorbild der Sowjetunion als staatliche und damit faktisch von der „Sowjetischen Militäradministration" (SMAD) kontrollierte Medienlandschaft aufgebaut.

Entnazifizierung und gesellschaftspolitische Reformen in der SBZ. Wie die anderen Besatzungsmächte begann auch die Sowjetunion unmittelbar nach Kriegsende mit der Entnazifizierung. Während man aber in den Westzonen dem Ansatz einer Klärung der persönlichen Verstrickung in den Nationalsozialismus folgte, trat in der SBZ ein planmäßiger Umbau der gesellschaftlichen Ordnung hinzu. Ausschlaggebend für diesen Ansatz war die kommunistische Deutung der nationalsozialistischen Herrschaft als besonders zugespitzter Ausdruck des Kapitalismus.
Die SMAD entfernte ehemalige Mitglieder der NSDAP zunächst mit großer Rigorosität aus allen Ämtern. Bis zum offiziellen Abschluss der Entnazifizierung im Jahre 1948 wurden 520734 Personen entlassen. Wie radikal diese Maßnahme war, lässt sich zum Beispiel anhand der Richter ermessen, von denen 90% Mitglied der NSDAP gewesen waren und die nun alle entlassen wurden.
Unter dem Motto „Junkerland in Bauernhand" stand auch die Bodenreform ab September 1945 im Kontext der Entnazifizierung – nach der kommunistischen Deutung waren es vor allem die Großgrundbesitzer („Junker") gewesen, die als treibende Kraft hinter den Nationalsozialisten gestanden hatten. Deren Grundbesitz wurde nun in sogenannte „Bodenfonds" überführt und anschließend in kleinen Einheiten verteilt. Etwa ein Drittel des Grundbesitzes verblieb allerdings „Volkseigentum" (also Staatseigentum). Die Bodenreform führte in der SBZ zur Auflösung der sozialen Schicht des grundbesitzenden Adels.
Auf die Bodenreform folgte 1946 eine Industriereform, mit der die Verstaatlichung der Schwer- und Schlüsselindustrien begonnen wurde. Auch diese Maßnahme stand im Kontext der Entnazifizierung und leitete – zusammen mit der Bodenreform – den Aufbau einer sozialistischen Planwirtschaft in der SBZ ein.

Propagandaplakate zum Volksentscheid in Sachsen zur „Enteignung von Kriegsverbrechern" am 30. Juni 1946, der die Grundlage für die Industriereform in der SBZ bildete.
Auf die Frage: „Stimmen Sie dem Gesetz zur Übergabe von Betrieben von Kriegs- und Naziverbrechern in das Eigentum des Volkes zu?" antworteten 77,6% der Befragten mit „Ja".

4. Wendepunkte in der Besatzungspolitik

Die „deutsche Frage". Der Weg zur Teilung Deutschlands war eng verbunden mit der „deutschen Frage". Damit war ein zentrales auf der Potsdamer Konferenz ungelöstes Problem gemeint: der endgültige noch abzuschließende Friedensvertrag, in dem die territoriale und staatliche Zukunft Deutschlands als Ganzes geregelt werden würde. Eine Außenministerkonferenz sollte diesen Vertrag vorbereiten. Aber die zunächst als Provisorien eingerichteten Besatzungszonen sollten sich hinsichtlich der Trennung zwischen West- und Ostzonen als Dauerzustand erweisen, da die einstigen gemeinsamen Kriegsgegner Deutschlands bald nicht mehr zur Kooperation bereit waren und das besetzte Land zum Austragungsort des Ost-West-Konfliktes wurde. Erst mit dem Mauerfall 1989 und dem anschließenden 2+4-Vertrag sollte die „deutsche Frage" in dieser Hinsicht ein definitives Ende finden.

Sieger und Besiegte. Die ersten Besatzungsmonate waren geprägt durch die Rollenverteilung Sieger – Besiegte. Die Deutschen sollten spüren, dass die Siegermächte sie ernsthaft zur Verantwortung ziehen wollten. Gesten der Verbrüderung zwischen Besatzungssoldaten und Deutschen waren streng verboten. Dann aber wandelte sich die Perspektive: Infolge des aufbrechenden Ost-West-Konflikts wurde die Differenz zwischen den Siegermächten letztlich wichtiger als die Unterscheidung zwischen Siegern und Besiegten. Die Siegermächte erkannten im Gegenteil, welche Bedeutung die Deutschen in ihren jeweiligen Besatzungszonen im „Kalten Krieg" gewinnen könnten. Die Besatzungspolitik in Deutschland wurde zunehmend zu einem Nebenprodukt des „Kalten Krieges".

Der Konflikt zwischen den Alliierten schwankte anfangs zwischen einerseits dem Versuch, in Auseinandersetzung mit der Gegenseite auf ganz Deutschland Einfluss zu nehmen, und andererseits dem (einfacher zu realisierenden) Wunsch, die jeweils eigene Zone nach eigenem Ermessen zu gestalten. Nachdem die zweite Außenministerkonferenz der Siegermächte im Juli 1946 mit einem letzten Versuch gescheitert war, sich auf eine gemeinsame Deutschlandpolitik zu einigen, konzentrierten sich die Besatzungsmächte auf ihre eigenen Zonen.

Die Entwicklung in den Westzonen. Am 6.9.1946 stellte der amerikanische Außenminister Byrnes in einer viel beachteten Rede eine Rückgabe der Regierung an das deutsche Volk in Aussicht. Die westlichen Besatzungsmächte USA, Großbritannien und Frankreich begannen, ihre Zonen wirtschaftlich wieder aufzubauen. Vor allem die USA zielten vor dem Hintergrund der Truman-Doktrin auf den wirtschaftlichen Wiederaufbau und die Integration der Westzonen in den freien (westlichen) Welthandel. Zwar ist umstritten, ob sie damit von vorneherein auf den Aufbau eines westdeutschen Staates als „Prellbock" gegen die kommunistische Sowjetunion abzielten, zweifellos aber nahmen sie die Teilung Deutschlands in Kauf. Um einen einheitlichen Wirtschaftsraum zu schaffen, vereinigten die USA und Großbritannien ihre Zonen am 1.1.1947 zum „Vereinigten Wirtschaftsgebiet" (umgangssprachlich: Bi-Zone) – die Keimzelle der späteren Bundesrepublik. Die französische Besatzungsmacht schwenkte erst später auf diese politische Linie ein. Zunächst hatte man – wie in der SBZ – auf exzessive Weise Demontagen betrieben. Die französische Sorge vor einem erneut zu starken Deutschland wich erst allmählich im Laufe des Jahres 1948 und unter dem Einfluss der USA und Großbritanniens einer Politik des Wiederaufbaus.

Die Entwicklung in der SBZ. Die Politik der „Sowjetischen Militäradministration" (SMAD) in der sowjetischen Besatzungszone war grundsätzlich von zwei Momenten bestimmt: Zum einen sollte das besiegte Deutschland durch Reparationen helfen, die Kriegszerstörungen in der Sowjetunion zu beheben. In großem Umfang wurden Industrieanlagen, Eisenbahnschienen etc. demontiert und in die Sowjetunion transportiert – auch dann noch, als die Westmächte bereits begannen, die Westzonen wirtschaftlich wieder aufzubauen. Die Wirkung dieser Demontagen auf die spätere wirtschaftliche Entwicklung der SBZ und dann der DDR ist unter Historikern in ihrem Ausmaß umstritten. Ohne Zweifel aber stellten sie eine belastende Hypothek für den wirtschaftlichen Wiederaufbau dar –insbesondere im Vergleich zu den durch die Marshallplangelder geförderten Wiederaufbau in den Westzonen.

Zum anderen sollte die SBZ – insbesondere nach dem Scheitern einer gemeinsamen Deutschlandpolitik der Alliierten – durch innere Reformen im Sinne der Besatzungsmacht gestaltet und in den sowjetischen Machtbereich eingegliedert werden. Dieses Vorhaben jedoch gingen sowohl die deutschen Kommunisten in der SBZ wie auch die Besatzungsmacht vorsichtig an, denn man wusste, dass die Bevölkerung in der SBZ einer solchen Sowjetisierung in Politik, Wirtschaft und Gesellschaft mehrheitlich ablehnend gegenüberstand. Zumindest nach außen hin war man deshalb bemüht, den Eindruck von Pluralität zu erwecken. Walter Ulbricht war der Auffassung, dass Deutschland noch nicht für den Kommunismus „reif" sei, und proklamierte öffentlich einen „besonderen deutschen Weg zum Sozialismus", was weithin als Distanzierung vom sowjetischen Modell des Kommunismus verstanden wurde.

Parteien und politisches Leben. Die Beteiligung der Deutschen am Neuaufbau der Verwaltungen und des politischen Lebens war vollkommen von der jeweiligen Besatzungsmacht abhängig.

In den drei Westzonen rekrutierten die Alliierten unbelastetes deutsches Personal durch sogenannte „weiße Listen". Diese waren schon im Krieg erstellt worden, um darauf später zurückgreifen zu können. Politische Parteien und Organisationen wurden von den Westalliierten zunächst nur zögerlich und auf lokaler Ebene zugelassen. Ihre Gründung war gebunden an den Erwerb einer Lizenz, die die Besatzungsmächte nach Prüfung ausstellten. Erst danach wurden Landesorganisationen oder Parteigründungen auf zonaler Ebene zugelassen, zunächst in der britischen Zone ab dem Frühjahr 1946. Aus der Vielzahl der neu gegründeten Gruppierungen erlangten vor allem die „Christlich-Demokratische Union" (CDU) bzw. die „Christlich-Soziale Union" (CSU) in Bayern, die „Sozialdemokratische Partei Deutschlands" (SPD), die „Freie Demokratische Partei" (FDP) sowie anfangs die „Kommunistische Partei Deutschlands" (KPD) politische Bedeutung. Alle diese Parteien versuchten, ihre Erfahrungen während der Weimarer Republik und der Diktatur des Nationalsozialismus von vornherein zu berücksichtigen. Die SPD, deren Abgeordnete als Einzige gegen das Ermächtigungsgesetz gestimmt hatten, berief sich auf ihre antifaschistische Tradition und betonte zugleich – in Abgrenzung gegen jede Form der Diktatur – ihre freiheitliche Grundeinstellung. Die bürgerlichen Parteien versuchten vor allem, die weltanschauliche und organisatorische Zersplitterung der Weimarer Zeit zu vermeiden und auf diese Weise ihre demokratische

Wahlplakate von CDU, SPD, FDP und KPD, 1946–1948

Aus dem „Befehl Nr. 2" der SMAD:
„Auf dem Territorium der Sowjetischen Okkupationszone in Deutschland ist die Bildung und Tätigkeit aller antifaschistischen Parteien zu erlauben, die sich die endgültige Ausrottung der Überreste das Faschismus und die Festlegung der Grundlage der Demokratie und der bürgerlichen Freiheiten in Deutschland und die Entwicklung der Initiative und Selbstbetätigung der breiten Masse der Bevölkerung in dieser Richtung zum Ziel setzen."

Kraft zu stärken. So versuchten die Gründungsmitglieder der CDU, die konfessionellen Grenzen des (katholischen) Weimarer „Zentrums" zugunsten einer überkonfessionellen christlich orientierten Partei zu überwinden; die FDP vereinte die beiden liberalen Parteien Weimars (die linksliberale DDP und die rechtsliberale DVP) in einer Organisation.
Der Aufbau deutscher Regierungs- und Verwaltungsstrukturen erfolgte in der sowjetischen Besatzungszone (SBZ) wesentlich früher als in den Westzonen und nach einem völlig anderen Muster „von oben nach unten". Schon im Juni 1945 – also noch vor der Potsdamer Konferenz – wurde mit dem Befehl Nr. 2 der Sowjetischen Militäradministration (SMAD) die Bildung antifaschistischer Parteien und Gewerkschaften zugelassen. Als erste Partei trat die KPD bereits einen Tag nach dem Befehl Nr. 2 mit einem Gründungsaufruf an die Öffentlichkeit. Zwar wurden Parteineugründungen verschiedenster politischer Richtungen zugelassen, aber sie verloren bald ihre Unabhängigkeit. Schnell spielte die KPD eine Sonderrolle. Durch die enge Zusammenarbeit mit der SMAD beim Wiederaufbau des politischen Lebens sowie durch die Konstruktion einer „Einheitsfront der antifaschistisch-demokratischen Parteien" konnte sie ihre Machtposition weiter ausbauen. Gerade die offensichtlich enge Zusammenarbeit mit der Besatzungsmacht drohte sie jedoch in der Bevölkerung zu isolieren. Deshalb betrieb die KPD mit Unterstützung der SMAD eine Vereinigung mit der SPD. Das Vorhaben wurde mit dem „Volksfrontgedanken" begründet – die mangelnde Zusammenarbeit der Arbeiterparteien bei der Machtergreifung der NSDAP galt als einer ihrer wesentlichen Fehler. Trotzdem war es innerhalb der SPD sehr umstritten. Aber der Druck der Besatzungsmacht war zu groß: Im April 1946 vereinigten sich die SPD und die KPD in der SBZ zur „Sozialistischen Einheitspartei Deutschlands" (SED), die letztlich für Jahrzehnte die politische Führung in der SBZ und der DDR übernehmen sollte.

Landtagswahlen am 20.10.1946
Die Wahlen zu den fünf Landtagen und den Kreistagen in der SBZ am 20. Oktober 1946 waren die letzten freien Wahlen in Ostdeutschland bis 1990. Die SED erhielt im Durchschnitt 47,5 %, bei den Wahlen zum Berliner Stadtparlament 19,8 % der Stimmen.

Wilhelm Pieck bei einer Kundgebung der „Einheitsfront der antifaschistischen Parteien", Berlin 1945

Getrennte Wirtschaftsordnungen. Eine erneute Wende in der amerikanischen Politik bedeutete das vom amerikanischen Außenminister G.C. Marshall im Juni 1947 angekündigte „European Recovery Programm" (ERP) – im Volksmund „Marshall-Plan" genannt (s. S. 14 u. 16 f.). Das Hilfs- und Kreditangebot der USA richtete sich an alle europäischen Staaten, verlangte allerdings im Gegenzug die Verwirklichung marktwirtschaftlicher Grundsätze und eine stabile Währung. Die Sowjetunion lehnte den

Marshall-Plan als imperialistische Einmischung der USA ab. Eine Annahme kam deshalb für die SBZ nicht in Betracht, während die Westzonen nicht unerheblich von den Hilfsgeldern und Krediten des Marshall-Plans profitierten.

Um eine solide Währung als Basis für die wirtschaftliche Erholung zu schaffen, wurde in den Westzonen am 1. März 1948 die „Bank deutscher Länder" errichtet. Diese Zentralbank stellte durch die Beteiligung Frankreichs die erste trizonale Institution dar und war Voraussetzung für die Durchführung der Währungsreform am 20. Juni 1948. Durch die faktische Abwertung der alten Währung entstand eine neue, stabile Währung, die „Deutsche Mark" (DM). Ebenso bedeutsam wie die Währungsreform selbst war das von Ludwig Erhard gleichzeitig vorbereitete „Leitsätzegesetz". Es hob alle Preisfestlegungen auf und etablierte damit den freien Preismechanismus als zentrales Lenkungsinstrument der Wirtschaft.

Auf die West-D-Mark reagierte die Sowjetische Militäradministration nur drei Tage später mit der Einführung einer eigenen neuen Währung in der SBZ. Es war eine improvisierte Reaktion, wie sich zum Beispiel an den Geldscheinen zeigte. Es war keine Zeit gewesen, neue zu produzieren; so klebte man Coupons, die die neuen Nennwerte trugen, auf die alten Reichsmarkscheine. Deshalb hieß das Geld im Volksmund dann „Tapetenmark".

Während sich im Westen eine marktwirtschaftliche Ordnung entwickelte, wurde in der SBZ die planwirtschaftliche Ordnung ausgebaut. Was produziert werden sollte und in welchen Mengen, wurde in sogenannten „Halb-" oder „Zweijahresplänen" festgelegt. Auch die Löhne und Preise wurden staatlich gelenkt. Das Festschreiben der staatlichen Regulierung und vor allem die wesentlich höheren Reparations- und Demontagelasten führten dazu, dass die Wirtschaft deutlich schlechter als im Westen in Gang kam.

Währungs- und Wirtschaftspolitik in den Westzonen

Gründung der „Bank deutscher Länder" (1.3.1948):
- Zentralbank (Währungshoheit),
- trizonale Institution.

Währungsreform (20.6.1948):
- Umtausch aller privaten Verbindlichkeiten und Guthaben im Verhältnis 10:1,
- 60 Deutsche Mark in bar für jeden Einwohner („Kopfgeld").

„Leitsätzegesetz" (7.7.1948):
- Aufhebung aller Preisfestlegungen (freie Preisbildung).

Die Berlin-Krise. In Berlin, das wie Gesamtdeutschland in vier Zonen geteilt war, löste die Währungsreform eine gravierende Krise aus, die als erster Höhepunkt des „Kalten Krieges" gilt (s. S. 14f. u. 17). Die Stadt lag wie eine Insel in der SBZ und die Sowjetische Militäradministration nutzte die Einführung der DM in den drei westlichen Berlinzonen als Anlass zur Konflikteskalation. Sowjetische Truppen blockierten von April 1948 bis Mai 1949 sämtliche Zufahrtswege der Stadt. Die Amerikaner reagierten darauf mit dem Aufbau einer Luftbrücke. Sogenannte „Rosinenbomber" versorgten über Monate die Stadt mit allem Lebensnotwendigen, bis schließlich die Sowjetunion nachgab und die Blockade der Stadt aufhob. Im Kräftemessen zwischen West und Ost war dies ein Erfolg für die Westalliierten.

Das Ende des Kontrollrates. Unter dem Eindruck der Berlin-Krise und nachdem im Verlauf des Jahres 1947 auf zwei Konferenzen der Außenminister der vier Besatzungsmächte in London und Moskau keine Einigung erzielt werden konnte, beschlossen die Westmächte im Jahr 1948, den Deutschen in den Westzonen die Möglichkeit zu geben, eine Verfassung auszuarbeiten und einen eigenen Staat zu gründen. Die Sowjetunion reagierte mit dem Rückzug des sowjetischen Militärgouverneurs aus dem Alliierten Kontrollrat.

5. Der Weg in die Zweistaatlichkeit

Auf dem Weg zum Weststaat. Mit dem Abbruch der fünften Außenministerkonferenz der vier Besatzungsmächte im Dezember 1947 stand endgültig fest, dass eine Einigung über die „deutsche Frage" nicht möglich war. Amerikaner und Briten forcierten jetzt einen eigenständigen Weststaat, der in ein europäisch-atlantisches Bündnis mit eingebunden würde. Diese Zielvorstellungen konnten sie in langwierigen, seit Februar 1948 stattfindenden, Verhandlungen auf der Londoner Sechs-Mächte-Konferenz – mit Frankreich und den Beneluxstaaten – durchsetzen.

Der Weg in den Weststaat
1.7.1948: Frankfurter Dokumente.
10.7.1948: Koblenzer Beschlüsse.
1.9.1948: Erste Sitzung des Parlamentarischen Rates.
8.5.1949: Verabschiedung des Grundgesetzes (mit 53 zu 12 Stimmen).
24.5.1949: Grundgesetz tritt in Kraft.
14.8.1949: Erste Bundestagswahl.
7.9.1949: Erste Sitzung des ersten Bundestages.

Der Parlamentarische Rat
Präsident: Konrad Adenauer (CDU).
Sitzungsort: Pädagogische Akademie, Bonn.
Abgeordnete: 65 stimmberechtigte und 5 nicht stimmberechtigte (aus Westberlin) Abgeordnete, gewählt von den Landesparlamenten.
Parteipolitische Zusammensetzung: CDU/CSU 27, SPD 27, FDP 5, KPD 2, Zentrum 2, Deutsche Partei 2.

Entscheidendes Ergebnis waren die Frankfurter Dokumente, die eine deutsche Delegation am 1. Juli 1948 überreicht bekam. Sie beinhalteten drei Teile: erstens die Ermächtigung, zum 1. September 1948 eine Versammlung zur Ausarbeitung einer Verfassung einzuberufen, zweitens den Auftrag zur Neugliederung der Länder und drittens die Grundzüge eines Besatzungsstatuts. Diese Dokumente waren der Wendepunkt vom alliierten Kriegsrecht hin zu deutscher Eigenverantwortung. Aber gleichzeitig enthielten sie – trotz vorgesehener Verfassung und Staatsgründung – durch den dritten Teil die dauerhafte Festschreibung der Besatzungsherrschaft, wenn auch in wesentlich zurückhaltenderer Form.
Viele westdeutsche Politiker hatten deutliche Vorbehalte gegen dieses Angebot, weil es die weitere Zementierung der deutschen Teilung mit sich bringen würde. Letztlich aber gab es keinen Spielraum für die Ablehnung des Angebotes, sodass nur geringe Änderungswünsche durchgesetzt werden konnten. In ihrer Stellungnahme, den „Koblenzer Beschlüssen", betonten die elf Ministerpräsidenten der damaligen Länder den vorläufigen, provisorischen Charakter des neu zu gründenden Staates und versuchten auf diese Weise, den Weg zu einer gesamtdeutschen Lösung offen zu halten.
So trat im September 1948 nicht – wie von den Alliierten formuliert – eine Nationalversammlung zusammen, sondern ein „Parlamentarischer Rat", der indirekt aus freien, allgemeinen und geheimen Wahlen hervorgegangen war, indem die Landtage gemäß den Stimmanteilen Vertreter entsandten. Dieser erarbeitete auch nicht eine Verfassung, sondern ein provisorisches „Grundgesetz". Am 8. Mai 1949 verabschiedete der Parlamentarische Rat das Grundgesetz, das am 24. Mai nach längerem Verhandlungsprozess zwischen der deutschen Seite und den Besatzungsmächten in Kraft treten konnte. Auch wenn es sich um ein unter Kontrolle entstandenes „Auftragswerk" handelte, so war es von deutschen Politikern in einem parlamentarischen Rahmen realisiert worden.

Vom Grundgesetz zur Bundesrepublik Deutschland. Neben der Verfassung mussten auch alle anderen Staatselemente neu geschaffen werden. Dazu gehörte auch die Bestimmung eines neuen Regierungssitzes. Der Parlamentarische Rat entschied sich für Bonn als vorläufige Hauptstadt.
Am 7. September 1949 traten die gewählten Parteienvertreter zum ersten Bundestag zusammen, in dem die CDU/CSU eine knappe Mehrheit hatte. Mit der ersten Regierungserklärung durch den neu gewählten Bundeskanzler Adenauer war die Geburtsstunde der Bundesrepublik Deutschland gekommen.

Bundeskanzler Adenauer bei seinem Antrittsbesuch bei den Hohen Kommissaren zur Entgegennahme des Besatzungsstatuts (September 1949, Hotel Petersberg bei Bonn)

Das gleichzeitige Inkrafttreten des Besatzungsstatuts bedeutete einen Umbau der Besatzungsbürokratie. Eine Alliierte Hohe Kommission ersetzte nun die Funktion der Militärgouverneure. Nicht ungewollt hatte sie ihren Sitz auf dem Petersberg hoch über Bonn, Symbol für das bis 1955 beibehaltene Recht auf Rücknahme der Souveränitätsrechte, sobald die neu gegründete Bundesrepublik Deutschland vom westlichen Kurs abweichen würde. Real war die Kontrolle aber nur noch zurückhaltend.

Die Gründung der DDR. Bis in das Jahr 1949 hinein verfolgte die SED eine parallele Strategie: Einerseits betrieb man den Aufbau eigener staatlicher Strukturen in der SBZ und andererseits versuchte man, durch die öffentliche Propagierung eines gemeinsamen Weges aller vier Zonen Einfluss auf ganz Deutschland zu bekommen. Die Ambivalenz dieser Parallelstrategie ist letztlich auf die unentschiedene Haltung Stalins und der sowjetischen Staatsführung zurückzuführen, die noch lange Zeit versuchte, ihren Einflussbereich über die eigene Zone hinaus auf ganz Deutschland auszudehnen, und dafür – zumindest nach außen hin – auch Kompromisse einzugehen bereit war.
Weil die Forderung nach der deutschen Einheit in der Bevölkerung außerordentlich populär war, berief die SED im Dezember 1947 einen „Deutschen Volkskongress für Einheit und gerechten Frieden" ein, zu dem sie auch „antifaschistische" Vertreter von Parteien und Organisationen aus den Westzonen eingeladen hatte. Weil aber eine freie Wahl dieser Vertreter nicht vorgesehen war, wurde der Volkskongress in den Westzonen nicht nur von den Alliierten, sondern weithin auch von den deutschen Politikern abgelehnt, sodass er letztlich auf die SBZ beschränkt blieb. Dennoch hatte die SED auf diese Weise einerseits ihren Willen zur Einheit bekundet, während sie andererseits nun den bereits vorgezeichnete Weg in die Gründung eines eigenen Staates beginnen konnte. Der 2. Volkskongress, der wiederum nur aus von der SED bestellten Abgeordneten bestand, wählte den „1. Deutschen Volksrat", der beanspruchte, ganz Deutschland zu repräsentieren, einen Verfassungsentwurf ausarbeitete und diesen am 19.3.1949 verabschiedete.
Schon um die Jahreswende von 1948 zu 1949 hatte die SED den Ton verschärft: Im September 1948 verurteilte sie den zuvor so hervorgehobenen „besonderen deutschen Weg zum Sozialismus" mit der Begründung, er missachte „die Errungenschaften und das historische Beispiel der Sowjetunion" und die „Grundlagen des Marxismus-Leninismus". Sozialdemokraten, Gewerkschafter und auch Kommunisten, die sich dieser Entwicklung widersetzten, wurden aus der Partei ausgeschlossen und zum Teil verhaftet. Im Januar 1949 begann auf der 1. Parteikonferenz der SED die Umwandlung der Partei nach stalinistischem Vorbild. Die SED verstand sich nun als „Partei neuen Typus", organisiert nach dem Prinzip des „demokratischen Zentralismus" (s. S. 123f.). Das Prinzip der paritätischen Besetzung von Parteiämtern mit Sozialdemokraten und Kommunisten wurde aufgegeben.
Im Mai 1949 wurde der 3. Volkskongress erstmals nach einer Einheitsliste des „Demokratischen Blocks" gewählt – mit zwei Dritteln „Ja"-Stimmen und einem Drittel „Nein"-Stimmen. Der 3. Volkskongress bestätigte die vom 1. Volksrat ausgearbeitete Verfassung und wählte aus seinen Reihen den 2. Deutschen Volksrat.
Der Volksrat erklärte sich am 7. Oktober 1949 zur „Provisorischen Volkskammer", proklamierte die Gründung der DDR, setzte die Verfassung in Kraft und wählte den Kommunisten Wilhelm Pieck zum Staatspräsidenten sowie den ehemaligen SPD-Vorsitzenden Otto Grotewohl zum Ministerpräsidenten.
Damit war die „Deutsche Demokratische Republik" gegründet – ein knappes halbes Jahr nach ihrem westlichen Pendant, der „Bundesrepublik Deutschland".

Die Volkskongresse
6./7. 12.1947:
1. Volkskongress
17./18. 3.1948:
2. Volkskongress
29./30. 5.1949:
3. Volkskongress

„Demokratischer Zentralismus": Das von Lenin 1902 entwickelte Organisationsprinzip für kommunistische Parteien kombinierte die Wahl aller Parteiorgane von unten nach oben mit einer strikten Verbindlichkeit der Parteibeschlüsse von oben nach unten. Unter Stalin ging die demokratische Seite des Prinzips vollends verloren, sodass es in der Praxis vor allem den unbedingten Gehorsam der unteren Parteigliederungen gegenüber der Parteispitze bedeutete.

Einheitsliste: Wahlliste zur Wahl des 3. Volkskongresses und später zur Volkskammer der DDR. Die Einheitsliste wurde nach einem festgelegten Proporz mit Mitgliedern der SED, der Blockparteien und der Massenorganisationen (z. B. Gewerkschaften) besetzt. Die wahlberechtigte Bevölkerung konnte nur mit „Ja" oder „Nein" stimmen.

Meilensteine auf dem Weg zur Demokratie? – Die „Entnazifizierung" in Ost und West

„Es ist unser unbeugsamer Wille, den deutschen Militarismus und Nationalsozialismus zu zerstören und dafür Sorge zu tragen, dass Deutschland nie wieder imstande ist, den Weltfrieden zu stören.
Es ist nicht unsere Absicht, das deutsche Volk zu vernichten; aber nur dann, wenn der Nationalsozialismus und der Militarismus ausgerottet sind, wird für die Deutschen Hoffnung auf ein würdiges Leben und einen Platz in der Völkergemeinschaft bestehen."
Diese beiden Sätze aus der Erklärung Churchills, Roosevelts und Stalins zum Abschluss der letzten großen Konferenz vor Kriegsende in Jalta umreißen die Bedeutung der „Entnazifizierung" im besetzten Deutschland.
Das in Jalta noch angestrebte Ziel eines gemeinsamen Vorgehens wurde allerdings nur in dem Kriegsverbrecherprozess gegen die Spitzen der nationalsozialistischen Herrschaft noch durchgehalten. Aber noch während der Prozess lief, begann der aufkeimende Ost-West-Konflikt auch die Entnazifizierung zu beeinflussen. In den Westzonen und in der SBZ entwickelten sich zwei verschiedene Modelle der Entnazifizierung.

- **Welche Maßnahmen prägten und welche Motive beeinflussten die „Entnazifizierung" einerseits in den Westzonen und andererseits in der SBZ?**
- **Wie urteilten Zeitgenossen über beide Modelle?**
- **Wie sind sie aus heutiger Sicht zu bewerten?**

Präsentieren Sie Flipchart-Plakate, auf denen Sie die Entnazifizierung in Ost und West vorstellen und dazu Stellung nehmen.

Anregungen, wie Sie Ihre Flipchart-Plakate erstellen können:

1. Es empfiehlt sich ein arbeitsteiliges Vorgehen in kleinen Arbeitsgruppen.
   a) Erarbeiten Sie typische Merkmale der Entnazifizierungsprozesse in Ost- und Westdeutschland, indem Sie die Materialien M 1 – M 3 (Entnazifizierung in der SBZ) und M 4 – M 6 (Entnazifizierung in den Westzonen) unter den ersten beiden Leitfragen interpretieren.
   b) Beachten Sie dabei die unterschiedlichen Textgattungen. Folgen Sie den jeweiligen dafür erlernten Arbeitsschritten. Die Methode „Sprachliche historische Quellen interpretieren" finden Sie auf S. 369 f., die Methode „Karikaturen interpretieren" auf S. 238.
   c) Vergleichen Sie mit Ihren Lernpartnerinnen bzw. -partnern in der Arbeitsgruppe die beiden Modelle der „Entnazifizierung" in Ost- und Westdeutschland, indem Sie Gemeinsamkeiten und Unterschiede gewichtend gegenüberstellen. Verschriftlichen Sie die Ergebnisse Ihres Vergleichs auf Ihren Flipcharts.

2. Erarbeiten Sie heutige Bewertungen der beiden „Entnazifizierungsmodelle" anhand einer Analyse von und kritischen Auseinandersetzung mit M 7 – M 9. Wenden Sie dazu die Arbeitsschritte zur Auswertung historischer Sekundärliteratur (s. S. 372) an. Übertragen Sie Ihre Analyseergebnisse und Ansätze einer eigenen Stellungnahme auf die Flipcharts.

3. Verabreden Sie, wie Sie als Gruppe präsentieren möchten.
➡ **Präsentationstipp:** Zur Veranschaulichung könnten Sie auf den Flipcharts vergrößerte und durch Randbemerkungen kommentierte Kopien der Karikaturen M 1 und M 4 in den Mittelpunkt stellen.

MATERIALIEN

Das Modell der Entnazifierung in der SBZ

M 1 „Mai-Gedanken 1947"

Die Karikatur erschien am 1. Mai 1947 in der „Berliner Zeitung" im sowjetisch besetzten Sektor Berlins.
Zum Karikaturisten Poltiniak: 1931 Eintritt in die KPD, 1931–39: Arbeit für kommunistische Zeitungen, 1933/34 Konzentrationslager Oranienburg.

„Wenn das Bäumchen wachsen soll, werde ich diese Wurzeln, die ihm die ganze Kraft entziehen, doch wohl abhacken müssen."

M 2 Bericht über die Durchführung der Bodenreform in Sachsen-Anhalt ab September 1945 (1959)

Für eine 1959 in Halle/Saale (DDR) veröffentlichte Textsammlung mit dem Titel „Wie die Arbeiter- und Bauernmacht entstand. Erlebnisberichte aus Sachsen-Anhalt" schrieb Robert Siewert diesen Bericht. Er war als Vizepräsident der Provinzverwaltung bzw. als Innenminister von Sachsen-Anhalt an der Bodenreform beteiligt gewesen.

„Junkerland muss wieder Bauernland werden!" Das war der Kampfruf der landarmen und landlosen Bauern, der Landarbeiter und Umsiedler. Mit diesem Kampfruf wurde auch die demokratische Bodenreform eingeleitet. Sie war notwendig aus politischen, wirtschaftlichen und sozialen Gründen. Die Macht der Junker musste gebrochen, das Fundament des Militarismus und Faschismus vernichtet werden. Die Bodenreform war notwendig, um die Ernährung der Bevölkerung zu sichern. Sie war notwendig, um den Umsiedlern und Heimkehrern eine neue Heimat zu geben.
Die Durchführung der Bodenreform wurde in die Hände der landarmen Bauern und Landarbeiter gelegt. In jeder Gemeinde nahmen in Versammlungen landarme Bauern und Umsiedler zur Bodenreform Stellung und wählten im Anschluss daran die Gemeindebodenkommission, die sich aus drei bis fünf Mitgliedern zusammensetzte. […]
Diese Gemeindebodenkommissionen haben gute Arbeit in kürzester Zeit geleistet. Der gesamte Besitz der Junker, Grafen und Barone, der Nazi- und Kriegsverbrecher wurde erfasst und sichergestellt. Auf allen Gütern und Wirtschaften, die für die Enteignung infrage kamen, setzten sie Treuhänder ein, die dafür zu sorgen hatten, dass die landwirtschaftlichen Arbeiten, die Einbringung der Ernte, die Herbstbestellung, die Viehpflege sowie die Pflege der Kulturen ordentlich erfolgten. […]
Enteignet wurden: 1841 Großgrundbesitzer mit über 100 ha, 739 Nazi- und Kriegsverbrecher, insgesamt also 2 580 Personen. […]
Die Freiherrin Elsa von Bonin widersetzte sich der gesetzlich festgelegten Bestandsaufnahme und Aufteilung ihres Grund und Bodens. Sie schreckte sogar nicht davor zurück, die Mitglieder der Bodenkommission tätlich anzugreifen. „Auf einen groben Klotz gehört ein grober Keil", dachte der Landrat, Genosse Paul Albrecht, und handelte in diesem Sinne. Daraufhin beschwerte sich die edle Frau von Bonin beim Präsidenten. Die Beschwerde wurde mir zur Erledigung übergeben. Ich setzte mich mit dem Genossen Albrecht in Verbindung, brauchte aber nichts mehr zu entscheiden. Genosse Albrecht hatte die Angelegenheit bereits erledigt. Da Elsa von Bonin sich allen seinen Anweisungen widersetzte, bei der Räumung des Herrensitzes Widerstand leistete und nicht nur die Erklärung abgab, ihren Herrensitz nicht zu verlassen, sondern sich demonstrativ bis aufs Hemd auszog und ins Bett legte, veranlasste er, dass Elsa von Bonin mitsamt ihrem Bett von 6 Männern auf einen Wagen verladen und abtransportiert wurde. Damit waren die Proteste dieser edlen Frau gegenstandslos geworden.

(Bezirksausschuss der nationalen Front des demokratischen Deutschland (Hg.), Wie die Arbeiter- und Bauernmacht entstand – Erlebnisberichte aus Sachsen-Anhalt, Halle/Saale 1959, S. 66ff.)

M 3 Walter Ulbricht über den Abschluss der Entnazifizierung in der DDR

Walter Ulbricht, als Generalsekretär des ZK der SED und Vorsitzender des Staatsrats später einer der führenden Politiker in der DDR, war 1946–1950 stellvertretender Vorsitzender der SED. Den folgenden Artikel schrieb er für die Parteizeitung „Neues Deutschland".

Die Auflösung der Entnazifizierungskommissionen in der Ostzone ist möglich, weil die Säuberung der Verwaltung durchgeführt wurde, weil die Betriebe der Kriegsverbrecher mit oder ohne Naziparteibuch und die Banken in die Hände des Volkes übergegangen sind und der Boden der Großgrundbesitzer, die zu den Hauptkräften des Militarismus gehörten, den Bauern übereignet wurde. Damit sind die wirtschaftlichen Machtstellungen der Träger des Faschismus beseitigt.
Im Gegensatz zu gewissen „Politikern" in Westdeutschland sind wir der Meinung, dass nicht die Werktätigen und der Mittelstand die Träger des Faschismus waren, sondern die Konzern-, Bankherren und Großgrundbesitzer, die den Faschismus zur Macht brachten, um das eigene Volk und andere Völker besser ausbeuten und unterdrücken zu können. Deshalb wurden in der sowjetischen Besatzungszone Deutschlands im Einvernehmen mit den antifaschistisch-demokratischen Parteien, Gewerkschaften und anderen Massenorganisationen die faschistischen Verbrecher bestraft und enteignet. Die einfachen Nazimitglieder jedoch wurden nicht vor die Entnazifizierungskommission gestellt. Der Vorsitzende der SED, Wilhelm Pieck, hatte bereits am 21. Februar 1947, also vor einem Jahre dazu erklärt: „Die Mehrzahl derer, die auf den Naziswindel hereinfielen und Mitglieder der Nazipartei wurden, besteht aus Angehörigen des werktätigen Volkes. Ihnen gegenüber muss selbstverständlich in der Beurteilung ihres Verhaltens ein anderer Maßstab angelegt werden als gegenüber den Kriegsverbrechern und Naziaktivisten." […]
In der neuen Periode des Aufbaus kann nicht mehr die frühere Organisationszugehörigkeit der Maßstab für die Beurteilung des Einzelnen sein, sondern die ehrliche, aufopferungsvolle Arbeit. Jedoch haben die früheren Mitglieder von Naziorganisationen die besondere Verpflichtung, durch ehrliche Arbeit frühere Fehler wiedergutzumachen.

(„Neues Deutschland" vom 28.2.1948: zit. nach: Joachim Rohlfes, Deutschland seit 1945, Stuttgart (Klett) [2]1997, S. 19f.)

Das Modell der Entnazifizierung in den Westzonen

M 4 Karikatur 1946 – Die „Entsorgung" der Vergangenheit: „Schwarz wird Weiß oder: Mechanische Entnazifizierung"

Hinweis zum Text in der Karikatur: H. Schmitt (KPD) war als „Sonderminister" im bayrischen Kabinett für die Entnazifizierung verantwortlich.

Springt immer rein! Was kann euch schon passieren.
Ihr schwarzen Böcke aus dem braunen Haus!
Man wird euch schmerzlos rehabilitieren.
Als weiße Lämmer kommt ihr unten raus.

Wir wissen schon: Ihr seid es nie gewesen!
(Die andern sind ja immer schuld daran – –)
Wie schnell zum Guten wandeln sich die Bösen,
Man schwarz auf weiß im Bild hier sehen kann.

(Aus: Der Simpl, Nr. 6/1946, S. 63. „Der Simpl" war die Nachfolgezeitschrift der aus Kaiserzeit und Weimarer Republik bekannten Satire-Zeitschrift Simplicissimus. Sie erschien seit 1946 zunächst in der amerikanischen Besatzungszone in München, seit 1949 in der gesamten Bundesrepublik Deutschland.)

M 5 Ein Entnazifizierungsverfahren vor der Spruchkammer[1]

Der folgende Fall eines Entnazifizierungsverfahrens in der amerikanischen Besatzungszone kann in seinem Verlauf als durchaus typisch angesehen werden. Die Darstellung des Falles beginnt mit einer zusammenfassenden Beschreibung des Werdegangs der betroffenen Person in der Zeit des Nationalsozialismus.

Nachdem er 1933 in die SS eingetreten war, wurde er als Polizeiverwaltungsbeamter eingestellt und arbeitete sich hier langsam vom einfachen in den gehobenen Dienst empor. Er verließ die Kirche, wurde 1935 Parteigenosse [Mitglied der NSDAP] und erwarb auch die Mitgliedschaft in einer Reihe anderer NS-Organisationen; er besuchte die Reichsparteitage, stieg in der SS zum Obersturmführer und zum Adjutanten einer SS-Standarte auf und erhielt den SS-Totenkopfring. […]
1945 wurde er von den Amerikanern interniert, im Juni 1947 im Zuge der Klageerhebung von privater Seite angezeigt, dass er in der „Reichskristallnacht" zwei Wohnungen von Juden zerstört habe; Zeugenaussagen emigrierter Juden wurden beigebracht; der Bürgermeister und der Ortsverband der SPD der betreffenden Stadt wiesen ihn als Aktivisten aus, der nur aufgrund seiner SS-Mitgliedschaft in der Polizei angestellt worden sei; […]
In seiner Verteidigung stritt der Betroffene die Teilnahme an der Reichskristallnacht ab, sagte, er sei ein Idealist gewesen, der sich anständig verhalten und Juden und politischen Gegnern geholfen habe, wofür er eine Anzahl von Zeugnissen (darunter von 4 Juden und 3 katholischen Geistlichen) beibrachte. In die Reiter-SS sei er der dortigen Kameraden wegen eingetreten, in die NSDAP aus beamtenrechtlichen Gründen. […] Er bezeichnete sich als Mitläufer. Nach einem Jahr entschied die Lagerspruchkammer[2] im Juli 1948, dass der Vorwurf der Sachbeschädigung zu Recht bestehe, er sonst den NS-Organisationen aber eher formal angehört habe, und dass er deshalb nicht als „Hauptschuldiger" (Anklage), sondern als Belasteter mit 20% Vermögenseinziehung, Tätigkeits- und Wahlbeschränkungen und mit der Einweisung in ein Arbeitslager auf vier Jahre zu bestrafen sei; unter Anrechnung der Internierungshaft habe er noch ein halbes Jahr zu verbüßen. Während er Berufung einlegte, erließ das zuständige Landgericht einen Haftbefehl und ermittelte in gleicher Sache. Mittlerweile lagen weitere Persilscheine[3] u.a. von 7 Vorgesetzten und 10 Untergebenen bei der Polizei, von 3 Kriegskameraden, 8 Mitinternierten, 6 Nachbarn und einem Familienmitglied […] vor.
Die Berufungskammer entschied schon im Oktober 1948, dass die mittlerweile eingetretene Gesetzesänderung den Spruch hinsichtlich der Bewertung der Formalbelastung (Gruppe II) nicht mehr stütze; es komme daher auf das Pogrom an, das jedoch wegen Beweisschwierigkeiten nicht in Betracht gezogen werden könne, weshalb – „in dubio pro reo" (ein dem Befreiungsgesetz[4] fremder Grundsatz) – der Betroffene als Mitläufer anzusehen sei. Auf eine Sühne werde verzichtet. Nach einem halben Jahr wurde er auch aus der gerichtlichen Untersuchungshaft entlassen, nach einem weiteren halben Jahr entschied das Landgericht nach einer sehr gründlichen Beweisaufnahme und -würdigung, dass er an dem fraglichen Pogrom teilgenommen habe, dass jedoch kein ideologischer Tatvorsatz vorliege, wohl aber die opportunistische Gehorsamsleistung in der SS um der erstrebten Karriere in der Polizei willen. Es erkannte wegen schweren Landfriedensbruchs auf 2 Jahre Gefängnis und rechnete 10 Monate Internierungslager und 8 Monate Untersuchungshaft an. Die Verbüßung der restlichen 6 Monate wurde ausgesetzt, weil die Familie des Betroffenen in großer Not sei.

(Zit. nach: Lutz Niethammer, Die Mitläuferfabrik – Die Entnazifizierung am Beispiel Bayerns, Berlin/Bonn 1982, S. 626)

1 Spruchkammer: von den Besatzungsbehörden eingerichtete, mit Deutschen besetzte Laiengerichte
2 Lagerspruchkammer: Spruchkammer in den Internierungslagern der Besatzungsmacht für ehemalige Nationalsozialisten. In allen Westzonen wurden insgesamt etwa 180 000 Personen interniert.
3 Persilschein: Seit etwa dem Jahreswechsel 1947/1948 ließ das Interesse der amerikanischen Militärregierung an der Entnazifizierung spürbar nach. Zur Beschleunigung wurden die Verfahrensregeln geändert und Schnellverfahren eingeführt.
4 Befreiungsgesetz: „Gesetz zur Befreiung von Nationalsozialismus und Militarismus" (unterzeichnet von den Ministerpräsidenten der drei Länder in der amerikanischen Besatzungszone)

M 6 Eugen Kogon über den „politischen Irrtum"

Eugen Kogon (1903–1987), Publizist und ehemaliger KZ-Häftling (von 1939–1945 im KZ Buchenwald), lieferte mit dem Buch „Der SS-Staat" eine der ersten Analysen des Dritten Reiches. 1947 schrieb er in den von ihm herausgegebenen linkskatholischen „Frankfurter Heften":

Es ist nicht Schuld, sich politisch geirrt zu haben. Verbrechen zu verüben oder an ihnen teilzunehmen, wäre es auch nur durch Duldung, ist Schuld.

Und Fahrlässigkeit ist ebenfalls Schuld, wenn auch eine von anderer und von geringerer Art als Verbrechen und Verbrechensteilnahme. Aber politischer Irrtum – in allen Schattierungen – samt dem echten Fehlentschluss gehört weder vor Gerichte noch vor Spruchkammern [...].
Führungsfunktionen im eigentlichen Sinne können von Nationalsozialisten erst nach gründlicher Bewährung, wenn durch bewiesene Leistung kein Zweifel mehr an ihrer demokratischen Untadeligkeit besteht, eingenommen werden. Die Möglichkeit, die jeder wieder erhält, ist „einmalig". Wer diese Möglichkeit politisch missbraucht, wird ohne jede weitere Rücksicht endgültig entfernt. Jeder andere erarbeitet sich, nach dem Urteil der Berufsvertrauensleute, die volle Gleichberechtigung.
Diese Bewährung wird von manchen als Zweitrangigkeit empfunden werden. Wir meinen aber, dass jemand, der sich als fahrlässig, als bloß konjunkturell gesinnt oder ganz einfach als dumm erwiesen hat – ob von idealistischen Beweggründen geleitet oder nicht –, dass ein solcher Mann oder eine solche Frau kaum erwarten sollte, alle Welt werde über die Folgen des früheren Verhaltens schlicht und gutmütig hinwegsehen. [...] Politiker und Beamte jedenfalls müssen in Demokratien ihren Platz räumen, wenn sie gar zu viele Fehler gemacht haben, allzu vielen Irrtümern erlegen sind und ein unterdurchschnittliches Maß an Wissen, Können und Charakter an den Tag gelegt haben. [...]
Wie stellt man sich eine „Lösung" denn auf Dauer vor, die so aussieht: Millionen ausschalten und sie sich selber überlassen? Sind sie nicht mehr da, weil man sie ausgeschaltet hat, „ausgeklammert", in die Konspirationswinkel gedrängt? [...] Also muss man sie gewinnen. Nicht indem man sie umwirbt (wozu bei uns schon wieder manche Leute und manche Parteien ebenso heftig wie verdächtig neigen), sondern indem man sich ihrer sachlich annimmt. Man muss beweisen, dass Demokratie besser ist.

(Frankfurter Hefte, Nr. 2/1947, S. 641 ff.)

Historikerurteile aus heutiger Sicht

M 7 Christoph Kleßmann

Der in der strukturellen Entnazifizierung, also der tiefgreifenden Veränderung der wirtschaftlichen und sozialen Basis der Gesellschaft begründete Antifaschismus wurde zur Staatsideologie der DDR, mit der sie ihren Anspruch untermauerte, das „bessere Deutschland" zu verkörpern. Unzweifelhaft setzte sich die politische Führungselite der DDR aus Gegnern und Opfern des Faschismus zusammen. Der totale Bruch mit der nationalsozialistischen Vergangenheit, verbunden mit bewusster und gezielter Pflege der Traditionen des kommunistischen Widerstandes, erweist sich jedoch bei einem genaueren Blick auf die Entwicklung des neuen Staates als nicht mehr so eindeutig. Die SED besaß eine verbindliche Interpretation der Ursachen des Nationalsozialismus, die sie mit einer Schuldzuweisung an Großkapital und Großgrundbesitz als Träger der Hitlerdiktatur verband. Die Frage nach den Mitläufern und Stützen des Regimes in der breiten Bevölkerung trat so ganz in den Hintergrund und wurde auf die Vorstellung der manipulativen Verführung begrenzt. [...]
Die Auseinandersetzung mit der Last der NS-Vergangenheit war in der Bundesrepublik ohne Zweifel ein langwieriger, mühsamer und auch mit einigen politisch-moralischen Skandalen gepflasterter Weg. Aber sie blieb zu allen Zeiten von kritischen Diskussionen begleitet. In der DDR fehlte dieses Element. Die Nähe zur Bundesrepublik bot bequeme Möglichkeiten der historischen Schuldzuweisung und der Ablenkung nach Westen. Erst in der Auflösungsphase der DDR setzte sich die Erkenntnis durch, dass auch der zweite deutsche Staat sich mit seinem „verordneten Antifaschismus" nicht einfach von der Vergangenheit hatte lossagen können.

(Christoph Kleßmann, Antifaschismus und Obrigkeitsstaat; in: Bundeszentrale für politische Bildung (Hg.), Informationen zur politischen Bildung, Nr. 256/1997, S. 56)

M 8 Manfred Stolpe

M. Stolpe (ab 1982 stellvertretender Vorsitzender der Evangelischen Kirche in der DDR und von 1990 bis 2002 Ministerpräsident des Landes Brandenburg) analysiert in seinem Buch „Schwieriger Aufbruch" (1992) den Umgang mit der NS-Vergangenheit in der DDR.

Die Ulbrichtsche SED wollte im Bewusstsein der Bevölkerung die DDR als einen neuen Staat etablieren, der historisch auf der Arbeiterbewegung gründen sollte. Erst später suchte man sich ergänzend einige ältere, als positiv empfundene Züge der deutschen Geschichte zusammen, um sie ins eigene Traditionsbild einzufügen, während negative Faktoren schlicht und ergreifend als Erbe des deutschen Imperialismus der Bundesrepublik zudiktiert wurden. [...]
So hat das deutsche kommunistische System[1] zum Beispiel die Nationalsozialisten den imperialistischen Klassenfeinden[2] zugerechnet, die bekämpft, besiegt, vertrieben worden sind. Viele Ostdeutsche

haben schließlich keine Verbindung mehr zu diesem Teil der deutschen Geschichte gesehen. So konnten zum Beispiel manche Fürstenberger im Frühsommer 1991 Proteste gegen das für ihre Versorgung wichtige Projekt, einen Supermarkt neben der Gedenkstätte des Konzentrationslagers Ravensbrück zu bauen, nicht verstehen. Sie fühlten keine historische Mitverantwortung für die zwischen 1933 und 1945 begangenen deutschen Verbrechen. Für sie waren die Täter Nazis, alles Leute, die entweder eingesperrt worden oder in den Westen gegangen waren. Das KZ in ihrer unmittelbaren Nachbarschaft war eine Sache, mit der sie selber nichts zu tun hatten.

Die Erinnerungen an diese Zeit, die Großmütter und Großväter weitergegeben hatten und die dies Geschichtsbild hätten korrigieren können, waren häufig sehr einseitig gewesen. Sie erzählten vielfach nur von Hitlers Autobahnbau sowie von Zucht und Ordnung, die damals angeblich herrschten. Und auch die gefallenen Familienmitglieder wurden in solchen Berichten natürlich eher zu Opfern des Krieges als zu Tätern.

Das kommunistische Geschichtsbild stellte zudem als die eigentlichen Naziopfer die Antifaschisten der Arbeiterklasse heraus, in deren Nachfolge und Tradition die DDR mit allen ihren Bürgern stand.

(Manfred Stolpe, Schwieriger Aufbruch, Berlin 1992, S. 25)

[1] Gemeint ist die DDR.

[2] Gemeint ist die Bundesrepublik Deutschland.

M 9 Herbert Ulrich

Die Etablierung einer bürgerlichen Republik auf demokratischer Grundlage war in Deutschland [...] zunächst vermutlich nur auf der Grundlage von Vergessen und Verdrängung der nationalsozialistischen Massenverbrechen und ihrer Initiatoren und Haupttäter möglich. Damit aber waren bereits die langfristigen Folgewirkungen dieser Entscheidungen angelegt.

Die Phase der „Rückkehr in die Bürgerlichkeit" dauerte allerdings bei vielen ehemaligen Angehörigen der NS-Führung nur etwa ein gutes Jahrzehnt oder weniger, bis mit dem Eichmann-Prozess in Jerusalem[1] die internationale und auch die westdeutsche Öffentlichkeit der Rolle der Schreibtischtäter im Reichssicherheitshauptamt gewahr wurden, bis mit dem Auschwitz-Prozess[2] das Ausmaß und die unglaubliche Brutalität der Massenvernichtungspolitik vor Augen traten und mit dem Beginn der in Ludwigsburg koordinierten systematischen Verfahren der westdeutschen Justizbehörden[3] die einstigen NS-Funktionäre jäh aus ihrer schon für ganz ungefährdet gehaltenen Ruhe gerissen wurden. [...]

Das Fazit muss zwiespältig ausfallen: Dass angesichts von Millionen Opfern die Angehörigen der NS-Eliten zu einem so großen Teil beinahe ungeschoren davonkommen und sogar für lange Jahre als angesehene Bürger, manche in hohen Positionen, leben sollten, war ein allen Vorstellungen von politischer Moral so grundlegend widersprechender Skandal, dass dies unmöglich ohne schwerwiegende und lang wirkende Folgen für diese Gesellschaft, ihre innere Struktur wie ihr außenpolitisches Ansehen, bleiben konnte. [...]

Auf der anderen Seite war der geduckte Opportunismus, der mit der allmählichen Reintegration der NS-Eliten in die Bürgerlichkeit verbunden war, auch Ausdruck und Voraussetzung für die politische Neutralisierung dieser Gruppe. Und nicht zuletzt führte die Aufdeckung immer neuer Personalskandale erst zu jener heftigen und lang anhaltenden politischen Auseinandersetzung der westdeutschen Gesellschaft mit ihrer NS-Vergangenheit, deren Bedeutung für die demokratische Identität und Stabilität der westdeutschen Demokratie doch sehr hoch zu bewerten ist.

(Herbert Ulrich, in: Die Zeit, Nr. 3/10.1.1997, S. 34)

[1] Adolf Eichmann war seit 1939 Leiter des sogenannten „Judenreferates" im „Reichssicherheitshauptamt" (RSHA) und von seinem Schreibtisch aus für die Massendeportation von Juden in die Konzentrations- und Vernichtungslager verantwortlich. Nach dem Krieg gelang ihm die Flucht nach Argentinien, wo er unter falschen Namen lebte, bis es israelischen Agenten gelang, ihn zu fassen und in Israel vor Gericht zu stellen. Der Prozess fand 1961 statt und endete mit einem Todesurteil.

[2] Prozess gegen Mitglieder der Lagermannschaft des KZ Auschwitz vor dem Schwurgericht in Frankfurt am Main in den Jahren 1963–1965.

[3] „Zentrale Stelle der Landesjustizverwaltungen zur Aufklärung nationalsozialistischer Verbrechen" in Ludwigsburg (gegründet 1958).

„Einheitsfront" oder „Blutspender"? – Die Debatte um die Gründung der SED

Der Händedruck zwischen Wilhelm Pieck (KPD) (links) und Otto Grotewohl (SPD) am 21. April 1949 während des Gründungsparteitages der „Sozialistischen Einheitspartei Deutschlands" im sowjetisch besetzten Teil Berlins bekräftigte den Zusammenschluss der beiden Arbeiterparteien in der sowjetischen Zone.

In beiden Parteien, insbesondere unter den Sozialdemokraten, war die Einheitspartei umstritten.

Bei einer Urabstimmung in Westberlin am 31. März 1946 über die Frage „Bist du für einen sofortigen Zusammenschluss der beiden Arbeiterparteien?" stimmten 80 % der SPD-Mitglieder mit „Nein", in der sowjetischen Zone Berlins wurde die Urabstimmung durch die SMAD unterbunden.

Die kontroversen zeitgenössischen Positionen stehen im Mittelpunkt dieses Themas.

- **Welche Positionen wurden in der KPD und in der SPD zur Frage der Gründung einer Einheitspartei vertreten?**

Präsentieren Sie die zeitgenössischen Positionen zur Problematik der Bildung einer Einheitspartei auf Positionsplakaten und vergleichen Sie die Auffassungen im Kursgespräch.

So können Sie in Arbeitsgruppen Ihre Plakate erarbeiten:

1. Entscheiden Sie nach Lektüre der Materialien M1–M4, zu welcher der beiden Parteigruppierungen Sie ein Positionsplakat erstellen möchten.

2. Interpretieren Sie in Ihrer Arbeitsgruppe ausgehend von einer Analyse der formalen Merkmale die zugehörigen Quellen unter der Leitfrage, indem Sie die jeweils vertretene Position zur Bildung einer Einheitspartei aus SPD und KPD herausarbeiten.
   a) Beachten Sie dabei insbesondere die zeitliche (Zeitpunkt im Ablauf der Debatte) und die räumlich-politische Perspektive (Ost- oder Westdeutschland) der Quellen.
   b) Klären Sie, warum in einzelnen Punkten eine Zuordnung zu Pro und Contra ggf. nicht eindeutig möglich ist.

3. Gestalten Sie in Ihren Gruppen ein Positionsplakat, das die in Ihrer Quelle vertretene Position (Ergebnis und Argumente zur Begründung) sachlich differenziert und möglichst anschaulich zusammenfasst.

Positionsplakat
Auf einem Positionsplakat wird eine (historische) Position mit grafischen Mitteln inhaltlich und fachlich korrekt wiedergegeben. Es besteht aus diesen Elementen:
a) Äußere Daten und historische Einordnung der Quelle (Autor, Datum, Textsorte, unmittelbarer historischer Kontext).
b) Inhalt der Quelle:
- Ergebnis der Position (z. B. „Pro" oder „Contra");
- Argumentation zur Begründung der Position (z. B. in Form eines Flussdiagramms, einer Mindmap, einer Argumentliste).

MATERIALIEN

M 1 Wilhelm Pieck: Der Weg zum Wiederaufbau Deutschlands (19.7.1945)

Wilhelm Pieck (1876–1960) war Vorsitzender der KPD in der SBZ. 1946 wurde er zusammen mit Otto Grotewohl Vorsitzender der SED, 1949 Präsident der neu gegründeten DDR.
In einer Rede am 19.7.1945 führte er aus:

Um das Vertrauen wiederzugewinnen, den Platz unter diesen Völkern als ein gleichberechtigtes Volk einzunehmen, dazu wollen wir Kommunisten mit den drei anderen antifaschistischen Parteien und Gewerkschaften die Voraussetzungen schaffen. In dem Aufruf, den das Zentralkomitee der KPD am 11. Juni veröffentlichte, ist der Weg zu diesem Ziele gezeigt, der Weg zum Wiederaufbau Deutschlands, die Aufrichtung eines antifaschistisch-demokratischen Regimes, einer parlamentarisch-demokratischen Republik mit allen demokratischen Rechten und Freiheit für das Volk. Wir Kommunisten sind der Überzeugung, dass wir auf dem Wege der engsten Zusammenarbeit mit der Sozialdemokratischen Partei zur Durchführung dieser Aufgaben auch den Weg vorbereiten für die Verschmelzung dieser beiden Parteien zu einer einheitlichen Partei des werktätigen Volkes und damit die große Kraft zur Führung der demokratischen Bewegung, zur Schaffung des großen Bündnisses der Arbeiter, Bauern, Wissenschaftler und Künstler herbeiführen werden. Wir wissen, dass der Drang zu dieser Einheit besonders in der Arbeiterklasse sehr groß ist. Wenn heute die Stunde der Schaffung dieser Einheitspartei noch nicht gekommen ist, so deshalb, weil sich auch in der Arbeiterklasse noch erst eine große geistige Umwandlung vollziehen muss, um ein festes Fundament für diese Einheitspartei zu schaffen.

(Zit. nach: Hermann Weber (Hg.), DDR – Dokumente zur Geschichte der Deutschen Demokratischen Republik 1945–1985, München (dtv) 1986, S. 43)

M 2 Kurt Schumacher: Programmatische Erklärungen (5.10.1945, Auszüge)

Kurt Schumacher (1895–1952) war von 1945 bis 1949 an führender Stelle am Wiederaufbau der SPD in den westlichen Besatzungszonen beteiligt. Von 1946 bis 1952 war er Parteivorsitzender der SPD in Westdeutschland.

Die Klasse der Industriearbeiter im eigentlichen Sinne ist die Hausmacht der SPD. Sie muss als ganze Klasse um die Idee der Demokratie gesammelt werden. Ohne die Arbeiter kann die Sozialdemokratie keinen Schritt tun.
Entscheidende Erfolge freilich gibt es erst, wenn von dieser Plattform aus es gelingt, die mittelständischen Massen zu gewinnen. So war und ist es in allen Ländern, und dass in Deutschland der Großbesitz durch seinen Propaganda-Apparat den Mittelstand für sich engagieren konnte, ist das nationale Unglück geworden. Der demokratisch orientierte Mittelstand ist die Voraussetzung für die Stabilität der neuen Ordnung. [...]
Die Sozialdemokratische Partei hat das größte Interesse an der friedlichen Zusammenarbeit der großen Siegermächte. Sie kann sich darum nur bekennen zu einer Politik des Ausgleichs und des Gleichgewichtes. [...]
Aber eine Gleichgewichtsordnung wird nie funktionieren, wenn nicht Deutschland als Ganzes in diese Ordnung eingebaut ist. Wir Sozialdemokraten sind von tiefer Besorgnis erfüllt, wenn wir sehen, dass die Politik der Einflusszonen ihre Rückwirkung auf das innerdeutsche Leben zeigt. [...]
Bei einer Auseinandersetzung, die uns durch das Verhalten einer Partei aufgezwungen wird, können wir nicht zurückweichen, wenn diese von uns nicht gesuchte Frontstellung die zwangsläufige Aufdeckung der außenpolitischen Abhängigkeit dieser Partei bedeutet. Im Grundsatz bekennen wir uns zur Einheitspartei aller Schaffenden. Aber wir sehen auch, dass nirgends sonst in der Welt sich dieser Gedanke durchgesetzt hat, sich unter den gegebenen Voraussetzungen dieser historischen Epoche auch nicht durchsetzen kann. Das hat bei uns wie in anderen Ländern seinen Grund darin, dass die Kommunistische Partei sich nicht nach den Bedürfnissen und Erkenntnissen der Arbeitenden ihres Landes richtet.
Wir deutschen Sozialdemokraten sind nicht britisch und nicht russisch, nicht amerikanisch und nicht französisch. Wir sind die Vertreter des deutschen arbeitenden Volkes und damit der deutschen Nation. Wir sind als bewusste Internationalisten bestrebt, mit allen internationalen Faktoren im Sinne des Friedens, des Ausgleichs und der Ordnung zusammenzuarbeiten. Aber wir wollen uns nicht von einem Faktor ausnützen lassen.
Im Sinne der deutschen Politik ist die Kommunistische Partei überflüssig. Ihr Lehrgebäude ist zertrümmert, ihre Linie durch die Geschichte widerlegt. Nachdem ihre Hoffnung, sich als führende Arbeiterpartei etablieren und zur einzigen Arbeiter-

partei entwickeln zu können, von den Tatsachen so völlig unmöglich gemacht wird, muss sie nach dem großen Blutspender suchen. Das Rezept ist die Einheitspartei, die einen Versuch darstellt, der Sozialdemokratischen Partei eine kommunistische Führung aufzuzwingen. Eine sozialdemokratische Partei unter kommunistischer Führung wäre aber eine kommunistische Partei. International wäre jeder Schritt auf diesem Wege eine außenpolitische Parteinahme und würde eine Gleichgewichtsstörung von deutscher Seite bedeuten. [...]
So wird die Sozialdemokratische Partei zur schicksalsentscheidenden Kraft der deutschen Politik!

(Zit. nach: Materialien für den Geschichtsunterricht, Frankfurt a. M. (Diesterweg) 1983, Bd. VI, Teil 1, S. 111 ff.)

M 3 Otto Grotewohl: Rede auf der „Sechziger-Konferenz" (20.12.1945)

Otto Grotewohl (1894–1964) war Vorsitzender des Zentralausschusses (ZA) der SPD in der SBZ. Von 1949 bis 1964 war er Ministerpräsident der neu gegründeten DDR.
Auf der „Sechziger-Konferenz" im Dezember 1945 berieten je 30 Vertreter der SPD und der KPD über ein gemeinsames Vorgehen.

Nach sechs Monaten der Zusammenarbeit beim Aufbau eines neuen Deutschland stellt der ZA der SPD für die sowjetrussische Besatzungszone einschließlich Berlin Folgendes fest:
Ich bitte nochmals: Der ZA hat es nur zur Kenntnis genommen und unterbreitet es nicht als Verhandlungsgrundlage. Nur wegen des materiellen Inhalts halte ich es für notwendig, sie [folgende Punkte] hier vorzubringen!
1. Die KPD erfährt durch die sowjetrussische Besatzungsmacht eine wesentlich weitergehende und nachdrücklichere Förderung als die SPD. Das drückt sich aus in einer schnelleren und weitergehenderen tatsächlichen Hilfsbereitschaft und Erleichterung beim organisatorischen Aufbau der KPD, ihrer Presse und sonstigen Publikationen. – Das äußert sich vor allem auch in der Einräumung eines wesentlich stärkeren zahlenmäßigen und auch sonstigen Einflusses der KPD in allen Organen der sowjetrussischen Besatzungszone, wie z. B. in den Zentralverwaltungen, den Länder- und Provinzialverwaltungen sowie in den Verwaltungen der Kreise und Gemeinden.
2. Die KPD handelt vielfach nicht im Geiste der von ihr selbst bekundeten demokratischen Grundsätze und der vereinbarten guten Zusammenarbeit. Es mehren sich die Zeugnisse eines undemokratischen Drucks auf Sozialdemokraten.
3. Durch die unter 1 und 2 festgestellten Abweichungen von Geist und Buchstaben der Bekundungen der KPD und der gemeinsamen Vereinbarungen ist die vorbehaltlose Bereitschaft großer Teile der Funktionäre und Anhänger der SPD einem zunehmenden Zweifel an der Ehrlichkeit des Bekenntnisses der KPD zur Demokratie und des Willens zur Zusammenarbeit und Einheit ohne betonten Führungsanspruch der KPD gewichen.
4. Der ZA der SPD erklärt danach, dass erst nach voller Berichtigung der Vorzugsstellung der KPD und nach vorbehaltloser Aufgabe aller unzulässigen Einflussnahme auf die SPD und auf einzelne Sozialdemokraten eine gute Zusammenarbeit und die Vorbereitung der Einheit beider Parteien möglich sind. [...]
8. Zur Frage eines gemeinsamen Wahlprogramms und gemeinsamer Wahllisten in der russischen Besatzungszone einschl. Berlin erklärt der ZA folgendes: Ohne seiner endgültigen Entscheidung vorzugreifen, die erst nach Erfüllung der dargelegten Voraussetzungen möglich ist, ist der ZA der Auffassung, dass es sich aus gewichtigen Gründen verbietet, für etwaige Wahlen gemeinsame Listen aufzustellen. Diese Frage kann ebensowenig zahlenmäßig entschieden werden wie die Herstellung der organisatorischen Einheit beider Parteien, ohne dass die politische Einheit Deutschlands und damit zugleich die Einheit der SPD im gesamten Reiche gefährdet würde. [...]
9. Der ZA der SPD drückt erneut seinen Willen aus, auf der Basis absoluter Gleichberechtigung mit der KPD beim Aufbau einer parlamentarisch-demokratischen Republik aufs engste zusammenzuarbeiten. Er ist dabei vorbehaltlos zu einer Politik entschlossen, die die Fehler und Schwächen der Vergangenheit vermeidet. Er verspricht und erwartet, dass die SPD und die KPD in ihrer öffentlichen Wirksamkeit, also auch bei der Vorbereitung von Wahlen, jede gegenseitige Bekämpfung unterlassen, insbesondere auf alle Angriffe und Auseinandersetzungen, die auf Differenzen der Vergangenheit beruhen, verzichten.
10. Der ZA wird sich bei allen seinen Beschlüssen und Maßnahmen von der Überzeugung leiten lassen, dass die Einheit der deutschen Arbeiterbewegung eine geschichtliche Notwendigkeit ist. Sie vorbereiten zu helfen, betrachtet er als seine besondere Verpflichtung. Er ist der Auffassung, dass die SPD und die KPD unablässig das Ziel verfolgen müssen, zum geeigneten Zeitpunkt sich selbst zugunsten einer neuen und geeinten, unabhängigen deutschen Arbeiterpartei, die auf dem Grundsatz der inneren Parteidemokratie beruht, aufzulösen.

Genossen! Warum habe ich diese 10 Punkte, die keine Verhandlungsgrundlage sind, vorgelesen? In diesen 10 Punkten kommen die Sorgen deutlich zum Ausdruck, die weiteste Kreise unserer Genossen bewegen, aber auch der unerschütterliche Wille, die Einheit der Arbeiterklasse zu einer tragfähigen Wirklichkeit zu machen.

(Zit. nach: Materialien für den Geschichtsunterricht, a. a. O., S. 134)

M 4 Anton Ackermann: „Gibt es einen besonderen deutschen Weg zum Sozialismus?" (Februar 1946)

Anton Ackermann (1905–1973) gehörte zur „Gruppe Ulbricht" und zu den Gründungsmitgliedern der KPD in der SBZ. Nach der Gründung der SED wurde er in den Parteivorstand gewählt.
In seiner öffentlichen Schrift „Gibt es einen besonderen deutschen Weg zum Sozialismus?" schrieb er im Februar 1946:

Die Stunde drängt zur Entscheidung, und wir werden nicht viele Jahre zur Verfügung haben, bis wir wieder sagen müssen: noch eine glänzende Situation, vielleicht die günstigste, ist verpasst. Das ist der tiefere Grund, weshalb die Vereinigung der KPD und SPD auf keinen Fall auf die lange Bank geschoben werden kann. Denn die spätere Entwicklung dürfte mir kaum unrecht geben, wenn ich feststelle: auf welchem Wege und in welchem Tempo Deutschland künftig zum Sozialismus schreiten wird, das hängt ausschließlich davon ab, in welchem Tempo jetzt die Einheitspartei verwirklicht wird! Damit ist die Antwort auf die Möglichkeit einer besonderen Entwicklung in Deutschland gegeben, soweit es die Grundzüge des Überganges vom Kapitalismus betrifft. Für Deutschland wie jedes andere Land gilt, dass es ohne die Aufrichtung der ganzen Macht der Arbeiterklasse keinen Aufbau des Sozialismus geben kann. Ob die Arbeiterklasse vom gegenwärtigen Ausgangspunkt auf friedlichem Wege und unter Beschränkung auf rein gesetzliche Mittel in den Besitz der ganzen Macht kommen kann, darüber entscheiden die nächsten Wochen und Monate. Und dies in dem Sinne, dass in dieser kurzen Zeitspanne die Entscheidung fallen wird, ob die demokratische Republik von neuem Gewaltinstrument in den Händen reaktionärer Kräfte wird oder ein fortschrittlicher Staat, der für eine spätere Entwicklung zum Sozialismus kein unüberwindliches Hindernis bilden wird. Niemand wünscht sehnlicher als wir, dass neue offene Kämpfe, ein neues Blutvergießen vermieden werden kann.
In allen Dingen, die nicht die oben bezeichneten Grundfragen der Umwälzung zum Sozialismus betreffen, wird in diesem oder in jenem Falle die Entwicklung in Deutschland zweifellos einen weitgehend spezifischen Charakter tragen. Oder mit anderen Worten: im Einzelnen werden sich die starken Besonderheiten der historischen Entwicklung unseres Volkes, seine politischen und nationalen Eigenheiten, die besonderen Züge seiner Wirtschaft und seiner Kultur, außerordentlich stark ausprägen.

(Zit. nach: Materialien für den Geschichtsunterricht, a. a. O., S. 134 f.)

Wissenschaft und Perspektive – Antworten auf die Frage nach der Schuld an der deutschen Teilung

Vielleicht war die Teilung Deutschlands nach dem Zweiten Weltkrieg angesichts des weltumspannenden Ost-West-Konfliktes letztlich unausweichlich, auf jeden Fall aber war sie zumindest in Deutschland sehr unpopulär. Ost und West behaupteten deshalb beide, die Einheit Deutschlands gewollt zu haben, und warfen sich gegenseitig vor, die Teilung verursacht zu haben. Die Debatte um die Schuld an der deutschen Teilung verschärfte sich noch, als diese mit dem Bau der Berliner Mauer und des „Todesstreifens" entlang der deutsch-deutschen Grenze menschenverachtende Züge annahm.
Auch die Geschichtswissenschaft war natürlich – sozusagen von Berufs wegen – an dieser Debatte beteiligt. Historiker und Historikerinnen aus der Bundesrepublik und aus der DDR äußerten sich zum Thema und interpretierten aus ihrer jeweiligen Perspektive die Entwicklung der Jahre 1945 bis 1949. Nach der Herstellung der deutschen Einheit in den Jahren 1989/90 kam eine dritte Perspektive hinzu.

- **Historikerurteile: Wer ist schuld an der deutschen Teilung?**

Präsentieren Sie Historikerurteile zur deutschen Teilung und setzen Sie sich in einem gemeinsamen Kursgespräch kritisch mit den Positionen zur Schuldfrage auseinander.

So könnten Sie die Präsentation und das gemeinsame Kursgespräch vorbereiten:

1. Erarbeiten Sie in Partnerarbeit die vorgestellten wissenschaftlichen Antworten auf die Frage nach der Schuld an der deutschen Teilung, indem Sie die Materialien M1–M3 analysieren. Folgen Sie den Schritten der Basismethode „Historische Sekundärliteratur analysieren und sich kritisch mit ihr auseinandersetzen" (s. S. 372).
2. Setzen Sie sich kritisch mit den drei Positionen und den Argumenten, die jeweils zur Begründung angeführt werden, auseinander. Orientieren Sie sich dabei an den in der Methode „Historische Sekundärliteratur analysieren und sich kritisch mit ihr auseinandersetzen" zu Schritt 3 (s. S. 372) aufgelisteten Aspekten.
3. Überlegen Sie, wie Sie Ihre Arbeitsergebnisse strukturiert, z. B. auf einem Plakat oder einer Folie, als Grundlage für das Kursgespräch visualisieren möchten.

➡ **Empfehlungen für die inhaltliche Gestaltung:**

- Ihr Plakat sollte a) eine strukturierte Textwiedergabe der Hauptaussagen, b) die Argumentationsstruktur und c) Ihre persönlichen Urteile und Einschätzungen zu den Positionen enthalten.
- Sie sollten auf Ihrem Plakat bzw. der Folie auf jeden Fall festhalten, welchen Personen, Parteien oder Strukturen die Autoren jeweils die Schuld an der deutschen Teilung zusprechen.
- Zeigen Sie auf, ob bzw. inwiefern aus einer bestimmten Perspektive oder vor einem bestimmten Werthintergrund argumentiert wird.
- Legen Sie dar (kurzes Statement in Thesenform), ob die vorliegende Argumentation aus Ihrer Sicht schlüssig und überzeugend ist.

MATERIALIEN

M 1 Heinz Heitzer (DDR, 1979)

Der ostdeutsche Historiker Heinz Heitzer schrieb in seinem in Ostberlin 1979 erschienenen Buch „DDR – geschichtlicher Überblick“:

Die Bundesrepublik Deutschland war ein Ergebnis der Restaurations- und Spaltungspolitik der Westmächte, der imperialistischen deutschen Bourgeoisie sowie rechter Führer der SPD. Die deutsche Bourgeoisie vollendete fortgesetzten nationalen Verrat und spaltete Deutschland aus Furcht vor einer offenen politischen Auseinandersetzung mit der geeinten Arbeiterklasse und anderen progressiven Kräften in einem einheitlichen demokratischen deutschen Staat. Ihre Politik wurde von dem Bestreben diktiert, die eigene Klassenherrschaft zu retten und wiederherzustellen und ihre volksfeindlichen Ziele durchzusetzen.

Mit der Bundesrepublik Deutschland entstand ein Staat, in dem erneut jene Klassenkräfte die Macht ausübten, die das deutsche Volk zweimal in die Katastrophe eines Weltkrieges gestürzt hatten. [...] Entschiedene Gegenmaßnahmen waren erforderlich, um den Frieden und die revolutionären Errungenschaften der Werktätigen in der sowjetischen Besatzungszone zu sichern. Ende September/Anfang Oktober 1949 forderten zahlreiche Werktätige, eine demokratische Regierung in Berlin zu bilden. Die SED beriet mit der KPdSU die notwendigen Maßnahmen. Sie nahm mit den anderen Blockparteien entsprechende Verhandlungen auf. Am 5. Oktober 1949 beschloss eine gemeinsame Tagung des Präsidiums des Deutschen Volksrates und des Blocks der antifaschistisch-demokratischen Parteien, den Deutschen Volksrat für den 7. Oktober 1949 einzuberufen.

(Heinz Heitzer, DDR – Geschichtlicher Überblick, Berlin (Ost) 1979, S. 75 f.)

M 2 Hans-Peter Schwarz (BRD, 1966)

Der westdeutsche Politikwissenschaftler und Historiker Hans-Peter Schwarz schrieb 1966 in seinem Buch „Vom Reich zur Bundesrepublik“:

Wenn sich die Deutschen, soweit ihre Meinungsbildung relativ frei erfolgen konnte, schließlich doch mit eindeutiger Mehrheit für die Westbindung entschieden haben, so aus einem doppelten, leicht einsehbaren Beweggrund: Bei den Westmächten hatten sich jene Tendenzen durchgesetzt, die den deutschen Wünschen langfristig entgegenkamen, während sich andererseits die Sowjetunion auf eine Linie festgelegt hatte, die für die nichtkommunistischen Kräfte in Deutschland unannehmbar war. Erst als sich die Tendenzen der Besatzungsmächte dermaßen deutlich polarisiert hatten, war den starken deutschen Gruppen, die eine Position der Blockfreiheit befürworteten, der Boden unter den Füßen weggezogen. Spätestens im Jahre 1948 war es offenbar geworden, dass unter jedem der maßgebenden Gesichtspunkte den westlichen Alternativen vor den russischen der Vorzug zu geben war. [...]

Wenn sich die deutschen Führungsgruppen und Massen ungeachtet aller Bedenken hinsichtlich der Reichseinheit entschlossen, das neu zu bauende westdeutsche Staatsschiff im Kielwasser der amerikanischen Europapolitik zu steuern, so allen Zeugnissen zufolge mit in erster Linie, weil die Vereinigten Staaten die unentbehrlichen Kredite für den Aufbau der westdeutschen Wirtschaft und Zugang zum Weltmarkt gewährten, während umgekehrt die Sowjetunion hohe Reparationen forderte und durch ihre Ausbeutung der Sowjetzone unter Beweis stellte, wie wenig sie gesonnen war, auf die deutschen Lebensbedürfnisse Rücksicht zu nehmen. [...] Das amerikanisch-britische Interesse an einem Deutschland, das wirtschaftlich wieder auf eigenen Beinen stand, und das diesbezügliche deutsche kamen nahtlos zur Deckung. Neben das utilitäre Motiv der Westbindung trat das ideologische. Mehr und mehr wurde deutlich, dass rechtsstaatliche Verhältnisse, Demokratie, Mehrparteiensystem nur im Schutz der angelsächsischen Mächte entwickelt werden konnten, während Russland nicht mehr als die Einparteiendiktatur seiner Parteigänger zu bieten hatte. [...]

Eng mit den utilitären und den ideologischen Motiven, die für eine Westorientierung sprachen, hing ein drittes zusammen: der Umstand, dass in den westlichen Siegerstaaten positive Entwürfe einer Neugliederung des europäischen Staatensystems in der Diskussion waren, während Russland allem Anschein nach nur ein brutales Hegemonialkonzept verfolgte. [...]

Die Deutschen konnten in der Tat darin ein echtes und glaubhaftes Zukunftsbild erkennen, das fürs Erste auch ihr durch die Teilung frustriertes Nationalgefühl tröstete: Man hatte zwar vorerst die nationale Einheit verloren, doch tat sich dafür die lockende Perspektive der europäischen Einigung auf.

(Hans-Peter Schwarz, Vom Reich zur Bundesrepublik, Stuttgart [2]1980, S. 688 f.)

M 3 Hans-Ulrich Wehler (BRD, 2003)

Im Jahr 2003 – also 13 Jahre nach der Vereinigung der beiden deutschen Staaten zur „neuen" Bundesrepublik Deutschland – schrieb der Historiker H.-U. Wehler:

Im Juni 1945 übernahmen die vier Alliierten auch de jure „die höchste Regierungsgewalt" im Gebiet des ehemaligen Reiches. Damit wurde das deutsche Volk, dessen Führerregime sich vom politischen Wertekanon der westlichen Zivilisation vollständig abgewandt hatte, wie ein Protektorat zur Zeit des Kolonialimperialismus unter internationale Vormundschaft gestellt. Nach der Komplizenschaft zwischen der NS-Führung und großen Teilen der Bevölkerung hielten die Besatzungsmächte eine „Erziehungsdiktatur" auf unbestimmte Zeit für unverzichtbar. Allerdings wurde sie in den vier Zonen auf denkbar unterschiedliche Weise ausgeübt.

Mit der Aufteilung Rumpfdeutschlands in diese Zonen war noch keine politische Automatik installiert, welche die Spaltung in zwei Staaten unumgänglich erzwang. Doch als Folge, zum Ersten, des Zugriffs der Sowjetunion auf ihr Besatzungsgebiet, das so schnell wie möglich in eine sowjetisierte „Volksdemokratie" verwandelt werden sollte, und, zum Zweiten, des feindseligen Antagonismus der bipolaren Blockkonfrontation im Zeichen des seit 1946/47 in sein offenes Stadium tretenden Kalten Krieges verwandelte sich die westliche SBZ-Grenze in eine Systemgrenze. Mit ihrer fortschreitenden Vertiefung wuchs die Wahrscheinlichkeit, dass die Gebiete östlich, aber auch westlich dieser Systemgrenze über kurz oder lang in zwei unterschiedliche Staatsgebilde transformiert würden. Mit der Gründung der beiden Neustaaten zwischen dem Mai und dem Oktober 1949 gelangte dieser seit 1948 nicht mehr aufhaltbare Entwicklungstrend an sein Ziel. [...]

Die Bedingungen der Machtdynamik anzuerkennen, bedeutet aber keineswegs, auf eine Bewertung des Duells zu verzichten. Im historischen Rückblick traten die Vereinigten Staaten als Vormacht der westlichen Welt folgerichtig gegen die Ausdehnungsstrategie einer alle westlichen Werte missachtenden, menschenfeindlichen, totalitären Diktatur an, die in der Tat nach 1945, wo immer möglich, eingedämmt werden musste. Im Licht der weltpolitischen Wendekonstellation von 1989/91 ist das historische Recht auf diesen Widerstand ohnehin nicht mehr zu bestreiten.

Als die Blockrivalität bereits konfrontativ ausgeprägt war, schuf jede der beiden Hegemonialmächte auf deutschem Boden einen Neustaat. Im Westen wurde er binnen Kurzem als selbstständiger Partner in die „freie Welt" aufgenommen, im Osten als Satellit mit allen Zügen einer sowjetischen Satrapie[1] an das kommunistische Imperium angeschlossen. Mochte es auch eine Zeit lang noch Bemühungen geben, wenigstens die deutsche Wirtschaftseinheit über die Zonengrenzen hinweg zu erhalten – daran hielt nicht zuletzt Moskau wegen des erhofften Zugriffs auf das Ruhrgebiet fest –, zerschellten doch solche Absichten letztlich an der Beharrlichkeit, mit der die Sowjetunion ihr imperiales Vorfeld bis zur Elbe in ihr Lagersystem integrierte.

Die Moskauer Politik reagierte auf die Währungsreform bereits am 24. Juni 1948 mit der Blockade Westberlins. Ihre erpresserische Machtdemonstration wurde unmissverständlich von Marschall Sokolowski ausgesprochen: Die Einschnürung der drei Westsektoren sollte so lange andauern, bis der Plan, einen westdeutschen Staat zu errichten, definitiv aufgegeben wurde. Da Washington die Sprengung der Straßensperren durch einen schwer bewaffneten Konvoi ablehnte, richtete der amerikanische Militärgouverneur Lucius Clay bereits am 25. Juni eine Luftbrücke ein, die Westberlin fast ein Jahr lang mit der Präzision eines Uhrwerks mit den notwendigsten Gütern zum Überleben versorgte. Auf 270000 Flügen wurden 1,83 Mill. To. nach Berlin geschafft; die Kosten von rd. 200 Mill. Dollar wurden von den Vereinigten Staaten und England übernommen. An der amerikanischen Unnachgiebigkeit scheiterte schließlich der russische Erpressungsversuch vollständig. Die Blockade wurde am 12. Mai 1949 aufgehoben. Nichts hat in jener Zeit den antikommunistischen Konsens in Westdeutschland fester geschmiedet als diese Erfahrung mit dem brutalen sowjetischen Vorhaben, durch das Aushungern einer Millionenstadt den Westen zur Kapitulation zu zwingen.

(Hans-Ulrich Wehler, Deutsche Gesellschaftsgeschichte, Bd. 4, München (Beck) 2003, S. 978–981)

---

[1] Satrapie: größere Provinz (ursprünglich im Persien der Antike)

Üben – Vertiefen – Anwenden

Zusammenbruch und Neubeginn: Deutschland 1945 – 1949

Kernbegriffe:

- Potsdamer Konferenz
- Besatzungszonen
- Bodenreform
- Demontage
- Reparationen
- Vertreibung
- Entnazifizierung
- Reeducation
- Volksdemokratie
- Bi-Zone
- Marshall-Plan
- Währungsreform
- Parlamentarischer Rat
- Deutscher Volkskongress
- Bundesrepublik Deutschland
- Deutsche Demokratische Republik

Info, S. 84 f.
1. Benennen und charakterisieren Sie die Merkmale des Alltags im besiegten Deutschland der unmittelbaren Nachkriegszeit.

Info, S. 84 f.
2. Überprüfen Sie die Aussage, dass für große Teile der deutschen Bevölkerung die Nachkriegssituation mit noch größeren Härten verbunden war als die Kriegszeit.

Info, S. 87 ff.
3. Stellen Sie die territoriale Gliederung und den Aufbau der Herrschaft im besetzten Deutschland nach dem Potsdamer Abkommen dar.

Info, S. 88
4. Benennen Sie in knappen Stichworten die unterschiedlichen Interessen der Besatzungsmächte nach dem Ende des Zweiten Weltkrieges.

Info, S. 88
5. Erläutern Sie das unterschiedliche Verständnis des Begriffs „Demokratie" zwischen den Westmächten und der Sowjetunion.

Info, S. 89 ff.
6. Vergleichen Sie die Ziele und Verfahren der Entnazifizierung einerseits in der SBZ und andererseits in den Westzonen. Stellen Sie Gemeinsamkeiten und Unterschiede heraus.

Info, S. 91 ff., Thema, S. 98 ff.
7. Erläutern Sie den Zusammenhang zwischen Entnazifizierung und gesellschaftspolitischem Umbau in der SBZ.

Info, S. 92
8. Erklären Sie, warum die deutsche Spaltung schon vor 1948 und nicht erst im September 1949 Realität wurde. Benennen Sie zur Begründung wichtige Wendepunkte in der Besatzungspolitik.

Info, S. 95 ff.
9. Gestalten Sie eine schriftliche Chronologie der Gründung zweier deutscher Staaten, beginnend mit dem Jahr 1947, auf einem Plakat. Erläutern Sie wesentliche Ereignisse durch kurze Kommentare.

Info, S. 94
10. Nennen und erläutern sie zeitgenössische Positionen zur Gründung der SED in der sowjetischen Besatzungszone.

Thema, S. 104 ff.
11. Erörtern sie aus heutiger Sicht die Frage, wie groß der Spielraum deutscher Politik in der Besatzungszeit und im Kontext des weltweiten Ost-West-Konfliktes war. Nennen Sie konkrete historische Vorgänge oder Ereignisse als Beleg für Ihre Einschätzung.

Klausurtraining

Interpretation einer sprachlichen historischen Quelle

1. Arbeiten Sie heraus, welche zentralen Ziele und Maßnahmen der amerikanischen Deutschlandpolitik der Außenminister der USA, James F. Byrnes, in seiner Rede darstellt und wie er sie begründet.
2. Stellen Sie die Entwicklung der Deutschlandpolitik der USA von 1945 bis zum September 1949 dar und erläutern Sie, inwiefern die Rede des amerikanischen Außenministers einen markanten Wendepunkt darstellt.
3. Bewerten Sie die Bedeutung der Aussagen des amerikanischen Außenministers für die deutsche Nachkriegsgeschichte.

M Die Stuttgarter Rede des US-Außenministers James F. Byrnes am 6. September 1946

Zum Hintergrund: Von April bis Juni 1946 tagte der Rat der Außenminister der alliierten Mächte in Paris (für USA: Byrnes, Sowjetunion: Molotow, Großbritannien: Bevin, Frankreich: Bidault). Molotow hatte auf dieser Konferenz ein vereintes Deutschland angeboten. Die Rede von Byrnes wurde – seitens der USA – als eine Antwort auf diesen Vorschlag Molotows für notwendig erachtet und bildete eine Konzeption für die US-Politik in Deutschland. Sie wurde in Anwesenheit der vier Ministerpräsidenten der amerikanischen Zone im Stuttgarter Opernhaus gehalten und im Rundfunk im Original übertragen sowie in Sonderausgaben der Zeitungen verbreitet.

Im Jahre 1917 wurden die Vereinigten Staaten zur Teilnahme am Ersten Weltkrieg gezwungen. Nach diesem Krieg weigerten wir uns, dem Völkerbund beizutreten. Wir glaubten, uns den europäischen Kriegen fernhalten zu können, und verloren das Interesse an europäischen Angelegenheiten. Dies schützte uns aber nicht davor, zum Eintritt in den Zweiten Weltkrieg gezwungen zu werden. Wir wollen jenen Fehler nicht wiederholen.

Wir sind entschlossen, uns weiter für die Angelegenheiten Europas und der Welt zu interessieren. […] Das amerikanische Volk will den Frieden. Es hat schon seit Langem nicht mehr von einem strengen oder milden Frieden für Deutschland gesprochen.

Darauf kam es auch niemals wirklich an. Was wir wollen, ist ein dauerhafter Friede. Wir werden uns gegen zu harte und von Rachsucht diktierte Maßnahmen wenden, die einem wirklichen Frieden im Wege stehen. Wir werden uns zu milden Maßnahmen widersetzen, welche zum Bruch des Friedens einladen. Als die Vereinigten Staaten in Potsdam der Entwaffnung und Entmilitarisierung Deutschlands zustimmten und als sie vorschlugen, dafür zu sorgen, dass Deutschland für die Dauer einer Generation entwaffnet und entmilitarisiert bleibt, waren sie sich der auf ihnen und ihren Hauptverbündeten ruhenden Verantwortung für die Aufrechterhaltung und gesetzmäßige Durchführung des Friedens wohl bewusst.

Die Befreiung vom Militarismus wird dem deutschen Volke Gelegenheit geben, seine großen Kräfte und Fähigkeiten den Werken des Friedens zuzuwenden. Es braucht sie nur zu ergreifen. Sie gibt ihm die Gelegenheit, sich der Achtung und Freundschaft friedliebender Völker würdig zu erweisen und eines Tages einen ehrenvollen Platz unter den Mitgliedern der Vereinten Nationen einzunehmen.

Es liegt weder im Interesse des deutschen Volkes noch im Interesse des Weltfriedens, dass Deutschland eine Schachfigur oder ein Teilnehmer in einem militärischen Machtkampf zwischen dem Osten und dem Westen wird. […]

Die jetzigen Verhältnisse in Deutschland machen es unmöglich, den Stand der industriellen Erzeugung zu erreichen, auf den sich die Besatzungsmächte als absolutes Mindestmaß einer deutschen Friedenswirtschaft geeinigt hatten. Es ist klar, dass wir, wenn die Industrie auf den vereinbarten Stand gebracht werden soll, nicht weiterhin den freien Austausch von Waren, Personen und Ideen innerhalb Deutschlands einschränken können. Die Schranken zwischen den vier Zonen Deutschlands sind weit schwieriger zu überwinden als die zwischen normalen unabhängigen Staaten. Die Zeit ist gekommen, wo die Zonengrenzen nur als Kennzeichnung der Gebiete angesehen werden sollten, die aus Sicherheitsgründen von den Streitkräften der Besatzungsmächte besetzt gehalten werden, und nicht als eine Kennzeichnung für in sich abgeschlossene wirtschaftliche oder politische Einheiten. […]

Wir treten für die wirtschaftliche Vereinigung Deutschlands ein. Wenn eine völlige Vereinigung nicht erreicht werden kann, werden wir alles tun, was in unseren Kräften steht, um eine größtmögliche Vereinigung zu sichern. […]

Der Hauptzweck der militärischen Besetzung war und ist, Deutschland zu entmilitarisieren und zu entnazifizieren, nicht aber den Bestrebungen des deutschen Volkes hinsichtlich einer Wiederaufnahme seiner Friedenswirtschaft künstliche Schranken zu setzen. […]

Die Potsdamer Beschlüsse sahen nicht vor, dass Deutschland niemals eine zentrale Regierung haben sollte. Sie bestimmten lediglich, dass es einstweilen noch keine zentrale deutsche Regierung geben sollte. Dies war nur so zu verstehen, dass keine deutsche Regierung gebildet werden sollte, ehe eine gewisse Form von Demokratie in Deutschland Wurzel gefasst und sich ein örtliches Verantwortungsbewusstsein entwickelt hätte. […]

Die amerikanische Regierung steht auf dem Standpunkt, dass jetzt dem deutschen Volk innerhalb ganz Deutschlands die Hauptverantwortung für die Behandlung seiner eigenen Angelegenheit bei geeigneten Sicherungen übertragen werden sollte. […]

Die Vereinigten Staaten treten für die baldige Bildung einer vorläufigen deutschen Regierung ein. Fortschritte in der Entwicklung der örtlichen Selbstverwaltung und der Landesselbstverwaltungen sind in der amerikanischen Zone Deutschlands erzielt worden und die amerikanische Regierung glaubt, dass ein ähnlicher Fortschritt in allen Zonen möglich ist.

Die amerikanische Regierung steht auf dem Standpunkt, dass die vorläufige Regierung nicht von anderen Regierungen ausgesucht werden soll, sondern dass sie aus einem deutschen Nationalrat bestehen soll, der sich aus den nach demokratischen Prinzipien verantwortlichen Ministerpräsidenten oder anderen leitenden Beamten der verschiedenen Länder zusammensetzt, die in jeder der vier Zonen gebildet worden sind. […]

Während wir darauf bestehen werden, dass Deutschland die Grundsätze des Friedens, der gutnachbarlichen Beziehungen und der Menschlichkeit befolgt, wollen wir nicht, dass es der Vasall irgendeiner Macht oder irgendwelcher Mächte wird oder unter einer in- oder ausländischen Diktatur lebt. Das amerikanische Volk hofft, ein friedliches und demokratisches Deutschland zu sehen, das seine Freiheit und Unabhängigkeit erlangt und behält. […]

In Potsdam wurden, vorbehaltlich einer endgültigen Entscheidung durch die Friedenskonferenz, bestimmte Gebiete, die einen Teil Deutschlands bildeten, vorläufig der Sowjetunion und Polen zugewiesen. […] Die Staatsoberhäupter erklärten sich damit einverstanden, bei den Friedensregelungen den Vorschlag der Sowjetregierung hinsichtlich der endgültigen Übertragung der Stadt Königsberg und des anliegenden Gebietes an die Sowjetunion zu unterstützen. Sofern die sowjetische Regierung ihre Auffassung diesbezüglich nicht ändert, werden wir an diesem Abkommen festhalten. […] Die Staatsoberhäupter stimmten zu, dass Schlesien und andere ostdeutsche Gebiete bis zur endgültigen Festlegung der polnischen Westgrenze durch den polnischen Staat verwaltet und zu diesem Zwecke nicht als Teil der russischen Besatzungszone in Deutschland angesehen werden sollten. […] Durch das Abkommen von Jalta hat Polen an Russland das Gebiet östlich der Curzon-Linie abgetreten. Polen hat dafür eine Revision seiner nördlichen und westlichen Grenzen verlangt. Die Vereinigten Staaten werden eine Revision dieser Grenzen zugunsten Polens unterstützen. Der Umfang des an Polen abzutretenden Gebietes kann jedoch erst entschieden werden, wenn das endgültige Abkommen darüber getroffen ist.

Die Vereinigten Staaten finden, dass sie Frankreich, in welches Deutschland innerhalb von 70 Jahren dreimal eingefallen ist, seinen Anspruch auf das Saargebiet, dessen Wirtschaft mit Frankreich eng verbunden ist, nicht verweigern können. Natürlich müsste Frankreich, wenn ihm das Saargebiet eingegliedert wird, seine Reparationsansprüche an Deutschland entsprechend ändern.

(Zit. nach: Landeszentrale für politische Bildung, Baden-Württemberg; lpb@lpb.bwue.de)

Ein Volk – zwei Geschichten: Bundesrepublik Deutschland und DDR 1949–1989

Die innerdeutsche Grenze im Winter.
Von 1949 bis 1989 trennte die insgesamt 1378 km lange innerdeutsche Grenze Deutschland in zwei Teile. Seit 1961 wurde sie zu einem fast unüberwindlichen Hindernis ausgebaut: Tretminen, elektrisch geladene Zäune, abgerichtete Hunde und Selbstschussanlagen machten jeden Fluchtversuch zu einem tödlichen Risiko.
Die beiden deutschen Staaten – die „Bundesrepublik Deutschland" im Westen und die „Deutsche Demokratische Republik" im Osten – gingen in dieser Zeit scharf voneinander getrennte, im Wesentlichen durch ihre jeweilige Blockzugehörigkeit geprägte Wege.
So entwickelten sich zwei verschiedene, ja gegensätzliche deutsche Geschichten, die aber auf komplizierte Weise miteinander verbunden und aufeinander bezogen blieben.
Nationale Gemeinsamkeiten und weltpolitisch-ideologische Konfrontationen – das waren die Triebkräfte zweier miteinander verflochtener Parallelgeschichten, die bis heute nachwirken.

Die Geschichte der Bundesrepublik Deutschland und der Deutschen Demokratischen Republik (1949–1989/90)

1. Deutsche Vergangenheiten

Ziemlich genau 41 Jahre lang existierten zwei deutsche Staaten nebeneinander – vom 8. Mai 1949 (Gründungstag der Bundesrepublik Deutschland) bzw. vom 7. Oktober 1949 (Gründungstag der Deutschen Demokratischen Republik) bis zum 3. Oktober 1990, dem Tag des Beitritts der dann sogenannten „Neuen Länder" zur (neuen) Bundesrepublik Deutschland.

Deutschland im Weltkonflikt. Getrennt wurden diese beiden Staaten durch den „Eisernen Vorhang" (Churchill), der wiederum ein Resultat des weltumspannenden Ost-West-Konfliktes war und der nicht nur Deutschland, sondern ganz Europa in zwei gegensätzliche Machtblöcke teilte. Letztlich waren es die mächtigen Triebkräfte dieses Weltkonfliktes, die die Teilung Deutschlands in zwei Staaten, die Grundzüge ihrer jeweiligen Verfasstheit und ihre Entwicklung bestimmten. Auch das Ende der Zweistaatlichkeit im Jahre 1990 war schließlich nur infolge der Auflösung des Ost-West-Konfliktes möglich.

Bundesrepublik Deutschland und Deutsche Demokratische Republik (1949–1989)

Der politische Handlungsspielraum der Deutschen war vor diesem Hintergrund gering, aber nicht gleich null. Zwar konnten sich beide deutschen Staaten nur innerhalb der Systemgrenzen ihrer jeweiligen „Supermacht", USA und UdSSR, entwickeln, standen dabei jedoch in unmittelbarer Konkurrenz zueinander und bildeten dadurch politische und gesellschaftliche Strukturen aus, die mit denen im jeweils anderen Teil Deutschlands korrespondierten und diese jeweils zu übertreffen suchten. So entstanden in den beiden deutschen Staaten historische Alternativen im Ost-West-Konflikt.

Weltanschauung als Legitimationsgrundlage. Da immer neben dem eigenen noch der andere deutsche Staat existierte, konnten sich beide deutschen Staaten – im Unterschied zu ihren Nachbarländern – nicht ohne weiteres als Staatsnationen definieren und legitimieren. Deshalb wurde die jeweils eigene Weltanschauung – in Abgrenzung zu der des jeweils anderen deutschen Staates – zum entscheidenden Fundament der eigenen staatlichen Identität. Ohne die weltanschauliche Differenz hätte es keinen Grund für die Existenz von zwei deutschen Staaten geben können. Als Abgren-

zung oder Nachahmung – immer wurden die eigenen Verhältnisse ausgesprochen oder unausgesprochen mit denen im anderen deutschen Staat verglichen.
Dass von 1949 bis 1990 zwei deutsche Staaten existierten, ist eine historische Tatsache. Ob sie aber dennoch über die 41 Jahre ihrer getrennten Existenz hinweg „eine Nation" bildeten, ist eine Frage des historischen Urteilens. Die Antworten hängen zunächst vom Nationenbegriff ab, dessen notwendige Elemente je nach Definition unterschiedlich gewertet werden: Es gibt eher „objektive" oder – wie manche Historiker sagen – „vorstaatliche" Kriterien und eher „subjektive" oder „staatsbildende" Kriterien. Die eher „objektiven" Kriterien sprechen angesichts des gemeinsamen historischen Erbes wohl unzweifelhaft für die These einer gemeinsamen Nation, während die eher „subjektiven" Kriterien zu unterschiedlichen Antworten führen. Denn mit der fortdauernden getrennten gesellschaftlichen Entwicklung bildeten sich in beiden deutschen Staaten unterschiedliche Sozialisationsbedingungen und – jedenfalls in Teilbereichen – unterschiedliche typische Formen kulturellen und politischen Lebens aus. Schließlich nahm auch – angesichts der in den Augen der Zeitgenossen zementierten Teilung, für die kein Ende abzusehen war – der Wille zur Einheit vor allem in den jüngeren Generationen ab.

1945: „Mein Bruder!"; 1955: „Mein lieber Vetter!"; 1965: „Ach ja, wir haben irgendeinen entfernten Verwandten im Ausland …"
(Zeichnungen von H. E. Köhler aus dem Jahr 1949)

„Verlierergeschichte" – „Gewinnergeschichte"? Wenn man versucht, diese „doppelte" Nachkriegsgeschichte der Deutschen zu erforschen und darzustellen, bekommt man es – neben der inhaltlichen Komplexität der Ereignisse – außerdem mit geschichtspolitischen und methodischen Problemen zu tun: Da die DDR 1990 der Bundesrepublik beitrat und damit von der historischen Bühne verschwand, besteht heute die Gefahr einer einseitigen Aufarbeitungsrichtung ihrer Geschichte als „Verlierer"- und der bundesrepublikanischen Entwicklung als „Gewinnergeschichte". Oder die Versuchung – wie es der westdeutsche Historiker Lutz Niethammer formulierte – „den Toten noch einmal zu erschlagen". Die Tatsache, dass der historische Weg der DDR schließlich infolge der Selbstauflösung der Sowjetunion und der friedlichen Revolution in der DDR (1989) endete, darf – unabhängig davon, wie man heute über ihn denkt – nicht darüber hinweg täuschen, dass mit ihm auch Hoffnungen verbunden waren. Er hatte unter den Bewohnern der DDR nicht nur Gegner, sondern auch Befürworter und Anhänger.

Vorstaatliche Kriterien: gemeinsame ethnische Abstammung, gemeinsame Geschichte und Kultur, gemeinsame Sprache.
Staatsbildende Kriterien: Zusammengehörigkeitsgefühl, Wille zu einem gemeinsamen Staat.

Das zweite Problem ist eher methodischer Art: Die DDR war eine extrem informationsverdunkelte Gesellschaft. Wie im gesamten sowjetischen Block vor 1985 gab es kaum vom Staat unabhängige Informationsquellen; Manipulationen und fehlende oder einseitige Informationen prägten die offiziellen Verlautbarungen und die Medien derart massiv, dass ihnen in der Bevölkerung schließlich kaum mehr Aufmerksamkeit geschenkt wurde. Auch in der Bundesrepublik kamen Lügen und Manipulationen aller Art vor – aber in der pluralen Gesellschaft war doch immer wieder zumindest die Chance gegeben, sie aufzuklären, zu diskutieren und richtig zu stellen.
Ein weiteres methodisches Problem kommt hinzu: Nach dem Ende der DDR 1989/90 wurden alle bis dahin geheimen Akten des Staates – jedenfalls im Prinzip – der historischen Forschung zugänglich. Die bis dahin gehüteten Geheimnisse des verschwundenen Staates wurden gewissermaßen schlagartig nach außen gekehrt – ein historisch ziemlich einmaliger Vorgang. Ohne Zweifel bedeutete diese Situation eine große Chance für die historische Aufarbeitung der Geschichte der DDR, aber auch eine Gefahr: Denn die Perspektive dieser Akten ist einseitig eine Perspektive der herrschenden Institutionen, der man nicht unkritisch folgen darf. Dieser Perspektive gilt es die Erin-

BStU: Die Behörde des „Bundesbeauftragten für die Unterlagen des Staatssicherheitsdienstes der ehemaligen Deutschen Demokratischen Republik" verwaltet die Stasi-Akten. Die Einrichtung der Behörde nach dem Stasi-Unterlagen-Gesetz (29.12.1991) geht auf die DDR-Bürgerrechtsbewegung in der Revolution zurück. Sie wurde zunächst von J. Gauck, seit 2000 von M. Birthler geleitet. Vgl. auch S. 228f.

nerungen und Erfahrungen der Bevölkerung, die ein wesentlich differenzierteres Bild ergeben, gegenüberzustellen.

Freiheit und Unfreiheit. Heute ist unstrittig, dass es in der DDR keine politische Freiheit im westlichen Sinne gab. Die DDR war eine Diktatur. Eine Diktatur, die – im eigenen Verständnis – eine „bessere" Gesellschaft, die „entwickelte sozialistische Gesellschaft", und einen „besseren Menschen" schaffen wollte. In ihrer ganzen Komplexität und Widersprüchlichkeit ist die Geschichte der DDR wie ein großes Laboratorium, in dem sich untersuchen lässt, welche Bedeutung die zentralen politischen Kategorien „Freiheit" und „Unfreiheit" für ein politisches System und für den Alltag der Menschen haben können. Schließlich sind der Mut und die Entschlossenheit der Ostdeutschen in der „Friedlichen Revolution" von 1989 eines der – insgesamt eher seltenen – Beispiele in der deutschen Geschichte für ein klares Bekenntnis zur Demokratie.

„Doppelte Geschichte" – „innere Einheit". Zwei Staaten – eine Nation? Auch heute, nachdem die Deutschen wieder in staatlicher Einheit leben, ist das keine nur akademische Frage. Denn die unterschiedlichen Lebensbedingungen in beiden deutschen Staaten haben ihre Spuren hinterlassen. Je unterschiedlicher sie waren, je weitgehender sie die Menschen im Alltag unterschiedlich prägten, umso anspruchsvoller wurde und wird bis heute der Prozess hin zu einer „inneren Einheit" Deutschlands, das – um einen amerikanischen Begriff zu gebrauchen – „nation building" in Deutschland.

2. Die Grundlagen der Bundesrepublik Deutschland

Grundgesetz, Demokratieverständnis und politisches System

Grundgesetz (8.5.1949). Formell beginnt die Geschichte der Bundesrepublik mit der Verabschiedung des Grundgesetzes durch den Parlamentarischen Rat am 8. Mai 1949 mit 53 zu 11 Stimmen. Nachdem es von den drei westlichen Militärgouverneuren und von allen Landtagen (mit Ausnahme des bayrischen, der stärkere föderative Elemente forderte) gebilligt worden war, trat es am 23. Mai 1949 in Kraft.

Das als Provisorium gedachte Grundgesetz erwies sich als unerwartet stabile verfassungsmäßige Grundlage des westdeutschen Staates. Es blieb bis 1990 im Grundsatz unverändert und bildet – nach dem Beitritt der neuen Länder am 3.10.1990 – bis heute die Grundlage unseres Staates.

Das Grundgesetz nahm 1949 die Verfassungstradition von 1848 wieder auf und berücksichtigte die historischen Erfahrungen mit der Weimarer Verfassung in der Zeit der Weimarer Republik und des Nationalsozialismus. Dabei standen zwei Ziele im Vordergrund: die Absicherung der Verfassungsordnung gegen verfassungsfeindliche Bestrebungen und die Stabilisierung der Regierungsfähigkeit der vom Parlament gewählten Regierungen.

Dem ersten Ziel dienten vor allem die in

Provisorium als Symbol: Bonn war zunächst Tagungsort des parlamentarischen Rates und wurde später Regierungssitz der Bundesrepublik – nicht nur auf Betreiben Adenauers, der in der Nähe wohnte. Die Wahl fiel auf die Kleinstadt, um den provisorischen Charakter des neuen Staates zu unterstreichen.

Artikel 1–17 formulierten Menschen- und Bürgerrechte, die „in ihrem Wesensgehalt" nicht verändert werden dürfen. Der Artikel 1, der grundlegende Menschenrechte garantiert, und der Artikel 20, der Grundsätze des Staatsaufbaus (Demokratie, Föderalismus, Rechts- und Sozialstaatsprinzip) enthält, dürfen gar nicht verändert werden. Bedeutsam ist in diesem Zusammenhang auch die Einrichtung des „Bundesverfassungsgerichtes" (BVerfG) als „Hüterin des Grundgesetzes". Das Bundesverfassungsgericht kann Gesetze, die von einer Mehrheit des Parlamentes beschlossen wurden, auf ihre Verfassungsmäßigkeit überprüfen und gegebenenfalls aufheben. Und es kann bei Verstößen gegen die Menschenrechte von jedem einzelnen Bürger oder jeder einzelnen Bürgerin angerufen werden.

Die negativen Erfahrungen mit der Instabilität der Weimarer Regierungen und mit den von der Person des Reichspräsidenten abhängigen Präsidialkabinetten führten im Grundgesetz zu einer klaren Konzentration der legislativen Kompetenzen auf die Parlamente und der exekutiven Kompetenzen auf die Bundesregierung: Die Rolle des Bundespräsidenten wurde auf im Wesentlichen repräsentative Aufgaben reduziert. Auf plebiszitäre Elemente wurde fast vollständig verzichtet; Volksabstimmungen, die Beschlüsse des Parlamentes aufheben könnten, sind auf Bundesebene nicht möglich (Ausnahme: Änderung der Ländergrenzen). Ein „konstruktives Misstrauensvotum" (Art. 67) verlangt, dass ein Kanzler nur bei gleichzeitiger Wahl eines neuen Kanzlers vom Bundestag gestürzt werden kann. Dadurch sollten „negative Mehrheiten" und damit die Gefahr, dass der Bundestag in einer Selbstblockade keine Regierung hervorbringen könnte, verhindert werden.

Demokratische Verfassungsmodelle
Plebiszitäre Demokratie: Konzentration der legislativen Rechte auf die direkte Mitbestimmung des Volkes (Volksabstimmungen).
Präsidiale Demokratie: Konzentration auf die exekutiven Rechte eines Präsidenten (z. B. USA).
Parlamentarische Demokratie: Konzentration auf die legislativen Rechte eines die Bevölkerung repräsentierenden Parlaments (z. B. Deutschland).

Negative Mehrheiten sind Mehrheiten, die sich zwar in ihrer Ablehnung einer Regierung einig sind, die sich aber nicht auf eine neue gemeinsame Regierung einigen können.

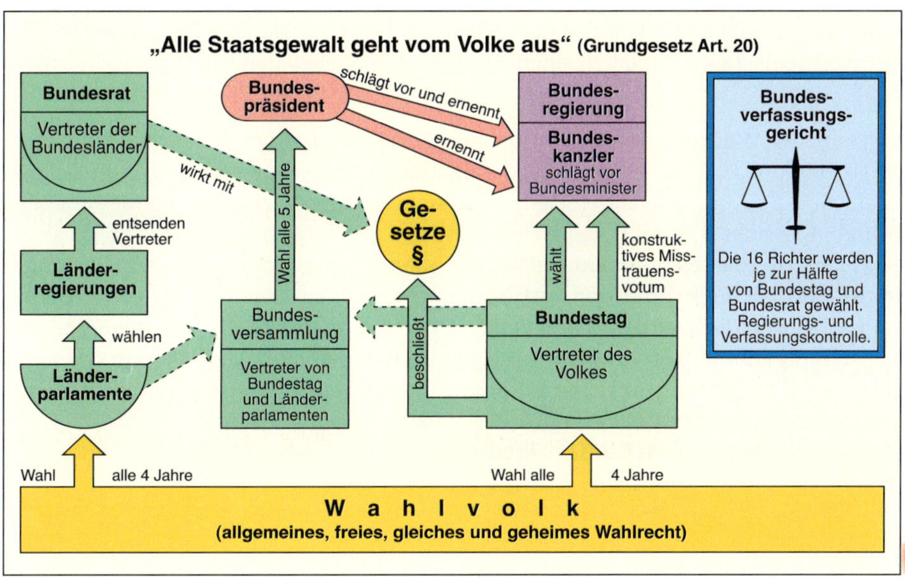

Staatsaufbau der Bundesrepublik Deutschland

Parteien. Auch die Rolle der Parteien wurde gegenüber der Weimarer Verfassung deutlich verändert: Einerseits erhielten sie Verfassungsrang und damit besonderen staatlichen Schutz, andererseits mussten ihre Ziele nun der Verfassungsordnung und ihr innerer Aufbau demokratischen Grundsätzen entsprechen. Eine Zersplitterung der Parteienlandschaft sollte durch die Kombination von Mehrheits- und Verhältniswahlrecht sowie (seit 1953) durch die Fünfprozentklausel verhindert werden.

Schon in der Phase ihrer Neugründung hatten die Parteien versucht, durch die Zusammenfassung verschiedener Strömungen Lehren aus den Erfahrungen der Weimarer Zeit zu ziehen (vgl. S. 93 f.). Tatsächlich etablierte sich nach einer kurzen Anfangsphase, in der kleinere Splitterparteien noch eine gewisse Rolle spielten, ein stabiles Dreiparteiensystem aus den beiden großen „Volksparteien" CDU/CSU (Christlich-Demokratische Union/Christlich-Soziale Union) und SPD (Sozialdemokratische Partei

Fünfprozentklausel: Eine Partei muss mind. 5 % der gültigen Zweitstimmen erhalten, um ins Parlament einziehen zu können.

Volkspartei: Partei, deren Wähler aus allen sozialen Schichten der Bevölkerung stammen.

Demokratietheoretische Grundlagen

In demokratietheoretischer Hinsicht folgt das Grundgesetz dem in der Tradition von Thomas Hobbes, Edmund Burke, Joseph Schumpeter u. a. stehenden „Konkurrenzmodell", das unterschiedliche politische Interessen und Meinungen für legitim hält („demokratischer Pluralismus") und das deren Konkurrenz in einem geregelten Wahlprozess austragen und nach dem Mehrheitsprinzip entscheiden lassen will. Zum Schutz von Minderheiten sind davon ausgenommen die Menschenrechte (Art. 1–19) und die Grundsätze des Staatsaufbaus (Art. 20). Diese Artikel dürfen entweder gar nicht (Art. 1) oder nur mit einer Zweidrittelmehrheit vom Bundestag verändert werden.

Deutschlands) sowie der FDP (Freie Demokratische Partei). Dieser Prozess der Parteienkonzentration war zum einen auf die Fünfprozentklausel, die bei der Bundestagswahl von 1953 zum ersten Mal galt, zurückzuführen. Zum anderen war der wirtschaftliche Aufschwung in den 1950er-Jahren bedeutsam, der wiederum einen grundlegenden gesellschaftlichen Wandel hin zu einem breiten Mittelschichtkonsens bewirkte (s. S. 134) und den radikalen politischen Parteien die Wähler entzog. Das Dreiparteiensystem bestimmte das politische Leben in der Bundesrepublik bis mit der Neugründung der Partei „Die Grünen" im Januar 1980 sich ein Vierparteiensystem herausbildete, das bis 1990 Bestand hatte.

Die Westintegration

Historische Rahmenbedingungen. Die Außenpolitik der Bundesrepublik war zu Beginn durch zwei Grundtatsachen wesentlich bestimmt: durch das Besatzungsstatut von 1949, in dem die westlichen Besatzungsmächte dem jungen Staat zwar eine eingeschränkte Souveränität zugebilligt hatten, sich jedoch vorbehalten hatten, notfalls sogar die volle Gewalt wieder zu übernehmen; und durch den Ost-West-Konflikt, der den westdeutschen Teilstaat zu einem Frontstaat im weltweiten Machtgefüge werden ließ.

Konzept der Westintegration. Vor diesem Hintergrund ergab sich für die Bundesrepublik ein Konflikt zwischen dem Ziel der deutschen Einheit einerseits und dem Ziel der staatlichen Souveränität andererseits. Der erste Bundeskanzler der Bundesrepublik, Konrad Adenauer (s. S. 133), legte einen eindeutigen Schwerpunkt: Seine Politik zielte darauf ab, die Souveränität und Freiheit der Bundesrepublik durch eine enge Bindung an die Westmächte zu erreichen und abzusichern. Auf diese Weise wollte er den Handlungsspielraum der westdeutschen Politik sukzessive erweitern. Die deutsche Wiedervereinigung konnte seiner Ansicht nach nur im Rahmen einer Veränderung der weltpolitischen, mindestens aber der europäischen Kräfteverhältnisse stattfinden, deren Voraussetzung wiederum eine Politik der Stärke und der Abgrenzung gegenüber der Sowjetunion sei. Eine Politik des Lavierens zwischen den Großmächten lehnte Adenauer strikt ab.

Die oppositionelle SPD bekämpfte diese Politik der Regierung. Sie war zwar nicht gegen die internationale Integration der Bundesrepublik in die westlichen Systeme, wollte sie aber nicht um den Preis einer Zementierung der deutschen Teilung akzeptieren. Tatsächlich zeigen neue Quellenfunde, dass Adenauer – entgegen öffentlichen Absichtsbekundungen – die deutsche Einheit eindeutig dem Ziel der Westintegration unterordnete.

Montanunion: Die „Europäische Gemeinschaft für Kohle und Stahl" (EGKS, umgangssprachlich: Montanunion) wurde am 18.4.1951 von Frankreich, Italien, Deutschland und den Benelux-Staaten gegründet. Ihre Aufgabe war die gemeinsame Verwaltung der Kohle- und Stahlproduktion. Die EGKS war die erste überstaatliche Organisation in Europa nach dem Zweiten Weltkrieg und gilt als Vorläufer der EU.

Integrationsschritte. Gemessen an ihren eigenen Zielen war die Politik der Westintegration überraschend schnell erfolgreich: 1951 wurde die Bundesrepublik in den Europarat aufgenommen, die Westmächte erklärten den Kriegszustand mit Deutschland für beendet. Durch den Beitritt zur „Montanunion" mit Frankreich und den Benelux-Ländern (1952) und die damit verbundene europäische Wirtschaftsintegration konnten Vorbehalte gegenüber dem Wiederaufbau der Schwerindustrie überwunden werden. Nur neun Jahre nach Kriegsende beschloss der Bundestag 1954 den Aufbau der Bundeswehr; 1955 wurde die Bundesrepublik in die NATO und die Westeuropäische Union (WEU) aufgenommen. Den Abschluss der Westintegration bildeten 1955

Ein Bild, das um die Welt ging: Adenauer und der französische Präsident de Gaulle während eines feierlichen Gottesdienstes in der Kathedrale von Reims am 8.7.1962. Beide Politiker bemühten sich konsequent um die deutsch-französische Aussöhnung nach dem Zweiten Weltkrieg.

die „Pariser Verträge" zwischen den Westmächten und der Bundesrepublik, die der Bundesrepublik den Status eines vollständig souveränen Staates einräumten; davon ausgenommen blieben der Status Westberlins und die Zukunft von Deutschland als Ganzem. Im selben Jahr begannen die Verhandlungen zur Europäischen Wirtschaftsgemeinschaft (EWG), der Vorläuferorganisation der heutigen Europäischen Union, zu deren Gründungsmitgliedern 1957 die Bundesrepublik gehörte. Damit war der westdeutsche Staat wirtschaftlich, politisch und militärisch fest im westlichen Block integriert.

Urteile. Bis heute ist die Politik Adenauers umstritten: Die internationale Integration und die Öffnung der deutschen Politik zur westlichen Welt werden durchgehend positiv beurteilt. Sie ermöglichten die Aufnahme kultureller, wirtschaftlicher und politischer Impulse aus dem angelsächsischen Raum sowie die – heute in ihrer historischen Dimension kaum noch nachvollziehbare – Verständigung zwischen den „Erbfeinden" Deutschland und Frankreich. Andererseits wird die Doppelzüngigkeit zwischen öffentlich vorgetragenen Bekenntnissen zur deutschen Einheit einerseits und dem faktischen Sich-Abfinden mit der Teilung andererseits häufig kritisiert. Während einige meinen, Adenauer habe historische Chancen zu einem „dritten Weg" Deutschlands im Ost-West-Konflikt und zu einer Verständigung mit der Sowjetunion versäumt, geht die Mehrheit der Historiker heute davon aus, dass es zur Politik der Westintegration im Grunde keine Alternative gab.

Die „Soziale Marktwirtschaft"

Die Wirtschaftsordnung der Bundesrepublik ist unter der Bezeichnung ihres wissenschaftlichen Begründers, Alfred Müller-Armack, als „Soziale Marktwirtschaft" bekannt geworden. Nach seinen Worten besteht der Grundgedanke dieser Ordnung darin, „[...] das Prinzip der Freiheit auf dem Markte mit dem des sozialen Ausgleichs zu verbinden."

Alfred Müller-Armack (1901–1978)

Die vier Grundprinzipien der „sozialen Marktwirtschaft"

Wettbewerbsprinzip: Der freie Wettbewerb soll für eine bedarfsgerechte und schon deshalb sozial ausgewogene Güterproduktion sorgen. Wettbewerb entspricht dem Freiheitsgedanken und fördert individuelle Leistung.

Sozialstaatsprinzip: Freie Preise orientieren die Produktion an den Bedürfnissen der Verbraucher; staatliches System der sozialen Sicherung; progressive Einkommenssteuer.

Konjunkturpolitisches Prinzip: Staatliche Konjunkturpolitik soll konjunkturelle Probleme (z. B. Arbeitslosigkeit, Inflation) dämpfen.

Prinzip der Marktkonformität: Staatlichen Maßnahmen sollen die Funktionsfähigkeit des Marktes nicht (z. B. durch Preisfestsetzungen) einschränken.

Nach diesem Konzept erfolgt die Koordination von Nachfrage und Angebot bzw. von Konsum und Produktion primär über den freien Markt. Zunächst sorgt – so die Verfechter dieses Konzeptes – das freie Spiel der Preise auf dem freien Markt für eine effektive Ausrichtung der Produktion an den Bedürfnissen der Menschen, denn es wird genau das produziert, wonach Bedürfnisse bestehen. Allerdings soll der Staat dann korrigierend eingreifen, sobald der Marktprozess sozial unerwünschte oder ungerechte Ergebnisse hervorbringt. Deshalb ist die soziale Marktwirtschaft eine Art Mischsystem zwischen einer reinen freien Marktwirtschaft und einer staatlich gelenkten Zentralverwaltungswirtschaft (Planwirtschaft, s. S. 127ff.). Die freie Marktwirtschaft soll nicht sich selbst überlassen bleiben, sondern bewusst durch einen staatlichen Ordnungsrahmen gesteuert werden – und zwar so, dass soziale Ungerechtigkeiten ausgeglichen werden.

3. Die Grundlagen der Deutschen Demokratischen Republik

Verfassung, Demokratieverständnis und politisches System

Aufmarsch der SED anlässlich der Zweiten Parteikonferenz vom 9.–17.2.1952

Antifaschismus: Bezeichnung für gegen den Faschismus gerichtete Haltungen und Aktivitäten: von einzelnen politischen Aktivitäten über Widerstandsgruppen bis zur Gestaltung von gesellschaftlichen Strukturen, die ein Aufkommen des Faschismus verhindern sollen.

Verfassung der DDR (7.10.1949). Die Existenz der DDR als Staat begann formell mit der Verabschiedung der Verfassung der DDR am 7. Oktober 1949, dem Tag, an dem die „Provisorische Volkskammer" die Verfassung der DDR in Kraft setzte. Auch die Verfassung der DDR nahm – wie das westdeutsche Grundgesetz – die deutsche Geschichte und die deutsche Verfassungstradition auf – allerdings mit ganz anderen Schlussfolgerungen: Das Scheitern der Weimarer Republik und die nationalsozialistische Diktatur wurden vor dem Hintergrund des „Marxismus-Leninismus" interpretiert und verarbeitet, der nationalsozialistische Faschismus wurde im Kern als besonders brutale, aber zugleich auch historisch-logische Konsequenz des „Kapitalismus" verstanden. Der in diesem Sinne verstandene „Antifaschismus" (die Bekämpfung des Faschismus durch den Aufbau antikapitalistischer, sozialistischer Strukturen) bildete eine wesentliche Grundlage des Selbstverständnisses und der historischen Selbstlegitimation der DDR.

Marxistisch-leninistische Grundlage. Im marxistisch-leninistischen Verständnis ist es in der historischen Phase des Sozialismus die Aufgabe der Arbeiterklasse (des Proletariats) und ihrer Partei, die Herrschaft im „Arbeiter- und Bauernstaat" zu übernehmen, die „sozialistische Gesellschaft" zu entwickeln und letztlich den Kommunismus als historisches Ziel vorzubereiten. Auf diesem Grundgedanken beruhten die wesentlichen Strukturmerkmale in Politik, Gesellschaft und Wirtschaft der DDR: die „führende" Rolle der Partei der Arbeiterklasse, der SED, in Staat, Wirtschaft und Gesellschaft sowie die Verstaatlichung von Industrie, Handel und Landwirtschaft.

„Volksdemokratie". In bewusster Abgrenzung gegenüber der westlichen, „formalistischen bürgerlichen Demokratie" ging es in der „Volksdemokratie" der DDR nicht darum, in einem formalen Verfahren Mehrheiten festzustellen, sondern darum, eine aus der Theorie des Marxismus-Leninismus abgeleitete historische Wahrheit in die Realität umzusetzen. Das allgemeine Ziel staatlicher Politik, als dessen Hüterin sich das Politbüro der SED verstand, war also bereits vorgegeben; politische Debatten und Entscheidungen in den Betrieben und in den staatlichen oder gesellschaftlichen Institutionen dienten nur der Diskussion der mehr oder weniger richtigen Detailmaßnahmen auf dem Weg zu diesem Ziel.
Deshalb unterschied sich die Verfassung – und noch wesentlich deutlicher die Verfassungswirklichkeit – trotz mancher äußerlicher Ähnlichkeit fundamental von westlichen Verfassungen und dem Grundgesetz. Es gab keine Gewaltenteilung, also keine Trennung von Legislative und Exekutive sowie keine unabhängige Justiz, sondern „Gewalteneinheit". Partei und Staat waren nicht getrennt, sondern institutionell und personell miteinander verbunden. Im Unterschied zur Bundesrepublik war die DDR kein föderalistischer, sondern ein zentralistischer Staat: Die nach dem Krieg zunächst gegründeten fünf Länder wurden 1952 aufgelöst und durch 14 Bezirke und 217 Kreise, die nur noch reine Verwaltungsfunktion hatten, ersetzt.

Ein „Spanienkämpfer": Die Berufung auf antifaschistische Traditionen – wie die Teilnahme an den internationalen Brigaden im spanischen Bürgerkrieg – bildete eine wesentliche Grundlage des Selbstverständnisses der DDR.

„Führende Rolle" der SED. Nach Artikel 1 der Verfassung war die DDR „die politische Organisation der Werktätigen in Stadt und Land unter Führung der Arbeiterklasse und ihrer marxistisch-leninistischen Partei." Der so in der Verfassung verankerte Anspruch der SED auf eine „führende Rolle" in Staat und Gesellschaft wurde konsequent in allen Bereichen und auf allen Ebenen von Staat und Gesellschaft umgesetzt und abgesichert.

„Demokratischer Zentralismus". Zunächst wurde die SED selbst umstrukturiert: Auf der ersten Parteikonferenz der SED im Januar 1949 wurde das Prinzip der paritätischen Besetzung zwischen ehemaligen SPD- und KPD-Mitgliedern aufgehoben und die SED offiziell in eine „Partei neuen Typs" nach dem Vorbild der KPdSU umgebildet. Damit wurden die auf dem Einigungsparteitag (21./22.4.1946) verabschiedeten Prinzipien des Parteiaufbaus aufgegeben und durch das innerparteiliche Prinzip des „demokratischen Zentralismus" ersetzt. Dieses ursprünglich von W. I. Lenin entwickelte und in allen kommunistischen Parteien des Ostblocks gültige Prinzip besagte, dass alle Parteigremien von unten nach oben gewählt werden, dass dann aber alle Beschlüsse der obe-

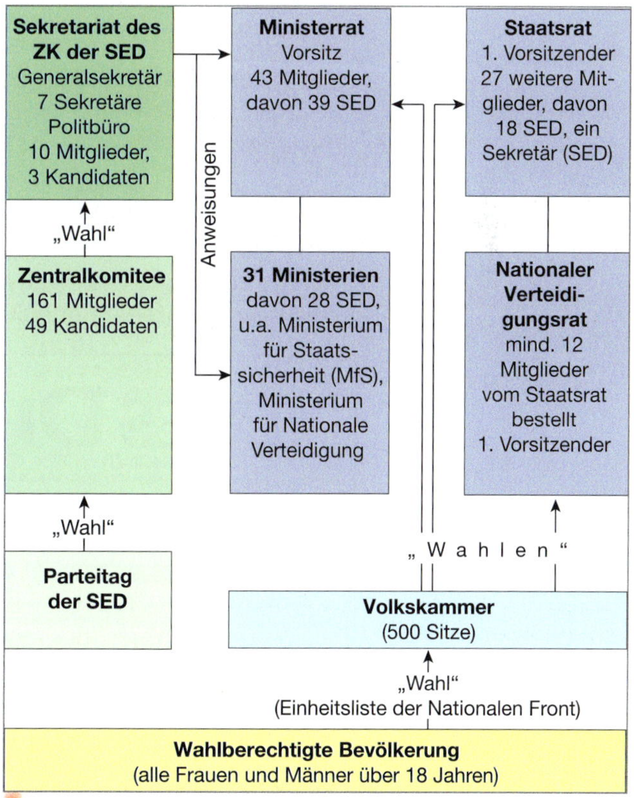

Aufbau des Staates und der Partei in der DDR (seit 1960)

Die „Blockparteien" in der DDR

CDU: Christlich-Demokratische Union Deutschlands; gegründet am 26.6.1945; Partei in der Tradition des christlichen Humanismus; anfänglicher Widerstand gegen die sowjetische Besatzungspolitik (Enteignungen), seit 1952 vorbehaltlose Übereinstimmung mit der Politik der SED; Aufgabe: Integration der Christen in das sozialistische System.

LDPD: Liberal-Demokratische Partei Deutschlands; gegründet am 5.7.1945; zunächst traditionell liberal-demokratische Partei, ab 1952 vorbehaltlose Übereinstimmung mit der Politik der SED; Aufgabe: Integration der „alten Mittelschichten" (Handwerker und freie Berufe).

DBD: Demokratische Bauernpartei Deutschlands; gegründet am 29.4.1948 auf Initiative der SED; Aufgabe: Integration der Landbevölkerung („Bündnis der Arbeiter und Bauern"), vor allem im Zusammenhang der Kollektivierung der Landwirtschaft 1952/53 und 1958-60.

NDPD: National-Demokratische Partei Deutschlands; gegründet am 23.5.1948 auf Initiative der SED; Aufgabe: Integration national gesinnter Kreise, Umerziehung ehemaliger NSDAP-Mitglieder.

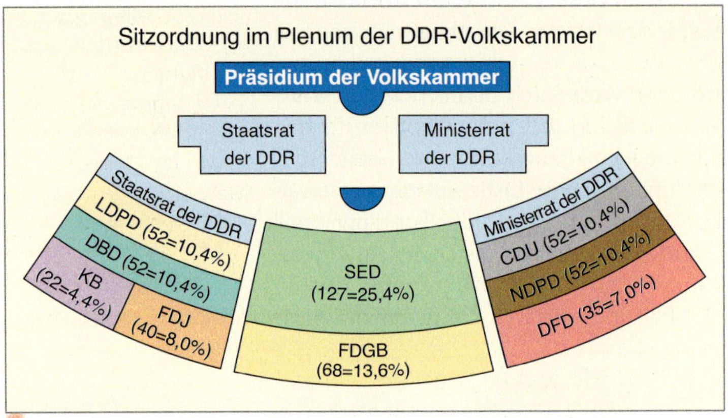

Fraktionen und Sitzverteilung in der Volkskammer der DDR

ren Gremien von den jeweils untergeordneten – bis hin zum einfachen Parteimitglied – bedingungslos zu befolgen seien. Kritik dürfe erst nach der Ausführung der Beschlüsse in den dafür vorgesehenen Gremien geübt werden; offene Kritik oder gar die Gründung von Meinungszirkeln wurde als „Fraktionsbildung" verboten und streng verfolgt.

Alle Leitungspositionen in Staat und Gesellschaft wurden systematisch mit SED-Funktionären („Parteikadern") besetzt; die „richtige" politische Haltung war dabei in der Regel wichtiger als Fachkompetenz. Dadurch entstand in der DDR eine neue Führungselite aus Führungskräften der Partei, die durch besondere Privilegien vom Rest der Bevölkerung abgehoben war und die das personelle Rückgrad des Systems bildete.

„Nationale Front". Formell blieb in der DDR zwar – anders als in den benachbarten Volksdemokratien – das „sozialistische Parteiensystem" bestehen. Aber die sogenannten „Blockparteien" hatten schon früh die „führende Rolle der SED als Partei der Arbeiterklasse" anerkannt. Ohne jede politische Selbstständigkeit dienten sie der Integration bestimmter Bevölkerungsgruppen, die für die SED schwer erreichbar waren, in das

Proletarier aller Länder, vereinigt euch!

NEUES DEUTSCHLAND

ORGAN DES ZENTRALKOMITEES DER SOZIALISTISCHEN EINHEITSPARTEI DEUTSCHLANDS

Mittwoch, 17. Juni 1981
36. Jahrgang / Nr. 142
Einzelpreis 15 Pf
B-Ausgabe
Redaktion und Verlag 1017 Berlin, Franz-Mehring-Platz 1, Telefon: 58 50 (Sammelnummer). Abonnementspreis monatlich 3,50 Mark

Endgültiges Ergebnis der Wahlen zur Volkskammer der DDR am 14. Juni 1981

Die Wahlkommission der Republik stellte in ihrer Sitzung am Dienstag folgendes endgültiges Ergebnis der Wahlen zur Volkskammer der Deutschen Demokratischen Republik am 14. Juni 1981 fest:

Zahl der Wahlberechtigten	12352263
Zahl der abgegebenen Stimmen	12255006
Wahlbeteiligung – in Prozent	99,21
Zahl der ungültigen Stimmen – absolut	2878
Zahl der ungültigen Stimmen – in Prozent	0,02
Zahl der gültigen Stimmen – absolut	12252128
Zahl der gültigen Stimmen – in Prozent	99,98
Zahl der für den Wahlvorschlag der Nationalen Front abgegebenen gültigen Stimmen – absolut	12235515
Zahl der für den Wahlvorschlag der Nationalen Front abgegebenen gültigen Stimmen – in Prozent	99,86
Zahl der gegen den Wahlvorschlag der Nationalen Front abgegebenen Stimmen – absolut	16613
Zahl der gegen den Wahlvorschlag der Nationalen Front abgegebenen Stimmen – in Prozent	0,14
Anzahl der zu besetzenden Mandate	500
Anzahl der aufgestellten Kandidaten	679
Anzahl der gewählten Abgeordneten	500
Anzahl der gewählten Nachfolgekandidaten	179

Das endgültige Ergebnis der Wahlen zur Volkskammer der DDR aus den 72 Wahlkreisen sowie das endgültige Ergebnis der Wahlen zur Stadtverordnetenversammlung Berlin, Hauptstadt der DDR, und zu den 14 Bezirkstagen veröffentlichen wir auf den Seiten 3, 4 und 5.

Titelseite der Parteizeitung der SED, Neues Deutschland vom 17. Juni 1981

sozialistische System des „Arbeiter- und Bauernstaates". Bei den Wahlen zur Volkskammer kandidierten sie gemeinsam mit der SED und den sogenannten Massenorganisationen auf einer Einheitsliste der „Nationalen Front". Die Verteilung der Plätze auf dieser Einheitsliste war zum Zeitpunkt der Wahl bereits festgelegt (die Blockparteien erhielten jeweils 52 Sitze) und da die Wählerinnen und Wähler bei der Volkskammerwahl nur entweder der Liste zustimmen oder sie ablehnen konnten, war damit auch die Sitzverteilung in der Volkskammer bereits vorgegeben.
Da außerdem der Wahlvorgang selbst nicht geheim war, sondern die Stimmzettel in der Regel offen angekreuzt wurden, erzielte die „Nationale Front" immer Wahlsiege mit weit über 90% Zustimmung, die von der Führung der DDR als Zustimmung für das System und ihren politischen Kurs gefeiert werden konnte.

Massenorganisationen. Ebenfalls nach einem festen Schlüssel erhielten Vertreter der sogenannten „Massenorganisationen" Plätze auf der Liste der „Nationalen Front" und damit Sitze in der Volkskammer. Da die Vertreter der „Massenorganisationen" in der Regel zugleich Mitglieder der SED waren, verschleierten ihre Sitze die wahre Machtverteilung in der Volkskammer. Wichtiger noch als ihre Rolle in der „Nationalen Front" und in der Volkskammer war die gesellschaftliche Bedeutung der „Massenorganisationen". Durch ein System von Vergünstigungen einerseits und Sanktionen andererseits (z. B. Gewährung oder Verweigerung von Urlaubsfahrten oder eines Studienplatzes) wurde Druck ausgeübt und dafür gesorgt, dass die Massenorganisationen weite Teile der Bevölkerung erfassten und in das Herrschaftssystem der SED integrierten.
Da es im Selbstverständnis der DDR keine „Kapitalisten" mehr gab, bestand die Aufgabe des „Freien Deutschen Gewerkschaftsbundes" (FDGB) nicht in einer selbstständigen Interessenvertretung gegenüber dem Arbeitgeber (im Falle der DDR wäre dies der „sozialistische Staat" gewesen), sondern in der Förderung der „kameradschaftlichen Gemeinschaftsarbeit und Zusammenarbeit der Werktätigen". Der vollständig von der SED gesteuerte FDGB beteiligte sich am Planerstellungsprozess und organisierte gesellschaftliche oder soziale Belange der Industriearbeiterschaft, wie z. B. Ferienanlagen.
Die „Freie Deutsche Jugend" (FDJ) war – als Untergliederung der SED – für die Erziehung und Mobilisierung der Jugendlichen (bis 25 Jahre) in enger Zusammenarbeit mit den Schulen verantwortlich. Zwar war die Mitgliedschaft bei der FDJ (14–25 Jahre), bzw. den „Jungpionieren" (6–9 Jahre) und den „Thälmann-Pionieren" (10–13 Jahre) laut Statut freiwillig, galt aber als selbstverständlich. Die Mitgliedschaft in der FDJ war eine notwendige Voraussetzung für einen Studienplatz oder eine akademische Karriere – fast alle Personen in Führungspositionen der DDR waren Mitglieder der FDJ, auf dem Lande und unter Jugendlichen mit geringer Berufsqualifikation war der Organisationsgrad wesentlich niedriger. Pioniere und FDJler hatten eine einheitliche Uniform (blaues Hemd und Emblem), die zu offiziellen und feierlichen Anlässen getragen wurde. Seit 1954 war die „Jugendweihe" eine feste Einrichtung in der DDR: Damit wurden Jugendliche nach acht Jahren Schule feierlich in die Welt der Erwachsenen aufgenommen – eine quasi-religiöse Veranstaltung in direkter Konkurrenz zu den Institutionen der „Kommunion" bzw. „Konfirmation" der christlichen Kirchen. Aktivitäten und Rituale der FDJ sollten Kinder und Jugendliche weltanschaulich eng an die SED binden – ein Vorhaben, das teils gelang, teils wurde dies aber auch als lästige Pflichtübung ohne innere Anteilnahme absolviert.

Die wichtigsten Massenorganisationen in der DDR
FDGB: Freier Deutscher Gewerkschaftsbund, 9,05 Mio. Mitglieder (1981).
FDJ: Freie Deutsche Jugend, 2,3 Mio. Mitglieder (1981).
DFD: Demokratischer Frauenbund Deutschlands, 1,4 Mio. Mitglieder (1981).
KB: Kulturbund, 0,24 Mio. Mitglieder (1981).

Plakat des FDGB

Werbeplakat für die Jugendweihe (DDR, 1956)

www.bstu.bund.de
Homepage der Stasi-Unterlagen-Behörde mit vielen, detaillierten Informationen und Dokumenten
www.stiftung-hsh.de
Homepage der Stiftung Gedenkstätte Berlin-Hohenschönhausen (ehemaliges Gefängnis des MfS)

Ministerium für Staatssicherheit (MfS). Zu einer tragenden Säule im politischen System der DDR wurde schließlich das 1950 gegründete Ministerium für Staatssicherheit (MfS) – im Volksmund „Stasi". Es verstand sich selbst als „Schild und Schwert der Partei" und vereinte unter einem Dach alle Funktionen eines Inlands-, Auslands- und militärischen Geheimdienstes. Im Laufe der Geschichte der DDR schwoll der Überwachungs- und Bespitzelungsapparat der Stasi immer weiter an und umfasste am Ende 91 000 hauptamtliche (HM) und 173 000 „inoffizielle" Mitarbeiter (IM). Das MfS war Ausdruck des Versuches der Partei- und Staatsführung, ihre eigene Bevölkerung flächendeckend zu observieren und zu kontrollieren. Schließlich wurde es zum tragenden Zentrum des Herrschaftssystems der SED.
Die Aktivitäten des MfS wurden von der Zentrale in Ost-Berlin, 15 Bezirksverwaltungen und über 200 Kreisdienststellen gesteuert. Unter der Leitung von Führungsoffizieren wurden alle gesellschaftlichen Organisationen – insbesondere Kirchen und Kulturvereinigungen – bis in die höchsten Führungsebenen überwacht. Andererseits reichte die Kontrolle bis in den engsten privaten Bereich von Freundeskreisen und Familien. Opfer der Stasi-Aktivitäten wurden alle Organisationen oder Personen, die im Verdacht standen, eine kritische Haltung gegenüber dem Regime einzunehmen.
Die Maßnahmen des MfS zur „Zersetzung der feindlich-negativen Kräfte" wurden bis ins Detail in Akten festgehalten. Nach dem Ende der DDR wurden im MfS über 200 Kilometer laufende Aktenordner, hunderttausende Bild- und Tonaufnahmen sowie 39 Millionen Karteikarten gefunden und gesichert. Heute sind diese Akten eine wesentliche Grundlage zur Aufarbeitung der Geschichte der DDR und vor allem der persönlichen Geschichte ihrer Bewohner, die auf Antrag „ihre" Akte einsehen können. In vielen Fällen wurde erst im Nachhinein das ganze Ausmaß der Stasi-Überwachung deutlich: In etwa jeder zehnten Akte wurden Kollegen oder Bekannte, Freunde oder gar Verwandte von ihren Opfern als „IM" enttarnt (vgl. Thema, S. 191 ff.).

Die Ostintegration

„Sowjetisierung". Nach dem Ende des Zweiten Weltkrieges wurden alle Staaten im sowjetischen Machtbereich von einem Prozess der Umwandlung in „Volksdemokratien" nach dem Vorbild der Sowjetunion – von vielen Historikern deshalb als „Sowjetisierung" bezeichnet – erfasst (vgl. S. 16); in der SBZ begann er bereits 1946 (vgl. S. 93 ff.).
Die Vorherrschaft der Sowjetunion bzw. der KPdSU über die kommunistischen „Bruderstaaten" im Warschauer Pakt war ideologisch und machtpolitisch begründet. Der allgegenwärtige Slogan „Von der Sowjetunion lernen, heißt Siegen lernen" wollte zwar – propagandistisch – die ideologische Vorbildfunktion der UdSSR betonen, macht aber zugleich sinnfällig, wie abhängig die DDR von ihrer Schutzmacht war.

Breschnew-Doktrin: Außenpolitische Richtlinie des sowjetischen Parteichefs Leonid Breschnew von 1968. Danach besaßen die sozialistischen Staaten zwar eine eigene Souveränität und politische Gestaltungsspielräume, die jedoch begrenzt wurden durch die Interessen der „sozialistischen Gemeinschaft" der kommunistischen Staaten.

Entwicklung des sowjetischen Hegemonialanspruchs (1945–1985). Unmittelbar nach dem Zweiten Weltkrieg stand für Josef Stalin noch die Bildung eines Sicherheitsgürtels (s. Karte S. 18) im Vordergrund, hinzu kam dann die geostrategische Absicherung der Sowjetunion im „Kalten Krieg". Stalins Nachfolger, Nikita Chruschtschow (1. Sekretär des ZK der KPdSU 1953–1964), brach zwar in der Wirtschafts- und Innenpolitik mit dem Stalinismus, behielt aber den sowjetischen Hegemonialanspruch gegenüber den Staaten des Warschauer Paktes bei und setzte ihn u. a. mit der Niederschlagung des Arbeiteraufstandes in der DDR am 17. Juni 1953 und des ungarischen Aufstandes 1956 militärisch durch. Chruschtschows Nachfolger, Leonid Breschnew (1. Sekretär des ZK der KPdSU 1964–1982), bekräftigte diesen Anspruch erneut in seiner mehrfach proklamierten sogenannten „Breschnew-Doktrin", die das Recht auf Intervention der UdSSR im Falle einer Gefährdung des Sozialismus in einem verbündeten Staat behauptete. Auf dieser Grundlage wurde der Reformsozialismus in der CSSR 1968 („Prager Frühling") mit sowjetischen Panzern niedergeschlagen.

Widersprüchlichkeit der stalinistischen Deutschlandpolitik. Bis 1954/55 spielte allerdings die DDR eine Sonderrolle in der sowjetischen Hegemonialpolitik. Stalins Deutschlandpolitik hatte ein widersprüchliches Gesicht und ihre Ziele sind bis heute unter Historikern umstritten. Während manche meinen, die volle Integration der DDR in den Warschauer Pakt sei von vorneherein geplant gewesen, sind andere der Ansicht, dass die sowjetische Deutschlandpolitik zunächst die Option eines gesamtdeutschen Staates ohne Blockbindung (wie in den sogenannten Stalin-Noten von 1952 gefordert) zumindest offenhalten wollte. Die Mehrheit der Politiker im Westen, vor allem auch der westdeutsche Bundeskanzler Konrad Adenauer, hielt die Stalin-Noten für einen Propagandaschachzug zur Ausweitung des sowjetischen Einflusses auf ganz Deutschland.

Stalin-Noten: Am 10.3.1952 bot Stalin den Westmächten Verhandlungen über die Wiedervereinigung und Neutralisierung Deutschlands an. Diese Note und die Erwiderungen Stalins auf die Antworten der Westmächte werden als Stalin-Noten bezeichnet.

Als diese Option in den Jahren 1954/55 durch die Aufnahme der Bundesrepublik in die NATO scheiterte, begann – parallel zur Westintegration der Bundesrepublik – die formale politische und militärische Integration der DDR in den Warschauer Pakt. Die ökonomische Eingliederung in den Ostblock war durch den Beitritt der DDR zum im Januar 1949 gegründeten „Rat für gegenseitige Wirtschaftshilfe" (RGW), mit dessen Hilfe die Wirtschaftspläne der beteiligten Planwirtschaften aufeinander abgestimmt werden sollten, am 29.9.1950 bereits vollzogen worden.

Am 25.3.1955 proklamierte die UdSSR die volle Souveränität der DDR, im Mai 1955 gehörte die DDR zu den Gründerstaaten der Warschauer-Pakt-Organisation (WPO). Am 18.1.1956 wurde von der Volkskammer die Schaffung der „Nationalen Volksarmee" (NVA) beschlossen. Im Frühjahr 1956 war die ökonomische, politische und militärische Integration der DDR in den Ostblock vollendet.

Warschauer-Pakt-Organisation (WPO): Militärische Beistandsorganisation der Ostblockstaaten unter Führung der Sowjetunion (1955–1991). Die WPO bildete in der Zeit des „Kalten Krieges" das Gegenstück zur westlichen NATO. Mitgliedsstaaten: Albanien, Bulgarien, DDR, Polen, Rumänien, Tschechoslowakei, UdSSR, Ungarn.

Ostintegration – das bedeutete also zunächst die Anpassung von Wirtschaft, Gesellschaft und Politik an das sowjetische Modell und die innere Abhängigkeit der DDR von der Sowjetunion. Für die Machthaber in der DDR und in den anderen sowjetischen Bruderstaaten war diese Abhängigkeit zwar manchmal ärgerlich, zugleich aber in ihrem eigenen Interesse, denn sie sicherte – wie die sowjetischen Militärinterventionen bis 1985 zeigten – ihre Macht auch gegenüber dem eigenen Volk ab.

Das Konzept des „Neuen Denkens" (ab 1985). Diese sowjetische Hegemonialpolitik änderte sich ab 1985 mit dem Amtsantritt Michail Gorbatschows grundlegend. Sein Konzept des „Neuen Denkens" löste die Breschnew-Doktrin ab und räumte den verbündeten Staaten das Recht auf eine eigenständige Entwicklung ein. Nun zeigte sich – gewissermaßen mit umgekehrten Vorzeichen – die wirtschaftliche und machtpolitische Abhängigkeit der DDR vom „sowjetischen Brudervolk" in den letzten Jahren der Republik. Als die Staatsführung der DDR sich zunächst weigerte, den sowjetischen Reformkurs nachzuvollziehen, war sie schließlich im Jahr 1989, der Unterstützung durch die UdSSR beraubt, zur Kapitulation gegenüber der „friedlichen Revolution" gezwungen.

Die Planwirtschaft

Wettkampf der Wirtschaftssysteme. So wie die Konfrontation der Machtblöcke auf der Ebene der Weltpolitik war auch die Konkurrenz der beiden deutschen Staaten von einem Wettkampf der Wirtschaftssysteme gekennzeichnet. Der kapitalistischen Marktwirtschaft und ihrer konkreten Ausformung als „soziale Marktwirtschaft" in der Bundesrepublik setzte die DDR – in enger Anlehnung an das sowjetische Vorbild – die „sozialistische Planwirtschaft" entgegen. Dieser Wettkampf ist nach dem Ende der DDR nach heutigen Einschätzungen historisch zugunsten der Marktwirtschaft entschieden worden.

Theoretische Grundlagen. Das Modell der sozialistischen Planwirtschaft beruhte auf dem von Karl Marx und Friedrich Engels entwickelten „historischen Materialismus". Danach ist es in der historischen Phase des Sozialismus die Aufgabe der Arbeiterklasse,

Drei Grundpfeiler der Planwirtschaft in der DDR:
(1) Unterordnung der Wirtschaft unter die Politik (Macht und Gestaltungsmonopol der Partei der Arbeiterklasse)
(2) Überführung der Produktionsmittel in den Besitz des Staates.
(3) Leitung und Koordination des Wirtschaftsprozesses durch eine staatliche Planungsbehörde.

DDR-Betriebsbezeichnungen
VEB: Volkseigener Betrieb.
Kombinat: Größere Verwaltungseinheit, bestehend aus mehreren VEBs.
LPG: Landwirtschaftliche Produktionsgenossenschaft.

die Produktionsmittel in ihren Besitz zu überführen und so zu verwalten, dass die Ergebnisse der Produktion allen in gleicher Weise zugutekommen und eine klassenlose Gesellschaft aufgebaut werden kann. All dies soll mithilfe des von der Partei der Arbeiterklasse beherrschten Staates geschehen.

Plakat zum ersten Fünfjahresplan der DDR 1950–1955 (DDR 1951)

Organisation der Planwirtschaft. Die zentrale Leitung und Koordination des Wirtschaftsprozesses wurden in der DDR von der „Staatlichen Plankommission" vorgenommen. Sie erstellte den Wirtschaftsplan in einem zirkulären Prozess: Die unteren Produktionsebenen – „Volkseigene Betriebe" (VEB) und „Kombinate" – meldeten Informationen über Produktionsmengen, Lagerbestände, Arbeitskräfte etc. an die höheren Planungsbehörden. Nach den Vorgaben der politischen Führung und auf der Grundlage dieser Informationen legte die Staatliche Plankommission die Produktionsziele fest und übermittelte sie wieder an die Kombinate und VEBs, deren Meldungen über die tatsächliche Produktion dann zur Überwachung der Planerfüllung dienten.
In einer arbeitsteiligen Industriegesellschaft ist die Ausarbeitung eines zentralen Plans eine schwierige Aufgabe, die nur mithilfe eines komplexen Informations- und Bilanzierungssystems gelöst werden kann. Ausgehend von den zentral gesetzten, politischen Zielvorgaben der Staats- und Parteiführung wurden in einem Bedarfsplan die Produktmengen für den inländischen Bedarf und den Export aufgelistet und mit den vorhandenen Beständen abgeglichen. Die Differenz zwischen Bedarf und Bestand für ein bestimmtes Produkt ergab die Menge der zu planenden Produktion dieses Produktes. Auf der Basis dieses Wertes mussten dann die benötigten Vorprodukte, die notwendige Energie etc. auf dieselbe Weise bilanziert und im Produktionsplan ausgewiesen werden. Im optimalen Fall wurden im Plan alle Produktionsmittel und Vorprodukte so eingesetzt, dass auf möglichst effektive Weise die Zielvorgaben erreicht werden konnten.
Auch in der Planwirtschaft der DDR gab es Preise. Da sie allerdings administrativ von der Planbehörde festgelegt wurden, bildeten sie nur eine Art Recheneinheit. Die Funktionen der schwankenden Preise in der Marktwirtschaft, nämlich das Anzeigen des Knappheitsgrades eines Produktes und die entsprechende Lenkung der Produktion, übernahmen in der Planwirtschaft die Mengendifferenzen im Bedarfsplan und die entsprechenden Einträge im Produktionsplan.
Die Leistungsfähigkeit einzelner Arbeiter oder einzelner Produktionseinheiten, wie Betriebsabteilungen, Betriebe oder Kombinate, drückte sich im Grad der Planerfüllung aus. Diese Kennziffer bildete ein zentrales Motivations- und Sanktionsinstrument zur Steigerung der Leistungsbereitschaft in der Produktion. Blieb sie unter 100 Prozent, so war mit Sanktionen zu rechnen, erreichte sie mehr als 100 Prozent, so waren Belobigungen oder Vergünstigungen zu erwarten.

Funktionsprobleme. Tatsächlich unterschied sich die Realität der Planwirtschaft in allen Ländern des Ostblocks und auch in der DDR erheblich von diesen Modellvorstellungen. Im Nachhinein lassen sich eine Reihe von grundsätzlichen Mängeln und Problemen feststellen, die sich in einer abnehmenden Leistungsfähigkeit der Produktion, sinkenden Wachstumsraten und einem – relativ zur Bundesrepublik – unzureichenden materiellen Wohlstand der Bevölkerung ausdrückten und die letztlich wesentlich zum Scheitern der DDR beitrugen:

- Mit der Ausdifferenzierung der Produktion wuchsen die Anforderungen an die Planungsbehörde. Für eine korrekte Bilanzierung von Millionen von Produkten fehlten Planungskapazitäten und Informationen. Schließlich verschlang der große Planungsapparat selbst enorme volkswirtschaftliche Ressourcen.
- Solange in der Nachkriegszeit großer Mangel herrschte, konnte die Planbehörde die Grundbedürfnisse der Bevölkerung noch recht gut voraussehen und in den Plan einarbeiten. Nach der Deckung des Grundbedarfs wurde es immer schwieriger, die sich ausdifferenzierenden Konsumbedürfnisse der Bevölkerung richtig vorauszusehen; Fehlplanungen und Versorgungsengpässe traten schon aus diesem technischen Grund immer häufiger auf. Hinzu kamen politisch motivierte Vorgaben der Staats- und Parteiführung, die zumindest in manchen Fällen nicht den Bedürfnissen der Bevölkerung entsprachen.
- Da das wirtschaftliche Sanktions- und Prämierungssystem im Kern an den Planerfüllungsgrad gekoppelt war, waren Arbeiter und Betriebe an leicht erfüllbaren Planvorgaben interessiert. Deshalb wurden die von den unteren Ebenen der Produktion, den Betrieben und Kombinaten, nach oben gemeldeten Produktionskapazitäten künstlich verkleinert, Probleme oder Hindernisse übertrieben dargestellt, Ressourcenanforderungen überhöht berechnet, um von den oberen Planbehörden niedrige Planvorgaben zu erhalten, die später leichter zu erfüllen sein würden. Außerdem ermutigte das System zur Hortung von Rohstoffen und Halbfertigprodukten, die der volkswirtschaftlichen Nutzung entgingen. Damit blieb das Produktionssystem tendenziell unterausgelastet, Effizienz und Leistungsbereitschaft wurden systematisch gedämpft.
- Trotz erheblicher Bemühungen der Planbehörde, die Produktionsmengen in möglichst differenzierten Kennziffern auszudrücken, blieben diese doch notwendigerweise oft unpräzise. Dadurch wurde aufseiten der Betriebe eine – im DDR-Jargon sogenannte und oft kritisierte – „Tonnen-Ideologie" gefördert: Man versuchte, gewisse Mengen (gemessen zum Beispiel in Gewicht oder Anzahl) eines Produktes herzustellen, und vernachlässigte dabei die Qualität dieser Produkte, zumindest solange sie nicht durch Plankennziffern gemessen werden konnte.
- Die Orientierung an Kennziffern honorierte die Neuerstellung von Produkten und vernachlässigte die Instandhaltung und Modernisierung von Produktionsanlagen, aber auch von Gebäuden und Infrastruktur.
- Die Mängel und Schwächen der Planwirtschaft führten zur Entwicklung einer florierenden „Schattenwirtschaft", in der die nicht produzierten, aber notwendigen oder erwünschten Güter gehandelt wurden. Solche Güter (ein Autoersatzteil, eine Tapete, eine Waschbeckenarmatur) wurden – im DDR-Jargon – „organisiert".
- Insgesamt führten diese Probleme zu einer – im Verhältnis zur Bundesrepublik – geringen Entwicklung der Arbeitsproduktivität; Wachstum beruhte eher auf eine Extensivierung der Produktion – mit negativen Auswirkungen auf Einkommen und Umwelt.

Die Hennecke-Bewegung: Der Bergmann Adolf Hennecke förderte in einer von der SED vorbereiteten Aktion am 13.10.1948 an einem Tag 24,4 Kubikmeter Kohle. Damit erfüllte er die Arbeitsnorm mit 387 Prozent. Auf dieser Normübererfüllung beruhte die Bewegung der sogenannten „Hennecke-Aktivisten", mit der die SED die Arbeiterschaft zu besonderen Anstrengungen motivieren wollte. Der 13. Oktober wurde in Erinnerung an die „bahnbrechende Tat Adolf Henneckes" in der DDR als „Tag der Aktivisten" gefeiert.

4. Die Geschichte der Bundesrepublik Deutschland (1949–1989)

Phasen der geschichtlichen Entwicklung im Überblick

Eckdaten der Geschichte der Bundesrepublik Deutschland
21./24.6.1948: Währungsreform und „Leitsätzegesetz" (Einführung der sozialen Marktwirtschaft)
8.5.1949: Grundgesetz
11.1.1952: Beitritt zur „Montanunion"
26.5.1952: „Deutschlandvertrag" mit den drei Westmächten
10.7.1952: Lastenausgleichsgesetz
5.5.1955: Volle Souveränität und Beitritt zur NATO
23.2.1957: Rentenreform
25.3.1957: Gründung der EWG
13.–15.11.1959: Godesberger Parteitag der SPD
13.8.1961: Beginn des Baus der Berliner Mauer durch Grenztruppen der DDR
15.10.1963: Rücktritt des Bundeskanzlers Konrad Adenauer
1967/68: Studentenbewegung
29.5.1968: Notstandsverfassung
12.8.1970: „Moskauer Vertrag" mit der UdSSR
7.12.1970: „Warschauer Vertrag" mit Polen
3.9.1971: Viermächteabkommen über Berlin
21.12.1972: Unterzeichnung des „Grundlagenvertrages"
6.5.1974: Rücktritt des Bundeskanzlers Willy Brandt
25.2.1975: Das Bundesverfassungsgericht hebt das Gesetz zum Schwangerschaftsabbruch („Fristenregelung") auf.
1977: Höhepunkt des Terrors der „RAF"
Januar 1980: Neugründung der Partei „Die Grünen"
10.10.1981: Friedensdemonstration in Bonn gegen den NATO-Doppelbeschluss
9.11.1989: Öffnung der Berliner Mauer
1.7.1990: Wirtschafts- und Währungsunion mit der DDR (s. S. 223ff.)
3.10.1990: Beitritt der „Neuen Länder" zur Bundesrepublik Deutschland (s. S. 225)

Die Gliederung historischer Entwicklungen in verschiedene Phasen verallgemeinert immer, kann aber den Überblick über komplexe historische Prozesse erleichtern und bestimmte typische Merkmale („Zeitsignaturen") einzelner Abschnitte der Entwicklung verdeutlichen. Entscheidend ist, welche Kriterien bei der Unterscheidung von Phasen zugrunde gelegt werden. Im Falle der Geschichte der Bundesrepublik können erstens die Ergebnisse der Bundestagswahlen und die auf ihnen basierenden Regierungskoalitionen und zweitens Eckdaten der ökonomischen Entwicklung erste Anhaltspunkte geben.

Wahlergebnisse und Regierungskoalitionen. Wenn man die Ergebnisse der Bundestagswahlen und die Zusammensetzung der Regierungskoalitionen als noch recht verallgemeinernden, aber doch aussagekräftigen Indikator für den Wandel der politischen Mehrheitsverhältnisse in der Bundesrepublik zugrunde legt, dann zeigen sich drei deutlich unterscheidbare Phasen der politischen Entwicklung in der Geschichte der Bundesrepublik: erstens die Phase der christlich-liberalen Koalition unter den Bundeskanzlern Konrad Adenauer und Ludwig Erhard (1949–1966), zweitens (nach der Übergangsphase der „Großen Koalition" unter Bundeskanzler Kiesinger) die Phase der sozial-liberalen Koalition unter den Bundeskanzlern Willy Brandt und Helmut Schmidt (1969–1982) und drittens die Phase der christlich-liberalen Koalition unter dem Bundeskanzler Helmut Kohl (1982–1998).

Bundestagswahlen 1949–2009: Ergebnisse in Prozent der gültigen Zweitstimmen in dem jeweiligen Gebietsstand

	1949	1953	1957	1961	1965	1969	1972	1976	1980	1983	1987	1990	1994	1998	2002	2005	2009
Wahlber. (Mio.)	**31,2**	**33,1**	**35,4**	**37,4**	**38,5**	**38,7**	**41,4**	**42,1**	**43,2**	**44,1**	**45,3**	**60,9**	**60,5**	**60,8**	**61,4**	**61,8**	**62,1**
Wahlbet. (%)	**78,5**	**86,0**	**87,8**	**87,7**	**86,8**	**86,7**	**91,1**	**90,7**	**88,6**	**89,1**	**84,3**	**77,8**	**79,0**	**82,2**	**79,1**	**77,7**	**70,8**
CDU/CSU	31,0	45,2	50,2	45,4	47,6	46,1	44,9	48,6	44,5	48,8	44,3	43,8	41,4	35,1	38,5	35,2	33,8
SPD	29,2	28,8	31,8	36,2	39,3	42,7	45,8	42,6	42,9	38,2	37,0	33,5	36,4	40,9	38,5	34,2	23,0
FDP	11,9	9,5	7,7	12,8	9,5	5,8	8,4	7,9	10,6	7,0	9,1	11,0	6,9	6,2	7,4	9,8	14,6
Die Grünen	–	–	–	–	–	–	–	–	1,5	5,6	8,3	3,8	7,3	6,7	8,6	8,1	10,7
Bündnis 90/Grüne	–	–	–	–	–	–	–	–	–	–	–	1,2					
PDS/Die Linke	–	–	–	–	–	–	–	–	–	–	–	2,4	4,4	5,1	4,0	8,7	11,9
DP	4,0	3,3	3,4	–	–	–	–	–	–	–	–	–	–	–	–	–	–
GB/BHE	–	5,9	4,6	2,8	–	0,1	–	–	–	–	–	–	–	–	–	–	–
Zentrum	3,1	0,8	0,3	–	–	–	–	–	–	–	–	–	–	–	–	–	–
Bayernpartei	4,2	1,7	0,5	–	–	0,2	–	–	–	–	–	–	–	–	–	–	0,1
DRP, NPD, Republikaner	1,8	1,1	1,0	0,8	2,0	4,3	0,6	0,3	0,2	0,2	0,6	2,1	–	–	1,0	2,2	1,9
KPD, DFU, DKP	5,7	2,2	–	1,9	1,3	–	0,3	0,3	0,2	0,2	–	–	–	–	–	–	–
Sonstige	9,1	1,5	0,5	0,1	0,3	0,8	–	0,3	0,1	–	0,2	2,2	3,6	5,9	1,8	1,6	4,0

DP = Deutsche Partei; GB/BHE = Gesamtdeutscher Block/Bund der Heimatvertriebenen und Entrechteten; DRP = Deutsche Reichspartei; DFU = Deutsche Friedensunion; PDS bis 2002, seit 2005 = Die Linke (mit WASG)

(Statistische Jahrbücher für die Bundesrepublik Deutschland)

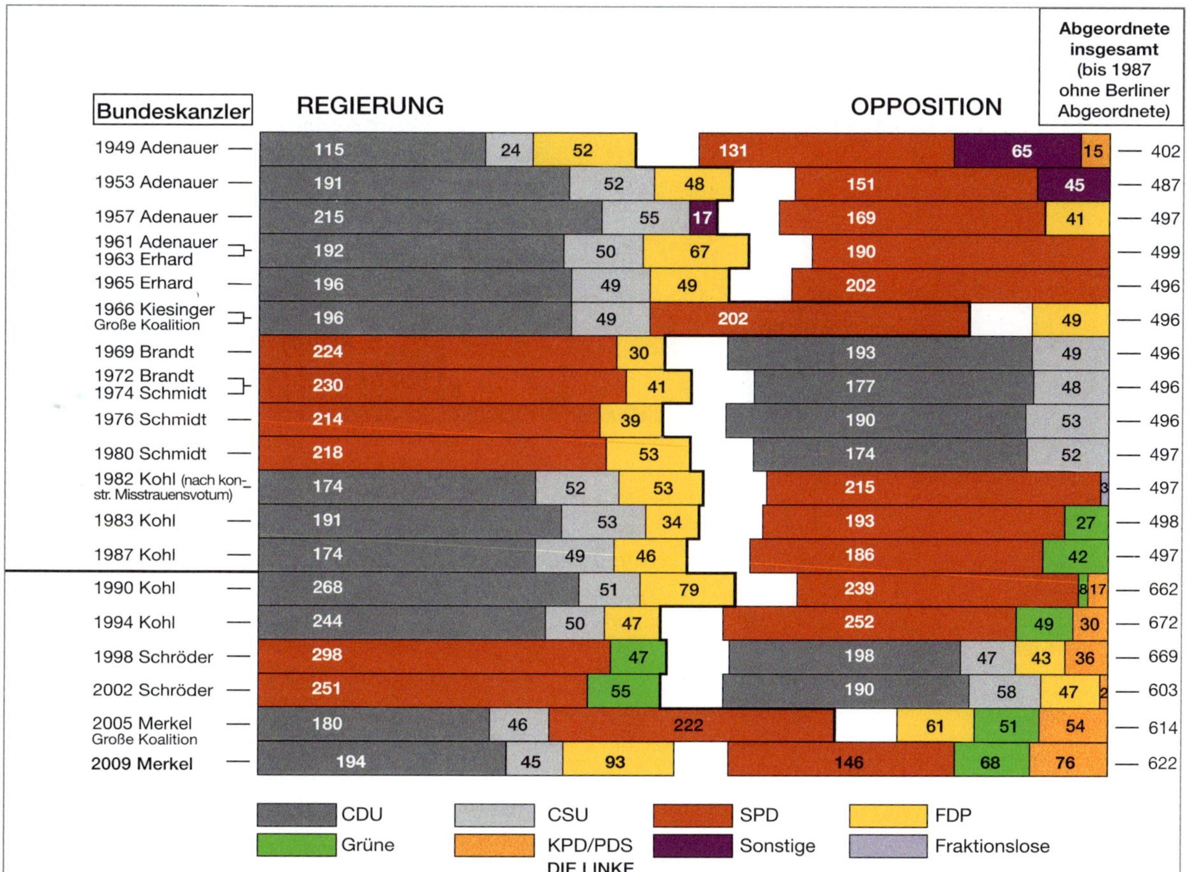

Ergebnisse der Wahlen zum Deutschen Bundestag: Sitzverteilung, Regierungskoalitionen und Opposition 1949–2009

Insgesamt spiegeln die Wahlergebnisse tiefer liegende gesellschaftliche und politische Veränderungen, aber auch Kontinuitäten in der Bundesrepublik (s. S. 134 f.). Zugleich zeigen sie die – im Verhältnis zur Weimarer Republik – Stabilität des westdeutschen Parteien- und Regierungssystems – auch wenn umstritten ist, ob dies eher auf die Bestimmungen des Grundgesetzes, auf Fortschritte in der politischen Kultur oder auf eine durch wachsenden Wohlstand geprägte Gesellschaftsstruktur zurückzuführen ist.

Phasen der ökonomischen Entwicklung. Wachstumsraten und Arbeitslosenzahlen gelten als zentrale Indikatoren der wirtschaftlichen Entwicklung der Bundesrepublik Deutschland. Ihre Analyse kann einerseits Phasen der Konjunkturentwicklung und andererseits langfristige strukturelle Veränderungen aufzeigen.

Wachstumsraten und Anzahl der Arbeitslosen in der Bundesrepublik Deutschland 1950–2000

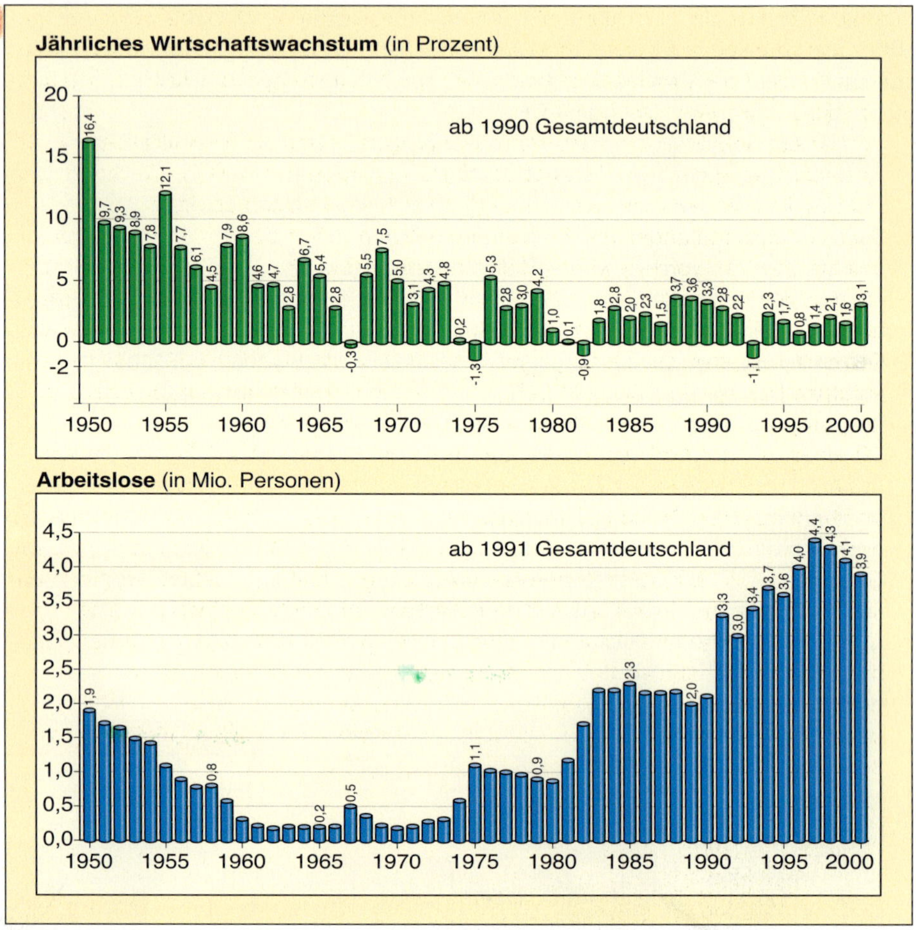

(Zusammengestellt nach verschiedenen Quellen)

Jährliches Wirtschaftswachstum: Zu- oder Abnahme der Wirtschaftsproduktion gegenüber dem Vorjahr in %.
Konjunkturphasen: *Aufschwung:* ansteigendes Wachstum; *Boom*: sehr hohes Wachstum; *Rezession* (*Abschwung*): sinkendes Wachstum; *Depression*: kein oder „negatives" Wachstum.

Im Überblick zeigt sich eine lang anhaltende Aufbauphase nach Kriegsende, gekennzeichnet durch stabiles Wachstum und abnehmende Arbeitslosenzahlen. Deutlich erkennbar sind anschließend vier Konjunkturzyklen, getrennt durch vier Rezessionsjahre. Zugleich zeigt der Anstieg der Arbeitslosenzahlen seit Mitte der 1970er-Jahre ein strukturelles Problem: die Entkopplung von Wachstum und Beschäftigung durch die Rationalisierung der Produktion. Diese Entkopplung führte dazu, dass ein Teil der Bevölkerung nicht mehr unmittelbar von Wachstum und Wohlstandsgewinn profitieren konnte und die Sozialsysteme der Bundesrepublik stark belastet wurden.
Wahlergebnisse und Indikatoren der wirtschaftlichen Entwicklung bilden die Grundlage der folgenden Phasenunterscheidung. Nimmt man weitere Kriterien (innere gesellschaftliche Entwicklung, markante Ereignisse) hinzu, so lassen sich auf etwas differenziertere Weise fünf Phasen der Geschichte der Bundesrepublik unterscheiden.

Die Aufbaujahre (1949–1961)

In den Aufbaujahren wurden mit der „Westintegration" und dem Konzept der „Sozialen Marktwirtschaft" die Grundsteine für die politische, gesellschaftliche und wirtschaftliche Entwicklung des Staates gelegt. Beide Grundsteine wurden maßgeblich von der CDU/CSU sowie – als zentralen Persönlichkeiten – dem ersten Bundeskanzler des neuen Staates, Konrad Adenauer, und dem Wirtschaftsminister und späteren Bundeskanzler, Ludwig Erhard, gestaltet.

Das „Wirtschaftswunder". In wirtschaftlicher Hinsicht waren die Aufbaujahre durch ein stetiges Wirtschaftswachstum und eine kontinuierliche Abnahme der Arbeitslosenzahlen gekennzeichnet. Diese allgemeine Wohlstandssteigerung nach der zum Teil dramatischen Not der Nachkriegsjahre wurde im Volksmund „Wirtschaftswunder" genannt, beruhte aber auf ganz nüchternen Ursachen: Neben dem offensichtlich erfolgreichen Konzept der sozialen Marktwirtschaft spielten auch günstige historischen Rahmenbedingungen eine wichtige Rolle:

- Infolge des aufkeimenden Ost-West-Gegensatzes hatten die Westalliierten die ursprünglich vorgesehenen Reparationszahlungen gestoppt und im Gegenteil den industriellen Aufbau (vor allem durch die Marshallplan-Hilfe) gefördert.
- Durch Kriegshandlungen und Demontagen waren viele Industrie- und Infrastrukturanlagen zerstört worden, während die wissenschaftlichen und technischen Kompetenzen der arbeitenden Menschen erhalten geblieben waren. In einer Art „Rekonstruktionseffekt" setzte der Wiederaufbau von Produktionsanlagen gerade in den Gebieten, in denen die Zerstörungen besonders groß gewesen waren, Wachstumsenergien frei. Die zerstörten Maschinen mussten überdies durch neue ersetzt werden, wodurch insgesamt die Produktivität der Industrie stieg.
- Die anfangs hohe Zahl der Arbeitslosen setzte dem Wirtschaftswachstum im Bereich des Arbeitsmarktes keine Grenzen, sondern ermöglichte die ungehinderte Expansion der Industrieproduktion. Trotz des Zustromes von etwa 10 Mio. Flüchtlingen und Heimatvertriebenen sank die Zahl der Arbeitslosen stetig. Hinzu kam, dass die Gewerkschaften mit ihren Lohnforderungen zurückhaltend blieben, wodurch die Schaffung von Arbeitsplätzen und neue Sachinvestitionen begünstigt wurden.
- Auf der Nachfrageseite bestand infolge der Kriegszerstörungen ein enormer Nachholbedarf. Hinzu kam ab 1950 der Korea-Krieg: Die Konzentration der Industrieproduktion der USA auf Rüstungsgüter schuf der westdeutschen Volkswirtschaft Exportfreiräume und bewirkte einen deutlichen Anstieg des Außenhandels („Korea-Boom").

Werbefoto (1952): Das „Wirtschaftswunder" führte in den Gründungsjahren der Bundesrepublik zu regelrechten Konsumwellen („Fresswelle", „Wohnwelle", „Reisewelle"), die – aufeinander aufbauend – den materiellen Nachholbedarf der westdeutschen Nachkriegsgesellschaft befriedigten.

Konrad Adenauer/CDU (1876–1967).
Adenauer prägte als erster Bundeskanzler (1949–1963) die Nachkriegsjahre der Bundesrepublik wie kein Zweiter („Ära Adenauer").
1906: Beitritt zur Zentrumspartei.
1917–1933: Oberbürgermeister der Stadt Köln.
1933: NSDAP enthebt Adenauer seines Amtes.
1944: Verhaftung und Inhaftierung.
1946: Vorsitzender der CDU in der britischen Zone.
1948: Vorsitzender des Parlamentarischen Rates.
1949–1963: Bundeskanzler.

Ludwig Erhard/CDU (1897–1977).
Der „Vater der Sozialen Markwirtschaft" prägte als Wirtschaftsminister (1949–1963) den ökonomischen Aufstieg der Bundesrepublik und die Zeit des „Wirtschaftswunders". Als Nachfolger Adenauers im Amt des Bundeskanzlers war er allerdings weitgehend glücklos.

Nivellierte Mittelstandsgesellschaft: Laut Schelsky war die Gesellschaft der frühen Bundesrepublik durch starke soziale Mobilität bzw. Nivellierung (Abstieg aus der Oberschicht, Aufstieg aus der Unterschicht) geprägt, in deren Folge sich immer mehr Menschen dem Mittelstand zugehörig fühlten.

Gesellschaft in den 1950er-Jahren. Die Gesellschaft der Bundesrepublik vollzog in den Aufbaujahren eine markante „doppelte" Bewegung: Einerseits bewirkte der ökonomische Aufschwung einen dramatischen Modernisierungsschub der Erwerbsstruktur: Die Zahl der in der Landwirtschaft und im traditionellen Mittelstand Beschäftigten ging deutlich zurück, während sich die Zahl der Arbeitnehmer in der Industrie leicht, die der Beschäftigten im Dienstleistungssektor deutlich erhöhte. Mit anderen Worten: Die Bundesrepublik wurde eine moderne Industrie- und Dienstleistungsgesellschaft. Dadurch nahm die Bedeutung herkömmlicher sozialer Unterschiede und traditionsgebundener Einstellungen ab, die Bedeutung von Mobilität und Leistungsbereitschaft zu. Der allgemein steigende Wohlstand und die gemeinsame Orientierung an den neuen Konsummöglichkeiten verschmolz – trotz weiter vorhandener Vermögens- und Einkommensunterschiede – die Sozialstruktur zu einer „nivellierten Mittelstandsgesellschaft" – so die griffige Formulierung des zeitgenössischen Soziologen Helmut Schelsky. Diesem Modernisierungsschub stand andererseits eine konservative Grundhaltung gegenüber, die wesentlich von dem problematischen Umgang mit dem nationalsozialistischen Erbe geprägt war: Zwar gab es auch zaghafte Versuche zu seiner Überwindung, aber die große Mehrheit der Bundesbürger verdrängte und tabuisierte das Dritte Reich und seine Folgen. Historiker werten diese Verhaltensweisen unterschiedlich, eindeutig aber bewirkten sie in der Summe eine Entpolitisierung der Gesellschaft: Nach den schlimmen Zeiten sehnte man sich nach Ruhe, Geborgenheit und Anerkennung. Diese Grundstimmung war einer der wesentlichen Faktoren für die Regierungsstabilität, führte aber auch dazu, dass manche Bereiche der Gesellschaft vom Modernisierungsschub ausgespart blieben oder sich sogar gegenläufig entwickelten. So blieb das gesamte Bildungswesen unterentwickelt. Die Rolle der Frauen, die in der unmittelbaren Nachkriegszeit wichtige Aufgaben in der Produktion, beim Wiederaufbau und in der Öffentlichkeit übernommen hatten, wurde wieder auf die traditionellen Zuschreibungen der „Hausfrau und Mutter" zurückgedrängt.

Innen- und Sozialpolitik. Innen- und sozialpolitisch waren die Aufbaujahre durch zwei groß angelegte und in ihrer Wirkung bedeutende Reformvorhaben geprägt: Das „Lastenausgleichsgesetz" vom 10.7.1952 garantierte den Kriegsbeschädigten, Heimatvertriebenen und Flüchtlingen materielle Unterstützung. Es trug damit erheblich zur Integration dieser Bevölkerungsgruppen in die westdeutsche Gesellschaft und zum Abbau sozialer Spannungen bei. Das am 23.2.1957 verabschiedete „Gesetz zur Neuregelung des Rechts der Rentenversicherung" stellte das Rentensystem auf eine neue Grundlage. Das seit der Bismarckzeit geltende „Kapitaldeckungsverfahren", nach dem die Rente im Grundsatz aus den angesparten Rentenbeiträgen früherer Jahre bezahlt wurde, hatte die Rentner in eine bedrückende Lage gebracht, weil ihr Rentenvermögen während des Zweiten Weltkrieges geplündert worden war. Im neuen „Umlageverfahren" wurden die Rentenzahlungen nun aus den laufenden Beiträgen der arbeitenden Generation bezahlt und außerdem an die allgemeine Lohn- und Preisentwicklung gekoppelt. Beide Reformen können als Ausdruck des Versuchs gewertet werden, den Wohlstandszuwachs der Wiederaufbaujahre solidarisch zu verteilen – im Falle des Lastenausgleichsgesetzes zwischen einheimischer und vertriebener Bevölkerung, im Falle der Rentenreform zwischen der jungen und der alten Generation.

Wahlplakat der CDU (1957): Dieser Wahlslogan brachte die Grundstimmung der westdeutschen Gesellschaft in den Aufbaujahren schlüssig auf den Punkt.

Politische Stabilität. Der wirtschaftliche Aufschwung und die außenpolitische Stabilität verhalfen der Regierung zu großem Ansehen in der Bevölkerung und sicherten ihr über mehrere Wahlperioden stabile Mehrheitsverhältnisse. Im Zentrum der Regierungspolitik wiederum stand unangefochten der Kanzler Konrad Adenauer – im zeitgenössischen Volksmund „der Alte". Sein energisches und zugleich volkstümlich-großväterliches Auftreten machte ihn populär in einer westdeutschen Nachkriegsgesellschaft, die sich nach Anerkennung und Sicherheit sehnte. Die schrittweise Wiedererlangung von Souveränitätsrechten, außenpolitischem Spielraum und internationaler Anerkennung wurde seinem klaren Konzept der Westintegration, aber auch seiner moralischen Integrität und seinem Verhandlungsgeschick zugeschrieben. Auch innerhalb seiner Partei verfügte Adenauer über ungebrochene Autorität, sodass politische Gegner von einem „Kanzlerwahlverein" sprachen.

Kurswechsel der SPD. Vor diesem Hintergrund hatte die oppositionelle SPD einen schweren Stand. Sie hatte sich – vor allem aufgrund ihrer Verdienste im Kampf gegen den Nationalsozialismus – schon bei der ersten Wahl zum Bundestag ein besseres Wahlergebnis erhofft. Ende der 1950er-Jahre reagierte die SPD auf drei missglückte Wahlkämpfe. Offensichtlich konnte sie als Oppositionspartei etwa ein Drittel der Wähler gewinnen, mehr aber nicht. Deshalb vollzog die SPD auf einem außerordentlichen Parteitag in Bad Godesberg vom 13. bis 15. November 1959 einen Kurswechsel und beschloss ein neues Grundsatzprogramm, mit dem sie auf den gesellschaftlichen Wandel in der Bundesrepublik der 1950er-Jahre reagierte: Sie trennte sich von allen marxistischen Klassenkampfideen und öffnete sich damit auch für die Mittelschichten. Die Sozialisierungsideen der Nachkriegszeit wurden aufgegeben und der Schutz des privaten Eigentums an Produktionsmitteln in das Programm aufgenommen.
Die SPD bekannte sich zur Westintegration und zur Landesverteidigung, einschließlich der Wehrpflicht. Mit dem Godesberger Programm wandelte sich die SPD von einer Arbeiter- zu einer Volkspartei und legte die programmatischen Grundlagen für ihre späteren Wahlerfolge.

Kurt Schumacher/SPD (1895–1952)
war vor 1933 Mitglied des Reichstages gewesen und hatte fast die gesamte Zeit der nationalsozialistischen Diktatur in KZ-Haft verbracht. Als Vorsitzender der SPD wurde er in der Nachkriegszeit der wichtigste Gegenspieler Konrad Adenauers.

Krise, Protest und Umbruch (1961–1969): Das Ende der Aufbaujahre und die „Große Koalition"

Veränderte Rahmenbedingungen. Die positiven Rahmenbedingungen, auf denen das „Wirtschaftswunder" der Aufbaujahre beruht hatte, verschlechterten sich seit Mitte der 1950er-Jahre kontinuierlich: Der Abbau der Arbeitslosigkeit und schließlich die Vollbeschäftigung schlugen um in einen Arbeitskräftemangel, zumal nach dem Bau der Berliner Mauer 1961 der Zustrom von Arbeitskräften aus der DDR versiegte. Dies konnte nur teilweise durch die Anwerbung ausländischer Arbeitnehmer („Gastarbeiter") ausgeglichen werden.
Die Gewerkschaften gaben vor diesem Hintergrund ihre lohnpolitische Zurückhaltung auf und forderten für ihre Mitglieder einen höheren Anteil am Volkseinkommen. Durch steigende Löhne stieg zwar die Binnennachfrage weiter an, zugleich sank aber die Investitionskraft der Unternehmen. Hinzu kamen jetzt Engpässe im Bereich der zuvor vernachlässigten Infrastruktur, vor allem im Straßen- und Schienenbau sowie im Gesundheits- und Bildungssektor.
Diese Faktoren mündeten 1967 in die erste Rezession der westdeutschen Nachkriegsgeschichte, die – rein ökonomisch betrachtet – nur einen leichten konjunkturellen Rückschlag bedeutete, politisch-psychologisch aber einen tiefen Einschnitt bedeutete: Das Vertrauen in eine stetig bessere Zukunft war dahin, das „Wirtschaftswunder" zu Ende.

Italienische Gastarbeiter im VW-Werk in Wolfsburg (1950er-Jahre). Zur Zeit der Hochkonjunktur Ende der 1950er-Jahre waren Menschen, zunächst vor allem aus Italien, Spanien und Portugal, später vor allem aus der Türkei, als Arbeitskräfte angeworben worden. Die Teilnahme ausländischer Arbeitnehmer und ihrer Familien am wirtschaftlichen und öffentlichen Leben gehört seitdem zum Alltag der Bundesrepublik.
Nachdem 1970 die Zahl der Gastarbeiter die Zweimillionengrenze überschritten und die Wirtschaftslage sich verschlechtert hatte, wurde am 23.11.1973 ein Anwerbestopp verhängt.

www.chronik-der-mauer.de
Informative Seite der Bundeszentrale für politische Bildung

Bau der Berliner Mauer (13.8.1961). Auch politisch hatte die CDU/CSU Kredit verloren. Im August 1961 wurde mit dem Bau der Berliner Mauer und der damit offensichtlichen Vertiefung und Zementierung der deutschen Teilung die Problematik der Westintegrations- und Deutschlandpolitik Adenauers deutlich. Dass Adenauer aus Angst vor Protesten erst am 22. August, also neun Tage nach Beginn des Mauerbaus, Berlin besuchte und seine Wahlkampfangriffe gegen den Regierenden Bürgermeister von Berlin, Willy Brandt (SPD), der in den Augen vieler Zeitgenossen einen mutigen Kampf gegen die Mauer führte, ungerührt fortsetzte, schadete seinem Ansehen erheblich.

Etwa zwei Jahre nach dem Bau der Berliner Mauer und der Kubakrise bekräftigte der amerikanische Präsident J. F. Kennedy das Engagement der USA für Westberlin durch seinen Besuch in der geteilten Stadt. „Alle freien Menschen, wo immer sie leben mögen, sind Bürger dieser Stadt Westberlin, und deshalb bin ich als freier Mann stolz darauf, sagen zu können: Ich bin ein Berliner!“. Ganz links im Bild: Bundeskanzler Konrad Adenauer; ganz rechts: der Regierende Bürgermeister von Westberlin und spätere Bundeskanzler Willy Brandt.

Regierung Erhard (1963–1967). Die Regierungszeit seines Nachfolgers, Ludwig Erhard, stand unter keinem guten Stern: Adenauer selbst hatte bereits 1959 in der sogenannten „Präsidentschaftskrise“ seine Autorität geschwächt: Adenauer hatte erklärt, sich aus dem Kanzleramt zurückziehen und für das Amt des Bundespräsidenten kandidieren zu wollen. Als dann deutlich wurde, dass die CDU/CSU sich für den populären Ludwig Erhard als Nachfolger entscheiden würde, zog Adenauer seine Kandidatur zurück und warf Erhard öffentlich mangelnde Kompetenz vor.
Zudem litt die Regierung Erhard unter der Wirtschaftsrezession. Auf die zunehmenden gesellschaftlichen Konflikte und Spannungen reagierte sie mit dem Leitbild der „formierten Gesellschaft“, indem sie an die Verantwortung für das Gemeinwohl und die Tugenden der Wirtschaftswunderzeit appellierte. Aber diese Strategie des moralischen Appells konnte keine Wirkung mehr entfalten und Ludwig Erhard trat am 30.11.1966 von seinem Amt als Bundeskanzler zurück. Am 1.12.1966 wählte der Bundestag mit den Stimmen der CDU/CSU und der SPD („Große Koalition“) den CDU-Politiker Kurt Georg Kiesinger zum Bundeskanzler, Außenminister wurde der SPD-Vorsitzende Willy Brandt.

http://de.wikipedia.org/wiki/Spiegel-Aff%C3%A4re
Wikipedia-Artikel zur Spiegel-Affäre

Generationswechsel. Mitte der 1960er-Jahre deutete sich so eine tief greifende Zäsur der westdeutschen Nachkriegsgeschichte an: Die Regierung hatte auf allen wesentlichen Politikfeldern deutlich spürbar an Autorität verloren: in der Außen- und Deutschlandpolitik durch den Bau der Berliner Mauer, in der Wirtschaftspolitik durch die Rezession und in der Gesellschaftspolitik durch den Vertrauensbruch in der „Spiegel-Affäre“, die zugleich – wie die Spitze eines Eisberges – einen grundlegenden Generations- und Mentalitätswechsel ankündigte. In die Kriegsgeneration, die die Aufbaujahre geprägt hatte, wuchs eine neue Generation hinein, die den Krieg und die ersten Nachkriegsjahre nicht mehr selbst erlebt hatte. Sie kritisierte die starren und in ihren Augen rückständigen gesellschaftlichen Strukturen sowie die fehlende Auseinandersetzung mit der Verstrickung in den Nationalsozialismus. Der Nachkriegskonsens eines „unpolitischen" Neuanfangs durch enge Anbindung an den Westen, wirtschaftlichen Wohlstand und autoritärkonservative gesellschaftliche Strukturen zerbrach.

„Große Koalition" (1966–1969). Die neue Regierung der „Großen Koalition" entsprang ausdrücklich keinem langfristigen Konzept, sondern war eine vorübergehende Antwort auf die drängenden Probleme dieser Umbruchsituation, die – so die Überzeugung der Koalitionäre – nur in einer gemeinsamen Anstrengung der beiden großen Parteien bewältigt werden konnten.

Der Wirtschaftskrise setzte die Regierung das neue wirtschaftspolitische Konzept der „nachfrageorientierten Globalsteuerung" ihres Wirtschaftsministers Karl Schiller entgegen. Es basierte auf der in den 1930er-Jahren von John M. Keynes entwickelten Konjunkturtheorie und sah vor, dass der Staat systematisch die gesamtwirtschaftlichen Größen „Konsum" und „Investitionen" steuern sollte: In Zeiten konjunktureller Schwäche sollte der Staat die in der Privatwirtschaft fehlende Konsum- und Investitionsnachfrage selber ausüben, um die Wirtschaft anzukurbeln. Die dabei entstehenden Staatsschulden sollten durch Steuereinnahmen in Aufschwungzeiten ausgeglichen werden. Im „Gesetz zur Förderung von Konjunktur und Wachstum" („Stabilitätsgesetz") vom 14.6.1967 wurden die unter dem Schlagwort „Magisches Viereck" bekannt gewordenen Ziele dieser „antizyklischen" Wirtschaftspolitik verankert und erstmals umrissen. Tatsächlich war die Globalsteuerung in der Bekämpfung der Rezession zunächst sehr erfolgreich: Ab 1968 stieg das Wachstum wieder stark an, die Arbeitslosigkeit ging zurück. Ein Anstieg der Inflation konnte jedoch nicht verhindert werden.

„Magisches Viereck"
Die vier Ziele staatlicher Wirtschaftspolitik nach dem Stabilitätsgesetz (14.6.1967): Preisstabilität, gleichmäßiges Wachstum, Vollbeschäftigung, außenwirtschaftliches Gleichgewicht. Eine auf diese Ziele, d. h. auf Vermeidung starker Konjunkturschwankungen ausgerichtete Politik bezeichnet man als **antizyklisch**.

Debatte um die „Notstandsgesetze". Innenpolitisch war die Zeit der Großen Koalition zunächst vor allem von der aufwühlenden und erbittert geführten Debatte um die sogenannten „Notstandsgesetze" geprägt, die schließlich am 30. Mai 1968 gegen die Stimmen der FDP und einiger Abgeordneter der SPD vom Bundestag beschlossen wurden. Kernstück der Notstandsgesetze war eine Notstandsverfassung, die im Falle einer inneren Bedrohung der „freiheitlich-demokratischen Grundordnung" des Bundes bzw. eines der Länder oder einer äußeren Bedrohung durch einen „Spannungs-" oder „Konfliktfall" in Kraft tritt. Sie erlaubt die Einschränkung von Grundrechten, wie des Post- und Fernmeldegeheimnisses oder der Freiheit der Berufswahl.

Demonstration gegen die Notstandsgesetze (Bonn, Mai 1968)

Internet-Tipps zur Geschichte der APO:
http://www.glasnost.de/hist/apo
Materialreiches Archiv mit vielen Originaldokumenten
http://web.fu-berlin.de/APO-archiv/
Archiv mit Originaldokumenten der Freien Universität Berlin

Lektüre-Tipp:
Peter Borowsky, Große Koalition und Außerparlamentarische Opposition, Informationen zur politischen Bildung, Heft 258 (www.bpb.de)

Rudi Dutschke (1940–1979)
gilt als intellektueller Kopf und Führungsfigur der Studentenbewegung. Ab 1966 organisierte er zahlreiche Demonstrationen für Reformen an den Universitäten und gegen die Notstandsgesetze oder den Vietnamkrieg.
Am 11.4.1968 überlebte er knapp ein Attentat, an dessen Spätfolgen er am 24.12.1979 starb.

Die Debatte war notwendig geworden, weil das Grundgesetz kein Notstandsrecht für den Fall eines Ausnahmezustandes enthielt. Dieses Recht hatten sich zunächst die Alliierten vorbehalten. Nun knüpften sie an die Aufhebung dieses Vorbehaltes (und damit an die Erlangung vollständiger staatlicher Souveränität) die Forderung, ein Notstandsrecht in das Grundgesetz aufzunehmen. Innenpolitisch stieß das Notstandsrecht auf erheblichen Widerstand, denn es erinnerte viele an den Artikel 48 der Weimarer Verfassung, der dem Reichspräsidenten das Recht gegeben hatte, den Ausnahmezustand festzustellen und mit Notverordnungen zu regieren. Diese Bestimmung hatte mit zum Niedergang der Weimarer Demokratie und zur Machtübernahme der NSDAP beigetragen – eine historische Erfahrung, die sich – so die Gegner der Notstandsgesetze – nun zu wiederholen drohe.

Die „Außerparlamentarische Opposition" (APO). Im Rückblick kann die innenpolitische Auseinandersetzung um die Notstandsgesetze auch als Ausdruck und Focus der tiefer liegenden Auseinandersetzung zwischen der etablierten Mehrheit der Gesellschaft einerseits und reformorientierten Kräften andererseits interpretiert werden. Letztere hatten ihre historischen Wurzeln in der Protestbewegung gegen die Wiederbewaffnung der Bundesrepublik („Ostermarsch-Bewegung") in den 1950er-Jahren. Sie wurden nun unter der Sammelbezeichnung „Außerparlamentarische Opposition" (APO) aktiv. Anfang der 1960er-Jahre breitete die APO sich im studentischen Milieu aus und wurde deshalb oft als „Studentenbewegung" bezeichnet. Befördert durch die Diskussion um die Notstandsgesetze und das Fehlen einer wirksamen Opposition im Bundestag entwickelte sich die APO zur Zeit der Großen Koalition zu einer Massenbewegung, die schließlich alle wesentlichen Grundlagen der Republik radikal infrage stellte (vgl. S. 143 f.).
Die Entwicklung der APO in Westdeutschland bewegte sich dabei in einem größeren internationalen Zusammenhang des Generationswechsels und des Umbruchs in der gesamten westlichen Welt, der im Kern vor allem ein kultureller Umbruch war: Neue Musik- und Modestile bildeten den Focus rebellierender Jugendkulturen, wie des Rock'n'Roll, der Beatniks und der Hippies. Das gegen die konservative Welt der Erwachsenen gerichtete Lebensgefühl dieser Kulturen verband sich mit politischem Protest gegen den Vietnamkrieg, gegen die Aufrüstung im „Kalten Krieg" und gegen den antikommunistischen Gesinnungsdruck. In der Bundesrepublik wurde dieser Konflikt durch die spezifisch deutsche Geschichte noch verschärft, denn die Verstrickung in den Nationalsozialismus vor 1945 und deren Verdrängung in den 1950er-Jahren diskreditierten in den Augen vieler Jugendlicher die moralische Autorität der Elterngeneration.
Die APO war keine einheitliche Organisation, sondern bestand aus vielen verschiedenen Gruppierungen und losen Zusammenschlüssen, in deren Mittelpunkt der „sozialistische Deutsche Studentenbund" (SDS) stand. Ihre Weltbilder basierten in weiten Teilen auf marxistisch-sozialistischen Ideen, aber auch auf anderen Einflüssen, wie zum Beispiel den Schriften von Sigmund Freud. Mit dem „real existierenden Sozialismus" der DDR und des Ostblocks sympathisierte nur eine Minderheit, einflussreicher war die „Frankfurter Schule" um die Sozialwissenschaftler Theodor W. Adorno und Max Horkheimer, die in ihrer Theorie der „autoritären Persönlichkeit" soziologische, philosophische und psychoanalytische Ansätze einer kritischen Analyse des Faschismus und der bürgerlichen Gesellschaft entwickelt hatten. Die breite Mehrheit der APO strebte mit ihrer Kapitalismuskritik das Ziel eines freiheitlichen sozialistischen Weges an und wandte sich gegen die verhärteten Fronten des Denkens im „Kalten Krieg".
In den Jahren 1967 und 1968 erreichte die APO immer mehr Zulauf, vor allem unter Studenten, Schülern und Intellektuellen. Ihre neuen, unkonventionellen Protestformen, wie „go-ins" oder „sit-ins" erregten Aufsehen, aber auch Widerspruch: Es war wohl eine Mehrheit der Westdeutschen, die entsetzt war und die Recht und Ordnung in Gefahr sah. Die konservative Presse heizte die Stimmung weiter an und verteufelte in

Auseinandersetzung zwischen Anhängern Dutschkes und der Polizei (Berlin, April 1968)

einer Hetzkampagne die APO, vor allem ihre Führungsfigur, den Sprecher des SDS und Berliner Studenten Rudi Dutschke. Vor diesem Hintergrund fand der erste große gewaltsame Zusammenstoß zwischen APO und Staatsmacht während des Staatsbesuches des persischen Schahs Reza Pahlewi, für die APO und den SDS eine Symbolfigur der Unterdrückung der Dritten Welt, in Berlin (27.5–4.6.1967) statt. Im Verlauf der gewalttätigen Auseinandersetzungen zwischen den Studenten und Anhängern des Schahs wurde am 2. Juni 1967 der 26-jährige Student Benno Ohnesorg von einem Polizeibeamten erschossen. Der Tod Ohnesorgs löste gewalttätige Unruhen im ganzen Bundesgebiet aus und versetzte Westberlin für Monate in eine Art Ausnahmezustand. Am 11. April 1968 verübte der Anstreicher Josef Bachmann, Mitglied der rechtsextremen NPD, einen Mordanschlag auf Rudi Dutschke, der schwer verletzt überlebte, jedoch 1979 den Spätfolgen des Anschlags erlag. Das Attentat löste die schwersten Straßenunruhen in der Geschichte der Bundesrepublik aus. Massendemonstrationen, blutige Auseinandersetzungen und regelrechte Barrikadenkämpfe erschütterten monatelang die Republik. Die Studenten machten konservative Politiker und die konservative Presse für das Attentat auf Dutschke mitverantwortlich.

Zerfall der APO. Die gewalttätigen Auseinandersetzungen im Sommer 1968 bedeuteten den Höhepunkt der Studentenbewegung und der „außerparlamentarischen Opposition" (die deshalb auch als „68er"-Bewegung bezeichnet wird), aber auch einen Wendepunkt. Denn an der Frage, ob und unter welchen Umständen Gewalt als Mittel des Protestes legitim sei, zerbrach schließlich die ohnehin in sich sehr vielfältige Bewegung. Sie zerfiel in verschiedene, zum Teil sich ergänzende, zum Teil aber auch sich bekämpfende Nachfolgebewegungen, die allerdings ihrerseits die weitere Entwicklung in der Bundesrepublik nachhaltig beeinflussten.
Ein kleiner Teil der APO ging als „Rote Armee Fraktion" (RAF) – eine terroristische Gruppierung (s. S. 143 f.) – in den illegalen Untergrund und begab sich damit auf den Weg hin zu den terroristischen Attentaten in den 1970er-Jahren. Eine Minderheit organisierte sich in verschiedenen kommunistischen Splittergruppen. Die Mehrheit der ehemaligen APO trat den – wie es damals hieß – „Marsch durch die Institutionen" an und versuchte, gesellschaftliche Reformen, z. B. im Bildungs- und Erziehungssystem, zu verwirklichen. Verschiedene Bewegungen, wie die „Umweltbewegung", die „Frie-

„Marsch durch die Institutionen": Schlagwortartiger Begriff für die Strategie eines Teils der Studentenbewegung, bestehende Institutionen nicht von außen zu bekämpfen, sondern „von innen" zu reformieren.

densbewegung", die „Dritte-Welt-Bewegung" oder die „Neue Frauenbewegung", entwickelten das historische Erbe der Studentenbewegung in den 1970er-Jahren weiter.

Bedeutung der APO aus heutiger Sicht. Heute werden die Bewegung der „Außerparlamentarischen Opposition" und ihre Wirkung in der Geschichtswissenschaft in aller Regel differenziert bewertet: Obwohl die APO schließlich eine Massenbewegung war, blieb sie im Kern auf das studentisch-intellektuelle Milieu beschränkt und konnte die breiten Schichten der Bevölkerung, insbesondere die Arbeitnehmerschichten, nicht wirklich erreichen. In ihren Zielen, Inhalten und Aktionsformen war die APO zwar vielfach von realitätsfernen und „verrückten" Irrwegen geprägt, konnte aber auf der anderen Seite gerade wegen dieses utopischen Überschusses längst überholte Verkrustungen aufbrechen und einen gesellschaftlich-politischen Modernisierungsschub in Gang setzen. Insbesondere das fundamentale Ziel der APO, die Emanzipation des Individuums, und die ihr eigene Grundhaltung der Kritik und vorbehaltlosen Überprüfung gesellschaftlicher Strukturen und Institutionen auf ihre rationale Bedeutung hin öffneten eine Vielzahl von neuen Wegen der Modernisierung und des Wandels.

Willy Brandt (1913–1992), sozialdemokratischer Politiker.
1930: Beitritt zur SPD.
1931: Beitritt zur Sozialistischen Arbeiterpartei (SAP).
1933–1945: Exil in Norwegen und Schweden; verdeckte Aufenthalte unter falschem Namen im nationalsozialistischen Deutschland.
1957–1966: Regierender Bürgermeister von Berlin.
1966–1969: Außenminister.
1969–1974: Bundeskanzler.
1971: Friedensnobelpreis.

Aufbruch und Wandel (1969–1974): Regierung Brandt/Scheel

Sozial-liberale Koalition. Auf der Ebene des politischen Systems drückte sich dieser Wandel im knappen Wahlsieg der SPD bei den Bundestagswahlen vom 28.9.1969 und der Bildung der neuen sozial-liberalen Koalition im Herbst 1969 aus. Neuer Bundeskanzler wurde Willy Brandt (SPD), Außenminister wurde der FDP-Vorsitzende Walter Scheel. Nach zwei Jahrzehnten Regierungszeit stand die CDU/CSU erstmals in der Opposition. Die beiden neuen Regierungsparteien hatten wichtige Elemente des gesellschaftlichen Wandels aufgenommen: Die FDP hatte sich von einer eher nationalliberalen Orientierung hin zu einer Partei der Bürgerrechte und der gesellschaftlichen Reformen, vor allem in der Bildungs- und Rechtspolitik, gewandelt. Die SPD hatte gemäßigte Kräfte der Studentenbewegung programmatisch und personell in sich aufgenommen; der Wahlkampf ihres Spitzenkandidaten, Willy Brandt, hatte unter dem Slogan „Mehr Demokratie wagen" gestanden.

Reformpolitik. Die neue Regierung setzte ihre Reformpolitik in zwei Schwerpunktbereichen um: In der Innen-, Gesellschafts- und Bildungspolitik begann sie mit dem Abbau traditioneller Strukturen und dem Aufbau von Elementen demokratischer Mitbestimmung. In der Deutschlandpolitik setzte sie auf der Basis des von Egon Bahr schon in den 1960er-Jahren entwickelten Konzeptes „Wandel durch Annäherung" (s. S. 180f.) die „Neue Ostpolitik" um.
Mit ihrer Politik der inneren Reformen trug die Regierung dem allgemeinen Wertewandel in der Gesellschaft Rechnung: Die Reformen sollten eine Modernisierung von Staat und Gesellschaft erreichen, ohne diese revolutionär zu verändern. Eine Strafrechtsreform (25.6./4.7.1969) verlagerte den Schwerpunkt von der Sühne hin zur Resozialisierung. Ein Gesetz zur „Neuregelung des Rechts der elterlichen Sorge" (7.11.1973) ersetzte den Begriff der „elterlichen Gewalt" durch den der „elterlichen Sorge"; die Mitwirkungsrechte und der Schutz des Kindes in der Familie wurden erhöht. Eine Reform des Eherechts sollte die Gleichberechtigung der Ehepartner sichern und den Eheleuten die Funktions- und Aufgabenteilung in der Ehe überlassen. Ein entsprechendes Gesetz wurde nach langer Diskussion zusammen mit einem neuen Scheidungs- und Namensrecht allerdings erst am 14.6.1976 verabschiedet. Ein neues Betriebsverfassungsgesetz, das am 19.1.1972 in Kraft trat, stärkte die Rechte der Arbeitnehmer im Betrieb durch „Betriebsräte" und „Jugendvertretungen". Heftig umstritten war die Beteiligung von Arbeitnehmern in den Aufsichtsräten von Aktiengesellschaften, nach langen Diskussionen wurde am 18.3.1976 das Mitbestimmungsgesetz verabschiedet, das eine Beteiligung in Aktiengesellschaften mit mehr als 2000 Beschäftigten

Die führenden Politiker der ersten sozial-liberalen Koalition: Außenminister Walter Scheel (FDP) (rechts im Bild) gratuliert Bundeskanzler Willy Brandt (SPD) (links) am 18.12.1969 zum Geburtstag.
Die Zeit dieser Koalition war durch die „Neue Ostpolitik" und das innenpolitische Programm „Mehr Demokratie wagen" geprägt.
In der Mitte im Hintergrund: Der damalige Verteidigungsminister und spätere Bundeskanzler Helmut Schmidt (SPD).

Reformpolitik der sozialliberalen Koalition
1969: Strafrechtsreform
1972: Betriebsverfassungsgesetz
1972: Reform der gymnasialen Oberstufe
1971: BAföG
1973: Sorgerechtsreform
1976: Reform des Scheidungsrechts
1976: Mitbestimmungsgesetz

vorschrieb. Einen breiten Raum in der öffentlichen Diskussion nahm die Reform des Bildungswesens ein. Ein von Bund und Ländern gegründeter „Bildungsrat" entwickelte systematische Vorschläge zu einer Reform, die das Bildungsniveau insgesamt anheben und die Chancengleichheit und Durchlässigkeit im Bildungssystem erhöhen sollte. Die vom Bildungsrat vorgeschlagene Einführung von Gesamtschulen blieb umstritten und wurde nur in einem Teil der Bundesländer umgesetzt. Eine Reform der gymnasialen Oberstufe beschloss die Kultusministerkonferenz 1972 jedoch einstimmig. Die Einführungen von Grund- und Leistungskursen, Wahlmöglichkeiten sowie die Erweiterung der Inhalte und Fächer sollten einer neuen Auffassung von „Allgemeinbildung" in der Wissensgesellschaft Rechnung tragen.

Die „Bildungsrevolution" der 1970er-Jahre:
- Anstieg der Bildungsausgaben von 27,6 Mio. DM (1970) auf 56,2 Mio. DM (1975).
- Anteil der Abiturienten an ihrem Jahrgang stieg von 5 % (1950er-Jahre) auf 18 % (1972).
- Finanzielle Unterstützung für Kinder aus einkommensschwachen Familien (Bundesausbildungsförderungsgesetz, 1971).

Bürgerinitiativen. Mit ihrer Politik der inneren Reformen entsprach die Regierung einer allgemeinen „Politisierung" der Gesellschaft infolge der Studentenbewegung, dem zunehmenden Interesse der Bevölkerung an demokratischer Mitbestimmung in Parteien, aber auch in gesellschaftlichen und privaten Institutionen, wie Gewerkschaften, Kirchen, Betrieben, Schulen, Stadtteilen oder Familien. Als neue Form des politischen Engagements gewannen vor allem „Bürgerinitiativen" an Bedeutung. Ihre besondere Stärke lag in der Konzentration auf jeweils ein spezifisches politisches Ziel („Ein-Punkt-Programm") und ihrer Fähigkeit, Menschen mit unterschiedlicher politischer Einstellung im Blick auf dieses Ziel zusammenzuführen. Sie richteten sich gegen die Hochrüstung im „Kalten Krieg" („Friedensbewegung"), gegen die Ausbeutung der Entwicklungsländer („Dritte-Welt-Bewegung") oder gegen die Zerstörung der Natur („Ökologiebewegung"). Diese Bewegungen und Bürgerinitiativen prägten in wechselnden Formen und Inhalten die politische Realität der Bundesrepublik in den 1970er- und 1980er-Jahren entscheidend mit. Insgesamt liegt ihre Bedeutung weniger in der Durchsetzung konkreter Gesetze als in der immer wieder neuen Erzeugung politischen Problembewusstseins in der Gesellschaft.

Bürgerinitiative: Zusammenschluss von Bürgern, um ein bestimmtes (politisches) Ziel zu erreichen. Heute werden Bürgerinitiativen auch als „NGOs" (Non-Governmental Organizations) bezeichnet. Von Parteien unterscheiden sie sich durch die Konzentration auf ein bestimmtes Ziel oder Themengebiet.

„Neue Frauenbewegung". Besondere Bedeutung entwickelte die sogenannte „Neue Frauenbewegung", die für die Emanzipation und gesellschaftliche Gleichberechtigung der Frau kämpfte. Im Unterschied zu ihren historischen Vorläuferinnen lag ihr Schwerpunkt weniger auf der formalen rechtlichen Gleichberechtigung, die verfassungsrecht-

Auf einem Titelblatt der Illustrierten Stern bekannten sich prominente Frauen zur Abtreibung (1971).

lich im Art. 3 des GG („Männer und Frauen sind gleichberechtigt") bereits verwirklicht war. Den Ausgangspunkt der „Neuen Frauenbewegung" bildete die Erfahrung, dass trotz des formalen Gleichberechtigungsanspruchs und trotz allen gesellschaftlichen Wandels immer noch traditionelle, patriarchalische Strukturen und Rollenbilder das Leben von Frauen bestimmten, ihren Anspruch auf Selbstbestimmung in der gesellschaftlichen Öffentlichkeit und im privaten Bereich von Partnerschaft und Familie unterdrückten. Nach Auffassung vieler Frauen konnten Frauen nur in bewusster Abkehr von der patriarchalischen Gesellschaft ihr eigenes, selbstbestimmtes Leben entdecken und entwickeln. Eine Vielzahl von Frauengruppen und -projekten, wie Frauenbuchläden oder Frauenhäuser, sollte – unter Ausschluss von Männern – Schutz und Freiraum für die Entwicklung weiblicher Identität bieten. Später teilte sich die Frauenbewegung: Während der radikalere Teil die Zusammenarbeit mit Männern ablehnte, begann der größere Teil eine aktive „Gleichstellungspolitik", z. B. mithilfe der Einführung von Frauenquoten bei der Besetzung von Führungspositionen.

Fristenlösung: Straffreier Abbruch innerhalb der ersten drei Schwangerschaftsmonate.
Indikationsregelung: Straffreier Abbruch innerhalb der ersten drei Schwangerschaftsmonate unter bestimmten Bedingungen (z. B. medizinische oder soziale Gründe).

Debatte um das Abtreibungsrecht. Die heftigsten Auseinandersetzungen lieferte sich die Frauenbewegung in der Diskussion um das Abtreibungsrecht, den § 218 des Strafgesetzbuches. In seiner seit 1871 gültigen Fassung stellte der § 218 jede Schwangerschaftsunterbrechung unter Strafe. Nach Ansicht der Frauenbewegung widersprach diese Strafandrohung dem körperlichen Selbstbestimmungsrecht der Frauen. Zudem wurde auf schwerwiegende Folgen hingewiesen, denn viele Frauen nahmen ihre Abtreibung entweder im Ausland – was Reiche bevorzugte – oder unter hygienisch und gesundheitlich gefährlichen illegalen Bedingungen vor. Den Forderungen der Frauenbewegung stand auf der anderen Seite die Sorge vor einem Verzicht auf den Schutz des werdenden Lebens gegenüber. Nach einer aufrührenden gesellschaftlichen Debatte verabschiedete der Bundestag am 26.4.1974 mit den Stimmen der Koalition ein Gesetz zur Reform des § 218, das die sogenannte Fristenlösung vorsah. Die CDU/CSU-Fraktion klagte gegen dieses Gesetz vor dem Bundesverfassungsgericht, das es in seinem Urteil vom 25.2.1975 mit der Begründung aufhob, dass es der Verpflichtung aus Art. 2, Abs. 2 des Grundgesetzes, das werdende Leben auch gegen die Mutter zu schützen, nicht gerecht geworden sei. Erst am 18.5.1976 kam es mit der Einführung der „Indikationsregelung" zu einer dauerhaften Reform des § 218.

Misstrauensvotum (27.4.1972). Umstrittener als die inneren Reformen war in der bundesdeutschen Öffentlichkeit und im Bundestag die „Neue Ostpolitik". Einige Abgeordnete der SPD und der FDP waren deshalb zur CDU/CSU übergewechselt, die Regierungsmehrheit im Bundestag war von 12 auf 2 Stimmen geschrumpft. Das daraufhin von der CDU/CSU angestrengte konstruktive Misstrauensvotum (s. S. 119) am 27.4.1972 gegen Willy Brandt mit ihrem Gegenkandidaten Rainer Barzel scheiterte jedoch. Nur Neuwahlen boten einen Ausweg aus den knappen Stimmenverhältnissen im Bundestag. Ihr Ergebnis im November 1972 geriet zu einer eindrucksvollen Bestätigung der Regierungspolitik: Die SPD wurde zur stärksten Partei, die Koalition erhielt eine Mehrheit von 271 zu 225 Stimmen im Bundestag.

„Neue Ostpolitik"
Nach dem Prinzip „Wandel durch Annäherung" öffnete die sozial-liberale Koalition den Weg zu Verhandlungen und Verträgen mit der Sowjetunion, Polen und der DDR (vgl. S. 154).

Rücktritt Brandts (6.5.1974). Dennoch scheiterte die Regierung Brandt/Scheel knapp zwei Jahre später: Anlass war die Enttarnung des Kanzlerberaters Günther Guillaume als DDR-Agent, die Willy Brandt am 6. Mai 1974 – für viele überraschend – zum Rücktritt bewog. Im Hintergrund des Regierungswechsels standen aber auch zunehmende wirtschaftliche Probleme, die die Politik der inneren Reformen erschwerten. Am 16. Mai wurde der bisherige Bundesfinanz- und Bundeswirtschaftsminister Helmut Schmidt (SPD) zum Bundeskanzler gewählt. Er bildete zusammen mit dem Außenminister Hans-Dietrich Genscher (FDP) eine neue sozial-liberale Koalition.

Herausforderungen an Wirtschaft und Demokratie (1974–1982): Regierung Schmidt/Genscher

Ölpreisschock und Stagflation. In den 1970er-Jahren verschlechterten sich die weltwirtschaftlichen Rahmenbedingungen für die Bundesrepublik deutlich: Der weltweit steigende Energiebedarf und der politische Zusammenschluss der erdölexportierenden Länder in der „OPEC" führten zu einem sprunghaften Anstieg der Ölpreise in den beiden „Ölpreisschocks" von 1973/74 und 1979/80, auf die die westdeutsche Wirtschaft – wie die der anderen Industriestaaten – kaum vorbereitet war. Die steigenden Ölpreise belasteten die Wirtschaftsproduktion und heizten zugleich die Inflation an. Die Folge war eine andauernde sogenannte „Stagflation": Das Wirtschaftswachstum stagnierte, Arbeitslosigkeit und Inflation nahmen zu.
Unter diesen Rahmenbedingungen geriet die nach wie vor auf dem Konzept der „Globalsteuerung" basierende Wirtschaftspolitik an ihre Grenzen. Vor allem die hartnäckig steigende Arbeitslosigkeit verschlechterte die Lebensbedingungen vieler Menschen massiv. Sie belastete zudem durch Steuerausfälle und notwendige Unterstützungszahlungen den Staatshaushalt, die Staatsverschuldung nahm zu.

Stagflation: Der Begriff bezeichnet die Gleichzeitig von Stagnation (fehlendes oder negatives Wirtschaftswachstum) und Inflation (Geldentwertung).

Autobahn Köln-Bonn, 2.12.1973: Leere Autobahnen symbolisierten die Folgen des Ölboykotts der OPEC-Staaten. Durch die am 19.11. 1973 verordneten Sonntagsfahrverbote bekamen auch die einfachen Bundesbürger die Folgen des Ölmangels und der Weltwirtschaftskrise drastisch zu spüren.

Terrorismus. Auch in der Innenpolitik geriet die Regierung unter massiven Druck: Die Terrorattentate der sogenannten „Roten Armee Fraktion" („RAF") gegen führende Personen des öffentlichen Lebens erschütterten die westdeutsche Gesellschaft und führten zu einer Polarisierung der innenpolitischen Diskussion. Im Kampf gegen den Terrorismus sah sich die Regierung zu drastischen Sicherheitsmaßnahmen gezwungen. Nach dem sogenannten „Radikalenerlass" 1972 wurden alle Anwärter auf den Öffentlichen Dienst einer Gesinnungsprüfung unterzogen und viele mit Berufsverboten belegt; zum Kampf gegen die RAF wurden Spezialeinheiten der Polizei aufgestellt, weitgreifende Fahndungsmaßnahmen („Rasterfahndung") ergriffen, denen auch Unbeteiligte zum Opfer fielen; die Rechte von Angeklagten und Verteidigern wurden eingeschränkt. All dies weckte wiederum – durchaus von den Terroristen so beabsichtigt – in Teilen des linken und liberalen politischen Spektrums die Sorge vor einem repressiven Polizeistaat. Eine Minderheit aus dem Spektrum der „alternativen" und „autonomen" Bewegungen solidarisierte sich mehr oder weniger offen mit der „RAF" und

Rote-Armee-Fraktion (RAF): Terroristische Gruppierung in der Bundesrepublik.
1970–1976: Verschiedene terroristische Anschläge, Festnahme der führenden Mitglieder Andreas Baader, Ulrike Meinhof, Gudrun Ensslin.
1977: Höhepunkt des RAF-Terrors („deutscher Herbst").
1988: Selbstauflösung der RAF.

Bundeskanzler Helmut Schmidt zwischen Frau Schleyer und ihren Kindern während des Gedenkgottesdienstes für Hanns Martin Schleyer in Stuttgart am 25.10.1977.

wandte sich mit zunehmend gewalttätigen Aktionen gegen den „herrschenden Staat". Hausbesetzungen und Straßenschlachten vor allem in den Großstädten zwangen wiederum zu polizeilichen Gegenmaßnahmen und setzten eine Gewaltspirale in Gang, die letztlich einerseits durch die gesellschaftliche Isolierung der wirklichkeitsfremden politischen Ideen im Umfeld der RAF und andererseits durch das besonnene Handeln des Staates beendet werden konnte. Zwar wurden Bürgerrechte und liberale Rechtspositionen z. B. durch die sogenannte Isolationshaft oder die Beschränkung der Rechte von Verteidigern in Terrorismusprozessen bedenklich eingeschränkt, aber in der Substanz nie aufgegeben.

Attentate der „RAF"
2./3.4.1969: Als Reaktion auf den Tod von Benno Ohnesorg verüben radikale Anhänger der APO Brandanschläge auf Kaufhäuser in Frankfurt. U. a. werden Andreas Baader und Gudrun Ensslin festgenommen.
14.5.1970: Andreas Baader wird von einer kleinen Gruppe, darunter Ulrike Meinhof, aus dem Gefängnis befreit. Die Aktion gilt als Geburtsstunde der RAF.
1.6.1972: Andreas Baader, Ulrike Meinhof und Gudrun Ensslin werden festgenommen.
9.5.1976: Ulrike Meinhof verübt in ihrer Zelle Selbstmord.
7.4.1977: Generalbundesanwalt Buback und zwei seiner Begleiter werden bei einem Attentat der RAF ermordet.
30.7.1977: Der Chef der Dresdner Bank wird bei einem Attentat der RAF erschossen.
5.9.1977: Ein Kommando der RAF entführt den Arbeitgeberpräsidenten Hanns Martin Schleyer, um inhaftierte Mitglieder der RAF freizupressen.
13.10.1977: Um dieser Forderung Nachdruck zu verleihen, entführen arabische Terroristen die Lufthansa-Maschine „Landshut" und nehmen 91 Passagiere und Besatzungsmitglieder als Geiseln.
18.10.1977: Ein Spezialkommando des Bundesgrenzschutzes stürmt auf dem Flughafen von Mogadischu (Somalia) die entführte „Landshut" und befreit alle Geiseln – bis auf den am Vortag bereits ermordeten Piloten – unverletzt. Am selben Abend begehen die RAF-Häftlinge Andreas Baader, Gudrun Ensslin und Jan-Carl Raspe im Hochsicherheitstrakt des Gefängnisses Stuttgart-Stammheim Selbstmord.
19.10.1977: Hanns Martin Schleyer wird im Kofferraum eines PKW ermordet aufgefunden.

Protestbewegungen. In der vom Terrorismus angespannten innenpolitischen Lage entwickelten sich andere, inhaltlich bedeutsamere innenpolitische Auseinandersetzungen weiter. Neben den Aktivitäten der Frauenbewegung gewann in der zweiten Hälfte der 1970er-Jahre vor allem die Auseinandersetzung um die Kernenergie und um die Sicherheitspolitik an Bedeutung. Durch die Ölkrisen hatte die Nutzung der Kernenergie zunehmend ökonomische Bedeutung gewonnen; nach dem Willen der Regierung sollten neue Atomkraftwerke gebaut werden und die Energieversorgung in Zukunft zu großen Teilen decken. Gleichzeitig nahmen die Proteste der Atomgegner, die vor der Gefährlichkeit der Reaktoren und des Atommülls warnten, zu. In mehreren, teils gewalttätigen Großdemonstrationen, wie 1975 in Whyl, 1976 und 1981 in Brokdorf und 1979 auf dem Gelände des geplanten Endlagers Gorleben, formierte sich der Widerstand gegen die Atompolitik der Regierung.
Vor dem Hintergrund des sich seit 1977 wieder verschärfenden Ost-West-Konfliktes und vor allem infolge der Proteste gegen den NATO-Doppelbeschluss (s. S. 23), den

Brokdorf, 28.2.1981

die Regierung Schmidt/Genscher mitgetragen hatte, erlebte die Friedensbewegung neuen Aufschwung. Am 10.10.1981 und am 10.6.1982 demonstrierten auf Großkundgebungen jeweils Hunderttausende gegen die weltweite Aufrüstung; die große Mehrheit von ihnen war christlich oder alternativ orientiert – dennoch sahen viele Befürworter des NATO-Doppelbeschlusses in ihnen Erfüllungsgehilfen des Warschauer Paktes.
Die verschiedenen Protestbewegungen der späten 1970er-Jahre erregten zwar viel Aufmerksamkeit, konnten aber ihre Ziele nicht durchsetzen. Hinzu kam, dass sie in ihrer Programmatik auf die Ablehnung eines bestimmten Phänomens beschränkt blieben und kaum langfristige politische Perspektiven entwickeln konnten. Ein Teil der in diesen Bewegungen engagierten Bürger entschloss sich deshalb, selbst eine Partei zu gründen. Im Januar 1980 entstand die neue Partei „Die Grünen“, die schnell den Sprung in kommunale Rathäuser und einige Länderparlamente schaffte, seit der Bundestagswahl 1983 war sie auch im Bundestag vertreten.

www.friedenspaedagogik.de/themen/friedensbewegung
Internetseite des Institutes für Friedenspädagogik, Tübingen.
www.friedenskooperative.de/netzwerk/histo000.html
Internetseite des „Netzwerk Friedenskooperative“

Gesellschaftliche Entwicklung. Die wirtschaftlich und innenpolitisch angespannte Lage bremste die Reformeuphorie der frühen Jahre des Jahrzehnts erheblich. Dennoch entwickelte sich der breite Wertewandel, dem die Studentenrevolte Ende der 1970er-Jahre Bahn gebrochen hatte, weiter: Die allgemeinen Erziehungsziele in den Familien und in der Schule wandelten sich von einer Erziehung zu Ordnung und Anpassung hin zu einer Erziehung zu Mündigkeit, Emanzipation und Kritikfähigkeit. Strenge und einheitliche Umgangsformen wichen unkonventionellen, lässigen Verhaltensweisen; neben die Ehe als Lebensform traten Wohngemeinschaften und Beziehungen ohne Trauschein. Außerdem reicherte sich die traditionell deutsche Kultur durch den Einfluss der Migranten, durch die nun vielfach selbstverständlich gewordenen Auslandsreisen und durch die zunehmende internationale wirtschaftliche Verflechtung um ausländische Einflüsse an – die Bundesrepublik wurde weltoffener.

Hans-Dietrich Genscher/FDP (* 1927) verkörperte als langjähriger Außenminister (von 1974 bis 1992) die Kontinuität der westdeutschen Außenpolitik, auch über den wesentlich von ihm betriebenen Wechsel von der sozialliberalen zur christlich-liberalen Koalition im Jahr 1982 hinaus. Nach 1990 wurde er zum ersten Außenminister des vereinten Deutschland.

Die konservative „Wende“: Regierung Kohl/Genscher (1982–1989)

Koalitionswechsel. Im Oktober 1982 beendete nicht das Ergebnis einer Bundestagswahl, sondern ein Koalitionswechsel der FDP die sozial-liberale Ära. Für diesen Wechsel gab es vor allem zwei Gründe. Der erste war die innerdeutsche Debatte um den sogenannten „Nato-Doppelbeschluss“ (vgl. S. 23). Bundeskanzler Helmut Schmidt unterstützte diesen Beschluss zwar, aber seine Partei – die SPD – war in dieser Frage tief gespalten. Viele Sozialdemokraten waren in der Friedensbewegung aktiv, die gegen die neuerliche Aufrüstung Sturm lief. Vor diesem Hintergrund sah die FDP und ihr Außenminister Hans-Dietrich Genscher die Bündnistreue der Bundesrepublik in Gefahr. Der

Helmut Kohl/CDU (* 1930) prägte als Bundeskanzler (1982–1998) die 1980er-Jahre der „alten“ und die Anfangsjahre der „neuen“, vereinten Bundesrepublik.
1946: Beitritt zur CDU.
1969–1976: Ministerpräsident des Landes Rheinland-Pfalz.
1973–1998: Bundesvorsitzender der CDU.
1982–1998: Bundeskanzler.
1998: Affäre um nicht deklarierte Spenden für die CDU („Spendenaffäre“).

Nachfrageorientierte Wirtschaftspolitik: Förderung der Produktion und der Beschäftigung durch Stärkung der „Nachfrageseite“ (= Nachfrage nach Produkten durch Private oder den Staat), z. B. durch staatliche Ausgaben für Infrastruktur, höhere Einkommen und Löhne etc.
Angebotsorientierte Wirtschaftspolitik: Förderung der Produktion und der Beschäftigung durch Stärkung der „Angebotsseite“ (= Unternehmen), z. B. durch Steuersenkungen, niedrige Löhne, weniger Produktionsauflagen etc.

www.helmut-kohl.de/bundeskanzler_aera_kohl.html
Internetseite der Konrad-Adenauer-Stiftung über die „Ära Kohl“ (1982–1998)

zweite Grund war wirtschaftspolitischer Natur. Die FDP verlangte schon seit langem angesichts der anhaltenden Wirtschaftskrise, der weiter steigenden Arbeitslosigkeit und der hohen Staatsverschuldung ein Ende der „nachfrageorientierten Globalsteuerung“ und staatliche Sparmaßnahmen, vor allem im Bereich der Sozialausgaben.
Insgesamt hatten – aus der Sicht der FDP-Führung – die Gemeinsamkeiten mit der SPD ab – und die mit der CDU/CSU zugenommen. Am 1. Oktober 1982 wurde die Regierung Schmidt durch ein konstruktives Misstrauensvotum gestürzt und Helmut Kohl (CDU) zum Bundeskanzler einer neuen christlich-liberalen Koalition gewählt. Der Machtwechsel spaltete die FDP, etliche Mitglieder verließen die Partei oder wechselten zur SPD. Bei den vorgezogenen Bundestagswahlen im März 1983 erhielt die Koalition jedoch eine Mehrheit der Stimmen, sie blieb auch in den folgenden Legislaturperioden bis zur deutschen Einheit im Amt und prägte die letzte Epoche der „alten“ und die ersten Jahre der „neuen“ Bundesrepublik.

Wirtschaftspolitik. Die neue Regierung trat ihr Amt mit dem Anspruch einer „geistig-moralischen Wende“ an, den sie allerdings – aus der Rückschau betrachtet – nur in Teilbereichen tatsächlich durchsetzen wollte oder konnte. Am deutlichsten ist eine solche „Wende“ in der Wirtschaftspolitik zu erkennen: Die nachfrageorientierte Politik der 1970er-Jahre wich einer angebotsorientierten Wirtschaftspolitik. Mit staatlicher Sparpolitik und Steuersenkungen sollten die Ertragskraft der Unternehmen und ihre internationale Wettbewerbsfähigkeit gestärkt sowie Arbeitsplätze geschaffen werden. Mit diesem Konzept konnte zwar das Wirtschaftswachstum gefördert, aber das Problem der Arbeitslosigkeit nicht bewältigt werden. Die weiter zunehmende Rationalisierung und Automatisierung der Produktion sowie der Bedeutungsverlust traditioneller, arbeitsintensiver Industriezweige (Werften, Montanindustrie) führten zu einer „Schere“ zwischen Wachstum und Beschäftigung: Trotz eines akzeptablen Wirtschaftswachstums stieg die Arbeitslosigkeit bis 1989/90 weiter an. Sie belastete den Staatshaushalt und minderte die inländische Konsumgüternachfrage – der Wirtschaftsaufschwung der 1980er-Jahre basierte vor allem auf dem Export und blieb damit in hohem Maße abhängig von der weltwirtschaftlichen Entwicklung.

Gesellschaftliche und politische Tendenzen. Im Bereich der Gesellschaftspolitik, aber auch in vielen anderen Politikbereichen trat keine allgemeine „Wende“ hin zu konservativen Werten ein, eher nahmen die innenpolitischen Auseinandersetzungen in zentralen Fragen, z. B. der Sicherheitspolitik oder der Entwicklungspolitik, weiter zu. In der Umweltpolitik bewirkte der schwere Kernschmelzunfall im sowjetischen Atomkraftwerk Tschernobyl im Frühjahr 1986, durch den weite Teile Europas radioaktiv verseucht wurden, einen tiefen Einschnitt und einen Umschwung in der öffentlichen Meinung. Insgesamt schwächte sich zwar die Reformpolitik ab, aber die Grünen etablierten sich in mehreren Länderparlamenten als „vierte Kraft“ im Parteienspektrum. Das Interesse an Politik nahm im Allgemeinen – im Verhältnis zu den 1970er-Jahren – ab und machte vielfach einer durch Manipulations- und Spendenskandale beförderten „Politikverdrossenheit“ Platz. Trotz zunehmender Distanz gegenüber den Parteien und der Parteipolitik waren jedoch die allgemeine Zufriedenheit mit den eigenen Lebensumständen und die grundsätzliche Zustimmung zum demokratischen System groß. Insgesamt waren die letzten Jahre der „alten Bundesrepublik“ von 1982 bis 1989 von widersprüchlichen Entwicklungen und einer Ausdifferenzierung der Lebenshaltungen geprägt. Historiker und Soziologen sprechen von einer für nachindustrielle Gesellschaften typischen Tendenz zur „Pluralisierung“ oder „Individualisierung“ der Lebensstile, Weltanschauungen und politischen Auffassungen.

Kontinuität in der Deutschlandpolitik. Zum Erstaunen vieler Zeitgenossen trat auch in der Deutschlandpolitik überhaupt keine Wende ein – im Gegenteil: Die christlich-liberale Koalition setzte die Entspannungspolitik der sozialliberalen Koalition fast bruchlos fort, bis sie mit Beginn der friedlichen Revolution in der DDR vor ganz neuen außen- und deutschlandpolitischen Herausforderungen stand.

5. Die Geschichte der Deutschen Demokratischen Republik (1949–1989)

Phasen der geschichtlichen Entwicklung im Überblick

Politikwechsel. Obwohl die Machtverhältnisse in der DDR zementiert waren, verlief die Entwicklung des Landes nicht gleichförmig oder gar statisch. Tatsächlich wechselten sich Phasen einer forcierten „Sowjetisierung" oder des Aufbaus sozialistischer Strukturen einerseits und Phasen der Verzögerung oder der Liberalisierung andererseits in zum Teil rascher Folge ab. Dafür gab es im Wesentlichen drei Gründe: Erstens mussten Widerstände in der Bevölkerung berücksichtigt und aufgenommen werden. Zweitens galt es immer – zumindest propagandistisch –, Rücksicht zu nehmen auf die Existenz des westlichen „Gegenmodells", der Bundesrepublik. Vor allem aber musste – drittens – die Entwicklung in der DDR die sich verändernden Machtverhältnisse – wie z.B. die „Entstalinisierung" ab 1956 (s. S. 150) oder die Wendung hin zur Entspannungspolitik seit der zweiten Hälfte der 1960er-Jahre – in der Sowjetunion berücksichtigen und mehr oder weniger unmittelbar nachvollziehen.

„Das Publikum muss nicht alles sehen! Karikatur von Szymon Kobylinski, Berlin (DDR) 1980

Die Tatsache, dass offene politische Auseinandersetzungen nicht stattfinden konnten, sollte nicht darüber hinwegtäuschen, dass es auch in der DDR vielfältige und zum Teil scharfe politische Auseinandersetzungen gab – nur eben hinter verschlossenen Türen. Das galt für die privaten Räume der Bevölkerung ebenso wie für die abgeschotteten Entscheidungsfindungen der Staats- und Parteiführung. Die Ergebnisse dieser Auseinandersetzungen lassen sich nicht an Wahlergebnissen ablesen, sondern an bestimmten Maßnahmen und an der Besetzung politischer Ämter mit bestimmten Personen. Die politisch mächtigste Position im DDR-Staat, das Amt des 1. Sekretärs des ZK der SED, hatten im Verlauf der DDR-Geschichte zwei Personen inne: Walter Ulbricht von 1949 bis 1971 und Erich Honecker von 1971 bis 1989; Historiker sprechen deshalb von der „Ära Ulbricht" und der „Ära Honecker". Allerdings weisen diese beiden Epochen der Entwicklung der DDR jeweils in sich noch einmal einen deutlichen Bruch auf: Die „Ära Ulbricht" durch den Bau der Mauer im Jahre 1961 und die „Ära Honecker" durch

Eckdaten der DDR-Geschichte
7.10.1949: Verfassung der DDR.
12.7.1952: Die SED beschließt auf ihrer III. Parteikonferenz den „Aufbau des Sozialismus".
17.6.1953: Volksaufstand.
Mai 1955: DDR gehört zu den Gründungsmitgliedern der Warschauer Pakt Organisation (WPO).
18.1.1956: Volkskammer beschließt den Aufbau der „Nationalen Volksarmee" (NVA).
13.8.1961: Beginn des Baus der Berliner Mauer („antifaschistischer Schutzwall").
15.7.1963: Einführung des Neuen Ökonomischen Systems der Planung und Leitung" („NÖSPL").
19.3.1970: Treffen zwischen Ministerratsvorsitzenden Stoph und Bundeskanzler Brandt in Erfurt.
3.5.1971: Entbindung Ulbrichts und Neuwahl Erich Honeckers zum Ersten Sekretär der SED.
21.11.1971: Unterzeichnung des Grundlagenvertrages mit der Bundesrepublik
18.–22.5.1976: Der IX. Parteitag der SED beschließt die „Einheit von Wirtschafts- und Sozialpolitik".
5.–7.10.1989: Offizielle Feiern zum 40. Jahrestag der Gründung der DDR.
9.10.1989: Montagsdemonstration in Leipzig mit 90 000 Teilnehmern verläuft friedlich.
18.10.1989: Rücktritt Erich Honeckers.
9.11.1989: Öffnung der Mauer zwischen Ost- und Westberlin.
18.3.1990: Erste freie Wahlen zur Volkskammer (vgl. S. 221 ff.).
3.10.1990: Beitritt der „Neuen Länder" zur Bundesrepublik nach Art. 23 GG (vgl. S. 225).

Phasen der DDR-Geschichte
1949–1961: „Aufbau des Sozialismus" und innere Krisen
1962–1971: Reformen und innere Festigung
1971–1975: Anerkennung auf internationaler Ebene
1975–1989: Systemkrise und Zusammenbruch

die Wirtschaftskrise und verstärkte repressive Maßnahmen seit der zweiten Hälfte der 1970er-Jahre. Nimmt man diese markanten Wendepunkte hinzu, so lassen sich insgesamt vier Phasen der Entwicklung der DDR unterscheiden.

Walter Ulbricht (1893–1973)

Erster Sekretär/Generalsekretär des ZK der SED 1950/53–1971, Vorsitzender des Staatsrates der DDR 1960–1973.

W. Ulbricht war 1919 Gründungsmitglied der KPD und seit 1927 Mitglied im ZK. Seit 1933 im Moskauer Exil kehrte er 1945 wenige Tage vor Kriegsende mit der „Gruppe Ulbricht" nach Deutschland zurück. Nach der Gründung der SED war er 1946–1950 deren stellvertretender Vorsitzender, bevor er 1950 offiziell an die Spitze der Partei trat. Nach seinem Sturz 1971 als Parteichef und Vorsitzender des Verteidigungsrates blieb Ulbricht Vorsitzender des Staatsrates und wurde Ehrenvorsitzender der SED. Er verstarb 1973 in Berlin.

Erich Honecker (1912–1994)

Erster Sekretär/Generalsekretär des ZK der SED 1971/76–1989.

E. Honecker trat 1929 der KPD bei, beteiligte sich am Widerstand gegen die NSDAP, wurde 1935 verhaftet und blieb bis Kriegsende im Zuchthaus Brandenburg inhaftiert. Nach Kriegsende war er von 1946–1955 Vorsitzender der FDJ, seit 1950 Kandidat, dann Mitglied des Politbüros. Seit 1971 Nachfolger von W. Ulbricht als Erster Sekretär des ZK der SED und Vorsitzender des Nationalen Verteidigungsrates, seit 1976 auch Vorsitzender des Staatsrates. 1989 wurde er im Verlauf der Revolution in der DDR gestürzt. Nach dem Beitritt der „Neuen Länder" zur Bundesrepublik entzog er sich einem Strafverfahren durch Flucht in die UdSSR. Nach seiner erzwungenen Überstellung nach Deutschland wurde das Verfahren wegen schlechten Gesundheitszustandes im Januar 1993 eingestellt. Er übersiedelte zu Angehörigen nach Chile, wo er 1993 verstarb.

Film-Tipp: Karsten Laske, „Damals in der DDR" (3 DVD's), 2006. Informative, unterhaltsame und sehr anschauliche Dokumentation des Alltags in der DDR mit Originalmaterial, Zeitzeugenaussagen und Spielszenen. Die zehnteilige Fernsehserie erhielt den Adolf-Grimme-Preis.

Der „Aufbau des Sozialismus" und innere Krisen (1949–1961)

Aufbau des Sozialismus. Der Umbau von Staat, Gesellschaft und Wirtschaft nach dem Vorbild der Sowjetunion hatte bereits 1946 in der SBZ begonnen und war im Oktober 1949 zum Zeitpunkt der Gründung der DDR bereits weitgehend abgeschlossen. Die neue Regierung setzte ihn bruchlos fort: In der Wirtschaft wurde das sowjetische System der Fünf-Jahres-Pläne eingeführt, der erste Plan galt ab 1950. 1952 verkündete die SED auf ihrer III. Parteikonferenz (9.–12.7.1952) den „Aufbau des Sozialismus". Sie forcierte die Verstaatlichung der Wirtschaft: Ende der 1950er-Jahre betrug der Anteil der „Volkseigenen Betriebe" (VEB) an der Industieproduktion bereits mehr als 90 Prozent. Auch im Handel dominierte der staatliche Sektor, während das Handwerk noch weitgehend privat blieb. Zum „Aufbau des Sozialismus" gehörte auch die Kollektivierung der Landwirtschaft ab 1952: Die Kleinbauern, die ihr Land zu Teilen erst durch die Bodenreform von 1945 erhalten hatten, sollten sich zu Genossenschaften zusammenschließen. Durch rentablere Betriebsgrößen sollte die Produktivität der Landwirtschaft erhöht werden. Viele Bauern widersetzten sich allerdings dieser Politik, die ab 1958 noch einmal verschärft wurde. Durch Pressionen und Verhaftungen wurden die Bauern gezwungen, in „Landwirtschaftliche Produktionsgenossenschaften" (LPGs) einzutreten. Auch in der Landwirtschaft erreichte die Führung der DDR ihr Ziel: 1960 betrug der Anteil der in LPGs hergestellten landwirtschaftlichen Produktion über 90 Prozent.

Wirtschaftlicher Wiederaufbau. Die wirtschaftliche Erholung in der DDR brauchte lange, denn es standen – im Unterschied zur Bundesrepublik – keine Wiederaufbaukredite zur Verfügung, im Gegenteil erschwerten sowjetische Demontagen und Reparationszahlungen bis 1953 den Wiederaufbau.
Nach dem stalinistischen Vorbild konzentrierte der erste Fünf-Jahres-Plan alle Ressourcen auf den Aufbau der Schwerindustrie. Da die DDR – ähnlich wie die Bundesrepublik – auf wissenschaftlich-technische Kompetenzen in der Bevölkerung zurückgreifen konnte, zeigte diese Konzentration im Laufe der 1950er-Jahre beachtliche Erfolge: Die Produktion der Schwerindustrie wuchs um durchschnittlich 10 Prozent pro Jahr und übertraf schon 1955 das Vorkriegsniveau. Allerdings zahlte die Bevölkerung einen hohen Preis für den einseitigen Aufschwung: Konsumgüterindustrie und Wohnungsbau wurden vernachlässigt, die Arbeitsnormen für Arbeiter ebenso wie die Preise für Konsumgüter erhöht.

Plakat zum ersten 5-Jahres-Plan der DDR (1950–55), DDR 1951

Unzufriedenheit und Abwanderung. Die zunehmende Einschränkung der persönlichen Freiheiten, die zunehmende Einengung des Spielraumes der evangelischen Kirche, der verschärfte politische Druck vor allem im Zusammenhang mit der Zwangskollektivierung, die hohen Arbeitsnormen und der Konsumgütermangel führten zu wachsender Unzufriedenheit in der Bevölkerung, zu einer Stimmung der Niedergeschlagenheit und Resignation, die durch den naheliegenden Vergleich mit den Lebensverhältnissen in der Bundesrepublik noch verstärkt wurde. Massenhaft verließen vor allem gut ausgebildete und junge Menschen die DDR in Richtung Bundesrepublik. Von 1949 bis zum 13. August 1961, dem Tag des Mauerbaus, verließen etwa drei Millionen Menschen die DDR.

Volksaufstand (17.6.1953). Aber die Unzufriedenheit äußerte sich auch in politischem Protest. Am 16. Juni 1953 legten Bauarbeiter in Ost-Berlin ihre Arbeit aus Protest gegen eine 10%ige Erhöhung ihrer Arbeitsnormen, die der Ministerrat am 28. Mai 1953 beschlossen hatte, nieder und zogen in einem Protestzug durch die Stadt. In Windeseile breiteten sich die Proteste aus und erfassten neben Ost-Berlin auch die anderen Industriestädte der DDR. Noch am selben Tag wurden Streikkomitees gebildet, die auch untereinander Kontakt aufnahmen, eine zentrale Streikleitung entstand jedoch nicht. Die Proteste richteten sich zunächst gegen die hohen Arbeitsnormen, nahmen aber schnell auch die politische Forderung nach freien Wahlen und der Wiedervereinigung der beiden deutschen Staaten auf. Doch die Hoffnungen der Demonstranten zerstoben schnell: In der Nacht zum 17. Juni zogen sowjetische Panzer auf und zer-

Ost-Berlin, 17. Juni 1953

streuten die Demonstrationszüge mit militärischer Gewalt. Über 50 Menschen wurden getötet, Tausende verhaftet, zwanzig Personen wurden standrechtlich erschossen, zwei in nachfolgenden Prozessen zum Tode verurteilt.

Deutung des 17. Juni in Ost und West. Die Ereignisse des 17. Juni 1953 waren in ganz Deutschland ein Schock. Die nachfolgenden Interpretationen wirken heute wie ein Lehrstück über den ideologischen Kampf um die Deutungshoheit zwischen Ost und West. In der westlichen Bundesrepublik wurde der 17. Juni als Ausdruck der brutalen Unterdrückung der Deutschen in der DDR verstanden und zum „Tag der nationalen Einheit" erklärt. Die Führung der DDR versuchte, die Geschehnisse als „faschistische Provokation", gesteuert durch westliche Geheimdienste, darzustellen. Bezahlte Agenten hätten versucht, die DDR zu destabilisieren, dabei aber nur einige wenige Unzufriedene auf ihre Seite ziehen können. Die große Mehrheit der Arbeiter habe diesen Angriff aber erfolgreich abwehren können.
In der gegenwärtigen Forschung wird deutlicher als früher auch die internationale und politische Dimension des Aufstandes betont: Der 17. Juni 1953 war der erste offene Aufstand gegen den Stalinismus im Machtbereich der Sowjetunion.

Konsequenzen des 17. Juni in der DDR. Die Führung der DDR reagierte auf den 17. Juni mit einer doppelten Strategie: Einerseits begann eine Säuberungswelle in Staat und Partei gegen feindliche, „konterrevolutionäre" oder „ideologisch unzuverlässige Elemente" und der Überwachungsapparat der Stasi wurde ausgebaut. Andererseits wurde das Tempo des Ausbaus der Schwerindustrie reduziert, die Versorgungslage der Bevölkerung verbessert. Außerdem verzichtete die UdSSR auf weitere Reparationsleistungen.
Paradoxerweise hatte der 17. Juni 1953 eher eine Verknöcherung des Herrschaftssystems in der DDR zur Folge: Er stärkte den Einfluss Ulbrichts, der als Prototyp eines stalinistischen Politikers galt und dessen Position nach dem Tod Stalins und der beginnenden Entstalinisierung in der Sowjetunion eher geschwächt gewesen war. Vor dem Hintergrund des Volksaufstandes wollte die sowjetische Führung aber keine Schwäche zeigen, bevorzugte eine eher repressive, d. h. durch Unterdrückung geprägte Politik in der DDR und beließ Ulbricht im Amt.
Insgesamt bedeutete die Erfahrung des 17. Juni einen tiefen Einschnitt in der politischen Psychologie der DDR. Im Ergebnis hatte er offenkundig gezeigt, dass sich das Herrschaftssystem der SED nur mithilfe sowjetischer Truppen an der Macht halten konnte. Diese traumatische Erfahrung wirkte bei Herrschenden und Beherrschten bis 1989 nach. Viele Menschen gaben die Hoffnung auf Reformen und eine freie Entwicklung auf. Allein im Jahr 1953 verließen 330 000 Menschen die DDR in Richtung Westen. In den folgenden Jahren nahm die Ausreisewelle immer größere Ausmaße an – auf dieses Problem musste die Staatsführung eine Antwort finden.

Entstalinisierung: Nach dem Tod Josef Stalins (5.3.1953) leitete dessen Nachfolger Nikita Chruschtschow auf dem XX. Parteitag der KPdSU (14.–26.2.1956) die „Entstalinisierung" ein, indem er den „Personenkult" um Stalin und seinen diktatorischen Führungsstil kritisierte.
Die Entstalinisierung in der Sowjetunion erschütterte das Weltbild der seit ihrer Gründung stalinistisch geprägten SED.

Bau der Berliner Mauer (13.8.1961). In der Nacht zum Sonntag, dem 13. August 1961, begannen um Mitternacht Bauarbeiter unter dem Schutz von Soldaten der NVA die Verbindungsstraßen zwischen Ost- und West-Berlin abzuriegeln – zunächst mit Stacheldraht, dann mit einer provisorischen Mauer, die später durch eine ausgeklügelte Grenzanlage mit Wachtürmen und Selbstschussanlagen ausgebaut wurde.
Die Staatsführung der DDR bezeichnete die Mauer stets als „antifaschistischen Schutzwall", der das unkontrollierte Eindringen von Provokateuren und Agenten verhindern solle. Tatsächlich bestand – genau umgekehrt – die Aufgabe der Mauer darin, die massenhafte Abwanderung der eigenen Bevölkerung zu verhindern. Durch Konflikte bei der seit 1958 verschärften Kollektivierung der Landwirtschaft sowie aufgeschreckt durch Krisen um die Zufahrtswege und den Status von West-Berlin waren immer mehr Menschen aus der DDR geflüchtet. Durch die Mauer wollte die Staatsführung ein Ausbluten des Staates und damit eine Destabilisierung mit unabsehbaren Folgen verhindern. Der Preis, den die Bevölkerung zahlen musste, war hoch: Über Nacht wurden

Bau der Berliner Mauer: In der Nacht zum 13. August 1961 riegelten Pioniereinheiten die Verbindungsstraßen zwischen Ost- und Westberlin provisorisch mit Betonpfählen und Stacheldraht ab. Wenige Tage später begann der eigentliche Mauerbau.

Bei Fluchtversuchen über die innerdeutsche Grenze starben zwischen 1949 und 1989 insgesamt über 900 Menschen, davon mindestens 255 an der Grenze um Westberlin. Einer von ihnen war Peter Fechner. Durch Schüsse schwer verletzt, blieb er am 17.8.1962 eine Stunde ohne jede Hilfe und verblutete im Niemandsland der Grenzanlagen, bis NVA-Soldaten ihn abtransportierten.

Familien und Freundeskreise getrennt, die innerdeutsche Grenze wurde für lange Zeit ein unüberwindliches Hindernis.
Mit der Mauer riegelte die Staatsführung der DDR ihre eigene Bevölkerung ab. Damit war das Experiment, den Sozialismus in der DDR mit offenen Grenzen und in freier Konkurrenz zur Bundesrepublik aufzubauen, am Ende. Die Mauer galt und gilt bis heute als Symbol der deutschen Teilung, ebenso wie die Öffnung der Mauer am 9. November 1989 die Überwindung dieser Teilung symbolisiert. Darüber hinaus steht die Mauer, die – nach den Worten Richard von Weizsäckers – „versteinerte Absage an die Menschlichkeit", für den menschenverachtenden Unrechtscharakter der SED-Diktatur. In das historische Gesamturteil muss allerdings die Frage einbezogen werden, ob eine offene Grenze zwischen den beiden deutschen Staaten und in der „Frontstadt" Berlin unter den weltpolitischen Bedingungen des „Kalten Krieges" überhaupt auf die Dauer möglich gewesen wäre. Nicht zufällig folgte der Mauerbau auf eine Fernsehansprache des amerikanischen Präsidenten John F. Kennedy vom 25.7.1961, in der er die Eckpfeiler der Berlinpolitik der USA skizziert hatte. Dabei hatte er den Erhalt der Lebensfähigkeit West-Berlins, die Stationierung von Truppen der Westalliierten und deren freien Zugang nach West-Berlin als Kernelemente genannt, den Status von Ost-Berlin aber nicht ausdrücklich erwähnt. Damit hatte er die amerikanischen Garantien für West-Berlin bekräftigt, indirekt aber zugleich Ost-Berlin als Einflussbereich der Sowjetunion anerkannt. Die – im Wortsinne – Zementierung der deutschen Teilung durch die Grenzanlagen entsprach damit der Politik des Status quo im „Kalten Krieg". Nur auf der Grundlage der gesicherten und de facto weder von der internationalen Politik infrage gestellten noch von der eigenen Bevölkerung überschreitbaren Grenze konnte die DDR ihre eigene Politik fortsetzen. Nicht zu Unrecht gilt deshalb der 16. August 1961 als „heimlicher Gründungstag" der DDR.

Flüchtlingszahlen 1949–1962

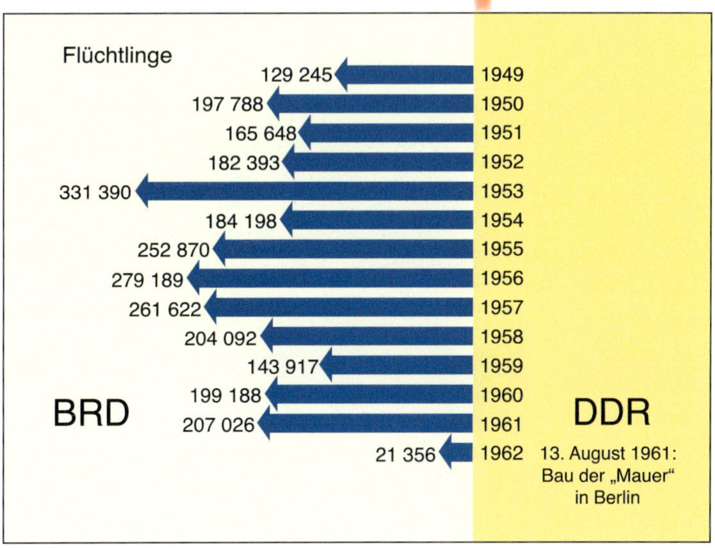

Reformen und innere Festigung (1962–1971)

Pressefest der Parteizeitung der SED, „Neues Deutschland" (ND), Berlin 1967

„Wissenschaftlich-technische Revolution". Nach dem Mauerbau begann die DDR mit dem Versuch einer planmäßigen Modernisierung ihrer Wirtschaft auf der Basis einer „wissenschaftlich-technischen Revolution". Die Produktion sollte effektiver arbeiten, eine sozialistische Leistungsgesellschaft entstehen. Die Reform bestand im Wesentlichen aus drei Elementen: Einer Umstrukturierung des Systems der Planwirtschaft, einem Ausbau des Bildungssystems und der Mobilisierung von Arbeitskraftreserven.

Wirtschaftsreform. Das am 15.7.1963 offiziell beschlossene „Neue Ökonomische System der Planung und Leitung" (NÖSPL) dezentralisierte die Planungs- und Leitungsvorgänge in der Planwirtschaft der DDR. Jüngere Fachleute wurden stärker an ökonomischen Entscheidungen beteiligt, stärker leistungsbezogene Elemente in die Entlohnung eingeführt. Als allerdings zunehmende Konflikte zwischen den neu aufgestiegenen Fachleuten und den älteren Parteikadern das Machtmonopol der SED zu gefährden begannen, wurde das System ab 1968 wieder stärker zentralisiert.

Polytechnische Oberschule in Berlin, Prenzlauer-Berg. Alle 14 Tage tauschten die Schülerinnen und Schüler ihre Schulbänke mit Werkbänken; auf die praktisch-technische Ausbildung wurde großer Wert gelegt.

Bildungsreform. 1965 wurde eine Reform des Bildungssystems beschlossen, um die Arbeitsproduktivität zu erhöhen. Mit dem „Gesetz über das einheitliche Bildungssystem" erhielten mathematisch-naturwissenschaftlich-technische Fächer einen hohen Stellenwert; die von allen Schülerinnen und Schülern besuchte „allgemeinbildende polytechnische Oberschule" führte in die Grundlagen der Produktionstechnik ein. Auch im Bildungsbereich behielt allerdings die Treue gegenüber dem System als Bildungs- und Erziehungsziel die höchste Priorität, das Gesetz über das einheitliche Bildungssystem verpflichtete alle Schülerinnen und Schüler dazu, „bereit zu sein alle Kräfte der Gesellschaft zur Verfügung zu stellen, den sozialistischen Staat zu stärken und zu verteidigen".

Der Mobilisierung von Arbeitskraftreserven diente auch die Familien- und Frauenpolitik: Die Berufstätigkeit von Frauen war in der DDR weit höher als in der Bundesrepublik. 1960 übten etwa 70 Prozent und 1989 etwa 90 Prozent aller Frauen im erwerbsfähigen Alter einen Beruf aus. Eine fundierte Berufsausbildung und ein sicherer Arbeitsplatz galten nicht nur in der DDR-Führung, sondern auch in weiten Teilen der Bevölkerung als die entscheidende Grundlage für die Emanzipation der Frau (vgl. Thema, S. 183 ff.).

Wirtschaftliche Erfolge. Auf der Grundlage dieser Modernisierungsmaßnahmen konnte die DDR in den 1960er-Jahren Erfolge erzielen. Die Produktivität der Wirtschaft nahm zu und lag deutlich über der der sozialistischen Nachbarstaaten. Auch Konsummöglichkeiten und Wohlstand der Bevölkerung nahmen zu, das „Neue Ökonomische System der Planung und Leitung" hatte neue Aufstiegsmöglichkeiten geschaffen und die soziale Mobilität erhöht. Diese Entwicklung erhöhte die Akzeptanz der Staatsführung in der Bevölkerung, während auf der anderen Seite eine weitere traumatische Erfahrung die Grenzen der politischer Opposition deutlich machte.

Der „Prager Frühling" (1968). Nach massiven wirtschaftlichen Problemen hatten in der kommunistischen CSSR Reformkräfte immer mehr Anklang im Volk gefunden. Sie suchten nach einem „dritten Weg" zwischen Kommunismus und Kapitalismus und verfolgten die Vision einer „sozialistischen Marktwirtschaft". Die Kommunistische Partei spaltete sich und die Reformer gewannen gegenüber den Stalinisten die Oberhand. Im Frühjahr 1968 vollzog sich in der CSSR ein radikaler Wandel: Presse und Kultur erlebten eine neue Blüte, der „Prager Frühling" erfasste das ganze Volk. Viele Bürger der DDR verfolgten das Geschehen durch westliche Medien und verknüpften damit eigene Hoffnungen, denn die Entwicklung in der CSSR ließ erkennen, dass es neben der diktatorischen Variante des Kommunismus auch eine demokratische Alternative gab.
Die SED attackierte die tschechische Reformpolitik aber von Anfang an. Für sie galt – ebenso wie für die sowjetische Führung – der Prager Reformkommunismus als Konterrevolution, die die Machtverhältnisse im gesamten Ostblock zu gefährden drohte. In der Nacht zum 21. August 1968 marschierten Truppen des Warschauer Paktes in die CSSR ein und schlugen die Reformbewegung gegen den erbitterten, aber hilflosen Widerstand der Bevölkerung nieder. Auch Truppen der Nationalen Volksarmee (NVA) der DDR rückten bis zur Grenze vor – dort aber ließ Breschnew sie stoppen, um keine unguten Erinnerungen an den Einmarsch der Wehrmacht in Prag 30 Jahre zuvor zu wecken.
Nach der gewaltsamen Niederschlagung der Reformbewegung reagierten viele Menschen in Ost und West mit ohnmächtiger Wut. Auch in der DDR schlug sich Protest in Flugblättern und Unterschriftenlisten, in nachts auf Hauswände gemalten Parolen nieder. Nach dem 21. August 1968 registrierte das Innenministerium innerhalb einer Woche 1 000 Fälle von „staatsgefährdender Hetze". Aber der Protest wurde schnell unterdrückt und in der Folge die Überwachung der Bevölkerung durch die Stasi intensiviert.

„Prager Frühling": Bezeichnung für die Reformpolitik des Chefs der Kommunistischen Partei der CSSR, Alexander Dubcek (1921–1992), seit dem 4.1.1968 (Liberalisierung aller Lebensbereiche, Aufhebung der Pressezensur, Dezentralisierung). Der „Prager Frühling" wurde durch sowjetische Truppen beendet (21.8.1968).

www.tagesschau.de/multimedia/pragerfruehling100.html
Anschauliche Multimedia-Seite der ARD zum „Prager Frühling"

Die „Acht-Stunden-Ideologie". Mit der Niederschlagung der Reformbewegung in der CSSR waren Reformen in der DDR auf lange Zeit undenkbar geworden. Die Menschen waren gezwungen, sich mit dem System abzufinden und sich zu arrangieren. Die Staatsführung überwachte zwar die Bevölkerung durch das weitläufige Spitzelnetz der Stasi, ließ die Menschen aber – wenn sie sich konform verhielten – weitgehend in Ruhe. In weiten Teilen der Bevölkerung entwickelte sich ein gespaltenes Bewusstsein, die – so ein zeitgenössischer Begriff – „Acht-Stunden-Ideologie": In der Schule und im Betrieb sagte man, was Lehrer und Vorgesetzte hören wollten, im privaten Bereich fand das „wirkliche" Leben statt („Nischengesellschaft"). Neben den Fatalismus gegenüber dem System als Ganzem trat das Engagement im privaten Bereich und im engeren gesellschaftlichen Umfeld. So entstand eine weit verbreitete Verhaltensspaltung, die man – je nach Standpunkt und Einzelfall – als „Doppelmoral" oder rational-zweckmäßigen Umgang mit dem System beurteilen kann.

Willy Brandt in Erfurt, 19.3.1970. Trotz umfangreicher Absperrmaßnahmen hatte sich vor dem Hotel „Erfurter Hof", in dem Brandt während seines DDR-Besuches wohnte, eine große Menschenmenge versammelt, die den westdeutschen Kanzler begeistert feierte.

Anerkennung auf internationaler Ebene (1971–1975)

Führungswechsel (3.5.1971). Trotz wirtschaftlicher Erfolge und relativer innenpolitischer Stabilität musste Walter Ulbricht am 3. Mai 1971 als Erster Sekretär des ZK der SED zurücktreten. Der Grund: Ulbricht hatte sich dem von der UdSSR eingeschlagenen Weg hin zu einer Entspannungspolitik mit dem Westen widersetzt. Der begeisterte Empfang des westdeutschen Bundeskanzlers Willy Brandt durch die DDR-Bevölkerung während seines Besuches in Erfurt 1970 hatte die Instabilität der SED-Herrschaft und die Gefahr, die von einem allzu offenen Vergleich mit der Bundesrepublik ausging, erneut offenkundig gemacht. Die UdSSR war aber 1970 mit der Unterzeichnung des „Moskauer Vertrages" auf die „Neue Ostpolitik" der sozial-liberalen Koalition der Bundesrepublik eingegangen und drängte nun zur Absicherung ihrer Deutschlandpolitik auf einen Politikwechsel in Ost-Berlin.

Die „Neue Ostpolitik"
12.8.1970: Moskauer Vertrag zwischen der BRD und Sowjetunion
7.12.1970: Warschauer Vertrag zwischen der BRD und Polen
3.9.1971: Viermächte-Abkommen über Berlin zwischen den vier alliierten Siegermächten
17.12.1971: Transit-Abkommen zwischen der BRD und der DDR
21.12.1972: Grundlagen-Vertrag zwischen der BRD und der DDR

Nachfolger Ulbrichts wurde Erich Honecker, der mit dem Berlin-Abkommen 1971 und dem Grundlagen-Vertrag 1972 die deutschlandpolitischen Vorstellungen der UdSSR vorbehaltlos für die DDR umsetzte. Durch diese Verträge verbesserte sich der internationale Status der DDR erheblich, sie wurde weltweit als souveräner Staat anerkannt und am 18.9.1973 vollwertiges Mitglied der UNO.

„Einheit von Wirtschafts- und Sozialpolitik". Zu seinem Amtsantritt verkündete Erich Honecker sein Konzept der „Einheit von Wirtschafts- und Sozialpolitik", das auf eine Verbesserung der alltäglichen Lebensverhältnisse zielte. Wirtschafts- und Gesellschaftspolitik in der DDR sollten nicht mehr primär auf ein fernes Ziel hin ausgerichtet sein, sondern den „real existierenden Sozialismus" gestalten. Das neue Konzept räumte der Konsumgüterproduktion Vorrang vor der Schwerindustrie ein. Um die noch immer dramatische Wohnungsnot zu lindern, wurde der Wohnungsbau durch die neuen „Plattenbausiedlungen" massiv angekurbelt. Die niedrigen Einkommensgruppen wurden angehoben und Familien finanziell gefördert. Dazu gehörte auch der weitere Ausbau der Kinderkrippenplätze; für Frauen mit Kindern verminderte sich die Wochenarbeitszeit auf 40 Stunden, 1976 wurde ein bezahltes „Baby-Jahr" eingeführt.

Straßenszene in Suhl (1983)

Liberalisierung. Dass die ersten Honecker-Jahre auch im Rückblick oft als die besten der DDR-Geschichte bezeichnet werden, lag neben diesen materiellen Verbesserungen auch an der innenpolitischen Liberalisierung, die vor dem Hintergrund der außenpolitischen Stabilität möglich wurde. „Wenn man von der festen Position des Sozialismus ausgeht, kann es meines Erachtens auf dem Gebiet von Kunst und Literatur keine Tabus geben. Das betrifft sowohl Fragen der inhaltlichen Gestaltung als auch des Stils." Mit diesen Worten läutete Honecker auf der 4. Tagung des ZK der SED eine neue Kulturpolitik ein und forderte die Künstler und Intellektuellen des Landes auf, den Aufbau des Sozialismus auf vielseitigere und kritischere Weise zu unterstützen. Westliche Musik und westliche Mode waren nicht mehr verboten, insbesondere die Jugendlichen spürten weniger Bevormundung und Gängelung.

Systemkrise und Niedergang (1975–1989)

Schon in der zweiten Hälfte der 1970er-Jahre wurde diese Reformpolitik wieder weitgehend zurückgenommen – eine Reaktion auf eine Systemkrise, die sich sukzessive verschärfte und bis zum Zusammenbruch der DDR im Herbst 1989 nicht mehr überwunden werden konnte. Diese Systemkrise hatte außenpolitische, innenpolitische und ökonomische Ursachen.

Innenpolitische Wirkungen der KSZE-Schlussakte. Die innenpolitische Krise resultierte paradoxerweise aus einem der größten außen- und deutschlandpolitischen Erfolge der DDR. In der KSZE-Schlussakte von Helsinki (1975) war die Unverletzlichkeit der Grenzen in Europa und damit auch die innerdeutsche Grenze sowie die Souveränität der DDR anerkannt worden. Ebenso waren aber in der Schlussakte die Menschenrechte, unter anderem das Recht auf Freizügigkeit und ungehinderte Reisemöglichkeiten, bekräftigt worden. Diese im sogenannten „vierten Korb" der Schlussakte formulierten Menschenrechte entwickelten in der DDR – wie auch in den anderen Ländern des Ostblocks – eine von vielen Zeitgenossen ungeahnte Sprengkraft, denn einerseits widersprachen sie offensichtlich den Lebensrealitäten, während sie andererseits von den Regierungen selbst durch ihre Unterschrift unter die Schlussakte anerkannt worden waren. Je mehr sich Einzelpersonen, z. B. im Zusammenhang mit Ausreiseanträgen oder versuchter „Republikflucht", oder Oppositionsgruppen auf diese Rechte beriefen, desto größer wurde die Erklärungsnot der Machthaber in der DDR, die deshalb wieder verstärkt zu offenen Repressionsmaßnahmen übergingen. Menschenrechtsgruppen, Personen mit Westkontakten und überhaupt „feindlich-negative Kräfte" wurden wieder verstärkt überwacht und verfolgt, der Apparat der Staatssicherheit weiter ausgebaut.

KSZE-Schlussakte (1.8.1975)
Die „Konferenz für Sicherheit und Zusammenarbeit in Europa" (KSZE) gilt als einer der wichtigsten Meilensteine der weltweiten Entspannungspolitik im „Kalten Krieg". 35 Staaten aus Ost und West nahmen an der Konferenz in Helsinki teil. Die KSZE zielte auf mehr Sicherheit in Europa durch Verständigung und Kooperation über die Blockgrenzen hinweg.
In der 1975 unterzeichneten Schlussakte wurden wichtige Prinzipien (z. B. Unverletzlichkeit der de facto bestehenden Grenzen, Gewaltverzicht, Achtung der Menschenrechte) vereinbart sowie Kooperationen (z.B in der Wissenschaft) verabredet.

Ökonomische Probleme. Die zweite Ursache der Systemkrise war ökonomischer Natur. Obwohl die DDR einen Großteil ihres Energiebedarfs mit sowjetischem Erdgas zu festgelegten Preisen deckte, blieb auch sie von den Ölpreisschocks und den auf sie folgenden weltwirtschaftlichen Problemen der 1970er-Jahre nicht verschont. Hinzu kam, dass die Verbesserung der Einkommen und der Konsumchancen der Bevölkerung zu einem Teil mit Krediten finanziert war, deren Rückzahlung nur durch weitere Kredite geleistet werden konnte. Eine drohende Zahlungsunfähigkeit der DDR konnte 1982 nur durch einen vom damaligen CSU-Vorsitzenden Strauß vermittelten Milliardenkredit verhindert werden. Von der Sowjetunion, die selbst mit enormen wirtschaftlichen Problemen zu kämpfen hatte, war keine Hilfe mehr zu erwarten. Die zunehmenden ökonomischen Probleme zeigten sich überdeutlich auch in der Umweltzerstörung: Für Umweltschutz war kein Geld vorhanden und die angesichts fehlender Produktivität notwendige extensive Ausrichtung der Industrieproduktion führte vor allem im Braunkohletagebau und in der Chemieindustrie zu unübersehbaren Verwüstungen von Natur und Umwelt.

Chemiekombinat Bitterfeld (1979)

Wirkungen der sowjetischen Reformpolitik. Vielleicht hätte das DDR-System diese Krisen irgendwie überwinden können, wenn nicht ein dritter und letztlich

Gorbatschows Reformpolitik (1985–1991)
„Perestroika" (= Umbau): Entwicklung einer modernen Industriegesellschaft, Dezentralisierung der staatlichen Planwirtschaft
„Glasnost" (= Offenheit): Offenheit des politischen Prozesses, freie Meinungsäußerung.
Biografische Daten zu Michail Gorbatschow: s. S. 28.

wohl entscheidender Faktor hinzugekommen wäre: die Reformpolitik in der UdSSR unter Michail Gorbatschow (s. S. 27f.).
Zwar begrüßte die DDR-Führung die neue außenpolitische Leitlinie des „Neuen Denkens" offiziell, lehnte aber die Übernahme der innenpolitischen Reformen in der DDR kategorisch ab. Damit geriet sie seit 1985 in einen der Bevölkerung kaum noch vermittelbaren Zweifrontenkrieg gegen das kapitalistische Ausland und die Reformpolitik des „sowjetischen Brudervolkes". Jetzt wurden sogar sowjetische Medien, wie die satirische Zeitschrift „Sputnik", in der DDR verboten. Als sozialistische Nachbarstaaten, wie Polen oder die CSSR, ihrerseits Reformen begannen und deren Grenzen nach Westen durchlässiger wurden, sahen sich die Machthaber in der DDR gezwungen, ihrer Bevölkerung nicht nur Reisen nach Westen, sondern auch in die östlichen Nachbarländer zu verbieten. Die offizielle DDR hatte sich kurz vor ihrem 40. Geburtstag nicht nur international, sondern auch im eigenen Lande vollständig isoliert.
Dass Gorbatschow Reformen in Polen und Ungarn nicht blockierte, bestärkte die Opposition in der DDR auf doppelte Weise: Einerseits verringerte sich die Angst vor einer Intervention der Sowjetunion zugunsten des Regimes, die in der Geschichte der DDR immer gegenwärtig gewesen war, und andererseits hatte man mit Michail Gorbatschow in ideologischer Hinsicht sogar einen mächtigen Verbündeten. Die sowjetische Reformpolitik bildete den entscheidenden machtpolitischen Hintergrund für das Erstarken der Oppositionsbewegung und die „Friedliche Revolution" in der DDR.

Auf dem Evangelischen Kirchentag (Ost-Berlin 1987): Oppositionelle in der DDR griffen die Ideen Gorbatschows auf. Die Staatsführung beobachtete sie genau, konnte aber kaum etwas gegen die Parole des mächtigen sowjetischen „Brudervolkes" unternehmen.

6. Zwei Staaten – ein Deutschland? Die Deutschlandpolitik der beiden deutschen Staaten

Was war Deutschland? „Deutschland" – das war in der Zeit des „Kalten Krieges" und der Existenz zweier deutscher Staaten ein prekärer und umstrittener Begriff. Was war das eigentlich damals: Deutschland?

Im Bewusstsein der Deutschen, aber auch ihrer Nachbarn, blieb die Vorstellung eines größeren, die Bundesrepublik und die DDR umfassenden Zusammenhanges in den vier Jahrzehnten des „Kalten Krieges" immer erhalten. Im Verhältnis zu diesem „Deutschland" blieben in diesem Bewusstsein die beiden deutschen Staaten etwas Vorübergehendes, auf unbestimmte Weise Vorläufiges.

Die Vorstellung eines über die Staatengrenzen hinweg vorhandenen nationalen Zusammenhanges war unterschiedlich gefüllt und wandelte sich mit der Zeit. Insbesondere in den nachwachsenden Generationen wurde „Deutschland" angesichts der Herausbildung völlig unterschiedlicher Gesellschaftssysteme und Lebenswelten, zwischen denen eine direkte, alltägliche Kommunikation nicht möglich war, ein zunehmend abstrakter Begriff. Aber er ging nie ganz verloren und gewann 1989 mit dem Zusammenbruch der DDR plötzlich und für die meisten unerwartet wieder eine zentrale und höchst reale Bedeutung.

In ihrer Gründungszeit nahmen beide deutsche Staaten noch für sich in Anspruch, jeweils die Keimzelle eines gesamtdeutschen Nationalstaates zu sein – eine Haltung, die sich deutlich in den Präambeln der Verfassung der DDR und des Grundgesetzes der Bundesrepublik zeigt (vgl. auch Kasten S. 159).

Grundgesetz der Bundesrepublik Deutschland vom 23. Mai 1949 (Auszüge)

Präambel:

Im Bewusstsein seiner Verantwortung vor Gott und den Menschen, von dem Willen beseelt, seine nationale und staatliche Einheit zu wahren und als gleichberechtigtes Glied in einem vereinten Europa dem Frieden der Welt zu dienen, hat das Deutsche Volk in den Ländern Baden, Bayern, Bremen, Hamburg, Hessen, Niedersachsen, Nordrhein-Westfalen, Rheinland-Pfalz, Schleswig-Holstein, Württemberg-Baden und Württemberg-Hohenzollern, um dem staatlichen Leben für eine Übergangszeit eine neue Ordnung zu geben, kraft seiner verfassungsgebenden Gewalt dieses Grundgesetz der Bundesrepublik Deutschland beschlossen. Es hat auch für jene Deutsche gehandelt, denen mitzuwirken versagt war. Das gesamte deutsche Volk bleibt aufgefordert, in freier Selbstbestimmung die Einheit und Freiheit Deutschlands zu vollenden.

Artikel 23 (Geltungsbereich des Grundgesetzes):

Dieses Gesetz gilt zunächst im Gebiete der Länder … (wie Präambel).
In anderen Teilen Deutschlands ist es nach deren Beitritt in Kraft zu setzen.

Artikel 146 (Geltungsdauer):

Dieses Grundgesetz verliert seine Gültigkeit an dem Tage, an dem eine Verfassung in Kraft tritt, die von dem deutschen Volke in freier Entscheidung beschlossen worden ist.

Deutschlandpolitik der Bundesregierung. In der Bundesrepublik blieb die Behauptung einer gesamtdeutschen Nation, die es zu vollenden gelte, bis 1990 bestehen. Obwohl die Präambel des Grundgesetzes hier eine eindeutige Zielvorgabe für das Regierungshandeln formuliert hatte, war ihre konkrete Ausführung oft ambivalent. In seiner Politik der Westorientierung gab Adenauer das Ziel der nationalen Einheit bewusst zugunsten der westdeutschen Souveränität auf, weil es – nach seiner Ansicht – realistischerweise in Freiheit nicht zu erreichen war. Sein politischer Kontrahent, der SPD-Vorsitzende Kurt Schumacher, begründete schon vor der Gründung der beiden deutschen Staaten am 31. Mai 1947 die sogenannte „Magnet-Theorie", die diesen

Deutschlandpolitische Konzepte
Westorientierung (Adenauer):
Enge Anbindung der BRD an die Westmächte, Integration in die NATO, Vorrang der staatlichen Souveränität der Bundesrepublik vor der (nicht zu realisierenden) nationalen Einheit.
„Magnet-Theorie" (Schumacher):
Soziale und ökonomische Überlegenheit der BRD zieht die Bevölkerung der DDR an und untergräbt damit das Unrechtsregime der DDR.
Hallstein-Doktrin (bis 1960er-Jahre):
Staaten, die die DDR anerkennen, wird die diplomatische Beziehung zur Bundesrepublik entzogen.
Neue Ostpolitik (ab 1970):
„Wandel durch Annäherung": Verhandlungen und Verträge mit osteuropäischen Staaten und der DDR.

Widerspruch aufnahm und die die Deutschlandpolitik der Bundesrepublik lange Zeit prägte: Die Westzonen sollten soziale und ökonomische Tatsachen schaffen, die denen der SBZ derart überlegen seien, dass die Menschen in Ostdeutschland von ihnen – wie von einem Magneten – so angezogen würden, dass ein bloßes Machtsystem dagegen kein sicheres Mittel sei. Die hohen Flüchtlingszahlen aus der DDR in die Bundesrepublik schienen in den 1950er-Jahren die Magnettheorie zu bestätigen, während – nach dem Bau der Mauer – die „Machtmittel" des DDR-Regimes ihr tatsächlich den Boden entzogen. In den Jahren 1989/90 aber erhielt die Magnettheorie wieder hohe Aktualität.

Um den Unrechtscharakter der DDR zu betonen und den Alleinvertretungsanspruch der Bundesrepublik für alle Deutschen, wie er in der Präambel des Grundgesetzes deutlich wird, durchzusetzen, folgte die Deutschlandpolitik bis zum Ende der 1960er-Jahre der sogenannten „Hallstein-Doktrin". Auf dieser Grundlage gelang es lange Zeit, das DDR-Regime international zu isolieren – eine Politik, die aber mit der fortdauernden de-facto-Existenz der innerdeutschen Grenze und der nach der Kuba-Krise 1961 beginnenden Entspannungspolitik der Supermächte immer unglaubwürdiger wurde.

Neue Ostpolitik. Nach vorsichtigen Kurskorrekturen schon während der Großen Koalition schwenkte die Bundesrepublik der sozial-liberalen Regierung Brandt/Scheel mit der „Neuen Ostpolitik" ganz auf die Entspannungspolitik der Supermächte ein und ergänzte sie um eine spezifische deutschlandpolitische Komponente. In den sogenannten „Ostverträgen" 1970–1972 (vgl. Thema, S. 179 ff.) nahm sie diplomatische Beziehungen mit den Ostblockstaaten auf und regelte die innerdeutschen Beziehungen neu. Die Grundlage aller dieser Verträge war der ausdrückliche Verzicht auf Gewalt zur Änderung der Grenzen in Europa, insbesondere der Oder-Neiße-Grenze zu Polen und der innerdeutschen Grenze zur DDR. Im Grundlagenvertrag akzeptierte die Bundesrepublik die Souveränität der DDR, vermied aber deren völkerrechtliche Anerkennung als Ausland. Entsprechend hieß die Vertretung der Bundesrepublik in Ost-Berlin „Ständige Vertretung" und nicht „Botschaft".

Die „Neue Ostpolitik" war in der Bundesrepublik zunächst scharf umstritten (vgl. Thema, S. 179 ff.), blieb aber nach 1972 die deutschlandpolitische Grundlage aller Bundesregierungen bis 1989.

Reisen und Besuche zwischen den beiden deutschen Staaten wurden möglich, wenn sie auch nach wie vor strengen Restriktionen ausgesetzt waren; der wissenschaftliche und kulturelle Austausch wurde reger. Die deutsch-deutschen Gipfeltreffen blieben

Empfang des Staatsratsvorsitzenden der DDR, Erich Honecker, durch den Bundeskanzler der Bundesrepublik, Helmut Kohl, vor dem Bundeskanzleramt in Bonn am 7.9.1987. Das Foto spiegelt die diplomatisch heikle Situation eines „Arbeitsbesuches", der dennoch im protokollarischen Ablauf einem Staatsbesuch ähnelte.

immer diplomatisch heikel, entwickelten aber doch zunehmend den Charakter von gewöhnlichen Arbeitstreffen. Um die Beziehungen auf Regierungsebene nicht zu gefährden, vernachlässigten die Regierungsparteien der Bundesrepublik allerdings Kontakte mit Oppositionellen in der DDR – ein Vorwurf, der mit Recht nach 1989 von der DDR-Opposition erhoben wurde.

Kampf um Begriffe und Bezeichnungen

Dass die innerdeutschen Beziehungen trotz aller Entspannung ein hochsensibles Terrain blieben, zeigt auch der Kampf um Begriffe und Bezeichnungen: Um den besonderen Status von Berlin zu betonen, verfügte die westdeutsche Kultusministerkonferenz, dass der Kartenausschnitt aller Schulbuchkarten der Bundesrepublik so zu wählen sei, dass Berlin mit dargestellt wird. Als Bezeichnungen wurde „Berlin (West)" und „Berlin (Ost)" vorgeschrieben. Auf den Kartendarstellungen der DDR hieß es dagegen „Berlin (West)" und „Berlin (DDR)" um die Zugehörigkeit der „Hauptstadt der DDR" zur DDR hervorzuheben. In den ostdeutschen Schulbüchern war die innerdeutsche Grenze wie eine normale Staatsgrenze eingezeichnet, in den westdeutschen Schulbüchern war sie als „Grenze besonderer Art" zu kennzeichnen. In den ostdeutschen Schulbüchern hießen die beiden deutschen Staaten „DDR" und „BRD", in den westdeutschen Schulbüchern war die von der DDR „erfundene" und dort gebräuchliche Abkürzung „BRD" für die Bundesrepublik nicht zulässig, während die Abkürzung „DDR" bis weit in die 1960er-Jahre hinein in Anführungszeichen geschrieben werden musste.

Wandel des nationalen Selbstverständnisses der DDR. Anders als in der Bundesrepublik wandelte sich das regierungsoffizielle Selbstverständnis der DDR in Bezug auf den Begriff „Nation" deutlich – ein Wandel, der sich in den Verfassungsänderungen von 1968 und 1974 spiegelt. Nach 1955, nach der vollendeten West- bzw. Ostintegration der beiden deutschen Teilstaaten, verkündete die DDR-Führung die „Zwei-Staaten-Theorie", nach der sich die DDR mehr und mehr in Abgrenzung zur Bundesrepublik definierte.

Verfassung der Deutschen Demokratischen Republik vom 7.10.1949 (Auszüge)
Präambel: Von dem Willen erfüllt, die Freiheit und die Rechte des Menschen zu verbürgen, das Gemeinschafts- und Wirtschaftsleben in sozialer Gerechtigkeit zu gestalten, dem gesellschaftlichen Fortschritt zu dienen, die Freundschaft mit allen Völkern zu fördern und den Frieden zu sichern, hat sich das deutsche Volk diese Verfassung gegeben.
Art. 1: Deutschland ist eine unteilbare demokratische Republik; sie baut auf den deutschen Ländern auf. [...]

Verfassung der DDR (1968)
Präambel: Getragen von der Verantwortung, der ganzen deutschen Nation den Weg in eine Zukunft des Friedens und des Sozialismus zu weisen, in Ansehung der [...] Tatsache, dass der Imperialismus unter Führung der USA [... und] des westdeutschen Monopolkapitals Deutschland gespalten hat, um Westdeutschland zu einer Basis [...] des Kampfes gegen den Sozialismus aufzubauen [...], hat sich das Volk der Deutschen Demokratischen Republik, fest gegründet auf den Errungenschaften der antifaschistisch-demokratischen und der sozialistischen Umwälzung der gesellschaftlichen Ordnung [...] diese sozialistische Verfassung gegeben.
Art. 1: Die [DDR] ist ein sozialistischer Staat deutscher Nation [...] unter Führung der Arbeiterklasse und ihrer marxistisch-leninistischen Partei.

Verfassung der DDR (1974)
Präambel: In Fortsetzung der revolutionären Tradition der deutschen Arbeiterklasse und gestützt auf die Befreiung vom Faschismus hat das Volk der Deutschen Demokratischen Republik in Übereinstimmung mit den Prozessen der geschichtlichen Entwicklung [...] sein Recht auf sozial-ökonomische, staatliche und nationale Selbstbestimmung verwirklicht und gestaltet die entwickelte sozialistische Gesellschaft
Art. 1: Die [DDR] ist ein sozialistischer Staat der Arbeiter und Bauern [...] unter Führung der Arbeiterklasse und ihrer marxistisch-leninistischen Partei.

In der Verfassung von 1968 definierte die DDR – nach dem Bau der Mauer – ihre eigene Identität aus ihrem ideologischen Bekenntnis zum Sozialismus und einer aggressiven Schuldzuweisung an den westlichen Kapitalismus und die Bundesrepublik. Träger dieser Verfassung war nicht mehr – wie 1949 – das „deutsche Volk", sondern das „Volk der Deutschen Demokratischen Republik".
Die erneute Verfassungsänderung von 1974 reflektierte – nach den Ostverträgen 1971/72 und ein Jahr vor der Unterzeichnung der KSZE-Schlussakte von Helsinki – den Wechsel von der Konfrontations- zur Entspannungspolitik, von Walter Ulbricht zu Erich Honecker: Die aggressiven Töne gegenüber der Bundesrepublik waren verschwunden. Vor dem Hintergrund der internationalen Anerkennung der DDR schien das DDR-Regime die eigene Identität als sozialistische Nation gelassener formulieren zu können.

Identitätsstiftung in der Systemkonkurrenz. Obwohl die DDR offiziell längst ein eigenes Volk hatte und eine eigenständige „sozialistische Nation" bildete, war in der Bevölkerung das Gefühl, ein nur provisorisch abgetrennter Teil eines größeren Deutschlands zu sein, nie ganz geschwunden. Der unmittelbare Vergleich mit der westdeutschen Gesellschaft und ihren Lebensverhältnissen wurde in der DDR durch das Westfernsehen erleichtert, dessen Unterdrückung der SED-Führung nicht gelungen war.
So haben die Entwicklungen in der Bundesrepublik die Geschichte der DDR immer begleitet – genauso wie umgekehrt die Bundesrepublik einen Großteil ihrer Identität aus der Abgrenzung zur DDR bezog. Dazu gehörte neben dem übergeordneten Bezugspunkt „Deutschland" auch das Bewusstsein der jeweils eigenen Besonderheit, die im Falle der ostdeutschen Bevölkerung bis weit in Kreise der politischen Opposition hinein immer auch positiv besetzt war. Auch in den Kreisen der Bürgerbewegungen und Menschenrechtsgruppen, die die „friedliche Revolution" von 1989 trugen, galt der Versuch, eine fortschrittliche und gerechtere Alternative zum westlichen Modell des „Kapitalismus" zu schaffen, als bewahrenswertes Element der Identität der DDR.

7. Die Opposition in der DDR und die „Friedliche Revolution" von 1989

Oppositionsgruppen und ihre Ziele

„Schwerter zu Pflugscharen" – das Symbol der oppositionellen Friedensbewegung in der DDR

Opposition, Widerstand oder Distanz zum Regime äußerten sich in der DDR vorwiegend in fünf verschiedenen, teils sich ergänzenden, teils aber auch sich widersprechenden Formen.

Flucht und Ausreise. Zuerst ist die nur auf den ersten Blick unpolitische Form des Weggehen-Wollens zu nennen. Die Ausreisewellen 1953, vor dem Mauerbau 1961 und dann wieder im Herbst 1989 waren Ausdruck tiefer Unzufriedenheit mit den Lebensverhältnissen in der DDR, eine Art Abstimmung mit den Füßen, die das gesamte System in seinen Grundlagen gefährdete. Von 1961 bis zum Sommer 1989 äußerte sich diese Haltung in vielen Fällen riskanter „Republikflucht" durch die Sperranlagen oder durch die Ostsee – an die tausend Mal mit tödlichen Folgen für die Flüchtenden – oder in Form von „Anträgen auf die Entlassung aus der Staatsbürgerschaft", denen zwar manchmal nach langer Bearbeitungszeit aus familiären Gründen stattgegeben wurde, die aber zugleich immer ein hohes persönliches Risiko bedeuteten, denn die Antragsteller und ihre Familien wurden gesellschaftlich isoliert und gerieten unweigerlich ins Visier der Stasi. Die Motive derjenigen, die die DDR verließen oder verlassen wollten, waren verschieden, materielle und politische Motive spielten in unterschiedlichen Gewichtungen eine Rolle.

Opposition im Rahmen der Kirchen. Die zweite Oppositionsform entwickelte sich im Rahmen der christlichen Kirche, die in der DDR – im Unterschied zur Sowjetunion – immer eine relative Eigenständigkeit bewahren konnte und über gesellschaftlichen Einfluss verfügte. Noch 1989 gehörte ein gutes Drittel der DDR-Bevölkerung einer christlichen, die große Mehrzahl davon der evangelischen Kirche an. Obwohl der Preis dieser Eigenständigkeit die Zurückhaltung in politischen Fragen war und die meisten Gemeinden sich eher unpolitischen, religiösen und karitativen Aufgaben widmeten, entstanden doch immer wieder Distanz und Konfliktpotenzial mit dem Staat. Auf Intervention der Kirchen richtete die DDR 1964 mit der Institution der „Bausoldaten" eine Art Wehrersatzdienst für pazifistisch orientierte Christen ein. Seit den 1970er-Jahren engagierten sich immer mehr vor allem junge Menschen unter dem Dach der Kirchen in Umwelt-, Friedens- und Menschenrechtsgruppen; die Kirchengemeinden wurden zunehmend zu einem Kristallisationspunkt oppositioneller Strömungen.

Mitglieder der „Jungen Gemeinde", Jena. In der Jugendkultur der 1970er-Jahre mischten sich religiöse, kulturelle und politische Anliegen in vielfältiger Weise.

Kulturelle Opposition. Teils innerhalb, teils aber auch außerhalb der Kirchen entstand in den 1970er-Jahren eine breite, meist von Jugendlichen getragene Oppositionsbewegung, in der sich kulturelle und politische Anliegen mischten. Abseits des regulären FDJ-Kulturbetriebs trafen sich Intellektuelle und Künstler in losen Zirkeln, hielten Lesungen ab und organisierten die Herausgabe eigener Untergrundschriften. In den größeren Städten bildeten sich Szenetreffpunkte, wie das „Cafe Burger", der „Arbeiter- und Studentenclub" oder das „Haus der jungen Talente" in Berlin. Ökologisch motivierte Jugendliche zogen auf das Land und gründeten auf verlassenen Bauernhöfen Wohngemeinschaften. Besondere Ausstrahlungskraft gewannen populäre Rockgruppen, die alleine durch die Übernahme westlicher Rockmusik einen Kontrapunkt zum sozialistischen Liedgut der FDJ bildeten. Die bekanntesten unter ihnen waren die „Phudys" und die „Klaus Renft Combo". So entstand eine breit gefächerte Jugendbewegung, die sich in ihrem Lebensgefühl und ihrer politischen Haltung weit von der offiziellen DDR und ihrer Jugendorganisation, der FDJ, entfernt hatte. Sie bewegte sich in der Regel an der Grenze der Legalität, immer argwöhnisch von der Staatssicherheit beobachtet. Manchmal wurden Treffpunkte geschlossen, „antisozialistische" Schriften beschlagnahmt oder es wurde Jugendlichen der Zugang zum Studium verwehrt. Insgesamt aber bekam die Staatsführung diese Bewegung nicht mehr unter Kontrolle.

Robert Havemann (1910–1982).
Der Reformkommunist und Physikprofessor Robert Havemann war Gründungsvater und Leitfigur der Oppositionsbewegung in der DDR. Das Foto zeigt ihn 1972 zusammen mit Wolf Biermann (rechts) in seinem Haus.

Politische Opposition. Als vierte Oppositionsform lassen sich die – im engeren Sinne – politischen Oppositionsgruppen bezeichnen, die sich oft im Umkreis von Intellektuellen und Künstlern bildeten. Einerseits war nach den Erfahrungen des 17. Juni 1953, aber auch der militärischen Unterdrückung der Reformbewegungen in Ungarn und Polen 1956 sowie in der CSSR 1968 klar, dass solche Gruppen nicht offen auftreten konnten, andererseits wurde politischer Widerspruch durch die kulturelle Liberalisie-

Rudolf Bahro (1935–1997).
1968: Der „Prager Frühling" bringt das Weltbild des SED-Mitglieds ins Wanken. 1977: Veröffentlichung des Buches „Die Alternative"; 1978: Verurteilung zu acht Jahren Zuchthaus; 1979: Abschiebung in den Westen. 1980-85: Gründungsmitglied der „Grünen". 1997: Tod in Berlin.

Wolf Biermann.
1936: Geburt in Hamburg. 1953: Übersiedlung in die DDR. 1961: Sein Theaterstück über den Mauerbau erregt das Missfallen der SED. 1965: Auftrittsverbot; Biermanns Lieder werden unter der Hand in Oppositionskreisen verbreitet. 1976: Ausbürgerung während einer Konzertreise in Westdeutschland. 1989: Nach der Revolution gibt Biermann ein gefeiertes Konzert in Leipzig.

rung ab 1971 in Grenzen möglich und durch die KSZE-Charta von 1975 provoziert. Zu den bekanntesten Personen des politischen Widerstandes gehörten in den 1970er-Jahren der Physikprofessor Robert Havemann, der Physiker Rudolf Bahro und der Liedermacher Wolf Biermann. Im „Krisenjahr" 1976 spitzte sich die Auseinandersetzung um die politische Opposition zu: Havemann, der 1976 die Zulassung freier Zeitungen und von Oppositionsparteien gefordert hatte, wurde unter Hausarrest gestellt; Wolf Biermann wurde 1976 während einer Konzertreise in Westdeutschland ausgebürgert. Wenig später wurde Bahro, der in seinem im Westen veröffentlichten Buch „Die Alternative" einen reformkommunistischen Weg vorgeschlagen hatte, zu acht Jahren Zuchthaus verurteilt. Diese Repressionsmaßnahmen sorgten für erhebliche Unruhe; die expandierende Staatssicherheit hatte alle Hände voll zu tun, Protestler aufzuspüren, zu verfolgen und zu unterdrücken. Offener Protest war sowieso verboten und wurde auf der Grundlage eines 1979 verschärften politischen Strafrechts hart bestraft.
Ein besonderes Fanal im Krisenjahr 1976 bildete die öffentliche Selbstverbrennung des Pfarrers Oskar Brüsewitz vor der Michaeliskirche in Zeitz am 18. August 1976. Mit seiner Verzweiflungstat wollte Brüsewitz ein Zeichen gegen die Diktatur setzen. Obwohl die SED versuchte, Brüsewitz als krankhaft veranlagten Menschen zu denunzieren, löste sein Freitod allseits Bestürzung aus.
Sowohl die kirchlichen wie auch die im engeren Sinne politischen Oppositionsgruppen zielten in ihrer großen Mehrheit auf eine Art „Dritten Weg" zwischen Kapitalismus und Sozialismus, auf einen „freiheitlichen Sozialismus" oder einen „Sozialismus mit menschlichem Antlitz". Im Unterschied zu einem bedeutenden Teil der Ausreisewilligen befürwortete kaum jemand unter ihnen eine vollständige Abkehr vom Sozialismus und die umstandslose Übernahme des westlichen Wirtschafts- und Gesellschaftsmodells.

Reformkräfte innerhalb der SED. Die fünfte Oppositionsform entwickelte sich als gemäßigte Opposition innerhalb der SED oder der Massenorganisationen. Hier waren meist junge Idealisten am Werk, die sich an den marxistischen Klassikern und den sozialistisch-kommunistischen Idealen orientierten und sich an den Diskrepanzen zwischen ihnen und der Realität in der DDR störten. Zwar blieben die Spielräume dieser Reformer immer eng gesteckt und ihre Zusammenschlüsse blieben wegen des in der SED herrschende Fraktionsverbotes lose und informell, aber nach 1985 veränderte sich ihre Situation deutlich: Einerseits erhielten sie durch das sowjetische Reformvorbild Aufwind und andererseits gerieten sie in immer deutlicheren Widerspruch zur Staats- und Parteiführung.
Alle fünf Oppositionsformen entwickelten sich in den letzten Jahren der DDR unter dem Einfluss wachsender Repressionen und eines zunehmenden Legitimitätsverlustes des Systems inhaltlich und organisatorisch schnell weiter, ohne dass allerdings weltanschauliche Unterschiede verschwunden oder einheitliche Organisationsstrukturen entstanden wären.

Der Beginn der Revolution

Kommunalwahlen (Mai 1989). Den Anlass für die Explosion der Unzufriedenheiten und Widerstände in der „friedlichen Revolution" bildeten die auf den ersten Blick eher unbedeutenden Kommunalwahlen im Mai 1989. Wie immer hatten im Ergebnis dieser Wahlen über 99 Prozent der Wahlberechtigten der Liste der „Nationalen Front" zugestimmt. Bei dieser Wahl allerdings war das Ergebnis ganz offenkundig gefälscht, denn viele hatten – ermuntert durch die Reformen in der UdSSR – mit „nein" gestimmt oder den Wahlzettel, z. B. durch handschriftliche Kommentare, ungültig gemacht. Und deswegen erhoben Kirchengemeinden und oppositionelle Bürgerinnen oder Bürger Strafanzeige gegen die zuständigen Behörden.

Organisation der Opposition. Die Auseinandersetzungen um die Kommunalwahl wirkten als Katalysator für die immer mutiger werdende Opposition, die jetzt begann, sich in festeren und überregionalen Strukturen zu organisieren. Am 12. September wurde der Gründungsaufruf der Bürgerbewegung „Demokratie jetzt" veröffentlicht und am 19. September beantragte das „Neue Forum" die Zulassung als politische Organisation. Obwohl dieser Antrag vonseiten des Staates als Provokation aufgefasst und selbstverständlich abgelehnt wurde, bekamen sowohl das „Neue Forum" wie auch die anderen Oppositionsgruppen immer mehr Zulauf. Das Ziel dieser Gruppen bestand ausdrücklich noch nicht in der Ausarbeitung politischer Konzepte, sondern zunächst in der Schaffung eines Rahmens für einen freien und offenen Austausch von Meinungen, Interessen und Zielen.

Leipziger Montagsdemonstrationen. Zeitgleich mit der Herausbildung dieser Oppositionsstrukturen begannen in Leipzig im Anschluss an das montägliche Friedensgebet in der Nikolaikirche die sogenannten „Montagsdemonstrationen", an denen Woche für Woche mehr Menschen teilnahmen.
Kurz vor den geplanten Feiern zum 40. Jahrestag der DDR am 7. Oktober 1989 reagierte die Staatsführung nervös und mit harten Repressionsmaßnahmen. Oppositionelle wurden verhaftet, Demonstrationen mit Gewalt aufgelöst. Während der Feierlichkeiten zum 40. Jahrestag geriet dann die Staatsführung in eine höchst pikante Situation. Ihr wichtigster Ehrengast, der sowjetische Staatspräsident Gorbatschow, forderte sie ziemlich unverblümt zu Reformen auf. Die von seinem Übersetzer zugespitzte und im Fernsehen der DDR verbreitete Formulierung „Wer zu spät kommt, den bestraft das Leben" wurde zu einer Art Schlachtruf der Opposition.

Montagsdemonstration in Leipzig am 9. Oktober 1989. Zwei Tage später, am Montag, den 9. Oktober 1989, brachte die von allen Seiten mit Spannung erwartete und symbolisch hoch aufgeladene Montagsdemonstration in Leipzig den Durchbruch für die Revolution. Am Montag zuvor war die Zahl der Teilnehmer an der Leipziger Demonstration bereits auf etwa 20 000 angestiegen. Angesichts der bevorstehenden Feierlichkeiten hatte die Staatsführung bewusst auf das, was die Zeitgenossen damals die „Chinesische Lösung" nannten, verzichtet. Niemand wusste, wie der Staat nun, nachdem die offiziellen Feiern vorbei waren, reagieren würde. Tatsächlich formulierte und unterzeichnete Erich Honecker als Einsatzbefehl des Tages für Polizei und NVA: „Die konterrevolutionären Demonstrationen mit aller Gewalt niederwerfen". Die Bürgerinnen und Bürger Leipzigs wurden aufgefordert, die Innenstadt am Montag zu meiden; Kinder und Jugendliche mussten bis 15 Uhr aus Kitas und Schulen abgeholt

Montagsdemonstration in Leipzig, 9.10.1989

www.hgd.de/lemo/html/DieDeutscheEinheit/WandelimOsten/index.html
Internetseite der Stiftung „Haus der Geschichte der BRD" zur Friedlichen Revolution mit vielen Informationen und Materialien zu Hintergründen der Revolution und zu den Oppositionsgruppen

www.ddr89.de
Private Homepage mit vielen Dokumenten zur Oppositionsbewegung in der DDR

„Chinesische Lösung": Am 3./4. Juni 1989 hatte die chinesische Parteiführung mit einem Massaker auf dem Pekinger „Platz des Himmlischen Friedens" ihre oppositionelle Bürgerbewegung brutal niedergeschlagen.

werden. In den Krankenhäusern der Stadt wurden Betten freigeräumt und Blutkonserven bereitgestellt. Die kasernierte Bereitschaftspolizei zog auf, scharfe Munition wurde ausgeteilt. Trotz oder gerade wegen dieser angespannten Situation nahmen 90 000 Menschen am Demonstrationszug teil; er verlief angespannt, meist in fast gespenstischer Stille. Immer wieder war der Ruf „keine Gewalt" zu hören. Tatsächlich ging die Demonstration friedlich zu Ende. Heute gilt dieser Tag als „letzter Tag der DDR", denn mit dieser Montagsdemonstration hatte die Oppositionsbewegung ihr Demonstrationsrecht durchgesetzt. Bereits in der folgenden Woche demonstrierten schon über 100 000 Menschen in Leipzig, am 4. November 1989 erreichte die Demonstrationswelle in Ost-Berlin ihren Höhepunkt: Über eine halbe Million Menschen demonstrierte für Freiheit, Rechtsstaatlichkeit und freie Wahlen.

Sturz Erich Honeckers. Dass die „Chinesische Lösung" ausblieb, ist einerseits dem disziplinierten Verhalten der Demonstranten zu verdanken und andererseits dem Verhalten der lokalen Befehls- und Machthaber, die die kasernierte Polizei zurückzogen. Damit hatten auf Seiten der SED die gemäßigten Kräfte, die statt auf militärische Gewalt auf den politischen Dialog mit der Opposition setzen wollten, die Oberhand gewonnen. Dass dies wiederum so war, hatte sicher auch damit zu tun, dass die DDR – anders als 1953 – nicht mit einer Unterstützung durch sowjetische Truppen hätte rechnen können. Am 17. Oktober setzte das Politbüro Erich Honecker ab und wählte als Nachfolger Egon Krenz, der als Einsatzverantwortlicher am 9. Oktober das Verdienst für den friedlichen Verlauf der Demonstration für sich in Anspruch nahm.

Ankunft der Flüchtlingszüge aus Prag in der westdeutschen Stadt Hof am 5.10.1989. Freude und Fassungslosigkeit mischen sich in den Gesichtern der zumeist jungen Flüchtlinge, die Eltern, Freunde und Arbeitskollegen in der alten Heimat zurückgelassen hatten und damit rechnen mussten, sie für Jahre nicht wiederzusehen.

Botschaftsflüchtlinge. Neben den Demonstrationen der Opposition bedrohte eine massenhafte Fluchtwelle das DDR-Regime. Tausende DDR-Bürger besetzten im Sommer 1989 die Ständige Vertretung der Bundesrepublik in Ost-Berlin und ihre Botschaften in Budapest, Warschau und Prag. Besonders in der Prager Botschaft, in der Tausende Flüchtlinge alle Räume und den Garten beanspruchten, herrschten chaotische Zustände. Nach langen Verhandlungen am Sitz der UNO in New York konnte der westdeutsche Außenminister Genscher die Ausreisegenehmigung für die Botschaftsflüchtlinge erreichen. Diese mussten allerdings – um den Schein einer regulären Ausweisung aufrecht zu halten – in verplombten Zügen über das Gebiet der DDR in die Bundesrepublik fahren, was wiederum dazu führte, dass die Bahnstrecken und Bahnhöfe in der DDR militärisch gesichert werden mussten, weil viele versuchten, auf die Züge aufzuspringen. Als die Republik Ungarn in der Nacht vom 10. zum 11. September 1989 ihre Grenze nach Österreich öffnete, begann ein Massenexodus von DDR-Bürgern über Ungarn in den Westen. Die Führung der DDR wusste sich nur mit einem Verbot der Ausreise in die sozialistischen Nachbarländer zu helfen.

Die Öffnung der Mauer

Prekäre Veränderungen im Alltag. Trotz unterschiedlicher Zielgewichtungen – die einen wollten der DDR den Rücken kehren, die anderen sie reformieren – verstärkten sich die Fluchtbewegung und die Demonstrationsbewegung gegenseitig. Das Alltagsleben in der DDR wurde prekärer und zum Teil auch gefährlich chaotisch: In den Betrieben fehlten plötzlich Ingenieure oder Betriebsleiter; ganze Krankenhausabteilungen konnten nicht mehr arbeiten, weil Ärzte und Krankenschwestern in den Westen geflohen waren.

9.11.1989. Unter diesem Druck sah die neue Staatsführung keinen anderen Ausweg als die Flucht nach vorne. Am 9. November 1989 kündigte das Politbüromitglied Günther Schabowski an, es werde bald eine Lösung für die Westreisen der DDR-Bürger geben. Daraufhin strömten Zehntausende zur Mauer, die – sicher schneller als geplant – noch in der Nacht des 9. November 1989 geöffnet wurde.
Die unerwartete Öffnung der Mauer war ein bewegender Moment für alle Zeitgenossen. Die Ost-Berliner feierten die ganze Nacht über in West-Berlin, das jahrzehntelang so nah gelegen und doch unerreichbar gewesen war. Die West-Berliner und die Westdeutschen feierten mit und merkten zugleich, dass die friedliche Revolution in der DDR nun auch sie unmittelbar betraf. Am folgenden Tag sagte der ehemalige Regierende Bürgermeister von Berlin und ehemalige Bundeskanzler Willy Brandt auf einer Kundgebung in West-Berlin: „Nun wächst zusammen, was zusammengehört". Das „Experiment DDR" war in seiner bisherigen Form zu Ende – wie die deutsche Geschichte aber weitergehen sollte, das war zu diesem Zeitpunkt umstritten und völlig ungeklärt.

Grenzübergang Helmstedt/Marienborn, 10.11.1989: Nach der Öffnung der Mauer am 9.11.1989 nutzten Millionen ostdeutscher Bürger die unverhoffte, seit Jahrzehnten undenkbare Möglichkeit zu einem Ausflug in den Westen, wo sie begeistert empfangen wurden.

Berlin, Brandenburger Tor, 10.11.1989

Was heißt hier Demokratie? – Das Demokratieverständnis der DDR und der Bundesrepublik im Vergleich

„Demokratie" ist kein eindeutiger Begriff. Wörtlich übersetzt bedeutet er „Volksherrschaft". Aber was bedeutet das genau?
Darüber gingen die Meinungen in der DDR und in der Bundesrepublik auseinander. In der DDR sprach man von „sozialistischer Demokratie", in der Bundesrepublik von „freiheitlicher Demokratie". Diese beiden fundamentalen Begriffe können die unterschiedlichen Ausformungen von Staat, Gesellschaft und Politik in beiden deutschen Staaten erklären.

- **Was bedeutete „sozialistische Demokratie" im Verständnis der DDR?**
- **Was bedeutete „freiheitliche Demokratie" im Verständnis der Bundesrepublik?**
- **Wie sind beide Begriffe aus heutiger Sicht zu bewerten?**

Präsentieren Sie mediengestützt zwei Argumentationsstrukturskizzen zu den Demokratiebegriffen der DDR und der Bundesrepublik und erörtern Sie diese in einem Kreisgespräch.

So können Sie Ihre Argumentationsstrukturskizzen in Partnerarbeit vorbereiten:

1. Erarbeiten Sie den Bedeutungsgehalt der Begriffe „sozialistische Demokratie" (DDR) und „freiheitliche Demokratie" (BRD), indem Sie die Quellen M 1 und M 2 unter der ersten bzw. der zweiten Leitfrage interpretieren. Dabei können Sie arbeitsteilig vorgehen.
   ➡ **Interpretations- und Gestaltungstipps:**
   a) Wie wird die geschichtliche Entwicklung gesehen, wie ihr Ziel beschrieben?
   b) Wie wird das Verhältnis von individuellen Interessen und Gesamtinteressen (Gemeinwohl) gesehen?
   c) Wie wird mit besonderen oder abweichenden Meinungen bzw. Mehrheit und Minderheiten umgegangen?
   d) Welche Kritik am jeweils anderen Demokratieverständnis wird formuliert?
   e) Erstellen Sie Stichworte zu allen einzelnen Gedanken (Argumenten) in Ihren Quellen und ordnen Sie diese Stichworte so an, dass ihre argumentativen Zusammenhänge deutlich werden. So können Sie z. B.
      - Voraussetzungen und Folgerungen unterscheiden und ihren inneren logischen Zusammenhang (z. B. durch einen beschrifteten Pfeil) kennzeichnen;
      - ein Bündel von Folgerungen aus einer Voraussetzung nebeneinander anordnen;
      - Prämissen (nicht begründete Tatsachenbehauptungen) besonders kennzeichnen;
      - Thesen (begründete Behauptungen) und ihre Begründungen zueinander in Beziehung setzen.
2. Entwickeln Sie mit Blick auf die dritte Leitfrage gemeinsam Bewertungsansätze zu den beiden Begriffen aus Ihrer heutigen Sicht. Fügen Sie diese Ihrer Argumentationsstrukturskizze als stichwortartige Kommentare hinzu.
3. Verschriftlichen Sie Ihre Arbeitsergebnisse für die Präsentation (z. B. Flipchart, Plakat, Folie, PowerPoint-Präsentation).

Argumentationsstrukturskizze
Eine Argumentationsstrukturskizze visualisiert komplexe Gedankengebäude (Argumentationen) in Form einer stichwortartigen Struktur. Im Unterschied zu einer Argumentliste werden die einzelnen Gedanken (Argumente) nicht nur additiv aufgelistet, sondern ihrer inneren Logik nach – ähnlich wie in einer Mindmap – strukturiert.
Eine solche Argumentationsstrukturskizze hilft, einen komplexen Text zu verstehen und seinen Inhalt zu präsentieren. Sie kann mit Kommentaren (z. B. in einer anderen Schriftfarbe oder durch Hyperlinks) versehen werden, die eigene Urteile oder Bewertungen zum Ausdruck bringen.

MATERIALIEN

„Sozialistische Demokratie“ in der politischen Theorie

M 1 „Sozialistische Demokratie“ – Definition in einem Wörterbuch der DDR (1978)

Sozialistische Demokratie: politische Machtausübung der von der Arbeiterklasse und ihrer marxistisch-leninistischen Partei geführten werktätigen Massen des Volkes, die mit der Errichtung der Diktatur des Proletariats die formale bürgerliche Demokratie überwindet und ablöst. Sie setzt voraus, dass die Arbeiterklasse ihre führende Rolle in der Gesellschaft verwirklicht und dass die wichtigsten Produktionsmittel gesellschaftliches Eigentum sind. Die Diktatur des Proletariats ist das politische Fundament der s. D., das sozialistische gesellschaftliche Eigentum an den Hauptproduktionsmitteln ihr ökonomisches. [...]

Die s. D. unterscheidet sich von der formalen bürgerlichen Demokratie vor allem dadurch, dass sie für die arbeitenden Klassen und Schichten alle Möglichkeiten schafft und garantiert, ihre Interessen in der Form ihrer verfassungsmäßigen Rechte und Freiheiten praktisch zu verwirklichen; [...] jeder Bürger vielfältige reale Möglichkeiten besitzt und wahrnehmen kann, seine Vorschläge, Hinweise, und Kritiken im staatlichen Leitungsprozess wirksam zur Geltung zu bringen; die gesamte staatliche Leitung auf allen Gebieten einer wirksamen und ständigen öffentlichen Kontrolle unterliegt. [...]

Die bürgerliche Demokratie betrachtet den Menschen in erster Linie als isoliertes, auf sich gestelltes und auf sich bezogenes Individuum. Sie versucht, ihn gegen die Gemeinschaft abzuschirmen, und erst in zweiter Linie und dies vergeblich, die Gemeinschaftsbildung als unumgängliches Übel auf dem Wege der Abgrenzung, Abwägung und des Kompromisses gegensätzlicher Einzelinteressen, d.h. vornehmlich privater Profit- und Vorteilserwägungen, zu erreichen. [...] Die s. D. abstrahiert keineswegs von den persönlichen Interessen des Einzelnen; aber sie kann davon ausgehen, dass diesen Interessen nicht mehr das gesellschaftliche Prinzip des egoistischen, privaten Profit- und Vorteilsstrebens, der Konkurrenz zugrunde liegt, sondern zwischen den persönlichen Interessen des Einzelnen, dem Streben der gesellschaftlichen Kollektive der Werktätigen und den Interessen der gesamten Gesellschaft grundlegende Übereinstimmung besteht. Der durch das sozialistische gesellschaftliche Eigentum an den Produktionsmitteln hergestellten gemeinschaftsbildenden Wirkung der produktiven Tätigkeit des Menschen und der gesellschaftlich nützlichen Verwendung ihrer Ergebnisse entspricht die gemeinschaftsbildende Funktion der s. D. und fördert sie. Auftretende Widersprüche sind durch Beratung, gemeinsame Anstrengungen und Aktionen, durch die praktische und ständige Mitarbeit der Bürger an der staatlichen Leitung der gesellschaftlichen Angelegenheiten auf allen Ebenen und in allen Bereichen rechtzeitig lösbar.

Dabei kommt der ständigen Ausgestaltung der sozialökonomischen Grundlagen der sozialistischen Gesellschaft sowie der sozialistischen Erziehung und Bildung des Menschen große Bedeutung zu [...]. Die Persönlichkeitsbildung wird durch die Überwindung der Ausbeuterklasse gefördert und ist ein wesentliches Merkmal der Gestaltung der entwickelten sozialistischen Gesellschaft. [...] Diese Möglichkeiten sind durch die gesamte *politische Organisation der sozialistischen Gesellschaft*, in der die Partei der Arbeiterklasse die lenkende und leitende Kraft ist, durch ihren Gesellschafts- und Staatsaufbau gegeben und werden ständig erweitert. Im Mittelpunkt steht die Mitarbeit der Bürger in den gewählten Volksvertretungen und ihren Organen: den Räten, Kommissionen, Aktivs, Arbeitergruppen usw. Nicht nur die regelmäßigen Wahlen zu den Volksvertretungen, die Wahl ihrer Organe, die Rechenschaftspflicht der Staatsfunktionäre und Abgeordneten sind hier von Bedeutung, sondern vor allem die ständige Mitarbeit der Bürger an der Lösung wichtiger sachlicher Fragen der praktischen Leitungsarbeit.

(Kleines Politisches Wörterbuch, Berlin/DDR (Dietz-Verlag) [3]1978, S. 808–812)

M 2 Das Demokratieverständnis des Grundgesetzes der Bundesrepublik Deutschland

Aus einem Urteil des Bundesverfassungsgerichts (1956):

Das Grundgesetz bezeichnet die von ihm geschaffene Staatsordnung als eine freiheitliche Demokratie. Es knüpft damit an die Tradition des „liberalen bürgerlichen Rechtsstaats“ an, wie er sich im 19. Jahrhundert allmählich herausgebildet hat und wie er in Deutschland schließlich in der Weimarer Verfassung verwirklicht worden ist.

Diese freiheitliche demokratische Ordnung nimmt die bestehenden, historisch gewordenen staatlichen und gesellschaftlichen Verhältnisse und die Denk- und Verhaltensweisen der Menschen zunächst als gegeben hin. Sie sanktioniert sie weder schlechthin noch lehnt sie sie grundsätzlich und im Ganzen ab; sie geht vielmehr davon aus, dass sie verbesserungsfähig und -bedürftig sind. [...]

Die freiheitliche Demokratie lehnt die Auffassung ab, dass die geschichtliche Entwicklung durch ein wissenschaftliches Endziel determiniert sei und dass folglich auch die einzelnen Gemeinschaftsentscheidungen als Schritt zur Verwirklichung eines solchen Endzieles inhaltlich von diesem her bestimmt werden könnten. [...]

Das Gesamtwohl wird eben nicht von vornherein gleichgesetzt mit den Interessen oder Wünschen einer bestimmten Klasse; annähernd gleichmäßige Förderung des Wohles aller Bürger und annähernd gleichmäßige Verteilung der Lasten wird grundsätzlich erstrebt. Es besteht das Ideal der „sozialen Demokratie in den Formen des Rechtsstaates".

Die staatliche Ordnung der freiheitlichen Demokratie muss demgemäß systematisch auf die Aufgabe der Anpassung und Verbesserung und des sozialen Kompromisses angelegt sein; sie muss insbesondere Missbräuche der Macht hemmen. Ihre Aufgabe besteht wesentlich darin, die Wege für alle denkbaren Lösungen offenzuhalten, und zwar jeweils dem Willen der tatsächlichen Mehrheit des Volkes für die einzelnen Entscheidungen Geltung zu verschaffen, aber diese Mehrheit auch zur Rechtfertigung ihrer Entscheidungen vor dem ganzen Volke, auch vor der Minderheit, zu zwingen. [...]

Was die Mehrheit will, wird jeweils in einem sorgfältig geregelten Verfahren ermittelt. Aber der Mehrheitsentscheidung geht die Anmeldung der Forderungen der Minderheit und die freie Diskussion voraus, zu der die freiheitliche demokratische Ordnung vielfältige Möglichkeiten gibt, die sie selbst wünscht und fördert, und deshalb auch für den Vertreter von Minderheitsmeinungen möglichst risikolos gestaltet. Da die Mehrheit immer wechseln kann, haben auch Minderheitsmeinungen die reale Chance, zur Geltung zu kommen. So kann in weitem Maße Kritik am Bestehenden, Unzufriedenheit mit Personen, Institutionen und konkreten Entscheidungen im Rahmen dieser Ordnung positiv verarbeitet werden. In die schließlich erreichte Mehrheitsentscheidung ist immer auch die geistige Arbeit und die Kritik der oppositionellen Minderheit eingegangen. Weil Unzufriedenheit und Kritik mannigfache, selbst drastische Ausdrucksmöglichkeiten besitzen, zwingt die Einsicht in die Labilität ihrer Position die Mehrheit selbst, die Interessen der Minderheit grundsätzlich zu berücksichtigen.

Dass diese Ordnung funktionieren, dass sie das Gesamtwohl schließlich in einer für alle zumutbaren Weise verwirklichen könne, wird durch ein System rechtlich gesetzter oder vorausgesetzter Spielregeln sichergestellt, die sich auf Grund der geschilderten Prinzipien in einer langen historischen Entwicklung ergeben haben. Die mannigfach gesicherte politische Meinungs- und Diskussionsfreiheit und die Vereinigungsfreiheit führen zum Mehrparteiensystem und zum Recht auf organisierte politische Opposition. Freie Wahlen mit regelmäßiger Wiederholung in relativ kurzen Zeitabständen sichern die Kontrolle des Volkes über die Benutzung der Macht durch die politische Mehrheit. Die Regierung ist der Volksvertretung gegenüber verantwortlich. Das Prinzip der Aufteilung der Staatsmacht auf verschiedene, sich gegenseitig kontrollierende und hemmende Träger dient der Vermeidung übermäßiger Machtkonzentration an einer Stelle im Staat.

(Zit. nach: Entscheidungen des Bundesverfassungsgerichts, 5. Band, Tübingen (Mohr-Siebeck) 1956, S. 197–200)

Realität und Propaganda – Der 17. Juni 1953 in zeitgenössischen Dokumenten

17. Juni 1953: Sowjetische Panzer in der Leipziger Straße, Ost-Berlin (Foto, DDR 1953)

Der Volksaufstand vom 17. Juni 1953 gilt heute als erste Volkserhebung im stalinistischen Machtbereich und Vorläufer der Friedlichen Revolution von 1989. Allerdings waren die Machtverhältnisse 1953 noch ganz anders als 1989: Als der Aufstand dem Regime gefährlich zu werden drohte, griffen Panzer der sowjetischen Armee ein und schlugen den Aufstand gewaltsam nieder.
Im Mittelpunkt dieses Themas steht die Rekonstruktion dieser Ereignisse sowie ihrer Vor- und Nachgeschichte anhand zeitgenössischer Dokumente. Die allerdings stellen die Ereignisse und ihre Hintergründe sehr unterschiedlich dar.

- **Wie sahen Zeitzeugen den 17. Juni 1953?**
- **Wie stellte die SED-Führung den 17. Juni 1953 dar?**

Gestalten Sie ein Radiofeature über den 17. Juni 1953.

So können Sie mit mehreren Lernpartnern ein informatives Feature redaktionell vorbereiten:

1. Informieren Sie sich anhand des Infotextes (S. 149 f.) und der Chronik über den Ablauf der Ereignisse.
2. Interpretieren Sie arbeitsteilig in Ihrer Gruppe die Materialien M1 – M10 unter beiden Leitfragen (s. Basismethode S. 369 f.).
   a) Achten Sie besonders auf eine korrekte Analyse der äußeren Merkmale (Autor, Textsorte, Adressaten) sowie des situativen historischen Kontextes der Quellen, um ihre Perspektivität zu erfassen und fachlich korrekte Interpretationsergebnisse zu erzielen.
   b) Als Gliederungshilfe empfiehlt es sich, zwischen Ursachen, Anlass, Zielen, Verlauf und Folgen des Aufstandes zu unterscheiden.
3. Halten Sie für jede Quelle Ihre Ergebnisse auf Karteikarten fest und stellen Sie sie Ihrer Gruppe vor.
4. Formulieren Sie auf dieser Basis gemeinsam eine Gesamteinschätzung der Vorgänge vom 17. Juni.
5. Erstellen Sie gemeinsam ein stichwortartiges Manuskript für Aufbau und inhaltliche Anlage Ihres Radiofeatures, das Sie präsentieren möchten.
   ➡ **Tipp:** Bauen Sie an passenden Stellen Originalquellenzitate als Beleg oder zur Veranschaulichung ein.
6. Üben Sie das Einsprechen des Features in Ihrer Gruppe ein.

Chronik der Ereignisse
14.5.1952: Das ZK der SED beschließt die Erhöhung der Arbeitsnormen.
9.–12.7.1952: Die 2. Parteikonferenz der SED beschließt die „planmäßige Errichtung der Grundlagen des Sozialismus in der DDR".
20.4.1953: Preiserhöhung für Lebensmittel
9.6.1953: Das Politbüro der SED verkündet den Beginn des „Neuen Kurses", der eine vorsichtige Abkehr vom Stalinismus beinhaltet.
16.6.1953: Streik der Bauarbeiter in der Stalin-Allee (Ostberlin), Proteste gegen die Normerhöhung
16.6.1953: Aufhebung der Normerhöhung
17.6.1953: Ausweitung der Proteste auf die gesamte DDR, politische Forderungen
17.6.1953: Verhängung des Ausnahmezustandes
21.6.1953: 14. Tagung des ZK der SED
11.7.1953: Aufhebung des Ausnahmezustandes
24.–26.7.1953: 15. Tagung des ZK der SED, Ausschluss von Zaisser und Herrnstadt aus dem ZK
1.–4.10.1953: Hohe Haftstrafen in politischen Prozessen in Leipzig und Magdeburg

➡ **Tipp!** Weitere Informationen unter:
http://www.hdg.de/lemo/html/DasGeteilteDeutschland/JahreDesAufbausInOstUndWest/ZweiStaatenZweiWege/17Juni1953.html

MATERIALIEN

M 1 Beschluss der 13. Tagung des ZK der SED (13./14.5.1952)

Das Jahr 1952 und das Frühjahr 1953 gelten als Höhepunkt des Stalinismus in der DDR. Die SED-Führung versuchte, den sozialistischen Umbau der Gesellschaft und die industrielle Entwicklung des Landes voranzutreiben. Im Frühjahr 1952 begann die Kollektivierung der Landwirtschaft; die Bauern wurden gedrängt, ihr Land, ihr Vieh und ihre Gerätschaften in die LPGs einzubringen. In der Folge geriet die Lebensmittelproduktion in einen Engpass; Lebensmittel mussten rationiert, die Preise erhöht werden. Zum Ausbau der Industrie sollte die Leistung der Arbeiterschaft angespornt werden. Vor diesem Hintergrund fasste das ZK der SED am 14.5.1952 folgenden Beschluss:

Die völlig unbefriedigende Bestimmung der Arbeitsnormen[1] in unseren sozialistischen Betrieben aller Wirtschaftszweige zeigt, dass der Verwirklichung dieser für unsere wirtschaftliche Entwicklung so bedeutungsvollen Erkenntnisse ungenügende Beachtung geschenkt wurde. Der Anteil der technisch begründeten Arbeitsnormen ist unbefriedigend niedrig und die bestehenden „erfahrungsstatistischen" Normen stehen im Gegensatz zu der entwickelten Technik, zu den Erfahrungen und Leistungen der Aktivisten, zur Organisation des Arbeitsablaufs und zu der gewachsenen Qualifikation der Arbeiter. Sie sind ein ernstes Hemmnis unserer wirtschaftlichen und gesellschaftlichen Entwicklung in der Deutschen Demokratischen Republik geworden.

Die Leitungen der Betriebe und der Wirtschaftsorgane schenken der Ausarbeitung und Einführung technisch begründeter Arbeitsnormen ungenügende Aufmerksamkeit und überlassen diese bedeutungsvollen Fragen dem Selbstlauf. Dadurch entstehen Normen, die zu den Interessen der Erhöhung des Lebensstandards der Bevölkerung in Widerspruch stehen. Ohne entsprechende Leistungen zu erzielen, werden Normerfüllungen von 150 bis 200 Prozent erreicht.

Die Aufstellung von Arbeitsnormen auf falscher Grundlage wird begünstigt durch die in den vom Ministerium für Arbeit erlassenen Richtlinien über die Ausarbeitung und Einführung technisch begründeter Arbeitsnormen enthaltene Bestimmung, wonach bei Einführung neuer Arbeitsnormen eine Senkung des bisherigen Verdienstes nicht zulässig ist. Die Bestimmung hat sich als ein Fehler und als ein Hemmnis in der ganzen Entwicklung für die Ausarbeitung und Einführung technisch begründeter Arbeitsnormen erwiesen und muss korrigiert werden.

Das Zentralkomitee der Sozialistischen Einheitspartei Deutschlands steht auf dem Standpunkt, dass die Minister, Staatssekretäre sowie die Werkleiter alle erforderlichen Maßnahmen zur Beseitigung des schlechten Zustands in der Arbeitsnormung einleiten und durchführen mit dem Ziel, die Arbeitsnormen auf ein normales Maß zu bringen und eine Erhöhung der für die Produktion entscheidenden Arbeitsnormen um durchschnittlich mindestens 10 Prozent bis zum 1. Juni 1953 sicherzustellen. Unverzüglich sind die Arbeitsnormen mit dem Ziel ihrer Erhöhung zu überprüfen und die so erhöhten Normen nach gründlicher und gewissenhafter Aufklärungsarbeit durch Betriebsparteiorganisationen und die Genossen der Gewerkschaftsorganisationen vom Werkdirektor einzuführen.

(Zit. nach: Hermann Weber (Hg.), DDR – Dokumente zur Geschichte der Deutschen Demokratischen Republik 1945–1985, München (dtv) 1986, S. 331 f.)

[1] Arbeitsnorm: Festlegung des Arbeitsergebnisses pro Zeiteinheit

M 2 Beschluss des Ministerrates (28.5.1952)

Der Ministerrat, also die Regierung der DDR, fasste am 28.5.1952 folgenden Beschluss, der in der Parteizeitung „Neues Deutschland" veröffentlicht wurde:

Die Regierung der Deutschen Demokratischen Republik begrüßt die Initiative der Arbeiter zur Erhöhung der Arbeitsnormen. Sie dankt allen Arbeitern, die ihre Normen erhöht haben, für ihre große patriotische Tat. Die Regierung […] kommt gleichzeitig dem Wunsche der Arbeiter, die Normen generell zu überprüfen und zu erhöhen, nach. Diese generelle Erhöhung ist ein wichtiger Schritt zur Schaffung der Grundlagen des Sozialismus.

(Zit. nach: Ilse Spittmann/Wilhelm Fricke (Hg.), 17. Juni 1953 – Arbeiteraufstand in der DDR, Köln (Ed. Deutschland Archiv) 1982, S. 179)

M 3 Beschluss der 2. SED-Parteikonferenz (12.7.1952)

Die 1. Parteikonferenz (25.–28.1.1949) in Berlin hatte den Aufbau der SED als „Partei neuen Typs" beschlossen. Dreieinhalb Jahre später fand die 2. Parteikonferenz statt. Sie verabschiedete den folgenden Beschluss (Auszug):

Die 2. Parteikonferenz stellt fest: [...]
Sechstens: Die politischen und die ökonomischen Bedingungen sowie das Bewusstsein der Arbeiterklasse und der Mehrheit der Werktätigen sind so weit entwickelt, dass der Aufbau des Sozialismus zur grundlegenden Aufgabe in der Deutschen Demokratischen Republik geworden ist [...].
Siebtens: Das Hauptinstrument bei der Schaffung der Grundlagen des Sozialismus ist die Staatsmacht. Deshalb gilt es, die volksdemokratischen Grundlagen der Staatsmacht ständig zu festigen [...].
Zehntens: a) Die leitenden Parteiorgane haben die Pflicht, allseitig die führende Rolle der Partei zu verwirklichen, das Kampfbewusstsein in der Partei zu stärken, sich enger mit der Arbeiterklasse und den Volksmassen zu verbinden, die Vorschläge und Kritik der Massen sorgfältig zu beachten [...].

(Zit. nach: Dokumente zur Geschichte der SED, Berlin (Dietz) 1986, Bd. 2, S. 168 ff.)

M 4 Beschluss des Politbüros der SED (9.6.1953)

Nach Protesten der Bevölkerung gegen Preis- und Normerhöhungen sowie einem massiven Anstieg der Ausreisewelle nach Westdeutschland veröffentlichte das Politbüro der SED am 9.6.1953 den folgenden Beschluss:

Wenn Geschäftseigentümer, die in letzter Zeit ihre Geschäfte geschlossen oder abgegeben haben, den Wunsch äußern, diese wieder zu eröffnen, so ist diesem Wunsche unverzüglich Rechnung zu tragen. Außerdem soll die HO[1] zur besseren Versorgung der Bevölkerung sofort Agenturverträge mit dem privaten Einzelhandel abschließen.
Das Politbüro schlägt ferner vor, dass die Verordnungen über die Übernahme devastierter[2] landwirtschaftlicher Betriebe aufgehoben werden und die Einsetzung von Treuhändern wegen Nichterfüllung der Ablieferungspflichten oder wegen Steuerrückständen untersagt wird. Die Bauern, die im Zusammenhang mit Schwierigkeiten in der Weiterführung ihrer Wirtschaft ihre Höfe verlassen haben und nach Westberlin oder Westdeutschland geflüchtet sind (Kleinbauern, Mittelbauern, Großbauern), sollen die Möglichkeit erhalten, auf ihre Bauernhöfe zurückzukehren.

(Zit. nach: H. Weber, a. a. O., S. 332)

---

[1] HO: Handelsorganisation, staatliche Einzelhandelsorganisation der DDR
[2] devastierter: verlassener

M 5 Erklärung des Politbüros der SED zur Normenfrage (16.6.1953)

Zum Hintergrund vgl. Einführung zu M3.

Anlässlich von Anfragen der Arbeiter, einer Reihe von Betrieben und Baustellen zur Frage der Erhöhung der Arbeitsnormen hält es das Politbüro des ZK der SED für erforderlich, zu erklären:
1. Der Aufbau eines neuen Lebens und die Verbesserung der Lebensbedingungen der Arbeiter sowie der gesamten Bevölkerung sind einzig und allein auf der Grundlage der Erhöhung der Arbeitsproduktivität und der Steigerung der Produktion möglich. Nur die Verwirklichung der alten Losung unserer Partei: „Mehr produzieren – besser leben" hat zur Wiederherstellung und zur schnellen Entwicklung der Volkswirtschaft der DDR nach dem Kriege geführt. Dieser Weg war und bleibt der einzig richtige Weg [...].
2. Das Politbüro hält es zugleich für völlig falsch, die Erhöhung der Arbeitsnormen in den Betrieben der volkseigenen Industrie um 10% auf administrativem Wege durchzuführen.
Die Erhöhung der Arbeitsnormen darf und kann nicht mit administrativen Methoden durchgeführt werden, sondern einzig und allein auf der Grundlage der Überzeugung und der Freiwilligkeit.
3. Es wird vorgeschlagen, die von den einzelnen Ministerien angeordnete obligatorische Erhöhung der Arbeitsnormen als unrichtig aufzuheben.

(Zit. nach: H. Weber, a. a. O., S. 332)

M 6 Aus dem Bericht des Zeitzeugen Heinz Brandt

Zum Zeitpunkt des Volksaufstandes war Heinz Brandt (1909–1986) Sekretär der Berliner SED. Nach dem Volksaufstand wurde er seines Postens enthoben. 1958 floh Brandt in die Bundesrepublik. 1961 wurde er vom Ministerium für Staatssicherheit in eine Falle gelockt, betäubt und in die DDR verschleppt, wo er 1962 zu 13 Jahren Zuchthaus verurteilt wurde. Nach einer weltweiten Kampagne von Amnesty International wurde er 1964 freigelassen und in den Westen abgeschoben. In seinen Lebenserinnerungen schrieb er 1967:

Am Morgen des 17. Juni stand Ostberlin, stand die DDR im Zeichen der Volkserhebung. Es kam zu tumultartigen Szenen in den Straßen Ostberlins. Ich sah, wie Funktionärsautos umgeworfen, Transparente und Losungen, auch Parteiabzeichen abgerissen und verbrannt wurden. In vielen Städten der DDR kam es zum Massensturm auf Gefängnisse, auf Partei- und Regierungsdienststellen, insbesondere solche des Staatssicherheitsdienstes. Zentren der Generalstreik-Bewegung waren die traditionellen Industriegebiete Sachsen und Thüringen – von jeher Mittelpunkte der Arbeiterbewegung.

Als ich morgens zu dem mir zugeteilten volkseigenen Großbetrieb Bergmann-Borsig in Berlin-Wilhelmsruh kam, wurde dort keine Hand gerührt. Die Arbeiter diskutierten am Arbeitsplatz und führten in den Hallen kleine Versammlungen durch; Vertrauensleute nahmen von Abteilung zu Abteilung miteinander Verbindung auf, um eine Versammlung der gesamten Belegschaft herbeizuführen. Vor Kurzem war hier ein sogenanntes Kulturhaus mit einem riesigen Saal fertiggestellt worden, der allen Belegschaftsangehörigen Platz bot.

Interessant war meine Begegnung mit dem Parteisekretär des Betriebes. Er meinte, im Betrieb würde es „ruhig bleiben". An Arbeit sei allerdings kaum zu denken.

Ich veranlasste ihn, die gesamte Belegschaft durch den Lautsprecher in den großen Saal des Kulturhauses zu rufen. In wenigen Minuten war der Riesenraum von einem einzigen Brodeln erfüllt.

In diesem Moment, da die Arbeiter hier in Aktion versammelt waren, so fuhr es mir durch den Kopf, und nur für die Dauer dieser Aktion, gehört dieser Betrieb wahrhaft ihnen. Genau das sagte ich auch. „Heute ist dieser Betrieb euer Betrieb geworden, aber damit steht auch in eurer Verantwortung, was aus ihm wird. Erstens: nichts zerstören; zweitens: hier und sofort einen Betriebsausschuss wählen!"

Dieser Vorschlag wurde ohne Diskussion angenommen und unmittelbar verwirklicht. Zum Ausschussvorsitzenden wurde ein älterer, erfahrener sozialdemokratischer Arbeiter gewählt. In der Diskussion, die der Wahl des Betriebsausschusses folgte, sprachen etwa zwanzig Arbeiter.

Das war eine elementare, leidenschaftliche Auseinandersetzung, eine historische Abrechnung mit dem SED-Regime. All das, was sich bisher gestaut hatte, nie offen in Versammlungen ausgesprochen worden war, brach sich jetzt Bahn. Aus eigenem Erleben, in der drastischen, ungekünstelten Sprache des erregten Menschen, der von seinen persönlichen Erfahrungen ausgeht, wurden zahllose empörende Beispiele von Rechtswillkür angeführt. Namen von Arbeitskollegen aus dem Betrieb wurden genannt, die verhaftet, verurteilt, misshandelt worden waren, deren Angehörige nichts mehr von ihnen gehört hatten.

Es wurde eine Entschließung angenommen, die den gewählten Arbeitsausschuss bevollmächtigte, die wirtschaftlichen und politischen Interessen der Belegschaft zu vertreten und sich mit ähnlichen Ausschüssen in anderen Betrieben in Verbindung zu setzen. Als politisches Hauptziel wurde die Wiedervereinigung Deutschlands durch freie, demokratische Wahlen gefordert.

Am Schluss der Versammlung sprang ein Arbeiter auf das Podium und forderte die Belegschaft auf, sich mittags am Betriebstor zu versammeln, um im Stadtzentrum zu demonstrieren – überall wären bereits derartige Streikdemonstrationen im Gange [...].

Der Demonstrationszug kam nicht weit. Um 13 Uhr war der Ausnahmezustand eingetreten. General Dibrowa, der sowjetische Stadtkommandant, hatte ihn verhängt. Unmittelbar darauf kämmten sowjetische Truppen die Straßen durch. Die Bergmann-Borsig-Demonstration wurde aufgelöst, die „Rädelsführer" – darunter der sozialdemokratische Vorsitzende des soeben gewählten Betriebsausschusses – verhaftet. Welch glorreiche Aktion der Sowjet(Räte)macht gegen die Räte!

(Heinz Brandt, Ein Traum, der nicht entführbar ist, München (List) 1967; zit. nach: Hermann Weber, a. a. O., S. 197 ff.)

Demonstrationszug von Arbeitern aus Henningsdorf ins Stadtzentrum von Ost-Berlin (17.6.1953)

M 7 Befehl über die Verhängung des Ausnahmezustandes (17.6.1953)

Für die Herbeiführung einer festen öffentlichen Ordnung im sowjetischen Sektor von Berlin wird befohlen:

1. Ab 13 Uhr des 17. Juni 1953 wird im sowjetischen Sektor von Berlin der Ausnahmezustand verhängt.
2. Alle Demonstrationen, Versammlungen, Kundgebungen und sonstigen Menschenansammlungen

über drei Personen werden auf Straßen und Plätzen wie auch in öffentlichen Gebäuden verboten.

3. Jeglicher Verkehr von Fußgängern und der Verkehr von Kraftfahrzeugen und anderen Fahrzeugen wird von 21 Uhr bis 5 Uhr verboten.

4. Diejenigen, die gegen diesen Befehl verstoßen, werden nach den Kriegsgesetzen bestraft.

Militärkommandant des sowjetischen Sektors von Groß-Berlin
gez. Generalmajor Dibrowa[1]

(Zit. nach: H. Weber, a. a. O., S. 199)

---

[1] General Dibrowa: Sowjetischer Kommandant des sowjetischen Sektors von Berlin (Ost-Berlin)

M 8 Aus der Entschließung des ZK der SED zum 17. Juni 1953 (26.7.1953)

Am 26. Juli 1953 veröffentlichte das ZK der SED die folgende Entschließung:

Der 17. Juni hat bewiesen, dass in der DDR eine von den Amerikanern organisierte und unterstützte faschistische Untergrundbewegung vorhanden ist. An diesem Tage traten in einigen Städten (Magdeburg, Halle, Görlitz u. a.) ganze Gruppen maskierter Volksfeinde aus der Anonymität hervor und provozierten Unruhen. Es wurden illegale faschistische Organisationen mit eigenen Zentren, eigener Disziplin und ständigen Verbindungen mit den Agentenorganisationen in Westberlin aufgedeckt [...]. Außerdem bestanden in einigen Städten (Magdeburg, Leipzig u. a.) illegale Organisationen aus ehemaligen SPD-Mitgliedern, die noch immer den arbeiterfeindlichen Auffassungen des Sozialdemokratismus anhingen und darum leicht Opfer der Agenten des Ostbüros wurden, welche unter den Arbeitern faschistische Losungen verbreiteten und Streiks organisierten. Die ehrlichen Arbeiter, die früher Mitglieder der SPD waren und den Agenten Gehör schenkten, begriffen nicht, dass sie damit gegen ihre eigenen Klasseninteressen und gegen die alten Ideale der deutschen Arbeiterbewegung auftraten.

Es ist die Aufgabe unserer Parteiorganisationen, diesen schwankenden und irregeleiteten früheren Sozialdemokraten zu helfen, den Klassencharakter des Putschversuches zu erkennen, den Sozialdemokratismus zu überwinden und den Weg in die Reihen des klassenbewussten Proletariats zurückzufinden. Dies ist mit dem systematischen Kampf gegen die noch vorhandenen Agenturen des Ostbüros zu verbinden, um ihrem schädlichen Treiben ein Ende zu machen.

In einigen Städten waren auch verschiedene andere feindliche Gruppen konzentriert [...]. Auch aus unserer Partei entfernte feindliche Elemente beteiligten sich aktiv an den Provokationen.

Die Betriebsorganisationen der Partei hatten verabsäumt, alle diese Feinde zu isolieren und aus den Großbetrieben zu entfernen. Daraus entsteht für die Partei die ernste Aufgabe, besonders in den Großbetrieben mithilfe der Arbeiter die feindlichen Elemente zu entlarven und für ihre Entlassung aus den Betrieben zu sorgen [...].

Nach der Niederschlagung der Provokationen unternahm der Feind den Versuch, seine ans Licht getretenen Agenturen vor dem Zugriff der demokratischen Staatsorgane zu schützen. Der staatsfeindlicher Tätigkeit überführte frühere Justizminister Fechner[1] hat seine Position ausgenutzt, um die faschistischen Provokateure vor der verdienten Strafe zu schützen. Auf Anweisung Fechners wurde eine Reihe aktiver Organisatoren feindlicher Aktionen freigelassen. Die Justizorgane erhielten von ihm die Orientierung auf ausnahmslose Freisprechung von amerikanischen Agenten und Rädelsführern der Provokationen.

Dies war eine direkte und bewusste Hilfe für den Feind – die amerikanischen und westdeutschen Sabotageorganisationen und Faschisten.

Zur gleichen Zeit trug Fechner als Minister der Justiz die Verantwortung für zahlreiche Ungesetzlichkeiten und ungerechtfertigt hohe Strafen gegenüber den Werktätigen der Republik.

Das Zentralkomitee beschließt, Fechner als Feind der Partei und des Staates aus dem ZK der SED und aus den Reihen der SED auszuschließen.

Protestdemonstration in der Provinz (Jessen, DDR, 17. Juni 1953)

Der Versuch der Feinde des deutschen Volkes, die Partei und die Regierung durch die faschistische Provokation von der Durchführung des neuen Kurses abzubringen, ist gescheitert. [...] Diese Generallinie der Partei war und bleibt richtig.
Trotz dieser richtigen Generallinie hat die Partei in der letzten Zeit eine Reihe Fehler begangen. Diese Fehler waren folgende:
a) Die Partei, die den richtigen Kurs auf den Aufbau der Grundlagen des Sozialismus in der DDR genommen hatte, beschritt den falschen Weg der beschleunigten Lösung dieser Aufgabe ohne entsprechende Berücksichtigung der realen inneren und äußeren Voraussetzungen. Das führte zu einem überspitzten Entwicklungstempo der Wirtschaft, besonders in der Schwerindustrie, zu falschen Versuchen der Verdrängung und Liquidierung des städtischen Mittel- und Kleinbürgertums sowie der Großbauernschaft auf dem Lande, was nachteilige Folgen für die Versorgung der Bevölkerung hatte und in gewissem Maße zur Störung der richtigen Beziehungen zwischen der Partei und den werktätigen Massen und zur Anwendung von Methoden des Administrierens anstelle einer breiten und geduldigen Aufklärungsarbeit unter den Massen führte.

(Zit. nach: H. Weber, a.a.O., S. 200f.)

[1] Der Sozialdemokrat Max Fechner (1892–1973) war von 1949 bis Juli 1953 Minister für Justiz. Weil er sich in einem Interview mit dem „Neuen Deutschland" am 30. Juni 1953 gegen eine Strafverfolgung von Teilnehmern des Volksaufstandes ausgesprochen hatte, wurde er als „Feind des Volkes" abgesetzt, aus der SED ausgeschlossen und verhaftet.

M 9 Aus einer Erklärung Rudolf Herrnstadts an W. Ulbricht und W. S. Semjonow[1] (1953)

Rudolf Herrnstadt (1903–1966) war Mitglied des ZK der SED und Chefredakteur der Parteizeitung „Neues Deutschland". Zusammen mit Wilhelm Zaisser galt er als einer der führenden Reformer innerhalb der SED-Führung, die die Ablösung Walter Ulbrichts betrieben hatte. Nach dem 17. Juni 1953 wurde er beschuldigt, den Aufstand unterstützt zu haben, und seiner Ämter enthoben, ein Jahr später auch aus der SED ausgeschlossen. Angesichts der Beschuldigungen schrieb er:

Was wir gewollt haben ist: die deutsche Arbeiterklasse siegreich zu sehen [...]. Große Teile der Arbeiterklasse fühlten sich durch uns nicht angesprochen [...]. Sie waren also nicht gegen unsere Losungen, auch nicht gegen opferreiche eigene Leistungen, aber sie wollten aus eigenem Willen der Partei folgen können. Ich kam zu der Auffassung: Wenn die Partei versteht, ihnen diesen Willen zu vermitteln, hat sie gewonnen. Wenn sie das nicht versteht, kann sie die Löhne zehnmal hintereinander erhöhen und sprengt nicht den Unmut [...].
Ich liebe Walter Ulbricht, aber ich halte diktatorische Tendenzen eines Einzelnen in einer marxistisch-leninistischen Partei für schädlich, umso mehr, wenn ich ihre Auswirkungen vor mir sehe [...].

(Zit. nach: Nadja Stulz-Herrnstadt (Hg.), Das Herrnstadt-Dokument, Reinbek (Rowohlt) 1990, S. 228ff.)

[1] Wladimir Semjonow: sowjetischer Botschafter in der DDR

M 10 Ein DDR-Schulbuch über den 17. Juni 1953

Die folgende Darstellung der Ereignisse stammt aus einem Geschichtsbuch, das in den Schulen der DDR seit den 1970er-Jahren benutzt wurde:

Am 17. Juni 1953 gelang es Agenten verschiedener imperialistischer Geheimdienste, die von West-Berlin aus zahlreich in die Hauptstadt und einige Bezirke der DDR eingeschleust worden waren, in der Hauptstadt und in verschiedenen anderen Orten der Republik einen kleinen Teil der Werktätigen zu zeitweiligen Arbeitsniederlegungen und Demonstrationen zu bewegen. In einigen Städten plünderten Gruppen von Provokateuren und Kriminellen. Sie legten Brände, rissen Transparente herunter, misshandelten und ermordeten Funktionäre der Arbeiterbewegung, holten verurteilte Kriegsverbrecher aus Gefängnissen und forderten den Sturz der Arbeiter- und Bauern-Macht.
Doch der junge sozialistische Staat bestand unter Führung der Partei auch diese Belastungsprobe. Die Mehrheit der Arbeiterklasse und der Bevölkerung stand zu ihrem Staat. In zahlreichen Großbetrieben, wie im Eisenhüttenkombinat Ost, in den Eisenwerken West (Calbe), im Bergbau sowie im Stahl- und Walzwerk Brandenburg, wiesen Arbeiter die Provokateure entschieden zurück.

(Geschichte, Berlin (Verlag Volk und Wissen) 1974, Bd. 10, S. 170)

Die Mauer – Zwei Perspektiven auf ein Bauwerk

Bau der Berliner Mauer (August 1961)

In der Nacht vom 12. auf den 13. August 1961 begannen Ostberliner Bauarbeiter unter dem Schutz der Nationalen Volksarmee der DDR mit dem Bau einer Mauer entlang der Grenze zwischen den Westsektoren und dem sowjetischen Sektor. Das war ein klarer Bruch des Vier-Mächte-Status von Berlin, der – trotz der Aufteilung der Stadt in vier Sektoren – die gemeinsame Verantwortung der vier Siegermächte für die Stadt Berlin festgeschrieben hatte.
Das – später zu einem „Todesstreifen" ausgebaute – Bauwerk trennte bis zum 9. November 1989 die deutschen Bevölkerungen östlich und westlich der Grenze voneinander. Es war und blieb das zentrale Symbol der deutschen Teilung.
Im Zentrum dieses Themas steht aber nicht die Mauer selbst, sondern die Worte, die seine Errichtung begleiteten. Der Vergleich des östlichen mit dem westlichen Blick auf ein und dieselbe Grenze gibt Aufschluss über das Verhältnis der beiden deutschen Staaten in einer Zeit, in der der „Kalte Krieg" nicht nur weltweit, sondern auch in Deutschland einen Höhepunkt erreichte.

- **Wie wurde der Bau der Berliner Mauer in der ostdeutschen und wie in der westdeutschen Öffentlichkeit dargestellt?**
- **Wie begründete die Staatsführung der DDR den Bau der Mauer, wie reagierte die Regierung der Bundesrepublik?**
- **Wie sind beide Perspektiven aus heutiger Sicht zu beurteilen?**

Stellen Sie die östliche und die westliche Sicht auf den Bau der Berliner Mauer auf zwei Positionsplakaten einander gegenüber und beurteilen Sie auf dieser inhaltlichen Grundlage in einer Plenumsdiskussion beide Perspektiven aus heutiger Sicht.

Arbeitsempfehlungen zur Vorgehensweise für die Gestaltung der Positonsplakate:

1. Interpretieren Sie in arbeitsgleicher Gruppenarbeit die Quellen M 1 und M 2 unter der ersten, die Quellen M 3 und M 4 unter der zweiten Leitfrage (s. Basismethode S. 369 f.).
2. Visualisieren Sie in Ihrer Arbeitsgruppe gemeinsam Ihre Interpretationsergebnisse auf zwei Positionsplakaten (östliche und westliche Sicht). Zur Gestaltung von Positionsplakaten s. S. 104.
3. Bereiten Sie sich in einem ersten Meinungsaustausch in Ihrer Arbeitsgruppe auf die Diskussion der dritten Leitfrage im Plenum vor, indem Sie mögliche Beurteilungsansätze entwickeln, die Sie in der Diskussion einbringen möchten. Nutzen Sie dazu auch die Informationen im Infotext (S. 150 f.).

Berlin, 13. August 1961 – Eine Chronik

1 Uhr: An mehreren Sektorenübergängen verweigern ostdeutsche Volkspolizisten Ost-Berlinern den Übergang in die Westsektoren.

2 Uhr: Die West-Berliner Polizei erhält erste Meldungen über die Absperrung des Ost-Sektors.

2 Uhr 15: An der Friedrich-Ebert-Straße wird das Straßenpflaster aufgerissen, Maschinengewehre werden in Stellung gebracht.

3 Uhr: Am Potsdamer Platz und „Unter den Linden" fahren Panzer auf.

3 Uhr 30: Entlang der gesamten Sektorengrenze werden Straßensperrren und Stacheldrahtverhaue errichtet.

4 Uhr 30: Der Stacheldrahtverhau trennt die Sektoren fast vollständig. Hier und da durchbrechen Flüchtlinge an unübersichtlichen Stellen noch die Grenze. Der U-Bahn Verkehr nach Ost-Berlin ist unterbrochen, die Ost-Berliner Bahnhöfe geschlossen.

8 Uhr: Berliner aus Ost und West stehen sich – getrennt durch Stacheldraht und Maschinengewehre – fassungslos gegenüber. Die Sektoren sind vollständig getrennt.

MATERIALIEN

Zeitungsberichte am 14.8.1961

M 1 „Maßnahmen zum Schutze des Friedens und zur Sicherung der Deutschen Demokratischen Republik in Kraft" („Neues Deutschland", DDR, 14.8.1961)

Die Zeitung „Neues Deutschland" (ND) erschien seit 1946 als „Organ des Zentralkomitees der SED". Sie war offizielles Sprachrohr der SED und eines ihrer wichtigsten Propagandainstrumente.

Planmäßig wurden die Maßnahmen zur Sicherung des Friedens und zum Schutze der Bürger der DDR [...] in Kraft gesetzt. Im Beschluss des Ministerrates heißt es: „Zur Unterbindung der feindlichen Tätigkeit der revanchistischen und militaristischen Kräfte Westdeutschlands wird eine Kontrolle an den Grenzen der DDR einschließlich der Grenze zu den Westsektoren von Groß-Berlin eingeführt, wie sie an den Grenzen jedes souveränen Staates üblich ist." [...] Alle notwendigen Maßnahmen erfolgten reibungslos, dank dem Verständnis und der Zustimmung des größten Teils der Berliner Bevölkerung. Zahlreiche Berliner bekundeten schon am Sonntag früh ihr Einverständnis. „Eine gebührende Antwort an die Bonner Ultras", „Mit diesen Maßnahmen werden endlich klare Fronten geschaffen" – einige der Kommentare der Werktätigen der Hauptstadt.
Am Sonntag wickelte sich das Leben völlig normal ab. [...] Der U-Bahn-Verkehr ging reibungslos und planmäßig vonstatten. Lediglich auf der S-Bahn kam es infolge der Umstellungen zeitweise zu Verspätungen. [...] Aus Westberlin kamen auch gestern viele Westberliner über die Kontrollstellen. Sie ließen sich durch die verlogenen Behauptungen der Westberliner Hetzsender nicht abhalten. [...]
Aus Westberlin wird bekannt, dass die Westberliner Bevölkerung den Beschluss des Ministerrates mit Ruhe aufgenommen hat. Dieser ruhigen Aufnahme durch breite Teile der Bevölkerung steht eine hektische Unruhe unter den Agentenorganisationen, Menschenhändlern und Kopfjägern entgegen, die unter Ausnutzung der Frontstadtpolitik Westberlin zu einem Umschlagplatz des Menschenhandels, einer Agentenschleuse und einem gefährlichen Provokationsherd ausgebaut haben und die jetzt einen empfindlichen Schlag erhielten. [...]
Die Westberliner Polizei hat in den Nachmittagsstunden des Sonntags Grenzabsperrungen zum demokratischen Berlin vorgenommen. Am Potsdamer Platz und anderen Stellen sind Polizeikommandos postiert, die den Befehl haben, Westberliner von dem Betreten des demokratischen Berlins zurückzuhalten.

(Neues Deutschland, Nr. 223 vom 14.8.1961, S. 1; zit. nach: „Geschichte lernen", Heft 124, S. 48)

M 2 „Ulbricht sperrt den Fluchtweg durch Berlin" („Frankfurter Allgemeine Zeitung", BRD, 14.8.1961)

Die „Frankfurter Allgemeine Zeitung" (FAZ) erscheint seit 1949 in der Bundesrepublik. Sie kann mit ihrer liberal-konservativen Orientierung als wichtigste westdeutsche Tageszeitung der Ära Adenauer gesehen werden.

In der Nacht zum Sonntag haben die Sowjetzonenbehörden die Sektorengrenze in Berlin sowie die Grenze zwischen West-Berlin und den Zonenrandgebieten abgeriegelt. Stacheldrahtverhaue, spanische Reiter und bewaffnete Polizeiposten versperren seit 1 Uhr alle Fluchtwege nach West-Berlin. Der S-Bahn-Verkehr zwischen beiden Teilen der Stadt ist an der Sektorengrenze unterbrochen. [...] U-Bahn-Züge, die durch Ost-Berlin nach West-Berlin fahren, dürfen im Ostsektor nicht halten. [...] Zwischen West- und Ost-Berlin sind nur noch zwölf scharf kontrollierte Grenzübergänge offen, achtzig wurden gesperrt. Den Grenzgängern ist jede Arbeit in West-Berlin amtlich verboten worden. Bewohner der Zone und Ost-Berlins dürfen die Grenze nach West-Berlin nur mit besonderer Genehmigung passieren. West-Berliner und Bundesbürger dagegen können wie bisher Ost-Berlin betreten. [...] Ost-Berlin glich am Sonntag einer belagerten Stadt. Volkspolizisten zogen an den geschlossenen Sektorenübergängen Stacheldrahtverhaue, rissen mit Presslufthämmern das Pflaster auf und errichteten Straßensperren. Posten in feldmarschmäßiger Ausrüstung [...] bewachten die Nebenstraßen in der Nähe der Sektorengrenze. Polizeiposten und Panzerspähwagen sicherten Regierungs- und Verwaltungsgebäude. Im Westen haben die Ost-Berliner Anordnungen Empörung ausgelöst. Der amerikanische Außenminister Rusk bezeichnete die Maßnahmen als „flagrante Verletzung des Rechts auf den freien Verkehr in ganz Berlin". Rusk kündigte „scharfen Protest" der Westmächte an. Die Bundesregierung hat Besprechungen mit ihren westlichen Verbündeten aufgenommen. Es ist nicht ausgeschlossen, dass wirtschaftliche Sanktionen gegen den Osten ergriffen werden.

(Frankfurter Allgemeine Zeitung, Nr. 186 vom 14.8.1961, S. 1; zit. nach: „Geschichte lernen", Heft 124, S. 48)

Regierungserklärungen

M 3 Beschluss des Ministerrates der DDR über Maßnahmen zur Sperrung der Sektorengrenze von Berlin (12.8.1961)

In Westdeutschland ist eine Verschärfung der Revanchepolitik mit sich steigernden Gebietsforderungen gegenüber der Deutschen Demokratischen Republik und den Nachbarstaaten Deutschlands erfolgt, die in enger Verbindung steht mit der beschleunigten Aufrüstung und Atombewaffnung der westdeutschen Bundeswehr. Es wird eine systematische Bürgerkriegsvorbereitung durch die Adenauer-Regierung gegenüber der Deutschen Demokratischen Republik betrieben. Bürger der Deutschen Demokratischen Republik, die Westdeutschland besuchen, sind in zunehmendem Maße terroristischen Verfolgungen ausgesetzt. Von westdeutschen und West-Berliner Agentenzentralen wird eine systematische Abwerbung von Bürgern der Deutschen Demokratischen Republik und ein regelrechter Menschenhandel organisiert.

Wie aus offiziellen Regierungsdokumenten und aus der Grundsatzerklärung der Parteiführung der CDU/CSU zu entnehmen ist, hat diese aggressive Politik und Störtätigkeit das Ziel, ganz Deutschland in den westlichen Militärblock der NATO einzugliedern und die militärische Herrschaft in der Bundesrepublik auch auf die Deutsche Demokratische Republik auszudehnen. Die westdeutschen Militaristen wollen durch alle möglichen betrügerischen Manöver, wie z. B. „freie Wahlen", ihre Militärbasis zunächst bis zur Oder ausdehnen, um dann den großen Krieg zu beginnen. Die westdeutschen Revanchisten und Militaristen missbrauchen die Friedenspolitik der Sowjetunion und der Staaten des Warschauer Paktes in der Deutschland-Frage, um durch feindliche Hetze, durch Abwerbung und Diversionstätigkeit nicht nur der Deutschen Demokratischen Republik, sondern auch anderen Staaten des sozialistischen Lagers Schaden zuzufügen.

Aus all diesen Gründen beschließt der Ministerrat der Deutschen Demokratischen Republik in Übereinstimmung mit dem Beschluss des Politischen Beratenden Ausschusses der Staaten des Warschauer Vertrages zur Sicherung des europäischen Friedens, zum Schutze der Deutschen Demokratischen Republik und im Interesse der Sicherheit der Staaten des sozialistischen Lagers folgende Maßnahmen:

Zur Unterbindung der feindlichen Tätigkeit der revanchistischen und militaristischen Kräfte Westdeutschlands und West-Berlins wird eine solche Kontrolle an den Grenzen der Deutschen Demokratischen Republik einschließlich der Grenze zu den Westsektoren von Groß-Berlin eingeführt, wie sie an den Grenzen jedes souveränen Staates üblich ist. Es ist an den West-Berliner Grenzen eine verlässliche Bewachung und eine wirksame Kontrolle zu gewährleisten, um der Wühltätigkeit den Weg zu verlegen. Diese Grenzen dürfen von Bürgern der Deutschen Demokratischen Repubilk nur noch mit besonderer Genehmigung passiert werden. Solange West-Berlin nicht in eine entmilitarisierte neutrale Freie Stadt verwandelt ist, bedürfen Bürger der Hauptstadt der Deutschen Demokratischen Republik für das Überschreiten der Grenzen nach West-Berlin einer besonderen Bescheinigung.

Der Besuch von friedlichen Bürgern West-Berlins in der Hauptstadt der Deutschen Demokratischen Republik (das demokratische Berlin) ist unter Vorlagen des West-Berliner Personalausweises möglich. Revanchepolitikern und Agenten des westdeutschen Militarismus ist das Betreten der Hauptstadt der DDR (demokratisches Berlin) nicht erlaubt. Für den Besuch von Bürgern der westdeutschen Bundesrepublik im demokratischen Berlin bleiben die bisherigen Kontrollbestimmungen in Kraft. Die Einreise von Bürgern anderer Staaten in die Hauptstadt der Deutschen Demokratischen Republik wird von diesen Bestimmungen nicht berührt. Für Reisen von Bürgern West-Berlins über die Verbindungswege der Deutschen Demokratischen Republik ins Ausland gelten die bisherigen Bestimmungen. Für den Transitverkehr zwischen West-Berlin und Westdeutschland durch die Deutsche Demokratische Republik wird an den bisherigen Bestimmungen durch diesen Beschluss nichts geändert.

(Zit. nach: Materialien für den Geschichtsunterricht, Frankfurt a. M. (Diesterweg) 1983, Bd. VI, Teil 1, S. 388f.)

M 4 Erklärung von Bundeskanzler Adenauer vor dem Bundestag (18.8.1961)

Die Machthaber in der sowjetisch besetzten Zone Deutschlands haben seit den frühen Morgenstunden des 13. August den Verkehr zwischen dem sowjetischen Sektor und den drei westlichen Sektoren Berlins fast völlig zum Erliegen gebracht. Entlang der Sektorengrenze wurden Stacheldrahtverhaue errichtet; starke Verbände der Volks- und Grenzpolizei bezogen ihre Stellungen an der Sektorengrenze, um die Abriegelung des Verkehrs zwischen Ost- und West-Berlin durchzuführen. Gleichzeitig wurden Truppen der Nationalen Volksarmee in Ost-Berlin eingesetzt [...]. Mit der Abriegelung des Verkehrs zwischen Ost- und West-Berlin hat das Zonenregime die bestehenden und von der Regierung der Sowjetunion bis auf den heutigen Tag anerkannten Viermächte-Vereinbarungen betreffend Berlin einseitig und mit brutaler Gewalt verletzt.
Die Bundesregierung stellt mit großem Bedauern fest, dass dieser Willkürakt mit Billigung der Regierung der Sowjetunion als Führungsmacht des Warschauer Pakts erfolgt ist. Mit dieser Billigung hat sich die sowjetische Regierung in Gegensatz zu ihren ständigen Beteuerungen gestellt, die Deutschland- und Berlin-Frage auf dem Verhandlungswege zu lösen [...]. Die Abmachungen der Sowjetunion mit den drei westlichen Mächten wurden zerrissen. Die Panzer der Volksarmee, die Volkspolizei und die Betriebskampfgruppen, die in und um Ost-Berlin zusammengezogen wurden, um einen rechtswidrigen Angriff gegen den Status der Stadt Berlin militärisch zu unterstützen, geben eine Vorahnung dessen, wie die Garantie einer sogenannten Freien Stadt beschaffen wäre [...].
Das Marionettenregime in der Zone macht in seinem Beschluss vom 12. August den vergeblichen Versuch, die angebliche Notwendigkeit dieser Abriegelungsmaßnahmen zu begründen. Die Bundesregierung hält es für unter ihrer Würde, auf diese Verdrehungen und unwahren Behauptungen näher einzugehen. Diese Behauptungen werden von der Wirklichkeit selbst gerichtet. Die Bundesregierung möchte jedoch mit allem Nachdruck klarstellen, dass diese illegale Aktion der Zonenmachthaber ein für allemal der Weltöffentlichkeit zeigt, in welchem Teil Deutschlands „Militarismus und Aggression“ praktiziert werden [...].
Die Bundesregierung hält es für unerlässlich, die Weltöffentlichkeit auf die wahren Ursachen dieser Gewaltpolitik hinzuweisen. Nicht die angebliche militaristische und revanchistische Politik der Bundesrepublik hat die Zonenmachthaber veranlasst, ihre wahren Absichten offenzulegen, sondern das Resultat ihrer ständigen Weigerung, den in der Zone lebenden Deutschen die Lebensordnung zu geben, die diese Menschen haben wollen. Es mutet wie eine makabre Groteske an, wenn sich die Vertreter des Ulbricht-Regimes heute hinstellen und erklären, dass die Deutschen in der Zone das Selbstbestimmungsrecht bereits ausgeübt hätten. Der ständige Flüchtlingsstrom der vergangenen Wochen spricht eine andere Sprache, die Sprache der Wirklichkeit [...]
In ihrer seelischen Verzweiflung sahen diese Menschen keinen anderen Ausweg, als ihre Heimat in der Zone unter Aufgabe von Hab und Gut und unter Gefährdung ihres Lebens zu verlassen, um in der Bundesrepublik ein neues Leben in Freiheit zu beginnen und aufzubauen. Ihr freier Entschluss, ihre Heimat aufzugeben, war die einzige Form, in der sie das ihnen verbliebene persönliche Selbstbestimmungsrecht ausüben konnten. Es blieb ihnen nichts anderes übrig, als die „Abstimmung mit den Füßen“. Mit dieser Abstimmung haben diese Menschen der Welt gezeigt, was sie wirklich wollen: Sie wollen die Freiheit und nicht die Unfreiheit.
Die Bundesregierung hat sichere Unterlagen dafür, dass trotz einer 16-jährigen Terrorherrschaft kommunistischer Funktionäre in der Zone über 90 von 100 der dort lebenden Deutschen das Regime, welches sie unterdrückt, ablehnen, den Sklavenstaat, den man ihnen aufgezwungen hat, verachten und nichts sehnlicher als die Vereinigung mit den in Freiheit lebenden Deutschen wünschen.
Die Sowjetunion behauptet immer wieder, dass der jetzt gültige Status der Stadt Berlin eine der Ursachen für die bestehenden Spannungen sei. Es ist nicht nötig, zu wiederholen, dass diese Behauptung unrichtig ist. Wohl aber ist es angebracht, nachdrücklich darauf hinzuweisen, dass eine Lösung des Deutschland-Problems auf der Grundlage der Selbstbestimmung der beste, ja der einzige Weg ist, um die Spannungen und Schwierigkeiten auszuräumen. Eine solche Lösung wäre wirklich ein echter Beitrag zur Erhaltung und Sicherung des Friedens in der Welt.

(Zit. nach: Materialien für den Geschichtsunterricht, a. a. O., S. 392f.)

Unrecht anerkennen? – Die Deutschlandpolitik der beiden deutschen Staaten am Beispiel der Debatte um die „Neue Ostpolitik"

7.12.1970: Der Bundeskanzler der Bundesrepublik Deutschland, Willy Brandt, kniet vor dem Mahnmal für die Opfer des Aufstandes im ehemaligen Warschauer Getto nieder. Diese Geste erregte weltweites Aufsehen. Sie war ein Symbol der Anerkennung deutscher Schuld und des Willens zur Aussöhnung.
Das Foto ging um die Welt – auch als Symbol der „Neuen Ostpolitik" der sozial-liberalen Koalition (SPD und FDP), die nach den Bundestagswahlen von 1969 die Große Koalition abgelöst hatte. Die Ostpolitik, für die Willy Brandt als erster Deutscher nach dem Zweiten Weltkrieg den Friedensnobelpreis erhielt, war im Bundestag und in der deutschen Öffentlichkeit umstritten und wird bis in die Gegenwart unterschiedlich bewertet. Im Kern ging es damals um die Frage, ob die Bundesrepublik die DDR als Staat anerkennen dürfe. Die zeitgenössische Debatte steht – exemplarisch für die Sicht der Bundesrepublik auf die DDR – im Mittelpunkt dieses Themas.

- **Welche Argumente standen sich in der zeitgenössischen Debatte gegenüber?**

Gestalten und reflektieren Sie eine Podiumsdiskussion zur „Neuen Ostpolitik", die zu Beginn der 1970er-Jahre hätte stattfinden können, als historisches Rollenspiel.

Zur Vorbereitung, Durchführung und Reflexion der Podiumsdiskussion:

Vorbereitungsphase
In der Vorbereitungsphase geht es darum, die Podiumsdiskussion organisatorisch und inhaltlich vorzubereiten.

1. Bestimmen Sie aus Ihrem Kurs einen Diskussionsleiter oder eine Diskussionsleiterin sowie Beobachter, deren Aufgabe es sein wird, die zentralen Aussagen während der Podiumsdiskussion in Stichworten zu protokollieren.
   ➧ Tipp: Diskussionsleiter(in) und Beobachter sollten sich durch eine eingehende inhaltliche Lektüre der vier Positionen (M 1 – M 4, Kenntnis der Hauptaussagen) auf ihre Aufgabe vorbereiten.
2. Gehen Sie bei der inhaltlichen Vorbereitung arbeitsteilig in Gruppen vor und erarbeiten Sie jeweils eine der vier hier vorgestellten zeitgenössischen Positionen zur „Neuen Ostpolitik". Entscheiden Sie sich dazu für eine der vier Quellen (M 1 – M 4) und interpretieren Sie sie unter der Leitfrage.
   a) Bestimmen Sie die äußeren, formalen Merkmale der von Ihnen untersuchten Quelle.
   b) Arbeiten Sie die jeweils vertretene Position sowie die zur Begründung genannten Argumente heraus. Halten Sie Position und Argumente in schriftlichen Stichworten fest.
   c) Erörtern Sie in Ihren Gruppen, inwieweit Ihnen Position und Argumente überzeugend erscheinen.
3. Bestimmen Sie in jeder Gruppe einen Sprecher oder eine Sprecherin, der/die „Ihre" zeitgenössische Position auf dem Podium vertreten soll. Bereiten Sie auf der Grundlage Ihrer Interpretationsergebnisse ein pointiertes einleitendes Statement vor, mit dem Ihre Vertreterin bzw. Ihr Vertreter in die Diskussion auf dem Podium einsteigen soll.

Durchführungsphase
In der Durchführungsphase werden die zeitgenössischen Positionen in spielerischer Form (als historisches Rollenspiel) präsentiert und im zeitgenössischen Horizont debattiert.

a) Der Diskussionsleiter oder die Diskussionsleiterin eröffnet die Podiumsdiskussion.
b) Der Sprecher der Gruppe „Konzept der Neuen Ostpolitik" (M 1) eröffnet die Diskussion.
c) Danach nehmen die anderen Teilnehmer (M 2 – M 4) in jeweils einem Statement Stellung.

d) Die Teilnehmer auf dem Podium diskutieren mit dem Publikum (dem Kurs) nach Rednerliste. **Wichtig!** Alle Teilnehmer verbleiben dabei in der historischen Perspektive.

Auswertungsphase
In der Auswertungsphase verlässt der Kurs die historische Perspektive, wertet das historische Rollenspiel aus heutiger Sicht aus und sichert die Ergebnisse.

a) Die Beobachter fassen die Ergebnisse der Podiumsdiskussion zusammen und beschreiben das Verhalten der Rollenspieler auf dem Podium.
b) Der Kurs setzt sich – in Kleingruppen oder im Plenum – aus heutiger Perspektive mit den zeitgenössischen Positionen kritisch auseinander.

Abschlussreflexion
Der Kurs reflektiert Ergebnisse und Verfahren.

Die Politik der Bundesrepublik gegenüber der DDR

Mit der Vollendung der deutschen Einheit am 3.10.1990 hat die Deutschlandpolitik der Bundesrepublik ihr Kernanliegen verwirklicht, das in den Jahrzehnten zuvor in weite Ferne gerückt zu sein schien.
Von 1949 bis 1989 stand die Politik der Bundesrepublik gegenüber der DDR in einem unauflöslichen Spannungsfeld: Einerseits konnte und wollte man die DDR als Unrechtsstaat nicht anerkennen; die Bundesrepublik sah sich selbst als einzige demokratisch legitimierte Vertretung des deutschen Volkes. Andererseits existierte die DDR de facto und daran war angesichts der weltweiten Machtverhältnisse im „Kalten Krieg" auch auf absehbare Zeit nichts zu ändern.
Die Leugnung der DDR zeigte sich schon sprachlich: Im Westen sprach man von „Ostdeutschland" oder der „Zone", später von der sogenannten „DDR" in Anführungszeichen.
In einer ersten Phase (1949–1963) legten die CDU-geführten Bundesregierungen unter Bundeskanzler Adenauer Wert darauf, keinerlei offizielle Beziehungen zur DDR zu unterhalten, um den Alleinvertretungsanspruch der Bundesrepublik zu unterstreichen und die DDR international zu isolieren. Die sogenannte „Hallstein-Doktrin" (1955–1969) drohte allen Staaten, die offizielle Beziehungen zur DDR aufnahmen, mit einem Abbruch der diplomatischen Beziehungen.

Nach der Kuba-Krise (1962), dem Höhepunkt des „Kalten Krieges", setzten weltweit Versuche einer Regulierung und Entspannung des Konfliktes ein. Vor diesem Hintergrund begann eine vorsichtige Neuorientierung der Deutschlandpolitik der Bundesregierung, die schließlich in die „Neue Ostpolitik" der sozial-liberalen Koalition mündete (1969–1982).
Die christlich-liberale Koalition unter Bundeskanzler Kohl setzte diese Politik in den 1980er-Jahren (1982–1989) fort und intensivierte die Beziehungen zur DDR weiter, bis die Friedliche Revolution in der DDR im Jahr 1989 zum Zusammenbruch der DDR führte und die Wiedervereinigung einleitete.

MATERIALIEN

M 1 Egon Bahr: Das Konzept (1963)

Als eigentlicher Architekt der Ostpolitik gilt der langjährige Mitarbeiter Willy Brandts und spätere „Bundesminister für besondere Aufgaben" (1972–1974) Egon Bahr (SPD). In einer Denkschrift skizzierte er schon 1963 die Grundelemente seines Konzeptes:

Die Voraussetzungen zur Wiedervereinigung sind nur mit der Sowjetunion zu schaffen. Die Wiedervereinigung ist ein außenpolitisches Problem. […] Die amerikanische Strategie des Friedens lässt sich durch die Formel definieren, dass die kommunistische Herrschaft nicht beseitigt, sondern verändert werden soll. Die Änderung des Ost/West-Verhältnisses […] dient der Überwindung des Status quo, indem der Status quo zunächst nicht verändert werden soll. Das klingt paradox, aber es eröffnet Aussichten, nachdem die bisherige Politik des Drucks und Gegendrucks zu einer Erstarrung des Status quo geführt hat.
Es […] gibt in diesem Rahmen Aufgaben, die nur die Deutschen erfüllen können, weil wir uns in Europa in der einzigartigen Lage befinden, dass unser Volk geteilt ist. Die erste Folgerung ist, dass die Politik des Alles oder Nichts ausscheidet […]. Heute ist klar, dass die Wiedervereinigung nicht ein einmaliger Akt ist […], sondern ein Prozess mit vielen Schritten und vielen Stationen.
Wenn es richtig ist, […] dass man auch die Interessen der anderen Seite anerkennen und berücksichtigen müsse, so ist es sicher für die Sowjetunion unmöglich, sich die Zone zum Zwecke der Stärkung

des westlichen Potenzials entreißen zu lassen. Die Zone muss mit Zustimmung der Sowjets transformiert werden. Wenn wir so weit wären, hätten wir einen großen Schritt zur Wiedervereinigung getan […]. Das ist eine Politik, die man auf die Formel bringen könnte: Wandel durch Annäherung.

(Zit. nach: Heinrich v. Siegler, Dokumentation zur Deutschlandfrage, Hauptband III, Bonn/Wien/Zürich (Siegler) 1966, S. 256 ff.)

M 2 Willy Brandt: Regierungserklärung (Auszüge) vor dem Bundestag (28.10.1969)

Der SPD-Politiker Willy Brandt (1913–1992) war Regierender Bürgermeister von Berlin (1957–1966), Bundesaußenminister in der Großen Koalition (1966–1969) und von 1969–1974 Bundeskanzler der sozial-liberalen Koalition. Für seine Ostpolitik erhielt er 1971 den Friedensnobelpreis.

Diese Regierung geht davon aus, dass die Fragen, die sich für das deutsche Volk aus dem Zweiten Weltkrieg und aus dem nationalen Verrat durch das Hitlerregime ergeben haben, abschließend nur in einer europäischen Friedensregelung beantwortet werden können. Niemand kann uns jedoch ausreden, dass wir Deutschen ein Selbstbestimmungsrecht haben, wie alle anderen Völker auch.

Aufgabe der praktischen Politik in den jetzt vor uns liegenden Jahren ist es, die Einheit der Nation dadurch zu wahren, dass das Verhältnis zwischen den Teilen Deutschlands aus der gegenwärtigen Verkrampfung gelöst wird […].

20 Jahre nach Gründung der Bundesrepublik Deutschland und der DDR müssen wir ein weiteres Auseinanderleben der deutschen Nation verhindern, also versuchen, über ein geregeltes Nebeneinander zu einem Miteinander zu kommen.

Dies ist nicht nur ein deutsches Interesse, denn es hat seine Bedeutung auch für den Frieden in Europa und für das Ost-West-Verhältnis.

Die Bundesregierung […] bietet dem Ministerrat der DDR […] Verhandlungen beiderseits ohne Diskriminierung auf der Ebene der Regierungen an, die zu vertraglich geregelter Zusammenarbeit führen sollen. Eine völkerrechtliche Anerkennung der DDR durch die Bundesregierung kann nicht in Betracht kommen. Auch wenn zwei Staaten in Deutschland existieren, sind sie doch füreinander nicht Ausland; ihre Beziehungen zueinander können nur besonderer Art sein.

(Bulletin des Presse- und Informationsamtes der Bundesregierung, Nr. 132, 29.10.1969, S. 1121 ff.)

M 3 Freiherr von und zu Guttenberg: Die Haltung der Opposition (27.5.1970)

In einer Rede vor dem Bundestag erklärte der CSU-Abgeordnete Freiherr von und zu Guttenberg (1921-1972) am 27. Mai 1970:

Ich will die Sache, die hier auf dem Spiele steht, um derentwillen wir schwerste Sorge haben, […] gleich beim Namen nennen. Die Sache ist nicht mehr und nicht weniger als das Recht der Deutschen – aller Deutschen –, frei zu sein und über sich selbst zu bestimmen. Dies war, dies ist und dies wird bleiben der feste unveränderliche Kern und Auftrag aller deutschen Politik.

Ich sage hier für meine Freunde und für mich mit allem Nachdruck, mit allem Ernst und leider auch mit der heute nötigen Sorge: Wir, die CDU/CSU, sind nicht bereit, sogenannte Realitäten zu achten, zu respektieren oder gar anzuerkennen, die den Namen „Unrecht" tragen.

[…] ich bin davon überzeugt, dass Ihre Regierung auf Anerkennungskurs liegt. Dieser Kurs wird dazu führen, dass eines Tages der Schutz der NATO zerbröckeln und die Sowjetunion die Herrschaft über ganz Europa gewinnen kann […].

Sie, Herr Bundeskanzler, sind dabei, das Deutschlandkonzept des Westens aufzugeben und in jenes der Sowjetunion einzutreten […]. Herr Bundeskanzler, nicht anders als so […] ist es zu werten, wenn Ihr Unterhändler in Moskau […] weitgehend die sowjetischen Teilungs- und Anerkennungsformeln akzeptiert hat.

Was aber wäre denn die unausweichliche Konsequenz eines solchen […] Scheinfriedens auf der Basis einer sanktionierten Teilung Deutschlands und Europas? Die erste Konsequenz wäre die, dass viele, allzu viele in Amerika sagen würden, nun sei das entscheidende Problem in Europa gelöst; wozu also noch amerikanische Truppen in Europa? Die zweite Konsequenz wäre die, dass die Sowjetunion in der wichtigsten und zentralen Auseinandersetzung in Europa über den Westen einen entscheidenden politischen Sieg errungen hätte und dass der Wind dann in Europa zugunsten der Sowjetunion drehen würde […].

(Verhandlungen des deutschen Bundestages, Stenographische Berichte, Bd. 72, S. 2693 ff.)

M 4 Willi Stoph: Die Haltung der DDR (10.6.1970)

Willi Stoph (1914–1999) war von 1964–1973 Vorsitzender des Ministerrates der DDR. Im Verlauf des Jahres 1970 traf er sich mit Willy Brandt in Erfurt und in Kassel. In einer Rede erklärte er:

Liebe Genossinnen und Genossen! Heute ist die Lage so: In Gestalt der DDR und der BRD stehen sich nicht nur zwei voneinander unabhängige, selbstständige Staaten gegenüber, sondern es handelt sich noch dazu und vor allem um Staaten mit gegensätzlichen Gesellschaftsordnungen, die unvereinbar sind. So gefährlich es für den europäischen Frieden ist, dass in Westdeutschland unter der Führung der CDU/CSU die imperialistische Vergangenheit restauriert wurde und die herrschenden Kräfte mit ihrer Revanchepolitik die BRD zum Hauptstörenfried in Europa gemacht haben, so gut ist es für alle Völker Europas, dass es die sozialistische DDR gibt, die die Vergangenheit bewältigt hat, dem Revanchismus keinen Meter Boden gibt und ein aktiver Faktor für den Frieden ist.
Wie zwischen allen Staaten unterschiedlicher Gesellschaftssysteme kann es auch zwischen der DDR und der BRD Beziehungen der friedlichen Koexistenz nur auf der Grundlage des Völkerrechts – also normale diplomatische Beziehungen – geben. Unser Standpunkt dazu ist immer wieder in Verwirklichung der Beschlüsse des ZK sowohl im Vertragsentwurf der DDR, auf der internationalen Pressekonferenz des Genossen Walter Ulbricht sowie in den Erklärungen bei meinem Zusammentreffen mit dem westdeutschen Bundeskanzler in Erfurt und Kassel ausführlich dargelegt worden.
Worum geht es? Die Regierung der Bundesrepublik muss endlich den geschichtlichen Tatsachen voll Rechnung tragen und daraus die politischen Konsequenzen ziehen. Wenn sie sich dem weiterhin versperrt, so wird sie – wie alle ihre Vorgängerinnen – hoffnungslos in die Sackgasse geraten. Allerdings, wer sich selbst in die Sackgasse manövriert, soll uns nicht den Vorwurf machen, wir hätten Schuld daran. Auf nichts anderes läuft doch die in Bonn Tag für Tag ausgegebene These hinaus, die DDR nähme mit der Forderung nach Beziehungen auf der Grundlage des Völkerrechts eine Position des „Alles oder Nichts“ ein. Das ist unwahr und reine Demagogie zugleich. Eine Position des „Alles oder Nichts“ einnehmen zu wollen, hieße, heute den Sozialismus als Gegenwartsaufgabe für Westdeutschland zur Debatte zu stellen. Die Herstellung von Beziehungen der friedlichen Koexistenz auf der Grundlage des Völkerrechts zwischen der DDR und der BRD hingegen ist sozusagen das notwendige Minimum an Realismus.

(Zit. nach: Bundesministerium für innerdeutsche Beziehungen (Hg.), Texte zur Deutschlandpolitik, Bd. V, Bonn 1970, S. 300f.)

Anspruch und Wirklichkeit – Frauenbild und Frauenleben in Ost und West

Beide deutsche Staaten – die DDR und die Bundesrepublik – legten großen Wert darauf, zur Emanzipation der Frauen beizutragen und ihnen gleichberechtigte Lebenschancen zu ermöglichen.
Aber sowohl das – mehr oder weniger offizielle – Frauenbild wie auch die Lebensrealität von Frauen unterschieden sich in beiden Staaten erheblich. Dieser „doppelte Unterschied" (zwischen beiden Staaten und innerhalb dieser Staaten zwischen Frauenbild und realer Lebenswirklichkeit) wird besonders am Beispiel des Zusammenhangs von beruflicher und privater Lebensplanung oder – konkreter formuliert – der Vereinbarkeit von Beruf und Familie deutlich.

- **Die private und berufliche Lebensplanung von Frauen in der DDR und der Bundesrepublik: Anspruch und Realität**

Erstellen Sie eine Dokumentation zum Thema „Anspruch und Wirklichkeit – Frauenbild und Frauenleben in der DDR und in der BRD".

So können Sie vorgehen, um eine anschauliche Dokumentation zu gestalten:

1. Bilden Sie Arbeitsgruppen und untersuchen Sie arbeitsteilig die Materialien zu Frauenbild und Frauenleben in der DDR (M1–M6) und der BRD (M7–M11) mit Blick auf das Thema der Dokumentation.
Die folgenden Teilschritte können dabei hilfreich sein:
   a) Arbeiten Sie die Elemente eines „offiziellen" Frauenbildes der DDR bzw. der BRD heraus, indem Sie die Materialien M1 und M2 (DDR) bzw. M8 (BRD) fachgerecht interpretieren.
   b) Listen Sie auf der Grundlage der Texte M 3 (DDR) bzw. M9 (BRD) grundlegende Elemente und Bedingungsfaktoren der Frauenpolitik in der DDR bzw. in der Bundesrepublik auf.
   c) Beschreiben Sie anhand der Materialien M4–M6 (DDR) bzw. M10–M11 (BRD) exemplarisch erkennbare Grundzüge der Lebenswirklichkeit von Frauen in der DDR bzw. in der Bundesrepublik und vergleichen Sie sie mit den jeweils offiziellen Frauenbildern und politischen Zielen.

2. Arrangieren Sie Ihre Materialien und Arbeitsergebnisse in einer Dokumentation zum Thema.
Die Methode „Dokumentation" (s. S. 184) liefert zielführende Anregungen für das Vorgehen und die Gestaltung einer überzeugenden aussagekräftigen Dokumentation.

3. **Tipps** für zusätzliche weiterführende Recherchen zur Vertiefung und Anreicherung des Themas:
Sie können Ihre inhaltliche Basis für die Dokumentation erweitern und ergänzen, indem Sie weitere Materialien zum Thema recherchieren.
Zur Lebenswirklichkeit von Frauen in der DDR oder der Bundesrepublik können Sie evtl. selbst Zeitzeuginnen befragen oder dazu Beispiele aus der Literatur hinzuziehen.
➧ **Literatur-Tipp:** Ute Gerhard, Frauenbewegung und Feminismus – Eine Geschichte seit 1789, München (Beck) 2009
➧ **Internet-Tipps:**
http://library.fes.de/library/netzquelle/frauen/index.html
Internetseite der Friedrich Ebert Stiftung zu Frauenbewegung und Genderpolitik mit vielen Materialien und Volltexten
www.frauenmediaturm.de
Homepage des „Informationszentrums zur Geschichte der Emanzipation", Köln
www.uni-kassel.de/frau-bib/welcome.html
Homepage der Stiftung Archiv der deutschen Frauenbewegung, Kassel

Methode

Dokumentation

A. Eine Dokumentation

Eine Dokumentation ist eine Sammlung und übersichtliche Anordnung von Schriftstücken, Bildmaterialien und anderen Quellen zu einem bestimmten Thema. Dokumentationen werden in der Regel in Projektform erarbeitet. Sie können in unterschiedlicher medialer Form präsentiert werden: als Ausstellung, als Arbeitsmappe, als PowerPoint-Präsentation, als Homepage usw.

B. Schritte der Erstellung einer Dokumentation

1. Schritt – Thema festlegen und gliedern:

- Klären Sie das Thema Ihrer Dokumentation und legen Sie eine Themenformulierung fest.
- Untergliedern Sie das Thema in verschiedene Teilthemen oder Aspekte.

2. Schritt – Ziele und Verfahren festlegen:

- Legen Sie die Zielgruppe (Kurs, Schulöffentlichkeit, Gemeinde) fest.
- Wählen Sie das Dokumentationsmedium aus. Es sollte zur Darstellung, Anordnung und Kommentierung der Materialien geeignet und der Zielgruppe angemessen sein.
- Ordnen Sie sich in arbeitsteiligen Gruppen den Teilthemen aus Schritt 1 zu.
- Legen Sie einen angemessenen Zeitrahmen für die Erstellung der Dokumentation fest.

3. Schritt – Recherche und Produktion in Gruppen:

- Untersuchen Sie die vorliegenden Materialien. Ergänzen Sie sie ggf. durch weitere Materialien, die Sie in Bibliotheken, im Internet, in Archiven oder durch Zeitzeugen-Befragungen recherchieren können. Achten Sie auf einen fachgerechten methodischen Umgang mit den Materialien.
- Ordnen Sie die Materialien in sinnvollen Zusammenhängen und ergänzen Sie sie durch kommentierende Begleittexte, Überschriften, Schaubilder etc.

4. Schritt – Qualitätsprüfung:

- Stellen Sie Ihre Zwischenergebnisse in regelmäßigen Abständen immer wieder wechselseitig vor, um zu überprüfen, wie sie aus der Perspektive eines Betrachters wirken.
- Korrigieren und optimieren Sie Ihre Dokumentation. Eine gute Dokumentation:
  - ist fachlich korrekt, enthält keine Fehler und belegt die Herkunft der Dokumente;
  - ist gut durchdacht und transparent gegliedert;
  - ist optisch und inhaltlich ansprechend gestaltet;
  - ist auch für Laien gut verständlich.

5. Schritt – Veröffentlichung:

Präsentieren Sie Ihre Dokumentation der Öffentlichkeit.

MATERIALIEN

Frauen in der DDR

M 1 Internationaler Frauentag

Plakat des „Freien Deutschen Gewerkschaftsbundes“ (FDGB), 1954

Die Frauenpolitik der DDR

„Eine wirkliche Gleichberechtigung der Frau ist erst dann vorhanden, wenn sie einen Beruf erlernt hat und imstande ist, eine gesellschaftlich wirklich nützliche Arbeit zu verrichten.“ Diesen Grundsatz der Frauenpolitik der SED formulierte Walter Ulbricht im Februar 1949.

Weibliche Berufstätigkeit – auch in sogenannten „Männerberufen“ – war in der DDR eine Selbstverständlichkeit. Sie galt als Garant für die ökonomische Unabhängigkeit der Frau und ihre intellektuelle und politische Selbstständigkeit.

Allerdings gab es für diese Politik der SED auch handfeste wirtschaftliche Notwendigkeiten. Erforderte der Männermangel in der unmittelbaren Nachkriegszeit die Mitarbeit der Frauen, so blieben später der Flüchtlingsstrom in den Westen und die Ineffizienz der Planwirtschaft wesentliche Hintergründe der Forderung nach weiblicher Berufstätigkeit.

M 2 Erich Honecker auf dem VIII. Parteitag der SED (1971)

Es ist in der Tat eine der größten Errungenschaften des Sozialismus, die Gleichberechtigung der Frau in unserem Staat sowohl gesetzlich als auch im Leben weitgehend verwirklicht zu haben. Kein kapitalistisches Land der Erde kann Gleiches von sich behaupten.

(Zit. nach: Haus der Geschichte der BRD (Hg), Ungleiche Schwestern, Bonn 1997/98, S. 51)

M 3 Jutta Gysi und Dagmar Meyer über die Familienpolitik der DDR (1993)

*Jutta Gysi (*1941), Juristin, und Dagmar Meyer (*1943), Psychologin, arbeiteten bereits in der DDR als familiensoziologische Wissenschaftlerinnen. Nach dem Ende der DDR schrieben sie:*

Die Frauen nahmen in der Familienpolitik der DDR einen herausragenden Platz ein. Als Mütter bzw. potenzielle Mütter waren sie sogar die Hauptadressaten dieses Politikbereiches, der vor allem zwei – von der SED mehr oder minder deutlich artikulierte – Zielstellungen aufwies: Bevölkerungsentwicklung in Form von Geburtenförderung und die zeitgleiche Realisierung von Erwerbstätigkeit und Mutterrolle. Letztere wurde mit dem Begriff der Vereinbarkeit von Beruf und Mutterschaft beschrieben.

Die *Familienpolitik der DDR* […] konzentrierte sich fast ausschließlich auf junge Frauen: Bis zu ihrem 25. Lebensjahr hatten die DDR-Mütter bereits rund 75 Prozent der Kinder eines Jahrganges zur Welt gebracht und bis zu ihrem 30. Lebensjahr sogar 90 Prozent. Männer spielten in den sozialpolitischen Überlegungen der SED zur Umsetzung dieser Ziele so gut wie keine Rolle und kinderlose Ehepaare wurden allenfalls als potenzielle Eltern und damit nur in jungem Lebensalter familienpolitisch bedacht (z. B. bei der Ehekredit- und Wohnungsvergabe). Der Mann galt vor allem als (die verlässlichere) Arbeitskraft und wurde als Einflussfaktor bei der Entscheidung für oder gegen ein Kind kaum in Rechnung gestellt. Tatsächlich ging diese Entscheidung auch überwiegend allein von den Frauen aus. Ein sichtbarer Beweis für diese Entscheidungsdominanz der DDR-Frauen war die hohe und bis zuletzt beinahe kontinuierlich steigende Anzahl außerhalb der Ehe geborener Kinder (1988 ca. ein Drittel) sowie die hohe Quote der allein lebenden unverheirateten Mütter. […]

DDR-Familien waren personell kleiner (ein bis zwei Kinder) als politisch gewünscht, und die Anzahl der Ehescheidungen war nicht nur hoch, sondern stieg beinahe kontinuierlich. Vor allem die Frauen entschieden über den Bestand oder die Auflösung der Partnerschaften und Familien. Ihre ökonomische Unabhängigkeit, ihr Gleichberechtigungsstreben und die hohen Ansprüche an den Partner trugen erheblich zum Wandel der Lebensformen bei. […]

Die Einbindung der Frauen in die Erwerbsarbeit ist in der DDR schrittweise und unter vielen Schwierigkeiten vonstatten gegangen. Doch so viel steht fest: Für die in der DDR geborenen oder groß gewordenen Frauen- und Mädchengenerationen war es durchweg selbstverständlich, ein Leben lang berufstätig zu sein. Obwohl auch die DDR-Frauen familienorientierter als ihre Männer waren, rangierten die beiden für sie wichtigsten Lebenswerte, nämlich Berufsarbeit und Familie/Kinder, bei der Mehrzahl der Frauen gleichrangig nebeneinander.[…] Im Zuge der Entwicklung ist aus der Doppelbelastung des weiblichen Geschlechts zugleich ein *Doppelanspruch* erwachsen. Kaum eine Frau wollte „Nur-Hausfrau" sein oder für einen längeren als den staatlich zugestandenen Zeitraum vor und nach der Geburt eines Kindes aus dem Erwerbsprozess ausscheiden. Denn Berufsarbeit bedeutete für die Frauen nicht nur Selbstbestätigung und Lebenssinn, sondern auch finanzielle Unabhängigkeit vom Mann und die Chance, die eigene Lebensform frei zu wählen. Die Arbeit verschaffte ihnen zudem soziale Kontakte und Kommunikation[…].

(Jutta Gysi/Dagmar Meyer, Leitbild: berufstätige Mutter – DDR-Frauen in Familie, Partnerschaft und Ehe; in: Gisela Helwig/Hildegard Maria Nickel (Hg.), Frauen in Deutschland 1945–1992, Bonn (bpb) 1993, S. 139ff.)

M 4 Sieger im sozialistischen Wettbewerb

Foto, DDR (ohne Jahr). Auszeichnungen und Prämien gehörten zum Alltag der DDR.

M 5 Frauenleben in der DDR: Das Beispiel Marianne E.

Die Theaterwissenschaftlerin Irene Böhme, die seit 1980 in Westberlin lebt, sammelte biografische Skizzen von Frauen in der DDR, darunter unter anderem die Erinnerungen von Marianne E. (geb. 1938):

Wir stammen aus Ostpreußen. Im Juni 1945 saß ich als Siebenjährige am Straßenrand und sang „Ännchen von Tharau". Eine Frau kam vorbei, sie sagte, dass wir bei ihr wohnen könnten. So sind wir in Mecklenburg hängengeblieben, haben bei der Bodenreform Land genommen, sind Bauern geworden. Nach der Schule arbeitete ich auf unserem Hof.

Mit 18 wollte ich einen Nachbarssohn heiraten, zu der Zeit kam ein neuer Schweizer aufs Volksgut. Er spielte abends Akkordeon, mit ihm bin ich weggegangen auf ein anderes Volksgut. Gerhard war elf Jahre älter als ich und Genosse. Wir heirateten, ich arbeitete mit ihm im Stall. Jeder Arbeitstag machte Spaß, er lachte und sang gern, abends zeichneten wir Tabellen und Milchkurven oder feierten, wir richteten uns eine gemütliche Pausenecke im Stall ein, gründeten einen Dorfchor, immer hatte er Ideen, selten verlor er den Humor. Zwei wunderschöne Jahre voller Arbeit und Vergnügen.

Dann bekam ein Mädchen aus dem Dorf von Gerhard ein Kind. Ich wollte ihn nicht verlieren, nach einem halben Jahr war ich ebenfalls schwanger. Es hat nichts genutzt. Als unsere Tochter geboren war, zog er zu der anderen, wir ließen uns scheiden. Was ich falsch gemacht habe, weiß ich bis heute nicht. Ich war 21 und ohne Beruf. Auf den Hof zurück wollte ich nicht. So blieb ich im Dorf und ging zur LPG in den Stall, die brauchten jede Hand. Alles, was ich tat, war gegen Gerhard gerichtet. Der LPG-Stall sollte besser werden als der vom Gut, dafür lernte ich nachts, dafür wurde ich Facharbeiter und später Brigadier[1], dafür ging ich in den LPG-Vorstand. Der andere Grund war meine Tochter, sie sollte später stolz auf mich sein. Irgendwann verflog mein Groll auf Gerhard, inzwischen sind wir wieder gute Arbeitskollegen, fast Freunde.

Ich bin nicht gern allein, bei der Arbeit und nach Feierabend brauche ich Leute um mich. Deshalb zog ich mit Gisela zusammen, sie arbeitet im LPG-Büro und hat auch ein Kind. Wir haben eine schöne Weiberwirtschaft aufgemacht. Das Dorf klatschte, mal waren wir lesbisch, mal hatten wir ein Bordell. Es hat uns nicht gestört, zu zweit waren wir stark. Wir lebten nicht wie die Nonnen, aber einen Mann fürs Leben suchte ich nicht, ich war misstrauisch geworden. Weniger gegen die Männer, mehr gegen mich.

Als meine Tochter eingeschult wurde, kam Ludwig auf die LPG. Unsere Tierzucht war berühmt, wir bekamen einen Hochschulkader[2]. Zwischen Ludwig und mir wurde es sofort ernst. Wir fanden uns über die Arbeit, er hatte Köpfchen, ich Erfahrung. Mir imponieren Männer, zu denen ich aufsehen kann, die bringen mich in Schwung. Ludwig ist fünf Jahre jünger als ich, das hat uns nie gestört. Ludwig sah gern nach anderen Frauen, ich war zwar eifersüchtig, richtig gekränkt hat es mich nicht. Wir wollten eine Rinderfabrik unter wissenschaftlichen Bedingungen, das schweißte uns zusammen. Um seiner ganz sicher zu werden, bekam ich ein Kind. Er freute sich, besuchte mich in der Klinik mit einem Riesenblumenstrauß, und als ich mit der Kleinen nach Hause kam, eröffnete er mir, dass er zur Akademie für Landwirtschaftswissenschaften in die Forschung geht, und zwar allein. Wieder zwei schöne Jahre, wieder alles kaputt, ich 32, zwei Kinder am Hals. Alles verlief wie beim ersten Mal.

Nun wollte ich studieren. Die LPG wollte mich erst nicht weglassen, dann hat sie mich delegiert. Die Große blieb bei Gisela, die Kleine nahm ich mit zur Fachschule. Auch sie hat mir wieder geholfen. Ohne Kinder hätte ich wahrscheinlich nicht durchgehalten, sie ordnen das Leben, geben ihm Sinn.

Nach drei Jahren kehrte ich ins Dorf zurück und war Ingenieur für Tierproduktion. Jetzt leite ich die Großanlage, die Ludwig damals konzipierte.

Es ist schon komisch, ich verdanke alles den Männern, die ich liebte, und den Kindern, die ich geboren habe. Jetzt lebe ich wieder mit einem Mann zusammen, kein Tierzüchter, ein Agraringenieur. Wieder ist alles wunderbar, ein Kind möchte ich allerdings nicht von ihm.

(Irene Böhme, Die da drüben – Sieben Kapitel DDR, Berlin (Wagenbach) 1983, S. 101 f.)

[1] Brigadier: Leiter einer Arbeitsbrigade

[2] Hochschulkader: Mitarbeiter mit Hochschulabschluss

M 6 Bestätigung über einen Krediterlass

DDR-Dokument, 1987. Junge Ehepaare erhielten vom Staat zinslose Kredite, die bei Nachwuchs stufenweise erlassen wurden – „abkindern" sagte der Volksmund dazu.

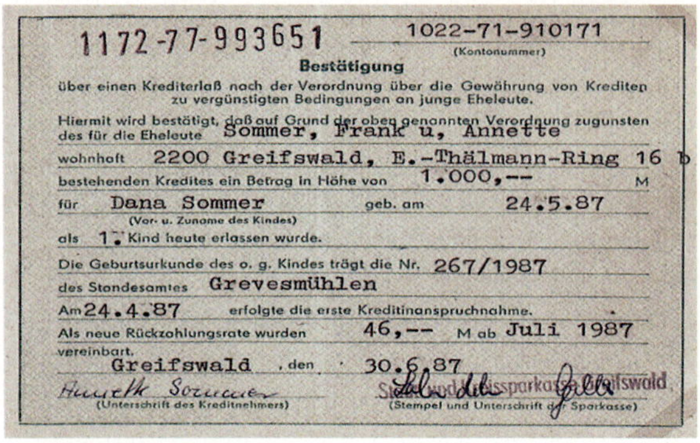

1172-77-993651 1022-71-910171
(Kontonummer)

Bestätigung

über einen Kreditерlaß nach der Verordnung über die Gewährung von Krediten zu vergünstigten Bedingungen an junge Eheleute.

Hiermit wird bestätigt, daß auf Grund der oben genannten Verordnung zugunsten des für die Eheleute Sommer, Frank u, Annette
wohnhaft 2200 Greifswald, E.-Thälmann-Ring 16 b
bestehenden Kredites ein Betrag in Höhe von 1.000,-- M
für Dana Sommer geb. am 24.5.87
(Vor- u. Zuname des Kindes)
als 1. Kind heute erlassen wurde.
Die Geburtsurkunde des o. g. Kindes trägt die Nr. 267/1987
des Standesamtes Grevesmühlen
Am 24.4.87 erfolgte die erste Kreditinanspruchnahme.
Als neue Rückzahlungsrate wurden 46,-- M ab Juli 1987
vereinbart.
Greifswald, den 30.6.87

(Unterschrift des Kreditnehmers) (Stempel und Unterschrift der Sparkasse)

Frauen in der Bundesrepublik

M 7 Frauen und Männer sind gleichberechtigt

Karikatur, Bundesrepublik Deutschland

M 8 Grundgesetz, Art. 3

(1) Alle Menschen sind vor dem Gesetz gleich.
(2) Männer und Frauen sind gleichberechtigt. Der Staat fördert die tatsächliche Durchsetzung der Gleichberechtigung von Frauen und Männern und wirkt auf die Beseitigung bestehender Nachteile hin.
(3) Niemand darf wegen seines Geschlechtes, seiner Abstammung, seiner Rasse, seiner Sprache, seiner Heimat und Herkunft, seines Glaubens, seiner religiösen oder politischen Anschauungen benachteiligt oder bevorzugt werden. Niemand darf wegen seiner Behinderung benachteiligt werden.

M 9 W. Cornelissen über die Frauenpolitik in der Bundesrepublik Deutschland

Waltraud Cornelissen (1949) ist Soziologin und wissenschaftliche Mitarbeiterin am Institut Frau und Gesellschaft in Hannover.*

Die kulturellen Veränderungen in der Bundesrepublik Deutschland nach 1945 haben auch die Vorstellungen von dem berührt, was eine Frau/ein Mann ist, zu sein und zu tun hat. […]
Es ist zu vermuten, dass sich viele Frauen in den ersten Nachkriegsjahren entmutigen ließen, sich als Arbeitssuchende zu definieren. Sie überließen Männern die Chancen auf dem Arbeitsmarkt und entschieden sich häufiger als vor dem Krieg für die Lebensperspektive „Hausfrau". Diese Haltung wurde von der offiziellen Familienpolitik jener Jahre mitgetragen. Umgekehrt gehörte es zum Männerbild dieser Zeit, dem Ehemann allein die Verantwortung für die Familienernährung zu übertragen. Nachdem die aus dem Krieg heimkehrenden Männer einen Arbeitsplatz gefunden hatten, „durften" sich viele Frauen wieder ganz familiären Aufgaben widmen. Lediglich von alleinstehenden Frauen und Müttern wurde die Vereinbarkeit von Kinderversorgung und Berufsarbeit erwartet.
Franz-Josef Würmeling, der 1953 zum ersten Familienminister berufen wurde, trat ganz entschieden gegen die Frauenerwerbstätigkeit auf. Diese habe einen „gemeinschaftszerstörenden Charakter", weil sie den Individualismus zu sehr betone. 1957 wurde das Gleichberechtigungsgesetz verabschiedet, das diesen Namen aus heutiger Sicht nicht verdient, da es nicht zu einem Aufbrechen der traditionellen Arbeitsteilung beitrug. Die geschlechtsspezifische Arbeitsteilung wurde erneut im Ehe- und Familienrecht festgeschrieben und hatte bis 1977 Gültigkeit. […]
In den Siebzigerjahren wurde unverkennbar, dass manche „versorgte" Frau gar kein Interesse an einer Beschränkung auf Heim und Herd hatte. Die Erwerbsquote stieg nach 1977 nicht bei *den* Ehefrauen am stärksten, deren Männer ein besonders niedriges Einkommen hatten, also Geld verdienen

mussten; vielmehr strömten *die* Frauen verstärkt auf den Arbeitsmarkt, die qualifiziertere Ausbildungen aufzuweisen hatten. Der Wunsch nach ökonomischer Eigenständigkeit in der Ehe (nicht mehr nur lebensnotwendiges „Mitverdienen") und das Interesse an der Berufsarbeit waren bei einem wachsenden Teil der Frauen die Motive für die Entscheidung zur Berufstätigkeit. Offenbar wurde das traditionelle Bild der Frau, das der Nationalsozialismus ja noch einmal für sich zu nutzen gewusst hatte, nicht mehr von allen Frauen geteilt. Zumindest ein Teil von ihnen, vor allem die jüngeren, entwickelte Lebensperspektiven, die über die Hausfrauen- und Mutterrolle hinausgingen. Sie wurden die Avantgarde für eine Entwicklung, die bis heute andauert, aber immer noch auf unsicheren Voraussetzungen gründet. […]

1976 wird mit der Reform des Ehe- und Familienrechts die Abkehr der Regierungspolitik von der gesetzlich fixierten Hausfrauenehe sanktioniert. Das neue Recht schreibt den Ehepartnern keine Rollenteilung mehr vor. Es setzt vielmehr auf das individuelle Aushandeln von Ansprüchen und Bedürfnissen zwischen Männern und Frauen. Dieser Prozess unterliegt natürlich dem Einfluss gesellschaftlicher Leitbilder, die über Verwandtschaft, Nachbarschaft, Arbeitskollegen, Arbeitgeber und zunehmend auch über die Medien transportiert werden. […]

(Waltraud Cornelissen, Traditionelle Rollenmuster – Frauen- und Männerbilder in den westdeutschen Medien; in: Helwig/Nickel, a. a. O., S. 53f.)

M 10 Frauenquote

Karikatur, Bundesrepublik Deutschland

M 11 Frauenleben in der Bundesrepublik: Das Beispiel Ursula T.

Ursula T. stammt aus Münster. Ihr Vater war Bau- und Möbeltischler.

Als ich vierzehn war, hab ich meinen Mann kennen gelernt. Da wohnten wir schon in der Stadt, in einem Vierfamilienhaus. Unten lebte eine Frau, wo ich schon mal hinging. Mein Mann hatte dort ein Zimmer gemietet. Er war neunzehn und gelernter Bäcker. Als er das erste Mal die Treppe runterkam, so richtig muffelig, da dachte ich: Ist das ein blöder Typ, der grüßt nicht einmal. Ich traf ihn dann später bei der Nachbarin. Alle duzten sich, nur wir beide uns nicht. Einmal war ein Fußballspiel, da schellte er bei uns und durfte bei uns fernsehen. Da fragte er mich, ob er mich ausführen dürfe. Er war schon mein Typ. Ich hab mich dann an ihn geklammert, er war immer da. Damals verstand er mich. Ich wollte keine sexuelle Beziehung, er wusste das auch. Es hat sich dann doch ergeben. Die Erinnerung daran ist schön, er war zärtlich, nicht wüst.

Vier Wochen später war ich schwanger. Über Empfängnisverhütung sprach man damals nicht. Aber als ich das Kind kriegte, sagte er: „Ich halt zu dir, ob wir heiraten oder nicht." […]

Dann haben wir standesamtlich geheiratet, als ich im achten Monat war. Vierzehn Tage vor der Geburt war kirchliche Trauung. Mein Mann war zu der Zeit bei der Bundeswehr, deswegen wohnte ich zu Hause. Als ich schwanger war, war ich noch in der Schule. Ich bin ein Vierteljahr vorher abgegangen, habe aber Hauptschulabschluss. Ohne meinen Sohn Lars wäre ich Fotolaborantin geworden. […]

Als Lars ein Jahr war, sind wir in eine eigene Wohnung gezogen. Die war einfach, denn wir wollten bauen. Ich wollte kein eigenes Haus, sondern in der Stadt bleiben. Da gab es die ersten Reibereien. Auch wegen der Kindererziehung. Ich war so harmonisch aufgewachsen, mein Vater hat mich nie geschlagen, nur gesagt, was ich falsch gemacht habe. Das wollte ich auch verwirklichen. Mein Mann stand auf dem Standpunkt, Kinder haben sich unterzuordnen. Ich wollte mit meinem Mann reden. Aber ich dachte, du redest, redest, er hört zwar zu, nimmt aber nicht wahr, was du sagen willst. Wenn wir ausgingen, hatte mein Mann für alles Augen, nur für mich nicht. Eifersüchtig war ich aber nicht.

Das Haus war auch fertig, und Sven war dann ein Wunschkind, denn ich wollte kein Einzelkind. […]

Mein Mann hatte den Job gewechselt, sich in der Firma richtig hochgearbeitet, vom Fahrer bis zum

Bezirksleiter, war oft weg. Ich hab gelesen und gelesen und wurde unzufrieden. Immer nur Kinder und Haushalt, da stimmte was nicht.
Als Nele unterwegs war, kam Lars zur Schule. Deshalb wollte ich einen Kursus in Mengenlehre machen. Mein Mann war im Gesangverein, Sportverein, ging angeln und war jeden Sonntag auf dem Fußballplatz. Außerdem spielte er noch Karten, und ich saß jeden Tag allein. Mich hat immer so geärgert, dass ich, wenn ich zum Kursus wollte und keinen Babysitter hatte, zu Hause bleiben musste. Ich sagte, vielleicht ist Mengenlehre ja wichtiger für die Kinder als Angeln. Er sagte: „Sieh zu – die Kinder sind deine Aufgabe." [...]
Als ich dann immer so alleine saß und weiter viel gelesen habe, wurde mir klar, dass ich bei mir selber anfangen musste. Ich durfte mich nicht bemitleiden, sondern musste rausfinden, was mir Spaß machte. [...]
Durch eine Bekannte, die in der SPD ist, kam ich drauf. Ich hab mich gründlich informiert und bin dann in die SPD eingetreten. Nach einem halben Jahr wollte ich für die Kommunalwahl kandidieren. Mein Mann traute mir das nicht zu, er hatte Angst, dass ich mich blamiere, und hat mich nicht unterstützt. Ich bin dann nur auf Listenplatz 6 gekommen und hatte keine Chance. Bei mir hieß es, die ist nur eine Frau und erst ein Vierteljahr in der Partei, die soll an den Kochtopf. Bei einem Mann, der ein Vierteljahr in der Partei ist, da sagt niemand, der ist nur ein Mann. Das hat mich so herausgefordert, dass ich mich noch mehr hineingekniet habe. Als bei uns ein Juso-Vorsitzender gewählt werden musste, hab ich es versucht. Ich organisiere gern, war aber sehr aufgeregt am Wahltag. Ich hab dann ganz viel Stimmen bekommen, nur zwei Gegenstimmen. Das hat mich gefreut.
Seitdem hat mein Mann etwas gegen alles, was von der SPD kommt. Er ist auch chronisch eifersüchtig. Gegen alles, Mann oder Frau. Er konnte nie verstehen, dass die Leute gerne mit mir zusammen sind. [...] Ich dachte da schon, dass ich mit diesem Mann nicht ein Leben lang zusammen sein könnte. Damals hatte ich auch keine Lust mehr, mit ihm zu schlafen. Das war mir richtig unangenehm. [...] Ich dachte damals schon: Schaffst du das allein, könntest du mit den Kindern leben? Ich hab hin und her überlegt.

Dann kam es zu heftigen Zerwürfnissen. Ursula T. wurde von ihrem Mann geschlagen. Ihr Mann drohte mehrmals, sich und die Kinder umzubringen. Ursula T. verließ ihn unter dramatischen Umständen.

Jetzt kommen wir ganz gut aus. Wir haben die Scheidung zurückgestellt; das ist eine finanzielle Frage. Aber ich möchte nie mehr mit ihm zusammenleben. Ich bin richtig zufrieden. Früher hab ich mich nie getraut, das zu machen, was ich wichtig finde. Jetzt fühl ich mich richtig frei, allein zu entscheiden. Die Kinder haben das begrüßt. Früher waren sie sehr aggressiv, so in der Art: Papa macht das auch, der haut dich sogar. Aber als wir alleine waren, hagelte es bei Lars sogar Zweien in der Schule. Seit einem Dreivierteljahr gehe ich in die Abendschule und hole meine fachgebundene Hochschulreife nach. Später möchte ich Psychologie studieren.

Einige Jahre später schreibt Ursula T. an Jutta Menschik:

[...] Nun studiere ich im siebten Semester.
Politisch bin ich rund um die Uhr aktiv und freue mich, wenn ich alle halbe Jahr mal ein freies Wochenende habe. Im Bezirk baue ich gerade einen Frauenarbeitskreis auf.
Seit zwei Jahren sind meine Kinder bei ihrem Vater. Das Jugendamt hat so entschieden. O.K. Studium und Politik oder Kinder war meine Alternative aus der Sicht meines Ex-Mannes und des Jugendamtes. Meine Entscheidung war emotional nicht so einfach, aber politisch klar für mich. Ich habe aber nach wie vor regen Kontakt zu meinen Kindern, die ja schon fast siebzehn, vierzehn und elf Jahre sind. Sie haben sich ihren Vater auch schon sehr gut erzogen. Heute weiß ich, dass ich richtig entschieden habe.
Ich habe auch eine neue Beziehung. Mit Georg wohne ich seit drei Jahren zusammen. (Er ist sieben Jahre jünger.) Es ist nach wie vor die Beziehung, die ich immer wollte und von der ich glaubte, es könne sie nicht geben. Ein immerwährender Prozess der Diskussion und der Erneuerung, des gegenseitigen Verstehens und Liebens. Wie Du siehst, bin ich glücklich. [...]

(Ursula T., „Jetzt fühl ich mich richtig frei"; in: Jutta Menschik, Ein Stück von mir – Mütter erzählen, Frankfurt a.M. 1985, S. 138–145)

„Schild und Schwert der Partei“ – Die Überwachungsmethoden der Stasi

„Schild und Schwert der Partei“ – so verstand sich das „Ministerium für Staatssicherheit“ (MfS), im Volksmund kurz „Stasi“, in der DDR. Diese Selbstbeschreibung macht deutlich, dass das MfS mehr war als ein klassischer Geheimdienst: Es überwachte im Auftrag der SED die Bevölkerung, versuchte Oppositionsbewegungen zu „zersetzen“ und verfolgte „feindlich-negative“ Personen.

- **Wie arbeitete das Ministerium für Staatssicherheit in der DDR?**
- **Welchen Einfluss hatte es auf das Leben von Bürgern in der DDR?**
- **Wie sind die Aktivitäten der Stasi aus heutiger Sicht zu bewerten?**

Präsentieren Sie im Plenum ausformulierte Statements, in denen Sie die drei Leitfragen erörtern, und stellen Sie Ihre Sichtweisen zur Diskussion.

Vorschläge, wie Sie die Materialien in kleinen, selbst zusammengestellten Arbeitsteams auswerten und ein gemeinsames Statement formulieren können:

1. Erarbeiten Sie Antworten auf die ersten beiden Leitfragen, indem Sie die Materialien M1–M8 unter diesen beiden Leitfragen interpretieren.
   a) Benennen Sie jeweils die äußeren, formalen Merkmale der Textmaterialien.
   b) Arbeiten Sie anhand von M1 organisatorische Grundstrukturen und Arbeitsweisen des MfS heraus. Ziehen Sie hierzu auch die Informationen im Kasten hinzu.
   c) Untersuchen Sie – am besten arbeitsteilig – die in M2–M7 dokumentierten biografischen Fallbeispiele von Tätern oder Opfern des MfS und halten Sie jeweils mögliche Antworten auf die ersten beiden Leitfragen in Stichworten fest.

2. Analysieren Sie den Text des Historikers Stefan Wolle (M8) mit Blick auf die dritte Leitfrage. Nehmen Sie aus Ihrer Sicht kritisch Stellung zur Position des Autors.

3. Formulieren Sie auf der Grundlage Ihrer Analyse und Interpretationsergebnisse ein zusammenfassendes Gruppenstatement. Ein inhaltlicher Schwerpunkt sollte ein eigenes Werturteil bezogen auf die dritte Leitfrage sein. Folgen Sie dabei den Hinweisen und Schritten der Methode „Werturteile formulieren“ (S. 192).
   ➧ **Präsentationstipp:** Ein Handout oder auch kurz gefasstes Thesenpapier als Begleitmaterial für die Präsentation erleichtert es den Zuhörern, Ihren Ausführungen zu folgen und sie zu diskutieren.

Kurze Geschichte des MfS

Das Ministerium für Staatssicherheit wurde am 8.2.1950 auf Beschluss der Volkskammer gegründet, als Minister wurde Wilhelm Zaisser und als stellvertretender Minister Erich Mielke eingesetzt. Da das MfS in den Augen der SED im Zusammenhang mit dem Volksaufstand am 17. Juni 1953 versagt hatte, wurde Zaisser als Minister für Staatssicherheit abgesetzt. Seit 1957 war Erich Mielke (bis 1989) Leiter des MfS.
Nach den inneren Unruhen in Polen und Ungarn (1956), dem Mauerbau (1961) und der Niederschlagung des „Prager Frühlings“ (1968) wurde der Stasi-Apparat immer weiter ausgebaut, um Oppositionsbewegungen im Keim zu ersticken.
In den 1970er-Jahren änderte sich das Vorgehen des MfS: Infolge der KSZE-Schlussakte verlegte man sich auf eine „weiche“, weniger offensichtliche Verfolgung, während der Überwachungs- und Spitzelapparat immer weiter ausgebaut wurde. In den 1980er-Jahren arbeiteten nicht weniger als 91 000 hauptamtliche und 173 000 sogenannte „inoffizielle Mitarbeiter“ (IM) im Auftrag der Stasi. Rein rechnerisch stand damit ein Mitarbeiter der Stasi 60 Bürgern gegenüber.
1989 besetzten Oppositionelle im Zuge der Friedlichen Revolution die Dienststellen der Stasi, um die Vernichtung der Akten zu verhindern. Am 14. Dezember 1989 wurde die Stasi offiziell aufgelöst.
Mit dem „Stasi-Unterlagen-Gesetz“ (StUG) des Deutschen Bundestages vom 29. Dezember 1991 wurde die Verantwortung für die Akten der ehemaligen Stasi dem „Bundesbeauftragten für die Unterlagen des Staatssicherheitsdienstes der ehemaligen DDR“ (BStU) übertragen.

Methode

Werturteile formulieren

A. Werturteile

Beschäftigung mit Geschichte hat immer auch mit Urteilen und Wertungen zu tun. Zum einen lernen wir zeitgenössische Urteile und Wertungen kennen, zum anderen urteilen und bewerten wir – aus heutiger Sicht – das, was früher geschah.
Historiker unterscheiden zwischen Sachurteilen (beurteilen) und Werturteilen (bewerten). Ein Sachurteil bezieht sich auf inhaltliche Zusammenhänge in der Geschichte und gewichtet sie (z. B.: *Die Aktivitäten der Stasi bildeten einen wesentlichen Bestandteil der Herrschaftssicherung in der DDR*). Ein Werturteil bezieht sich auf ihm zugrunde liegende Werte und Normen (z. B.: *Ich verurteile die Aktivitäten der Stasi, weil sie grundlegende Menschenrechte verletzten*). Im Unterschied zu Sachurteilen sind Werturteile nicht „richtig" oder „falsch", weil Werthaltungen individuell unterschiedlich sind.

B. Schritte zur Formulierung von Werturteilen

1. Schritt – Thema klären:
- Auf welches Thema (Gegenstand und Leitfrage) bezieht sich Ihr Werturteil?
  Die Aktivitäten der Stasi in der DDR und ihre Wirkungen auf das Leben der Bürger.

2. Schritt – Fakten und Zusammenhänge klären:
- Informieren Sie sich so genau und umfassend wie möglich über Ihr Thema.
  Informieren Sie sich über das Ministerium für Staatssicherheit und seine Bedeutung in der DDR (s. Kasten S. 191, weitere Informationen unter www.bstu.de).
  Interpretieren Sie die Quellen in diesem Thema.

3. Schritt – Zeitgenössischer Werthorizont:
- Erarbeiten Sie den zeitgenössischen Werthorizont, also tatsächliche oder mögliche zeitgenössische Wertvorstellungen zum Thema. Diese können – je nach Perspektive (z. B. Täter – Opfer) – sehr unterschiedlich sein.

4. Schritt – Heutiger Werthorizont:
- Erarbeiten Sie den heutigen Werthorizont, indem Sie herausarbeiten, welche neuen Erkenntnisse, Umstände oder Perspektiven ein heutiges Urteil von zeitgenössischen Urteilen unterscheiden könnten.
  Z. B.: Wertung nach dem Ende der DDR und der Öffnung von Archiven.

5. Schritt – Eigenes Werturteil:
- Formulieren Sie Ihr eigenes Werturteil.
- Begründen Sie es auf der Grundlage Ihrer historischen Kenntnisse und einer Offenlegung Ihrer persönlichen Wertbezüge.
- Legen Sie ggf. auch Grenzen Ihres Werturteils (fehlende Informationen, begrenzte persönliche Erfahrungen mit dem Thema, widersprüchliche Werte etc.) dar.

Ein fachgerechtes Werturteil

- beruht auf fundierten Kenntnissen des Themas;
- unterscheidet eindeutig zwischen zeitgenössischem und heutigem Werthorizont;
- legt die zugrunde liegenden Werte offen dar;
- setzt sich mit anderen, abweichenden Werturteilen vorurteilsfrei auseinander (Pluralismus).

MATERIALIEN

M 1 Ziele und Methoden des MfS

Im Januar 1976 erließ das Ministerium für Staatssicherheit (MfS) eine Richtlinie zur Entwicklung und Bearbeitung Operativer Vorgänge:

[...] Die politisch-operativen Zielstellungen der Bearbeitung Operativer Vorgänge bestehen darin:
- durch eine offensive, konzentrierte und tatbestandsbezogene Bearbeitung die erforderlichen Beweise für den Nachweis des dringenden Verdachtes eines oder mehrerer Staatsverbrechen bzw. einer Straftat der allgemeinen Kriminalität zu erbringen; [...]

Die Einführung von IM [Inoffiziellen Mitarbeitern] in die Bearbeitung Operativer Vorgänge ist darauf zu richten, qualifizierte, überprüfte, für die im jeweiligen Operativen Vorgang zu lösenden politisch-operativen Aufgaben geeignete IM an die verdächtigen Personen mit der Zielstellung heranzuführen, deren Vertrauen zu gewinnen, um Informationen und Beweise über geplante, vorbereitete oder durchgeführte feindlich-negative Handlungen [...] zu erarbeiten [...]

Bewährte anzuwendende Formen der Zersetzung sind:
- systematische Diskreditierung des öffentlichen Rufes, des Ansehens und des Prestiges auf der Grundlage miteinander verbundener wahrer, überprüfbarer und diskreditierender sowie unwahrer, glaubhafter, nicht widerlegbarer und damit ebenfalls diskreditierender Angaben;
- systematische Organisierung beruflicher und gesellschaftlicher Misserfolge zur Untergrabung des Selbstvertrauens einzelner Personen;
- zielstrebige Untergrabung von Überzeugungen im Zusammenhang mit bestimmten Idealen, Vorbildern usw. und die Erzeugung von Zweifeln an der persönlichen Perspektive;
- Erzeugen von Misstrauen und gegenseitigen Verdächtigungen innerhalb von Gruppen, Gruppierungen und Organisationen;
- Erzeugen bzw. Ausnutzen und Verstärken von Rivalitäten innerhalb von Gruppen, Gruppierungen und Organisationen durch zielgerichtete Ausnutzung persönlicher Schwächen einzelner Mitglieder; [...]
- örtliches und zeitliches Unterbinden bzw. Einschränkung der gegenseitigen Beziehungen der Mitglieder einer Gruppe, Gruppierung oder Organisation auf der Grundlage der geltenden gesetzlichen Bestimmungen, z. B. durch Arbeitsplatzbindungen, Zuweisung örtlich entfernt liegender Arbeitsplätze usw.;
- die Verwendung anonymer oder pseudonymer Briefe, Telegramme, Telefonanrufe usw.; kompromittierender Fotos, zum Beispiel von stattgefundenen oder vorgetäuschten Begegnungen;
- die gezielte Verbreitung von Gerüchten über bestimmte Personen einer Gruppe, Gruppierung oder Organisation; [...]
- die Vorladung von Personen zu staatlichen Dienststellen oder gesellschaftlichen Organisationen mit glaubhafter oder unglaubhafter Begründung.

(Zit. nach: Matthias Judt (Hg.), DDR-Geschichte in Dokumenten, Bonn 1998, S. 470f., und Christoph Kleßmann/Georg Wagner (Hg.), Das gespaltene Land, München 1993, S. 433)

Täter

M 2 Ein operativer Vorgang des MfS

Ein desertierter Leutnant aus der Bezirksverwaltung Dresden des MfS hat berichtet:

[...] Mitte 1958 wurde im Amtssitz des evangelischen Bischofs Noth in Dresden vom Staatssicherheitsdienst ein Abhörgerät eingebaut. Den Einbau leitete der Chef der Bezirksverwaltung [...] Auch Oberleutnant Löffler, der damals das Referat Kirchen in der Bezirksverwaltung leitete, kümmerte sich um den Einbau.

Die Angelegenheit ging folgendermaßen vor sich: Oberleutnant Löffler beantragte den Einbau des Abhörgerätes mit der Begründung, „in der evangelischen Kirche gibt es nicht genügend Informationen, wir brauchen deshalb andere Quellen, um Auskunft über die Tätigkeit der Kirche zu erhalten". Man nahm Verbindung auf zu einem im Landeskirchenamt tätigen Heizer, der sich früher einmal selbst für Spitzeldienste angeboten hatte. Dieser Heizer verschaffte den Mitarbeitern der Bezirksverwaltung Zutritt zu den Räumen des Landeskirchenamtes, und zwar in den Nachtstunden. Außerdem lieferte er den Inhalt der Papierkörbe, den er verbrennen sollte, bei Leutnant Jänicke, dem Sonderbeauftragten für die evangelische Kirche, ab. Der Heizer erhielt für seine Tätigkeit Geldbeträge in Höhe von 100 bis 150 DM. Er gab der Bezirksverwaltung Gelegenheit, sich Nachschlüssel für alle Räume des Landeskirchenamtes anfertigen zu lassen. So war es möglich, das kleine Abhörgerät direkt an den Telefonanschluss des Bischofs anzuschließen und mit einer Leitung zum Büro von Leutnant Jänicke zu verbinden. Dort wurden Telefongespräche auf Band aufgenommen und dann ausgewertet. Das Ministerium hat sich fast ein Jahr lang auf dem Wege über die Bezirksverwaltung Dresden dieser Quelle bedienen können, bis eine westliche Veröffentlichung der Sache ein Ende machte. […]

(Zit. nach: Karl Wilhelm Fricke, Politik und Justiz in der DDR – Zur Geschichte der politischen Verfolgung 1945-1968, Köln 1979, S. 183f.)

M 3 Ein Mitarbeiter des MfS

Die 25-jährige Tochter eines MfS-Mitarbeiters berichtet 1990 über ihren Vater:

Mein Vater wurde 1943 geboren. Er war Mitarbeiter des MfS in der Abteilung Nachrichten. Als mein Vater zum MfS ging, war er ungefähr 20 und FDJ-Sekretär in einem Betrieb. Er hatte einen Acht-Klassen-Abschluss, wie das damals so üblich war! Ein überdrehter Intellektueller ist er nicht. Er wäre ein guter Arbeiter geworden. Doch die Kaderakte stimmte. Sein Vater, mein Opa also, ist Kommunist. Ich glaube, meine Mutter hat großen Anteil daran, dass mein Vater beim MfS anfing. Weil sie damals eine Karriere für sich und die Familie witterte …

Heute weiß ich, dass mein Vater übereifrig war. Der hatte eine richtige Sucht. Zur [Leipziger] Messe überprüfte er Westautos. Kontrollierte dann, ob sie auch vor dem Haus standen, in dem sie angemeldet wurden. Wenn nicht, dann überprüfte er, ob es noch andere nicht angegebene Kontakte gab. Oder wie sich das überhaupt verhielt. Genauso in unserem Ungarnurlaub. Da sprang er am Strand herum und machte sich Notizen, welcher DDR-Bürger mit welchen Westdeutschen in Kontakt stand. Irgendeinen Friseur aus Erfurt traf er jedes Jahr an. Immer mit denselben Westdeutschen. Das hat er weitergeleitet und überprüfen lassen. […] Der hat sich selbst kaputt gemacht. Genau wie unsere Familie von Anfang an kaputt war. Oft bekamen wir ganz selbstverständlich hingeblättert: „Die und die ist nicht tragbar! Ab morgen kennst du die nicht mehr!“

Das Schlimme ist: Vom Charakter her ist er gar kein Hardliner. Eigentlich mehr ein Weichling. […] Er ist mit dem Druck, der auf ihm lastete, nicht zurecht gekommen. Er dachte immer, ohne ihn geht es nicht. Er hat ja auch alles für seine Arbeit gegeben. Das war wie ein riesiger Koloss: die Partei, die Sache, die Arbeit […] Das hat ihn erdrückt. […]

(Zit. nach: Stasi intim – Gespräche mit ehemaligen MfS-Angehörigen, Leipzig 1990, S. 263f.)

M 4 Ein „IM“ (Beispiel 1)

Im Zentralarchiv des Bundesbeauftragten für die Unterlagen der Stasi befinden sich Erfahrungsberichte von IM über ihren Einsatz bei Operativen Vorgängen. Unter „IM“ (inoffizielle Mitarbeiter) verstand man nebenamtliche Spitzel, die im Auftrag des MfS arbeiteten.

[…] Dann erhielt ich so einen Auftrag, andere Menschen in ihrer Arbeit zu beobachten, ihre Handlungen zu überwachen und zu beurteilen. Man muss Verständnis dafür haben, dass dieses erst einmal einen gewissen Widerspruch mit sich brachte; denn ich sage es heute noch, […] dass es für mich eines der größten psychologischen Probleme wäre, wenn durch eine Unachtsamkeit der Genossen des MfS ich ins Gerede komme und Freunde und Bekannte mich als einen sogenannten Spitzel betrachten würden. Ich glaube auch, dass selbst meine Familie und vor allem meine Freunde dafür kein Verständnis aufbringen würden. Das führt auch dazu, dass ich über einen langen Zeitraum ganz einfach nicht fertig geworden bin, dass ich Menschen bespitzeln muss und meine Aussage falsch sein könnte, meine Beobachtungen nicht richtig sind, dass ich durch meine Bemerkungen und meine Erkenntnisse Menschen in Schwierigkeiten bringen könnte. […]

(Zit. nach: Mathias Judt (Hg.), a. a. O., S. 476)

M 5 Ein „IM“ (Beispiel 2)

Irina Kukutz und Katja Havemann, Mit-Initiatorinnen der Gruppe „Frauen für den Frieden – Ost“ (1982), haben der Frau, die seit 1983 auf sie als IM angesetzt war, ein Porträt gewidmet, das auch mehrere Interviews mit dieser Frau enthält. Darin heißt es:

[…] Mir helfen ja keine Ausflüchte. Ich habe ja auch mit dazu beigetragen, dass Leute in den Knast gekommen sind, egal, ob direkt oder nicht. […] Das kann man nicht entschuldigen. Und solche wie mich gibt es ja viele. Was meine Motivation betrifft, so bin ich keine Ausnahme. Was bringt Menschen dazu, das zu tun? Gut, man kann sagen das System, aber das ist nur Blabla. Ich frage mich, was kann ich tun, um damit fertig zu werden? Muss ich ewig mit meiner Schuldenlast rumrennen, mich ängstlich umgucken, wem ich vielleicht begegne? Ich versuche mich einfach hinzustellen: hier bin ich, ihr müsst mich annehmen. Aber das ist nur äußerlich. Das halte ich nicht durch. Auf meiner jetzigen Arbeit sind ja auch solche wie ich, und ich merke bei denen dieselbe Ängstlichkeit, wie ich sie habe. Es geht doch auch nicht zu sagen, wir hätten das geltende Recht auf unserer Seite gehabt. Sich damit herauszureden, das wäre dann so wie nach der Nazizeit. Ich habe auch versucht, mich damit herauszureden: Ich habe gehandelt, nach meiner Überzeugung und nach dem geltenden Recht. Aber das trifft heute überhaupt nicht mehr zu. Was nun, wie lebe ich denn jetzt damit? Ich muss mich nicht nur mit meinen alten Überzeugungen befassen, ich muss heute auch davon ausgehen, dass anderes Recht gilt. Ich bin ja während meiner Stasi-Arbeit nicht mal auf die Idee gekommen, bestimmte Dinge, die sie erwartet haben, zu verweigern. Ich hätte ja auch mein eigenes Ding draus machen können. Auf die Idee bin ich überhaupt nicht gekommen. Ich bin nur gelaufen, wie so eine Marionette an der Strippe. Das ärgert mich maßlos.

(Irina Kukutz/Katja Havemann, Geschützte Quelle – Gespräche mit Monika H. alias Karin Lenz, Berlin 1990, S. 175)

Opfer

M 6 Roland Brauckmann (* 1958)

In einem Buch über „Recht und Justiz im SED-Staat" wird der folgende Fall geschildert:

Knapp 16 Jahre alt, geriet 1974 Roland Brauckmann aus Hoyerswerda ins Visier der „Sicherheitsorgane". Aufgefallen war sein reger Briefwechsel mit Partnern im Nichtsozialistischen Wirtschaftsgebiet (NSW), wie im Sprachgebrauch der DDR die westliche Welt bezeichnet wurde.

Die Ermittlungen gegen Brauckmann wurden zunächst vom sogenannten Arbeitsgebiet 1 (K1) der DDR-Kriminalpolizei geführt.

Sie erhärteten den Verdacht des „illegalen Briefmarkentausches mit kapitalistischen und sozialistischen Staaten", sodass 1974 die Kriminalakte „Lipsia" angelegt wird. Der Jugendliche war auf die Idee gekommen, möglichst viele Personen im „westlichen Ausland" anzuschreiben, um im Wege der Antwortbriefe die begehrten westlichen Briefmarken zu erhalten. Hier und da legte er DDR-Briefmarken bei. Auch ansonsten erwies er sich als antiautoritär, aufmüpfig und unangepasst.

Nachdem Brauckmann eine Stelle als Diakon angenommen hatte und ein Kirchenvertreter sich für ihn einsetzte, wurden die Ermittlungen eingestellt. Doch die Ruhe währte nicht lange. Als sich der inzwischen 22-jährige in einem pazifistischen Friedenskreis in Dresden engagierte und zusammen mit dem evangelischen Pfarrer Christoph Wonnenberger Aufrufe für einen „Sozialen Friedensdienst"[1] verfasste, geriet er erneut ins Visier der Sicherheitsorgane, nunmehr in das des MfS. Die Staatssicherheit suchte die alten Ermittlungsakten des Arbeitsgebietes 1 der Kriminalpolizei (K1) heraus und legte den Operativvorgang (OV) „Strohmann" an. Als Gründe nennt der Eröffnungsbeschluss zum OV u. a. „Es geht um die Zerschlagung der Vervielfältigungsstelle des B. und damit um die Einschränkung des Missbrauchs der Kirche für illegale Druckerzeugnisse innerhalb der DDR."

Brauckmann, der eine Lehre als Schriftsetzer begonnen hatte, engagierte sich meist als freiwillige, unbezahlte Kraft, zeitweilig als bezahlter Diakoniehelfer, in der kirchlichen Jugend- und Friedensarbeit und nutzte unter anderem seine beruflichen Kenntnisse, um mit einfachen technischen Mitteln Druckgraphiken herzustellen und ‚für den innerkirchlichen Gebrauch' Texte zu vervielfältigen, darunter „Machwerke der ausgewiesenen ‚Künstler' Wolf Biermann und Volker Funke", so die Stasi.

Gleichermaßen als Beweis negativer Gesinnung wichtig: Am 16. März 1977 hatte er anlässlich der Musterung erklärt, „dass er den Wehrdienst mit der Waffe aus religiösen Gründen ablehnt", wie dem MfS zugetragen und hier registriert wurde. Briefe an den Vater, Liebesbriefe an die Freundin landeten als Kopie beim MfS. Ein evangelischer Bischof, ein Journalist, der für evangelische Kirchenblätter tätig war, und weitere IM der Staatssicherheit berichteten über B. und nahmen auf seine weitere Entwicklung Einfluss.

Im Februar 1982 schritt das MfS zur Verhaftung. Als Gründe ermittelte das MfS: „Seit 1977 unternahm der B. Aktivitäten, um die DDR zu verlassen [...]. So wandte er sich zunächst mehrfach seit 1977 mit rechtswidrigen Ersuchen auf Übersiedlung in die BRD an verschiedene staatliche Organe der DDR, die diese Forderungen zurückwiesen. [...]

In der Beweisführung gegen B. wurde herausgearbeitet, dass er sich seit Okt. 1980 mit Vorbereitungshandlungen zum ungesetzlichen Verlassen der DDR mittels eines selbstgebauten Heißluftballons [...] [befasste]. Da ihm die Kosten zur Beschaffung des notwendigen Ballonstoffes zu hoch waren, stellte er unfreiwillig die Vorbereitungen seit März 1981 ein."

Über die Fluchtpläne hinaus hatte es Brauckmann gewagt, aus Polen ein Plakat des dortigen unabhängigen, nicht von den Kommunisten geleiteten Gewerkschaftsbundes Solidarnosc im Format DIN A3 mitzubringen und in seiner Wohnung aufzuhängen. Wie üblich schrieb ein für politische Verfahren zuständiger Staatsanwalt die MfS-Berichte zur Anklageschrift um und beantragte ein Jahr, acht Monate Haft.

Am 21. Juni 1982 wurde Brauckmann vom Kreisgericht Hoyerswerda wegen des Vorwurfs des vorbereiteten ungesetzlichen Grenzübertritts (§ 213) und der „öffentlichen Herabwürdigung“ (§ 220) zu 20 Monaten Haft verurteilt, wie vom Staatsanwalt beantragt. Der Tatbestand der öffentlichen Herabwürdigung sei gemäß § 220, Absatz 2 dadurch erfüllt, so das Gericht, „dass mindestens sieben Bürger in dem Zimmer des Angeklagten nächtigten und die Druckerzeugnisse sahen“. In Abwesenheit hatte Brauckmann sieben Trampern sein Zimmer zur Übernachtung zur Verfügung gestellt; das Solidarnosc-Plakat hatte die Wand eines Zimmers geziert, in dem sie ihre Schlafsäcke ausbreiteten. Damit war der Tatbestand der „öffentlichen Herabwürdigung“ erfüllt.

Im April 1983 erfolgte Brauckmanns Entlassung in die Bundesrepublik. Er war einer von 1105 politischen Häftlingen, die die Bundesrepublik in diesem Jahr ‚abkaufen‘ konnte. In den 80er-Jahren wurden von der Bundesregierung über 90000 DM pro Häftling gezahlt, allerdings nicht mit Geld, sondern mit Warenlieferungen im entsprechenden Wert. […]

(Falco Werkentin, Recht und Justiz im SED-Staat, Bonn 1998, S. 80f.)

---

[1] als Ersatz für den Wehrdienst

M 7 Thomas Auerbach

Thomas Auerbach hat vor der 1992 eingerichteten Enquete-Kommission des Deutschen Bundestages „Aufarbeitung von Geschichte und Folgen der SED-Diktatur in Deutschland“ ausgesagt:

Ich war von 1971 bis 1976 Stadtjugendwart der Evangelischen Kirche in Jena. Ich bin unter anderem von Beruf evangelischer Diakon. In dieser Zeit in Jena haben wir offene Jugendarbeit gemacht. Das war damals in der DDR eine sehr neue Sache. Die Kirche machte Anfang der siebziger Jahre ihre Tore weit auf für nonkonformistische Jugendliche, für Leute, die aus der auch vorhandenen DDR-Hippiebewegung kamen, die lange Haare hatten, die überall herausflogen. […]

Im Jahre 1976 spitzte sich die Situation zu. Im Spätsommer kam es zu der Affäre mit dem Pfarrer Brüsewitz (Selbstverbrennung, Red.). In Jena gab es bis dahin einen Zusammenschluss von jungen Christen mit Jugendlichen, die aus der FDJ kamen, die versuchten, beispielsweise in Lobeda, literarische Arbeit zu machen […]. Wir setzten uns mit ihnen zusammen und hatten während der Jahre davor gemeinsam über die Probleme in unserer Gesellschaft gesprochen. Unsere Kritik an diesem Staat kam von links. Es war eine solidarische Kritik. Wir wollten also die DDR nicht abschaffen.

Dann gab es im Herbst 1976 die Ereignisse um die Ausbürgerung von Wolf Biermann. Wir hatten zu dieser Zeit Kontakt zu Robert Havemann und anderen in Berlin. Wolf Biermann war sehr oft in Jena gewesen. Sibylle Havemann, die Tochter Havemanns, gehörte zu unserer Gruppe. Sie hatte in Jena studiert. Es kam dann für mich als Leiter der kirchlichen offenen Jugendarbeit die Situation, wo ich mir gesagt habe: Jetzt müssen wir handeln.

Wolf Biermann war ausgebürgert worden. Am 16. November 1976 kam dann Jurek Becker zu uns nach Jena, machte dort eine Lesung. Er brachte uns den Protest der Berliner Künstler und Schriftsteller mit, an deren Spitze Stephan Hermlin stand, auf dessen guten Namen wir uns verlassen haben. Es wurde für die Staatsmacht offensichtlich an diesem Punkt brisant; denn jetzt kam der Protest aus dem Getto der Künstler und Schriftsteller unter das Volk. Wir haben am 18. November abends in Jena in den Räumen der Jungen Gemeinde eine öffentliche Veranstaltung zu dem Thema Biermann-Ausbürgerung gemacht. Dort wurden Unterschriften gesammelt, wo sich besonders junge Leute mit dem Protest der Berliner Künstler solidarisierten. Es wurden Biermann-Gedichte vorgelesen, es wurden Rundfunksendungen zu diesem Thema abgespielt. Darauf folgte nach altbekannter Stasi-Manier am nächsten Morgen gegen 5 Uhr in Jena eine große Verhaftungswelle. Es wurden etwa 60 bis 70 Leute „zugeführt“.

Ich selbst wurde am 19. November vormittags verhaftet, bis zum 20. November verhört. Ich bekam mit, dass sehr viele andere auch verhaftet worden waren. Am 20. November kam der Haftbefehl, er wurde mir mitgeteilt. In diesem Moment war man kein Mensch mehr. Man wurde in ein besonderes Zimmer geführt, dort standen fünf Herren in Uniform. Ich dachte: Nanu, was macht die Nationale Volksarmee hier? Es waren aber Herren vom Staatssicherheitsdienst, wie ich später mitbekommen habe. […]

Dann begann die Prozedur, mit der man zum Nichtmenschen gemacht werden sollte: Man musste sich vor diesen Leuten nackt ausziehen, es wurde in alle Körperöffnungen gespäht, man hörte das Geräusch von Handschellen. Wir wurden dann zu weiteren Verhören nach Rudolstadt geschafft. Ich wusste zu dieser Zeit noch nicht, wie viele Freunde von mir dort mit saßen. Später kristallisierte sich heraus, dass von den 60 bis 70 Zugeführten acht Leute als „Rädelsführer“ in Haft behalten wurden. Man warf uns zunächst staatsfeindliche Hetze vor. Die Verhöre in Rudolstadt liefen eigentlich rund um die Uhr. Wir wurden dann merkwürdigerweise in das Untersuchungsgefängnis des MfS nach Karl-Marx-Stadt geschafft. Dort zogen sich die Verhöre über etwa sieben Monate hin.

In der Untersuchungshaft hat man uns zur „staatsfeindlichen Gruppe“ gemacht. Das bedeutete nach § 106 staatsfeindliche Hetze, eine Erweiterung auf § 107 staatsfeindliche Gruppenbildung, bei mir, im schweren Fall, Organisation und Leitung einer staatsfeindlichen Gruppe. Das ergebe drei bis zwölf Jahre, so sagte man mir [...] dann im Mai 1977. [...] Auf diese Begründung mit §107 bin ich eigentlich heute noch stolz. Darin stand sinngemäß, wir hätten eine staatsfeindliche Gruppe gebildet, um den realen Sozialismus in der DDR zu beseitigen und durch ein System des demokratischen Sozialismus zu ersetzen.

Man hat dann versucht, das Problem um die Biermann-Verhafteten auf elegante Art und Weise zu lösen, denn die Sache ließ sich nicht verheimlichen. Es gab im Ausland Proteste; es gab ein Schutzkomitee, zu dem unter anderem Prof. Wilke gehörte, der hier sitzt, aber nicht nur er, sondern auch viele Prominente, Schriftsteller, Scharf, Gollwitzer, Schily und andere. [...]

Wir wurden [...] nach Gera verbracht, in die eigentlich für uns zuständige Stasi-Untersuchungshaftanstalt. Dort liefen dann die Erpressungsversuche. Wir waren uns erklärtermaßen einig – das war schon vor der Haft so –, dass wir nicht nach Westdeutschland wollten. Diese Erpressungsversuche mit Drogen und allem möglichen liefen wochenlang. Mir hat man dann sehr konkret gesagt: „Bei Ihnen wären es zwölf Jahre Höchststrafe, wir können uns auf neun Jahre einigen, dann sind Sie ein gebrochener Mann, dafür sorgen wir, oder Sie erklären sich bereit, nach Westberlin verbracht zu werden.“

(Zit. nach: Falco Werkentin, a. a. O., S. 89f.)

Das Urteil eines Historikers

M 8 „Landschaften der Lüge“

*Der Historiker Dr. Stefan Wolle (*1950) schreibt über die Auswirkungen des Stasi-Systems:*

Die Gesellschaft der DDR war bis ins Innerste vergiftet. Von einem „seelischen Auschwitz“ hat Jürgen Fuchs[1] angesichts der Akten gesprochen. Der Bruder bespitzelte den Bruder [...], der Ehemann schrieb Berichte über seine Frau [...], Lehrer denunzierten ihre Schüler und umgekehrt. „Wir haben gelebt wie unter Glas“, bemerkte Stefan Heym[2] nach dem Studium seiner Stasi-Akten, „aufgespießten Käfern gleich, und jedes Zappeln der Beinchen war mit Interesse bemerkt und ausführlich kommentiert worden.“ Orwells[3] Schreckensvision einer totalen Kontrolle des Individuums hatte sich zur Alltagsrealität entwickelt. Wie eine riesige Krake lag die Staatssicherheit über dem Land und drang mit ihren Saugnäpfen in den verborgensten Winkel der Gesellschaft. Dass die Unterdrückung in den späten achtziger Jahren subtilere Formen angenommen hatte, lag nicht an den fehlenden Möglichkeiten der Überwachung und Manipulation, sondern an Rücksichtnahmen, die geänderte ökonomische und internationale Rahmenbedingungen erforderten. [...]

Natürlich gab es auch vor 1989 einen weitverbreiteten emotionalen Abscheu vor dem Spitzelsystem, intellektuelle Distanz und bewussten politischen Widerstand [...]. Dennoch beschleicht den Beobachter des „Aufarbeitungsprozesses“ Grauen und Resignation angesichts der Schamlosigkeit des Verrats. Elementare menschliche Verhaltensregeln haben die Täter massenhaft und offenbar ohne das Bewusstsein individueller Schuld mit Füßen getreten. Das System der allgegenwärtigen Überwachung, Disziplinierung und Repression wurde im Laufe der Jahre immer weiter perfektioniert und ausgebaut – und vor allem verinnerlicht. Dabei ersetzten subtile Formen der psychischen Beherrschung allmählich die offene Brutalität, so dass auswärtige Besucher sie nicht mehr wahrnahmen und viele DDR-Bürger gar im Bewusstsein großer Freiheit lebten.

(Stefan Wolle, Die heile Welt der Diktatur, Bonn 1998, S. 152)

---

[1] Jürgen Fuchs: oppositioneller DDR-Schriftsteller
[2] Stefan Heym: oppositioneller DDR-Schriftsteller
[3] George Orwell: britischer Schriftsteller, Autor des fiktionalen Romans „1984“

„Hitler brauchte keine Mauer" – Der Charakter der DDR als Unrechtsstaat

Am 3. Oktober 1990 endete die Geschichte der DDR. Damit begann die Erinnerung an diesen Staat: Menschen erinnern sich an ihr konkretes Leben in diesem Land; Publizisten und Historiker versuchen, die DDR zusammenfassend zu beurteilen und zu bewerten. Im Zentrum solcher rückblickenden historischen Bilanzziehungen steht neben vielen anderen Facetten vermehrt die Problematik „Unrechtsstaat".

- **Wie ist der Charakter der DDR als Unrechtsstaat zu beurteilen und zu bewerten?**

Präsentieren Sie verschiedene Antworten und Positionen von Publizisten und Historikern zu dieser Frage und nehmen Sie zu diesen gegenwärtigen Einschätzungen der DDR als Unrechtsstaat in einem gemeinsamen Kursgespräch Stellung.

Vorschlag zur Vorgehensweise:

1. Analysieren Sie in kleinen Arbeitsgruppen die Einschätzungen der ausgewählten Publizisten und Historiker über die DDR, indem Sie
   a) arbeitsteilig in Ihrer Gruppe ausgehend von einer Benennung der formalen Daten für jeden Textauszug die Kernaussagen und die Argumentation, mit der diese begründet und gestützt werden, herausarbeiten;
   b) Ihre Arbeitsergebnisse in Form einer geordneten, strukturierten Wiedergabe in der Gruppe vorstellen.
2. Formulieren Sie auf dieser Grundlage gemeinsam in Stichworten ein zusammenfassendes Gruppenergebnis zur Leitfrage.
   a) Wie wird das politische System der DDR beschrieben und bewertet? (M 1 – M 5)
   b) Inwiefern werden von den Autoren bestimmte methodische Herangehensweisen gewählt bzw. reflektiert? (M 1 – M 5)
   c) Wie wird der Unrechtscharakter der DDR im Vergleich mit dem Unrechtscharakter des NS-Regimes beurteilt? (M 1 – M 3)
   d) Inwiefern wirken sich nach Ansicht der Autoren Erfahrungen nach dem 3. Oktober 1990 auf das Bild von der DDR aus? (M 3 – M 5)
3. Nehmen Sie in Ihren Gruppen aus Ihrer Sicht kritisch Stellung zu der jeweils formulierten Einschätzung der DDR. Halten Sie Ihre Diskussionsergebnisse stichwortartig fest.
4. Gestalten Sie als Grundlage für das gemeinsame Kursgespräch ein Plakat (Alternative: Flipchart-Anschrieb, Handout, Thesenpapier, Folie), mit dem Sie Ihren Mitschülerinnen und Mitschülern Ihre Gruppenarbeitsergebnisse vorstellen.

MATERIALIEN

M 1 Der Hochschullehrer Wilhelm Hortmann (1991)

Die DDR, der angebliche Hort des Antifaschismus, hatte in den 40 Jahren ihres Bestehens faschistische Strukturen unter sozialistischen Vorzeichen weitergeführt, hatte einen Unrechtsstaat auf Willkür und Terror gegründet und jede freiheitliche Regung durch zynischen Machtmissbrauch unterdrückt. Es ist nicht nur die Analogie zwischen Stasi und Gestapo, die auf der Hand liegt, sondern auch die Analogie zwischen den Deutschen unter Hitler und den Deutschen unter Ulbricht und Honecker, den Mitläufern und Mitwissern. Das bedeutet aber: Wenn wir die 16 Millionen Deutschen der DDR zu Beginn ihres Eintritts in Gesamtdeutschland nicht wegen ihres Mitläufertums kritisieren wollen, sind wir gezwungen, das Mitläufertum ihrer Eltern und Großeltern unter Hitler nachträglich zu entkriminalisieren und uns mit dem Gedanken vertraut zu machen, dass die Deutschen 1933 nicht Bergen-Belsen gewählt haben. [...]

(Wilhelm Hortmann, Was es heißt Deutscher zu sein - Veränderungen im politischen Grundkonsens durch Wiedervereinigung und Golfkrise; in: Frankfurter Allgemeine Zeitung vom 27.2.1991, S. 14)

M 2 Der Historiker Eberhard Jäckel (1991)

Geschichtsbilder schützen sich durch Tabus: Gewisse Dinge darf man nicht sagen. Statt zu vergleichen, wird gleichgesetzt. [...] In Wahrheit ist genau das Gegenteil richtig. Ob der nationalsozialistische Judenmord einzigartig war oder nicht, konnte und kann sich nur aus einem Vergleich mit anderen Massenmorden ergeben. So gehen die Deutschen nun mit ihrer doppelten Vergangenheit um: nicht vergleichen, schon gar nicht aufrechnen, was ja unmoralisch wäre, um darum umso selbstverständlicher gleichsetzen zu können.

Wenn diese Gesellschaft zu einem kritischen Umgang mit ihrer Vergangenheit (und damit auch mit den Menschen) zurückkehren will, dann muss vor allem mit dem Vergleichstabu gebrochen, dann muss gründlich und genau verglichen werden.

Wir rühren die DDR derzeit ungerührt in einen Topf sowohl mit dem Stalinismus wie mit dem Nazismus. In Wahrheit sind dies nicht nur zwei, sondern drei verschiedene Paar Stiefel. Stiefel freilich waren alle drei: Diktaturen, in denen Menschenrechte und freie Wahlen abgeschafft waren. Davon gibt es leider sehr viele in der Welt. Ihr Wesen erfasst man erst im Vergleich und er ergibt mehr Unterschiede als Übereinstimmungen.

Was zunächst den Vergleich der DDR mit dem Stalinismus in der Sowjetunion angeht, so trägt er schon chronologisch nicht sehr weit. Von den vierzig Jahren DDR fielen nicht einmal vier in die Zeit Stalins. Mit dem Tode des Despoten 1953 ging der Stalinismus in seiner blutigen Form auch in der DDR zu Ende. Schauprozesse gab es dort kaum, massenweise Genickschüsse gar nicht. Das dürfte kein Verdienst der SED-Machthaber gewesen sein. Aber darum bleibt wahr, dass die DDR niemals so unmenschlich war wie die Sowjetunion der Dreißiger- und Vierzigerjahre. Im Wortsinne stalinistisch war sie eigentlich nie. Viel wichtiger für unser Geschichtsbild und die politischen Folgerungen daraus ist der Vergleich mit dem Nazismus. Anders als beim Kommunismus lag hier kein Import vor: Hitler kam nicht aus Moskau. Wer hier vergleicht, hat zwei verschiedene Epochen vor Augen. Aber auch das ist nicht nur legitim und nützlich, sondern in hohem Maße notwendig.

Diktaturen waren sie beide, gewiss. Aber die DDR führte keine Angriffskriege, beging keine Völkermorde, und da dies das Wesensmerkmal des Hitlerregimes war, ergibt der Vergleich einen Wesensunterschied.

Zu vergleichen sind auch die geistigen Grundlagen. Der Sozialismus war immerhin einmal eine Idee gewesen, der sich nicht wenige der edelsten Geister ergeben hatten. Gewiss war sie gleich mit Lenins Revolution zur Diktatur einer Nomenklatura entartet. Aber gewisse Werte gingen nicht ganz unter. Dass man einen neuen, besseren, glücklicheren Menschen schaffen wollte, das verschwand nie ganz aus dem Bewusstsein jedenfalls einiger, und auch in Honeckers Staat wurden gewisse menschliche Werte nicht nur verbal beschworen, sondern auch befolgt. Ganz war die große Tradition der Arbeiterbewegung nicht untergegangen.

Man kann die Scheidelinie historisch exakt markieren. Sie verläuft dort, wo der Sozialismus sich von der Demokratie verabschiedete und an deren Stelle die Diktatur (angeblich des Proletariats) setzte, mithin von der Sozialdemokratie nur noch die Hälfte übrig ließ. Das heißt jedoch nicht, dass der Sozialismus (die Schaffung von mehr Gleichheit) eine schlechte Idee war oder ist. Der Sündenfall war allein die Annahme, Sozialismus sei ohne Demokratie zu machen. Gleichheit ohne Freiheit war jene alte kommunistische Parole: Demokratie, das ist nicht viel, Sozialismus heißt das Ziel. [...]

Geschichtsbilder bestimmen bis zu einem gewissen Grade das politische Handeln. Es war für die großen Nationen des Westens von Vorteil, dass ihr Geschichtsbild von Freiheitsbewegungen geprägt war. Das ist den Deutschen weithin verwehrt. Aber es wäre ein Verlust von Kultur, wenn sie sich im Rückblick auf das 20. Jahrhundert nur als die Opfer einer doppelten Diktatur sähen.

Hitler war in Deutschland an die Macht gekommen, Ulbricht aus Moskau eingeflogen worden. Der eine stützte sich auf viel Zuspruch im Lande, der andere auf die Bajonette einer ausländischen Besatzungsmacht. Gegen ihn gingen die Arbeiter schon 1953 auf die Barrikaden, gegen Hitler nie. Ulbricht lief das Volk davon, sodass er es einmauern musste, und am Ende stürzten die Massen Honecker und Genossen sogar. Hitler brauchte keine Mauer. Das Volk folgte ihm, wie der Führer befahl. Als er endlich von außen gestürzt wurde, sprachen die Deutschen vom Zusammenbruch, und viele meinten damit den Zusammenbruch auch ihrer Wünsche und Hoffnungen. Es dauerte lange, bis sie einsahen, dass sie befreit worden waren. [...]

Waren die Westdeutschen bessere Demokraten als die Ostdeutschen? Hätten sie sich widersetzt? Hatten sie sich nicht wie die Ostdeutschen unter den Nazis angepasst oder gar begeistert mitgemacht?

Wir werden nur ein Volk, wenn wir mit unserer doppelten Vergangenheit ins Reine kommen, und das werden wir mit Anstand nur dann, wenn wir unser Geschichtsbild im sauberen Vergleich differenzieren. In dieser Hinsicht hat uns die Einheit auf den Stand der Fünfzigerjahre zurückgeworfen. Es gibt wieder einmal viel zu tun.

(Eberhard Jäckel, in: DER SPIEGEL, Nr. 52/45. Jg. 1991, S. 39f.)

M 3 Der Politikwissenschaftler und Zeithistoriker Klaus Schroeder (2000)

Neun Jahre nach ihrem Untergang ist die DDR in den Köpfen mancher Menschen lebendiger denn je: Nicht nur unbelehrbare Einheitssozialisten, sondern auch viele „normale Bürger" und sogar einstige Oppositionelle scheinen die DDR zu vermissen. Erstere, weil sie Macht, Status und Privilegien verloren haben; Letztere, weil sie sich durch die Vereinigung um ihren Erfolg, den Sturz der Diktatur, betrogen fühlen. Nicht wenige Normalbürger trauern ihr nach, weil sie sich im vereinigungsbedingten Umwälzungsprozess um Sicherheit und Orientierung gebracht fühlen. Die meisten von ihnen wollen freilich nicht in die DDR zurück, aber im pluralistischen Werte- und Gesellschaftssystem und der Parteiendemokratie sind sie auch nicht angekommen. Solche Einstellungen sind angesichts der gewaltigen Veränderungen nachvollziehbar, größtenteils auch verständlich. Bedenklich stimmt dagegen, dass sich eine Stimmung breitmacht, die den diktatorischen Charakter der DDR infrage stellt oder ausblendet, wenn nicht sogar leugnet. Über einen positiven Bezug zum Alltagsleben werden wesentliche Facetten des SED-Staates bis hin zu den Herrschaftsstrukturen nostalgisch verklärt. Die aus dem Macht- und Gestaltungsanspruch der SED-Führung resultierende totalitäre Überformung des Lebens wird dabei weitgehend ignoriert. […]

Hiermit geht zumeist Verzicht auf Einordnungen wie „Diktatur", „Gewaltherrschaft" oder „totalitäre Herrschaft" einher, was die Gefahr in sich birgt, die DDR zu idealisieren bzw. als relative Idylle erscheinen zu lassen und aus dem Blickwinkel von „Nischen" zu charakterisieren. Tatsächlich blieben jedoch auch sie, wenngleich mit abnehmender Intensität, von den Macht- und Herrschaftsstrukturen geprägt. Allein die SED-Führung und ihr Apparat entschieden über Gewährung oder Entzug von Freiräumen.

Häufig ist auch zu lesen, für den durchschnittlichen DDR-Bewohner wäre statt der Politik die ganz normale Alltäglichkeit bestimmend gewesen […]. Doch gerade bei der Betrachtung des Alltagslebens wird der aus dem totalitären Charakter des Systems resultierende hypertrophe [überzogene] Machtanspruch der SED überdeutlich, der die Bürger zu einem ständigen quasi-schizophrenen Pendeln zwischen Anpassung und Resistenz zwang.

Selbstverständlich wurde in der DDR gefeiert, gelacht, geküsst und anderes mehr. Auch wenn die Fassaden der Diktatur überwiegend grau in grau erschienen, konnte das Leben jenseits des Offiziellen zufriedenstellend sein; Menschen waren glücklich oder traurig, gleichgültig oder engagiert. Diese Beobachtung ist ebenso richtig wie banal. Diktatoren greifen bekanntlich zumeist erst dann zum Mittel der offenen Repression, wenn sich Bürger ihren Anmaßungen widersetzen; ansonsten wollen auch sie von den Untertanen geliebt oder zumindest geschätzt werden und versuchen, dies durch soziale Zugeständnisse zu erreichen.

Zu der heute in einigen Kreisen modisch gewordenen „ostalgischen" Verklärung des DDR-Alltages besteht indes wenig Anlass. Dieser war nicht nur von Versorgungsmängeln, vielfältigem Frust und nicht zuletzt von der auch sinnlich wahrzunehmenden fortschreitenden Zerstörung der natürlichen Umwelt geprägt. Noch gravierender war die Tatsache, dass es keinerlei wirkliche Refugien vor dem Macht- und Gestaltungsanspruch der SED gab. Der Überwachungsapparat der Staatssicherheit und die im Auftrag von Partei und Staat tätigen Denunzianten machten ohnehin weder vor Kirchentüren noch vor Privatwohnungen halt. […]

Spätestens ab Anfang der Fünfzigerjahre erfüllte die SBZ/DDR alle von der klassischen Totalitarismustheorie aufgestellten Kriterien: eine allgemeinverbindliche Ideologie mit endzeitlichem Anspruch; eine hierarchisch und oligarchisch organisierte Monopolpartei als ausschließlicher Träger der Macht; ein von der Partei und ihrer Geheimpolizei organisiertes und kontrolliertes physisches und psychisches Terrorsystem; ein nahezu vollkommenes Monopol der Massenkommunikationsmittel; ein Gewaltenmonopol sowie eine zentrale Kontrolle und Lenkung der gesamten Wirtschaft.

Auch wenn vor allem die frühe DDR die meisten dieser Eigenschaften mit dem nationalsozialistischen Deutschland gemein hatte, verbietet sich doch eine einfache Gleichsetzung beider Systeme. Weder hat der SED-Staat Millionen Menschen nahezu fabrikmäßig umgebracht, noch hat er einen Weltkrieg entfesselt. […]

Das Politbüro der SED avancierte zum unumstrittenen Führungszentrum in Staat und Gesellschaft. Wie eine Spinne zog die Parteiführung ein dichtes, ideologisch gewebtes Netz über Partei, Staat und Gesellschaft. Die Parteispitze beanspruchte, jede Regung innerhalb des Netzes zu steuern und zu kontrollieren. […] Wer sich den Anweisungen der Partei und ihrer Untergliederungen widersetzte, wurde von einem der SED hörigen Justizapparat erbarmungslos verfolgt und verurteilt. Dies erfolgte auf Grundlage von Gesetzen, die die SED zur Sicherung ihrer Macht selbst verfasst hatte und jederzeit willkürlich auslegen konnte. […]

Die Unkenntnis über die Verhältnisse in der DDR ist immer noch groß – zu groß, weil gesellschaftlichen Unfrieden stiftend. So wird etwa die SED-Phrase vom „Friedensstaat DDR" für bare Münze genommen oder behauptet, es habe „ein hohes Maß an sozialer Gleichheit" und ein die „ganze Gesellschaft umfassendes soziales Band" gegeben. […]
Überhaupt ist die Rede von den Ostdeutschen irreführend. Weder gab es bei der großen Mehrheit der Bevölkerung eine „DDR-Identität" – diese scheint sich in beträchtlichen Teilen der Bevölkerung erst nach der Vereinigung als Trotzreaktion herausgebildet zu haben –, noch hat die angestrebte soziale und ideologische Nivellierung zu gemeinsamen Einstellungen und Verhaltensweisen oder gar zu einer Interessenidentität von Herrschern und Beherrschten geführt. Viele DDR-Bürger sind angesichts der Anmaßungen, denen sie seitens der SED und ihres Staates ausgeliefert waren, und der systembedingten Verstrickungen durchaus aufrecht durch die DDR gekommen. Auch die zahlreichen Opfer und couragierten Widerständigen haben es nicht verdient, mit denen, die sie unterdrückt und verfolgt haben, in einen Topf gesteckt zu werden.

(Klaus Schroeder, Der SED-Staat, München (Propyläen) 2000, S. XVf.)

M 4 Der Historiker Bernd Faulenbach (1999)

Die Vereinigung wurde bekanntlich als Beitritt der DDR zur Bundesrepublik vollzogen. Zuvor hatte die DDR-Bevölkerung das SED-System gestürzt und gab dann bewusst den Staat DDR auf, ein Tatbestand, der gelegentlich aus dem Blick gerät. Die Vereinigung war ein asymmetrischer Prozess, in dem die westdeutschen Institutionen auf die frühere DDR schnell und relativ effizient übertragen wurden. Damit rückte auch die Asymmetrie der Geschichte der alten Bundesrepublik und der DDR in den Blick. Der durchaus problematische Transformationsprozess hat die schwierige sozialpsychologische Situation dadurch verschärft, dass bis in den Alltag hinein alle Errungenschaften der DDR entwertet wurden und zugleich beachtliche Probleme wie die Massenarbeitslosigkeit auftraten, die nicht nur zu einer tiefen Verunsicherung, sondern auch zu einer allmählichen Wiederaufwertung der DDR bw. einzelner Aspekte führten, die vielfach als „Nostalgie" oder „Ostalgie" bezeichnet wird. Bei dieser Sicht spielt der bewusst-unbewusste Versuch eine Rolle, die eigene Identität zu verteidigen, sich nicht als „Deutsche zweiter Klasse", sondern als Gruppe mit einem spezifischen Selbstbewusstsein begreifen zu wollen.
Dies ist der psychologische Hintergrund dafür, dass wachsende Teile der DDR-Bevölkerung eine Abwehrhaltung gegenüber der Aufarbeitung der SED-Vergangenheit eingenommen haben. Gefördert wurde diese Abwehrhaltung durch einen manchmal unangemessenen moralischen Rigorismus in der Beurteilung, eine Tendenz zum „posthumen Overkill" des SED-Systems bei manchen „Aufarbeitern" und den Versuch, Seiten der Realität der DDR, die nicht nur negativ zu sehen waren, auszublenden.
Christoph Kleßmann hat zu Recht darauf hingewiesen, dass „die Kluft zwischen einer sehr heterogenen individuellen und kollektiven Erfahrungsgeschichte einerseits und einer nüchternen Strukturanalyse andererseits" in der Zeitgeschichte besonders ausgeprägt ist. Tatsächlich darf die Rekonstruktion von objektiven Strukturen und Prozessen an der subjektiven Ebene, die sich in Erfahrungen abgelagert hat, nicht vorbeigehen, weil die Subjekte in ihrer Vielfalt und Widersprüchlichkeit Komponenten der Strukturen und Prozesse waren. Unverkennbar gibt es tief greifende Probleme bei der adäquaten Erfassung der DDR-Realität. Aus Sicht der früheren DDR-Bürger mangelt es an einem geeigneten kategorialen Rahmen und sie sind gegenüber dem vom Westen angebotenen zu Recht skeptisch. Der Tatbestand der „Durchherrschung" des Alltags durch das SED-System erschwert es vielen Ostdeutschen, zwischen der System- und der Lebensperspektive zu differenzieren, was im Hinblick auf westliche Gesellschaften angesichts der relativen Autonomie der Teil-Systeme viel leichter ist und dazu führt, dass Westdeutsche mit ungeeigneten Maßstäben die DDR-Realität und das Verhalten der Menschen beurteilen.
Zweifellos kann die DDR-Realität nicht ausschließlich als Ausfluss des SED-Systems begriffen werden; vielmehr hatte das Leben der Menschen einen „Eigensinn", teilweise im Gegensatz, teilweise verknüpft mit diesem System.

(Bernd Faulenbach, Geteilte Vergangenheit – eine Geschichte?; in: Ch. Kleßmann u.a., Deutsche Vergangenheiten – eine gemeinsame Herausforderung, Berlin (Links) 1999, S. 28f.)

M 5a Die Schriftstellerin Kerstin Hensel (1999)

Kerstin Hensel veröffentlichte 1999 einen Bildband über den Alltag in der DDR. Die Fotografie (M5b) ist diesem Bildband entnommen. In der Einleitung schreibt sie:

Die Wahrheit steckt hinter den Fassaden. Letztendlich aber ist sie in den Menschen und man kann sagen: Es gab so viele Deutsche Demokratische Republiken, wie es Menschen gab, die dort gelebt haben. Wenn Typisches vorzuweisen ist, so kristallisiert es sich über Millionen einzelner Biographien heraus. Jede Existenz auf dieser Welt wird von Brüchen bestimmt und von Irrtümern tangiert; jeder ist der Gesellschaft, in der er lebt, in irgendeiner Weise ausgeliefert. Wer sich frei davon wähnt, ist gefangen in einem großen Irrtum.

Auch in der DDR ging nicht alles in Staatlichkeit auf. Die Menschen in diesem Land waren keine gleichgeschalteten Protagonisten, die historische Fakten oder Parteiprogramme bedienten. Von jedem wurde die Zeit anders erlebt und die Sturheit der eigenen Erinnerungen siegt immer über die scheinbar kollektive Wahrnehmung.

Die einen haben nach 1945 ganz ehrlich und voller Elan den Versuch unternommen, ein besseres, antifaschistisches demokratisches Deutschland zu schaffen. Andere nahmen diese Zeit wahr als eine bedrückende, in der die sowjetische Besatzungsmacht uneingeschränkte Gewalt ausübte und die aktiven Kräfte sofort disziplinieren ließ. Wieder andere haben es schon immer besser gewusst, das, was sie heute uneingeschränkt hassen dürfen. Die allermeisten Leute aber dachten überhaupt nicht in diese oder jene Richtung gesellschaftlich, sondern daran, wie sie ihr eigenes Leben so gut als möglich einrichten könnten.

Die DDR war, wie jedes sozialistische Land, ein Ort, wo der Widerspruch zwischen gedachter und gelebter Utopie und Realität aufs krasseste zutage trat. Aber sie war kein Laboratorium und das Dasein dort kein Experiment. Hinter jedem Menschen steckt ein Leben, kein vorläufiges, sondern ein jahrzehntelang gelebtes. Geschichte kann weder aufgearbeitet noch bewältigt werden. Sie ist nur aus dem Alltag heraus zu begreifen.

(Kerstin Hensel, Einstellungen; in: K. Hensel/Th. Billhardt, Alles war so. Alles war anders – Bilder aus der DDR, Leipzig (Kiepenheuer) 1999, S. 5f.)

M 5b Familie im Garten (Bitterfeld 1984)

Zusammenbruch oder Revolution? – Zur Einordnung des Jahres 1989

Dass der Fall der Berliner Mauer am 9. November 1989 zu den ganz herausragenden Ereignissen in der deutschen Geschichte gehört, ist unbestritten. Aber wo lag die eigentliche Ursache? Ist das Herrschaftssystem DDR eher aufgrund seiner eigenen Schwäche und zunehmenden Instabilität in sich zusammengebrochen? Oder wurde es von einer aktiven, zielgerichteten Revolution der Bevölkerung gestürzt?

- **Das Ende der DDR: Zusammenbruch oder Revolution?**

Präsentieren und erörtern Sie Positionen zur Leitfrage im Klassengespräch.

So bereiten Sie Ihr Klassengespräch vor:

1. Erarbeiten Sie Positionen zur Leitfrage, indem Sie die Materialien M 1 – M 7 in arbeitsteiliger Partnerarbeit analysieren. Folgen Sie den Schritten der Basismethode „Historische Sekundärliteratur analysieren und sich kritisch mit ihr auseinandersetzen" (s. S. 372). Die folgenden Hinweise können bei der strukturierten Wiedergabe der Textinhalte hilfreich sein:
   a) Benennen Sie die jeweils genannten Ursachen für das Ende der DDR (Stichwortliste). Ordnen Sie diese Ursachen nach Kategorien (z. B. innenpolitische/außenpolitische/ökonomische).
   b) Arbeiten Sie heraus, wie diese Ursachen von den Autoren gewichtet werden.
   c) Stellen Sie dar, wie das Verhalten der Beteiligten (Oppositionsbewegung, Bevölkerung, Regierung) beschrieben, beurteilt und bewertet wird.
2. Setzen Sie sich kritisch mit der von Ihnen erarbeiteten Position (M 1 – M 7) auseinander.
   a) Fassen Sie Ihr Verständnis der Position zusammen, indem Sie erläutern, wie sie im Spannungsfeld der Leitfrage (Zusammenbruch oder Revolution?) einzuordnen ist.
   b) Zeigen Sie auf, ob bzw. inwiefern aus einer bestimmten Perspektive und bzw. oder vor einem bestimmten Werthintergrund argumentiert wird.
   c) Prüfen Sie aus Ihrer Sicht, ob die vorliegende Argumentation schlüssig ist und die zur Beantwortung der Leitfrage wesentlichen Aspekte erfasst.
3. Überlegen Sie, wie Sie Ihre Arbeitsergebnisse strukturiert, z. B. auf einem Lernplakat, für die Plenumsdiskussion visualisieren möchten. Ihr Plakat sollte auf jeden Fall Folgendes enthalten:
   a) eine strukturierte Textwiedergabe der Hauptaussagen,
   b) die Argumentationsstruktur,
   c) Ihre persönlichen Urteile und Einschätzungen zur gewählten Position.

MATERIALIEN

M 1 Christian Führer

Christian Führer, Zeitzeuge, Pfarrer an der Nikolai-Kirche in Leipzig.

Fünf Innenstadtkirchen haben Gott sei Dank alle zur gleichen Zeit Friedensgebete gehalten. Aber dass so viele Menschen dann kamen, wussten wir nicht. Wir haben etwa 6000 Menschen in die Kirchen gebracht, es sind etwa 70000 da gewesen. Das Friedensgebet begann wie immer mit einer unglaublichen Konzentration und Andacht. Der Bischof hat es zum Schluss noch geschafft, in die Kirche hereinzukommen, hat noch einmal die Botschaft der Gewaltlosigkeit den Menschen ans Herz gelegt und den bischöflichen Segen erteilt. Dann sind wir aus der Kirche heraus: So viele Menschen habe ich noch nie auf einem Platz gesehen, sie standen dicht an dicht, man sah lauter Kerzen. Die Kerze hat damals eine ganz besondere Rolle gespielt: Wenn man eine Kerze hat, braucht man zwei Hände; man muss die Kerze behüten und beschützen, dieses empfindliche Licht, dass es nicht auslöscht. Da kann man nicht gleichzeitig noch einen Knüppel oder Stein in der Hand halten – also Kerze oder Knüppel. Das ist schon ein Zeichen der Gewaltlosigkeit. Und dann ist das Unglaubliche geschehen, ist dieser Geist der Gewaltlosigkeit auf die Massen übergegangen […].
Es wurde kein Polizist angegangen, es wurde keiner verhaftet. Die Kampfgruppenleute wurden in Ge-

spräche verwickelt, die Polizisten verschwanden plötzlich irgendwie. Die Armee war nicht mehr zu sehen, es herrschte ein Gefühl ungeheurer Erleichterung. […] Horst Sindermann aus dem ZK der SED sagte: „Wir hatten alles geplant, wir waren auf alles vorbereitet, nur nicht auf Kerzen und Gebete.“
Die Gewaltlosigkeit war unsere einzige Chance und sie hat tatsächlich dann in den vier Wochen bis zum 9. November das ganze System auf friedliche Weise beseitigt. Der 9. Oktober, das ist unser „Kapital“; da geschah etwas, was außerhalb der sonst bekannten Machtgruppierungen lag, außerhalb von Armee, Finanzen, Wirtschaft. Diese friedliche Revolution der Kerzen, die haben wir ganz allein gemacht. Die ist weder vom Westen unterstützt worden noch sonst in irgendeiner Weise. Sie haben alle mitgebangt am Fernseher, sie haben zugeschaut […]. Aber gemacht haben es die Menschen in der ehemaligen DDR, hier, allein. […]

(Zit. nach: Das war die DDR – Eine Geschichte des anderen Deutschland, Berlin (Rowohlt) 1993, S. 228f.)

M 2 Hans Misselwitz

Hans Misselwitz, bis 1981 Biologe an der Akademie der Wissenschaften in Berlin; 1981 nach Reservedienstverweigerung Theologiestudium, 1989 Pfarrer bei Berlin; seit Anfang der 1980er-Jahre in der Oppositionsbewegung der DDR.

Wenn man in die Geschichte der Revolutionen schaut, war immer die Voraussetzung für ihr Gelingen, dass die entsprechenden objektiven und auch subjektiven Bedingungen vorhanden sind. Wie war das also mit den subjektiven Bedingungen für die Ereignisse von 1989? […] Innerhalb des Landes [hatte] sich eine Opposition formiert […]. Wenn man darauf hinweist, dann hört man heute gelegentlich: „Was konnten die schon ausrichten, diese paar Kerzenträger und friedfertigen Grüppchen!?“ Die oppositionellen Gruppen hatten in der Tat nicht die gewaltsame Übernahme des Staates vor, so, wie der Revolutionsmythos das vorsieht. Ich denke, es war aber gleichwohl die einzige vernünftige und rationale Variante, diesen gewaltlosen Weg zu wählen. Die Stasi registrierte im September 1989 etwa 150 sogenannte „Personenzusammenschlüsse“, also organisierte Gruppen in der DDR, die für Alternativen zum existierenden System eintraten. Sie waren die Kristallisationskerne der ab September 1989 entstehenden Massenbewegungen, obwohl sie weder konzeptionell noch organisatorisch auf eine schnelle Ablösung des Systems vorbereitet waren. […] Spätestens seit dem 9. November 1989 ging die Initiative für eigene Gestaltungsmöglichkeiten von den Trägern der Revolution auf andere über. […]

(Zit. nach: Revolution oder Implosion? Materialien einer Diskussionsveranstaltung des Berliner Büros der Friedrich-Ebert-Stiftung am 27.2.1999, Berlin 1999, S. 19)

M 3 Klaus Schroeder (2000)

Klaus Schroeder, westdeutscher Soziologe und Politikwissenschaftler, Leiter des Forschungsverbundes „SED-Staat“ der Freien Universität Berlin.

Mit dem Übergang vom Kalten Krieg zur Entspannungspolitik veränderten sich auch für die DDR die äußeren Rahmenbedingungen. Sie erhielt endlich die lang ersehnte internationale Anerkennung, musste hierfür jedoch den Preis der zumindest formalen Anerkennung international verbindlicher Bürger- und Menschenrechte und der Beobachtung durch die Weltöffentlichkeit, vor allem die westdeutschen Medien, zahlen. Als Konsequenz modifizierte die SED-Führung ihr totalitäres Sicherheitssystem. An die Stelle ebenso offener wie willkürlicher Repression trat nun die bis zu ihrem Ende flächendeckend ausgebaute Überwachung und präventive Unterdrückung potenziell oppositionellen Verhaltens. Parallel hierzu verstärkte die SED ihre Bemühungen, die Bevölkerung mit dem Ausbau der Sozialpolitik an sich zu binden. Durch die Dualität von Versorgung und Überwachung sollte der SED-Staat stabilisiert werden. […]
In den 1980er-Jahren entwickelte sich wieder stärker ein informelles Eigenleben weiter Bevölkerungskreise, das mit den ideologischen Vorgaben und strukturellen Bedingungen der „offiziellen“ Lebenswelt kaum korrespondierte und diese insoweit auch nicht positiv beeinflussen konnte. Das produktive Potenzial verpuffte in individuellen Überlebens- und Ausweichstrategien. […]
Die durch die veränderten internationalen Rahmenbedingungen erzwungene Lockerung des totalitären Systems legte gleichzeitig seine zentrale Schwäche offen: die bei der Mehrheit der Bevölkerung misslungene Kolonisierung der Köpfe. In dem Maße, wie die sozialen und materiellen Ansprüche der Bevölkerung und gleichzeitig die Kosten für den gigantischen Macht- und Sicherheitsapparat stiegen, zeigten sich die Grenzen einer zentralistischen Planwirtschaft, die soziale und kulturelle Innovationskräfte blockierte. Die daraus resultierende Schwäche der DDR-Wirtschaft führte in den Siebziger- und Achtzigerjahren zu einer weiteren Vergrößerung des Wohlstandsgefälles gegenüber

der Bundesrepublik und zu einer drastischen Zunahme der Verschuldung im westlichen Ausland. Mitte der 1980er-Jahre war der vollständige Bankrott des sowjetischen Imperiums absehbar. Es hatte seine ideologischen und wirtschaftlichen Ressourcen erschöpft und begann, im Zentrum wie an den Rändern zu erodieren. [...]

Die SED widersetzte sich von Beginn an konsequent den sowjetischen Aufforderungen zur Reform und propagierte statt dessen einen „Sozialismus in den Farben der DDR". Doch dieser hatte weder eine soziale noch eine politische Basis, sodass der SED-Staat in ein unauflösbares Dilemma stürzte. Öffnete er das totalitäre System für Reformen, waren die Folgen nicht kalkulierbar und seine Zukunft ungewiss; sperrte er sich – wie geschehen – gegen jede Öffnung, erzeugte er bis weit in seine Anhängerschaft hinein Resignation und Missmut. Honecker wusste sehr wohl, dass die offizielle Gewährung öffentlicher Räume Platz zur Artikulation sozialer und politischer Interessen böte, die außerhalb der Kontrolle von Partei und Sicherheitsapparat stünden. Die sich daraus ergebenden Entwicklungen könnten das Regime in den Grundfesten erschüttern. Er sollte recht behalten und doch aufgrund seiner Halsstarrigkeit stürzen. Seine Nachfolger waren indes schlichtweg überfordert und wurden vom weiteren Gang der Geschichte überrollt.

In dem Augenblick, als eine neue SED-Führung die öffentliche Artikulation regimekritischer Meinungen zuließ und die sowjetische Führungsmacht auf eine bewaffnete Intervention zur Aufrechterhaltung der Diktatur verzichtete, war es um den SED-Staat geschehen. Seine Machtpotenziale – Gewaltapparat, ökonomische Verfügungs- und ideologische Interpretationsmacht sowie die Loyalität der sozialistischen Dienstklasse – waren erschöpft, sodass das geöffnete Ventil die im Verborgenen gewachsenen Kräfte freisetzte. Diese zielten erst auf den Sturz der totalitären Diktatur und sodann auf die schnelle Wiedervereinigung. Die in den Achtzigerjahren entstandenen Oppositionsgruppen präferierten im Sommer/Herbst des Jahres 1989, als sich die innenpolitische Situation in der DDR durch die Flucht zehntausender Menschen über Ungarn und die Tschechoslowakei zuspitzte, eine Reform des DDR-Sozialismus. Ab Ende November 1989 wurde jedoch deutlich, dass breite Schichten der Bevölkerung eine schnelle Wiedervereinigung favorisierten und sich auf keine sozialistischen Experimente mehr einlassen wollten.

Das Streben nach Demokratisierung des sozialistischen Systems wurde damit abgelöst von dem Ruf nach nationaler Einheit. Diese wurde durch demokratische Wahlen in der DDR legitimiert und anschließend weitgehend nach Maßgabe der westdeutschen Regierung vollzogen. Die von der Bürgerbewegung erstrebte friedliche Revolution, die zum Sturz von Erich Honecker und Egon Krenz sowie zu den ersten freien Wahlen seit 1946 führte, endete damit – gegen den Willen der meisten „friedlichen Revolutionäre" – in der unverzüglichen Wiederherstellung des deutschen Nationalstaates auf der Grundlage des liberalen Rechtsstaats und des westlichen Gesellschaftssystems.

Die hiermit einhergehende teilweise Selbstbefreiung der Bevölkerung korrespondierte mit der erzwungenen Selbstaufgabe der Machtelite, die sich ihrer Befehlsgewalt nicht mehr gewiss sein konnte. [...] Die SED-Führung gab ihren totalitären Anspruch freilich erst in dem Moment auf, als das Schicksal ihres Staates schon besiegelt war. [...]

Der Untergang des SED-Staates und des gesamten sowjetischen Imperiums hat die entscheidende Grenze totalitärer Regime bloßgelegt: den Wunsch der Menschen nach Freiheit und Wohlstand, der allenfalls kurzfristig durch das Versprechen auf eine neue, bessere Zukunftsgesellschaft verdrängt werden konnte. Das totalitäre System gründete [...] letztlich auf Zwang und Gewalt und stürzte, als es auf die Gewaltanwendung verzichtete.

Die Kennzeichnung des SED-Staates als totalitäre [...] Gesellschaft erklärt den Zusammenbruch der DDR aus dem unaufhebbaren Widerspruch zwischen dem totalitären Gestaltungs- und Machtwillen der SED-Führung und den unzureichenden Entwicklungspotenzialen einer hiervon gefesselten und blockierten Industriegesellschaft. Ohne Berücksichtigung dieser ideologisch begründeten totalitären Herrschaftsform kann weder die trotz wiederholter Versuche erwiesene Reformunfähigkeit der Wirtschaft noch die Passivität und Gleichgültigkeit weiter Bevölkerungskreise verstanden werden. Die Geschichte hat damit Ende der Achtzigerjahre „bewiesen", was verschiedene Totalitarismustheoretiker schon vorher mutmaßten: die Reformunfähigkeit eines totalitären Regimes, das seine Herrschaft nur durch Gewalt und/oder Expansion sichern konnte. [...]

(Klaus Schroeder, Der SED-Staat, München (Propyläen) 2000, S. 646 ff.)

M 4 Charles S. Maier

Charles S. Maier, Professor für Geschichte an der Harvard-Universität in den USA.

[...] Manche Beobachter aus der Bundesrepublik behaupteten, es habe gar keine Revolution stattge-

funden. Die DDR sei, so argumentierten sie, in der Folge ihrer innenpolitischen Schwierigkeiten kollabiert, habe an „Systemversagen" gelitten oder sei daran „implodiert" – ein in der Sicht dieser Kommentatoren tatsächlich unvermeidlicher Ausgang. Solche Urteile haben gelegentlich etwas Herablassendes. [...] Eine Volksbewegung steigerte sich zu einer Leidenschaft, zu einer Explosion der Massen, wie sie die Bundesrepublik bis dahin niemals erlebt hatte, mit Ausnahme vielleicht der Studentenunruhen Ende der Sechzigerjahre. [...]
Tatsächlich hat das Regime Symptome von „Systemversagen" gezeigt, doch schmälert dies die Bedeutung der Volksbewegung keineswegs. Jedes Regime, das einer Revolution unterliegt, durchläuft zuvor eine Phase des Drucks auf seine Institutionen, ja deren Zusammenbruch. Zu direkten Aktionen kommt es, wenn Finanzkrisen und administrative Verkrustung bereits eingesetzt haben. Selbst wenn gewalttätige Aktionen ausbleiben – auch das hat man gegen die Vorstellung angeführt, 1989 sei eine Revolution gewesen –, schmälert dies nicht die Authentizität eines revolutionären Aufstandes. Sterbende Regierungssysteme greifen oft nicht mehr zu gewaltsamer Unterdrückung. Die Mobilisierung des Volkes, nicht das Blutvergießen, ist das Kriterium. [...] In einem entscheidenden Moment in der Geschichte des kommunistischen Regimes spaltete sich die Führungselite und schreckte vor einer Eskalation der Gewalt zurück. Die Macht ging an die Straße über, wo sich Demonstranten in anhaltendem Protest versammelten. Wie in den seltenen revolutionären Augenblicken der deutschen Geschichte – März 1848 oder November 1919 – ging die Macht von der zur Masse gewordenen Öffentlichkeit aus, nicht mehr von der noch amtierenden Regierung. Dass der Sieg so rasch kam, sollte das Ergebnis nicht disqualifizieren.

(Charles S. Maier, Das Verschwinden der DDR und der Untergang des Kommunismus, Frankfurt a. M. (Fischer) 1999, S. 205 f.)

M 5 Claus Offe: Zusammenbruch

Claus Offe, Soziologe und Professor für Politikwissenschaft in Berlin.

[...] Der entscheidende Mangel des Systems war kein ökonomischer, sondern ein moralischer: Es war um seiner Stabilität willen darauf angewiesen, die eigene erwerbstätige Bevölkerung nicht nur physisch einzusperren, ihr also die Abwanderung [...] zu untersagen, sondern sie zusätzlich an der Wahrnehmung zentraler politischer Rechte wie Meinungs- und Medienfreiheit, Streikrecht und Wahlrecht [...] zu hindern. [...] Dieser inhärente Repressionsbedarf jedes realsozialistischen Wirtschaftssystems wurde im Falle der DDR noch erheblich durch den Umstand ihrer unmittelbaren Nachbarschaft zur Bundesrepublik Deutschland gesteigert. [...]
Welches waren die Gründe, die den Repressionsapparat der DDR im Herbst 1989 außer Funktion setzten? Sie waren sämtlich außenpolitischer Natur, d. h. sie hatten nichts zu tun mit einer liberalen Öffnung der Politik der DDR oder einem inneren Zerfall des Repressionsapparates. Unmittelbar ausschlaggebend war vielmehr die Unfähigkeit und Unwilligkeit der ungarischen Regierung, diejenigen DDR-Bürger, die (zunächst) als Urlauber in diesem Land weilten, an der Ausreise in die Bundesrepublik zu hindern. Ein zweiter Faktor war die klar voraussehbare Weigerung der von der Politik der *perestroika* erfassten Sowjetunion, eine Repressionspolitik, wie sie zuletzt 1968 im Namen der Breschnew-Doktrin gegen die tschechoslowakische Bevölkerung verübt worden war, durch „brüderliche Hilfe" militärisch oder auch nur politisch zu unterstützen. Die Undenkbarkeit einer solchen Gewalt-Eskalation war (außer in Rumänien) drittens durch das erschreckende und weltweit verurteilte Negativ-Vorbild des Massakers mitbedingt, das die chinesische Führung im Juni 1989 an der Demokratie-Bewegung in Peking verübt hatte. Eine solche Demokratie-Bewegung trat in der DDR erst zutage, als der Zusammenbruch der Repressionsfähigkeit des Regimes bereits in vollem Gange war und sich die Bürgerbewegung mithin relativ gefahrlos entfalten konnte. Nicht sie besiegte den Staatsapparat, sondern umgekehrt ermutigte die sichtbare Schwächung des Staatsapparates ihr Entstehen. [...] Nicht der demokratische Protest und das Verlangen des Volkes nach Freiheit und Demokratie besiegelten das Ende der DDR, sondern viertens der Wunsch nach wirtschaftlichem Wohlstand und, auf dessen Spuren, die massenhafte Abwanderung der Menschen durch die seit dem 9. November 1989 nicht mehr wirksamen Sperranlagen. [...] Nicht siegreicher *kollektiver* Kampf um eine neue politische Ordnung führte zum Ende des Staates der DDR, sondern die massenhafte und plötzlich nicht mehr aufhaltbare individuelle Abwanderung zerstörte seine *ökonomische* Basis. [...]

(Claus Offe, Wohlstand – Nation – Republik; in: Hans Joas/Martin Kohli (Hg.), Der Zusammenbruch der DDR, Frankfurt/M. (Suhrkamp) 1993, S. 290–294)

M 6 Ralf Dahrendorf: Revolution für alte Ideen

Ralf Dahrendorf, liberaler Politiker und Professor für Soziologie, zuletzt an der Universität Oxford in England.

[...] In ihrem Kern ist die europäische Revolution von 1989 die Absage an eine unerträgliche und, wie wir gesehen haben, unhaltbare Realität und damit zugleich die Bekräftigung alter Ideen. Die Demokratie ist schwerlich in Ostmitteleuropa im Jahre 1989 erfunden worden und das Gleiche gilt für den Pluralismus. [...]

Verdienen Revolutionen ihren Namen erst, wenn sie neue Ideen hervorbringen? Wie neu waren denn die Ideen der Französischen oder der Amerikanischen Revolution? Jungfräulich waren sie jedenfalls nicht: Man kann Ideen immer in die Geschichte zurückverfolgen; doch haben die beiden Revolutionen den schöpferischen modernen Konflikt in Gang gesetzt, der diejenigen, die mehr Anrechte wollen, mit denen konfrontiert, die ein größeres Angebot bevorzugen, Anwälte der Bürgerrechte und Anwälte des Wachstums, die zusammen und manchmal sogar gemeinsam zur Erweiterung der Lebenschancen aller beitragen. Bei der Revolution in Europa geht es in diesem Sinne nicht um eine neue Idee. Im Gegenteil [...]; unter allen erprobten und bewährten Ideen ist die wichtigste jene fundamentale Entdeckung der Modernität, die offene Gesellschaft. Menschen sind fehlbar und wir leben im Horizont der Ungewissheit. [...] Daher müssen wir versuchen, die Wahrheit zu finden, aber dafür Sorge tragen, dass, wenn wir uns irren oder andere meinen, dass wir irren, die Möglichkeit offenbleibt, es erneut zu versuchen. Es gibt keine größere Gefahr für die menschliche Freiheit als das Dogma, das Monopol einer Gruppe, einer Ideologie, eines Systems. Zugleich liegt die größte Aufgabe darin, dass wir unsere Angelegenheiten offenhalten für Wandel. [...]

(Ralf Dahrendorf, Betrachtungen über die Revolution in Europa, Stuttgart (DVA) 1990, S. 26f.)

M 7 Stefan Wolle

Stefan Wolle, Bürgerrechtler, Historiker, Mitarbeiter im Forschungsverbund „SED-Staat“ der Freien Universität Berlin.

[...] Die Revolution, die mit Kerzen vor den Kirchentüren begonnen hatte, endete mit dem Tanz auf dem Kudamm[1]. Innerhalb von fünf Wochen hatte sich ohne einen Schuss die Welt vollkommen geändert und die folgenden elf Monate bis zum Vollzug der deutschen Einheit waren, wenn auch nicht ohne Turbulenzen und Spannungen, nur noch der Vollzug dessen, was man ohnehin nicht länger aufhalten konnte.

Warum befiel in jener fröhlichen Nacht und in den Tagen danach so manchen DDR-Bürger ein Gefühl der Beklommenheit? [...] Welche Überlegungen führten zu der auf den ersten Blick widersinnigen Meinung, der Mauerfall sei „zu früh“ gekommen? Die sensationelle Meldung platzte mitten in eine Aufbruchstimmung hinein. Die Dämme brachen, ehe die Flut ihre ganze Gewalt erreicht hatte. Jetzt entstand im Zuge der zweifellos größten Volksbewegung des Wendeherbstes – der Pilgerfahrt in den Westen – eine neue Erfahrung von Entmündigung und Fremdbestimmung. [...] Es begannen der D-Mark-Rummel, der Ausverkauf des Ostens und die große Abwicklung, welche die Demokratiebewegung gleich miterfasste. Statt um den Freiheitsbaum tanzten die Menschen nun um das Goldene Kalb der Wohlstandsgesellschaft und vollzogen damit die unausweichliche Logik der bürgerlichen Revolution nach. Den inneren Konflikt zwischen der Diktatur der Tugend und der aufkeimenden Herrschaft des Eigennutzes, der Frankreich 1793/94 erschüttert hatte, trugen sie seit 1989 im Schnelldurchlauf aus. Das entsprach dem Lauf der Geschichte und war dennoch schmerzhaft. Intuitiv erahnten viele während des Mauerfalls diese Entwicklung. So beschränkte sich ihr erster Gedanke nicht auf überschäumende Freude, sondern schloss ein Gefühl des Abschieds von einer eben erst geborenen Hoffnung mit ein.

(Stefan Wolle, Die heile Welt der Diktatur, Bonn (bpb) 1999, S. 327)

[1] Kurfürstendamm, zentrale Einkaufsstraße in Westberlin

Üben – Vertiefen – Anwenden

Ein Volk – zwei Geschichten: Bundesrepublik Deutschland und DDR 1949–1989

Kernbegriffe:

- ★ Grundgesetz
- ★ Verfassung der DDR
- ★ Westintegration
- ★ Soziale Marktwirtschaft
- ★ „Wirtschaftswunder"
- ★ Planwirtschaft
- ★ Berliner Mauer
- ★ Neue Ostpolitik
- ★ Grundlagenvertrag
- ★ Außerparlamentarische Oppositio
- ★ Ministerium für Staatssicherheit (MfS) („Stasi")
- ★ Wende
- ★ SED-Staat
- ★ Montagsdemonstrationen
- ★ „Friedliche Revolution"

Info, S. 116–118

1. Arbeiten Sie die Besonderheiten der deutschen Geschichte zwischen 1949 und 1989 heraus und erläutern Sie die methodischen Probleme, die mit ihrer Aufarbeitung verbunden sind.

Info, S. 116–118

2. Stellen Sie dar, was unter „vorstaatlichen" (objektiven) und unter „staatsbildenden" (subjektiven) Kriterien des Nationenbegriffs verstanden wird, und erläutern Sie, warum die Frage nach der nationalen Einheit Deutschlands – je nach Wahl der Kriterien – unterschiedlich beantwortet werden kann.

Info, S. 118–120
Thema, S. 166ff.

3. Stellen Sie das Demokratieverständnis der Bundesrepublik Deutschland (Grundgesetz) und der Deutschen Demokratischen Republik (Verfassung) einander gegenüber. Arbeiten Sie heraus, inwiefern sich das jeweilige Demokratieverständnis im Aufbau des politischen Systems niederschlug.

Info, S. 121–122
u. 127–129

4. Erläutern Sie die Grundideen und die Funktionsweise der „Sozialen Marktwirtschaft" in der Bundesrepublik und der „Planwirtschaft" in der DDR. Untersuchen Sie die Leistungsfähigkeit beider Wirtschaftssysteme nach bestimmten Kriterien, wie z. B.: (a) Förderung von Produktivität und Wachstum, (b) Befriedigung von Konsumbedürfnissen, (c) Beschäftigung und Arbeitsplätze, (d) Gleichberechtigung der Geschlechter, (e) Umwelt- und Ressourcenverbrauch.

Info, S. 118–129

5. Stellen Sie die Grundlagen der beiden deutschen Staaten zusammenfassend dar. Untersuchen Sie erstens, inwieweit jeweils politische Ordnung, außenpolitische Orientierung und Wirtschaftssystem miteinander zusammenhängen bzw. auf ein bestimmtes Selbstbild (Geschichtsverständnis, Ideologie) zurückgeführt werden können. Vergleichen Sie dann zweitens die Grundlagen der beiden deutschen Staaten systematisch miteinander und halten Sie Gemeinsamkeiten und Unterschiede fest.

Info, S. 130–132

6. Nennen Sie die Kriterien, nach denen im Infotext verschiedene Phasen der Geschichte der Bundesrepublik unterschieden werden.

Info, S. 133–135

7. Manche Historiker bezeichnen die Jahre 1949 bis 1963 in der Bundesrepublik als „Ära Adenauer". Nennen Sie Argumente, die für bzw. die gegen diese Phasenbezeichnung sprechen.

Info, S. 133–136

8. Untersuchen Sie, welche Rahmenbedingungen zu Beginn der 1950er-Jahre das „Wirtschaftswunder" in der Bundesrepublik beförderten und welche Mitte der 1960er-Jahre zu seinem Ende führten. Erstellen Sie zwei Stichwortlisten.

Info, S. 137–140

9. Beschreiben Sie Trägergruppen, weltanschauliche Grundlagen, Ziele, Organisationsstruktur und Aktionsformen der „Außerparlamentarischen Opposition" (APO) in der Bundesrepublik. Diskutieren Sie – z. B. in Form einer Pro-Contra-Diskussion –, ob die APO eher eine Belastung oder ein Gewinn für die Demokratie in der Bundesrepublik war.

Info, S. 142 u. 157–160 Thema, S. 179 ff.

10. Stellen Sie die Argumente der Befürworter und der Gegner der „Neuen Ostpolitik" der sozial-liberalen Koalition (1969–1972) einander gegenüber. Nehmen Sie schriftlich aus Ihrer heutigen Sicht Stellung.

Info, S. 143–145

11. Benennen und erläutern Sie die politischen und wirtschaftlichen Herausforderungen, denen sich die Regierung Schmidt/Genscher in den Jahren 1974 bis 1982 gegenübersah.

Info, S. 145–146

12. Bedeutete der Regierungswechsel in der Bundesrepublik im Jahre 1982 eine „Wende"? Erörtern Sie diese Frage, indem Sie Kontinuitäten und Diskontinuitäten der Regierungspolitik nach 1982 aufzeigen.

Info, S. 147–148

13. Nennen Sie die Kriterien, nach denen im Infotext verschiedene Phasen der Geschichte der DDR unterschieden werden.

Info, S. 130–146

14. Erstellen Sie eine Zeitleiste der Geschichte der Bundesrepublik, in der sie wesentliche Eckdaten auflisten sowie verschiedene Phasen kennzeichnen und in ihren Charakteristika knapp erläutern.

Info, S. 148 f. u. 152–154

15. Stellen Sie wesentliche Wendepunkte der Wirtschaftspolitik der DDR am Beispiel der Kollektivierung der Landwirtschaft (1952/53), des „Neuen Ökonomischen Systems der Planung und Leitung" (1963) und der „Einheit von Wirtschafts- und Sozialpolitik" (1971) dar.

Info, S. 155 f.

16. Nehmen Sie Stellung zu der These, die Wirtschafts- und Konsumpolitik der SED habe maßgeblich zum Scheitern der DDR beigetragen.

Info, S. 149 f. Thema S. 169 ff.

17. Beschreiben Sie Ursachen, Verlauf und Folgen des Volksaufstandes vom 17. Juni 1953.

Info, S. 150 f. Thema S. 175 ff.

18. Nehmen Sie Stellung zu der These, der 13.8.1961 sei der „heimliche Gründungstag" der DDR gewesen.

Info, S. 126 Thema S. 191 ff.

19. Beschreiben Sie Aufbau und Überwachungsmethoden des Ministeriums für Staatssicherheit (MfS) („Stasi"); charakterisieren Sie die Bedeutung des MfS für das Staats- und Gesellschaftssystem der DDR und formulieren Sie in Ansätzen ein Werturteil aus heutiger Sicht.

Info, S. 116–165 sowie Info, S. 10 ff.

20. Untersuchen Sie den politischen Handlungsspielraum deutscher Politiker in beiden deutschen Staaten in verschiedenen Phasen der historischen Entwicklung (z. B: 1948/49, 1955, 1961/63, 1970, 1989) vor dem weltpolitischen Hintergrund des Ost-West-Konfliktes. Welche Einflüsse der internationalen Politik halten Sie für zwingend, wo ergaben sich Spielräume?

Info, S. 163 u. 150 f. sowie Info, S. 10 ff.

21. Stellen Sie die komplexen Zusammenhänge zwischen weltpolitischen Entwicklungen einerseits und innenpolitischen Entwicklungen in beiden deutschen Staaten andererseits anhand der Jahre 1961 bis 1963 dar.

Info, S. 157–160

22. Stellen Sie die Veränderungen des Begriffes „Nation" in den Verfassungen der DDR (1949, 1968 und 1974) dar und erörtern Sie, auf welche Ursachen diese Veränderungen zurückgeführt werden könnten. Vergleichen Sie anschließend mit dem Begriff „Nation" des Grundgesetzes.

Info, S. 116–165, bes. S. 157–160

23. Charakterisieren Sie verschiedene Phasen des Verhältnisses zwischen den beiden deutschen Staaten. Begründen Sie Ihre Phaseneinteilung.

Info, S. 160–162

24. Benennen Sie die Formen der Opposition in der DDR und listen Sie in einer Tabelle jeweils Motive, Ziele, Träger und Bedeutung auf.

Info, S. 162–165 25. Stellen Sie den Verlauf der „Friedlichen Revolution" in der DDR im Jahr 1989 in einer Zeitleiste dar. Arbeiten Sie das Wechselspiel von Oppositionsbewegung und Massenflucht bis zur Öffnung der Mauer heraus.

Info, S. 162–165 26. Manche Historiker bezeichnen den 9. Oktober 1989, andere den 9. November 1989 als „letzten Tag der DDR". Diskutieren Sie, welche Zuordnung Sie für richtiger halten.

Thema, S. 183 ff. 27. Vergleichen Sie die Lebensbedingungen von Frauen und Männern in beiden deutschen Staaten miteinander. Erläutern Sie, inwiefern diese Lebensbedingungen auf bewusste politische Entscheidungen zurückzuführen sind und inwieweit sie sich jeweils im Zeitverlauf veränderten.

Forum, S. 198 ff. 28. Erörtern Sie durch eine Abwägung von Für- und Wider-Argumenten, ob die DDR als „Unrechtsstaat" zu charakterisieren ist.

Info, S. 160–165
Forum, S. 203 ff. 29. Erläutern Sie, auf welche Faktoren das Ende der DDR in den Jahren 1989/90 zurückgeführt werden kann, und erörtern Sie, ob es sich eher um eine aktive Revolution oder um einen Zusammenbruch des Systems gehandelt hat.

Klausurtraining

Vergleichende Analyse zweier Historikertexte

1. Arbeiten Sie heraus, wie beide Autoren jeweils Eigenständigkeit und wechselseitige Beeinflussung in der Geschichte der beiden deutschen Staaten darstellen und gewichten.

2. Vergleichen Sie beide Positionen miteinander, indem Sie Gemeinsamkeiten und Unterschiede herausarbeiten.

3. Stellen Sie Inhalte, Motive und Folgen der „Neuen Ostpolitik" der sozial-liberalen Regierung Brandt/Scheel dar.

4. Erörtern Sie, inwieweit die These Benders (M 2), das „Wohlergehen des eigenen Staates" habe stets vor „dem Wunsch nach einer Vereinigung Deutschlands" rangiert (Z. 25 ff.), durch die Deutschlandpolitik der beiden deutschen Staaten in den Jahren 1970–1972 eher gestützt oder widerlegt wird.

M 1 Christoph Kleßmann

In der Diskussion um die Beurteilung des Verlaufs der deutschen Nachkriegsgeschichte vertritt der Historiker Christoph Kleßmann folgende Position:

Die deutsche Nachkriegsgeschichte, insbesondere die der DDR, lässt sich in drei unterschiedliche Bezüge einordnen: die Außensteuerung durch Besatzungsmächte und Alliierte, die von den politischen Kräften im Lande gewollte und zu verantwortende Entwicklung und die Konstellation der wechselseitigen Beeinflussung. Die wichtigsten Entwicklungsimpulse wurden seit 1945 und in anderer Form seit 1949 von außen, von den Alliierten vorgegeben und zeigten dann eine politische und ökonomische Eigendynamik, die relativ unabhängig von der Teilung und Zweistaatlichkeit war. Beide Staaten waren Mitglieder zweier unterschiedlicher Wertesysteme und gehorchten damit, unbeschadet von fortbestehenden oder sich herausbildenden Verflechtungen, unterschiedlichen und oft entgegengesetzten Imperativen. Daraus ergibt sich zwingend, dass es falsch wäre, eine durchgehend gemeinsame Periodisierung zu versuchen. Das Eigengewicht beider Staaten und Gesellschaften würde damit vernachlässigt.

Dennoch ist die DDR-Geschichte nur verständlich im Rahmen des ungeheuer starken Soges, den die ökonomisch mächtige und politisch attraktive Bundesrepublik in unmittelbarer Nachbarschaft ausübte. Umgekehrt wirkten aber sowohl die schiere Existenz eines kommunistischen Staates als auch zahllose politische Entscheidungen und Vorgänge in der DDR und nicht zuletzt das große Heer von Flüchtlingen aus dem „Arbeiter- und Bauern-Staat“ direkt wie indirekt auf die Bundesrepublik zurück, beeinflussten ihrerseits politische Entscheidungen, förderten oder behinderten die Durchsetzbarkeit politischer und gesellschaftlicher Konzepte und prägten das Profil der politischen Kultur der Bundesrepublik.

(Christoph Kleßmann, Verflechtung und Abgrenzung – Aspekte der geteilten und zusammengehörigen deutschen Nachkriegsgeschichte, Beilage zur Wochenzeitung „Das Parlament“, B29–30/93 v. 16.7.1993, S. 40)

M 2 Peter Bender

Die Gesamteinschätzung des Historikers Peter Bender fällt so aus:

Bundesrepublik und DDR blieben, solange sie bestanden, aufeinander bezogen. Gerade die Zeiten der schlimmsten Feindschaft ließen erkennen, dass hier eine Nation mit sich selbst kämpfte: So böse streitet man nur mit dem Bruder. Keiner konnte auch vom anderen absehen, selbst wenn er es wollte. Jeder baute seinen Staat und machte Politik nach eigenen Grundsätzen und Erfordernissen, aber meist auch mit einem Blick auf den Konkurrenzstaat. Keiner durfte sich eine Blöße geben, jeder wollte – möglichst überall – der Bessere sein.

Jeder wollte die Nazi-Hinterlassenschaft endgültig überwunden, die volle Souveränität wirklich erworben und für die deutsche Einheit allein gefochten haben; wenn vom Ungeist der Vergangenheit, von Satelliten und Spaltern die Rede war, dann war immer nur die Gegenseite gemeint. Beiden gerieten auch ihre Anstrengungen manchmal sehr ähnlich. Sie bekämpften die personelle Hitler-Erbschaft nicht nur, sondern söhnten sich auch mit ihr aus. Sie emanzipierten sich von ihren Führungsmächten zwar in unterschiedlichem Maß und nicht zur selben Zeit, aber in Prozessen, die bemerkenswert parallel verliefen.

Für Bonn und Ost-Berlin rangierten die Bewahrung und das Wohlergehen des eigenen Staates stets vor dem Wunsch nach einer Vereinigung Deutschlands. Beide redeten mehr von Einheit, als sie dafür taten, beide fanden sich schließlich mit der Teilung ab. Doch schon die Sprache zeigte, dass ein Rest geblieben war, ein wesentlicher Rest. Zuerst gab es in Bonn nur Wiedervereinigungspolitik, dann sprach man von Deutschlandpolitik, was mehr sein sollte als Politik mit der DDR. Und als die DDR nicht mehr nur als Feind erschien, kam eine Bezeichnung in Mode, die auch Politiker und Autoren in Ost-Berlin manchmal zögernd übernahmen: Nun gab es deutsch-deutsche Beziehungen. [...]

Dennoch lebten die Deutschen in zwei Welten, es brachte sie weit auseinander und trennte sie auch nach der staatlichen Vereinigung. Aber beide bekamen einen Sinn für Freiheit. Die Westdeutschen entwickelten ihn mit der Demokratie, die ihnen die Westmächte geschenkt hatten; die Ostdeutschen entwickelten ihn in der Auseinandersetzung mit der Diktatur, die ihnen die Sowjetunion verordnet hatte. [...]

(Peter Bender, Episode oder Epoche? Zur Geschichte des geteilten Deutschland, München 1996, S. 256-257)

Die deutsche Einheit: Aus der Vergangenheit in die Zukunft

9. November 1989: Die Mauer wird geöffnet. Tausende Menschen aus Ost und West feiern gemeinsam auf den Straßen oder bejubeln zu Hause an den Fernsehern die neue Freiheit.
Heute wissen wir: Das war das Ende der DDR und der Beginn der deutschen Einheit.
Damals war jedoch alles noch ungewiss:
Was würde aus der DDR werden?
Wie würden sich die Großmächte und die Nachbarstaaten verhalten?
Was würden die Deutschen aus ihrer neu gewonnenen Freiheit machen?
In diesem Kapitel erhalten Sie Antworten auf diese Fragen, jedoch nicht ohne zugleich den heutigen Stand der deutschen Einheit kritisch zu betrachten. Denn so einfach, wie auf dem Foto aus der DDR das D wurde, vollzog und vollzieht sich die Einheit Deutschlands eben nicht. So hat zu Beginn des 21. Jahrhunderts, nach über 20 Jahren einheitlicher deutscher Nationalität, die historische Trennung in West- und Ostdeutschland immer noch eine Bedeutung.

KGM
TJJ 3-94

Die deutsche Einheit – Eine beispiellose historische Entwicklung

1. Die Ausgangssituation

Lektüre-Tipp: Andreas Röder, Deutschland einig Vaterland – Die Geschichte der Wiedervereinigung, Bonn 2010

Die friedliche Revolution führte zu einem Zusammenbruch des DDR-Regimes, der die Bundesrepublik und auch die Weltöffentlichkeit im Wesentlichen unvorbereitet traf. Jedoch bedeutete die Wiedervereinigung der Menschen im November 1989 nicht gleichzeitig eine Einheit der Staaten. Denn nun stand – nach Jahrzehnten der Frontenbildung und des „Kalten Krieges" – das gesamte internationale Machtgefüge zur Disposition und es wurden die unterschiedlichsten Handlungsoptionen möglich. Jedoch standen mit Ausnahme der USA die anderen Siegermächte des Zweiten Weltkrieges den deutsch-deutschen Entwicklungen äußerst skeptisch gegenüber. Aber auch für die beiden deutsche Völker wurde, nach über vierzigjähriger Teilung, die viele, und insbesondere jüngere Generation, schon als Tatsache akzeptiert hatten, auf einmal fast alles denkbar und politisch verhandelbar. In welche Richtung sollte die Wende führen?
Zur Beantwortung dieser Frage konnte man sich nicht an der Geschichte orientieren, denn es gab keine direkt vergleichbaren Phänomene, die vorbildhaften Charakter hätten haben können. Zudem existierten ganz unterschiedliche Vorstellungen und Interessenslagen, wie der Grundstein für die weltpoltische Zukunft gelegt werden sollte.
Am 3. Oktober 1990 wurde das wahr, was sich zum Zeitpunkt des Mauerfalls noch niemand vorstellen konnte: Die DDR trat der Bundesrepublik bei.

Stationen der Wiedervereinigung vor dem Hintergrund der internationalen Politik

Jahr	Internationale Politik	BRD	DDR
1985	März: Michail Gorbatschow wird Generalsekretär der KPdSU; Beginn von Glasnost und Perestroika.		Erleichterungen im Transitverkehr nach Westberlin.
1989	Mai: Ende der Breschnew-Doktrin; Abbau der Grenzbefestigungen zwischen Ungarn und Österreich.	28.11.: Helmut Kohl legt den Zehn-Punkte-Plan vor.	Mai: Beginn der Massenflucht aus der DDR. 9.11.: Öffnung der Berliner Mauer. 13.11.: Hans Modrow wird neuer Ministerpräsident der DDR. 7.12.: Erstes Treffen des Runden Tisches.
1990	Februar: Konferenz von Ottawa; Beginn des 2+4-Prozesses. 10.2.: Zusage Gorbatschows, dass die SU die Entscheidung der Deutschen, in einem Staat zu leben, respektieren wird.	6.2.: Kohl bietet der DDR eine Währungs- und Wirtschaftsunion an.	15.1.: Stürmung der Zentrale des Staatssicherheitsdienstes; Akzentverschiebung der Demonstrationen: „Wir sind ein Volk". 18.3.: Erste freie Wahlen; Sieg der Allianz für Deutschland.
	15.7.: „Wunder vom Kaukasus". 12.9.: Unterzeichnung des 2+4-Vertrages; völkerrechtliches Ende des Zweiten Weltkrieges.	18.5.: Erster Staatsvertrag – Vertrag über die Schaffung einer Währungs-, Wirtschafts- und Sozialunion. 1.7.: Einführung der D-Mark. 20.9.: Einigungsvertrag. 3.10.: Beitritt der DDR zur BRD gemäß § 23 GG.	

Fragen und Optionen. Zwischen dem Fall der Mauer am 9. November 1989 und der Wiedervereinigung der beiden deutschen Staaten am 3. Oktober 1990 lagen nur 327 Tage. Der rasante Ablauf erscheint heute beinahe wie ein Automatismus, als habe sich das eine unausweichlich aus dem anderen ergeben. Tatsachlich existierte jedoch im

Hintergrund eine Vielzahl offener, z. T. sehr sensibler Fragen, die ganz unterschiedliche Problemlagen berührten. Als nur ein Beispiel sei die Frage, zu welchem Militärbündnis das wiedervereinigte Deutschland gehören soll, genannt. Der sowjetische Außenminister Eduard Schewardnadse behauptete sogar, man habe sich zeitweilig am Rande des dritten Weltkrieges bewegt. Denn vor dem Hintergrund der vielfältigen Optionen trafen die Menschen kontrovers diskutierte Entscheidungen. Es wurde „Geschichte geschrieben", die bis heute relevant ist und unser Leben nachhaltig bestimmt.
Nun stellt sich die Frage: Wurden die damaligen Handlungsoptionen sinnvoll genutzt? Denn dies ist noch heute bedeutsam für die Entwicklung des geeinten Deutschlands sowie für aktuelle und zukünftige Demokratisierungsprozesse und die politische Gestaltung des menschlichen Zusammenlebens, auch in Europa und in der Welt.

2. Der Wunsch nach Vereinigung: Deutschland – ein stabilisierendes Element in Europa oder erneute Gefahrenquelle?

Chancen und Risiken. Die „friedliche Revolution" in der DDR (1989) und der folgende Einigungsprozess mit der Bundesrepublik (1989/1990) bedeuteten mehr als das bloße Zusammenwachsen der beiden Staaten, denn sie hatten eine grundlegende Bedeutung für die Neugestaltung der Welt nach dem Ost-West-Konflikt. Auch darf nicht vergessen werden, dass es zu diesem Zeitpunkt noch keinen Friedensvertrag gab, der völkerrechtlich den Zweiten Weltkrieg beendet hätte. Die Deutschlandfrage war immer noch nicht endgültig geklärt. Ohne Rücksicht auf die Siegermächte war deshalb eine deutsche Wiedervereinigung undenkbar. Gerade hier ergab sich eine Fülle von Problemen. Vor diesem Hintergrund lautete die zentrale Frage: Welche Chancen und Risiken gingen mit der Wiedervereinigung Deutschlands in Korrelation mit der neuen Weltordnung einher?

Die Sowjetunion zwischen Reformwillen und Zerfall. Die Situation in der Sowjetunion war 1989/1990 ausgesprochen prekär. Mit seiner Reformpolitik – Glasnost und Perestroika (s. S. 27 f.) – hatte der Generalsekretär der KPdSU und spätere Präsident der Sowjetunion Michail Gorbatschow eine ungeahnte und in der Form auch nicht beabsichtigte Lawine losgetreten. Seine Reformpolitik entwickelte eine Eigendynamik, die letztendlich zum Zerfall der UdSSR führte. In Aserbaidschan kam es zu gewaltsamen Auseinandersetzungen und die baltischen Republiken Litauen, Estland und Lettland strebten immer vehementer nach Unabhängigkeit. Gerade hier drohten militärische Interventionen Moskaus, aber die Kommunistische Partei spaltete sich nicht nur in poltischen Fragen in Richtungskonflikten auf. Zudem war die wirtschaftliche Lage im Land katastrophal. In dieser Situation konnte es sich Gorbatschow nicht leisten, in der deutsch-deutschen Frage Zugeständnisse zu machen, denn dies hätte einen weiteren Macht- und Prestigeverlust bedeutet.

Ein „No-go" für die „eiserne Lady". Für die britische Premierministerin Margaret Thatcher waren die deutschen Wiedervereinigungsbestrebungen ein „No-go". Die Motive der „eisernen Lady" waren hierbei hauptsächlich sicherheitspolitischer Natur. Sie fürchtete, dass durch eine Wiedervereinigung Deutschlands die Balance auf dem europäischen Festland aus den Fugen geraten würde. Zudem hegte sie auch anti-deutsche Ressentiments gegen den „wurstessenden, fettleibigen, tumben Teutonen" (George A. Urban). Mit dieser Haltung stand sie in Großbritannien jedoch relativ isoliert da. Meinungsumfragen ergaben, dass die Briten die Wiedervereinigung begrüßten, und auch die Expertenkommission, die Thatcher Ende März 1990 zu diesem Thema einberief, sah den Entwicklungen gelassen entgegen.

„No-go": Unmöglichkeit, keine Zugeständnisse denkbar.

Karikatur aus dem „Daily Express“, Juli 1990. Links steht M. Thatcher, rechts als Maler ihr Wirtschaftsminister N. Ridley; der Pudel hat das Gesicht von F. Mitterrand.

Frankreich mit Blick auf ein geeintes Europa. Ähnlich wie in Großbritannien stand die französische Bevölkerung der deutschen Wiedervereinigung eher positiv gegenüber, während sich die politische Führungsschicht reserviert bis ablehnend verhielt. Der französische Staatpräsident François Mitterrand vereinigte beide Positionen in sich. Auf der einen Seite befürwortete er das Selbstbestimmungsrecht eines Volkes und sah in dem Wunsch nach Wiedervereinigung ein „berechtigtes Anliegen“, auf der anderen Seite sorgte er sich als Nationalist um die Sicherheit und die ökonomische Position Frankreichs in Europa. Für Mitterrand war die wirtschaftliche Stärke der Bundesrepublik ein Dorn im Auge, trotz aller in der Weltöffentlichkeit demonstrierten deutsch-französischen Freundschaft und Versöhnung – z. B. durch die symbolträchtige Geste in Verdun. Folgerichtig erklärte er Anfang Dezember 1989: „Wir müssen sicherstellen, dass sich der gesamteuropäische Prozess schneller entwickelt als die deutsche Frage und dass er die deutsche Entwicklung überholt. Wir müssen gesamteuropäische Strukturen bilden.“ Das zentrale Instrument dafür war die einheitliche Währung, mit der die Dominanz der D-Mark gebrochen werden sollte.

F. Mitterrand und H. Kohl gedenken in Verdun gemeinsam der Toten beider Weltkriege (22.9.1984).

Unterstützung durch die USA. Im Gegensatz zu den drei anderen Siegermächten unterstützen der amerikanische Präsident George Bush und sein Außenminister James Baker von Anfang an die Wiedervereinigung. Einen Tag nachdem Kohl sein 10-Punkte-Programm vorstellt hatte, bezog Baker hierzu Position in seinen „Vier Prinzipien", auf deren Grundlage die USA sich bereit erklärten, die deutsche Wiedervereinigung zu unterstützen: erstens die ergebnisoffene Verwirklichung des Prinzips der Selbstbestimmung, zweitens der Verlauf in einem schrittweisen, nicht überstürzten Prozess, drittens die Unverletzlichkeit der Grenzen in Europa und viertens die fortdauernde Zugehörigkeit eines vereinten Deutschland zur NATO und zur Europäischen Gemeinschaft.
Gerade der letzte Punkt stellte eine Maximalforderung dar, die die Sowjetunion angesichts der Krise in der UdSSR nicht akzeptieren konnte. Auf dem Gipfeltreffen von Malta zwischen Bush und Gorbatschow Anfang Dezember 1989 beharrte der sowjetische Präsident auf der Existenz zweiter deutscher Staaten.

George Bush (*1924), Präsident der USA 1989–1993

Die DDR – Aufgeben oder reformieren?

Mit den Reformversuchen Gorbatschows, der Öffnung der ungarischen Grenze, dem Abbau des Eisernen Vorhangs und der Erkenntnis, dass es mithilfe des Freiheitswillens nach Jahren der Stagnation und der Unterdrückung möglich geworden war, die Welt zu bewegen und die Mauer zum Einsturz zu bringen, gingen zunächst grenzenlose Hoffnungen der Menschen in der DDR einher.

Der Runde Tisch. Eine zentrale Bedeutung kam in dieser Phase dem Runden Tisch zu. Als improvisiertes Gremium außerhalb der Verfassungsstrukturen und ohne formelle konstitutionelle Einsetzung oder Legitimierung spiegelte er zugleich den Zerfall der staatlichen und politischen Strukturen in der DDR wider. In diesem von Kirchenvertretern moderierten Forum trafen sich Vertreter der „alten Eliten" und der bis dahin kriminalisierten Oppositionsgruppen.
Als Hauptaufgabe sah das Gremium die Vorbereitung von freien Wahlen, die Ausarbeitung einer demokratischen Verfassung sowie die Auflösung des Ministeriums für Staatssicherheit. Der Runde Tisch sah sich nicht in einer Regierungsfunktion, sondern als „Bestandteil der öffentlichen Kontrolle" in dieser Übergangszeit. Angesichts ihrer ungesicherten Legitimation war die Konkurrenz zwischen den Institutionen Runder Tisch, Regierung und Volkskammer vorprogrammiert.
Während Ministerpräsident Hans Modrow sich noch bemühte, die Fäden weiter in der Hand zu halten, und der Runde Tisch eine eigenständige DDR als Ziel vor Augen hatte, schufen die DDR-Bürger von diesen Bemühungen unbeeindruckt neue Tatsachen: 33 400 DDR-Bürger hatten 1989 ihr Land verlassen, im Januar und Februar 1990 folgten täglich weitere 2 000. Unter ihnen war ein hoher Anteil an jungen und meist

Runder Tisch: Bezeichnung für ein politisches Gremium, das aus mehreren gesellschaftlichen Gruppen zusammengesetzt und um den Ausgleich divergierender Interessenlagen bemüht ist. Geprägt wurde dieser Begriff in Polen in der Übergangszeit vom kommunistischen Regime zur demokratischen Republik 1989.

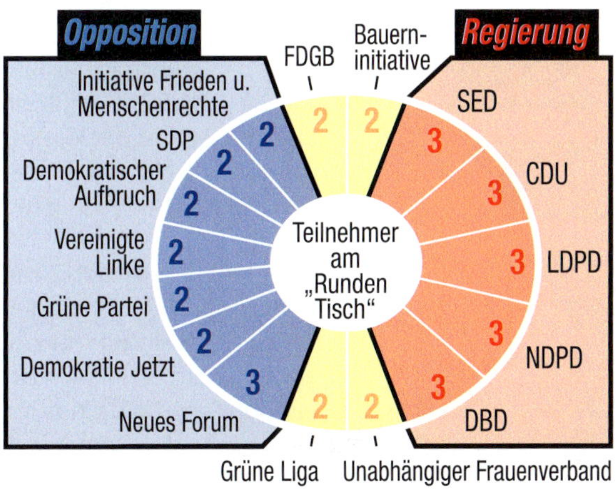

Transparent einer Kundgebung in Berlin am 9.12.1989

Lektüre-Tipp: Thomas Brussig, Wie es leuchtet, Frankfurt a. M. (Fischer) 2004

auch gut ausgebildeten Menschen. Sie sahen für sich in der DDR keine Zukunft mehr und verschlechterten somit die Chance des Staates, sich aus eigener Kraft zu retten, womit der Teufelskreis einer weiteren Abwanderung in Gang gesetzt wurde.
Dieser Exodus brachte nicht nur die ohnehin schon marode Wirtschaft ins Wanken, sondern beeinträchtige auch massiv alle anderen Bereiche des Lebens. Plötzlich fehlten überall Lehrer, Ärzte, Busfahrer usw. Der Druck auf die Regierung Modrow, aber auch auf die Bundesregierung wurde immer höher. Wollte man eine weitere Destabilisierung der DDR verhindern, dann musste man auf den Druck der Öffentlichkeit reagieren – und die wollte die Wiedervereinigung: „Wir sind ein Volk".

Die Bundesrepublik – die neue treibende Kraft der Wiedervereinigung

Das 10-Punkte-Programm von Helmut Kohl. Nach dem Mauerfall zögerte der Bundeskanzler zunächst noch, das Thema Wiedervereinigung öffentlich anzusprechen, zumal ihm die Skepsis im Ausland bekannt war. Vielmehr sprach er am 16. November 1989 im Bundestag noch davon, dass die Bundesregierung „jede Entscheidung, die die Menschen in der DDR in freier Selbstbestimmung treffen, selbstverständlich respektieren" werde. Die weiteren Entwicklungen in der DDR zeigten jedoch, dass die Bundesregierung nicht einfach abwarten konnte, sondern aus sachlicher Notwendigkeit heraus, aber auch aus innen- und machtpolitischem Kalkül die Wiedervereinigung gezielt angehen musste.
Als Helmut Kohl am 28. November 1989 an das Rednerpult des Bundestages trat, wusste nur eine Handvoll Eingeweihter, dass jetzt keine Stellungnahme zur laufenden Haushaltsdebatte folgen würde, sondern Kohls 10-Punkte-Programm. Selbst sein amtierender Außenminister Hans-Dietrich Genscher wusste nichts davon.
Zentrale Eckpunkte des Programms zur Überwindung der Teilung Deutschlands waren Sofortmaßnahmen zugunsten der DDR im humanitären Bereich, umfangreiche Wirtschaftshilfen und die Forderung nach einem grundlegenden Systemwandel. Im 10-Punkte-Programm wurde auch der internationale Rahmen berücksichtigt. Kohl forderte u. a. die Einbettung der deutschen Vereinigung in den internationalen Integrationsprozess, die Weiterentwicklung des KSZE-Prozesses (s. S. 22f.) und zügige Schritte zur Abrüstung und Rüstungskontrolle.

www.hdg.de/lemo
Hier ist der Text der KSZE-Schlussakte einsehbar.

Obwohl der Bundeskanzler in seinem Programm nichts Neues sagte und die heiklen Themen Bündniszugehörigkeit, Grenze zu Polen und zeitlicher Rahmen ausließ, war das Echo im In- wie Ausland gewaltig. Denn Kohl hatte das Tabu gebrochen, regierungsoffiziell über eine mögliche Wiedervereinigung zu sprechen. Damit hatte er das Thema unwiderruflich auf die politische Agenda gesetzt und er hatte die Meinungsführerschaft in der deutschen Frage übernommen. Kohl hatte die Stimmung der DDR-Bürger aufgegriffen, instrumentalisiert und kanalisiert; formell gab es das Plebiszit zur Wiedervereinigung erst mit dem Ergebnis der Volkskammerwahl vom 18. März 1990.

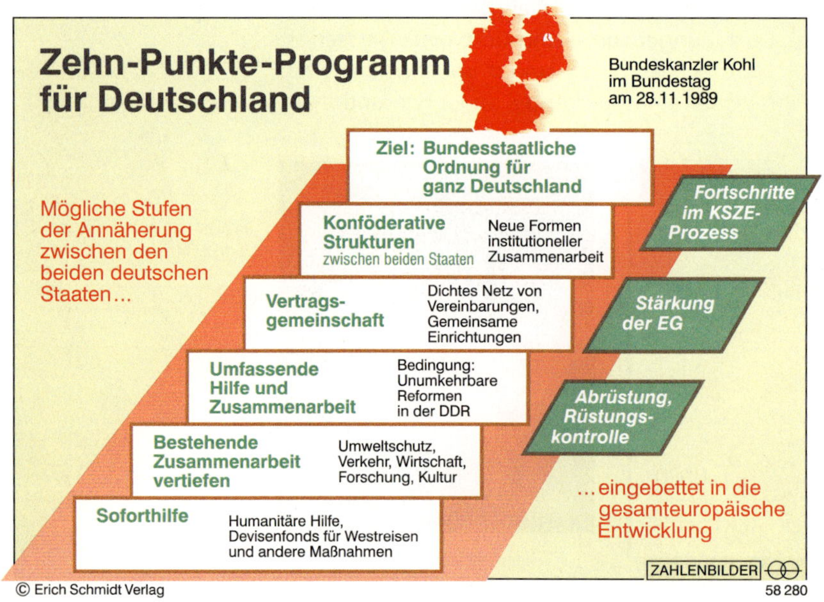

3. Von der Teilung zur Einheit

Beschwichtigung des Auslandes

Michail Gorbatschow empfängt im Februar 1990 Bundeskanzler Helmut Kohl im Moskauer Kreml.

Bevor eine Wiedervereinigung Realität werden konnte, musste Helmut Kohl die Siegermächte dafür gewinnen. Denn aufgrund der Vorbehaltsrechte vom 6.6.1946 und der Pariser Verträge zwischen der Bundesrepublik und den Westmächten vom 23.10.1954 hatten die Siegermächte „bei Deutschland als Ganzem einschließlich der Wiedervereinigung" ein entscheidendes Wort mitzureden. Kein leichtes Unterfangen, denn die Skepsis war groß (s. S. 215 f.). Helmut Kohl versuchte auf den unterschiedlichsten Ebenen, für diesen gewaltigen Schritt Wohlwollen zu erzeugen. Von großem Vorteil hierbei war, dass er zu Gorbatschow, Mitterrand sowie Bush persönliche, fast freundschaftliche Kontakte pflegte. Thatchers Antipathie für den Bundeskanzler beruhte auf Gegenseitigkeit.

Pragmatische Lebenshilfen für Moskau. Die Zeit drängte – nicht nur, weil die politische Lage für Michail Gorbatschow in der UdSSR immer dramatischer wurde. Sein Sturz wäre einem Ende des Wiedervereinigungsprozesses gleichgekommen. Kohl verglich die Situation mit der eines Bauern, „der vorsorglich, weil möglicherweise ein Gewitter droht, die Heuernte einbringen möchte." Und in der Sowjetunion drohte ein Gewitter. Gorbatschow gab seine Forderung nach Beibehaltung zweier deutscher Staaten bald auf. Schon im Januar 1990 erklärte er, dass „die Deutschen ihre Wahl selbst treffen müssen" und er ihre Entscheidung akzeptieren werde. Unnachgiebig zeigte er sich aber bei der Bündnisfrage. Ein geeintes Deutschland als Bündnispartner der NATO war für ihn indiskutabel. Es war eine Sensation, als Gorbatschow Ende Mai in Washington schließlich doch einlenkte. Auf die Frage von Bush, ob gemäß der KSZE-Schlussakte von Helsinki nicht alle Staaten das Recht hätten, ihren Bündnispartner frei zu wählen, folglich auch Deutschland, nickte der sowjetische Präsident.
Warum Gorbatschow letztendlich einlenkte, bleibt ungewiss. Wahrscheinlich erkannte er, dass die Entwicklung in Deutschland nicht aufzuhalten war, und versuchte nun, im wahrsten Sinne des Wortes „Kapital" daraus zu schlagen. Nach längerem Feilschen einigten sich Kohl und Gorbatschow auf 12 Milliarden DM, aufgeteilt auf vier Jahre, sowie einen zinslosen Kredit mit fünfjähriger Laufzeit über 3 Milliarden DM. Damit hatte Kohl mehr zugesagt, als das Finanzministerium als Grenze der deutschen Zahlungsfähigkeit beziffert hatte. Ein erster Vorgeschmack auf die Kosten der Wiedervereinigung.
Der amerikanische Präsident flankierte Kohls Bemühungen, indem er dem Osten Abrüstungsschritte anbot.

Die Lufthansa kommt … (Karikatur von 1990)

Verkaufte DM? Frankreichs größte Sorge war eine wirtschaftliche Übermacht Deutschlands in Europa und dass der Bundeskanzler nach der Wiedervereinigung sein Interesse an einer europäischen Währungs- und Wirtschaftsunion verlieren könnte. Folglich setzte Helmut Kohl hier den Hebel an. Er sicherte Frankreich zu, die Deutsche Mark zugunsten des Euro aufzugeben. Allerdings bestand schon vor dem Fall der Mauer die Bereitschaft der Bundesregierung, den europäischen Einigungsprozess zu fördern.

Zwei-plus-Vier-Verhandlungen. Eine zentrale Bedeutung kam der Frage zu, wer die abschließenden Verhandlungen über die deutsche Einheit führen sollte.
Darüber, dass daran die vier Siegermächte des Zweiten Weltkrieges beteiligt werden mussten, gab es keine nennenswerte Diskussion. Jedoch war es durchaus nicht unumstritten, wie die Rolle Ost- und Westdeutschlands in diesem Zusammenhang zu definieren war bzw. ob an der Regelung der deutschen Frage noch weitere Staaten beteiligt werden sollten. So wurde neben dem letztendlich durchgesetzten „Zwei-plus-Vier"-Konzept auch eine „Vier-plus-Null"-Lösung angedacht, also ohne deutsche Beteiligung; außerdem wurden ein „Zwei-plus-15"-Rahmen, der die Mitglieder der NATO einschloss, sowie ein Forum der 35 KSZE-Staaten diskutiert.
Am 13. Februar 1990 wurde in Ottawa (Kanada) am Rande einer Abrüstungskonferenz das Zwei-plus-Vier-Konzept beschlossen. Nach den ersten beiden Zwei-plus-Vier-Verhandlungen am 5. Mai 1990 in Bonn und 22. Juni 1990 in Berlin wurde am 17. Juni 1990 die Pariser Gesprächsrunde um polnische Vertreter erweitert. Auf der Tagesordnung stand nämlich die Festlegung der Verbindlichkeit der deutschen Staatsgrenzen, insbesondere der Oder-Neiße-Linie als der deutschen Ostgrenze. Damit entsprach man dem dringenden Bedürfnis der Polen nach Rechtssicherheit. Zwar bestand die Oder-Neiße-Linie seit der Potsdamer Konferenz, aber diese Grenzziehung wurde nie völkerrechtlich fixiert.

Karikatur von 1990

Aus juristischer Perspektive war die Abtrennung der ehemaligen deutschen Gebiete östlich der Oder-Neiße-Linie keineswegs besiegelt und somit auch revidierbar. Bis heute gibt es z. B. noch den MDR, den Mitteldeutschen Rundfunk, der seinen Sitz aber nicht mehr in „der Mitte" Deutschlands hat. Historisch-politisch sah dies aber ganz anders aus. Schon die neue Ostpolitik unter Willy Brandt hatte gezeigt, dass man sich von diesen Gebieten endgültig verabschiedet hatte; und Helmut Kohl versicherte am 8. November 1989: „Das Rad der Geschichte wird nicht zurückgedreht."

Der Abschluss der Gespräche erfolgte am 12. September 1990 in Moskau mit der Unterzeichnung des Zwei-plus-Vier-Vertrags.

Inhalt des Zwei-plus-Vier-Vertrages. Zentrale Aspekte des zehn Artikel umfassenden Vertrages waren:

- Festlegung der Grenzen des deutschen Staates (Art. 1)
- Definition der Höchststärke der deutschen Streitkräfte auf maximal 370 000 Soldaten (Art. 3)
- Regelung des Abzuges der sowjetischen Truppen aus dem Gebiet der DDR (Art. 4 und 5)
- Wiederherstellung der vollen Souveränität Deutschlands in Bezug auf seine inneren und äußeren Angelegenheiten (Art. 7)

Auf der Grundlage des Zwei-plus-Vier-Vertrages konnte die deutsche Wiedervereinigung vollzogen werden. Der Vertag wurde durch ein Dokument der vier alliierten Mächte vom 1. Oktober 1990 ergänzt, in dem sie mit dem 3. Oktober, dem Tag des Beitritts der fünf neuen Bundesländer zur Bundesrepublik, auf die Ausübung ihrer bisherigen Rechte in Deutschland verzichten. Des Weiteren folgten am 12. Oktober 1990 der deutsch-sowjetische Truppenabzugsvertrag und am 14. November 1990 der deutsch-polnische Grenzvertrag.

Gemessen an ihren angestrebten Zielen konnten fast alle Beteiligten zufrieden sein. Helmut Kohl und die USA, weil die Wiedervereinigung zu westlichen Maximalkonditionen erreicht wurde – einschließlich der Zugehörigkeit zur NATO. Die britische Regierung war in sicherheitspolitischer Hinsicht besänftigt, da die NATO nun gestärkt hervorging, und Frankreich konnte sich über den großen Fortschritt im europäischen Einigungsprozess freuen. Als Verlierer stand in gewisser Hinsicht Gorbatschow da. Er konnte seine Reformziele nicht durchsetzen und die Sowjetunion als Großmacht zerfiel.

Unterzeichnung des Zwei-plus-Vier-Vertrages (12.9.1990), v.l.: James A. Baker (USA), Douglas Hurd (Großbritannien), Eduard Schewardnadse (UdSSR), Roland Dumas (Frankreich), Lothar de Maizière (DDR), Hans-Dietrich Genscher (BRD)

Richtungsentscheidung – Volkskammerwahl am 18. März 1990

Die DDR-Bürgerinnen und -Bürger hatten sich im Prinzip bereits per Akklamation für die Wiedervereinigung mit der Bundesrepublik entschieden. Dennoch kam insbesondere aus dem linken politischen Spektrum dezidierte Kritik am diesem Zukunftsentwurf. Mitglieder der Bürgerrechtsbewegung warnten vor einem Ausverkauf materieller und moralischer Werte aufgrund von ökonomischen Zwängen sowie einer – auch wirtschaftlichen – Vereinnahmung der DDR. Demgegenüber forderten sie, auf der Eigenständigkeit zu bestehen. Ihr Ideal war eine solidarische und friedliche Gesellschaft mit sozialer Gerechtigkeit, Freiheit des Einzelnen, Freizügigkeit aller und der Bewahrung der Umwelt.

Lektüre-Tipp: Ed Stuhler, Die letzten Monate der DDR, Bundeszentrale für politische Bildung, Bonn 2010

Wahlplakat der Allianz für Deutschland, März 1990

Wahlplakat der SPD, März 1990

Wahlplakat der PDS, März 1990

Artikel 23 vs. Artikel 146 GG. Im Rahmen des Grundgesetzes waren zwei Möglichkeiten denkbar, wie die Zukunft der DDR aussehen könnte: Artikel 23 sah einen Beitritt zum Geltungsbereich des Grundgesetzes vor, indem das Grundgesetz auch in „anderenTeilen Deutschlands […] nach deren Beitritt in Kraft zu setzen" sei, während nach Artikel 146 das Grundgesetz an dem Tage seine Gültigkeit verliert, „an dem eine Verfassung in Kraft tritt, die von dem deutschen Volke in freier Entscheidung beschlossen worden ist."
Die Vorstellungen in der DDR polarisierten sich zunehmend: Während die Vertreter der Kirchen und der Bürgerrechtsbewegung von der Übergangsregierung eine neue Verfassung als Grundstein für eine politisch und gesellschaftlich grundlegend reformierte DDR forderten, sprach Modrow wiederholt von einer „sozialistischen Demokratie" und schien eine Reform des SED-Regimes mit Blickrichtung auf die Sowjetunion zu favorisieren, wenngleich seine eigentlichen Ziele im Dunkeln blieben.

Letztendlich gelang es der Übergangsregierung nicht, Vertrauen in eine angemessene eigenständige Zukunft zu vermitteln, zumal in der damaligen Situation die Zeit für weitreichende Reformen fehlte. Der Runde Tisch beschloss, die ersten freien Volkskammerwahlen vorzuziehen.

Erste freie und geheime Volkskammerwahl. Am 18. März 1990 hatten 12,2 Millionen Stimmberechtigte das Recht, aus 24 Parteien, Vereinigungen und politischen Bündnissen eine Regierung zu wählen. Unter ihnen auch die SED, die unter dem Namen „Partei des Demokratischen Sozialismus" (PDS) antrat.

Wahlkampf nach westlicher Manier. Während der Bürgerrechtsbewegung 1989 nur bescheidene Mittel zur Verfügung standen, um ihre Meinung und Forderungen zu verbreiten und Werbung für sich zu machen, konnten nun einige neue Ostparteien im Wahlkampf zur Volkskammerwahl auf die Unterstützung aus dem Westen bauen. Die Unionsparteien stellten 4,5 Millionen Mark der Allianz für Deutschland (bestehend aus DA, DSU und CDU) zur Verfügung, die SPD 1,5 Millionen Mark für die ostdeutsche SPD und auch die FDP unterstützte den Bund Freier Demokraten. Es kamen aus dem Westen nicht nur Geld, westliche Wahlkampfformen und Sprachmuster, sondern auch die westlichen Spitzenpolitiker – allen voran Helmut Kohl, der sich als „Kanzler der Einheit" feiern ließ. Die anderen politischen Gruppierungen wie das Neue Forum und Bündnis90/Die Grünen mussten ohne westliche Unterstützung auskommen. Die PDS konnte auf altes SED-Vermögen und die immer noch vorhandenen internen Strukturen zurückgreifen. Inwiefern diese ungleichen Startbedingungen das Wahlergebnis beeinflusst haben, ist ungewiss.

„Jedenfalls haben wir getan, was wir konnten …" (Karikatur vom 17.3.1990)

Ergebnis der Volkskammerwahlen. Das Votum der Menschen war jedoch eindeutig. Entgegen ursprünglicher Prognosen gewannen nicht die Sozialdemokraten, sondern bei einer Wahlbeteiligung von über 93 % gewann die Allianz für Deutschland, die mit einer schnellen Wiedervereinigung und „Wohlstand für alle" geworben hatte. Das Bündnis verfehlte mit 48 % nur knapp die absolute Mehrheit. Die in der ersten und letzten freien Volkskammerwahl entstandene demokratisch legitimierte Regierung war gewählt und damit auch die zukünftige Richtung Deutschlands entschieden. Nicht nur für die Bundesregierung, sondern auch für den Rest der Welt lag nun der Beweis vor, dass die Wiedervereinigung Volkes Wille ist.

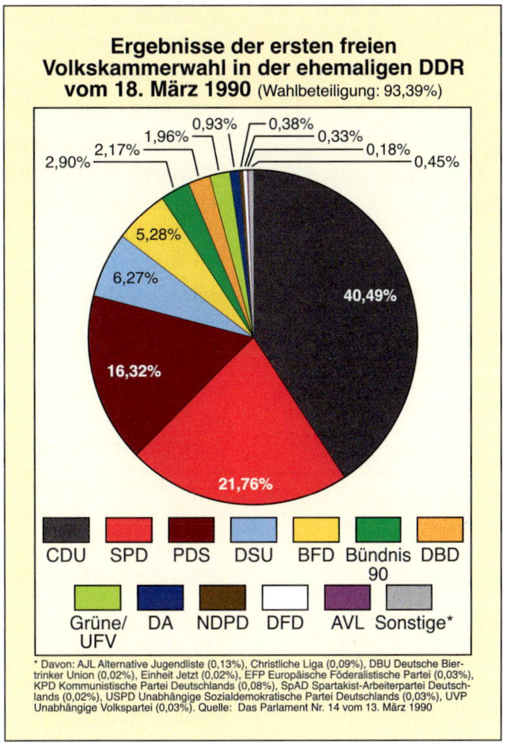

DSU: Deutsche Soziale Union
BFD: Bund Freier Demokraten
DBD: Demokratische Bauernpartei Deutschlands
DA: Demokratischer Aufbruch
NDPD: National-Demokratische Partei Deutschlands
DFD: Demokratischer Frauenbund Deutschlands
AVL: Aktionsbündnis Vereinigte Linke

Abschließende Schritte auf dem Weg zur staatlichen Einheit

Die Wahl einer demokratisch legitimierten Regierung war jedoch nur einer der ersten Schritte, um eine Stabilisierung der Situation in der DDR zu erreichen. Eine der wichtigsten Aufgaben lag darin, den Menschen in Ostdeutschland Perspektiven – insbesondere in ökonomischer Hinsicht – zu bieten. Des Weiteren machte die Übertragung des bundesrepublikanischen Systems auf die DDR es erforderlich, neben den höchst komplexen rechtlichen, politischen und wirtschaftlichen Fragen eine Fülle von Einzelfragen zu klären, angefangen bei der Post und dem Telekommunikationswesen über die zukünftige Gestaltung von Bildung, Wissenschaft und Kultur bis hin zum Aufbau der öffentlichen Verwaltung u. a. m.

Der Staatsvertrag. Die Regelung der innenpolitischen Aspekte der Einigung erfolgte in zwei weiteren Verträgen: Am 18. März 1990 unterzeichneten die Finanzminister der beiden deutschen Staaten den „Vertrag über die Schaffung einer Währungs-, Wirtschafts- und Sozialunion zwischen der Bundesrepublik Deutschland und der Deutschen Demokratischen Republik", den sogenannten Staatsvertrag (vgl. Thema, S. 234 ff.)

Währungs-, Wirtschafts- und Sozialunion. Die Währungs-, Wirtschafts- und Sozialunion trat am 1. Juli in Kraft. Für die DDR bedeutete sie die Einführung der sozialen Marktwirtschaft „als Grundlage für die weitere wirtschaftliche und gesellschaftliche Entwicklung mit sozialem Ausgleich und sozialer Absicherung und Verantwortung gegenüber der Umwelt" sowie die Übernahme großer Bereiche der Wirtschafts- und Rechtsordnung der Bundesrepublik.
Am 21. Juni stimmten der Bundestag und die Volkskammer der Ratifizierung des Staatsvertrages zu. Das Ost-Berliner Parlament hatte zuvor ein Verfassungsgrundsätzegesetz verabschiedet, mit dem es die bestehende Verfassung der DDR abschaff-

„Na bitte, das Gehäuse ist schon fertig!" (Karikatur vom Mai 1990)

te und eine Übertragung der wirtschafts- und währungspolitischen Hoheitsrechte auf die Bundesbank und den Bundesgesetzgeber ermöglichte.
Doch verfügte die Bundesrepublik über genügend Potenziale und Reserven, um u. a. eine Anpassung der Renten, die Modernisierung der maroden Infrastruktur und die Beseitigung der eklatanten Umweltschäden in Ostdeutschland zu leisten? Im Hinblick auf diese Frage waren die Positionen bezüglich der Einführung der Währungs-, Wirtschafts- und Sozialunion konträr. Ausgehend von einer positiv verlaufenden wirtschaftlichen Entwicklung in der Bundesrepublik, Investitionsversprechungen der deutschen Privatwirtschaft und einem erwarteten Wiedervereinigungsboom wollte der Kanzler Helmut Kohl den Wiederaufbau möglichst kurzfristig umsetzen. Demgegenüber fürchteten Wirtschaftsexperten, wie z. B. der Sachverständigenrat, die Wirtschafts- und Währungsunion wegen der generell problematischen ökonomischen Situation in der DDR.

Sachverständigenrat: Unabhängiges Gremium der wirtschaftswissenschaftlichen Politikberatung, per Gesetz 1963 eingerichtet. www.sachverständigenrat-wirtschaft.de

Im Mittelpunkt der Debatte stand die Einführung der DM als gesetzliches Zahlungsmittel in der DDR zum 1. Juli 1990. Äußerst umstritten war dabei, zu welchem Kurs dies geschehen konnte und sollte. Ökonomische Rationalität und politisch-gesellschaftliche Zumutbarkeit stießen aufeinander. Während auf dem freien Markt die DDR-Mark in Verhältnis zur D-Mark zu einem Kurs von 8:1 bis 9:1 gehandelt wurde, erwarteten die DDR-Bürger einen Umtausch im Verhältnis 1:1.

Wechselkurs: Vgl. hierzu die Erläuterung im Kasten auf S. 235.

Dilemma 1:1. Ein solcher Kurs war in Bezug auf die Guthaben und Verbindlichkeiten in mehrfacher Hinsicht problematisch. Die verschuldeten Betriebe wären in die Insolvenz getrieben worden, da sie die Zinsleistungen für die Schulden niemals hätten schultern können. Eine asymmetrische Umstellung zwischen Guthaben und Verbindlichkeiten hätte, weil den Guthaben keine Forderungen gegenübergestanden hätten, über kurz oder lang Ausgleichszahlungen aus Bundesmitteln erforderlich gemacht und letztendlich die Währungsstabilität gefährdet. Hätte man zudem das geschätzte Sparguthaben der DDR-Bürger von 190 Milliarden Mark im Verhältnis 1:1 umgetauscht, hätte eine Inflation gedroht. Denn die hohe Sparquote der DDR-Bürger resultierte aus der Mangelwirtschaft heraus, es fehlte der reale Gegenwert.
Noch eindringlicher zeigt sich das Dilemma bei den laufenden Zahlungen. Eine Umstellung im Verhältnis 1:1 und zusätzliche Lohnerhöhungen als Ausgleich für die steigenden Konsumgüterpreise und Sozialabgaben sowie die wegfallenden Subventionen auf Grundlebensmittel, Mieten und öffentliche Verkehrsmittel drohten ein Lohnniveau zu etablieren, das sich die häufig maroden ostdeutsche Betriebe nicht leisten konnten. Andererseits drohte ein zu geringes Lohnniveau gewaltige soziale Differenzen im vereinten Deutschland festzuschreiben. Eine weitere Abwanderung in den Westen wäre die Folge gewesen und die zukünftigen neuen Bundesländer wären jeglicher Zukunftschance beraubt gewesen.

Lektüre-Tipp: Dieter Großer, Das Wagnis der Währungs-, Wirtschafts- und Sozialunion (= Geschichte der deutschen Einheit, Bd. 2), Stuttgart 1998

Der Chef der deutschen Bundesbank, Karl-Otto Pöhl, warnte eindringlich vor einer Umstellung von 1:1. Aus wirtschaftlicher Sicht zu Recht, denn Dieter Großer schätzte, dass die Arbeitsproduktivität der ostdeutschen Betriebe bei lediglich 20–30 % liege. Dagegen gab der Arbeitsminister Norbert Blüm zu bedenken, „dass ein Umstellungssatz, der unter der Relation 1:1 liegt, zu tiefgreifenden sozialen Verwerfungen sowie zu destabilisierenden politischen Folgewirkungen führen wird."

Entscheidung zugunsten des gesellschaftlichen Friedens? Helmut Kohl kürzte die Experten-Debatte dadurch ab, dass er bei einer Wahlkampfkundgebung in Cottbus, fünf Tage vor der Wahl, den Menschen zusicherte, dass kleinere Sparguthaben zum Kurs von 1:1 umgetauscht würden. Er stellte damit die politische Funktion des Umtauschkurses vor die vorgetragenen ökonomischen Bedenken. So wurden Lohn- und Gehaltszahlungen, Renten, Stipendien, Mieten, Pachten, wiederkehrende Versorgungszahlungen sowie private Bank- und Sparguthaben bis zu bestimmten Höchstgrenzen (in der Regel 4 000 Mark) im Verhältnis 1:1 umgetauscht, andere Vermögenswerte, Forderungen und Verbindlichkeiten zumeist in einem Kurs von 2:1.

Somit ergab sich unterm Strich ein durchschnittlicher Umstellungskurs von 1,8:1,5 – die Mark der DDR wurde somit um das Zwei- bis Dreifache ihres marktüblichen Tauschwertes aufgewertet. Diese Umstellung gab der DDR-Wirtschaft den endgültigen Todesstoß, gesellschaftlich-politisch war er aber nicht zu vermeiden gewesen. Selbst dieser Kompromiss rief in Ostdeutschland erhebliche Proteste hervor. Und Karl-Otto Pöhl stellte aus Ärger über diesen Kompromiss sein Amt als Chef der Deutschen Bundesbank zur Verfügung.

„Was denn nun? Einpacken? Auspacken?" (Karikatur vom April 1990)

Zweiter Schritt zur staatlichen Einheit. Der zweite Schritt auf dem Weg zur staatlichen Einheit war der „Vertrag zwischen der Bundesrepublik Deutschland und der Deutschen Demokratischen Republik über die Herstellung der Einheit Deutschlands". Diesem stimmten der Deutsche Bundestag in Bonn und die DDR-Volkskammer in Berlin am 20. September 1990 zu. Damit übernahm die DDR im wiedervereinigten Deutschland bis auf wenige Ausnahmen das Rechtssystem und die Rechtsordnungen der BRD.

Insbesondere regelte der Einigungsvertrag die Eigentumsverhältnisse bei Immobilien. Alles Staatseigentum sowie alle Schulden und Verbindlichkeiten der DDR gingen auf die BRD über. Die bundesdeutschen Sozialsysteme übernahmen alle Bürgerinnen und Bürger der DDR in die Solidargemeinschaft. Nach der Ratifizierung war die staatliche Einheit am 3. Oktober 1990 vollendet: Die DDR trat nach Artikel 23 GG der Bundesrepublik Deutschland bei und der Tag wurde zum neuen Nationalfeiertag des wiedervereinigten Deutschlands bestimmt.

3. Oktober 1990: Feier der Wiedervereinigung vor dem Reichstag in Berlin

4. Das Zusammenwachsen der beiden Staaten: Verpasste Chance oder genutzte Gelegenheit?

Die rechtliche Vereinigung der beiden deutschen Staaten war bereits ein brisanter und nicht immer ganz unproblematischer Vorgang. Nun musste die vorerst nur auf dem Papier bestehende Einheit auch im Rahmen der Systeme, die sich über Jahrzehnte völlig unterschiedlich entwickelt hatten, umgesetzt werden. Dabei ergab sich eine Vielzahl von Entscheidungen, die sehr heterogen wahrgenommen und bewertet wurden und zudem höchst unterschiedliche Relevanz hatten.
Einige markante Transformationsprozesse sollen exemplarisch herausgegriffen werden, um einen Einblick in die Komplexität der Vereinigungsprozesse und die damit einhergehenden Problempotenziale zu vermitteln, sodass eine kritische Reflexion und Bewertung ermöglicht wird.

Die Treuhandanstalt – „Plattmacher" oder „Buhmann" der Nation?

Nach der Auflösung des sozialistischen Staates lautete eine zentrale Frage, was mit seiner ökonomischen „Hinterlassenschaft" geschehen solle. Dabei war im Osten wie auch im Westen unbestritten, dass das DDR-Volk einen Anspruch auf das im „Volksbesitz" befindliche Eigentum habe. Dieses Eigentum wurde zunächst in den Besitz der „Treuhandanstalt" überführt.

Aufgaben. Als Anstalt des öffentlichen Rechts wurde ihr die Aufgabe der Privatisierung, gegebenenfalls auch der Sanierung (mit dem Ziel der Privatisierung) oder aber der Stilllegung von fast 8000 Betrieben übertragen. Die Priorität lag eindeutig auf der Privatisierung. Hinzu kam die Aufgabe, die Strukturanpassung und Wettbewerbsfähigkeit der ostdeutschen Wirtschaft zu fördern.
An der Spitze der Treuhand stand der Westdeutsche Detlev Karsten Rohwedder; aufgrund seiner Laufbahn brachte er sowohl politische als auch wirtschaftliche Erfahrung mit.

Detlev Karsten Rohwedder (*16.10.1932 in Gotha).
1961: Promotion zum Dr. jur.
1969-78: Staatssekretär im Bundeswirtschaftsministerium.
Ab 1979: Vorsitzender im Hoesch-Konzern.
3.7.1990: Vorsitzender der Treuhandanstalt, ab 1.1.1991 ihr Präsident.
Nov. 1990: Zum zweiten Mal Auszeichnung als Manager des Jahres.
1.4.1991: Ermordung, am 10.4.1991 Staatstrauerakt in Berlin.

Probleme der Treuhand. Die Probleme der Treuhand begannen bereits mit der von der DDR-Bevölkerung forcierten Währungsumstellung 1:1, da die meisten DDR-Produkte nicht mehr wettbewerbsfähig waren. West- wie Ostdeutsche hatten kaum noch Interesse an ostdeutschen Produkten oder Leistungen. Gleichzeitig mussten die Betriebe die Löhne in „harter" Währung bezahlen. Viele Betriebe gingen bankrott. Zudem brachen die Absatzmärkte in Osteuropa zunehmend zusammen, da die neuen Bundesländer nicht mehr zum Rat für Gegenseitige Wirtschaftshilfe gehörten und somit die Waren für die Ostblockstaaten zu teuer wurden. Allein auf die Sowjetunion fiel zu DDR-Zeiten ein Drittel des Außenhandels und daran hingen fast eine Million Arbeitsplätze. Was für die DDR-Bürgerinnen und -Bürger privat von Vorteil war, erwies sich volkswirtschaftlich als Katastrophe.
Problematisch war nicht nur, dass weltweit niemand Erfahrung mit einer so radikalen und umfassenden Veränderung eines ökonomischen Systems wie der Umwandlung einer Plan- in eine Marktwirtschaft und der damit u. a. einhergehenden Eigentumsrechte hatte; es war zudem auch das größte Vermögen, das jemals aufgelöst wurde. Insgesamt übernahm die Treuhandanstalt 15 102 DDR-Unternehmen, rund 2,22 Millionen Hektar landwirtschaftlicher Nutzfläche, rund 2,07 Millionen Hektar Forstfläche und sie war verantwortlich für über 4 Millionen Beschäftigte.
Des Weiteren bestand neben zunächst ungelösten Rechts- und Eigentumsverhältnissen, die den Aufschwung hemmten, ein weiterer zentraler Problembereich in der Diskrepanz zwischen der erwarteten ökonomischen Grundlage und dem tatsächlichen Zustand der DDR-Wirtschaft, die sich als völlig marode erwies. Anfang 1990 wurden

lediglich 40% der DDR-Unternehmen als rentabel und 30% als sanierungsbedürftig eingestuft, der Rest galt als nicht sanierungsfähig. Selbst Vorzeigekombinate waren eher mit Industriemuseen vergleichbar und die Produktivitätsrate ähnelte der eines Dritte-Welt-Landes.
Mit der Währungs-, Wirtschafts- und Sozialunion verschärften sich für die wenigen noch rentablen Betriebe die Probleme bei der Wettbewerbsfähigkeit. Das Ausmaß des Desasters wurde jedoch erst nach und nach deutlich. So hatte Rohwedder noch im Herbst erwartet: „Der ganze Salat ist 600 Milliarden wert." Letzten Endes lag zwischen seiner legeren Schätzung und der Endabrechnung der Treuhand ein Minus von weit über 800 Milliarden Mark.
Das bedeutet aber nicht, dass alle Politiker und Manager ausgemachte „Dummköpfe" waren, denn im Vergleich zu den anderen Ländern des Ostblocks stand die DDR tatsächlich positiv da. Sie hatte den höchsten Lebensstandard unter den Ländern des Ostblocks, exportierte Waren auch in das kapitalistische Ausland und es herrschten – zumindest in Bezug auf Vollbeschäftigung und soziale Absicherung – beinahe „paradiesische" Zustände. Zudem lockte der potenzielle gigantische Markt in Osteuropa, der bisher ausschließlich von DDR-Kombinaten bedient worden war. Im Nachhinein wurde oft darauf verwiesen, dass alle einer großen „Propagandalüge" aufgesessen seien, nämlich der Legende von der DDR als zehntstärkster Industrienation der Welt.

Ergebnisse der Treuhandanstalt. Vor diesem Hintergrund fällt die Bilanz der Treuhandanstalt ambivalent aus: Sie hinterließ 204 Milliarden Mark Schulden, die vor allem aus Umweltsanierungen und Entschuldungen von Unternehmen resultierten. Bis zu ihrer Auflösung 1994 wurden von den insgesamt vier Millionen Arbeitsplätzen 2,5 Millionen gestrichen. Die Verkaufserlöse aus der Privatisierung des volkseigenen Vermögens kompensierten nicht die wirtschaftlichen Folgelasten der Wiedervereinigung im Osten. Ostdeutschland ist 20 Jahre nach der Einheit weitgehend deindustrialisiert.
Allerdings stellt sich die Frage, inwieweit die „Ergebnisse" der Treuhandanstalt überhaupt in ihrem Verantwortungsbereich zu suchen sind. Zunächst muss die Arbeit der Treuhandanstalt im historischen Kontext gesehen werden. Die ökonomischen Probleme begannen nicht mit ihrer Gründung, sondern lange zuvor. Mit dem Beginn der Währungsunion am 1. Juli 1990 war die Volkswirtschaft der DDR bereits bankrott. Darüber hinaus konnte die Treuhandanstalt nur in von außen festgesetzten Strukturen agieren: Den institutionellen Rahmen hatte der Gesetzgeber festgeschrieben, den ökonomischen die Währungsunion. Letztendlich konnten strategische Richtungsentscheidungen nicht mehr getroffen werden.
Doch welche Alternative hätte es gegeben? Die zentrale Kontroverse dreht sich um die Positionen „sanieren oder privatisieren" bzw. darum, in welcher Abfolge dies zu geschehen habe. So wäre es sicher sinnvoller gewesen, die Betriebe zunächst zu sanieren, um einen höheren Preis zu erzielen; jedoch fehlten dafür in dem erforderlichen Ausmaß die finanziellen Mittel. So musste vielmehr die Prämisse gelten: privatisieren oder liquidieren.

Ein Beispiel für geglückte Privatisierung: die Sektkellerei Rotkäppchen in Freyburg, Unstrut

Die Aufarbeitung der Vergangenheit

Berlin oder Bonn? Auch die Frage, wo künftig die Hauptstadt Deutschlands sein sollte, war eine der bedeutsamen politischen Kontroversen, die die Gemüter im Osten wie im Westen, aber auch im Ausland erhitzte. Die vehement geführte Debatte beinhaltete die verschiedensten Pro- und Kontra-Argumente, wobei insbesondere die jeweilige Symbolik der Städte von großer Bedeutung war: Bonn stand für eine bundesrepublikanische Fokussierung, Berlin eher für die Betonung des Gleichgewichts zwischen Ost- und Westdeutschland. Bonn wurde als Symbol des demokratischen Neubeginns und Föderalismus gesehen, Berlin als historische Hauptstadt Gesamtdeutschlands, die jedoch durch die Erinnerungen an Kaiserreich und Drittes Reich belastet war. Als weiterer relevanter Aspekt wurden immer wieder die Umzugskosten genannt, denen das Gebot der Glaubwürdigkeit und die potenzielle wirtschaftliche Sogwirkung Berlins entgegengehalten wurden. Zudem reichten die Argumente von einer ungünstigen Trennung des Amtssitzes des Bundespräsidenten (Berlin) vom Sitz der Regierung, des Parlaments und des Beamtenapparates (Bonn) bis hin zur Frage, ob über die Hauptstadtfrage nicht per Volksentscheid abgestimmt werden müsse. Letztendlich entschied sich der Bundestag am 20. Juni 1991 mit knapper Mehrheit für Berlin.

Karikatur von 1991

Die Stasi-Akten. Mehr noch als von den wirtschaftlichen Problemen waren (und sind bis heute) viele Menschen von den Ergebnissen der Aufarbeitung des Spitzel- und Repressionssystems der ehemaligen Staatssicherheit der DDR erschüttert. Im Laufe der Jahre waren über sechs Millionen personenbezogene Akten über Bürgerinnen und Bürger der DDR angelegt worden, die der Staatsführung – aus welchen Gründen auch immer – suspekt erschienen. Diese Akten enthielten jede Menge Informationen über Aktivitäten der Stasi, über Haltungen, Handlungen und intimste Lebensumstände von beobachteten Personen sowie natürlich auch die Namen von Agenten und Spitzeln. Sie dokumentierten in beispielloser Breite Opfer und Täter der Repression in der DDR. Wie sollte man nun mit diesen Akten umgehen? Diese Frage war höchst umstritten. Nicht wenige plädierten dafür, die Vergangenheit ruhen zu lassen und den Neuanfang nach der Revolution nicht mit einer umständlichen und schwierigen Aufarbeitung der Vergangenheit zu belasten. Schließlich setzte sich aber die Ansicht durch, dass ein wirklicher Neuanfang nur auf der Basis einer wahrhaftigen und schmerzlichen Auseinandersetzung mit der Vergangenheit erfolgen könne. Der Umgang mit den Stasi-Akten stand so im Zentrum des Weges der Ostdeutschen zur Bewältigung ihrer diktatorischen Vergangenheit.

Joachim Gauck in der nach ihm benannten Behörde zur Verwaltung der Stasi-Akten

In einer beispiellosen Aktion hatten Aktivisten der DDR-Opposition vom 4. Dezember 1989 bis zum 15. Januar 1990 die Zentrale der Staatssicherheit in Ost-Berlin besetzt und auf diese Weise die Vernichtung der Akten verhindert. Am 3. Oktober 1990 übernahm die sogenannte „Gauck-Behörde" – benannt nach ihrem Leiter, dem Bürgerrechtler und ehemaligen Volkskammerabgeordneten für das „Neue Forum", Joachim Gauck – die Verantwortung für die Aufbewahrung, Sicherung und Sichtung der ehemaligen Stasi-Akten.
Seither stehen diese Akten auf Antrag für zeitgeschichtliche Forschungen zur Verfügung. Und: Auf Antrag konnten (und können bis heute) ehemalige Bürgerinnen und Bürger der DDR Einsicht in Akten erhalten, die über sie angelegt worden waren.
Das Resultat erschütterte nicht nur viele Einzelpersonen, sondern die ostdeutsche Gesellschaft insgesamt: Viele mussten erkennen, dass sie von Nachbarn, Freunden oder sogar Familienmitgliedern im Auftrag der Stasi bespitzelt worden waren. Persönliche Bekannte oder Prominente, denen man vertraut hatte und die als unbescholten galten, wurden als Täter entlarvt. Im öffentlichen Leben und im ganz privaten Bereich mussten widersprüchliche und schmerzhafte Gefühle wie Wut, Enttäuschung, Scham, Hass und Reue sowie die daraus resultierenden Konflikte ausgetragen und bewältigt werden. Nicht selten endeten diese Auseinandersetzungen tragisch, wie im Falle des Historikers Karlheinz Schädlich, der seinen eigenen Bruder, den Schriftsteller Hans Joachim Schädlich, als IM „Schäfer" bespitzelt hatte und sich am 16. Dezember 2007 das Leben nahm.

Internet-Tipps:
www.bstu.bund.de
Homepage der bzw. des Bundesbeauftragten für die Unterlagen des Staatssicherheitsdienstes der ehemaligen Deutschen Demokratischen Republik: umfangreiche Informationen und Links zur Geschichte der DDR, zur Stasi und zum Umgang mit den Stasi-Akten nach dem Ende der DDR.
www.stasimuseum.de
Homepage des Berliner Stasi-Museums.
www.stiftung-aufarbeitung.de
Homepage der Bundesstiftung zur Aufarbeitung der SED-Diktatur.

Politbüro-Prozesse. Ein weiterer Bereich der juristischen Aufarbeitung der Vergangenheit, der im vereinten Deutschland „geregelt" werden musste, war die juristische Verfolgung früherer Funktionäre des Politbüros als oberstem Machtorgan der DDR. Ihnen wurde versuchter und mehrfacher Totschlag an DDR-Flüchtlingen vorgeworfen. Seit dem Mauerbau wurden an der innerdeutschen Grenze an die tausend Menschen erschossen, Dutzende kamen in den Minenfeldern um. Das Politbüro hatte nicht nur das Grenzregime installiert, sondern auch permanent fortgeschrieben, modifiziert und ideologisch untermauert. Als zentraler Strafbestand galt weniger, dass die Mitglieder des Politbüros nichts gegen die Todesschüsse an der innerdeutschen Mauer unternommen hatten, sondern vielmehr, dass sie für diese „tödliche Aufgabenstellung" aufgrund eines „ideologischen Schießbefehls" in der Verantwortung seien.
Vonseiten ehemaliger SED-Funktionäre und DDR-Sympathisanten wurde demgegenüber angeführt, die Prozesse seien eine politische und juristische Vergeltung gegenüber dem System der DDR. Es fielen Begriffe wie „Siegerjustiz", „konstruierte Schuldvorwürfe" und „Delegitimierung der DDR"; die Verteidiger forderten sofort die Einstellung des „rein politischen Verfahrens". Zudem wurde betont, es würden Tatbestände herausgegriffen, die Bestandteile eines politischen und militärischen Gesamtgeschehens seien. Die Problematik war darin zu sehen, dass weder das bundesdeutsche Recht noch die Richter darauf vorbereitet waren, die Folgen einer Diktatur und einer Revolution aufzuarbeiten. Die Verfahren zogen sich über Jahre hin. Die Schwierigkeit lag darin, dass die justizielle Aufarbeitung sich in der unüberwindlichen Asymmetrie zwischen dem Rechtsstaat, der das geltende Recht – sein eigenes ebenso wie das DDR-Recht zur Tatzeit – achtet und auch gegenüber seinen Feinden anwendet, und einer Diktatur, für die das Recht nur ein Instrument zu ihren Zwecken ist, bewegte. Bewusst wollte man kein Sonderrecht schaffen, wie es die Alliierten nach dem Zweiten Weltkrieg getan hatten.
Allerdings wollte man den „Grundgedanken der Gerechtigkeit und Menschlichkeit" achten, was insbesondere auf die Todesschüsse an der innerdeutschen Grenze zielte, und griff deshalb auf naturrechtliche Begründungen zurück. Von 3 000 Ermittlungsverfahren wurden schließlich nur 450 Fälle zur Anklage gebracht und nur wenige Haftstrafen ohne Bewährung wurden verhängt. Angesichts dieser moderaten Strafpraxis konnte von einer „Siegerjustiz" keine Rede sein.

Erich Mielke, ehemaliger Chef des MfS, vor Gericht

Mauerexperte: Egon Krenz – verurteilt wegen der Todesschüsse an der Mauer zu einer über sechsjährigen Haftstrafe. Urteil des Bundesgerichtshofs: Totschlag (Karikatur vom Januar 2000)

Erich Honecker entzog sich dem Ermittlungsverfahren wegen Machtmissbrauchs, Korruption und Anstiftung zum Totschlag wegen der Todesschüsse an der innerdeutschen Grenze durch Flucht in die Sowjetunion. Am 13. Januar 1993 wurde der Haftbefehl gegen ihn wegen Verhandlungsunfähigkeit aufgehoben. Er reiste noch am gleichen Tag nach Chile aus, wo er am 29. Mai 1994 starb.

Erich Mielke wurde 1993 nicht als Chef der Staatssicherheit, sondern wegen zweier Morde, die er im August 1931 begangen hatte, zu einer sechsjährigen Haftstrafe verurteilt. Bereits 1995 wurde er aufgrund seiner fortgeschrittenen Krankheit auf Bewährung wieder entlassen. Er starb am 21. Mai 2000. Der MfS-Apparat, das eigentliche Unterdrückungsorgan der SED, wurde juristisch kaum belangt. Egon Krenz wurde wegen vierfachen Totschlags zu sechseinhalb Jahren Haft verurteilt, von denen er knapp vier Jahre absaß. Günter Schabowski und Günther Kleiber erhielten wegen dreifachen Totschlags (Todesschüsse an der Grenze) in minderschweren Fällen jeweils eine Freiheitsstrafe von drei Jahren.

Filmtipps: Nach dem Ende der DDR entstand eine Reihe von Filmen, die die Geschichte der DDR aus verschiedenen Perspektiven thematisieren.
Leander Haußmann, **„Sonnenallee"**, 1999: Die Komödie beschreibt das Leben Ost-Berliner Jugendlicher in den 1970er-Jahren.
Wolfgang Becker, **„Good bye, Lenin!"**, 2003: Tragikomödie über eine Familie, die ihrer erkrankten Mutter das Ende der DDR zu verheimlichen versucht.
Florian Henckel von Donnersmarck, **„Das Leben der Anderen"**, 2006: Das Drama über die Stasi erhielt den Deutschen Filmpreis sowie den Oscar für den besten fremdsprachigen Film.

Geschichtsbilder. Mit dem formalen Ende der DDR am 3. Oktober 1990 begann die Erinnerung: an die DDR als Staat und politisches System, an den Alltag und die Lebensumstände. Von Anfang an war diese Erinnerung geprägt von der Perspektive, aus der sie erfolgte.

Manche – wie viele Bürgerinnen und Bürger der Bundesrepublik – hatten die DDR nur von außen erlebt, andere von innen. Unter den Bürgerinnen und Bürgern der DDR hatte es überzeugte Verfechter und Gegner des Systems gegeben, aber auch Mitläufer und Menschen, die sich arrangiert hatten. Nach der Einheit hatten manche in wirtschaftlicher Hinsicht profitiert, andere ihren Arbeitsplatz verloren. Manche Deutsche in Ost und West hatten das Gefühl, für die Einheit einen zu hohen Preis zahlen zu müssen; für andere standen die Vorteile, vor allem die politische Freiheit, im Vordergrund. Vor diesem Hintergrund ist es nicht erstaunlich, dass die Menschen sich auf sehr unterschiedliche Weise an die DDR erinnern und dass verschiedene Aspekte der vergangenen Wirklichkeit der DDR unterschiedlich akzentuiert werden. Solche Vorstellungen von der Vergangenheit nennen die Historiker „Geschichtsbilder".

Den Geschichtsbildern über die DDR ist in der Regel gemeinsam, dass die DDR als politische Diktatur mit einem hohen Maß an individueller Unfreiheit gesehen und die

sozialistische Planwirtschaft als mängelbehaftetes, ineffektives Wirtschaftssystem beurteilt wird.
Aber schon das Ausmaß der politischen Unterdrückung wird unterschiedlich beurteilt: Für manche handelte es sich um brutale Repression; andere – wie der westdeutsche Schriftsteller und entschiedene Gegner der DDR, Günter Grass – sprechen von einer „kommoden Diktatur", also einer Diktatur, in der man trotz aller Unfreiheit ganz gemütlich leben konnte.
Die Enttäuschung über die Probleme des Wiederaufbaus und die Erfahrung individueller Not in der Marktwirtschaft führten vielfach zu einer stärkeren Betonung oder Wertschätzung der ökonomischen Sicherheit in der DDR, in der es keine Arbeitslosigkeit gab. Und die kulturellen Umbrüche durch die neue Konsumgesellschaft riefen vielerorts wehmütige Erinnerungen an die typischen Symbole und Produkte des DDR-Alltags hervor, sodass manche Beobachter von einer regelrechten „Ostalgie" sprechen.
Die Geschichtsbilder über die DDR sind – wie gesagt – unterschiedlich. Für die Geschichtswissenschaft ist es eine schwierige Aufgabe, durch die Sammlung von Fakten, die Auswertung von Quellen, die kritische Betrachtung von Zusammenhängen oder Strukturen und vor allem durch die selbstkritische Reflexion der eigenen Perspektiven und Intentionen so etwas wie eine gesicherte Rekonstruktion der Vergangenheit zu leisten.

Die Einheit der Nation. „Nun wächst zusammen, was zusammengehört." Der berühmt gewordene Satz des ehemaligen Regierenden Bürgermeisters von Westberlin und Altbundeskanzlers Willy Brandt anlässlich des Falls der Mauer beschrieb treffend die Gefühle vieler Zeitgenossen. Wer den Satz genau ansieht, kann feststellen, dass Brandt keinen Zustand, sondern einen Anspruch und einen Prozess beschrieb: den Anspruch der Deutschen auf nationale Einheit und den Prozess, in dem dieser Anspruch Wirklichkeit werden würde.
War diese Wirklichkeit in den vorangegangenen Jahrzehnten der deutschen Teilung verloren gegangen? Historiker antworten unterschiedlich auf diese Frage (vgl. dazu S. 117).
Und heute? Der Wille zur Einheit ist weit verbreitet, das Verständnis für die ost- und westdeutschen Eigenheiten gewachsen, die Bereitschaft, sich zu engagieren, weit verbreitet. Dennoch haben die unterschiedlichen Lebensbedingungen in beiden deutschen Staaten ihre Spuren hinterlassen. Auch die Erfahrungen nach der staatlichen Einheit sind unterschiedlich und zum Teil noch immer so von Vorurteilen geprägt, dass von einer „Mauer in der Köpfen" die Rede ist.
Das subjektive Gefühl nationaler Zusammengehörigkeit wird zugleich auf ganz andere Weise relativiert: Die europäische Integration und die Globalisierung mindern die objektive und subjektive Bedeutung der Nationalstaaten und werfen neue Fragen auf: nach einer europäischen Identität und den Möglichkeiten und Grenzen einer Weltbürgergesellschaft.

Westdeutsche Karikatur von 1996

5. Deutschland in der Gegenwart: Aufgaben aus der Vergangenheit für die Zukunft

Lektüre-Tipp: Das Parlament, Themenausgabe (Nr. 36–37/2010), Bundeszentrale für politische Bildung Bonn

Einige der thematisierten Transformationsprozesse sind nun vollendet, andere hingegen dauern noch an.

- Die Verlegung des Regierungssitzes von Bonn nach Berlin ist mit der Aufnahme der Arbeit der Bundesregierung im Berliner Reichstag seit 1999 und der letzten Bonner Sitzung des Bundesrates im Jahr 2000 abgeschlossen.
- Der im Zwei-plus-Vier-Vertrag festgelegte Abzug der Sowjetarmee aus dem Gebiet der ehemaligen DDR und die im Rahmen der konventionellen Abrüstung in Europa vereinbarte Verringerung der Streitkräfte der Westalliierten sind erfolgt.
- Die Treuhandgesellschaft hörte am 30. Dezember 1994 auf zu existieren. Und auch die letzten der Anfang 1995 geschaffenen Treuhand-Nachfolgebehörden haben ihre Arbeit im Januar 2004 eingestellt. Der Umbau der DDR-Wirtschaft war nach 13 Jahren offiziell beendet.
- Führende Mitglieder des SED-Regimes und Handlanger des Systems sind im Rahmen der Politbüro- und Mauerschützen-Prozesse, die teilweise bis ins Jahr 2004 dauerten, angeklagt und die Urteile gesprochen worden.
- Die Stasi-Akten wurden gesichert, archiviert, aufgearbeitet und die 1989/90 von Stasi-Offizieren zerrissenen teilweise wieder zusammengesetzt.
- Die Deutschen haben gemeinsame Bundesregierungen gewählt und abgewählt, bei Olympischen Spielen Erfolge und Misserfolge gefeiert und betrauert, durch ihre Vertreter Verträge zur Europäischen Union unterzeichnet u. a. m.

Einige dieser Prozesse gehören somit beinah schon der Vergangenheit an, andere hingegen bestimmen mit zunehmender Relevanz die Gegenwart.

Ein zentraler Aspekt im Blick auf andauernde Prozesse ist in dem denkbar schlechten ökonomischen Start des vereinten Deutschlands zu sehen und den damit nach wie vor einhergehenden dramatischen Umbrüchen und Problemen im östlichen Teil Deutschlands. Eine erfolgreiche Entwicklung wurde teilweise durch die begleitenden politischen Entscheidungen behindert. Die von den Transferleistungen erwartete Initialzündung auf dem ostdeutschen Markt erfolgte nicht, das erhoffte zweite deutsche Wirtschaftswunder blieb aus. Eher verschärften sich die Probleme in manchen Bereichen noch, trotz der über eine Billion Euro, die bisher in den östlichen Teil Deutschlands geflossen sind.

(Karikatur von 1991)

So ging 15 Jahre nach der friedlichen Revolution in der DDR ein Teil der Menschen in Ostdeutschland montags wieder demonstrieren. Politiker, wie der damalige Bundeskanzler Helmut Kohl und sein Bundesminister des Innern Wolfgang Schäuble, räumen heute Fehler im Rahmen des Wiedervereinigungsprozesses ein, die sie zurückführen auf das ungeheure Ausmaß der Aufgabe und die Schwierigkeiten des Transformationsprozesses sowie auf die Dynamik der Ereignisse. Bis heute steht der Aufbau Ost im Zentrum der Politik.

Jedoch lassen sich auch positive Entwicklungen verzeichnen, wie die Verbesserung der Infrastruktur, die Etablierung neuer Verwaltungsstrukturen, die Fortschritte im Bereich der Umweltsanierung,

die Angleichung der Renten, die bei ostdeutschen Frauen aufgrund der höheren und längeren Erwerbstätigkeit sogar über dem Westniveau liegen, u. a. m.
Die Lösung der aufgezeigten Probleme, die sich momentan im Wesentlichen in Ostdeutschland manifestieren, sich aber zunehmend auf die gesamte Volkswirtschaft auswirken, wird die Zukunft des Landes und das Leben der Menschen maßgeblich mitbestimmen. Diese Aufgabe hat das deutsche Volk aufgrund der vorzeitigen Auflösung des 15. Bundestages bei der Bundestagswahl am 18. September 2005 zunächst in die Hände einer großen Koalition gelegt, nachdem Bundeskanzler Gerhard Schröder die Vertrauensfrage an das Parlament gerichtet hatte, das ihm das Vertrauen jedoch vorenthielt. Der damalige Bundespräsident Horst Köhler löste daraufhin am 21. Juli 2005 den Deutschen Bundestag auf und ordnete Neuwahlen an; das Bundesverfassungsgericht bestätigte deren Verfassungsmäßigkeit. Deutschland wird seitdem zum ersten Mal von einer Bundeskanzlerin und einer Ostdeutschen, vereint in der Person Angela Merkels, regiert. Seit der Bundestagswahl 2009 ist sie Chefin einer christlich-liberalen Koalition, durch die die große Koalition abgelöst wurde.

www.bmi.bund.de
Jahresbericht der Bundesregierung zum Stand der Wiedervereinigung, 2010

1:1? – Die Debatte um den Wechselkurs in der Währungsunion

Am 18. Mai 1990 unterzeichneten die Finanzminister der beiden deutschen Staaten den „Vertrag über die Schaffung einer Währungs-, Wirtschafts- und Sozialunion zwischen der Bundesrepublik Deutschland und der Deutschen Demokratischen Republik" – ein Meilenstein auf dem Weg zur deutschen Einheit.
Einig war man sich darin, dass die Lebens- und Rechtsverhältnisse in der DDR denen in der Bundesrepublik angepasst werden müssten. Hoch umstritten aber war der Wechselkurs, mit dem die DDR-Mark gegen die westdeutsche DM umgetauscht werden sollte.

- **Welche Argumente sprachen für, welche gegen einen Wechselkurs von 1:1?**

Stellen Sie auf einem Lernplakat die Argumente für und gegen einen Wechselkurs von 1:1 in zwei kommentierten Argumentlisten einander gegenüber.

Vorschlag, wie Sie mit einer Partnerin bzw. einem Partner oder in einem kleinen Arbeitsteam Ihre Argumentlisten zusammenstellen können:

1. Interpretieren Sie die zeitgenössischen Quellen M 1 – M 3 unter der Leitfrage und halten Sie Ihre Interpretationsergebnisse für jede Quelle unter folgenden Aspekten in knapper schriftlicher Form fest:
   a) Bestimmen Sie die äußeren formalen Merkmale der Quellen.
   b) Geben Sie den Inhalt der Quellen wieder, indem Sie die jeweils vertretene Position zusammenfassend beschreiben und die zur Begründung genannten Argumente auflisten.
   c) Erläutern und beurteilen Sie die jeweilige Position und die dafür vorgebrachten Argumente vor dem Hintergrund Ihrer Kenntnisse der historischen Situation im Mai 1990.
2. Formulieren Sie gemeinsam auf der Grundlage der Materialauswertung Ihre zusammenfassenden, kommentierten Argumentationslinien.
   Sprechen Sie Ihre Redeanteile für die Vorstellung und Erläuterung des Lernplakats untereinander ab.

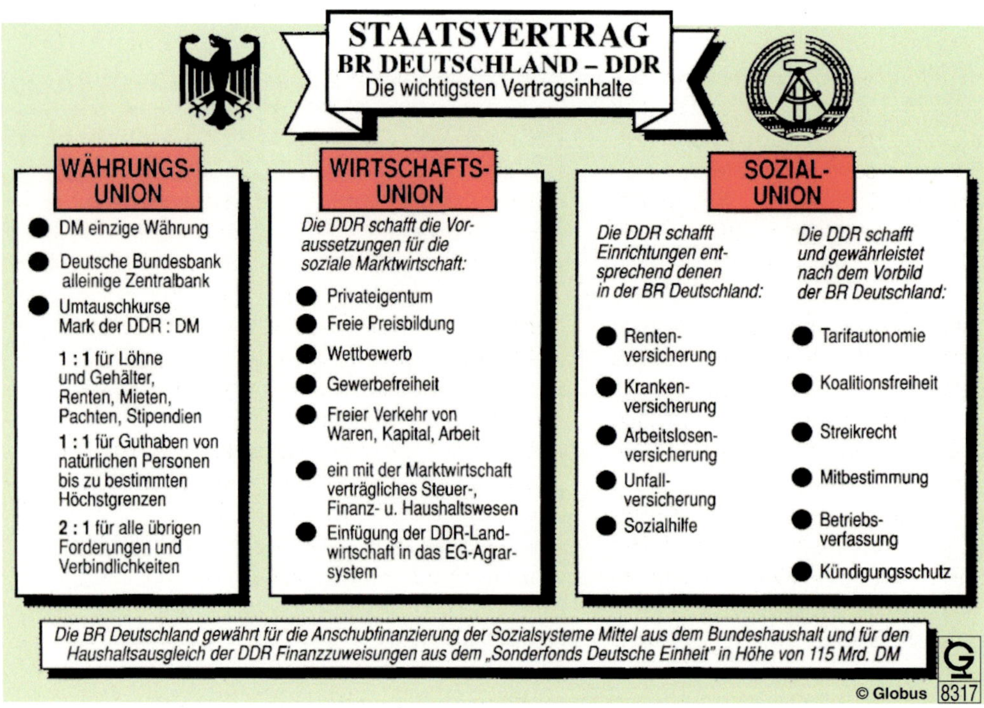

Wechselkurs
Unter einem Wechselkurs versteht man das Austauschverhältnis zwischen zwei Währungen. Bei der Bildung einer Währungsunion bestimmt der Wechselkurs, in welchem Verhältnis die vorhergehenden Währungen in die neue Währung getauscht werden.
Die Bedeutung des Wechselkurses verdeutlichen folgende Beispiele:
Bei einem Wechselkurs von 2:1 hätte ein DDR-Bürger für 100 gesparte DDR-Mark 50 DM erhalten, bei einem Kurs von 1:1 wären es 100 DM – die Kaufkraft seiner Ersparnisse wäre also höher.
Andererseits müsste ein Unternehmer seinen Arbeitskräften, die zuvor 100 DDR-Mark verdient haben, bei einem Kurs von 1:1 auch 100 DM zahlen; bei einem Wechselkurs von 2:1 wären es nur 50 DM – die Kosten für Unternehmen wären also bei einem Kurs von 1:1 höher, ihre Konkurrenzfähigkeit beeinträchtigt.

MATERIALIEN

M 1 Ingrid Matthäus-Maier/SPD (19.1.1990)

Die Bundestagsabgeordnete und finanzpolitische Sprecherin der SPD, Ingrid Matthäus-Maier:

Die deutsch-deutsche Politik steht unter Erfolgsdruck: Der anhaltende Übersiedlerstrom aus der DDR erschwert dort die Reformen und verschärft in der Bundesrepublik die Probleme auf dem Wohnungs- und Arbeitsmarkt sowie bei den sozialen Sicherungssystemen. Um den Exodus zu stoppen, muss den Menschen in der DDR rasch eine Zukunftsperspektive eröffnet werden, damit sie in ihrer Heimat bleiben.
Die bisher vorgeschlagenen Reformansätze zur notwendigen Sanierung der DDR-Wirtschaft werden aber mehr Zeit beanspruchen, als die Menschen in der DDR und die Regierungen in Bonn und Ost-Berlin haben. Hier könnte die Währungspolitik eine Lösung bieten. […]
Eine rasch wirksame Lösung wäre die Bildung eines deutsch-deutschen Währungsverbundes. […] Der steigende Wohlstand in der DDR würde viele DDR-Bürger veranlassen, in ihrer Heimat zu bleiben. Die Bundesrepublik würde die Kosten sparen, die durch die Zuwanderung der DDR-Bürger entstünden. […]
Eine Währungsunion mit der D-Mark wäre für die Bürger in der DDR ein einsichtiges und überzeugendes Signal für eine rasche wirtschaftliche Besserung, das sie zum Bleiben in ihrer Heimat veranlassen könnte.
Mit einer Währungsunion würde auf der für das konkrete Leben der Menschen entscheidenden Alltagsebene die deutsche Einheit sichtbar vorangebracht. […]
Wer es ernst meint mit der deutschen Einheit und den Menschen in der DDR eine überzeugende Perspektive geben will, muss sich für eine Lösung entscheiden, die ein harmonisches Zusammenwachsen der beiden deutschen Staaten ermöglicht.

(Zit. nach: Die Zeit, 19.1.1990, S. 23)

M 2 Brief des Sachverständigenrates an Bundeskanzler Helmut Kohl (9.2.1990)

Der Sachverständigenrat zur Begutachtung der gesamtwirtschaftlichen Entwicklung (umgangssprachlich: Die fünf Wirtschaftsweisen) begutachtet im Auftrag der Bundesregierung seit 1963 die wirtschaftliche Entwicklung in der Bundesrepublik. Am 9.2.1990 nahm der Sachverständigenrat zur Diskussion um die Währungsunion wie folgt Stellung:

Sehr verehrter Herr Bundeskanzler!
Mit Besorgnis verfolgt der Sachverständigenrat die jüngsten Überlegungen, die auf eine baldige Einführung einer Währungsunion mit der DDR hindrängen. […]
Wir halten die rasche Verwirklichung der Währungsunion für das falsche Mittel, um dem Strom von Übersiedlern Einhalt zu gebieten. […]
Es ist wohl unvermeidlich, dass die Einführung der D-Mark bei den Bürgern der DDR die Illusion erwecken muss, mit der Währungsunion sei auch der Anschluss an den Lebensstandard der Bundesrepublik hergestellt. Davon kann jedoch keine Rede sein; das Einkommen ist an die Produktivität gebunden, die bisher weit hinter der der Bundesrepublik zurückbleibt. […]
Die einheitliche Währung wird den Abstand der Einkommen schlagartig verdeutlichen, Forderungen nach einer Korrektur werden nicht auf sich warten lassen und schwerlich abzuweisen sein. […]
Der Druck auf die Bundesrepublik würde anwachsen, den Abstand der Einkommen (Löhne und Renten) durch einen „Finanzausgleich" zugunsten der DDR zu verringern. Riesige Belastungen kämen auf die öffentlichen Haushalte zu. Es wären nicht nur erhebliche Steuererhöhungen unvermeidlich; es würden vielmehr auch öffentliche Mittel in

Transfers für konsumtive Verwendungen gebunden, die bei der Finanzierung von Maßnahmen zur Verbesserung der Infrastruktur fehlen müssten. [...]

Es kann nicht ausbleiben, dass die Hoffnungen enttäuscht werden, die an die Währungsunion geknüpft werden – und die mit dieser auch bewusst gefördert werden sollen. Greift die Ernüchterung aber um sich, wird der Strom der Übersiedler erst recht anschwellen.

Mit einer raschen Währungsunion werden Anpassungsprozesse in Gang gesetzt, die die Produktion und die Beschäftigung in der DDR beeinträchtigen können. Das Produktangebot in der DDR entspricht hinsichtlich Quantität und Qualität vielfach nicht den Wünschen der Menschen. Die Konsumenten, die mit der D-Mark eine konvertible Währung erhalten, werden verstärkt Nachfrage nach Konsumgütern in der Bundesrepublik oder im westlichen Ausland ausüben. Es fließt Kaufkraft aus der DDR-Wirtschaft ab. Die Unternehmen der DDR werden schlagartig einer internationalen Konkurrenz ausgeliefert, der sie gegenwärtig nicht gewachsen sind. Die Erträge der DDR-Unternehmen schrumpfen. Da sie ihre Produkte noch schwerer veräußern können, werden Produktivität und Produktion der Unternehmen sinken. Dies bleibt nicht ohne Rückwirkung auf die Einkommen und die Beschäftigung, diese werden ebenfalls schrumpfen. Dem kurzfristigen Vorteil, dass die Menschen mit der Einführung der D-Mark in der DDR Zugang zu westlichen Märkten erhalten, wird alsbald der Rückschlag folgen, dass mit der tatsächlichen Verwendung dieser Einkommen für Käufe im Westen die eigene Einkommensbasis geschmälert wird. Abwanderungsbewegungen kommen wieder stärker in Gang. Diese Effekte wären nur zu vermeiden, wenn die Unternehmen der DDR bereits an Konkurrenzfähigkeit gewonnen hätten. [...]

Wir verkennen keineswegs die Bedeutung der Währungspolitik im wirtschaftlichen Integrationsprozess der beiden deutschen Staaten. [...] Die Maßnahmen der Währungspolitik müssen jedoch im Kontext mit der grundlegenden Reform des Wirtschaftssystems der DDR stehen. Ein Vorpreschen in der Währungspolitik halten wir für einen ungeeigneten Weg.

(Deutscher Bundestag, Drucksache 11/8472, Bonn 1990, S. 306ff.)

M 3 Regierungserklärung von Bundeskanzler Helmut Kohl (15.2.1990)

Das Angebot besteht [...] aus zwei Teilen. Erstens: Zu einem Stichtag wird die Mark der DDR als Währungsmittel und gesetzliches Zahlungsmittel durch die D-Mark ersetzt. Zweitens: Zeitgleich müssen von der DDR die notwendigen rechtlichen Voraussetzungen für die Einführung der Sozialen Marktwirtschaft geschaffen werden. Beide Elemente [...] stehen für die Bundesregierung in einem unauflösbaren Zusammenhang.

Ich füge hinzu: Politisch und ökonomisch bedeutet dieses Angebot der Bundesregierung, dass wir bereit sind, auf ungewöhnliche Ereignisse und Herausforderungen in der DDR unsererseits mit einer ungewöhnlichen Antwort zu reagieren. Ich sage dies auch im Blick auf den einen oder anderen, der – das ist aus seiner Sicht verständlich – vor allem die ökonomischen Faktoren sieht und dabei die politische Lage in unserem Land unzureichend berücksichtigt.

Über eines kann kein Zweifel bestehen: In einer politisch und wirtschaftlich normalen Situation wäre der Weg ein anderer gewesen, und zwar derjenige schrittweiser Reformen und Anpassungen – mit der gemeinsamen Währung erst zu einem späteren Zeitpunkt. Vor diesem Hintergrund [...] gibt es kritische Stimmen von Experten. Auch der Wirtschafts-Sachverständigenrat hat sich in dieser Weise geäußert. Wir nehmen die Argumente ernst. Und dennoch sage ich: Wir entscheiden uns für den eben skizzierten Weg.

Die krisenhafte Zuspitzung der Lage in der DDR macht mutige Antworten erforderlich. Politische und gesellschaftliche Umwälzungen haben zu einer dramatischen Verkürzung des Zeithorizonts geführt, sodass für – wie auch immer definierte und auch ökonomisch begründete – Stufenpläne aus meiner Sicht die Voraussetzungen entfallen sind. In einer solchen Situation geht es um mehr als um Ökonomie, so wichtig Ökonomie ist. Es geht jetzt darum, ein klares Signal der Hoffnung und der Ermutigung für die Menschen in der DDR zu setzen.

(Presse- und Informationsamt der Bundesregierung, Bulletin vom 16.2.1990)

Wie reagiert das Ausland? – Die außenpolitischen Voraussetzungen der deutschen Einheit

Im Jahr 1989 freute sich alle Welt über den Fall der Mauer und die Überwindung der SED-Diktatur. Die Entwicklung zur deutschen Einheit im Jahr 1990 weckte hingegen im Ausland sehr gemischte, widersprüchliche Gefühle.
Eine Vereinigung der beiden deutschen Staaten betraf nicht nur die Deutschen, sondern auch ihre Nachbarn. Denn sie veränderte die europäische Nachkriegsordnung grundlegend und betraf zudem die nach wie vor bestehenden Rechte der Siegermächte des Zweiten Weltkrieges in Bezug auf „Deutschland als Ganzes".

- **Welche Sorgen entstanden im Ausland angesichts der sich abzeichnenden Vereinigung der beiden deutschen Staaten?**
- **Welche außenpolitischen Hürden waren auf dem Weg zur Vereinigung der beiden deutschen Staaten zu überwinden?**
- **Aus welchen Gründen und unter welchen Bedingungen stimmten die Siegermächte der deutschen Einheit letztlich zu?**

Gestalten Sie auf einer Stellwand anhand der angebotenen Bild- und Textquellen eine kleine kommentierte Ausstellung zum Thema „Wie reagiert das Ausland?"

Anregungen und Hilfen, wie Sie die Ausstellung arbeitsteilig vorbereiten können:

1. Erarbeiten Sie Antworten auf die erste Leitfrage, indem Sie die Karikaturen M1 – M7 in arbeitsteiliger Gruppenarbeit interpretieren. Folgen Sie dabei den methodischen Hinweisen und Schritten der Methode „Karikaturen interpretieren" (s. S. 238).

2. Bereiten Sie die Präsentation Ihrer Interpretationsergebnisse für die Ausstellung vor, indem Sie die Karikaturen auf ein Plakat kopieren und Ihre Kommentare adressatengerecht formulieren und anordnen.

3. Interpretieren Sie den Zeitzeugenbericht des damaligen Außenministers Genscher (M8) unter der zweiten und dritten Leitfrage. Verschriftlichen Sie Ihre Arbeitsergebnisse in systematisch geordneter Form (z. B. Stichworttabelle).
   a) Bestimmen Sie die äußeren, formalen Merkmale der Quelle M8. Halten Sie fest, welche besonderen Möglichkeiten, aber auch Grenzen der historischen Erkenntnisgewinnung (Aussagekraft) diese Quelle bietet.
   b) Geben Sie den Inhalt der Quelle wieder, indem Sie die Darstellung der Haltung verschiedener Länder bzw. verantwortlicher Personen zur deutschen Einheit wiedergeben.
   c) Strukturieren Sie diese Quelleninhalte, indem Sie systematisch zwischen einerseits hemmenden Faktoren (Sorgen, Vorbehalte, Schwierigkeiten) und andererseits förderlichen Faktoren (Bedingungen der Zustimmung) unterscheiden.
   d) Beurteilen und bewerten Sie das Handeln der verantwortlichen Politiker aus Ihrer Sicht.

Methode

Karikaturen interpretieren

A. Karikaturen

Karikaturen sind eine besondere Form historischer Bildquellen. Ein Karikaturist will seinen Gegenstand nicht umfassend beschreiben, sondern eine Meinung pointiert zum Ausdruck bringen. Die Interpretation von Karikaturen ist deshalb besonders gut zur Erforschung zeitgenössischer Meinungen, Urteile und Bewertungen geeignet.

B. Schritte der Interpretation von Karikaturen

1. Schritt – Leitfrage(n) festlegen:

Legen Sie die Leitfrage(n) der Interpretation fest.
Welche Sorgen entstanden im Ausland angesichts der sich abzeichnenden Vereinigung der beiden deutschen Staaten?
Wie sind diese Sorgen aus heutiger Sicht zu beurteilen und zu bewerten?

2. Schritt – Analyse:

– Beschreibung und Klärung formaler äußerer Merkmale der Karikatur

- Autor, Entstehungsdatum und -ort, Publikationsorgan vorstellen.
- Anhand der äußeren Daten oder Beschriftungen das Thema der Karikatur benennen.
- Adressaten bestimmen.

– Beschreibung und Erläuterung der Karikatur

- Die Karikatur (Bildüberschrift, Bildaufbau, Bildelemente, Textelemente) in einer funktionalen Reihenfolge beschreiben.
- Die geschichtliche Situation und die historischen Zusammenhänge, auf die die Karikatur Bezug nimmt, erläutern.
- Die Bedeutung der verwendeten Bildsymbole entschlüsseln und erläutern.

3. Schritt – Interpretation:

– Die Botschaft der Karikatur herausarbeiten

- Position und Aussageabsicht der Karikatur herausarbeiten.

– Die (mögliche) Wirkung der Karikatur bei den Zeitgenossen aufzeigen

- Die Überzeugungskraft der gewählten Darstellungsmittel einschätzen.
- Die Darstellungsmittel und Aussagen der Karikatur auf typisch zeitgenössische Zusammenhänge beziehen.

– Die sachliche Angemessenheit der Karikatur beurteilen

- Sind historische Sachverhalten angemessen/einseitig/verfälschend/verzerrt/dargestellt?
- Trifft die Karikatur Aspekte der Realität oder gibt sie sie bewusst falsch wieder?

– Die Aussage der Karikatur bewerten

- Ist die Aussage aus zeitgenössischer Perspektive nachvollziehbar?
- Ist die Aussage auch aus heutiger Sicht nachvollziehbar/überzeugend/interessant?
- Liegt der Karikatur eine akzeptable Werthaltung zugrunde?

– Zusammenfassendes Resumee

- Die Ergebnisse der Interpretation mit Blick auf die Leitfrage(n) zusammenfassen.

MATERIALIEN

Zeitgenössische Karikaturen

M 1 Polen

Jacek Sasin, ohne Titel (Polityka, 13.4.1991)

M 2 USA

Christopher Vorlet: „1989–1938“ (New York Times, 17.11.1989)

M 3 Israel

Ya'cov Farkas, ohne Titel (Ha'aretz, 13.11.1989)

M 4 Großbritannien

Bill Caldwell: „March of the Fourth Reich“ (Daily Star, 26.2.1990)

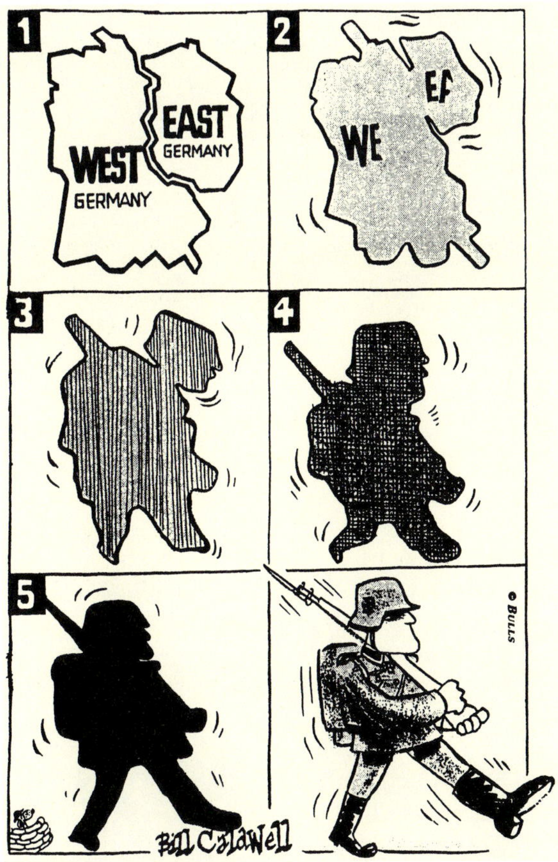

M 5 Großbritannien

Peter Brookes: „One Fatherland" (The Spectator, 24.2.1990)

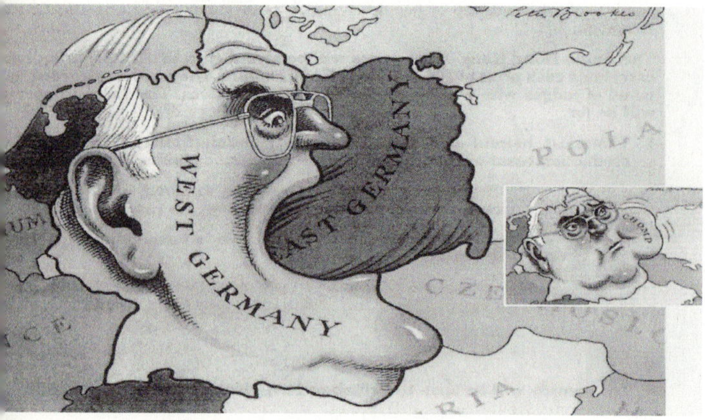

M 6 Frankreich

Jean Plantureux: „Ich habe Hunger für zwei!" (Le Monde, 16.11.1989)

M 7 USA

Jim Borgman: „So wissen wir wenigstens immer, wo sie sind." (The Cincinnati Enquirer, 1990)

Ein Zeitzeugenbericht

M 8 Hans-Dietrich Genscher (12.9.2000)

Hans-Dietrich Genscher (geb. 1927), FDP, war als damaliger Außenminister der Bundesrepublik Deutschland unmittelbar an den Verhandlungen mit den Siegermächten über die deutsche Einheit beteiligt. Im Rückblick berichtete er am 12.9.2000 in einem Radio-Interview über deren Verlauf:

Frage: Wenn Sie sich an all die Bedenken erinnern, Herr Genscher, an die Ängste, die einem größeren Deutschland vonseiten der Sowjets, aber genauso vonseiten der Verbündeten Frankreich und Großbritannien entgegengebracht wurden, wie hat es dann schließlich doch zu diesem für Deutschland so großzügigen Vertrag kommen können? Lag das nur an den Amerikanern?

Genscher: Man darf vielleicht nicht verallgemeinern. Die Amerikaner haben ganz eindeutig die deutsche Einheit von Anfang an unterstützt. Das war besonders wertvoll für uns. Aber auch Präsident Mitterand[1] hat keinen Zweifel daran gelassen und mir das am 29. November 1989 schon gesagt, dass er die Einheit Deutschlands für eine historische Notwendigkeit hielte. Ihm ging es darum, dass dieses vereinte Deutschland den europäischen Weg fortsetzt, der von der Bundesrepublik Deutschland beschritten war. Das war für uns ja kein Problem. Das war das Ziel der Bundesregierung und aller demokratischen Parteien im Deutschen Bundestag. Distanziert zur Vereinigung stand in der Tat die britische Premierministerin, wobei ganz deutlich wurde, dass das nicht eine in Großbritannien allgemein geteilte Meinung war. […]

Der „2+4-Vertrag"
Die „2+4-Verhandlungen" begannen im Mai 1990 unter Beteiligung der beiden deutschen Staaten und der vier Siegermächte des Zweiten Weltkrieges (USA, UdSSR, Frankreich und Großbritannien). Zeitweilig wurde auch die Regierung Polens hinzugezogen.
Die wichtigste Hürde – die Zustimmung der Sowjetunion – konnte während eines Staatsbesuches des westdeutschen Bundeskanzlers Helmut Kohl im Kaukasus im Juli 1990 überwunden werden.
Der „2+4-Vertrag" wurde am 12. September 1990 in Moskau unterzeichnet. Er entließ Deutschland in die volle Souveränität und machte den Weg frei für den Einigungsvertrag zwischen den beiden deutschen Staaten.

Was die Sowjetunion angeht, so steht heute fest, dass für Gorbatschow und Schewardnadse[2] die ganz eindeutige Haltung der Deutschen in der DDR, die ja sowohl in den Demonstrationen, aber dann auch in der ersten freien Wahl am 18. März 1990 zum Ausdruck kam, bestimmend war. Man wollte sich nicht wie früher einer Freiheitsentwicklung entgegenstellen, sondern dem Willen des Volkes Rechnung tragen.

Damit kommen wir zum Kern der Lösung der deutschen Frage. Vollendet worden ist die deutsche Einheit am Ende durch die ganz klare Willensäußerung und die Freiheitsrevolution der Deutschen, aber das machte natürlich die Verhandlungen über diesen Vertrag [nicht überflüssig].

In der Sache waren das komplizierte Verhandlungen. Es musste ja geklärt werden einmal das Recht Deutschlands, in der NATO zu bleiben. Da konnten wir uns auf die Schlussakte von Helsinki berufen, wo ein solches Recht der freien Bündniswahl verankert war. Es war klar, dass es eine eindeutige Festlegung der deutschen Ostgrenze geben musste. Da wurde nichts aufgegeben, denn Hitler hatte die deutschen Ostgebiete durch seinen verbrecherischen Krieg verspielt. Aber dennoch bedurfte es hier eines Vertrages und der moralischen Grundlage des vereinten Landes entsprach es, dass wir unseren Verzicht auf Massenvernichtungswaffen noch einmal bekräftigten.

Frage: Herr Genscher, Sie haben das eingangs ein bisschen zur Seite gewischt. 1990 blickte man immerhin auf 41 friedfertige Jahre Bonner Republik zurück. Auch wenn Sie sagten, es waren differenzierte Meinungen bei unseren Verbündeten, es gab schon ziemlich viel Misstrauen, was Deutschland entgegenschlug [...]. Hat Sie das persönlich enttäuscht?

Genscher: Nein. [...] Alle diese Bedenken konnten überwunden werden, weil am Ende ja etwas ganz Wichtiges geschah, nämlich dass es eine Freiheitsrevolution gab, nicht nur in der DDR, sondern in Polen, in der Tschechoslowakei, in Ungarn, im ganzen sowjetischen Machtbereich. Die wurde nicht mehr niedergewalzt wie früher. An dieser Freiheitsrevolution, die ja eine europäische war, waren die Deutschen beteiligt.

Vielleicht ist noch nicht voll überall erkannt worden, was es für das ganze Deutschland bedeutete, dass Deutsche an dieser Freiheitsrevolution beteiligt waren. Das ist das sehr kostbare Geschenk, das die Deutschen aus der damaligen DDR mit ins vereinte Land brachten, nämlich selbst und friedlich errungene Freiheit. Das wurde hoch anerkannt und ich denke, dass heute jeder weiß: Was damals geschah, war der richtige Weg [...].

Frage: Wenn man heute Gorbatschow und Schewardnadse vor zehn Jahren betrachtet, dann wächst die Achtung vor dem damaligen Verhalten. Sie sagten, die beiden sind eingegangen auf den Willen der Bevölkerung im damaligen Ostblock. Woher kam dieser Mut? Können Sie das rückblickend kurz für uns zusammenfassen?

Genscher: Das war wirklich neues Denken. Sie hatten erkannt, dass die alte Politik der Sowjetunion das eigene Land nicht weiterführte, sondern lähmte und dass die Ost-West-Konfrontation auf Dauer die Kräfte der Menschen in die falsche Richtung lenkt. Das war eine wirklich zutiefst verantwortungsvolle und auch moralische Entscheidung.

(Deutschlandfunk, „Informationen am Morgen", 12.9.2000, 7.15 Uhr; zit. nach: Zeit-Archiv)

---

1 François Mitterrand: französischer Präsident (1981 – 1995)

2 Eduard Schewardnadse: Außenminister der Sowjetunion (1985 – 1990)

Außenministertreffen am 5.5.1990 (v.l.n.r.): James Baker (USA), Eduard Schewardnadse (UdSSR), Hans-Dietrich Genscher (BRD), Roland Dumas (F), Markus Meckel (DDR), Douglas Hurt (GB)

„Jetzt wächst zusammen, was zusammengehört"? – Deutsche Befindlichkeiten nach der Vereinigung der beiden deutschen Staaten

„Jetzt wächst zusammen, was zusammengehört" – der berühmt gewordene Ausspruch von Williy Brandt, dem ehemaligen Bürgermeister von West-Berlin und ehemaligen Bundeskanzler, vom 10.11.1989 sagte in der Freude über die Öffnung der Mauer eine Aufgabe voraus, die uns noch heute beschäftigt.

- **Wie empfinden Deutsche nach 1990 das Verhältnis der Deutschen zwischen Ost und West?**

„Karika-Tour" – Deutsche Befindlichkeiten:
Gestalten Sie anhand ausgewählter Karikaturbeispiele eine Stafettenpräsentation, in der Sie zeitgenössische Meinungen, Urteile und Bewertungen zur Problematik „Deutsche Einheit" sowie die Darstellung des Themas im Spiegel der Karikatur vorstellen und kritisch dazu Stellung nehmen.

Empfehlungen und Vorschläge, wie Sie Ihre Arbeitsprozesse organisieren und die Materialien gezielt untersuchen und auswerten können:

1. Entscheiden Sie nach einer ersten Betrachtung der Bildquellen M 1 und M 5 – M 10, mit welcher Karikatur Sie sich in einer Zweier- oder Dreiergruppe eingehend beschäftigen möchten.
2. Erarbeiten Sie in Ihrer Arbeitsgruppe Antworten auf die Leitfrage, indem Sie die Textmaterialien M 2 – M 4 arbeitsteilig unter der Leitfrage analysieren und zu den Ausführungen kritisch Stellung nehmen.
   a) Bestimmen Sie jeweils die äußeren, formalen Merkmale der Texte.
   b) Arbeiten Sie heraus, wie der Stand der deutschen Einheit jeweils beschrieben und bewertet wird und welche Zukunftsperspektiven entwickelt werden.
   c) Nehmen Sie jeweils kritisch Stellung, indem Sie zunächst die Stimmigkeit der genannten Argumente und Haltungen beurteilen und sie dann mit Ihren eigenen, persönlichen Wahrnehmungen und Haltungen vergleichen.
3. Interpretieren Sie die ausgewählte Karikatur, indem Sie die grundlegenden Arbeitsschritte – formale Analyse, inhaltliche Analyse, Interpretation (s. Methode S. 238) – anwenden.
4. Erstellen Sie auf der Grundlage Ihrer Analyse- und Interpretationsergebnisse ein Präsentationskonzept. Dies sollten Sie dabei beachten:
   a) Bedenken Sie hinsichtlich inhaltlicher Struktur und Aufbau, dass Sie die wesentlichen Aussagen des bearbeiteten Materials jemandem vermitteln müssen, der diese nicht kennt.
   b) Überlegen Sie, welches Präsentationsmedium (z. B. Farbfolie, beamergestützte Vorstellung) Sie nutzen wollen.
   c) Treffen Sie Absprachen, welchen Anteil der Präsentation die einzelnen Gruppenmitglieder übernehmen sollen.

MATERIALIEN

M 1 Titel der Wochenzeitung „Der Spiegel" (24.9.1990)

M 2 Claus Christian Malzahn: „Die deutsche Denkfaulheit" (2005)

*Claus Christian Malzahn, *1963 in Göttingen, Journalist, seit Mai 2005 Leiter des Politik-Ressorts bei Spiegel-Online und des Berliner Büros.*

Wenn die Ostdeutschen im Herbst 1989 auf die Herrschenden in Bonn und Ost-Berlin gehört hätten, wäre die Mauer vielleicht nie gefallen. Selten wurden Regierungspolitik und Expertenvorlagen so blamiert wie während der Friedlichen Revolution in der DDR. Die Demonstrationen im Oktober und November 1989 gehören zu den Sternstunden der deutschen Geschichte, weil sich hier endlich jener demokratische Bürgermut artikulierte, den man im grausamen 20. Jahrhundert zuvor oft genug vermisst hatte. Die offizielle Politik allein hätte diese gewaltigen Veränderungen nicht zuwege gebracht. Dass der Einzelne einen Unterschied machen kann, ist wohl die wichtigste Erfahrung der Friedlichen Revolution.

Diese Erfahrung gerät heute mehr und mehr in Vergessenheit. Dabei ist der Zustand der deutschen Einheit viel besser als ihr Ruf. Die Vereinigung von Bundesrepublik und DDR halten 91 Prozent der Ostdeutschen und 82 Prozent der Westdeutschen für positiv. Gejammert wird vor allem im Westen: 15 Prozent der alten Bundesbürger und 8 Prozent der Ostdeutschen sind mit der Wiedervereinigung unzufrieden, ergab jetzt eine Umfrage für das ZDF-„Politbarometer". Nur 6 Prozent der Deutschen wollen zurück zur Zweistaatlichkeit, vergangenes Jahr waren es noch 10 Prozent. Die Lage entspannt sich also, obwohl wir in diesen Tagen vor allem wieder in den repräsentativ zusammengesetzten Talkshows zu hören bekommen, die Wiedervereinigung sei gescheitert. Diejenigen, die das erklären, waren sich vor 20 Jahren übrigens auch ganz sicher, die Wiedervereinigung sei eine Lebenslüge. Schon in den Neunzigerjahren brachte die soziologische Feldforschung im Osten andere Ergebnisse zutage als die behauptete öffentliche Medienmeinung. 80 bis 90 Prozent der Ostdeutschen waren mit ihrer persönlichen Situation meist zufrieden oder sehr zufrieden und hielten sie für eine klare Verbesserung gegenüber ihrem Leben in der DDR. Die allgemeine politische und wirtschaftliche Situation hielten dieselben Leute dagegen für bedenklich bis gefährlich. […]

Über die Lebenswirklichkeit im Osten Deutschlands wird heute vor allem mit den Füßen abgestimmt. Wir erleben in manchen Gegenden eine Migration im eigenen Land. Ganze Landstriche im Osten veröden. Äußerlich scheint meist alles in Ordnung: Die Straßen sind frisch geteert, die Häuser neu getüncht, der Marktplatz wurde mit freundlicher Unterstützung der EU auf Hochglanz poliert. Doch hinter der glänzenden Fassade packt gerade wieder jemand seine Koffer. Fast eine Million Menschen haben Ostdeutschland seit 1990 verlassen – Richtung Westen natürlich. In vielen Regionen vollzieht sich in aller Stille ein Bevölkerungsaustausch. So wanderten in Mecklenburg schon ganze Dorfschaften ab. Die Häuser blieben stehen und dienen nun gestressten Berlinern als Freizeitdomizil. Das gab es übrigens schon öfter in Europa: zum Beispiel in der Toskana. Man glaubt es kaum, aber bevor die Professoren und Alt-68er aus Deutschland kamen, haben dort tatsächlich italienische Bauern gelebt.

Der in Westdeutschland gern erhobene Vorwurf, die Ostdeutschen seien zu unflexibel, ist deshalb grotesk. Wer heute durch München spaziert, hört dort öfter Sächsisch als in Berlin. 1989 gewannen die Ostdeutschen auch die Freiheit, sich vom heimischen Acker zu machen. 15 Jahre nach der Wiedervereinigung ist es höchste Zeit, sich einzugestehen, dass dieser Prozess fürs Erste unumkehrbar ist. Am Ziel gleichartiger Lebensverhältnisse muss das nichts ändern. Aber die Menschen interessieren sich nicht für Zielvorgaben, sondern für individuelle Zukunftschancen. Am 3. Oktober 1990 trat die DDR der Bundesrepublik bei. So mancher im Westen dachte damals, die BRD sei nun einfach ein bisschen größer geworden. So mancher im Osten glaubte fest, die westliche Ikea- und Fußgängerzonenrepublik würde über Nacht auch bei ihm zu

M 5 Walter Hanel, ohne Titel (1989)

M 6 Walter Hanel: „Deutsch-Deutsche Zweiklassengesellschaft" (1991)

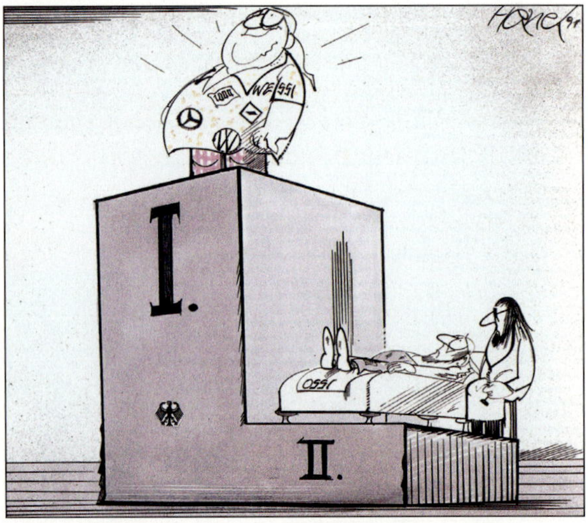

M 7 Walter Hanel: „Das waren noch Zeiten" (1999)

Hause Wirklichkeit. Beide Annahmen waren nicht ganz falsch, aber richtig beschreiben sie die heutige Wirklichkeit natürlich auch nicht. Wir leben heute in einem neuen Deutschland. Das Land ist noch immer auf dem Sprung. Keiner weiß, wie es sich in den nächsten 15 Jahren verändern wird. Aber alle wissen, dass es sich verändern muss.

(Claus Christian Malzahn, www.spiegel-online.de, 1.10.2005)

M 3 Richard Schröder (1999)

*Richard Schröder, *1943, Hochschullehrer an der Theologischen Fakultät der Humboldt-Universität in Berlin.*

Natürlich gibt es Einigungsprobleme. Nur ein Weltfremder konnte anderes erwarten. Die Politiker müssen die Probleme thematisieren, sonst können sie nicht gelöst werden. Wenn wir aber auf zehn Jahre deutsche Einheit zurückblicken, sollten wir einmal die Perspektive der Verteilungskämpfe verlassen und eine Bilanz versuchen. Und da sage ich: Wir haben großes Glück gehabt.

1953 DDR, 1956 Ungarn, 1961 DDR, 1968 Tschechoslowakei – das saß uns Älteren in den Knochen. Wenn ein sozialistischer Staat aufmuckt, schlägt die Sowjetunion zu.

[…] Dass diese Revolution gewaltlos verlief, war nicht selbstverständlich. Teile der Sicherheitsorgane hatten sich bis zur Volkskammerwahl die Gewaltoption noch offengehalten. Eine einzige größere Schießerei hätte genügen können, um die Sowjetunion umzustimmen und diejenigen Kräfte an die Macht zu bringen, die den Kurs Gorbatschows ablehnten, weil sie das sowjetische Imperium erhalten wollten.

Wir Ostdeutschen haben auch in ökonomischer Hinsicht Glück gehabt. Die DDR war wirtschaftlich völlig am Ende. Das wollen heute viele nicht wahrhaben. […] Die DDR war also in ökonomischer Hinsicht ein leckgeschlagenes Staatsschiff, das gerade noch vor dem Sinken in den Hafen gebracht werden konnte.

Auch als Deutsche haben wir Glück gehabt. Mit dem 3. Oktober 1990 ging nicht nur die Zeit der deutschen Teilung zu Ende, sondern auch die Nachkriegszeit. […] Erstmals in seiner Geschichte existiert Deutschland in allseits anerkannten Grenzen und unterhält gute und vertraglich geregelte Beziehungen zu allen Nachbarn. […]

Zuerst [eine Mahnung] in Richtung Osten: Viele Ostdeutsche fühlen sich den Westdeutschen moralisch überlegen. Wahrscheinlich ist das die Kompensation eines Unterlegenheitsgefühls: Wir hatten zwar nicht die besseren Autos, aber wir sind die besseren Menschen. Das ist erstens ungerecht, denn Tugend und Laster dürften in Ost und West ungefähr gleich verteilt sein – wenn es auch verschiedene Tugenden und Laster sind. Zweitens ist dieses Überlegenheitsgefühl in seiner Konsequenz unmoralisch. Es wirkt ausschließend. […]

Die erste Mahnung in Richtung Westen lautet: Hört auf, den Herbst 1989 kleinzureden. Das läuft am Ende auch auf eine Verharmlosung der Diktatur hinaus. Viele bezeichnen die Revolution nur als Zusammenbruch. Der Ausdruck „Wende" hat sich eingebürgert. Spielt da etwa Neid eine Rolle, der den Ostdeutschen die Zivilcourage nicht gönnt, die unter Beweis zu stellen Westdeutsche in ihrem Leben nie Gelegenheit hatten? Denn der Protest gegen Castor-Transporte ist natürlich nicht im Entferntesten mit der Teilnahme an den Demonstrationen vor der Maueröffnung zu vergleichen. Es hätte

M 8 Hans-Jürgen Starke: „Ossi – Wessi" (1991)

geschossen werden können. Die Demonstranten hätten interniert werden können. 340 Mitglieder der Betriebskampfgruppen, die zum Einsatz gegen die Leipziger Montagsdemonstration am 9. Oktober abkommandiert wurden, haben den Befehl verweigert. Auch so etwas ist in der deutschen Geschichte nicht allzu häufig. [...]

Es zeugt von wenig Einfühlungsvermögen, wenn manche Westdeutsche den Ostdeutschen Trost spenden wollen mit dem Bekenntnis: „Wenn ich in der DDR gelebt hätte, wäre ich auch in die SED eingetreten". Oder sie gehen verständnisinnig noch einen Schritt weiter: „Dann wäre ich vielleicht auch Stasi-Mitarbeiter geworden".

Da geht das Mitleid mit den Verstrickten über in eine Verachtung derjenigen, die sich nicht verstrickt haben. Um keine Missverständnisse aufkommen zu lassen: Ich bin für einen großzügigen Umgang mit den kleineren und mittleren Stasi-Verwicklungen. Aber wer heute immer noch lügt und sich verstellt, der ist eben heute jemand, der lügt und sich verstellt, also für Vertrauenspositionen nicht geeignet. [...]

Die Ostdeutschen vergleichen sich mit den Westdeutschen und sehen zuerst die Defizite: Die Arbeitslosigkeit ist bei ihnen doppelt so hoch [...], die Einkommen und das private Vermögen sind niedriger und in den Betrieben und Behörden sitzt ganz oben zumeist ein Westdeutscher.

Diese Unterschiede sollen nicht „wegerklärt" oder verniedlicht werden. Dass die Einkommen im Osten etwa 15 Prozent niedriger sind als im Westen – die Arbeitsproduktivität aber zum Teil auch noch –, sollte in der öffentlichen Diskussion nicht vergessen werden. Die Ostdeutschen zahlen sozusagen 15 Prozent Solidarbeitrag zusätzlich. Die innerdeutsche Solidarität ist daher auch in Zukunft gefordert – im Länderfinanzausgleich, bei der Finanzierung der Kommunen und beim weiteren Ausbau der Infrastruktur.

Ich weiß, dass gute Nachrichten als langweilig gelten, aber ich kann es nicht anders sehen: Das Ost-West-Verhältnis ist nicht explosiv. Wir sollten uns nicht allzu sehr auf die Ost-West-Probleme konzentrieren. Auf der innerdeutschen Agenda obenan stehen längst gesamtdeutsche Probleme, die im Osten bloß pointierter in Erscheinung treten. Die Kinder, die 1999 in die Schule kamen, sind in den Jahren 1992/93 geboren. Die Abiturienten von 1999 waren 1989 zehn Jahre alt. Wann ist die deutsche Einheit eigentlich vollendet? Sie wird vollendet sein, wenn wir mit den Ost-West-Unterschieden so gelassen umgehen können wie mit den Nord-Süd-Unterschieden und wenn wir uns so aneinander gewöhnt haben, dass wir wenigstens in Umrissen eine gemeinsame Geschichte erzählen können, auch von den zurückliegenden 50 Jahren. Das wird dauern, aber wir müssen es als Aufgabe sehen und damit anfangen.

(Richard Schröder, Zehn Jahre deutsche Einheit; in: Stiftung Haus der Geschichte der Bundesrepublik Deutschland (Hg.), Der Weg zur Wiedervereinigung, Köln (Kiepenheuer & Witsch) 1999, S. 121 ff.)

M 4 Hans-Joachim Veen (2001)

*Hans-Joachim Veen, *1944 in Straßburg, Professor für Politikwissenschaft an der Universität Trier, langjähriger Forschungsdirektor der Konrad-Adenauer-Stiftung, Projektleiter „Demokratie- und Parteienentwicklung in Osteuropa".*

Immer und immer wieder wird es beschworen, das Traumziel der „inneren Einheit". Auch gut zehn Jahre nach der Vereinigung glauben wir vor allem eins zu wissen: dass wir noch ziemlich weit von ihr entfernt sind. Denn wir meinen, innerlich noch nicht zusammengewachsen zu sein – äußerlich zwar vereint, aber noch nicht wirklich eins. [...] Soll die Einheit grenzenlos sein? Bricht sich in dieser Vorstellung von innerer Einheit die alte deutsche Sehnsucht nach Harmonie Bahn? Das Ideal einer neuen, homogenisierten Gesellschaft ist nirgendwo formuliert. Es ist aber implizit als logischer Umkehrschluss der Betonung ihrer Defizite in den Hinterköpfen lebendig. Kaum jemand will die Homogenisierung bewusst, die Einheit total. Aber historisches Wissen über die Überhöhung der Volkseinheit und das Ende der Freiheit lassen uns frühzeitig Alarm schlagen, damit das wabernde Einheitsgerede nicht unreflektiert und unter der Hand zum Einfallstor für einen neuen Gemeinschaftsmythos wird. Denn nicht die „substanzielle Gleichheit", die Gleichheit der Gleichen, die der Theoretiker des Führerstaates, Carl

M 9 Ironimus (SZ): „Deutsche Einheit“ (1990)

M 10 Wolfgang Schubert: „Schlager des Jahres“ (1990)

Schmitt, in den Zwanzigerjahren zum Ideal der Volkseinheit erhob, soll die liberale Demokratie des Grundgesetzes auch nach der Vereinigung kennzeichnen. Sondern die Gleichheit der Ungleichheit, nicht die homogene Gemeinschaft, sondern die pluralistische Gesellschaft. Deshalb ist es dringend geboten, den Begriff der inneren Einheit endlich einzugrenzen auf das, was an Gemeinsamkeit und an substanzieller Übereinstimmung für den inneren Zusammenhalt des vereinten Deutschland wirklich unverzichtbar ist.

Stattdessen aber beobachten wir eine fast grenzenlose Ausweitung der zu wünschenden Übereinstimmungen. Dies zeigt sich etwa, wenn immer wieder über die sogenannte Mentalitätslücke zwischen West- und Ostdeutschen geklagt wird. Doch wer hat denn je die mentalen Unterschiede zwischen süddeutschen Katholiken, norddeutschen Lutheranern und schwäbischen Pietisten, Rheinländern und Preußen zu einem Problem der inneren Einheit in Westdeutschland gemacht? […]

Um nicht missverstanden zu werden: Der Abbau des wirtschaftlichen Gefälles ist ein wichtiges politisches Desiderat und der Abbau der Arbeitslosenzahlen ist auch moralisch geboten. Doch inwieweit dürfen unterschiedliche Wirtschaftsstrukturen und Arbeitslosenquoten zu Kriterien innerer Einheit gemacht werden? Auch in der alten Bundesrepublik klaffen ja blühende Landschaften und wirtschaftsschwache Gebiete beträchtlich auseinander. […]

Innere Einheit bedeutet etwas ganz anderes: Es ist die Zustimmung der Bürger zu den gemeinsamen Prinzipien der staatlichen Ordnung, die das Grundgesetz formuliert. Die Anforderungen an die innere Einheit dürfen substanziell also nicht weiter reichen, nicht mehr an Einheitlichkeit einfordern, als der Grundkonsens der Verfassung verlangt.

[…] Was muss er umfassen? Zunächst die Grundentscheidungen der Verfassung, das heißt ihre wesentlichen Verfahrensprinzipien, und andererseits ihre materiellen Festlegungen. Akzeptieren müssen also alle Bürger das Mehrheitsprinzip, freie Wahlen, zeitliche Befristung politischer Ämter, freie Konkurrenz und die Chancengleichheit der Parteien, die Offenheit des politischen Prozesses und die Legitimität des Interessenpluralismus. Dazu gehören auch Gewaltfreiheit und die Anerkennung des staatlichen Gewaltmonopols. Akzeptieren müssen sie ebenso die materiellen Festlegungen der Verfassung, also die Grund- und Menschenrechte und die Definition der Bundesrepublik als ein demokratischer und sozialer Bundes- und Rechtsstaat. […]

Überdies: Nach über 40 Jahren der Trennung müssen sich beide Teile mit dem vereinten Deutschland identifizieren können. Sie sollten also den nachhaltigen Willen zur Einheit haben, das Eins-sein-Wollen als Nation, das Nichtzurückwollen in die Teilung, das republikanische *plebiscite de tous les jours*, das eine Nation seit der Französischen Revolution ausmacht. Diese beiden Grundpfeiler – Grundkonsens und Wille zur Nation – scheinen mir die notwendigen, aber auch hinreichenden Kriterien für innere Einheit zu sein. Jede Erweiterung dieses Minimalkonsenses würde die legitime gesellschaftliche Pluralität und Freiheitlichkeit, die politische, gesellschaftliche und kulturelle Lebenslust der Bundesrepublik unzulässig einschnüren. Wie steht es demnach um die viel beschworene innere Einheit? Die Antwort ist am Ende einfach: Wir haben sie bereits – in dem, was sie legitimerweise bedeuten kann. Wir leben bereits im Zustand innerer Einheit, mehr davon brauchen wir nicht, mehr wäre vielleicht sogar fatal. Was wir brauchen, ist mehr Gelassenheit, mehr Verständnis für Vielfalt und mehr Akzeptanz von Unterschiedlichkeiten.

(Hans-Joachim Veen, in: Die Zeit, Nr. 24/2001)

20 Jahre Wiedervereinigung – Eine Bilanz

Voller Euphorie sprach der damalige Bundeskanzler Helmut Kohl davon, dass die neuen Bundesländer sich in blühende Landschaften verwandeln würden, und Willy Brandt war sich sicher, dass nun zusammenwächst, was zusammengehört.
Schon kurz nach der Wiedervereinigung zeigte sich aber, dass diese Prognosen zu optimistisch waren. Der wirtschaftliche Aufschwung kam nicht wie ein zweites Wirtschaftswunder und die Mauer in den Köpfen der Menschen blieb oft erhalten. Die Bezeichnungen „Wessis" und „Ossis" wurden stets abwertend benutzt, auch wurde vereinzelt der Ruf wieder laut: „Ich will meine Mauer zurück". Doch wie sieht die Situation nach 20 Jahren aus?

- **Wie wird die Wiedervereinigung nach 20 Jahren bewertet?**

Präsentieren Sie verschiedene Antworten und Positionen von Journalisten und Schriftstellern zu dieser Frage und nehmen Sie zu diesen gegenwärtigen Einschätzungen in einer Plenumsdiskussion Stellung.

So können Sie Ihre Präsentation und die sich anschließende gemeinsame Diskussion im Plenum inhaltlich vorbereiten:

1. Analysieren Sie in kleinen Arbeitsgruppen die Einschätzungen der ausgewählten publizistischen Beiträge zum Stand der Wiedervereinigung, indem Sie
   a) arbeitsteilig in Ihrer Gruppe ausgehend von einer Benennung der formalen Daten für jeden Textauszug die Kernaussagen und die Argumentation, mit der diese begründet und gestützt werden, herausarbeiten;
   b) Ihre Arbeitsergebnisse in Form einer geordneten strukturierten Wiedergabe in der Gruppe vorstellen.
2. Formulieren Sie auf dieser Grundlage gemeinsam in Stichworten ein zusammenfassendes Gruppenergebnis zur Leitfrage.
3. Nehmen Sie in Ihren Gruppen aus Ihrer persönlichen Sicht kritisch Stellung zu den jeweils formulierten Einschätzungen. Halten Sie Ihre Diskussionsergebnisse stichwortartig fest.
4. Gestalten Sie als Grundlage für die Diskussion ein aussagekräftiges Plakat (Alternative: Flipchartanschrieb, Handout, Thesenpapier, Folie), auf dem Sie Ihren Mitschülerinnen und Mitschülern Ihre Gruppenarbeitsergebnisse präsentieren und sie zur Diskussion stellen.

MATERIALIEN

M 1 Unvollendete Wiedervereinigung

Unter diesem Titel nimmt der Journalist Detlef Kleinert in der österreichischen Tageszeitung „Die Presse" Stellung zum 20. Jahrestag der deutschen Einheit:

Zum 20. Jahrestag: Ein einig Volk und Vaterland haben die Deutschen noch immer nicht.

„Das gesamte deutsche Volk bleibt aufgefordert, in freier Selbstbestimmung die Einheit und Freiheit Deutschlands zu vollenden." Seit 1949 stand es so in der Präambel des Grundgesetzes, aber eigentlich hielten die meisten (West-)Deutschen dies für eine anachronistische Politprosa – bis sich in den Jahren 1989/90 die Entwicklungen überschlugen: Fall der Mauer November 1989, die ersten freien Wahlen in der DDR März 1990, Verhandlungen mit den Alliierten, die sogenannten Zwei-plus-Vier-Gespräche im Mai. Und schließlich war es geschafft: Am 3. Oktober 1990 ging für mich ein Traum in Erfüllung, die Einheit und Freiheit Deutschlands waren vollendet. Wir „Realitätsverweigerer", wir „Reaktionäre", und wie all die billigen Diffamierungen lauteten, wir wurden von der Geschichte in wunderbarer Weise bestätigt.
Was heute wie ein Selbstläufer klingt, war damals höchst umstritten. Die englische Regierungschefin torpedierte, wo es nur ging, der französische Staatspräsident gab seinem Unmut Ausdruck, im eigenen Lande warnten die Grünen vor der „Wiedergeburt eines deutschen Nationalstaates", die SPD wollte sich auf die Suche nach einem „dritten Weg zwischen Kapitalismus und Kommunismus" machen und sprach von einer „überflüssigen, in die Sack-

gasse führenden Wiedervereinigungsdiskussion", und sogar Bundespräsident von Weizsäcker warnte vor dem „Zusammenwuchern" der beiden Teile Deutschlands, eine infame Version des Satzes von Willy Brandt: „Jetzt wächst zusammen, was zusammengehört".

Es scheint eine Eigenart der Deutschen zu sein, nationale Interessen in die Hände anderer zu legen. In diesem Fall waren es die Staatschefs der UdSSR und der USA, Gorbatschow und Bush sen., die letztendlich die Wiedervereinigung ermöglichten. Freilich darf dabei auch die Leistung von Helmut Kohl nicht unterschätzt werden, der mit einem geradezu genialen Geschick die unterschiedlichen Interessen auf einen Nenner brachte und alle Widerstände geschickt ins Leere laufen ließ. Er, der von den Intellektuellen (bzw. denjenigen, die sich dafür halten) immer verspottet wurde, er hatte erkannt, dass es sich um eine Zäsur der Weltgeschichte handelte, die Europa ein anderes Gesicht geben würde.

Untergegangen ist damals (und bis heute), dass die Zwei-plus-Vier-Gespräche mit einem Vertrag beendet wurden, der Deutschland die volle Souveränität zurückgab. Im Artikel 7 bestätigen die Außenminister von Frankreich, England, den USA und der UdSSR, dass „hiermit ihre Rechte und Verantwortlichkeiten in Bezug auf Berlin und Deutschland als Ganzes" enden. Und außerdem heißt es: „Das vereinte Deutschland hat demgemäß volle Souveränität über seine inneren und äußeren Angelegenheiten." 45 Jahre nach dem Ende des Zweiten Weltkrieges war dieser damit für Deutschland auch formal beendet.

Alles in Ordnung? Keineswegs

Alles in Ordnung also? Keineswegs, was da (nach Brandt) zusammengehört, ist längst noch nicht vereint. Auch wenn das oft nur spöttisch zitierte Wort von Helmut Kohl von den „blühenden Landschaften" wohl ein wenig zu optimistisch war, heute, nach 20 Jahren, sind diese blühenden Landschaften Wirklichkeit. Aber die sozialen Unterschiede, die Wirtschaftskraft, die Löhne und Renten, ja auch die Empfindungen zeigen noch immer Unterschiede zwischen Ost und West. Obwohl der „Aufbau Ost" Milliardensummen verschlungen hat, ist die Arbeitslosigkeit in den Neuen Ländern noch immer wesentlich höher als im Westen, ist der Lebensstandard niedriger, die Unzufriedenheit flächendeckend. Kein Wunder denn auch, wenn Umfragen im Osten eine Nostalgie zum kommunistischen DDR-System zu bestätigen scheinen.

Wahlen bestätigen dies in erschreckender Weise: die Ewiggestrigen von SED/PDS/Linke erreichen regelmäßig 20 bis 27 Prozent der Stimmen. Eine neuere Umfrage bestätigt: 20 Jahre nach der Wiedervereinigung fühlt sich fast jeder vierte Ostdeutsche als Wendeverlierer. Einer Studie zufolge sehen viele pessimistisch in die Zukunft. Zehn Prozent der Befragten wollen sogar die DDR wiederhaben, bei den Arbeitslosen sind es sogar 26 Prozent. Wohlgemerkt: Wir reden über eine brutale Diktatur, die den Menschen geistig deformierte, die am Ende für jedermann sichtbar bankrott war und nur noch Ruinen hinterlassen hat.

Auferstanden aus Ruinen und der Zukunft zugewandt – hieß es in der DDR-Hymne. Die Ruinen sind nach der Wiedervereinigung beseitigt, an der Zukunft ist zu arbeiten. Vielleicht haben die Westdeutschen den Ossis wirklich oft genug das Gefühl vermittelt, man erkenne ihre Lebensleistung nicht an, und natürlich gab es da auch westdeutsche Schurken, die die Naivität der Menschen in Sachen „Kapitalismus" schamlos ausgenützt haben. Doch das ist nun vorbei, nun steht statt Ost gegen West das Wort Einheit auf dem Programm.

Und da hat auch der Westen zu lernen: In ganz Deutschland ist man auf einer gefährlichen Rutschbahn von der Politikverdrossenheit über die Politikerverdrossenheit hin zu einer Demokratieverdrossenheit. Dem biederen Mief der SED müssten die demokratischen Parteien eine Stimmung entgegensetzen, die dem Wähler Zukunftsoptimismus vermittelt. Zum 20. Jahrestag der Wiedervereinigung wird davon wohl viel zu hören sein, ob diese Aufgabe bewältigt wurde, werden wir wohl erst in 20 Jahren wissen. Im Augenblick sieht es jedenfalls so aus, als würde die Präambel des Grundgesetzes nach wie vor Gültigkeit haben: Noch immer sind wir Deutschen aufgefordert, die Einheit wirklich zu vollenden!

(Detlef Kleinert, in: Die Presse, 1.10.2010)

M 2 Vereint in der Entfremdung

Christian Bangel (geb. 1979), Nachrichtenredakteur von ZEIT ONLINE, äußert sich zum selben Thema wie folgt:

20 Jahre danach: Es steht nicht gut um die deutsche Einheit, auch die Jungen sind skeptisch. Von selbst auswachsen wird sich die Spaltung nicht.

Kürzlich hatte jemand wieder eine Idee, wie man eine Annäherung zwischen Ost und West erreichen könnte. Man müsse einfach die historischen Fakten darstellen – das sei das beste Mittel gegen die DDR-Nostalgie. Immer wenn die Forschung die

Hintergründe der Einigung zutage fördere, verstumme das „Gemurmel".

Angela Merkel hat das gesagt, und damit hat die Bundeskanzlerin mehr Substanzielles zu diesem Thema beigetragen als die allermeisten Politiker. Wer über die Deutsche Einheit und ihre Folgen debattieren möchte, der ist unter Politikern falsch. Dabei könnte, wer wollte, eine famose Integrationsdebatte lostreten. Denn die allermeisten Deutschen haben eine Haltung zu diesem Thema. Und die wenigsten sind zufrieden.

Viel offener als die Politik diskutiert die Wissenschaft über die vergangenen zwanzig deutschen Jahre. Quer durch die Institute teilt man die Sorge, dass es nicht gut steht um den Einigungsprozess. Die gegenseitigen Vorurteile wachsen – nach einer zwischenzeitlichen Annäherung zur Fußball-WM 2006 – wieder dramatisch an. Als Klaus Schroeder, Leiter des Forschungsverbundes SED-Staat, kürzlich sein neues Buch (*Das neue Deutschland*) zum Stand der inneren Einheit vorstellte, wählte er drastische Worte: „Es wächst nicht zusammen, was zusammengehört."

Man muss das gleich am Anfang sagen: Einheitsfrust ist nichts spezifisch Ostdeutsches. Seit Jahren schon macht sich auch in den alten Ländern „Westalgie" breit; eine Mehrheit der Westdeutschen sagt, sie habe ihre beste Zeit vor dem Mauerfall erlebt. Die Zahl derer, die die Mauer wieder aufgebaut sehen wollen, verharrt seit Jahren bei zehn bis zwanzig Prozent.

Schroeder aber lenkt das Augenmerk besonders auf den Osten, denn dort verortet er gesellschaftliche Gefahren. Nur eine Minderheit der Ostdeutschen fühle sich als Bundesbürger und – hier wird es politisch – identifiziere sich mit dem bundesdeutschen gesellschaftlichen System. Die Wissenschaftsgemeinde teilt diese Sorge. „Demokratieentfremdung" heißt es hier, „Ostidentität mit problematischem Ballast" dort. Gemeint ist: Es verhärtet sich eine ostdeutsche Trotzhaltung, die mit der Verharmlosung der DDR und einer Distanz zu bundesdeutschen Demokratie und sozialer Marktwirtschaft einhergeht. Das ist messbar.

Und wohl den wenigsten Deutschen neu. Dem Stereotyp des für die Demokratie verlorenen Ossis huldigte öffentlich etwa Edmund Stoiber 2005, als er sagte, er werde nicht akzeptieren, dass frustrierte Ostdeutsche entschieden, wer in Deutschland Kanzler werde.

Hoffnung aber wurde dennoch verbreitet: Auf die jüngere Generation müsse man bauen, hieß es in den Medien zu allen Jubeltagen; jene, die die DDR aus eigener Anschauung nicht mehr erlebt hätten, würden helfen, den neuen Ost-West-Konflikt einfach auswachsen zu lassen. Stolz präsentierte die *Welt am Sonntag* erst im vergangenen Jahr eine gfk-Studie, der zufolge sich 67 Prozent der jungen Ostdeutschen lieber deutsch als ostdeutsch nennen (offen blieb freilich, ob nun bundes- oder ethnisch deutsch). Andere Studien ergaben, dass das Ereignis der Wiedervereinigung von den meisten Jungen als positiv empfunden wird.

Doch viele andere Zahlen sprechen dagegen, dass sich die jugendlichen Ostdeutschen besonders verbunden fühlen mit der bundesdeutschen Demokratie. Denn das Gefühl der Benachteiligung wächst, je jünger der befragte Ostdeutsche ist. Viel mehr Junge als Alte glauben, dass die Unterschiede zwischen West und Ost groß sind – und auch in 50 Jahren noch gravierend sein werden. 55 Prozent der Thüringer gaben einer Studie zufolge an, der Osten werde benachteiligt. Unter den 18- bis 24-Jährigen aber waren es 75 Prozent. Nur ein Drittel der Ost-Jugendlichen zwischen 14 und 25 ist zufrieden mit der Art, wie die Demokratie funktioniert – gegenüber der Hälfte im Westen. „Die junge Generation sieht noch mehr Unterschiede als die Älteren", fasst Schroeder zusammen.

Die DDR hingegen steht bei vielen jungen Ostdeutschen in einem guten Licht da. Mehr als zwei Drittel aller Brandenburger Schüler stimmten in einer Studie Schroeders aus dem Jahr 2007 der Aussage nicht zu, dass die BRD besser war als die DDR. […]

Wie geht das, fragt man sich – wachsende DDR-Nostalgie, ohne sie selbst erlebt zu haben? Da lacht der Soziologe: Warum gibt es noch Vertriebenenverbände? Die tradierten Erzählungen der Eltern, Lehrer und Bekannten seien eben in ihrer Wirkkraft kaum zu unterschätzen. Wenn dann noch negative Erfahrungen mit dem Neuen hinzukommen, liegt die gedankliche Flucht nahe.

An dieser Stelle enden die Gemeinsamkeiten der Forscher. Denn die Fragen, welcher Faktor stärker wirkt – Tradierung durch die Eltern oder aktuelle, negative Erfahrungen – und wie sich die BRD-Müdigkeit ändern lässt, diese Fragen sind auch in der Wissenschaft politisch umkämpft.

Der Berliner Politologe Gert Pickel etwa glaubt, dass die jungen Ostdeutschen eine Opfer-Identität bewahren werden, solange sie sich ausgeschlossen fühlen. Er kombinierte Umfrageergebnisse miteinander und kam zu dem Ergebnis, dass es nicht die Sozialisation in den Ruinen der DDR, sondern vor allem die wahrgenommene eigene ökonomische Exklusion ist, die die Ablehnung der bundesrepublikanischen Institutionen aufrecht erhält. Mit anderen Worten: Eine automatische, generationelle

Angleichung der politischen Kulturen durch „Auswachsen“ werde es nicht geben. Die Ostdeutschen – egal, welchen Alters – werden nach dieser These so lange dissident bleiben, wie sie empfinden, weniger Chancen als Westdeutsche zu haben.
Damit rückt in den Fokus, was das *SZ-Magazin* kürzlich als „deutsches Diskriminierungsproblem“ bezeichnete. Kein Verfassungsrichter, kein Dax-Konzernchef und nur ein einziges Kabinettsmitglied ist aus dem Osten. Einer der 200 Bundeswehrgeneräle ist aus den neuen Ländern, dagegen jedoch die Hälfte der kämpfenden Soldaten. Nur knapp ein Drittel der ostdeutschen Unternehmen wird von Ostdeutschen geführt. Hinzu kommt das unterschiedliche Niveau der Löhne und Renten, das die im Osten immer noch geringeren Lebenshaltungskosten mehr als nivelliert.
Andere Wissenschaftler stimmen Pickel zu, etwa der Psychologe Elmar Brähler. Er sieht eine soziale Spaltung im ganzen Land, die aber in Ostdeutschland zur Skepsis gegenüber den bundesdeutschen Institutionen führe. Im Westen seien ähnliche Phänomene ja auch zu sehen. Demokratieentfremdung wegen ökonomischer Exklusion? Eine brisante, weil hochpolitische Schlussfolgerung.
Klaus Schroeder hält das alles für Quatsch. Warum, fragt er, sei die ablehnende Ostidentität überall in den neuen Ländern gleich stark, also auch in den Boomregionen Dresden, Leipzig, Jena? Das Problem sei die Tradierung heroisierender DDR-Erzählungen durch die Eltern, die auf historisches Unwissen und Mitleid der Nachfolgenden treffe. Aus der positiven Verklärung der DDR folge die Ablehnung der BRD, ergo ihrer demokratischen Errungenschaften.
Diese Entfremdung werde sich im Lauf einer weiteren Generation auswachsen, wenn nur endlich ein Gespräch über die Einheit beginne, „ohne Tabus“. Es müsse Schluss sein mit den Sonntagsreden der Politiker, ein „reinigendes Gewitter“ zwischen Ost und West müsse her. „Begegnen, Reden, Klarstellen“ nennt Schroeder das. Er zitiert eine Allensbach-Studie, nach der die meisten Deutschen mit Vorurteilen angaben, diese hätten sich im direkten Gespräch mit Ost- respektive Westdeutschen nicht bestätigt. Ein Hoffnungsschimmer, ein Hinweis, sagt Schroeder, der sich selbst als „Zweckoptimist“ bezeichnet.
Geld oder Reden, ist das also die Frage? Ökonomische Teilhabe (vielleicht eine Quote?) oder eine Diskussion über gegenseitige Vorurteile? Zumindest eines von beidem könnte die Politik ja ohne Weiteres leisten. Doch nach wie vor sprechen Politiker nicht schlecht über die Deutsche Einheit, sieht man einmal von einem Lapsus wie dem von Stoiber ab. Was, mag sich mancher denken, wenn eine offene Debatte, wie Schroeder sie fordert, plötzlich entgleitet? Wenn sich Populisten ins Getümmel stürzen; wenn sich irgendwann nicht mehr 20, sondern 50 Prozent für den Wiederaufbau der Mauer aussprechen? Auch das gehört schließlich zur Einheitsrealität: In Berlin, der wichtigsten ost-west-deutschen Begegnungsstätte, hält seit Jahren rund ein Drittel der männlichen West-Jugendlichen unbeirrt an der Aussage fest, absolut nichts mit Ostdeutschen zu tun haben zu wollen. Man hofft angesichts solcher Zahlen, dass ein fairer Streit möglich bleibt.

(ZEIT ONLINE, 2.10.2010; http://www.zeit.de/gesellschaft/zeitgeschehen/2010-10/20-jahre-deutsche-einheit)

M 3 Ost-West – Nord-Süd

Der Autor des folgenden Artikels, Erich Loest (geb. 1926 in Sachsen), ist deutscher Schriftsteller und war von 1994–1997 Vorsitzender des Verbandes deutscher Schriftsteller. Er lebt in Leipzig.

DEUTSCHLAND: Wie geeint ist die Nation nach 20 Jahren Einheit – Ein subjektiver Blick auf das Land.

In jenem Jahr 1990 war der Unterschied zwischen Ost- und Westdeutschland enorm. Die DDR erschien dem Westler beherrscht von Wut, Resignation, Schrott und Taubenzecken, der Ostler vermutete westlich der Grenze ein Warenparadies mit Adidas-Schuhen, Jakobs Krönung und richtigen Autos. Das alles ist bekannt und bedarf nicht der Ausschmückung oder Erläuterung.
Nach 20 Jahren haben sich die deutschen Unterschiede verschoben. Im Norden streckt sich ein Küstenstreifen von Borkum bis Usedom mit Häfen, Werften und Badeorten, deren Probleme an Nord- und Ostsee sehr ähnlich sind. Weniger Schiffe, mehr Quallen, der Zustrom an Erholungssuchenden könnte stärker sein, das Wetter besser. Der Bahnhof von Rostock wirkt ungleich moderner als der von Bremen, auch am Strand von Heringsdorf sind unterdessen Räucheraal und Flunder wohlfeil. Es wirkt identitätsstiftend, dass der Norddeutsche Rundfunk Schleswig-Holstein wie Mecklenburg-Vorpommern gleichermaßen bedient. Wenn gegen unsere überholte föderale Zersplitterung angegangen würde, hielte ich ein Hansa-Bundesland aus den genannten Ländchen mit Hamburg dazu für denkbar.

Lutherland eben

Hinter dem letzten Strandkorb beginnt die Norddeutsche Tiefebene von der Oder bis zur Ems. Acker und Wald, Sumpf und Sand, als Wappentiere Wildschwein und Weißstorch. Absterbende Industrie, als Rohstoffe ein paar Eimer Erdöl, hier und da Kalk und Kali und überall sehr viel Kies. Sie erstreckt sich bis an die Ränder von Dortmund und Hannover, schwingt südlich bis Leipzig und Dresden und Zittau gar. Gemeinsame Probleme nahe Cloppenburg und Cottbus sind Mangel an Landärzten und die Verödung ganzer Dörfer. Freude spenden saubere Seen, Alleen und Radwege, Backsteintore, Reiterhöfe und sättigende Küche ohne Schnickschnack, Grünkohl mit Pinkel etwa oder Lausitzer Lamm und die Spreewaldgurke. Da ist gut sein, wenn man das Leben so mag, ordentlich und strebsam, Lutherland eben, die meisten Blumen blühen auf Friedhöfen.

Nun beginnt das Deutschland, das die Welt kennt, das der Industrie, der Konzerne, Ballungsgebiete, Autobahngeschlinge, der Brauereien und der Forschung. Zwischen Mönchengladbach und Wolfsburg kicken zwei Drittel der starken Fußballvereine. Fabriken und Werkstätten drangen bis in die Dörfer der Mittelgebirge vor, aus dem Agrarland Bayern erwuchs nach dem Zweiten Weltkrieg eine gewaltige Werkbank. Weinberge, warum ist es am Rhein so schön, zieht den Bayern die Lederhosen aus, Starkbieranstich und Ich hab mein Herz in Heidelberg verloren. Oberammergau und Großflughäfen und Kölscher Karneval und Bodenseefelchen – da ist Wirbel und Vielfalt, Wandel und Beharren, Dynamik und Tradition – Schützenvereine, Kegelclubs und der neuste Porsche.

Alles andere als moralisch

Diese Daseinsform, dieser Schaffensdrang schob sich nach Thüringen und Sachsen vor. Dort und im Hallenser Raum brach 1990 nahezu die gesamte Wirtschaft zusammen. Die Chemiewerke um Leuna und Bitterfeld, die Textilindustrie fast überall, die „Trabant"-Produktion, der Schwermaschinenbau von Magdeburg und Leipzig – überall verödeten Werkhallen und rauchte kein Schornstein mehr. Es geschah alles andere als moralisch und vielfach nicht einmal nützlich, wie Kapital einströmte, aufwirbelte, Schneisen schlug und Morsches wegblies, Arbeitskräfte „freisetzte", aber wer wusste die Alternative? Die Bürgerrechtler, die die DDR zu Fall gebracht hatten, aber über Kanzelsprüche wie „Schwerter zu Pflugscharen" und „Sozialismus mit menschlichem Antlitz" nicht hinauskamen, starrten stumm und ratlos zu. Viele um die vierzig oder fünfzig standen vor den Trümmern ihrer Existenz; alle Studien und Erfahrungen waren für die Katz. Ältere verschwanden im Vorruhestand, Jüngere begannen von vorn.

Im Schatten der öffentlichen Aufmerksamkeit entwickelte sich eine Lebensform von Langzeitarbeitslosen, die nun schon in der dritten Generation wuchert und für die sich zaghaft die Bezeichnung „Unterschicht" eingebürgert hat; dieser Begriff gilt unterdessen nicht mehr als diskriminierend. Leipzig sackte zur Stadt der Mini- und Midilöhne ab, 19 Prozent werden zu den Armen gerechnet, in Dresden sind es 13,8 Prozent und 15,8 Prozent in Chemnitz.

Ein schmales Drittel der Bewohner von Thüringen, Sachsen und dem Hallenser Raum (auch diese Region würde ich gern zu einem Bundesland zusammenschließen) arbeitet, verdient, reist, konsumiert und kleidet sich wie in den Industriezonen des Westens, sucht für seine Kinder die beste Ausbildung und spricht Hochdeutsch mit ihnen. Für sie darf die deutsche Vereinigung als abgeschlossen und gelungen betrachtet werden. Nun müssen die Angekommenen aus dem Tal der geringeren Produktivität heraus, was immer noch Jahre dauern wird, müssen sich ausweiten in die Bereiche der Minderverdienenden, der Leiharbeiter beispielsweise. In Sachsen herrscht unterdessen die CDU wie in Baden-Württemberg und wie in Bayern die CSU, die PDS-Linkspartei regiert nirgends mehr mit. Hier sind keine Sprünge mehr nötig, der Fortschritt ist eine Schnecke, das oft verhöhnte Wort von den blühenden Landschaften trifft auf weite Strecken zu.

Geballte Geschichte

Einen Sonderfall bietet Berlin mit seinem Vorort Potsdam. Die Geschichte der letzten dreihundert Jahre verlief nirgends so geballt wie hier und hinterließ über den Bombensturm des letzten Krieges und kommunistische Willkür hinaus eine solche Zahl prägender Gebäude oder die Erinnerung an sie, ans Hohenzollernschloss beispielsweise. Hier quälen sich die Konflikte zwischen Ost und West weiter, werden alte Schlachten erneut geschlagen, wird in Potsdam und in Ostberlin kräftig SED-PDS-Linkspartei gewählt. Dort wohnt der Stamm der alten Funktionäre, hier lagen die Akademien für Staatsrecht und Staatssicherheit. Ulbrichts Altkader und ihre Nachfahren haben ihre Tageszeitung, ihre Verlage, der Zusammenhalt ist gewahrt durch Freundeskreise und Stammtische. Wenn es nicht allzu kalt ist, demonstrieren Hunderttausend zum Gedenken an Rosa Luxemburg und Karl Liebknecht am Tag ihrer Ermordung.

Die Linkspartei regiert mit, denn die CDU im ehemaligen Westberlin ist zerrissen und ohne Köpfe. Dieses Westberlin blutete aus zu Mauerzeiten, die Industrie verschwand und damit eine Eliteschicht. Der Unterhalt der Frontstadt verschlang Unsummen, die heutige Hauptstadt folgt diesbezüglich auf dem Fuße. Denn hier wird nicht produziert, sondern regiert, verwaltet und repräsentiert. Hier fliegen die Politiker der Welt ein und aus, wird kongressiert und demonstriert. Hier leben die Botschafter und Lobbyisten, man leistet sich getrennte Opernhäuser und Universitäten, und nun hecheln und krebsen auch zwei Fußballclubs auf gleichem Niveau, die alte Dame „Hertha" im Westen und „Eisern Union" im proletarischen Osten, deren Anhänger sich auch zu DDR-Zeiten nicht unterkriegen ließen. „Union" als Hort, als Ventil der Unterschicht? Das wird sich zeigen.

Babelsberg ist nicht wieder das Mekka des deutschen Films geworden, zu stark bleiben die Positionen in München und Hamburg. Ein paar Jahre lang zog es junge Literaten hierher, sie schrieben über die selben Themen und zerstreuten sich wieder. Die Stadt lebt auch von ihren Kunstschätzen, ihren Museen. Dauerdebatte: Das Schloss wird gebaut, später gebaut, nicht gebaut, gebaut. Die Liste der Sehenswürdigkeiten vom Schloss Sanssouci bis zur Nofretete ist endlos. Die Stadt wird durchquirlt von Einwanderern; Vietnamesen, Türken, Araber und Russen bilden Parallelgesellschaften, die zusätzliche, sogar dominierende Probleme aufwerfen.

Berlin-Potsdam wird noch lange der Austragungsplatz des Ostwestkonfliktes sein, hier tauchen neue Politiker und nun auch Politikerinnen der Linkspartei auf und unter, hier entscheidet sich deren Schicksal. Die neue DDR stirbt zuletzt in Köpenick. Berlin und Potsdam, ein Koloss mit den Füßen im Sand.

(Erich Loest, in: APuZ, Beilage zu „Das Parlament", Nr. 36/37 vom 6.9.2010, hg. von der Bundeszentrale für politische Bildung)

M 4 20 Jahre nach der Wiedervereinigung: Positives Meinungsbild in Polen über Deutschland

Das ergab eine Umfrage, die vom 2.–6.9.2010 im Auftrag der Konrad-Adenauer-Stiftung durch das Institut für Öffentliche Angelegenheiten in Warschau durchgeführt wurde. Befragt wurden 1 000 Polen über 15 Jahre. Mehr Informationen zu den Umfrageergebnissen und ihrer Interpretation finden sich z. B. auf der Homepage der Konrad-Adenauer-Stiftung (www.kas.de/polen).

Überraschend positiv sind die Ergebnisse einer repräsentativen Umfrage in Polen über Deutschland, die die Konrad-Adenauer-Stiftung aus Anlass des 20. Jahrestages der deutschen Wiedervereinigung beim Institut für Öffentliche Angelegenheiten (ISP) in Warschau in Auftrag gegeben hat. Gefragt wurde nach den Folgen der deutschen Einheit für Polen und Europa, nach der Bewertung der aktuellen Beziehungen zwischen Polen und Deutschland sowie der deutschen Europapolitik.

Vor 20 Jahren rief die deutsche Wiedervereinigung in der polnischen Gesellschaft neben Zustimmung durchaus auch Befürchtungen hervor. Diese richteten sich – trotz der im Zwei-plus-Vier-Vertrag vom 12. September 1990 endgültig festgeschrieben Grenzen Deutschlands – auf das noch ausstehende deutsch-polnische **Grenzabkommen**, auf eventuelle **Entschädigungsansprüche** von Vertriebenen und auf eine mögliche **Dominanz Deutschlands** in Europa. Der Grenzvertrag vom 14. November 1990 sowie der Nachbarschafts- und Freundschaftsvertrag vom 17. Juni 1991, die beide im Januar 1992 in Kraft traten, der Beitritt Polens in die NATO 1999 und in die EU 2004 und die in diesem Rahmen stattfindende Zusammenarbeit wurden dann zu wichtigen Grundlagen der deutsch-polnischen Beziehungen, die in den letzten Jahren jedoch nicht ohne Irritationen blieben.

Wenn man nun die aktuellen Umfrageergebnisse mit den Antworten in Polen aus dem Jahr 1990 vergleicht, als nur ein Fünftel der Befragten gute Chancen für eine Verbesserung der polnisch-deutschen Beziehungen sah, schaut man auf eine bemerkenswert positive Entwicklung.

Deutsche Einheit war vorteilhaft

Heute ist eine eindeutige Mehrheit in Polen der Meinung, dass die Vereinigung beider deutscher Staaten vorteilhaft sowohl für Europa (79 %) als auch für Polen (74 %) gewesen ist. 77 % sagen, im Ergebnis habe die Wiedervereinigung die polnisch-deutschen Beziehungen verbessert.

68 % der Befragten stimmen der Feststellung zu, dass die deutsche Einheit zur Stabilität der politischen Lage in Europa beigetragen hat; 61 % sind der Meinung, dass die Wiedervereinigung in der Folge den Beitritt Polens und anderer Länder zur Europäischen Union ermöglicht hat. Die Hälfte der Befragten (50 %) vertritt aber auch die Auffassung, die deutsche Vereinigung habe zu einer politischen und wirtschaftlichen Dominanz Deutschlands in Europa geführt, immerhin etwas mehr als ein Drittel (37 %) unterstützt die These, infolge der Ver-

einigung seien nationalistische Stimmungen in Deutschland aufgekommen.

Die Beziehungen sind gut

Drei Viertel der Polen bewerten die deutsch-polnischen Beziehungen gut (71 %) oder sehr gut (4 %). Nach jahrelang fallender Tendenz (2000: 83 %; 2005: 79 %; 2008: 66 %; 2009: 57 %) ist damit der Prozentsatz der positiven Bewertung deutlich gestiegen. Am geringsten ist die positive Einschätzung übrigens bei den Jüngsten, den 15- bis 19-Jährigen (69 %), sowie regional im Südosten (68 %), im Norden und in der Mitte Polens (jeweils 70 %). Am stärksten ist die gute Bewertung der Beziehungen im Nordosten (87 %), im Süden (81 %), im mittlern Osten (79 %) und Westen (78 %).

Unter den Problemen werden an erster Stelle die Bestrebungen einzelner Vertriebener, ihr ehemaliges **Eigentum** in Polen zurückzubekommen (44 %), angekreuzt. An zweiter und dritter Position wählen die Befragten die Streitigkeiten um das **Gedenken an die Vertreibungen** (37 %) sowie die Frage der **Rechte der Polonia**, der in Deutschland lebenden Polen (25 %). Das sind Themen, die im Zusammenhang mit Deutschland häufig in Medien und Politik in Polen verhandelt werden. Als weitere Problemthemen werden genannt: das **Misstrauen** eines Teils der polnischen öffentlichen Meinung und der Politiker gegen Deutschland (21 %), Unterschiede in der **Russlandpolitik** sowie fehlende **Arbeitnehmerfreizügigkeit** für Polen in Deutschland (jeweils 20 %), unterschiedliche Interessen in der **Energiepolitik** (16 %) sowie ein zu geringes **Interesse in Deutschland an Polen** (13 %). Nur für 6 % ist noch die polnisch-deutsche Grenze ein Problem.

Die Rolle Deutschlands in Europa

Mehr als zwei Drittel der Befragten sind der Auffassung, dass Deutschland zu einer besseren Zusammenarbeit in Europa beigetragen hat (69 %). Im Vergleich mit den Bewertungen kurz nach dem EU-Beitritt (62 % im Jahr 2005) ist hier eine Steigerung um sieben Prozentpunkte zu verzeichnen.

Über die Hälfte der befragten Polen (54 %) meint, dass Deutschland zwar die Erreichung eigener Ziele in der EU anstrebt, allerdings dabei die Interessen anderer Staaten berücksichtigt. Gegenteiliger Ansicht sind 28 %. Auch hier hat sich die positive Einschätzung seit 2008 um sechs Prozent verbessert.

Knapp zwei Drittel (65 %) der Befragten sind der Meinung, Deutschland trage zur Vertiefung der europäischen Integration bei (2008: 60 %). Nur 11 % meinen, Deutschland bremse hier eher.

Interpretationen

Nach Jahren der Krise und des Konflikts in den deutsch-polnischen Beziehungen überraschen und beruhigen die sehr positiven Ergebnisse der Untersuchung. Zu wünschen wäre, dass die Bewertung Polens in Deutschland ebenso freundlich ausfiele, was in zurückliegenden Umfragen aber nicht der Fall war. Der neue deutsche Botschafter in Polen, **Rüdiger von Fritsch**, sprach bei der Vorstellung der Umfrageergebnisse von einem Geburtstagsgeschenk, welches die polnische Bevölkerung mit diesem eindrucksvollen Meinungsbild dem Nachbarland zum 20. Jahrestag der Wiedervereinigung gemacht hätte.

Angesichts der viel kritischeren Bewertungen Deutschlands in der veröffentlichten Meinung und in Teilen der polnischen Politik, drängt sich jedoch der Eindruck einer gewissen Spaltung des Meinungsbildes in Polen zwischen der Bevölkerung einerseits und Medien/Politik anderseits auf. Ein ähnliches Phänomen war in den letzten Jahren in Bezug auf die Europapolitik in Polen zu beobachten. Auch dort gehört Polen nach den Umfragen von Eurostat durchgehend zu den europafreundlichsten Ländern, wogegen in Medien und Politik in Polen oft eine skeptischere Perspektive vorherrschte.

Dass eine den Konflikt betonende Politik nicht ohne Nachhall in der öffentlichen Meinung bleibt, zeigt das radikale Absinken der positiven Bewertung der polnisch-deutschen Beziehungen von 83 % im Jahr 2000 auf 57 % im Jahr 2009. Offenbar hat das große Gedenkjahr 2009 mit der in Polen sehr gut aufgenommenen Rede von Bundeskanzlerin **Angela Merkel** auf der Westernplatte zum 70. Jahrestag des Kriegsbeginns und der Würdigung des Beitrags der polnischen Solidarno für den Fall der Mauer neben dem politischen Wechsel in Polen, der mit der Regierung **Donald Tusk** seit Ende 2007 immer stärker Platz griff, zu einer positiven Kehrtwende beigetragen. Die Regierungen sind sich heute einig, nicht die Probleme und Streitpunkte in den Vordergrund zu stellen, sondern den konstruktiven Dialog und die Zusammenarbeit. Das gibt Hoffnung für die künftige Entwicklung.

(Stephan Georg Raabe, in: Länderberichte, 30.9.2010; http://www.kas.de/polen/de/publications/20676/)

Üben – Vertiefen – Anwenden

Die deutsche Einheit: Aus der Vergangenheit in die Zukunft

Kernbegriffe:

- ★ Mauerfall
- ★ Runder Tisch
- ★ Montagsdemonstrationen
- ★ Abschluss der friedlichen Revolution
- ★ Zehn-Punkte-Plan
- ★ 2+4-Gespräche
- ★ Wirtschafts-, Währungs- und Sozialunion
- ★ Einigungsvertrag
- ★ Beitritt der DDR zur Bundesrepublik
- ★ Treuhandgesellschaft
- ★ Politbüroprozesse

Info, S. 214–225

1. Stellen Sie – z. B. auf der Grundlage einer Zeitleiste – die wesentlichen innen- und außenpolitischen Etappen der Entwicklung von der friedlichen Revolution in der DDR und der Öffnung der Mauer (9. November 1989) bis zum Beitritt der neuen Länder zur Bundesrepublik (3. Oktober 1990) dar.

Info, S. 215–217 u. 219–221 Thema, S. 237 ff.

2. Beschreiben Sie den außenpolitischen Rahmen der deutschen Einheit, indem Sie (a) Vorbehalte, Befürchtungen und Hoffnungen der Siegermächte des Zweiten Weltkrieges darstellen und (b) erläutern, wie die Zustimmung des Auslandes erreicht wurde.

Info, S. 220 f. Thema, S. 237 ff.

3. Erläutern Sie die politischen und völkerrechtlichen Grundlagen des sogenannten Zwei-plus-Vier-Vertrages (12.9.1990), benennen Sie seine wesentlichen Inhalte und gewichten Sie auf dieser Grundlage seine Bedeutung für den Prozess der deutschen Einheit.

Info, S. 220 (Karikatur)

4. Analysieren Sie die Karikatur aus dem Jahre 1990 und beurteilen Sie die Aussage des Karikaturisten.

Info, S. 215 u. 219–221

5. „Michail Gorbatschow – der Vater der deutschen Einheit!" Überprüfen Sie diese These.

Info, S. 221–225

6. Erörtern Sie die Frage, wer nach Ihrer Einschätzung nach dem Mauerfall im Wesentlichen die deutsche Wiedervereinigung vorangetrieben hat.

Info, S. 225

7. Skizzieren Sie die verfassungsrechtlichen Rahmenbedingungen der Herstellung der deutschen Einheit nach Artikel 23 und nach Artikel 146 GG und erörtern Sie die Chancen und Grenzen, die jeweils damit einhergingen.

Info, S. 224 f. Thema, S. 234 ff.

8. Erläutern Sie die unterschiedlichen Positionen zum Vertrag über eine Währungs-, Wirtschafts- und Sozialunion, insbesondere zum Umtauschkurs, und erörtern Sie, inwieweit jeweils ökonomische und politische Aspekte eine Rolle spielten.

Info, S. 226 f.

9. Benennen und erläutern Sie zentrale Problemfelder im Prozess der Überführung der DDR-Planwirtschaft in das System der sozialen Marktwirtschaft.

Info, S. 226 f.

10. Bewerten Sie aus heutiger Sicht die Leistungen der Treuhandanstalt.

Info, S. 228 f.

11. Erörtern Sie Vorteile und Nachteile einerseits der Veröffentlichung und andererseits der Geheimhaltung der Stasi-Akten. Versuchen Sie abschließend, selbst einen eigenen, begründeten Vorschlag zum Umgang mit den Akten zu formulieren.

Info, S. 230 ff. Thema, S. 242 ff. Forum, S. 247 ff.

12. „Nun wächst zusammen, was zusammengehört". Erörtern Sie diese zeitgenössische Aussage Willy Brandts aus heutiger Sicht – über 20 Jahre nach der „Wiedervereinigung".

Klausurtraining

Interpretation einer nichtsprachlichen historischen Quelle

1. Beschreiben Sie die Bild- und Textelemente der Karikatur.
2. Erläutern Sie die Botschaft der Karikatur im historischen Kontext und Problemzusammenhang des deutschen Einigungsprozesses.
3. Beurteilen Sie die Aussage des Karikaturisten zum Thema „deutsche Einheit".

„Du hast also die Streckenzusammenlegung gewählt, schön und gut – aber das ist doch schwieriger, als ich zuerst dachte!" (Karikatur von Jupp Wolter, um 1990)

Europa – Teilung und Integration von 1945 bis heute

Nach den Schrecken des Zweiten Weltkrieges hofften viele Menschen auf ein vereintes Europa, das in der Zukunft Nationalismus und Kriege überwinden sollte. Prominente Politiker, Professoren und sehr viele junge Menschen engagierten sich in den Jahren nach 1945 gleichermaßen für die damals populäre Europaidee.
Der bald aufbrechende Ost-West-Gegensatz und der „Kalte Krieg" führten allerdings bald zu einer neuen Spaltung des Kontinents. Der Gedanke der europäischen Einigung blieb in erster Linie in Westeuropa lebendig und führte seit dem Ende der 1940er-Jahre zur Gründung supranationaler Zusammenschlüsse.
In den folgenden Jahrzehnten war der europäische Integrationsprozess immer wieder von Rückschlägen und Krisen geprägt – der Prozess der Annäherung und besonders der wirtschaftlichen Integration zwischen den Staaten Europas machte dennoch Fortschritte.
Mit den Revolutionen von 1989 ergab sich die historische Chance, den seit mehr als vier Jahrzehnten den Kontinent spaltenden „Eisernen Vorhang" zu überwinden: Die Staaten Ostmitteleuropas erstrebten die „Rückkehr nach Europa", die mit der Osterweiterung der EU im Jahre 2004 besiegelt wurde.
Die europäischen Staaten haben sich – rückblickend betrachtet – bis heute in einem Maße angenähert, das vor Jahrzehnten nicht vorstellbar war. Dennoch bleibt die Einigung Europas ein komplizierter Prozess, der von inneren wie äußeren Herausforderungen und Krisen immer wieder infrage gestellt wird. Der Aufbau Europas ist keineswegs abgeschlossen.

TOUTES DIRECTIONS

Europa nach dem Zweiten Weltkrieg

1. Integration im geteilten Europa (1945–1989)

Die Vision eines geeinten Europa

Symbol der Paneuropa-Union

Für einen Europäer des 21. Jahrhunderts sind offene Grenzen, Reisefreiheit und freier Handel selbstverständliche Tatsachen. Nach dem Zweiten Weltkrieg dagegen war die Idee eines irgendwie geeinigten, freien und friedlichen Europa ein Traum, eine Vision, von der nicht klar war, ob sie je Wirklichkeit werden würde. Mit der Teilung des Kontinents im „Kalten Krieg" zerplatzte der Traum von einem einigen Europa für Jahrzehnte, auch wenn westlich des Eisernen Vorhangs allmählich Schritte auf dem Weg zur Integration getan wurden.

Die Idee eines geeinigten Europa ist viel älter: Seit der Zeit der Kreuzzüge und besonders nach der Eroberung Konstantinopels durch die Osmanen 1453 tauchte die Idee einer Einheit der europäischen Länder immer wieder auf – Einigkeit als Schutz gegen eine Bedrohung von außen. Im Zeitalter der Nationalstaaten, also im 19. Jahrhundert, trat das Bewusstsein der Zusammengehörigkeit hinter die Rivalitäten zwischen den Staaten zurück.

Nach dem Ersten Weltkrieg gab es gegenläufige Entwicklungen: Mit der Aufteilung der Vielvölkerstaaten und der Gründung neuer Nationalstaaten in Mittel- und Osteuropa siegte noch einmal das Nationalstaatsprinzip und produzierte neue Konflikte um Grenzziehungen und Rechte nationaler Minderheiten. Andererseits war die Erfahrung des Ersten Weltkriegs Anlass genug, über die Vorteile supranationaler Zusammenarbeit mit dem Ziel dauerhafter Friedenssicherung nachzudenken. In den 1920er-Jahren erschienen zahllose Bücher, Broschüren und Artikel zu diesem Thema. Zum wichtigsten Sprachrohr der Idee einer europäischen Einigung wurde die „Paneuropa-Union", die 1922 von dem Österreicher Graf Coudenhove-Kalergi gegründet wurde. Die „Paneuropa-Union" erreichte ihre größte Aufmerksamkeit mit dem Auftritt ihres Ehrenpräsidenten, des französischen Außenministers Aristide Briand, vor dem Völkerbund 1929: Briand forderte in seiner Rede eine „Art föderatives Band" zwischen den europäischen Staaten.

Im **Vertrag von Locarno** akzeptierte Deutschland seine im Versailler Vertrag festgelegten Westgrenzen und die damit verbundenen Gebietsabtretungen.

Der Vorstoß Briands, der mit dem deutschen Außenminister Stresemann 1925 den Locarno-Vertrag ausgehandelt und damit das deutsch-französische Verhältnis wesentlich entspannt hatte, war nicht zuletzt von der Sorge diktiert, dass Deutschland mit seinem wirtschaftlichen Potenzial die im Versailler Vertrag auferlegten Bindungen in nicht allzu ferner Zukunft einseitig lösen könnte. Praktische Bedeutung erlangte Briands Initiative nicht, weil das deutsche Außenministerium unter Stresemanns Nachfolger Curtius dem Plan diplomatisch eine Absage erteilte und vor allem weil in der Weltwirtschaftskrise die Regierungen überall nationalen Lösungsstrategien den Vorzug vor internationalen Abkommen gaben – letztlich mit verheerenden Folgen.

Briands Vorschlag zeigte ein Grundmuster französischer Deutschland- und Europapolitik, das nach dem Zweiten Weltkrieg und in der Geschichte der europäischen Integration immer wiederkehrte: Französische Vorschläge zur Kooperation und Integration in Europa zielten auf eine Schwächung oder aber Einbindung Deutschlands, dessen überlegene Wirtschaftskraft Anlass französischer Sorgen war.

Die Idee einer Neuordnung Europas auf der Basis übernationaler Zusammenarbeit spielte auch während des Zweiten Weltkriegs bei Politikern aus verschiedenen Ländern weiter eine Rolle: Der spätere französische Staatspräsident Charles de Gaulle gab im Exil den Auftrag, die Idee einer „Föderation des westlichen Europa" zu prüfen; der polnische Exilpolitiker General Sikorski ging 1942 einen Schritt weiter und organisierte

in London Gesprächsrunden, in denen die Chance einer „Europäischen Gemeinschaft" der ost- und westeuropäischen Staaten diskutiert wurde.
Dass Überlegungen und Planungen dieser Art politisch weitgehend folgenlos blieben, lag daran, dass die Entwicklung zum „Kalten Krieg" 1946/47 Europa faktisch zwischen Ost und West aufteilte. Bis zum Beginn des Marshall-Plans schloss der Begriff „Europa" den östlichen Teil des Kontinents auch in der Sicht der USA noch ein. Erst danach „verengte sich der Begriff ‚Europa' auf jene Völker, die für sich in Anspruch nahmen, in der Tradition der ‚westlichen Zivilisation' zu stehen und eine gemeinsame ‚westliche' Auffassung von Demokratie, freier Wirtschaft und Gegnerschaft zum Kommunismus zu besitzen" (Gerhard Brunn). Die osteuropäischen Länder – und das waren nun auch die Länder, die sich bisher nach Geschichte und Selbstverständnis als Teil Mitteleuropas verstanden hatten, wie Polen, die Tschechoslowakei und Ungarn – standen abseits und waren fortan dem Druck Moskaus noch unmittelbarer als vorher ausgesetzt.

Europa-Bewegung 1947/48. Auf diese Ausgangssituation der Teilung des Kontinents stellte sich auch die neue Europa-Bewegung ein, die ihre Blütezeit in den Jahren 1947/48 erreichte. Diese Bewegung bestand aus einer Vielzahl von Initiativen und Verbänden, die an Ideen aus den 1920er-Jahren anknüpften und in unterschiedlicher Weise die Idee eines vereinigten Europa – genauer gesagt: eines vereinigten West-Europa – propagierten. Auch Graf Coudenhove-Kalergi, der aus den USA nach Europa zurückkehrte, knüpfte an seine frühere Arbeit an und war an der Gründung einer „Europäischen Parlamentarier-Union" beteiligt.
Begierig griffen viele Initiativen eine Rede Winston Churchills auf, die dieser am 19. September 1946 in Zürich gehalten hatte und in der er dazu aufforderte, „etwas wie die Vereinigten Staaten von Europa" zu schaffen (s. S. 287). Gelegentlich wurde übersehen, dass Churchill in erster Linie an die Länder und Regierungen Kontinentaleuropas dachte, während er Großbritannien weiter in der Rolle einer von der kontinentaleuropäischen Staatenwelt unabhängigen Großmacht (mit starken Interessen in Übersee) sah. Eine Abtretung von Souveränitätsrechten an eine europäische Instanz lehnte Churchill ebenso strikt ab wie die in den ersten Nachkriegsjahren von der Labour Party geführte britische Regierung.

http://www.ena.lu/1946-032600045.html
Churchills Züricher Rede als Tondokument

Auf dem ersten Europa-Kongress in Den Haag im Frühjahr 1948 diskutierten mehr als 700 Teilnehmer die Zukunft Europas; unter ihnen waren viele damals schon prominente, aber auch einige noch unbekannte Politiker, die in den folgenden Jahren die

Tief bewegt nimmt Winston Churchill den Applaus nach seiner Rede auf dem ersten Europa-Kongress in Den Haag 1948 entgegen.

europäische Integration voranbringen sollten: der Belgier Paul-Henri Spaak, der Franzose Robert Schuman, der langjährige italienische Ministerpräsident Alcide de Gasperi und aus Deutschland Konrad Adenauer und Walter Hallstein, der später erster Präsident der EWG-Kommission wurde. Das Ehrenpräsidium des Kongresses übernahm Winston Churchill.
Während des Kongresses wurden sehr unterschiedliche Vorstellungen und tiefe Gegensätze deutlich. In der Auseinandersetzung bekämpften sich „Unionisten", die eher für einen Staatenbund eintraten, und „Föderalisten", die ein bundesstaatliches Europa anpeilten und am liebsten „Generalstände" nach dem französischen Vorbild von 1789 gesehen hätten. In der Schlusserklärung einigten sich die Teilnehmer auf einen Minimalkatalog und forderten die Einberufung einer „Europäischen Versammlung", deren Vertreter von den nationalen Parlamenten gewählt werden sollten.

http://www.coe.int
Umfassende Informationen zu den Institutionen und zur Tätigkeit des Europarats

Gründung des Europarats. Im Ergebnis führte der Haager Europa-Kongress im Mai 1949 zur Gründung des Europarats, an dem zunächst zehn Gründungsstaaten – Großbritannien, Frankreich, die Beneluxstaaten, Irland, Italien sowie Dänemark, Schweden und Norwegen – beteiligt waren. (Noch 1949 traten auch Griechenland und die Türkei bei. Die Bundesrepublik Deutschland wurde 1950 aufgenommen.) In den zähen Verhandlungen achteten besonders Großbritannien und die skandinavischen Staaten darauf, die Befugnisse des Europarats, der seinen Sitz in Straßburg hatte, wirksam zu begrenzen. So konnte die aus Abgeordneten der nationalen Parlamente zusammengesetzte Beratende Versammlung lediglich Empfehlungen geben; Beschlüsse blieben dem Ministerkomitee vorbehalten, in dem Entscheidungen nur einstimmig getroffen werden konnten.
Zu einer supranationalen Organisation mit eigenen Vollmachten und Entscheidungsmöglichkeiten wurde der Europarat nicht; wichtigstes Ergebnis bis heute ist die Einrichtung des Europäischen Gerichtshofs für Menschenrechte. Europapolitische Entscheidungen wurden in den Folgejahren nicht durch den Europarat und auch nicht mehr durch die Verbände der Europabewegung vorangebracht; stattdessen ging die Initiative im Wesentlichen auf die Regierungen über.

Europabegeisterung bei Jugendlichen: 300 Studenten aus acht europäischen Ländern reißen im Jahr 1950 Grenzpfähle und Schlagbäume an der deutsch-französischen Grenze zwischen Wissembourg und St. Germannshof nieder.

Anfänge der Integration in Westeuropa

Verteilung der Marshallplan-Mittel

(Brockhaus, Atlas zur Geschichte, 2005, S. 283)

Ein wichtiger Impuls für die Einigung Westeuropas ging vom Marshall-Plan aus; insofern hatten auch die USA einen nicht unbedeutenden Anteil an der beginnenden Integration.

Gründung der OEEC. Zur Umsetzung des Marshall-Plans bedurfte es einer internationalen Organisation, die die Verteilung der von den USA bereitgestellten Finanzmittel koordinierte. Zu diesem Zweck gründeten die Empfängerländer im Frühjahr 1948 die „Organisation für Europäische Wirtschaftliche Zusammenarbeit" („Organization of European Economic Co-operation [and Development]"/OEEC, später OECD) mit Sitz in Paris. Wie ein Jahr später bei der Gründung des Europarats, achtete die britische Regierung darauf, keine supranationale Behörde mit eigenen Kompetenzen entstehen zu lassen.

Die westdeutschen Besatzungszonen waren zunächst durch die drei Militärgouverneure in der OEEC vertreten. Dass (West-)Deutschland an dem wirtschaftlichen Aufbauprogramm für Europa beteiligt werden musste, unterlag keinem Zweifel mehr: Nach dem Hungerwinter 1946/47 und den immer deutlicher zutage tretenden wirtschaftlichen Problemen der europäischen Länder, aber auch angesichts der sowjetischen Bedrohung war klar, dass eine wirtschaftliche Erholung und politische Stabilisierung Westeuropas ohne Einbeziehung des deutschen Wirtschaftspotenzials nicht möglich war.

Dazu musste zunächst der Widerstand Frankreichs überwunden werden. In den ersten Nachkriegsjahren zielte die Politik Frankreichs darauf ab, ein Europa unter französischer Ägide zu schaffen: Das schloss vor allem die dauerhafte Schwächung Deutschlands ein, das nie wieder imstande sein sollte, seine Nachbarn zu bedrohen. In Frankreich dachte man an eine Abtrennung des Rheinlands und eine internationale Verwaltung des Ruhrgebiets; das Saarland stand bereits seit 1945 unter französischer Verwaltung. Besonderes Interesse hatte Frankreich an der deutschen Kohleförderung (Kokskohle), die für die französische Stahlindustrie bedeutsam war.

Die französische Haltung änderte sich erst unter dem Druck der britischen und der amerikanischen Regierung, die im Falle einer weiteren Schwächung Deutschlands negative wirtschaftliche und politische Folgen für ganz (West-)Europa befürchteten. Die allmähliche Änderung der französischen Haltung ermöglichte die Beteiligung der deutschen Westzonen am Marshall-Plan, den Weg zur Weststaatsgründung und schließlich den Beginn des westeuropäischen Integrationsprozesses.

Der Schuman-Plan. Am 9. Mai 1950 stellte der französische Außenminister Robert Schuman in einer Pressekonferenz überraschend den Plan vor, „die Gesamtheit der französisch-deutschen Kohlen- und Stahlproduktion unter eine gemeinsame Oberste Aufsichtsbehörde" zu stellen." Dieser als Schuman-Plan bezeichnete Vorschlag – tatsächlich war der Plan von Jean Monnet und einem hochrangigen Beamtenstab ausgearbeitet worden – markierte endgültig die Kehrtwendung der französischen Politik.

Die im Schuman-Plan vorgesehene Hohe Behörde sollte Wettbewerbsbedingungen, Investitionen und Preise auf dem Kohle- und Stahlmarkt regulieren. Was auf den ersten Blick wie ein gigantisches Kartell aussah, hatte wirtschaftlich und politisch weitreichende Auswirkungen: Frankreich erhielt, wie erhofft, Einfluss und Kontrollmöglichkeiten im Ruhrgebiet, setzte zugleich aber die eigene Stahlindustrie dem Druck der (moderneren) deutschen Produzenten aus. Neu war die Idee einer supranational

Robert Schuman, Jean Monnet, Konrad Adenauer und Walter Hallstein (v. r.) bei der Unterzeichnung des Vertrages über die Europäische Gemeinschaft für Kohle und Stahl (EGKS) am 18. April 1951 in Paris

agierenden Behörde und damit die Möglichkeit, das Projekt für den europäischen Integrationsprozess nutzen zu können. Bundeskanzler Adenauer erkannte die in dem Vorschlag liegenden Chancen und stimmte dem Plan zu. Die Benelux-Staaten und Italien traten dem Projekt ebenfalls bei; im April 1951 wurde der Vertrag über die „Europäische Gemeinschaft für Kohle und Stahl" (EGKS/Montanunion) in Paris unterzeichnet. Großbritannien lehnte einen Beitritt mit der Begründung ab, dass eine Übertragung von nationalen Souveränitätsrechten auf eine europäische Behörde für Großbritannien nicht in Frage komme. Die Montanunion wurde zum Vorläufer der Europäischen Wirtschaftsgemeinschaft.

Die Europäische Wirtschaftsgemeinschaft. In der zentralen Frage eines europäischen Wirtschaftsraumes – Abbau von Zöllen und anderen Handelshemmnissen – gingen die Interessen der europäischen Staaten anfänglich weit auseinander: Großbritannien, die nordischen Staaten und die Benelux-Länder, aber auch die wachsende Exportnation Deutschland waren im Grunde an einer Freihandelszone interessiert; Großbritannien legte großen Wert auf offene Handelsbeziehungen zum Commonwealth, das nicht zuletzt die Versorgung des Landes mit preiswerten Agrarerzeugnissen garantierte.

Freihandelszone: Wirtschaftsraum, in dem die beteiligten Länder Zölle für den Handel untereinander beseitigt haben; für den Handel mit Drittstaaten gibt es jedoch keinen gemeinsamen Außenzolltarif.

Frankreich war daran interessiert, die eigene Wirtschaft vorläufig vor der Konkurrenz auf dem Weltmarkt zu schützen. Das betraf insbesondere die Landwirtschaft, in der Mitte der 1950er-Jahre noch etwa 20 % der französischen Erwerbsbevölkerung tätig waren (in der Bundesrepublik Deutschland unter 10 %).
Alle Überlegungen, eine große europäische Freihandelszone zu etablieren, scheiterten am britisch-französischen Gegensatz. Daher waren auch am nächsten Schritt der europäischen Integration nur die sechs Staaten beteiligt, die bereits in der Montanunion zusammengeschlossen waren: Mit den am 25. März 1957 auf dem Kapitol unterzeichneten Römischen Verträgen wurde die „Europäische Wirtschaftsgemeinschaft" (EWG) begründet. Gleichzeitig unterzeichneten die sechs Staaten auch den Vertrag über die Gründung der „Europäischen Atomgemeinschaft" (Euratom), die sich die friedliche Nutzung der Atomenergie zum Ziel setzte.

Protektionistische Politik: Handelspolitik, die durch Zölle oder Einfuhrbeschränkungen die inländische Wirtschaft vor der ausländischen Konkurrenz zu schützen versucht.

Die EWG beruhte im Kern auf einem Kompromiss zwischen Frankreich und der Bundesrepublik Deutschland: Frankreich öffnete innerhalb der EWG seine Grenzen für deutsche Industrieerzeugnisse und setzte mit dem Gemeinsamen Agrarmarkt ein System durch, das der Landwirtschaft sichere Absatzmöglichkeiten auf dem EWG-Binnenmarkt und wirksamen Schutz vor der Konkurrenz auf dem Weltmarkt garantierte. Dazu wurde ein kompliziertes System von Richtpreisen, Mindestpreisen und Abnahmegarantien für landwirtschaftliche Erzeugnisse eingeführt, das marktwirtschaftlichen Grundsätzen zuwiderlief. Bei Importen wurden niedrige Weltmarktpreise für Agrarerzeugnisse durch zollähnliche „Abschöpfungen" auf EWG-Preisniveau angehoben; umgekehrt wurden Agrarexporte aus der EWG durch „Erstattungen" subventioniert. Die EWG setzte so die Tradition protektionistischer Agrarpolitik seit dem Ende des 19. Jahrhunderts fort.
Nachdem die „große europäische Lösung" gescheitert war, schlossen sich Großbritannien, Norwegen, Schweden, Dänemark, Österreich, die Schweiz und Portugal 1960 zur „kleinen" Freihandelszone der EFTA („European Free Trade Association") zusammen.

Unterzeichnung der Römischen Verträge am 25. März 1957 im Palazzo Senatorio in Rom

Die EWG wurde, ungeachtet der hohen Kosten für die Agrarpolitik, die lange mehr als die Hälfte des Etats ausmachten, schnell zum Erfolgsmodell: Die wirtschaftlichen Verflechtungen zwischen den beteiligten Staaten wurden enger und wachsende Teile des Außenhandels der Mitgliedstaaten wurden innerhalb der Gemeinschaft abgewickelt. Schneller als ursprünglich geplant, wurde 1968 die Zollunion verwirklicht. Als nächste Aufgabe nahmen sich die Staaten die allmähliche Schaffung eines Binnenmarktes vor, in dem nicht nur der freie Verkehr von Waren, sondern auch von Personen, Dienstleistungen und Kapital realisiert werden sollte.

Zollunion: Wirtschaftsraum, in dem die beteiligten Länder Binnenzölle beseitigt haben und einheitliche Zolltarife gegenüber Drittstaaten erheben.

Beitrittsanträge Großbritanniens. Während die Konjunktur in den meisten europäischen Ländern boomte, fiel Großbritannien wirtschaftlich deutlich zurück: Das Land hatte die Modernisierung in vielen Branchen verschleppt, lag in den Wachstumsraten im Vergleich zu den Staaten des Kontinents weit zurück und war sogar in der Gefahr, auf den Märkten des Commonwealth ins Hintertreffen zu geraten. Auch die Schwäche des Pfund Sterling unterstrich die Krise des Landes. In dieser Situation beantragte die britische Regierung erstmals 1961 und erneut 1967 die Aufnahme in die EWG.
Der britische Beitrittswunsch – neben Großbritannien beantragten auch Dänemark, Irland und ein Jahr später auch Norwegen die Aufnahme – traf zunächst auf große Zustimmung innerhalb der EWG. Als aber klar wurde, dass Großbritannien Änderungen im Gemeinschaftsrecht anstrebte und als Mitglied des Commonwealth Sonderregelungen besonders bei der Agrarpolitik wünschte, gerieten die Beitrittsverhandlungen in eine Sackgasse. Entschiedener Gegner von Konzessionen war Frankreichs Staatspräsident de Gaulle, der im Januar 1963 in einem aufsehenerregenden Auftritt sein Veto gegen den britischen Beitritt einlegte. De Gaulle trat für ein „Europa der Staaten" bzw. der „Vaterländer" ein (s. S. 292 f.). Für ihn hatten bilaterale Beziehungen Vorrang, wie sie 1963 im Französisch-Deutschen Freundschaftsvertrag (Elysée-Vertrag) realisiert wurden, der gerade deshalb aber das Misstrauen der übrigen Partner und auch der USA erregte.

Krise der Gemeinschaft. Als de Gaulle im November 1967 – gegen den Willen der anderen Mitglieder – sein Veto gegen den britischen Beitritt wiederholte, befand sich die Gemeinschaft bereits in der Krise. Die unterschiedlichen Vorstellungen über den weiteren Weg der Gemeinschaft waren kaum noch zu überbrücken: Im Gegensatz zu Frankreich hofften die anderen Mitgliedstaaten und auch die EWG-Kommission unter ihrem langjährigen Präsidenten Walter Hallstein, die Gemeinschaft auf den Weg der Supranationalität führen zu können. Äußerlich wurde der Konflikt auch als Streit um die Frage der Mehrheitsentscheidungen im Ministerrat ausgetragen, die de Gaulle strikt ablehnte.

Fusion der Gemeinschaften und Erweiterung der EG. Trotz der scharfen Meinungsunterschiede, was die weitere Entwicklung betraf, konnte 1967 der Zusammenschluss der Organe von Montanunion, Euratom und EWG zu den „Europäischen Gemeinschaften" (EG, meist nur „Europäische Gemeinschaft" genannt) erfolgreich vollzogen werden. Nach dem Rücktritt de Gaulles 1969 kamen auch die Beitrittsverhandlungen mit Großbritannien wieder in Gang: 1973 traten Großbritannien, Irland und Dänemark der EG bei.

„Ei, ei – wer kommt denn da?" (Karikatur zum EG-Beitritt Großbritanniens)

Während die wirtschaftliche Integration Europas in den 1950er-Jahren Fortschritte machte, scheiterten die Versuche einer Integration auf militärischem Gebiet. Am 24. Oktober 1950, wenige Monate nach Ausbruch des Korea-Kriegs, regte der französische Ministerpräsident René Pleven die Schaffung einer „Europäischen Verteidigungsgemeinschaft" (EVG, Pleven-Plan) an. Hintergrund war die wachsende Diskussion im Westen über die Frage, wie das Potenzial Westdeutschlands in die Verteidigungsanstrengungen des Westens einbezogen werden könnte.
Die Bundesrepublik Deutschland gehörte der 1949 gegründeten NATO nicht an und in der deutschen Öffentlichkeit wie bei den europäischen Nachbarn stieß eine deutsche Wiederbewaffnung auf breite Ablehnung. Plevens Vorschlag sah deshalb eine supranationale europäische Armee mit deutscher Beteiligung vor. Adenauer, der schon vorher seinerseits einen deutschen Verteidigungsbeitrag angeboten hatte, griff den französischen Vorschlag in der Hoffnung auf, den Alliierten im Gegenzug das Ende des Besatzungsstatuts, im Kern also die Wiedergewinnung der staatlichen Souveränität Westdeutschlands, abhandeln zu können.
Nach komplizierten Verhandlungen wurden im Mai 1952 der Vertrag zur Gründung der Europäischen Verteidigungsgemeinschaft und der „Generalvertrag", der für Westdeutschland die Ablösung des Besatzungsstatuts vorsah, unterzeichnet. Trotzdem scheiterte die EVG: Im August 1954 versagte die französische Nationalversammlung dem Projekt der Europäischen Verteidigungsgemeinschaft mehrheitlich ihre Zustimmung. Der Boden für die Wiederbewaffnung Westdeutschlands war jetzt aber bereitet: Mit den Pariser Verträgen wurde die Bundesrepublik 1955 in die NATO aufgenommen und erhielt im sogenannten „Deutschlandvertrag" gleichzeitig die staatliche Souveränität (mit einigen Einschränkungen) zurück.

Die EG in den 1970er- und 80er-Jahren: Krise und Aufbruch

Krisenerscheinungen in den westlichen Volkswirtschaften. Anfang der 1970er-Jahre trafen für Westeuropa mehrere Krisenerscheinungen zusammen. In der internationalen Währungskrise zwischen 1971 und 1973 brach das in Bretton Woods 1944 ge-

schaffene System fester Wechselkurse zusammen, das zur Stabilität der Weltwirtschaft nach dem Zweiten Weltkrieg wesentlich beigetragen hatte. Dollar und Pfund standen unter starkem Abwertungs-, die deutsche Mark dagegen unter Aufwertungsdruck.
Ende 1973 stellte der Ölpreisschock die Weltwirtschaft vor eine weitere Herausforderung: Nach dem arabisch-israelischen Krieg erhöhte die Organisation der Erdöl exportierenden Länder (OPEC) den Ölpreis drastisch; in den folgenden Jahren stieg der Ölpreis, der über Jahrzehnte bei etwa 2 Dollar gelegen hatte, auf 35 Dollar je Barrel.
Ohnehin waren die westlichen Länder von wirtschaftlichen Umbrüchen betroffen: Dazu zählte die strukturelle Krise des Bergbaus und der Eisen- und Stahlindustrie, die schon seit den 1960er-Jahren deutlich geworden war. Auch die europäische Textilindustrie, die Werften und die Automobilhersteller spürten deutlich die Konkurrenz der Länder aus Fernost. Die Zeit des Wirtschaftswunders mit exorbitanten Wachstumsraten war vorüber; Arbeitslosigkeit, Inflation und Verteilungskonflikte kennzeichneten die veränderte Situation.

Währungsabkommen von Bretton Woods: im Jahre 1944 vereinbartes Währungssystem mit festen Wechselkursen und dem US-Dollar als Leitwährung.

Krise und Aufbruch der EG. Die EG hatte zunächst keine Antworten auf die veränderten wirtschaftlichen Rahmenbedingungen. Auch politisch war die Gemeinschaft durch die Tendenzen zur Renationalisierung aus den Debatten der vergangenen Jahre nicht gestärkt hervorgegangen. Nicht zuletzt belastete die teure Agrarpolitik die Kassen der Gemeinschaft und führte zu immer neuen Auseinandersetzungen, die durch die währungspolitischen Turbulenzen noch verschärft wurden.
Neue Impulse für die weitere Entwicklung der Gemeinschaft gingen seit Mitte der 1970er-Jahre von dem neu gewählten französischen Staatspräsidenten Valéry Giscard d'Estaing und dem deutschen Bundeskanzler Helmut Schmidt aus. Die beiden Politiker suchten nach veränderten Entscheidungsverfahren, um die Probleme in der Gemeinschaft anzugehen. Sie schlugen regelmäßige Gipfeltreffen der Staats- und Regierungschefs der Mitgliedstaaten vor; solche Treffen fanden als „Europäischer Rat" (der in den Verträgen der Gemeinschaft nicht vorgesehen war) seit Ende 1974 regelmäßig statt.
Auch in der Währungspolitik ergriffen Giscard d'Estaing und Schmidt die Initiative: Nachdem Versuche, wenigstens innerhalb der Gemeinschaft stabile Wechselkurse beizubehalten, in den Jahren zuvor immer wieder gescheitert waren, schlugen sie eine engere währungs- und finanzpolitische Zusammenarbeit der EG-Staaten mit weitgehend festen Wechselkursen innerhalb eines „Europäischen Währungssystems" (EWS) vor. Obwohl das Ziel völlig stabiler Wechselkurse nicht erreicht wurde, trug das EWS zu einer größeren währungspolitischen Stabilität in Europa bei. Die D-Mark entwickelte sich immer mehr zur Leitwährung im EWS.
Rund zehn Jahre später regte der Bericht des französischen Kommissionspräsidenten Jacques Delors die Schaffung einer Wirtschafts- und Währungsunion an. Der im Juni 1989 von den Staats- und Regierungschefs der EG verabschiedete Bericht sah die unwiderrufliche Fixierung der Wechselkurse und die Ablösung der nationalen Währungen durch eine europäische Währung vor und wurde damit zur Grundlage des Euro (s. S. 272).

Anfänge einer EG-Umweltpolitik. Durch Änderung des EWG-Vertrags erhielt die EG in der „Einheitlichen Europäischen Akte" 1987 Zuständigkeiten in weiteren Politikbereichen, darunter in der (grenzüberschreitenden) Umweltpolitik. Dabei wurde – nach dem sogenannten Subsidiaritätsprinzip – der Grundsatz festgeschrieben, dass die Regelungen der Gemeinschaft in der Umweltpolitik nur dann greifen sollten, wenn die angestrebten Ziele auf der Gemeinschaftsebene besser erreichbar waren als auf der Ebene der Mitgliedstaaten.
Auch in anderen Politikbereichen nahm die Bedeutung der Europäischen Gemeinschaft – gelegentlich für die Bürger fast unmerklich – weiter zu. Um die EG im Bewusstsein der Bürger besser zu verankern, wurde das Europäische Parlament seit 1979 direkt gewählt; gleichzeitig wurden die Kompetenzen des Parlaments erweitert.

Einheitliche Europäische Akte (EEA): Vertrag, in dem die EG-Staaten 1987 die Zuständigkeit der Gemeinschaft auf weitere Politikbereiche erweiterten und die Schaffung des Binnenmarktes bis zum 31.12.1992 vereinbarten. Mit der EEA wurde auch die „Europäische Politische Zusammenarbeit" (EPZ) in der Außenpolitik vertraglich vereinbart.

Süderweiterung der EG. Die Süderweiterung der EG wurde in den 1980er-Jahren in zwei Schritten vollzogen (Beitritt Griechenlands 1981, Beitritt Spaniens und Portugals 1986). Die politischen Voraussetzungen für den Beitritt der Staaten Südeuropas waren nach dem Sturz der autoritären Regime am Rande Europas gegeben: In Griechenland war die Militärherrschaft 1974 beendet, und in Portugal wurde das Salazar-Regime gestürzt. In Spanien wurde nach dem Tod Francos 1975 zwar die Monarchie restauriert; König Juan Carlos I. machte aber sofort deutlich, dass er Spanien auf den Weg der Demokratie zu führen beabsichtigte. In allen drei Ländern waren die an die Macht gelangten neuen politischen Eliten daran interessiert, ihre Länder durch die Mitgliedschaft in der EG zu modernisieren und die Demokratie zu festigen.
An eine Erweiterung der EG nach Osten dachte dagegen in den 1970er- und beginnenden 80er-Jahren wohl niemand. Die Teilung Europas wurde fast in allen politischen Lagern als Faktum hingenommen. Mit der Entspannungspolitik der 1970er-Jahre wurde lediglich versucht, die Folgen der Teilung abzumildern und einen erträglichen Status quo herzustellen, ehe wenige Jahre später mit der neuen Spirale des Rüstungswettlaufs noch einmal eine „Eiszeit" in den Beziehungen zwischen Ost und West begann (s. S. 23).

Karikatur zur Süderweiterung der EG

Auf der Schattenseite: Osteuropa 1948 – 1989

Marshall-Plan und Teilung Europas. Das amerikanische Angebot der Marshallplan-Hilfe richtete sich 1947 grundsätzlich an alle vom Krieg betroffenen europäischen Länder, die Sowjetunion eingeschlossen. Der Logik des „Kalten Krieges" entsprechend, entschied sich Stalin nach kurzem Zögern für die Absage, die von den USA im Grunde mit Erleichterung aufgenommen wurde. Anders als die Sowjetunion signalisierten die osteuropäischen Regierungen dagegen ihr Interesse an dem amerikanischen Hilfsangebot und insbesondere die tschechoslowakische Regierung war entschlossen, der Einladung nach Paris zu einer internationalen Konferenz über das Hilfsprogramm im Juli 1947 Folge zu leisten.
Für einen kurzen Zeitraum schien damit im Sommer 1947, als die Zeichen des „Kalten Krieges" schon deutlich sichtbar waren, noch einmal die Chance zu bestehen, den eingeschlagenen Weg zur Teilung des Kontinents zu verlassen. Stalin erkannte, dass die

Frage der Beteiligung am Marshall-Plan eine Weichenstellung für die weitere Entwicklung Europas bedeutete: Im Falle einer Beteiligung der osteuropäischen Länder mussten sich diese dem westlichen Einfluss öffnen. Die Sowjetunion setzte daher die osteuropäischen Regierungen massiv unter Druck, ihre Zusage zur Teilnahme an der Pariser Konferenz zurückzuziehen. Der tschechoslowakische Ministerpräsident Gottwald und Außenminister Jan Masaryk wurden kurzfristig nach Moskau beordert. Am 10. Juli sagten die Tschechoslowakei und Ungarn, einen Tag später Polen, Rumänien, Albanien und sogar Finnland ihre Teilnahme ab. Masaryk kommentierte das Ergebnis seiner Reise so: „Ich fuhr nach Moskau als der Außenminister eines souveränen Staates und kehrte als Lakai der Sowjetregierung zurück."

Staatsstreich in Prag 1948. Der kommunistische Staatsstreich in Prag setzte einen vorläufigen Schlusspunkt unter diese Entwicklung. Die Tschechoslowakei nahm in den ersten Nachkriegsjahren eine Sonderstellung zwischen Ost und West ein: Staatspräsident Beneš, der aus dem Londoner Exil zurückgekehrt war und in der Tschechoslowakei großes Ansehen genoss, war seit jeher an guten Beziehungen zu Moskau interessiert, betonte aber auch die politischen, wirtschaftlichen und kulturellen Bindungen der Tschechoslowakei zum Westen. Die Regierung in Prag bestand seit Kriegsende aus einer Mehrparteien-Koalition unter Führung der Kommunisten, die in der (letzten freien) Wahl 1946 fast 38 Prozent der Wählerstimmen bekommen hatten.

http://www.radio.cz/de
Beiträge zur tschechischen und europäischen Geschichte in der Rubrik „Geschichtskapitel"

Die Krise in Prag begann im Februar 1948 mit den Rücktrittsgesuchen von elf nichtkommunistischen Ministern, die mit ihrem Schritt gegen die zunehmende kommunistische Unterwanderung des Polizeiapparates protestieren und Staatspräsident Beneš zu energischem Handeln zwingen wollten. Die KP rief daraufhin zum Widerstand gegen die „bürgerliche Verschwörung" auf, organisierte Massendemonstrationen und drohte mit einem Generalstreik. In einer Atmosphäre der Einschüchterung wurden die verbliebenen Spielräume der anderen Parteien eingeschränkt und die Freiheit der Presse praktisch aufgehoben. Staatspräsident Beneš gab – aus Sorge vor dem drohenden Bürgerkrieg – nach und entließ am 25. Februar die bürgerlichen Minister. Bei der Umbildung des Kabinetts sicherten sich die Kommunisten alle wichtigen Positionen. Mithilfe einer Einheitsliste, in der die Aufteilung der Mandate schon vor dem Wahlgang festgelegt worden war, erhielten die Kommunisten in den anschließenden Wahlen eine klare Mehrheit; die anderen Parteien wurden kurze Zeit später aufgelöst.

Unter nie ganz geklärten Umständen kam der parteilose Außenminister Jan Masaryk, Sohn des Staatsgründers Tomas Masaryk, ums Leben: Seine Leiche fand sich am 10. März 1948 vor dem Fenster seiner Dienstwohnung in Prag. Staatspräsident Beneš zog die Konsequenzen aus der Entwicklung, die er nicht mehr steuern konnte, und legte Anfang Juni 1948 sein Amt nieder; sein Nachfolger wurde

Kommunistische Massendemonstration in Prag, Februar 1948

Ministerpräsident Gottwald, der den Staatsstreich von langer Hand geplant und organisiert hatte. Beneš starb nur wenige Monate nach der kommunistischen Machtübernahme am 3.9.1948.

Aufbau der Planwirtschaft. Mit der Ablehnung des Marshall-Plans und nach den Ereignissen in Prag waren die entscheidenden Weichen gestellt: Die Abschottung der Länder östlich des „Eisernen Vorhangs" wurde vorangetrieben, gleichzeitig konnte der Aufbau der sozialistischen Planwirtschaft, der schon vorher begonnen hatte, weiter forciert werden. Ökonomisch mussten sich die osteuropäischen Länder strikt am Vorbild der Sowjetunion orientieren. Das galt sowohl im Hinblick auf das System der Planwirtschaft als auch für das Industrialisierungsmodell mit der sehr einseitigen Betonung der Schwerindustrie. In allen Ländern wurden Banken und große Industrieunternehmen verstaatlicht; mittelständische Betriebe verschwanden innerhalb weniger Jahre weitgehend. Die Landwirtschaft wurde in allen Ländern – mit Ausnahme Polens – kollektiviert. Die Steuerung des gesamten Wirtschaftsprozesses erfolgte nach dem Vorbild der UdSSR normalerweise über Fünfjahrespläne. Dafür entstanden neue Wirtschaftsbürokratien, die meistens schwerfällig und ineffizient arbeiteten und vor allem von politischen Weisungen und Entscheidungen direkt abhängig waren.

RGW: „Rat für gegenseitige Wirtschaftshilfe" (engl.: „Council on Mutual Economic Cooperation – Comecon"), 1949 unter Führung der Sowjetunion gegründete Gemeinschaft der osteuropäischen Staaten mit planwirtschaftlichen Wirtschaftssystemen.

Rat für gegenseitige Wirtschaftshilfe. Planung und Lenkung der Wirtschaft über die Staatsgrenzen hinweg erfolgten im 1949 gegründeten „Rat für gegenseitige Wirtschaftshilfe" (RGW, Comecon), mit dessen Hilfe die Sowjetunion die Wirtschaft ihrer Satellitenstaaten weitgehend auf die eigenen Bedürfnisse hin ausrichtete – ohne Rücksicht auf gewachsene Traditionen, unternehmerische Erfahrungen, Arbeitskräftepotenziale und natürliche Standortvorteile dieser Länder. Für die Wirtschaft der Tschechoslowakei bedeutete das beispielsweise, dass sie in großem Umfang Maschinen an die Sowjetunion lieferte und bald drei Viertel der Exporte in die sozialistischen Länder gingen (vor dem Krieg: unter 10 Prozent). Wichtige industrielle Sektoren, in denen die Tschechoslowakei seit jeher über international konkurrenzfähige Unternehmen verfügte (Fahrzeugbau, Konsumgüterindustrie), wurden vernachlässigt.
Weil die RGW-Staaten einen Industrialisierungsrückstand im Vergleich zu den westlichen Staaten aufwiesen, flossen die Investitionen vorrangig in die Produktions- und Investitionsgüterindustrie, weniger in die Konsumgüterindustrie. Trotz zum Teil beachtlicher Wachstumsraten des Sozialprodukts in den 1950er-Jahren blieb daher die Versorgung der Bevölkerung mit industriellen Konsumgütern wie mit landwirtschaftlichen Erzeugnissen unbefriedigend.
1953 kam es in der ČSSR und in der DDR zu Streik- und Protestaktionen; drei Jahre später – im Jahre 1956 – wurde der Volksaufstand in Ungarn von der Roten Armee blutig niedergeschlagen. In den 1960er-Jahren gab es in mehreren RGW-Staaten angesichts der anhaltenden Wirtschaftsprobleme Reformbestrebungen von oben. In der Tschechoslowakei entwickelte Ota Šik im Auftrag der Partei ein Reformkonzept, das die staatliche Wirtschaftsplanung reduzieren und den Betrieben mehr Freiheit geben sollte.

Prager Frühling 1968. Im Januar 1968 wählte das Zentralkomitee der Tschechoslowakischen KP Alexander Dubček zum Ersten Sekretär der Partei. Mit ihm begann der „Prager Frühling", der bedeutendste Reformversuch in einem kommunistischen Staat seit dem Volksaufstand in Ungarn 1956. Dubček setzte auf Reformen innerhalb des Systems und gab auch das Signal zur Umsetzung des von Ota Šik entworfenen Wirtschaftsprogramms. Im März 1968 wurde die Pressezensur aufgehoben; die Medien nutzten fortan die neu gewonnene Freiheit. In Politik, Kultur und Wirtschaft konnte offen diskutiert werden wie seit 20 Jahren nicht mehr.
Überall in Europa wurde das tschechoslowakische Experiment eines „Sozialismus mit menschlichem Antlitz", wie es bald genannt wurde, mit größtem Interesse verfolgt. Trotzdem scheiterte der Versuch, eine freiheitliche Variante des Sozialismus zu realisie-

Prager beschimpfen die einrückenden sowjetischen Truppen als Invasoren, August 1968

ren, bereits nach einem halben Jahr. Dubček unterschätzte die Dynamik, die er mit seinen Reformversprechen und den tatsächlich gewährten Freiheiten auslöste. Vor allem aber unterschätzte Dubček seine konservativen Widersacher in der Kommunistischen Partei, die engen Kontakt nach Moskau hielten und dabei ein düsteres Bild der Verhältnisse im eigenen Land zeichneten. Ohne Wissen Dubčeks richteten sie am 3. August ein „Hilfeersuchen“ an den sowjetischen Generalsekretär Breschnew.
In der Nacht zum 21. August 1968 begann die militärische Intervention der Staaten des Warschauer Paktes mit fast einer halben Million Soldaten. Für einige Wochen gab es in der Tschechoslowakei vielerorts Aktionen passiven Widerstands, die letztlich aber chancenlos waren. Dubček selbst musste in einer bewegenden Fernsehansprache mit zitternder Stimme seinem Volk das Ende des „Prager Frühlings“ erklären.
Drei Monate nach dem Einmarsch, im November 1968, verkündete der sowjetische Generalsekretär die seitdem mit seinem Namen verknüpfte Doktrin der „beschränkten Souveränität“ der sozialistischen Länder. Der Graben zwischen West- und Osteuropa war damit noch tiefer geworden.

Konferenz für Sicherheit und Zusammenarbeit in Europa (KSZE). Einen Hoffnungsschimmer für eine gewisse Annäherung zwischen Ost- und Westeuropa gab es noch einmal 1975. In der finnischen Hauptstadt Helsinki unterzeichneten – nach zweijährigen mühsamen Verhandlungen – 35 Staaten (einschließlich der Sowjetunion, der USA und Kanadas) feierlich die Schlussakte der „Konferenz für Sicherheit und Zusammenarbeit in Europa“.
Die Sowjetunion sah in dem Konferenzergebnis in erster Linie eine Bestätigung des Status quo in Europa, da sich alle Unterzeichnerstaaten zur Unverletzlichkeit der Grenzen und zum Gewaltverzicht bekannten. Daneben hatten die westlichen Staaten aber darauf bestanden, dass die Unterzeichnerstaaten sich im sogenannten „Korb 1“ auch zur „Achtung der Menschenrechte und Grundfreiheiten“ und in „Korb 3“ zur Verbesserung des „Zugangs zu und des Austausches von Informationen“ verpflichteten.
Auf diese Rechte und Zusicherungen konnten sich Dissidenten und Oppositionelle in den kommunistischen Staaten Osteuropas sehr bald berufen. Das traf z. B. auf die 1980 in Polen gegründete unabhängige Gewerkschaft „Solidarność“, die in der DDR unter dem Schutz der Kirche entstehenden Friedensgruppen oder auf die Dissidenten der „Charta 77“ in der Tschechoslowakei zu, deren prominentester Vertreter der Schriftsteller Václav Havel war.
In der zweiten Hälfte der 1980er-Jahre erhielten die noch immer kleinen Oppositionsgruppen Auftrieb durch Gorbatschows Reformpolitik in der Sowjetunion. Gorbat-

Der spätere Präsident der Tschechoslowakei, Václav Havel, als Lagerarbeiter in einer Brauerei im Riesengebirge, 1974

schows Formel des „gemeinsamen europäischen Hauses", die das gemeinsame Interesse der Europäer an Frieden und Abrüstung auf beiden Seiten des Eisernen Vorhangs unterstreichen sollte, weckte Hoffnungen auf eine vorsichtige Öffnung gegenüber dem Westen und verband sich mit der Idee einer „Rückkehr nach Europa", die in den Dissidentenkreisen diskutiert wurde.

Wirtschaftliche Stagnation und Krise in den 1980er-Jahren. Wirtschaftlich waren die 1970er- und 80er-Jahre für Osteuropa eine Zeit der Stagnation und zunehmender Krisen. Die Gründe dafür waren vielfältig: Die osteuropäischen Staaten hatten seit den 1970er-Jahren mit strukturellen Veränderungen zu tun, die jenen ähnelten, mit denen auch die westlichen Volkswirtschaften konfrontiert waren. Die Sowjetunion erhöhte den Ölpreis für die osteuropäischen Abnehmerländer drastisch, wenn auch immer noch unterhalb des Weltmarktpreises. Für die osteuropäischen Staaten war diese Entwicklung ein schwerer Rückschlag: Alle Anstrengungen, den Lebensstandard der eigenen Bevölkerungen allmählich zu erhöhen und damit das Potenzial an Unzufriedenheit zu verringern, waren damit zum Scheitern verurteilt. Die DDR beispielsweise musste nach dem zweiten Ölpreisschock 1979 das Dreizehnfache des Ölpreises von 1970 an die Sowjetunion zahlen. Die Gewinne aus dem Erdölexport erlaubten der Sowjetunion, die Rüstungsausgaben auf einem hohen Niveau zu halten oder noch zu steigern. Auch in der Krise der Montanindustrie gab es Parallelen zwischen West und Ost: Während allerdings die westlichen Industriestaaten den Schrumpfungsprozess in der Montanindustrie durch staatliche Gegenmaßnahmen zwar verlangsamten, aber letzten Endes den Strukturwandel nicht verhinderten, setzten die RGW-Staaten die einseitige Orientierung auf die „alten Industrien" in den 1970er- und frühen 80er-Jahren noch weiter fort. Auf das Vorbild der Industrialisierung der Sowjetunion fixiert und aus Furcht vor sozialen Umbrüchen, verpassten die Ostblockstaaten die Umsteuerung der Wirtschaft in Richtung zukunftsträchtiger Branchen.

Die Wirtschaftsreformen der 1960er-Jahre, die eine Lockerung der starren Planwirtschaft mit sich gebracht hatten, wurden weitgehend – mit Ausnahme Ungarns – zurückgenommen. Die Reformen wurden teilweise sogar für die aktuellen Probleme verantwortlich gemacht und bewusst wurde die Rückkehr zur zentralistischen Planwirtschaft der frühen Jahre als Heilmittel propagiert. So wurden in der DDR die noch verbliebenen halbprivaten Handwerks- und kleinen Industriebetriebe 1972 verstaatlicht – mit gravierenden Folgen für die Versorgung der Verbraucher, aber auch für die Instandhaltung von Infrastruktur und Industrieanlagen.

Alle Ostblockstaaten hatten zunehmend Mühe, die eigene Bevölkerung mit den gewünschten Konsumgütern zu versorgen und den Abstand zum Westen nicht allzu groß werden zu lassen. Erst recht fehlten die Mittel für Investitionen in moderne Industriezweige. Als Ausweg erschien den meisten RGW-Staaten nur noch der verstärkte Import westlicher Konsumgüter und Technologien. Beides führte, da die Erlöse des Exports in westliche Staaten nicht ausreichten und die Exporte in RGW-Staaten nicht in konvertibler Währung abgerechnet wurden, letzten Endes fast zwangsläufig zur Verschuldung bei westlichen Geldgebern.

Auf einer Gipfelkonferenz in Moskau 1984 bekräftigten die RGW-Staaten noch ein-

Schulden der RGW-Staaten (in Mrd. US-Dollar)

	1975	1980	1985	1989
DDR				
brutto	5,2	13,9	13,2	20,6
netto	3,5	11,8	6,7	11
Polen				
brutto	8,4	24,1	29,3	41,4
netto	7,7	23,5	27,7	38
UdSSR				
brutto	10,6	23,5	25,2	52,4
netto	7,5	14,9	12,1	37,6
RGW				
brutto	34,8	88,6	96,9	153,4
netto	26,3	73,5	70	119,9

netto = Schulden nach Abzug der Reserven in konvertibler Währung

(Charles S. Maier, Das Verschwinden der DDR und der Untergang des Kommunismus, Frankfurt a. M. (S. Fischer) 1999, S. 123)

mal ihre Absicht, den Binnenhandel innerhalb des östlichen Wirtschaftsblocks zu stärken und von westlicher Technologie unabhängig zu werden. So unternahm die DDR in den späten 1980er-Jahren noch in großem Maßstab den Versuch, im Bereich der Mikroelektronik eine eigene Fertigung aufzubauen. Obwohl Milliarden in das Programm investiert wurden, wurden die Erwartungen bei Weitem nicht erfüllt: Die produzierten Speicherchips waren um ein Vielfaches teurer als die im Westen hergestellten.

Die Option einer teilweisen Abschottung vom Weltmarkt war für die Staaten des Ostblocks kein gangbarer Weg mehr. Im Gegenteil wurden die RGW-Staaten durch den Zwang zur Kreditaufnahme im Westen immer stärker in den Weltmarkt hineingezogen.

2. Ein Kontinent wächst zusammen: Europa seit 1989/90

Der Vertrag von Maastricht

Die entscheidenden Impulse zur Fortsetzung des europäischen Integrationsprozesses nach dem Ende des „Kalten Krieges" gingen vom Treffen der Staats- und Regierungschefs der EG im Dezember 1991 in Maastricht aus. Der Maastrichter „Vertrag über die Europäische Union" (EUV) wurde am 7. Februar 1992 unterzeichnet und trat nach einem schwierigen Ratifikationsprozess Ende 1993 in Kraft.

http://europa.eu
Grundlegende Informationen zur Geschichte der EU und ihrer Institutionen

Das Vertragswerk von Maastricht. Mit dem Maastrichter Vertrag entstand die Europäische Union: Sie trat nicht an die Stelle der bestehenden Europäischen Gemeinschaften, sondern bildete eine Art Dach über ihnen. Die bestehende „Säule" der Europäischen Gemeinschaften wurde durch zwei neue Säulen ergänzt: die Gemeinsame Außen- und Sicherheitspolitik (GASP) sowie die Zusammenarbeit in der Justiz- und Innenpolitik. Mit den beiden Säulen war innerhalb der Gemeinschaft eine neue Stufe

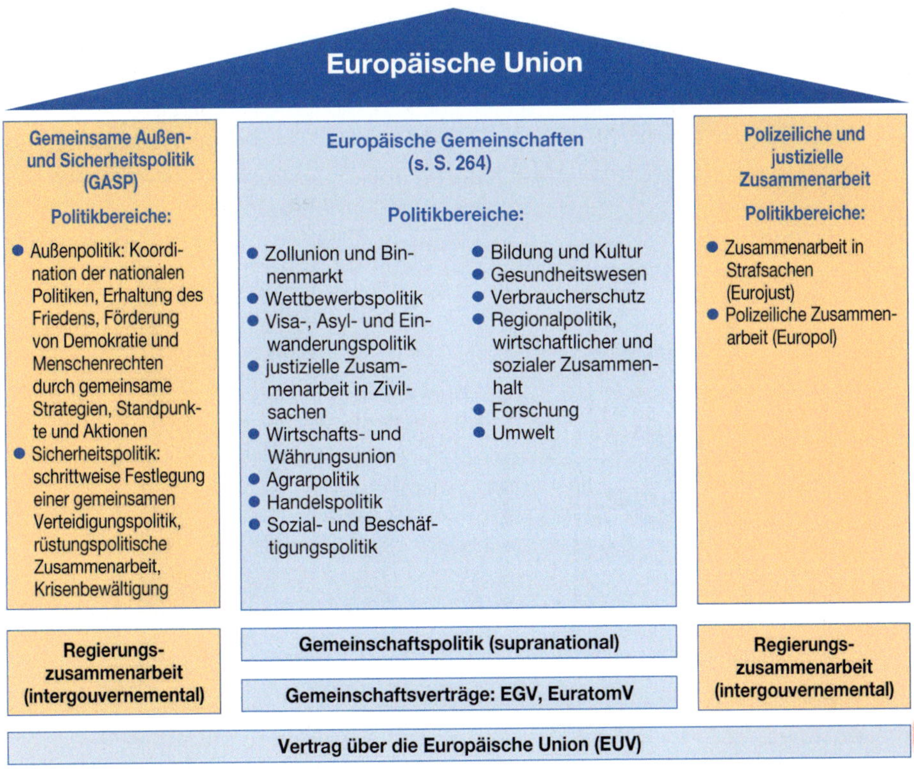

Die drei Säulen der Europäischen Union

der Zusammenarbeit auf Regierungsebene erreicht, aber keine „Vertiefung" der Integration, wie sie die Bundesrepublik Deutschland mit ihrem Ziel der Politischen Union grundsätzlich anstrebte. Die Kompetenzen des EU-Parlaments wurden im Zuge des Maastrichter Vertrags gestärkt.

Gemeinsame europäische Währung. Herzstück der Maastrichter Beschlüsse war die Entscheidung, bis spätestens 1999 (Bankensektor) bzw. 2002 (Bargeldverkehr) eine gemeinsame europäische Währung einzuführen. Dieser Teil des Vertragswerks war besonders umstritten, obwohl er durch den Delors-Bericht (s. S. 265) und den Beschluss des Europäischen Rats vom Juni 1989, der die Vollendung der Wirtschafts- und Währungsunion vorsah, bereits vorbereitet war.
Mit Nachdruck trat besonders die französische Regierung für die gemeinsame Währung ein. In Frankreich bestanden in der Umbruchsituation 1989/90 große Ängste vor einem mit der Vereinigung der beiden deutschen Staaten in der Mitte Europas entstehenden neuen Machtzentrum mit 80 Millionen Einwohnern. Präsident Mitterrand und die französische Regierung hofften, dass Deutschland als stärkste Wirtschaftsmacht des Kontinents durch eine gemeinsame Währung unwiderruflich an Europa gebunden werde und damit auch die Dominanz der D-Mark beendet werden könnte.
Bis heute wird diskutiert, ob die deutsche Zustimmung zur Gemeinschaftswährung der „Preis der Einheit" (vgl. auch Thema, S. 310f. und Forum, S. 314) war. Tatsache ist, dass Bundeskanzler Helmut Kohl an der Jahreswende 1989/90 dem Drängen Präsident Mitterrands nachgab und der Einberufung einer Regierungskonferenz zustimmte, auf der die Grundsatzentscheidung zur Währungsunion fallen sollte – ohne dass die von Deutschland angestrebte Politische Union in greifbare Nähe rückte.
Was die Währungsunion betraf, waren in Deutschland zunächst noch erhebliche Widerstände zu überwinden. Für die Bevölkerung war die D-Mark zum Inbegriff der Stabilität und Stärke der deutschen Wirtschaft geworden. Auch die Bundesbank machte Bedenken geltend und unter führenden Ökonomen wurde die Ansicht vertreten, dass die unterschiedlichen Volkswirtschaften Europas sich nur um den Preis von Inflation und höherer Staatsverschuldung unter dem Dach einer gemeinsamen Währung zusammenführen ließen.
Andererseits war die wirtschaftliche Entwicklung in den frühen 1990er-Jahren geeignet, zusätzliche Argumente für die Gemeinschaftswährung zu liefern: Die europäischen Staaten gerieten erneut in eine wirtschaftliche Rezession, die von heftigen Währungsturbulenzen begleitet war und nach dem Urteil der EU-Kommission 1,5 Millionen Ar-

Frankreichs Staatspräsident Mitterrand zur britischen Premierministerin Thatcher und zu US-Präsident Bush: „Es ist die Wiedervereinigung ..."

beitsplätze kostete. Unter dem massiven Druck internationaler Spekulanten musste die britische Regierung das Pfund abwerten. Vor diesem Hintergrund versprach eine gemeinsame europäische Währung ein Mehr an Stabilität und eine größere Unabhängigkeit vom Dollar.
Im weiteren Verlauf der Verhandlungen über die Wirtschafts- und Währungsunion setzte die Bundesregierung wichtige Forderungen durch: Nach deutschem Vorbild sollte eine regierungsunabhängige europäische Zentralbank Garant der Stabilität der neuen Währung sein und die EU-Staaten sollten sich restriktiven Regeln für die Aufnahme von Schulden unterwerfen. Der 1996 beschlossene Stabilitätspakt sah eine Begrenzung des Haushaltsdefizits der Teilnehmerstaaten auf maximal drei Prozent und eine Staatsschuldenquote von 60 Prozent, jeweils bezogen auf das Bruttoinlandsprodukt, vor (sogenannte Maastricht-Kriterien).
Die Wechselkurse der teilnehmenden Staaten wurden vom 1. Januar 1999 an unwiderruflich fixiert. Die Einführung von Euro-Münzen und Bankknoten folgte zum 1. Januar 2002. Sitz der neuen Europäischen Zentralbank wurde Frankfurt, wo auch die Zentrale der Deutschen Bundesbank angesiedelt ist. Dänemark und Großbritannien beteiligten sich an diesem Teil des Maastrichter Vertragswerks nicht und blieben der Euro-Zone fern („opting out"): Neben den finanzpolitischen Restriktionen fürchteten sie den Verlust an nationaler Souveränität, der mit der Aufgabe der eigenen Währung unvermeidlich verbunden war.

Architekten der Wirtschafts- und Währungsunion: Jacques Delors und Helmut Kohl

Die EZB in Frankfurt

Zerreißprobe für die Gemeinschaft. In mehreren europäischen Ländern formierten sich Vertragsgegner auf breiter Front gegen „Maastricht": Mit Parolen gegen die „Brüsseler Bürokratie" und mit teilweise stark nationalistischen Untertönen gelang es ihnen, in mehreren Ländern eine ablehnende Stimmung gegen das Vertragswerk und die Fortsetzung der Integrationspolitik zu erzeugen. In Dänemark, Irland und Frankreich fanden erstmals Volksentscheide zu einem europäischen Vertragswerk statt: In Frankreich erhielt der Vertrag nur eine hauchdünne Mehrheit von 51 Prozent; die Dänen stimmten erst im zweiten Volksentscheid zu. Insgesamt zeigte sich, dass das „Projekt Europa" rund vier Jahrzehnte nach Kriegsende im Bewusstsein der westeuropäischen Bevölkerungen nicht sehr tief verankert war.

EU-Binnenmarkt und Schengener Abkommen. In der Praxis rückten die EU-Staaten dennoch näher zusammen: Seit dem 1.1.1993 war der EU-Binnenmarkt, d. h. der freie Verkehr von Waren, Dienstleistungen, Personen und Kapital innerhalb der Gemeinschaft, weitgehend realisiert. Mit der zunehmenden Umsetzung des schon 1985 ver-

EU-Binnenmarkt: einheitlicher Wirtschaftsraum, indem die sog. „Vier Freiheiten" (freier Verkehr von Personen, Waren, Dienstleistungen und Kapital) gewährleistet sind.

Schengener Abkommen: benannt nach dem in Luxemburg gelegenen Ort Schengen.

einbarten Schengener Abkommens, mit dem die Personenkontrollen an den Binnengrenzen abgeschafft und stattdessen verstärkte Kontrollen an den Außengrenzen aufgebaut wurden, wurde in den 1990er-Jahren die Freizügigkeit noch weiter erleichtert. Abgesehen von Großbritannien und Irland traten nach und nach alle EU-Staaten dem Abkommen bei.

Norderweiterung der EU. Das Ende des „Kalten Krieges" ebnete auch den Weg zur Aufnahme der ehemals neutralen Staaten in die EU: Österreich, Schweden und Finnland traten am 1.1.1995 nach kurzen Beitrittsverhandlungen der EU bei. Dass die Vorbehalte gegenüber einem „Groß-Europa" gerade in den skandinavischen Staaten noch nicht beseitigt waren, zeigte das Beitritts-Referendum in Schweden, bei dem Ende 1994 nur gut 52 Prozent der Abstimmenden mit Ja stimmten. Anders als Finnland und Österreich blieb Schweden der Euro-Zone fern. In Norwegen stimmten die Wahlberechtigten mehrheitlich gegen die Mitgliedschaft in der EU. Auch die Schweiz verfolgte nach einer negativen Volksabstimmung zur Beteiligung am „Europäischen Wirtschaftsraum" (EWR) einen möglichen EU-Beitritt nicht weiter. Beide Staaten traten aber dem Schengener Abkommen bei.

EWR: Das Abkommen über den „Europäischen Wirtschaftsraum" (1992) ermöglichte den EFTA-Staaten eine enge Anbindung an den EU-Binnenmarkt – ohne formellen Beitritt zur Gemeinschaft.

Transformation der Wirtschaftssysteme in Osteuropa und Osterweiterung der EU

Von der Planwirtschaft zur Marktwirtschaft. In den ehemaligen Ostblockstaaten wurde mit der Öffnung der Grenzen der schnelle Umbau der Wirtschaft in Richtung Marktwirtschaft unvermeidlich. Die Menschen erwarteten neben der Reform der politischen Systeme auch wirksame ökonomische Veränderungen, die die Mangelwirtschaft beseitigen und den Lebensstandard möglichst schnell erhöhen sollten. Die Sowjetunion selbst beschleunigte den Prozess des Wandels durch Gorbatschows Entscheidung, für Exporte in die bisherigen RGW-Länder Weltmarktpreise zu verlangen. Die endgültige Auflösung des RGW war dann 1991 nur noch Formsache.

Übergang zur Marktwirtschaft in Polen. Der Umbau der Planwirtschaften Osteuropas in marktwirtschaftlich-kapitalistische Systeme war historisch ohne Vorbild. Pläne für den Umbau des Systems gab es lediglich in Polen, wo der Finanzminister und spätere Staatsbankchef Leszek Balcerowiczs einen radikalen marktwirtschaftlichen Kurs verfolgte: Seit dem 1.1.1990 wurden die Preise freigegeben und staatliche Subventionen radikal gekürzt. Die Firmen wurden so zu einer strikt am Markt orientierten Form des Wirtschaftens gezwungen – mit der Folge von Konkursen, Entlassungen und schnell sinkenden Reallöhnen. Die Privatisierung der maroden Industrieunternehmen kam allerdings nur langsam voran, da sich für viele Unternehmen keine Käufer fanden, inländisches Kapital kaum zur Verfügung stand und ausländische Investoren in den ersten Jahren nur schwer zu gewinnen waren. In der Landwirtschaft, die auch während der kommunistischen Zeit in privaten Händen verblieben war, stand die Zeit fast still, Produktivitätsfortschritte durch Modernisierungsinvestitionen blieben Mangelware. Zur Jahrhundertwende waren noch immer 20 Prozent der Erwerbsbevölkerung in der Landwirtschaft beschäftigt, die aber nur drei Prozent zum Bruttoinlandsprodukt beitrug.

Beispiel Tschechoslowakei. Auch die Tschechoslowakei steuerte unter ihrem Finanzminister und späteren Ministerpräsidenten und Staatspräsidenten Václav Klaus einen radikalen marktwirtschaftlichen Kurs. Klaus bekannte sich zum Vorbild Margret Thatchers, die in Großbritannien in den 1980er-Jahren wirtschaftsliberale Reformen durchgeführt und den Sozialstaat beschnitten hatte. Klaus sprach sich für eine Marktwirtschaft „ohne Adjektiv" aus und wandte sich damit gegen Staatspräsident Havel, der für eine Orientierung am Modell einer „sozialen Marktwirtschaft" eintrat. Die Privatisierung erfolgte seit 1991 in mehreren Schritten: Kleinbetriebe, die nach der kommunis-

tischen Machtübernahme 1948 enteignet worden waren, konnten rückübertragen und verkauft werden. So entstanden schnell weit mehr als 100 000 private Firmen im Bereich von Handwerk, Einzelhandel und Gastronomie.
Bei der Privatisierung der großen Betriebseinheiten konnten die Bürger gegen geringe Verwaltungsgebühr Coupons erhalten, die den Erwerb von Aktien an den zu privatisierenden 3 000 Großbetrieben ermöglichten. Es stellte sich allerdings bald heraus, dass dieses System nicht zu einer breiten Vermögensstreuung, sondern doch wieder zu einer Konzentration der Vermögenswerte bei Investmentfonds und Banken führte. Havel sprach kritisch von Strukturen eines „Mafia-Kapitalismus", der sich im Zuge der Privatisierung breitgemacht habe.

Sonderfall DDR. Die Transformation des Wirtschaftssystems der DDR war ein Sonderfall in mehrfacher Hinsicht: Durch die Entscheidung zur Währungs-, Wirtschafts- und Sozialunion mit der Bundesrepublik Deutschland ab 1.7.1990 gingen die Absatzmärkte in Osteuropa schlagartig verloren, weil sich die Exportprodukte der DDR infolge der DM-Einführung etwa auf das Drei- bis Vierfache des bisherigen Niveaus verteuerten. Die Produktivität der DDR-Wirtschaft und die Qualität der produzierten Güter konnten andererseits auf den westlichen Märkten nicht mithalten, sodass der Verlust der Absatzmärkte im bisherigen RGW-Raum in keiner Weise kompensiert werden konnte.
Anders als die Staaten Osteuropas wurde Ostdeutschland mit der deutschen Vereinigung auch sofort in die EU integriert – eine zeitweilige Abschottung gegenüber dem europäischen Markt während der Transformationsphase (wie etwa in der Tschechoslowakei) war damit nicht möglich. Schnell stellte sich heraus, dass die Leistungsfähigkeit der DDR-Wirtschaft, die immerhin den Spitzenplatz im RGW eingenommen hatte, weit überschätzt worden war. Die Treuhandanstalt, die zur Zwischeneigentümerin von etwa 8 000 Betrieben wurde, konnte nur einen Bruchteil davon sanieren und erfolgreich privatisieren. Die größere Zahl war unverkäuflich und musste stillgelegt werden, in vielen Industriezweigen waren nicht einmal Restbestände der großen Industriekombinate zu retten. Die Folgen bestanden in der Deindustrialisierung ganzer Regionen und hoher Dauerarbeitslosigkeit. Große Probleme und hohe Kosten bereitete auch die allmähliche Beseitigung der riesigen Umweltprobleme.
Nach Ansicht des angelsächsischen Historikers Tony Judt konnten sich die Ostdeutschen allerdings „noch glücklich schätzen: *Ihr* Weg aus dem Kommunismus wurde von der stärksten Volkswirtschaft Westeuropas bezahlt." Die öffentlichen Transferzahlungen von West nach Ost summierten sich in den ersten fünf Jahren nach der Vereinigung der beiden deutschen Staaten auf über 600 Milliarden DM, bis 2010 netto, d. h. nach Abzug von Rückflüssen in Form von Steuereinnahmen in den neuen Ländern, auf etwa 1,6 Billionen Euro. Im übrigen Osteuropa mussten die gewaltigen Kosten der Umstellung und Modernisierung der Wirtschaft von den jeweiligen Staaten und ihren Bevölkerungen selbst geschultert werden.

SPIEGEL-Titel Nr. 39/2004

Wirtschaftsumbau in anderen ehemaligen RGW-Staaten. Schnelle, schockartige Wirtschaftsreformen fanden z. B. auch in Estland statt. In den baltischen Staaten bestand eine zusätzliche Herausforderung darin, dass man aus dem Währungsgebiet des russischen Rubel, der unter einer rasanten Inflation litt, aussteigen und möglichst stabile eigene, neue Währungen einführen musste.
In anderen osteuropäischen Staaten wie Rumänien und der Ukraine rang sich die politische Führung erst nach und nach zu eher vorsichtigen Reformen des Wirtschaftssystems durch. Dieses Vorgehen vermied abrupte Verschlechterungen der sozialen Verhältnisse, führte andererseits aber auch keine wirtschaftlichen Fortschritte herbei. Im Gegenteil führte der langsame, wenig transparente Abbau der Staatswirtschaft dazu, dass kommunistische Parteifunktionäre sich ehemaliges „Volkseigentum" privat aneigneten und neue ökonomische und politische Machtpositionen außerhalb demokratischer Kontrolle aufbauen konnten.

Osterweiterung der EU. In den Staaten Mittelosteuropas bestand nach 1989/90 überwiegend der Wunsch nach einer baldigen Aufnahme in die Gemeinschaft, wobei sich politische Erwägungen, die Hoffnung auf wirtschaftliche Hilfe und nicht zuletzt auch Sicherheitsüberlegungen verbanden. Im Westen suchte man dagegen schnelle Entscheidungen zunächst zu vermeiden.
Tatsächlich war die EU Anfang der 1990er-Jahre auf eine Erweiterung nach Osten in keiner Weise vorbereitet: Die „alten" Mitgliedsstaaten schreckten angesichts eigener Wirtschaftsprobleme vor neuen Lasten zurück; sie befürchteten teilweise, wie z. B. Deutschland, negative Konsequenzen durch die Öffnung des Arbeitsmarkts für osteuropäische Arbeitskräfte, neue Lasten durch Aufbauhilfen für die neuen Mitgliedstaaten und eine weitere Explosion der Kosten für den hochsubventionierten europäischen Agrarmarkt. Der Zerfall Jugoslawiens, das in den 1990er-Jahren in einem blutigen Bürgerkrieg mit grausamen „ethnischen Säuberungen" versank, beförderte allerdings das Umdenken, zeigte er doch eindrücklich die von einem neuen Nationalismus ausgehenden Gefahren.
Die EU-Beitrittsverhandlungen kamen erst Ende der 1990er-Jahre in Gang. Es dauerte weitere Jahre, bis im April 2003 die Beitrittsverträge mit zehn Ländern auf der Athener Akropolis feierlich unterzeichnet wurden: Am 1. Mai 2004 traten die baltischen Staaten, Polen, Tschechien, die Slowakei, Ungarn, Slowenien (als einziger Staat aus dem ehemaligen Jugoslawien) sowie Malta und Zypern der EU bei; Bulgarien und Rumänien folgten zum 1. Januar 2007. Für die Freizügigkeit auf dem Arbeitsmarkt wurden in den Verträgen Übergangsregelungen vereinbart, die den Zuzug von Arbeitskräften aus Osteuropa in die bisherigen EU-Staaten bis 2011 begrenzten. Auch für den Agrarsektor wurden Regelungen vereinbart, die darauf hinausliefen, die landwirtschaftlichen Subventionen für die neuen Mitglieder im Rahmen einer angestrebten Agrarmarktreform erst nach 2013 voll wirksam werden zu lassen.

Die EU nach der Osterweiterung. Mit der Erweiterung der Gemeinschaft auf insgesamt 27 Staaten war ein zusammenhängender Wirtschaftsraum zwischen Atlantik und

Karikatur zur EU-Osterweiterung

Schwarzem Meer und von der Ostsee bis zum Mittelmeer geschaffen. Dieser gewaltige Binnenmarkt umfasst rund eine halbe Milliarde Einwohner und erwirtschaftet das größte Bruttoinlandsprodukt der Welt. Von den neuen EU-Mitgliedern traten Slowenien (2007), die Slowakei (2009) und Estland (2011) der Euro-Zone bei, die damit 17 Teilnehmerstaaten mit über 325 Millionen Einwohnern umfasst. Weitere Länder Ostmitteleuropas bereiten sich auf die Euro-Einführung vor.

Reform der EU? – Das Scheitern der EU-Verfassung und der Vertrag von Lissabon

Reformbedarf der EU-Organe. Spätestens mit der EU-Erweiterung wurde deutlich, wie reformbedürftig die Institutionen der Gemeinschaft waren.
Das institutionelle Gerüst der Gemeinschaft stammte noch aus der Zeit der Gründung der EWG und passte nicht unbedingt zu der EU von 27 Mitgliedstaaten und zu den um ein Vielfaches gewachsenen Zuständigkeiten der Gemeinschaft im 21. Jahrhundert.
Das galt zunächst für die politischen Organe der Gemeinschaft: In der **Kommission**, dem Exekutivorgan der EU, war jeder Mitgliedstaat mit einem eigenen Kommissar vertreten. Dass der Kommission, die in der Geschichte der Gemeinschaft der eigentliche Motor der Integration gewesen war, mit ihrer Ausweitung auf weit über 20 oder eines Tages vielleicht 30 Mitglieder zu einem schwerfälligen Organ werden würde, lag auf der Hand. In der Diskussion um eine Reform der EU-Institutionen stand daher die Frage einer Verkleinerung der Kommission obenan. Allerdings waren hier nationale Empfindlichkeiten berührt, da insbesondere die kleineren Mitgliedstaaten die Sorge hatten, ohne ein „eigenes" Kommissionsmitglied an Einfluss zu verlieren.
Ein weiteres Problem war die Frage des Abstimmungsmodus im **Rat (Ministerrat)**, dem Gremium der jeweiligen Fachminister der Mitgliedstaaten. Seit Gründung der EWG war der Rat faktisch das Gesetzgebungsorgan der Gemeinschaft, das nach und nach allerdings Kompetenzen mit dem Europäischen Parlament teilen musste. Obwohl nach dem Vertrag von Nizza (2001) auch Entscheidungen mit qualifizierter Ratsmehrheit nach einem komplizierten, die kleineren Länder bevorzugenden Stimmenschlüssel möglich waren, fielen die meisten Entscheidungen im Rat nach langen Verhandlungen einstimmig. Das Einstimmigkeitsprinzip musste bei einer vergrößerten Gemeinschaft als Bremse wirken: Die Frage des Abstimmungsmodus war deshalb eines der zentralen Themen für die Reform der Gemeinschaft.
Eine Reform der EU kam schließlich an der Frage der Rechte des **Europäischen Parlaments** nicht vorbei. Trotz des Kompetenzzuwachses seit der ersten Direktwahl 1979 war das Europäische Parlament mit den Parlamenten in entwickelten demokratischen Staaten nicht voll vergleichbar. Erst seit dem Maastrichter Vertrag gab es das Mitentscheidungsverfahren, durch das das Parlament gleichberechtigt mit dem Ministerrat an einem Teil der europäischen Gesetzgebung beteiligt war. Die Mitentscheidungsbefugnisse waren allerdings auf bestimmte Rechtsgebiete beschränkt – auf die Agrarpolitik, auf die fast die Hälfte der Gemeinschaftsausgaben entfiel, hatte das Parlament keinerlei Einfluss. Auch das Recht der Gesetzesinitiative fehlte dem Europäischen Parlament.

www.europa.eu
Wichtige Internet-Adressen zur EU und ihren Institutionen

www.europarl.europa.de
Aktuelle Informationen zur Arbeit des Europäischen Parlaments

EU-Gesetzgebung
In der EU-Gesetzgebung sind zwei Formen zu unterscheiden:

- **EU-Verordnungen:** Sie haben allgemeine Geltung und gelten unmittelbar in jedem Mitgliedstaat.
Beispiele: Flugsicherheit, Handytarife im Ausland, Kennzeichnung von Lebensmitteln aus ökologischem Anbau.

- **EU-Richtlinien:** Sie sind hinsichtlich des zu erreichenden Ziels verbindlich, die Umsetzung wird jedoch den Einzelstaaten überlassen.
Beispiele: Luftreinhaltung, Gleichbehandlung (Schutz vor Diskriminierung) in Beschäftigung und Beruf, Produkthaftung.

→ Wird europäisches Recht von einem Mitgliedstaat nicht ordnungsgemäß umgesetzt, kann die Kommission Klage beim **Europäischen Gerichtshof** einreichen.

Europäischer Verfassungskonvent. Auf dem EU-Gipfel von Schloss Laeken (bei Brüssel) im Dezember 2001 vereinbarten die 15 Staats- und Regierungschefs der EU die Einberufung eines Konvents zur Erarbeitung einer europäischen Verfassung, in der –

möglichst noch vor der Erweiterung der EU – die Reform der Gemeinschaft und ihrer Institutionen umfassend geregelt werden sollte.
Der Europäische Verfassungskonvent, der aus 105 Mitgliedern aus Regierungen und Parlamenten der EU (einschl. der Beitrittskandidaten) bestand und von dem ehemaligen französischen Staatspräsidenten Giscard d'Estaing geleitet wurde, nahm seine Arbeit im Februar 2002 auf und legte im Juli 2003 seinen Entwurf einer europäischen Verfassung vor. In der sofort beginnenden Diskussion spielte die Frage der „Verfassungsfähigkeit" der EU eine bedeutsame Rolle: Die Kritiker argumentierten, dass eine „echte Verfassung" einen „echten Staat" voraussetze. Außerdem gebe es kein „europäisches Volk", das sich eine Verfassung geben könne, sondern nur verschiedene Völker und Staaten, die bestenfalls eine überstaatliche Föderation eingegangen seien. Anhänger des Verfassungsentwurfs machten dagegen geltend, dass die EU im Lauf ihrer Entwicklung längst eine staatsähnliche Qualität erlangt habe.
Nach langen Verhandlungen und schwierigen Kompromissen verständigten sich die Staats- und Regierungschefs auf dem EU-Gipfel am 18. Juni 2004 – also erst nach der Aufnahme der neuen Mitgliedstaaten – auf einen überarbeiteten Entwurf eines Verfassungstexts, in dem die unterschiedlichen Vertragswerke der Gemeinschaft gebündelt und um eine „Charta der Grundrechte" erweitert wurden.
Dieser erste Versuch, die EU in der Tradition der europäischen Verfassungsgeschichte auf eine neue und einheitliche Grundlage zu stellen, scheiterte schnell: Der Verfassungsentwurf wurde in zwei Referenden in Frankreich und den Niederlanden 2005 mit knapper Mehrheit abgelehnt. Das Ergebnis der Volksabstimmungen war für die Verfassungsbefürworter umso bitterer, weil die Verfassung ausgerechnet in zwei Gründungsstaaten der EU von einer Mehrheit der Bevölkerung abgelehnt wurde.

Zweiter Anlauf: Der Vertrag von Lissabon. Den Staats- und Regierungschefs der EU-Staaten blieb nach dieser Niederlage kaum eine andere Wahl, als die dringend erforderliche Reform der EU mithilfe eines neuen Reformvertrags – ohne den Anspruch einer „Verfassung" – zu versuchen. Dies gelang auf dem Gipfeltreffen in Lissabon im Oktober 2007: Der Vertrag von Lissabon nahm in der Substanz wesentliche Ideen der gescheiterten Verfassung auf und schien damit geeignet, die überfällige Reform der EU endlich durchzusetzen.
Dennoch waren nicht alle Schwierigkeiten aus dem Wege geräumt: Die irische Bevölkerung lehnte in einer Volksabstimmung, die stark von anti-europäischen Ressentiments geprägt war, den Vertrag zunächst ab. Erst nach weiteren Zugeständnissen der EU und unter dem Eindruck der internationalen Finanz- und Wirtschaftskrise ging ein zweites Referendum in Irland im Oktober 2009 – diesmal mit deutlicher Mehrheit – zugunsten des Vertrags von Lissabon aus. In Polen und der Tschechischen Republik zögerten die Staatspräsidenten, Kaczynski und Klaus, ihre Unterschrift unter den Vertrag hinaus und bestanden noch auf Sonderkonditionen in einzelnen Punkten.

Etappen des Reformprozesses

Dezember 2001: Der EU-Gipfel von Laeken ruft einen Konvent zur Erarbeitung einer europäischen Verfassung ins Leben.

29. Oktober 2004: Der Verfassungsentwurf wird in Rom von den EU-Staats- und Regierungschefs unterzeichnet.

29. Mai 2005: Die Franzosen verweigern in einer Volksabstimmung ihre Zustimmung.

1. Juni 2005: Auch die Niederländer sagen Nein. Die Verfassung ist gescheitert.

23. Juni 2007: Unter Vorsitz der deutschen Kanzlerin Angela Merkel beschließt der EU-Gipfel, den gescheiterten Verfassungsentwurf durch einen Reformvertrag zu ersetzen.

18. Oktober 2007: Der Entwurf des Reformvertrags wird in Lissabon von allen Staats- und Regierungschefs angenommen.

13. Juni 2008: Das Referendum in Irland über den Lissabon-Vertrag scheitert.

30. Juni 2009: Das Bundesverfassungsgericht verlangt vor der Ratifizierung des Vertrags eine Änderung der deutschen Begleitgesetze.

2. Oktober 2009: In einer zweiten Volksabstimmung wird der Vertrag in Irland angenommen.

3. November 2009: Der tschechische Präsident Václav Klaus setzt seine Unterschrift unter den Vertrag. Damit ist der Ratifizierungsprozess in allen 27 EU-Ländern abgeschlossen.

Selbst in der notorisch EU-freundlichen Bundesrepublik Deutschland wurden Bedenken laut. Das Bundesverfassungsgericht, das von Gegnern des Vertrages angerufen worden war, erklärte zwar den Lissabon-Vertrag ohne Abstriche für mit dem Grundgesetz vereinbar. Gleichzeitig legte es aber dem deutschen Gesetzgeber auf, das sogenannte Begleitgesetz, mit dem spätere Weiterentwicklungen der EU-Verträge in einem vereinfachten Verfahren übernommen werden können, im Sinne einer Stärkung der deutschen Legislative nachzubessern.

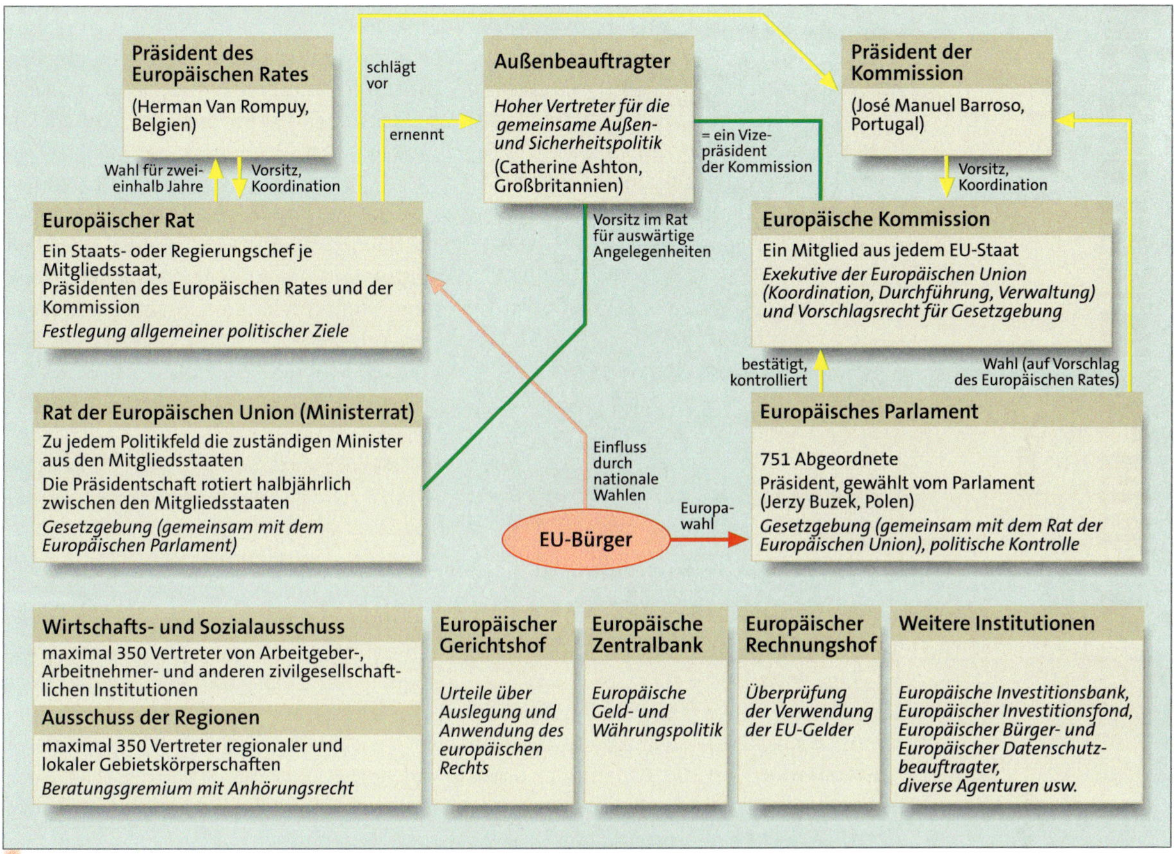

So funktioniert die EU nach dem Vertrag von Lissabon (Stand 2010).

Neuerungen des Lissabon-Vertrags. Der **Vertrag von Lissabon** konnte schließlich am 1. Dezember 2009 in Kraft treten. Die wesentlichen Neuerungen waren:

- **EU-Präsident und EU-Außenbeauftragter:** An der Spitze der EU steht nun der Präsident des Europäischen Rates, der den Vorsitz im Rat der Staats- und Regierungschefs führt. Während bisher die Präsidentschaft im Rat halbjährlich wechselte, wird der Ratspräsident nun für zweieinhalb Jahre gewählt. Neu eingeführt bzw. gestärkt wurde auch das Amt des EU-Außenbeauftragten (Hoher Vertreter der Union für Außenbeziehungen und Sicherheitspolitik), der nun zugleich Vizepräsident der EU-Kommission ist. Mit Rücksicht auf Großbritannien verzichtete man auf den Titel eines EU-Außenministers. Der Außenbeauftragte kann sich auf einen eigenen diplomatischen Dienst der EU stützen, der nach und nach aufgebaut wird und der mit den Auslandsvertretungen der Mitgliedstaaten zusammenarbeiten soll.
- **Prinzip der doppelten Mehrheit im Ministerrat:** Im Rat der Europäischen Union (Ministerrat) wurde für die Mehrzahl der Rechtsakte ein neues Abstimmungsverfahren eingeführt, das endlich Mehrheitsbeschlüsse erleichtern soll. Danach gelten Beschlüsse als angenommen, wenn 55 Prozent der Mitgliedstaaten (bei 27 Mitgliedern sind dies

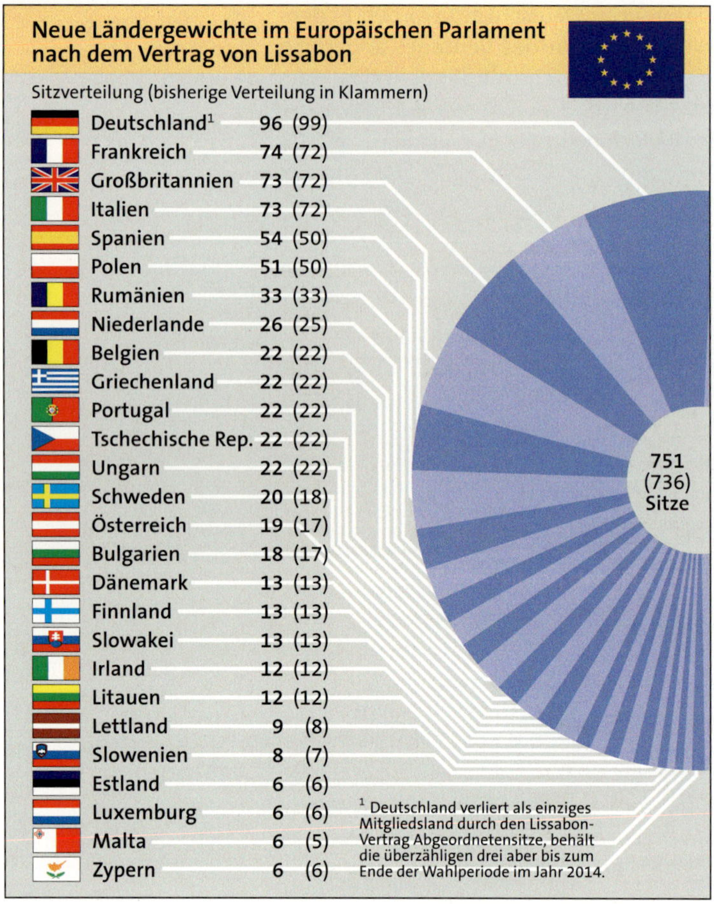

15 Staaten), die wiederum 65 Prozent der Bevölkerung repräsentieren, zustimmen. Das neue Verfahren gilt allerdings erst ab 2014, bis 2017 kann jedes Mitgliedsland bei Abstimmungen noch die Anwendung des alten Verfahrens beantragen. Für Entscheidungen in den Bereichen Steuern, Außen- und Verteidigungspolitik, soziale Sicherheit und polizeiliche Zusammenarbeit bleibt es beim Prinzip der Einstimmigkeit.

- **Wahl des EU-Parlaments:** Die Abgeordnetenzahl des Parlaments wurde geringfügig auf 751 Sitze erhöht. Die Abgeordnetensitze werden zwischen den Mitgliedstaaten „degressiv-proportional" vergeben, sodass die Abgeordneten eines bevölkerungsreicheren Staats mehr Bürger vertreten als die Abgeordneten bevölkerungsärmerer Staaten. Deutschland hält mit 96 Sitzen die höchste Abgeordnetenzahl.
- **Mitwirkungsrechte des EU-Parlaments:** Mit dem Lissabon-Vertrag wurde das Europäische Parlament nochmals aufgewertet. Unter dem neuen Titel des „ordentlichen Gesetzgebungsverfahrens" wurde das bisherige sogenannte Mitentscheidungsverfahren ausgeweitet. Vor allem in der Innen- und Justizpolitik (Asyl, Einwanderung, Kontrolle der Außengrenzen, Zusammenarbeit von Polizei und Justiz) nimmt das EU-Parlament gleichberechtigt mit dem Ministerrat an der Gesetzgebung teil. Außerdem hat das Parlament nunmehr das Recht, über die gesamten EU-Ausgaben – einschließlich der Agrarausgaben – mitzubeschließen. Die Zuständigkeit für die Einnahmen liegt weiterhin ausschließlich bei den Regierungen.

Plenarsaal im Europäischen Parlament in Straßburg

Verzicht auf weitergehende Reformen. Um die Zustimmung zum Vertrag nicht zu gefährden, wurden andere Reformvorhaben nicht weiterverfolgt. So wurde die ursprünglich angedachte Verkleinerung der Kommission nicht verbindlich vereinbart. Über ein eigenes Initiativrecht bei der Gesetzgebung verfügt das EU-Parlament auch nach dem Inkrafttreten des Lissabon-Vertrags nicht.

Charta der Grundrechte. Mit dem Lissabon-Vertrag wurde erstmals eine Charta der Grundrechte zum Bestandteil eines Vertragswerks der Gemeinschaft. Sie enthält u. a. Rechte, die in der europäischen Menschenrechtskonvention fehlen, wie z. B. das Recht auf Datenschutz. Andere Rechte, wie das Verbot von Diskriminierung wegen des Geschlechts, der Rasse oder der Hautfarbe, werden nochmals bestätigt. Die Charta soll die EU sowie die Mitgliedstaaten bei der Umsetzung des Gemeinschaftsrechts binden. In Großbritannien, Polen und der Tschechischen Republik gilt die Charta nicht uneingeschränkt.

Offen ist, ob die mit dem Lissabon-Vertrag erreichte Reform der EU-Institutionen in der Zukunft das Interesse an und die Zustimmung der Bevölkerung zu „Europa" positiv beeinflussen kann.

Die geringe Wahlbeteiligung bei den Wahlen zum Europäischen Parlament zeigt, dass es der EU bisher weder in den „alten" noch in den „neuen" Mitgliedstaaten gelungen ist, eine stabile europa-freundliche Grundstimmung in der Bevölkerung zu erzeugen. Bei den Wahlgängen 2004 und 2009 gelang es europa-kritischen, häufig rechtspopulistischen Gruppierungen in mehreren Ländern, darunter in den Niederlanden, Österreich und Großbritannien, mit Programmen gegen die „Brüsseler Super-Bürokratie" und Parolen gegen Zuwanderung auf Stimmenfang zu gehen und Mandate zu gewinnen.

Andererseits bewies das Beispiel Irlands beim zweiten Referendum zum Lissabon-Vertrag 2009, dass die Stimmung der Bevölkerung gerade in Krisenzeiten auch zugunsten der EU umschlagen kann. Eine Grundstimmung, dass bestimmte Probleme eher von „Europa" als von den viel kleineren Nationalstaaten gelöst werden können, scheint dabei in den Mitgliedsländern durchaus gegeben zu sein. Das „Projekt Europa" ist keineswegs abgeschlossen.

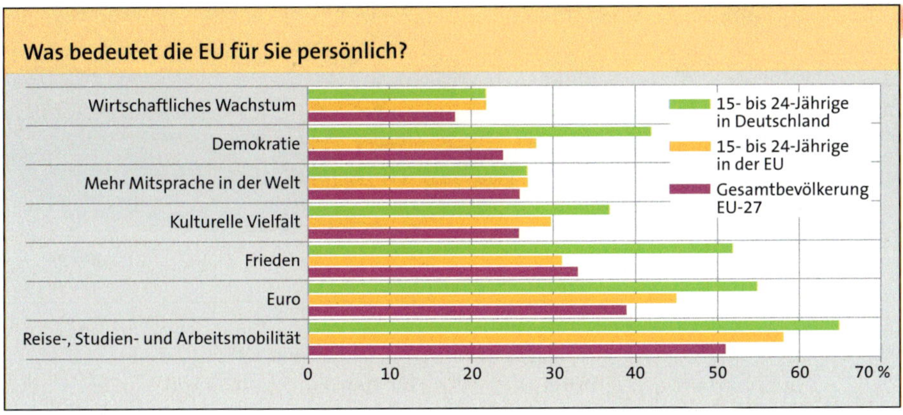

Persönliche Bedeutung der EU

(Quelle: Eurobarometer 65/2006)

Auf der Suche nach Stabilität: Die EU im 21. Jahrhundert

Die Euro-Staaten in der Finanzkrise 2008/2009. In der weltweiten Finanzkrise 2008/2009 gelang es den Euro-Ländern, die wirtschaftlichen Krisenfolgen durch eine abgestimmte Politik in Grenzen zu halten. Während frühere Krisen oft zu dramatischen Währungsabwertungen führten und Starkwährungsländer wie Deutschland mit überproportionalen Exportverteuerungen zu kämpfen hatten, erwies sich der Euro in der Finanzkrise durchaus als Stabilitätsanker, allerdings um den Preis steigender Staatsverschuldung und der Verletzung der Maastrichter Stabilitätskriterien.

Jahre nach der Euro-Einführung wurde bekannt, dass Griechenland die Teilnahme an der Währungsunion nur mit „geschönten" Zahlen erreicht, faktisch also weit höhere Staatsschulden als erlaubt gemacht hatte. Im Frühjahr 2010 stand Griechenland nach Bekanntwerden neuer Haushaltszahlen vor der Zahlungsunfähigkeit. Auch andere Länder der Euro-Zone, besonders Portugal, Spanien, aber auch Italien, sahen sich wegen ihrer hohen Budgetdefizite in Verbindung mit einem schwachen wirtschaftlichen Wachstum Zweifeln an ihrer Kreditwürdigkeit ausgesetzt und konnten neue Kredite nur noch zu immer höheren Zinsen aufnehmen. Angesichts dieser Fakten schien die Gemeinschaftswährung im Frühjahr 2010 in Gefahr zu sein: Internationale Anleger und Währungsspekulanten wetteten nicht nur auf einen Staatsbankrott Griechenlands, sondern nahmen auch den Euro selbst ins Visier, was zeitweilig zum deutlichen Kursverfall gegenüber dem Dollar führte. In einer dramatischen Rettungsaktion kamen die EU-Staaten im Mai 2010 überein, einen „Schutzschirm" in der Größenordnung von 750 Milliarden Euro aufzuspannen – ähnlich wie für die Banken in der weltweiten Finanzkrise 2008 – und auf diese Weise den Euro zu stabilisieren. Mit dem „Schutzschirm" sollten die verschuldeten südeuropäischen Länder durch Bürgschaften und Kredite gestützt werden.

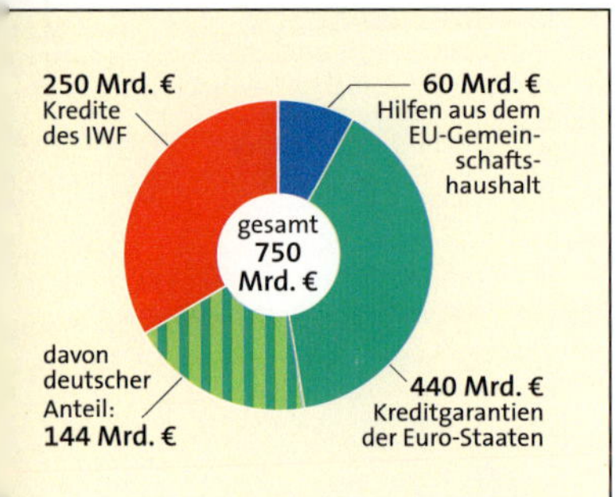

Die Bestandteile des europäischen „Schutzschirms" (Angaben in Mrd. Euro)

„Massive Summen werden gebraucht, um Europa zu retten" (Karikatur Mai 2010).

Von den Euro-Staaten übernahm Deutschland mit 144 Milliarden Euro den Löwenanteil des „Schutzschirms"; an dem Rettungspaket für den Euro beteiligten sich aber auch erstmals der Internationale Währungsfonds und die Europäische Zentralbank. Die Vergabe von Bürgschaften und Krediten wurde an die Bedingung geknüpft, die Staatshaushalte durch drastische Sparmaßnahmen zu sanieren, sodass die Empfängerländer ihre Kreditwürdigkeit erhöhen und letztlich die Schulden selbst zurückzahlen könnten. Kritiker sahen in den Entscheidungen eine Abkehr von den Maastrichter Vertragsgrundlagen, die eine Haftung der Euro-Staaten für die Schulden der anderen Mitglieder ausschlossen (*no-bail-out*-Klausel). Da die Europäische Zentralbank durch Ankauf von Staatsanleihen der gefährdeten Euro-Staaten an dem Hilfspaket direkt beteiligt wurde, fürchteten Kritiker um die dauerhafte Unabhängigkeit der Zentralbank und letztlich um die Stabilität der Gemeinschaftswährung. Deutschland forderte deshalb Änderungen der EU-Verträge, durch die eine strikte Einhaltung des Stabilitäts-

paktes mittels Sanktionen – bis hin zum Stimmrechtsentzug der „Defizitsünder“ – erzwungen werden sollte. Derart weitgehende Forderungen wurden aber von der Mehrzahl der Mitgliedsländer nicht mitgetragen.
Wahrscheinlich wird es in den kommenden Jahren zu begrenzten Vertragsänderungen kommen: Bisher sehen die EU-Verträge finanziellen Beistand für die Mitgliedstaaten bei Naturkatastrophen und anderen außergewöhnlichen Ereignissen vor. Zusätzlich könnten unter strengen Bedingungen Hilfen auch dann zugelassen werden, wenn die Stabilität der gesamten Währungsunion bedroht ist.

Karikatur in der FAZ, 29.11.2010

Bevölkerungsentwicklung in den EU-Staaten. Die weitere Entwicklung der Gemeinschaft wird nicht nur von der Entwicklung der Wirtschaftskraft der Mitgliedstaaten beeinflusst, sondern möglicherweise auch von der Bevölkerungsentwicklung. Dazu hat im Jahre 2010 eine amerikanische Studie interessante Ergebnisse erbracht: Danach könnte aufgrund unterschiedlicher Geburten- und Einwandererzahlen Deutschland bis zum Jahr 2050 in der Bevölkerungsstatistik auf Rang 3 hinter Großbritannien und Frankreich „zurückfallen“.

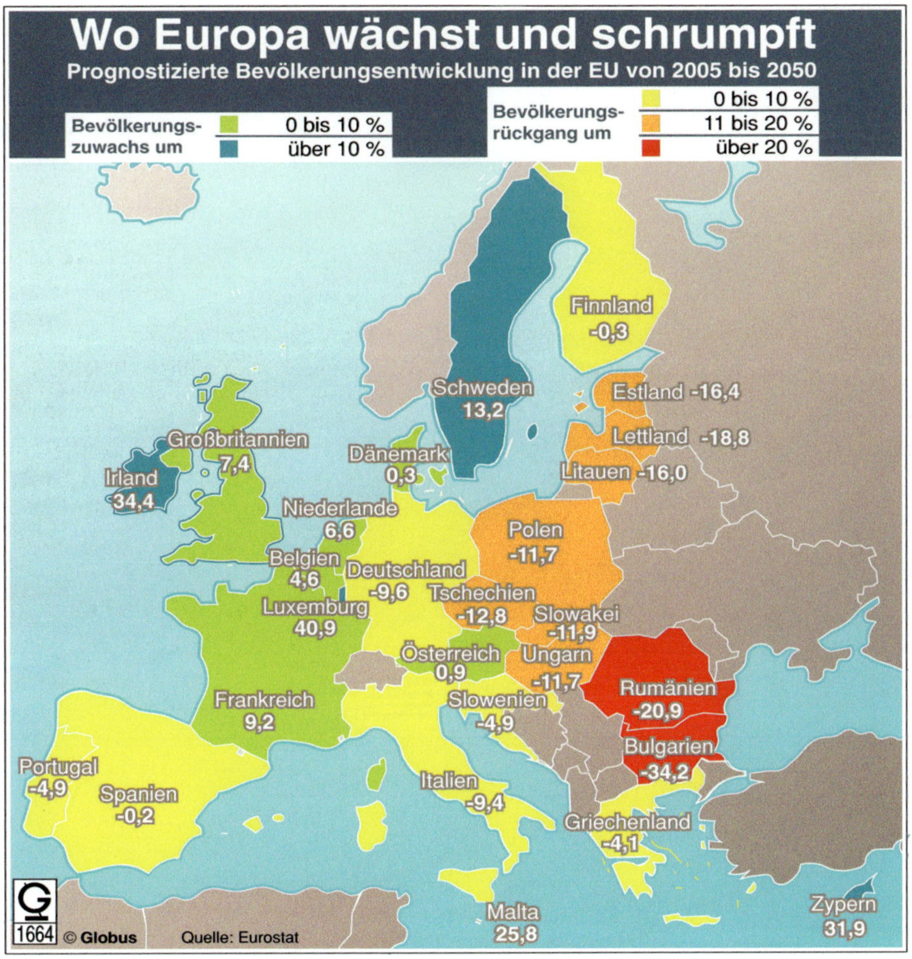

Erweiterung der EU? In der Perspektive der Länder und Völker außerhalb der Gemeinschaft verkörpert die EU weiterhin wirtschaftlichen Wohlstand und Stabilität. So hat Island nach den bitteren Erfahrungen in der Finanzkrise einen Aufnahmeantrag gestellt, die Verhandlungen mit der EU haben 2010 begonnen.
Von den heute selbstständigen Republiken des ehemaligen Jugoslawien sind Kroatien, Mazedonien und Montenegro anerkannte EU-Beitrittskandidaten. Auch Serbien hat

Ende 2009 einen formellen Aufnahmeantrag gestellt, der aus vielerlei Gründen aber keine Aussicht auf schnelle Realisierung hat.
Mit der Türkei, deren Erstantrag auf Mitgliedschaft auf das Jahr 1987 zurückgeht, haben Beitrittsverhandlungen schon im Oktober 2005 begonnen. Ein Beitritt der Türkei ist in den EU-Mitgliedstaaten, auch in Deutschland, besonders umstritten (s. S. 298 ff.). Offen ist, ob sich eines Tages auch die Ukraine oder Weißrussland der EU annähern und Aufnahmeanträge stellen werden. Wo die Grenzen „Europas" liegen, ist eine geschichtlich offene Frage.

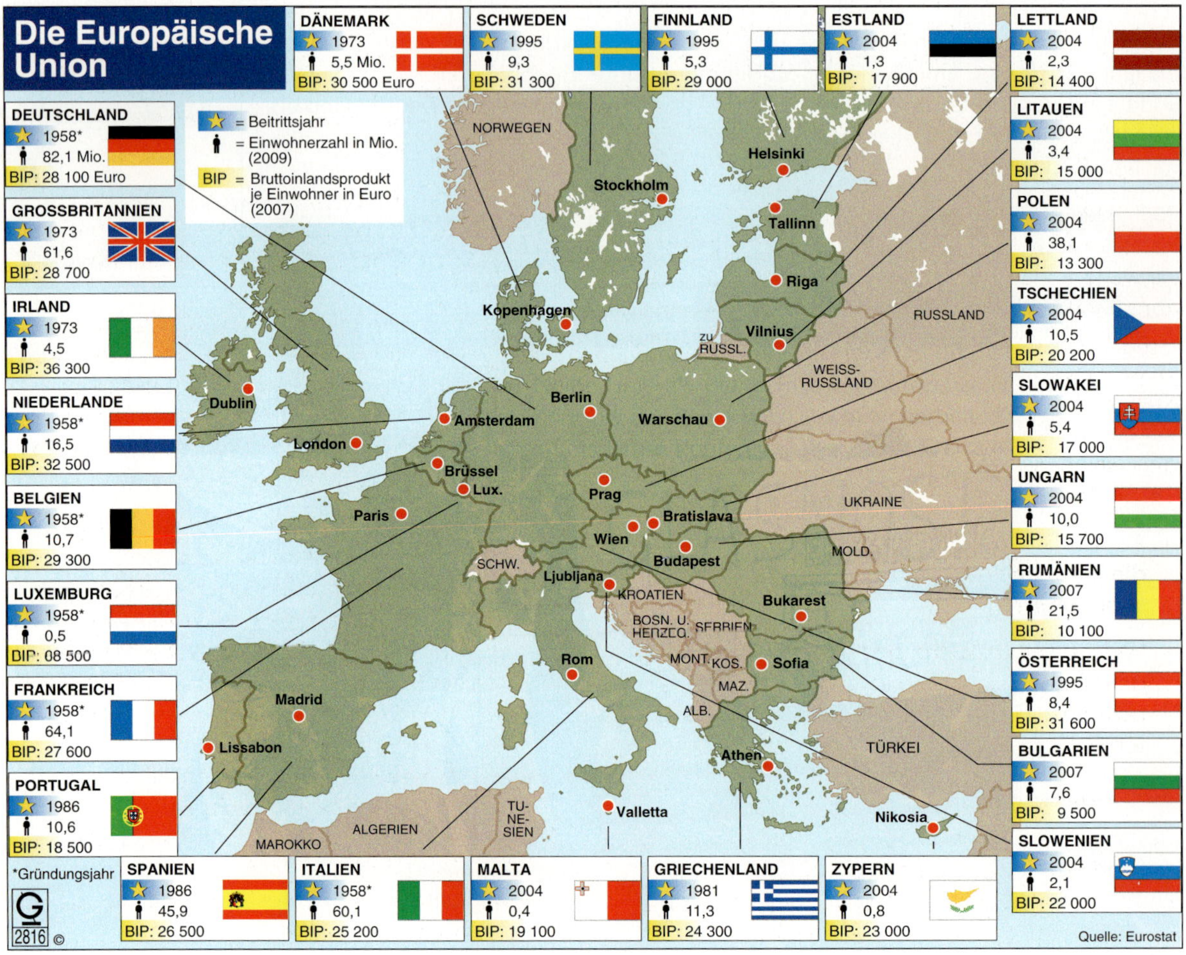

Vordenker und Konzepte der europäischen Einigung

Vom 7. bis 10. Mai 1948 kamen über 700 großenteils prominente Persönlichkeiten aus 16 Staaten zum Europakongress in der niederländischen Hauptstadt Den Haag zusammen. Die Delegierten diskutierten die politische Einigung Europas leidenschaftlich und sehr kontrovers. Der Kongress trug zur weiteren Verbreitung des Europagedankens bei und bereitete im Ergebnis das Terrain zur Gründung des Europarats. Der Europagedanke, dem die Kongressteilnehmer in Den Haag öffentlichkeitswirksam Ausdruck verliehen, hatte in den Nachkriegsjahren einen großen Aufschwung erlebt. Er war aber keineswegs neu, sondern konnte an Vorläufer aus den 1920er-Jahren anknüpfen. Auch während des Zweiten Weltkriegs war der Gedanke der europäischen Einigung, nicht zuletzt in Kreisen des Widerstands, vielfach diskutiert worden. Für die Entwicklung des Europagedankens war besonders eine Rede bedeutsam, die Winston Churchill am 19. September 1946 in Zürich hielt.

- **An welche Vorläufer und Kerngedanken konnte die Europabewegung in den Nachkriegsjahren anknüpfen?**
- **Welche Leitvorstellungen für Europa wurden in den Nachkriegsjahren entwickelt, wo gab es Differenzen zwischen den Europa-Befürwortern?**

Gestalten Sie ein Dossier oder auch eine Mindmap zur Geschichte der Europa-Idee vor und nach dem Zweiten Weltkrieg und stellen Sie auf dieser Grundlage die Entwicklung des Europagedankens in einem Kurzvortrag vor.

Folgendes Verfahren bietet sich für Ihre Arbeit an:

1. Informieren Sie sich zunächst aus dem Infotext (S. 258 ff.) über wichtige Aspekte zur Geschichte der Europaidee.

2. Interpretieren Sie die Quellen M 1 – M 3.
   a) Wenden Sie für die Interpretation der einzelnen Quellen die Basismethode „Sprachliche historische Quellen interpretieren" (s. S. 369 f.) an.
   b) Vergleichen Sie die Zielvorstellungen für ein vereinigtes Europa in den Quellen M 1 – M 3 miteinander. Notieren Sie Gemeinsamkeiten und Unterschiede.

3. Analysieren Sie den Textauszug M 4, indem Sie
   a) die Bedeutung, die die beiden Autoren dem politischen Katholizismus zuweisen, herausarbeiten;
   b) erörtern, worin sich die Rolle der hier genannten Politiker von den „Vordenkern" der europäischen Einigung (M 1 – M 3) unterscheidet.
   ➧ **Tipp:** Mithilfe einer Internetrecherche können Sie weitere Informationen zu den in M 4 genannten Politikern gewinnen.

4. Halten Sie die wesentlichen inhaltlichen Ergebnisse Ihrer Interpretation und des Quellenvergleichs (Kerngedanken, Leitvorstellungen, Begründungen, Gemeinsamkeiten und Unterschiede der Zielvorstellungen) sowie die Arbeitsergebnisse zur Frage der Rolle des politischen Katholizismus in Ihrem gemeinsamen Dossier (bzw. Ihrer Mindmap) fest.
   Darauf sollten Sie bei der inhaltlichen Zusammenstellung und Anlage achten:
   Das Dossier (die Mindmap) sollte solche Basisinformationen enthalten, auf die Sie über diese Themaeinheit hinaus in Ihrer weiteren Arbeit am Thema Europa zurückgreifen können.

MATERIALIEN

M 1 Das Europäische Manifest der Paneuropa-Union (1924)

Das von dem Österreicher Graf Coudenhove-Kalergi verfasste Manifest begründet die Notwendigkeit eines europäischen Zusammenschlusses:

Europas Politik steuert einem neuen Kriege zu. Zwei Dutzend neuer Elsass-Lothringen sind entstanden. Eine Krise löst die andere ab. Täglich kann durch einen Zufall – etwa durch ein Attentat oder durch eine Revolte – der europäische Vernichtungskrieg ausbrechen, der unseren Erdteil in einen Friedhof wandelt.

Dieser Vernichtungskrieg, den die europäische Politik vorbereitet, wird an Schrecklichkeit den Weltkrieg ebenso weit hinter sich lassen – wie dieser den deutsch-französischen. Sein Element wird die Luft sein – seine Waffe das Gift – sein Ziel die Ausrottung der feindlichen Nation. Der Hauptkampf wird sich gegen die Städte des Hinterlandes richten, gegen Frauen und Kinder.

Die besiegten Nationen werden vernichtet – die siegreichen tödlich verwundet aus diesem Massenmorden hervorgehen.

Dieser drohende Krieg bedeutet den gründlichen Untergang Europas, seiner Kultur und Wirtschaft. Andere Erdteile werden an dessen Stelle treten.

Die zweite Gefahr, der ein zersplittertes Europa entgegengeht, ist: die Eroberung durch Russland. […]

Unter Führung eines roten und weißen Diktators könnte Russland, durch gute Ernten, amerikanisches Kapital und deutsche Organisation, sich schneller wiederaufrichten, als Europa ahnt. Dann werden die zersplitterten und uneinigen Kleinstaaten Europas der einigen russischen Weltmacht gegenüberstehen, deren Gebiet fünfmal so groß ist wie das gesamte europäische. […]

Die dritte Lebensgefahr für Europa ist: der wirtschaftliche Ruin.

Nie kann die zersplitterte Wirtschaft der uneinigen Staaten von Europa konkurrenzfähig bleiben gegen die geschlossene Wirtschaft der Vereinigten Staaten von Amerika. […]

Chronische Krisen werden die europäische Wirtschaft untergraben, die Not, das Elend und die Teuerung steigern – bis schließlich das bankrotte Europa amerikanische Wirtschaftskolonie wird. […]

Das zersplitterte Europa geht somit einer dreifachen Katastrophe entgegen:
dem Vernichtungskrieg;
der Unterwerfung durch Russland;
dem wirtschaftlichen Ruin.

Die einzige Rettung vor diesen drohenden Katastrophen ist: Paneuropa; der Zusammenschluss aller demokratischen Staaten Kontinentaleuropas zu einer internationalen Gruppe, zu einem politischen und wirtschaftlichen Zweckverband.

Die Gefahr des europäischen Vernichtungskrieges kann nur gebannt werden durch einen paneuropäischen Schiedsvertrag;
die Gefahr der russischen Herrschaft kann nur gebannt werden durch ein paneuropäisches Defensivbündnis;
die Gefahr des wirtschaftlichen Ruins kann nur gebannt werden durch eine paneuropäische Zollunion.

Der Schiedsvertrag sichert den Frieden – das Bündnis sichert die Freiheit – die Zollunion sichert die Wirtschaft.

Diese drei Punkte enthalten im Wesentlichen das paneuropäische Programm.

Paneuropa umfasst die Halbinsel zwischen Russland, dem Atlantischen und dem Mittelländischen Meer; dazu Island und die Kolonien der europäischen Staaten. […]

Russland und England sind Paneuropas Nachbarn. Diese beiden Weltreiche sind auch ohne Europa lebensfähig – während die übrigen Staaten dieses Erdteils durch ihre geografische Lage zur Schicksalgemeinschaft verbunden sind; verurteilt, entweder gemeinsam zugrunde zu gehen – oder gemeinsam aufzuerstehen. […]

Das paneuropäische Programm bildet ein unteilbares Ganzes. Der Weg ist gegliedert – das Ziel einheitlich. Ohne Sicherung des europäischen Dauerfriedens ist eine europäische Zollunion unmöglich. Solange jeder Staat in ständiger Furcht vor seinen Nachbarn lebt, muss er sich darauf vorbereiten, im Kriegsfall alle notwendigen Waren wie eine umzingelte Festung selbst zu erzeugen. Dazu braucht er nationale Industrien und Schutzzölle. Nur ein Verschwinden der Kriegsgefahr durch obligatorische Schiedspflicht würde den europäischen Staaten den Weg öffnen zum Abbau der Zollgrenzen und zum Übergang zum europäischen Freihandel. […]

So stützt der politische Teil des paneuropäischen Programms den wirtschaftlichen und umgekehrt.

(Richard Nikolaus Coudenhove-Kalergi, Das Pan-Europäische Manifest, in: Pan-Europa, 1 (1924), S. 3ff.; zit. nach: http://www.europa-reden.de/veranstaltungen/SS05/schwarz/coudenhove-kalergi.pdf)

M 2 Züricher Rede Winston Churchills (1946)

Winston Churchill führte in seiner berühmten Züricher „Rede an die akademische Jugend" am 19. September 1946 aus:

Wir müssen etwas wie die Vereinigten Staaten von Europa schaffen. Nur so können Hunderte von Millionen schwer arbeitender Menschen wieder die einfachen Freuden und Hoffnungen zurückgewinnen, die das Leben lebenswert machen. Das Verfahren ist einfach. Was wir benötigen, ist der Entschluss von Hunderten von Millionen Männern und Frauen, Recht statt Unrecht zu tun und als Lohn Segen statt Fluch zu ernten.

Große Arbeit an dieser Aufgabe wurde bereits durch die Anstrengungen der Paneuropa-Union geleistet, die dem Grafen Coudenhove-Kalergi so viel schuldet und die sich der Unterstützung des berühmten französischen Patrioten und Staatsmannes Aristide Briand erfreute. Wir verfügen weiter über das unermessliche Gedankengut und die Verfahrenstechnik, die nach dem Ersten Weltkrieg inmitten großer Hoffnungen in Form des Völkerbundes ins Leben gerufen und entwickelt wurden. Der Völkerbund versagte nicht wegen seiner Grundsätze oder Ideen. Er versagte, weil diese Grundsätze von den Staaten aufgegeben wurden, die ihn begründet hatten. Er versagte, weil die Regierungen jener Tage sich fürchteten, den Tatsachen ins Auge zu sehen und zu handeln, solange noch Zeit dazu war. Dieses Unheil darf sich nicht wiederholen. Wir verfügen also über große Kenntnisse und das Material, mit dem wir bauen können; und außerdem über die teuer erkaufte Erfahrung.

Es war mir eine sehr große Freude, vor zwei Tagen in den Zeitungen zu lesen, dass mein Freund Präsident Truman sein Interesse und seine Sympathie mit diesem großen Plan ausgedrückt hat. Es gibt keinen Grund, warum eine regionale Organisation Europas in irgendeiner Weise im Gegensatz zu der Weltorganisation der Vereinten Nationen stehen sollte. Im Gegenteil, ich glaube, dass die größere Zusammenfassung nur dann überleben kann, wenn sie sich auf zusammenhängende natürliche Gruppen stützt. In der westlichen Hemisphäre gibt es bereits eine solche natürliche Gruppe. Wir Briten haben unser eigenes Commonwealth of Nations. Sie schwächen nicht, im Gegenteil, sie stärken die Weltorganisation. Sie sind sogar ihre Hauptstützen. Und warum sollte es keine europäische Gruppe geben, die den irregeleiteten Völkern dieses unruhigen und machtvollen Kontinents das Gefühl eines weitergespannten Patriotismus und einer gemeinsamen Staatszugehörigkeit einflößen könnte, und warum sollte sie nicht bei der Gestaltung des menschlichen Schicksals ihren rechtmäßigen Platz neben anderen großen Gruppen einnehmen? Um dies zu erreichen, bedarf es eines Glaubensaktes, an dem sich Millionen von Familien, die viele Sprachen sprechen, bewusst beteiligen müssen.

Ich spreche jetzt etwas aus, das Sie in Erstaunen setzen wird. Der erste Schritt bei der Neugründung der europäischen Familie muss eine Partnerschaft zwischen Frankreich und Deutschland sein. Nur auf diese Weise kann Frankreich die moralische Führung Europas wieder erlangen. Es gibt kein Wiederaufleben Europas ohne ein geistig großes Frankreich und ein geistig großes Deutschland.

Bei dieser so dringenden Aufgabe müssen Frankreich und Deutschland die Führung zusammen übernehmen. Großbritannien, das Britische Commenwealth of Nations, das mächtige Amerika und, ich hoffe, Sowjetrussland – denn dann wäre in der Tat alles gut – müssen die Freunde und Förderer des neuen Europas sein und für sein Recht auf Leben und Glanz eintreten.

(Zit. nach: Forschungsinstitut der Deutschen Gesellschaft für Auswärtige Politik (Hg.), Europa – Dokumente zur Frage der europäischen Einigung, Bd. 1, München (Oldenbourg) 1962, S. 113ff.)

M 3 Sowjetische Reaktion auf die Züricher Rede Churchills

Radio Moskau reagierte am 22. September 1946 so auf Churchills Rede:

Von den Vereinigten Staaten von Europa wird nur deshalb gesprochen, um das demokratische Lager[1] in zwei Teile zu spalten [...]. Es gibt im Augenblick zwei Tendenzen in der Weltpolitik. Die eine liegt in der Gleichberechtigung und gegenseitigen Respektierung der Staaten. Diese wird von den neuen demokratischen Staaten[1] verfolgt. Die andere Tendenz ist die der Blockpolitik und der Koalition gegen die Sowjetunion [...]. Churchills [Plan ...] würde nur zu neuen Kriegen führen [...].

(Aus: Frankfurter Neue Presse und Neue Zeitung, 23.9.1946; zit. nach: Walter Lipgens (Hg.), Die Europäische Integration, Stuttgart (Klett) 1986, S. 28)

[1] Demokratisches Lager/demokratische Staaten: Sowjetunion und die von ihr abhängigen osteuropäischen Staaten

M 4 Historiker über die Rolle des politischen Katholizismus für die europäische Integration

Dietmar Herz, Professor für Vergleichende Regierungslehre an der Universität Erfurt, und Christian Jetzlsperger, Legationsrat im Auswärtigen Amt in Berlin, schreiben über den Beitrag des politischen Katholizismus zur europäischen Integration:

Wenn die Versöhnung der Kriegsgegner und eine zukünftige Integration der europäischen Staaten dauerhaft Erfolg haben sollten, so mussten die Regierungen der europäischen Politik eine grundsätzlich neue Richtung geben. Die europäischen Nationen mussten sich ihrer Gemeinsamkeiten bewusst werden. Die offensichtlichste Gemeinsamkeit war das Christentum. Das galt zunächst für die führenden Politiker selbst. Robert Schuman und Konrad Adenauer waren – wie die meisten anderen „Gründerväter Europas" – tiefgläubige, in den Traditionen der katholischen Kirche verwurzelte Männer. [...] Während die Kirche im 19. und zu Beginn des 20. Jahrhunderts Liberalismus und Demokratie bekämpft hatte, waren nach dem Ersten Weltkrieg neue Gegner christlicher Politik erschienen: der sowjetische Kommunismus und schließlich der deutsche Nationalsozialismus. Angesichts dieser Bedrohung versöhnten sich die katholischen Parteien in der Zeit zwischen den Weltkriegen, vor allem aber nach 1945 mit der Demokratie. Damit war die Grundlage für eine Mitwirkung an der Gestaltung der demokratischen politischen Systeme der Nachkriegszeit gelegt.
Christlich motivierte Politiker gründeten alsbald die christdemokratischen Parteien in den katholisch geprägten Staaten. In Deutschland und den Niederlanden, konfessionell gespaltenen Ländern, waren diese sogar erstmals konfessionsübergreifend angelegt. Die Programmatik dieser Parteien wies beträchtliche Gemeinsamkeiten auf: Eine auf sozialen Ausgleich gerichtete Wirtschaftspolitik war als Alternative zu sozialistischen Vorstellungen ein wichtiger Bestandteil. Dem Sozialismus wurde dadurch begegnet, dass man sich seine reformistische Komponente zu eigen machte und wichtige sozialpolitische Forderungen der sozialistischen und sozialdemokratischen Parteien übernahm oder an die eigenen Vorstellungen anpasste. Die bereits im 19. Jahrhundert entwickelte katholische Soziallehre diente nun als geistige Grundlage einer pragmatischen christdemokratischen Wirtschaftspolitik. Christliche Politik wurde als ein „dritter" Weg zwischen einem radikalen Liberalismus und dem Sozialismus sowjetischer Prägung verstanden.

[...] Schuman und Adenauer konnten den realpolitischen Anfängen der europäischen Integration somit eine geistige Grundlage geben, die im politischen Katholizismus wurzelte. An die Stelle von Krieg und gewaltsamer Machtpolitik setzten sie die Vision des geeinten Europa. Zu den religiös-politischen Gemeinsamkeiten kam eine gemeinsame biografische Erfahrung der „Väter" der europäischen Integration, die der britische Historiker Alan Milward später nicht ohne Ironie als die „europäischen Heiligen" bezeichnet hat: Fast alle waren sie in Grenzgebieten aufgewachsen und hatten die Auswirkungen von Krieg, Besatzung und Grenzveränderungen nach dem Ersten Weltkrieg am eigenen Leib erfahren: Robert Schuman war als zum Deutschen Reich gehörender Elsässer groß geworden, er sprach fließend Deutsch und kannte die deutsche wie die französische Kultur. Der italienische Ministerpräsident der Nachkriegsjahre, Alcide de Gasperi, war im österreichischen Trient geboren, das erst nach dem Ersten Weltkrieg zu Italien kam. Auch ihm waren zwei Welten vertraut. Paul-Henri Spaak, sein belgischer Amtskollege, und der niederländische Außenminister Joseph Luns kannten als Vertreter kleiner Länder ohnehin Sprache und Kultur ihrer Nachbarn. Adenauer sah sich als Rheinländer in geografischer und geistiger Nähe zu Frankreich, sein Verhältnis zum preußisch-deutschen Zentralstaat war schon zu seiner Zeit als Oberbürgermeister von Köln (1917–1933) gebrochen. Alle „Gründerväter Europas" hatten die Zeit der Weltkriege als Katastrophe erlebt, weil in ihnen nationale Kulturen gegeneinander kämpften, die sie als zusammengehörig oder doch zumindest als gleichwertig empfanden. Durch Nationalismus und Krieg war in ihren Augen die auf einer gemeinsamen sittlichen Grundlage beruhende europäische Einheit zerbrochen. Doch der Krieg hatte auch deutlich gemacht, was die Folgen dieser Entwicklung waren. In diesem Sinne gebar der Krieg Europa: Nun konnte und musste die Einheit „wiederhergestellt" werden – in einem langwierigen und mühevollen Prozess.
Der Schuman-Plan war also nicht nur das Ergebnis realpolitischer Überlegungen. Er war auch Ausdruck einer weitreichenden Vision: Sein Fernziel war die „Vereinigung der europäischen Nationen", die Bildung „einer europäischen Föderation", basierend auf den gemeinsamen christlich-abendländischen Wurzeln der westeuropäischen Staaten.

(Dietmar Herz/Christian Jetzlsperger, Die Europäische Union, München (Beck) 2008, S. 13 ff.)

Welche Gestalt soll Europa haben? – Leitvorstellungen und Kontroversen aus den Anfangsjahren der europäischen Einigung

Nach den oft leidenschaftlichen Diskussionen, die in den ersten Nachkriegsjahren in Verbänden und auf Kongressen über „Europa" geführt worden waren, hatten in den 1950er-Jahren die Regierungen das Wort. Mit der Gründung der Montanunion und der EWG wurden die ersten großen Schritte auf dem Weg zur Integration in Westeuropa getan.
In den 1960er-Jahren wurde die Frage des britischen Beitritts zur EWG zum beherrschenden Thema. Der französische Staatspräsident de Gaulle verhinderte mit seinem Nein zum britischen Aufnahmegesuch die Erweiterung der Gemeinschaft; zugleich prägte er lange Zeit die politische Diskussion um die weitere Entwicklung der Gemeinschaft.

- **Welche Interessen und Ziele verfolgten die Gründungsmitglieder der Sechser-Gemeinschaft in den 1950er-Jahren?**
- **Woran scheiterte die Erweiterung der Gemeinschaft in den 1960er-Jahren?**

Visualisieren Sie wichtige Stationen, Leitideen und Kontroversen der europäischen Integration von den ausgehenden 1940er-Jahren bis in die 1960er-Jahre in einer Wandzeitung.

Vorschlag, wie Sie den Arbeitsprozess in Partner- oder Gruppenarbeit arbeitsteilig organisieren können:

1. Interpretieren Sie mit Blick auf die beiden Leitfragen die Materialien M 1 – M 4, indem Sie die grundlegenden Arbeitsschritte der Basismethode „Sprachliche historische Quellen interpretieren" (s. S. 369 f.) anwenden.
2. Halten Sie Ihre Interpretationsergebnisse unter den Aspekten Entwicklungen der europäischen Ideen und besondere einzelstaatliche Interessen in Stichworten fest.
3. Gestalten Sie auf dieser inhaltlichen Grundlage Ihre Wandzeitung.

„All our Colours to the Mast" („Alle unsere Flaggen hissen"), Poster von Reyn Dirksen (1924 – 1999). Vorsegel = Benelux; Fockmast = ehemalige Großmächte; Hauptmast = Mittelmeerländer; Besanmast = nordische Länder.

Im Frühjahr 1950 wurde im Rahmen des Marshall-Plans ein Wettbewerb ausgeschrieben, in dem das beste Poster über „Intraeuropäische Zusammenarbeit für einen besseren Lebensstandard" gesucht wurde. Den ersten Preis gewann 1951 der niederländische Grafiker Reyn Dirksen mit dem hier abgedruckten Poster.
Dirksen wählte für sein Poster einen Segelschiffstyp des 17. Jahrhunderts. Dass er sich dabei an das Schiff „De Seven Provinciën" anlehnte, mit dem Großbritannien 1667 im englisch-niederländischen Krieg eine entscheidende Niederlage beigebracht wurde, war der Jury (der auch britische Mitglieder angehörten) nicht bekannt.

MATERIALIEN

M 1 Französische Interessen am Schuman-Plan

Jean Monnet (geb. 1888, gest. 1979) war maßgeblich an der Ausarbeitung des Schumann-Planes beteiligt und 1952–1954 erster Präsident der Hohen Behörde der EGKS (Montanunion). Er schreibt in seinen Memoiren über die französischen Motive für den Schuman-Plan:

In Europa hieß die Gefahr noch immer Deutschland, doch diesmal nicht durch sein eigenes Zutun, sondern durch die Schuld der anderen, der Mächte, die es wie einen Spieleinsatz behandelten. Die Amerikaner, so glaubte ich, versuchten, die neue Bundesrepublik in ein westliches politisches und militärisches System zu integrieren, und die Russen würden sich dem mit allen Mitteln widersetzen. Frankreichs Komplexe würden noch wachsen. [...]
Jede Lösung verlangte zuvor, dass man die Bedingungen änderte: etwa für die Deutschen die Demütigung durch unsere Kontrollen, für die kein Ende abzusehen war, und für die Franzosen die Angst vor einem letztlich unkontrollierten Deutschland. Diese beiden Elemente umfassten gewiss nicht die ganze damalige Weltgeschichte, aber sie reichten aus, um eine konstruktive Entwicklung in Europa zu blockieren. [...]
Wenn man bei uns die Furcht vor einer deutschen industriellen Vorherrschaft beseitigen könnte, wäre das größte Hindernis für die Einigung Europas weggeräumt. Eine Lösung, die der französischen Industrie die gleiche Ausgangsbasis wie der deutschen einräumte, während man diese von den aus der Niederlage entstandenen Diskriminierungen befreite, würde die ökonomischen und politischen Bedingungen für eine Entente schaffen, die für Europa unerlässlich war. Darüber hinaus könnte sie sogar das Ferment zu einer europäischen Einheit werden.
[...] wenn man das Problem der Souveränität ohne Gedanken an Revanche und Vorherrschaft anging, wenn vielmehr Sieger und Besiegte übereinkamen, sie gemeinsam über einen Teil ihrer zusammengefassten Reichtümer auszuüben, welch solides Band würde damit zwischen ihnen geschaffen, welche Möglichkeiten würden zu neuen eröffnet und welch ein Beispiel würde den anderen europäischen Völkern geboten!
Die zusammengefassten Reichtümer waren in erster Linie Kohle und Stahl, die sich Frankreich und Deutschland ungleich, aber auf ergänzende Weise miteinander teilten. Die Vorkommen lagen in einem geografischen Dreieck, das durch künstliche historische Grenzen getrennt war. Diese Zufallsgrenzen waren im Industriezeitalter, das gleichzeitig mit den nationalistischen Doktrinen aufstieg, zu Hindernissen für den freien Austausch und dann sogar zu Konfrontationslinien geworden. Die beiden Völker fühlten sich nicht mehr sicher, wenn sie nicht die ganzen Ressourcen, das heißt das ganze Gebiet besaßen. Die Rivalität wurde durch den Krieg unterbrochen, der das Problem jedoch nur auf Zeit regelte – auf die Zeit, die zur Vorbereitung der Revanche notwendig war. Aber Kohle und Stahl waren sowohl der Schlüssel für wirtschaftliche Macht wie auch für das Arsenal, in dem die Waffen für den Krieg geschmiedet wurden. Diese doppelte Macht gab ihnen damals eine gewaltige symbolische Bedeutung, die wir heute vergessen haben. [...]

(Jean Monnet, Erinnerungen eines Europäers, München (Hanser) 1976, S. 370ff.)

M 2 Richtlinien Konrad Adenauers für die Europapolitik (1956)

Der deutsche Bundeskanzler Konrad Adenauer richtete am 19. Januar 1956 das folgende Schreiben an alle Bundesminister:

Die gegenwärtige außenpolitische Lage enthält außerordentliche Gefahren. Um sie abzuwenden und eine günstige Entwicklung einzuleiten, bedarf es entschlossener Maßnahmen. Dazu gehört vor allem eine klare, positive deutsche Haltung zur europäischen Integration.
In dieser europäischen Integration sehen die entscheidenden Staatsmänner des Westens den Angelpunkt der Entwicklung, wie besonders meine Gespräche mit Pinay und Spaak und sehr bestimmte amerikanische politische Erklärungen gezeigt haben. Diese Auffassung ist zweifellos richtig. Wenn die Integration gelingt, können wir bei den Verhandlungen sowohl über die Sicherheit wie über die Wiedervereinigung als wesentliches neues Moment das Gewicht eines einigen Europas in die Waagschale werfen. Umgekehrt sind ernsthafte Konzessionen der Sowjetunion nicht zu erwarten, solange die Uneinigkeit Europas ihr Hoffnung gibt, diesen oder jenen Staat zu sich herüberzuziehen, dadurch den Zusammenhalt des Westens zu sprengen und die schrittweise Angliederung Europas an das Satellitensystem einzuleiten. Hinzu kommt, dass die dauerhafte Ordnung unseres Verhältnisses zu Frankreich nur auf dem Wege der europäischen

Integration möglich ist. Sollte die Integration durch unser Widerstreben oder unser Zögern scheitern, so wären die Folgen unabsehbar.

Daraus ergibt sich als Richtlinie unserer Politik, dass wir den Beschluss von Messina[1] entschlossen und unverfälscht durchführen müssen. Noch stärker als bisher muss der politische Charakter dieses Beschlusses beachtet werden, der nicht allein eine technische Kooperation aus fachlichen Erwägungen, sondern eine Gemeinschaft herbeiführen soll, die (auch im Interesse der Wiedervereinigung) die gleiche Richtung des politischen Willens und Handelns sichert. Der OEEC-Rahmen genügt dafür nicht. In den Dienst dieser politischen Zielsetzung müssen alle fachlichen Erwägungen treten.

Insbesondere muss für die Durchführung des Programms von Messina Folgendes gelten:

1. Die Integration zunächst unter den Sechs ist mit *allen* in Betracht kommenden Methoden zu fördern, also sowohl auf dem Gebiet der allgemeinen (horizontalen) Integration wie bezüglich der geeigneten (vertikalen) Teilintegration.

2. Hierbei ist von vornherein nach Möglichkeit die Schaffung geeigneter gemeinsamer Institutionen anzustreben, um im Sinne der großen politischen Zielsetzung eine feste Bindung der Sechs herbeizuführen.

3. Die recht gut gelaufenen Beratungen über die Herstellung eines gemeinsamen europäischen Marktes – d.h. eines Marktes, der einem Binnenmarkt ähnlich ist – müssen mit Nachdruck zu Ende geführt werden. Dabei müssen europäische Organe mit Entscheidungsbefugnissen geschaffen werden, um das Funktionieren dieses Marktes zu sichern und gleichzeitig die politische Weiterentwicklung zu fördern.

4. Ausgehend von dem Gedanken des Gemeinsamen Marktes muss auch für den Verkehr eine echte Integration der Sechs angestrebt werden. Das gilt insbesondere von der Luftfahrt; eine grundsätzliche Ablehnung oder Verzögerung von Integrationsplänen für die Produktion, das Beschaffungswesen und die Betriebsführung auf diesem Gebiet ist politisch nicht zu verantworten.

5. Das Gleiche gilt für die Energie, insbesondere die Kernenergie. Es ist eine zwingende politische Notwendigkeit, jeden Zweifel darüber zu beseitigen, dass wir nach wie vor zu unseren Erklärungen von Messina stehen, wonach eine europäische Atomgemeinschaft mit Entscheidungsbefugnissen, gemeinsamen Organen und gemeinsamen Finanz- und sonstigen Durchführungsmitteln gegründet werden soll. Die Amerikaner sehen, wie sie offiziell erklärt haben, in einer europäischen Atomgemeinschaft, die im Gegensatz zur OEEC eigene Rechte und Verantwortlichkeiten hat, ein entscheidendes Moment der politischen Entwicklung. Sie sind bereit, eine solche Atomgemeinschaft mit allem Nachdruck zu unterstützen.

Andererseits lässt sich nach Auffassung der Weltöffentlichkeit die friedliche Nutzung der Atomenergie von der Möglichkeit der Herstellung von Atombomben praktisch nicht trennen. Der deutsche Versuch einer rein nationalen Atomregelung würde daher vom Ausland mit größtem Mißtrauen aufgenommen werden. Insbesondere können wir, wenngleich selbstverständlich Deutschland nicht diskriminiert werden darf und die deutsche Forschung und Industrie möglichst freien Raum erhalten müssen, eine gemeinsame europäische Bewirtschaftung einzelner Stoffe nicht ablehnen, wenn sie aus Sicherheitsgründen erforderlich ist.

Ich bitte, das vorstehend Dargelegte als Richtlinien der Politik der Bundesregierung (Art. 65 GG) zu betrachten und danach zu verfahren.

gez. Adenauer

(Zit. nach: Auswärtiges Amt (Hg.), Die Auswärtige Politik der Bundesrepublik Deutschland, Köln (Verlag Wissenschaft und Politik) 1972, S. 317f.)

---

[1] Konferenz der Außenminister der Montanunion-Staaten im Juni 1955, auf der die Fortsetzung des europäischen Einigungsprozesses grundsätzlich vereinbart wurde.

M 3 Die britische Haltung zu Europa (1960)

In der Debatte des britischen Unterhauses am 25. Juli 1960 erklärte Außenminister Selwyn Lloyd:

Unser Ziel ist ein geeintes Europa und wir erkennen die Notwendigkeit einer politischen Organisation als ein Element in dieser Einheit an. Wenn dies unser Ziel ist, welche Probleme erheben sich dann und wie sollten wir vorzugehen versuchen?

Da ist zuerst das Commonwealth. Ich glaube nicht, dass ich vor dem Haus die Vorzüge und Werte der Commonwealth-Beziehungen, die Freundschaft und den ständigen engen Meinungsaustausch zwischen Völkern vieler verschiedener Rassen, die ein Viertel der Weltbevölkerung darstellen, ausführlich zu erwähnen brauche. Ich bin der Überzeugung, dass diese Beziehungen der Commonwealth-Länder untereinander und diese erfolgreiche Entwicklung einer vielrassigen Assoziation nicht allein für uns, sondern auch für alle unsere Freunde in Europa von großem Vorteil sind. Die Stärke und der Zusammenhalt des Commonwealth werden zum Teil durch sein Wirtschaftssystem gestützt und es ist unsere Pflicht, dafür Sorge zu tragen, dass keine unserer Maßnahmen auf wirtschaftlicher Ebene das ungeheure politische Potenzial dieser Assoziation gefährdet.

Hier erhebt sich das erste Problem, da die Anerkennung eines gemeinsamen Zolltarifs der „Sechs“ entsprechend dem Vertrag von Rom das Ende des Prinzips eines zollfreien Warenverkehrs innerhalb des Commonwealth bedeuten würde. Es würde nicht allein bedeuten, dass den Commonwealth-Ländern ein Zoll auferlegt würde, sondern auch, dass europäischen Produzenten Zollfreiheit und damit eine Vorzugsbehandlung gegenüber den Commonwealth-Produzenten gewährt würde, mit Ausnahme der Waren, für die der gemeinsame Tarif gleich Null ist. Das würde einen großen Teil des Absatzes der Commonwealth-Länder in unserem Land betreffen. Wenn wir außerdem noch die gemeinsame Agrarpolitik der „Sechs“ akzeptieren, die Schutzmaßnahmen vorsieht nicht allein durch Zölle, sondern auch durch verschiedene andere Methoden, so wäre dies ein weiterer Schlag für einen der wichtigsten Zweige des Commonwealth-Handels. Das ist das erste Problem, das wir ins Auge fassen müssen. Ich behaupte keinen Augenblick lang, dass es unlösbar sei; aber es ist ein außerordentlich großes Problem.

Das zweite Problem betrifft die Landwirtschaft. Die gemeinsame Agrarpolitik, die die „Sechs“ vorschlagen, ist ebenso wie die Agrarpolitik, die zur Zeit in jedem einzelnen der sechs Länder durchgeführt wird, ihrem ganzen Wesen nach grundverschieden von unserer Agrarpolitik in Großbritannien. Allgemein gesprochen, besteht ihr System darin, dass der Verbraucher die Kosten für die Unterstützung der Landwirtschaft direkt über den Preis der Ware im Geschäft zahlt. Unser System besteht darin, dass die Kosten für die Unterstützung der Landwirtschaft direkt von der Staatskasse getragen werden und damit vom Steuerzahler. Infolgedessen haben wir im allgemeinen viel niedrigere Verbraucherpreise als die „Sechs“. Tatsächlich haben wir billigere Nahrung als die meisten Länder der Welt.

Eine Umstellung auf das von der Europäischen Kommission vorgeschlagene System könnte ernste Folgen für den Verbraucher wie für den Hersteller in unserem Land haben und das Ausmaß dieser Folgen könnte für die verschiedenen Agrarerzeugnisse unterschiedlich und die Auswirkungen nicht voraussehbar sein. Ich glaube, eine Umstellung würde für uns eine grundlegende Neuordnung in unserem landwirtschaftlichen Unterstützungssystem mit sich bringen, das meiner Meinung nach in unserem Land als das für unsere besonderen Verhältnisse am besten geeignete betrachtet wird. Das ist ein Problem, mit dem wir uns sehr eingehend beschäftigen müssen, ehe wir Änderungen treffen. [...]

Als letzte Frage möchte ich das Problem der Institutionen aufwerfen. Es hat keinen Zweck, diese Frage verheimlichen zu wollen und zu behaupten, sie stelle keine Probleme dar, denn tatsächlich ist sie eins. Klar ist nur noch nicht, welche Form die Institutionen der „Sechs“ annehmen werden. Für uns mit unserer Tradition in diesem Parlament und dem Beitrag, den es zur parlamentarischen Demokratie geleistet hat, ist der Plan, wenn er dieses Parlament irgendeinem übergeordneten Parlament unterstellen soll, keine leichtzunehmende Angelegenheit. [...]

Im gegenwärtigen Zustand der Welt – mit den augenblicklichen Schwierigkeiten in den Ost-West-Beziehungen, den explosiven Ereignissen in Afrika und den Gefahren an anderen Stellen – liegt es klar auf der Hand, dass Westeuropa sich enger zusammenschließen muss. Ich bitte deshalb das Haus, in der denkbar klarsten Weise festzustellen, dass wir die Notwendigkeit politischer und wirtschaftlicher Einheit in Europa anerkennen und den Abschluss geeigneter Abmachungen zu diesem Zweck begrüßen würden, die alle beteiligten Regierungen zufriedenstellen. Wir unsererseits sind bereit, rückhaltlos auf diesen Abschluss hinzuwirken.

(Zit. nach: Europa-Archiv – Halbmonatsschrift der Deutschen Gesellschaft für Auswärtige Politik, 15. Jg./1960, Teil 2, D 238ff.)

M 4 Staatspräsident de Gaulle über die französische Europapolitik (1960)

In einer Pressekonferenz am 5. September 1960 erklärte der französische Staatspräsident Charles de Gaulle:

Die Schaffung Europas, das heißt seine Einigung, ist sicher eine wichtige Sache. Es ist banal, dies zu sagen. Warum sollte dieser große Herd der Zivilisation, der Stärke der Vernunft und des Fortschrittes unter seiner eigenen Asche erlöschen?

Allerdings darf man auf einem solchen Gebiet nicht Träumen nachhängen, sondern muss die Dinge so sehen, wie sie sind.

Welches sind die Realitäten Europas und die Eckpfeiler, auf denen man weiterbauen könnte? In Wirklichkeit sind es die Staaten. Staaten, die gewiss sehr verschieden sind, von denen jeder seine eigene Seele, seine Geschichte und seine Sprache, seine Missgeschicke, seinen Ruhm und seinen Ehrgeiz hat, doch es sind Staaten, die jeder für sich eine Einheit bilden mit dem Recht, Gesetze zu verabschieden, und mit dem Anspruch auf Gehorsam.

Es ist eine Schimäre, zu glauben, man könnte etwas Wirksames schaffen und dass die Völker etwas billigen, was außerhalb oder über dem Staat stehen würde. Gewiss trifft es zu, dass, bevor man das Europa-Problem in seiner Gesamtheit behandelt hat, gewisse mehr oder weniger supranationale Einrichtungen geschaffen werden konnten. Diese Einrichtungen haben ihren technischen Wert, aber sie haben und können keine Autorität und politische Wirksamkeit besitzen. Solange nichts Ernstliches geschieht, funktionieren sie ohne viel Komplikationen, doch sobald ein dramatischer Umstand eintritt oder ein großes Problem zu lösen ist, stellt man fest, dass diese oder jene hohe Behörde auf die verschiedenen Nationen ohne Autorität ist und dass nur die Staaten über eine solche verfügen: Das hat sich vor kurzer Zeit anlässlich der Kohlenkrise bestätigt und man hat es auch hinsichtlich des Gemeinsamen Marktes feststellen können, als es um das Problem der Agrarprodukte ging und um die gewissen afrikanischen Staaten zu gewährende Wirtschaftshilfe oder auch um die Beziehungen zwischen dem Gemeinsamen Markt und der Freihandelszone.

Ich betone noch einmal: Es ist ganz natürlich, dass die Staaten Europas für ihre gemeinsamen Probleme über besondere Einrichtungen verfügen, um ihre Entscheidungen vorzubereiten und gegebenenfalls durchzuführen, aber diese Entscheidungen obliegen nur ihnen. Sie können nur ihnen zustehen und sie können nur mittels der Zusammenarbeit zustande kommen.

Frankreich hält die Gewährleistung der regelmäßigen Zusammenarbeit der europäischen Staaten für wünschenswert, möglich und praktisch auf dem Gebiet der Politik, der Wirtschaft, der Kultur und der Verteidigung. Was ist hierzu notwendig? Das erfordert ein organisiertes, regelmäßiges Einvernehmen der verantwortlichen Regierungen und die Tätigkeit von den Regierungen unterstellten Spezialorganisationen auf jedem der gemeinsamen Gebiete. Das erfordert regelmäßige Beratungen einer von den Delegierten der nationalen Parlamente gebildeten Versammlung und, glaube ich, so schnell wie möglich eine feierliche europäische Volksbefragung, um diesen Start Europas mit der nötigen Zustimmung und dem Mitwirken der Völker vorzunehmen.

Die europäischen Staaten verfügen gegenwärtig jeder für sich und gemeinsam über bedeutende Aktionsmethoden und sie haben außerdem große gemeinsame Probleme zu lösen. Ihre frühere Feindschaft ist fast zur Bedeutungslosigkeit zusammengeschrumpft. Kurz, die Gelegenheit, diese Zusammenarbeit zu organisieren, ist günstig. Das ist es, was Frankreich vorschlägt.

(Zit. nach: Europa-Archiv, a. a. O., D 304)

Wo sind Europas Grenzen? – Von der Osterweiterung zur Kontroverse um die Aufnahme der Türkei

Cover des SPIEGEL, Nr. 18 vom 26. April 2004

Die Osterweiterung der EU 2004 war die bisher größte „Erweiterungsrunde" der EU. Mit der Aufnahme Rumäniens und Bulgariens tat die EU 2007 einen weiteren Schritt und in Südosteuropa hoffen noch weitere Länder auf einen EU-Beitritt in nicht allzu ferner Zukunft.

Mit jeder Erweiterungsrunde wird von Kritikern die Gefahr der „Überdehnung" der Gemeinschaft beschworen. Das gilt besonders für die mögliche Aufnahme der Türkei, deren Erstantrag schon Jahrzehnte zurückliegt und mit der Verhandlungen seit 2005 geführt werden.

- **Welche Bedeutung kommt der Osterweiterung der EU im Jahr 2004 zu?**
- **In welchen Schritten hat sich die Erweiterung der Gemeinschaft in der Vergangenheit vollzogen?**
- **Welche Regeln gelten für die Behandlung von Anträgen auf Aufnahme in die EU?**
- **Welche besonderen Probleme bereitet das Beitrittsgesuch der Türkei?**

Bereiten Sie eine von Mitschülerinnen bzw. Mitschülern moderierte Diskussionsrunde zur politisch brisanten Frage der Aufnahme der Türkei in die EU vor, in der die vier Leitfragen thematisiert werden.
Vorschlag: In einer weiterführenden Diskussionsrunde können Sie den Diskussionsgegenstand erweitern und die Frage erörtern, ob es aus heutiger Sicht politische oder geografische Grenzen für die Erweiterung der Europäischen Union geben soll.

Die Diskussionsrunde können Sie in kleinen Arbeitsgruppen am runden Tisch auf folgende Weise vorbereiten:

1. Verschaffen Sie sich einen Überblick über frühere Erweiterungen der EG bzw. EU seit den 1970er-Jahren (Infotext, S. 264, 266, 274 und 276 sowie Kasten S. 297). Klären Sie dabei auch die Voraussetzungen und politischen Begleitumstände der früheren Erweiterungen der Gemeinschaft.
2. Arbeiten Sie anhand von M 1 und M 2 sowie anhand der Karikaturen M 3 – M 5 heraus, worin nach Auffassung der Autoren bzw. der Zeichner die Bedeutung der Erweiterung der Gemeinschaft im Jahr 2004 lag und welche Probleme die Osterweiterung mit sich brachte.
3. Informieren Sie sich anhand von M 6 – M 8 über die in der EU vereinbarten Regeln für die Aufnahme neuer Mitglieder in die EU.
4. Erarbeiten Sie anhand von M 9 – M 11 die dort vertretenen Positionen zu einem EU-Beitritt der Türkei.

➧ **Tipp:** Verschriftlichen Sie als inhaltliche Grundlage für die Diskussion Ihre Analyse- und Interpretationsergebnisse jeweils jeder für sich in Thesenform auf Karteikarten.

MATERIALIEN

M 1 Osterweiterung: Ein Kommentar aus der Perspektive des Jahres 2004

Joachim Fritz-Vannahme, Korrespondent der Wochenzeitung DIE ZEIT in Brüssel, schrieb über die Bedeutung der Erweiterungsrunde 2004:

Nichts in Europa wird nach diesem 1. Mai 2004 mehr so sein wie zuvor. Politiker sprechen zu Recht von einer historischen Stunde. Und der Brüsseler Jargon greift gern zum Bild vom Big Bang, vom Urknall in der Europäischen Union, Geburt eines neuen Universums. Diese Union erweitert sich auf einen Schlag um zehn Mitgliedstaaten, 738 000 Quadratkilometer und fast 75 Millionen Bürger. Die Gemeinschaft zählt künftig 453 Millionen Menschen, die ein Viertel des globalen Bruttosozialprodukts erarbeiten und weit über ihre nächsten Nachbarn am Mittelmeer, im Kaukasus und im Mittleren Osten hinaus wirken.
Historisch wirkt dieser 1. Mai aber nicht nur wegen blanker Zahlen. Er markiert für die neuen EU-Mitglieder die Rückkehr nach Europa, ja für alle Seiten die Rückkehr von Europa. Denn jahrzehntelang blieb die Brüsseler Gemeinschaft mit ihrer beispielhaften Geschichte einer friedfertigen Zusammenarbeit zwangsläufig auf einen Teil des eurasischen Landzipfels beschränkt. Da fehlte, abgetrennt vom Eisernen Vorhang des Kalten Kriegs, die Heimat eines Dvorak, Bartok, Chopin, oder etwas moderner gesagt, eines Andrzej Wajda, Jan Kross oder György Ligeti. Erst jetzt, erst mit dieser Erweiterung, kann in Europa wieder zusammenwachsen, was bis zum Zweiten Weltkrieg ganz selbstverständlich zusammengehörte, kulturell wie politisch, ökonomisch wie nachbarschaftlich. […]
Als die ersten Anträge auf Mitgliedschaft auf dem Tisch der Union lagen, seitens der Polen etwa im April 1994, von den baltischen Staaten gut ein Jahr später, da hatten diese Gesellschaften ihren atemberaubenden Wandel, weg von der Plan- und Mangelwirtschaft, hin zur Markt- und Wettbewerbswirtschaft, überhaupt erst eingeleitet. Heute findet er mit der Mitgliedschaft seine Anerkennung und zugleich eine Beschleunigung. Mit der Privatisierung von Banken und Unternehmen, dem Abbau staatlicher Beihilfen, dem Umbau des Arbeitsmarktes und der Reform aller Steuer- und Sozialversicherungssysteme haben diese zehn Neulinge ihre „Agenda 2010", ihre Reform an Haupt und Gliedern längst energisch begonnen und sich selbst Zumutungen ausgesetzt, die viele Altmitglieder beim Umbau ihrer eigenen Sozialsysteme schrecken.
Diese Gemeinschaft der 25 wird bei politischer Gleichheit ihrer Mitglieder eine soziale und wirtschaftliche Ungleichheit kennenlernen, die über alle Erfahrungen bei vorherigen Erweiterungen hinausgeht. Zuerst das Positive: In den Jahren des Wandels schrieben die Kandidatenländer Wachstumsraten von fünf, sechs und mehr Prozent. In den alten Mitgliedsländern kann man davon nur träumen. Nun das Bedenkliche: Das Pro-Kopf-Einkommen der Neuen erreicht im Durchschnitt gerade einmal 45 Prozent dessen, was in den alten EU-Staaten verdient wird – wobei diese Zahl verdeckt, dass es Lettland nur auf 34 Prozent, Zypern und Slowenien immerhin schon auf 70 Prozent bringen. Zudem ist innerhalb der neuen Länder das Gefälle zwischen Arm und Reich gewaltig. So liegen zwischen Warschau und Bialystok ökonomisch gesehen Lichtjahre. […]
Europa wird größer und komplizierter. Längst richtet sich in Brüssel der Blick aufs Ende dieses Jahrzehnts. Dann werden mit Rumänien und Bulgarien, womöglich auch Kroatien drei weitere Kandidaten beitrittsreif sein. Und in ihrem Schatten strebt die Türkei energisch auf eine Union zu, in der sich viele bang fragen: Wie will die Gemeinschaft das alles schaffen, wo lauern die Grenzen ihrer Belastbarkeit? Und überhaupt: Wo liegen ihre Grenzen?
Darauf hatte die alte Europäische Wirtschaftsgemeinschaft bewusst keine Antwort gegeben, mitten im Kalten Krieg, weil Europa (und Deutschland) geteilt war. Wir feiern jetzt zu Recht die Rückkehr von Europa, frei, einig, friedlich. Was der große Augenblick jedoch für die Europäische Union und ihre politische Zukunft bedeutet, ist noch längst nicht beantwortet. Historische Stunden haben ihren Preis.

(Joachim Fritz-Vannahme, Die Rückkehr Europas; in: Volker Ullrich/Felix Rudloff (Hg.), Der Fischer Weltalmanach aktuell – Die EU-Erweiterung, Frankfurt a. M. (Fischer) 2004, S. 11 f.)

M 2 Osterweiterung: Ängste und Vorbehalte

Der bekannte polnische Publizist Jerzy Holzer schreibt über Bedenken gegen die Erweiterung in Polen sowie in den westlichen Ländern:

In Polen stieß die Eingliederung in die Europäische Union auf recht breiten Widerstand. Die Argumente, die ins Feld geführt wurden, waren unterschiedlicher Art. Am meisten ängstigten sich die Landwirte. Von Populisten wurde behauptet, dass das polnische Bauerntum an der Konkurrenz mit höher entwickelten EU-Ländern bankrott ginge und Ausländer Polen aufkaufen würden, Deutsche vor allem. Auch nationalistische Gruppierungen appellierten an Ressentiments. Sie warnten davor, dass Fremde die polnische Industrie aufkaufen würden, dass durch die Expansion ausländischer Handelsketten der polnische Handel ruiniert werde und dass die Preise infolge der Anpassungen an das viel höhere West-Niveau ins Unermessliche stiegen.

Nationalisten und konservative Katholiken brachten sogar religiöse Argumente ins Spiel. Ihrer Ansicht nach war Westeuropa zu einer Brutstätte von moralischer Demoralisierung und Verderbertheit geworden, von den christlichen Werten losgelöst und einem neuen Heidentum ergeben. Sogar gegen den Standpunkt des Vatikans sowie offizieller Vertreter der katholischen Kirche wurde die Gefahr einer sittlichen Katastrophe beschworen – Polen drohe der Zerfall der Familie und der Vormarsch einer losen Sexualmoral.

Trotz alledem hat sich die entscheidende Mehrheit der Wähler im Referendum über den europäischen Integrationsprozess von 2003 für den Beitritt Polens zur Europäischen Union ausgesprochen. Dabei gaben andere Argumente den Ausschlag. Im Bewusstsein der Polen war die Union eine Gemeinschaft wohlhabender Länder. Viele Befürworter der Integration hofften auf einen schnellen Anstieg des Lebensstandards in Polen sowie die Möglichkeit, besser bezahlte Jobs in den westeuropäischen Ländern zu finden.

Der Beitritt Polens und anderer osteuropäischer Länder weckte unter westlichen Politikern geringere Vorbehalte als die Ausdehnung der NATO. Ganz anders reagierte die einfache Bevölkerung in Westeuropa. Sie fürchtete einen sprunghaften Anstieg der Arbeitsmigration, die das Lohnniveau drücken, die Arbeitsmärkte ruinieren, die Arbeitslosigkeit steigern und die Verlagerung von Arbeitsplätzen in die künftigen Mitgliedsländer nach sich ziehen würde.

Einige westliche Gewerkschaftsführer wollten gar ein unbefristetes Beschäftigungsverbot für die „neuen Europäer" einführen und forderten, den Kapitaltransfer nach Osten zu erschweren. Im Extremfall hätte dies ein „Europa der 25" zur bloßen Fiktion degradiert. Am größten war die Furcht vor den Folgen der Osterweiterung in den unmittelbaren Nachbarländern der Beitrittskandidaten – im Falle Polens vor allem Deutschland. Antipolnische Stereotype feierten plötzlich wieder fröhliche Urständ: der vermeintliche Nationalismus der Polen, ihr Klerikalismus und die angeblich niedrige Alltagskultur. Ja, es ist zweifelhaft, ob die Erweiterung überhaupt zustande gekommen wäre, wenn man in allen EU-Mitgliedsländern hierüber ein Referendum abgehalten hätte.

(Jerzy Holzer, Polen und Europa – Land, Geschichte, Identität, Bonn (Dietz) 2007, S. 104 f.)

Die EU-Erweiterung 2004 in der Karikatur

M 3 Horst Haitzinger (Deutschland, 2004)

Text: „Hurra, wir sind 25 Mann stark!"

M 4 Lubomir Lichý (Tschechien, 2004)

M 5 Adomas Zilinskas (Litauen, 2004)

Erweiterungen der Gemeinschaft

- 1.1.1973: Beitritt von Dänemark, Irland und Großbritannien
- 1.1.1981: Beitritt von Griechenland
- 1.1.1986: Beitritt von Portugal und Spanien
- 1.1.1995: Beitritt von Österreich, Schweden und Finnland
- 1.5.2004: Beitritt von Estland, Lettland, Litauen, Malta, Polen, Slowenien, Slowakei, Tschechische Republik, Ungarn und Zypern
- 1.1.2007: Beitritt von Bulgarien und Rumänien

Welche Regeln gelten für die Aufnahme eines Landes in die EU?

M 6 Vertrag über die Europäische Union (EUV)

Art. 2: Die Werte, auf die sich die Union gründet, sind die Achtung der Menschenwürde, Freiheit, Demokratie, Gleichheit, Rechtsstaatlichkeit und die Wahrung der Menschenrechte einschließlich der Rechte der Personen, die Minderheiten angehören. Diese Werte sind allen Mitgliedstaaten in einer Gesellschaft gemeinsam, die sich durch Pluralismus, Nichtdiskriminierung, Toleranz, Gerechtigkeit, Solidarität und die Gleichheit von Frauen und Männern auszeichnet.
Art. 49: Jeder europäische Staat, der die in Artikel 2 genannten Werte achtet und sich für ihre Förderung einsetzt, kann beantragen, Mitglied der Union zu werden. Das Europäische Parlament und die nationalen Parlamente werden über diesen Antrag unterrichtet. Der antragstellende Staat richtet seinen Antrag an den Rat; dieser beschließt einstimmig nach Anhörung der Kommission und nach Zustimmung des Europäischen Parlaments, das mit der Mehrheit seiner Mitglieder beschließt. Die vom Europäischen Rat vereinbarten Kriterien werden berücksichtigt.
Die Aufnahmebedingungen und die durch eine Aufnahme erforderlich werdenden Anpassungen der Verträge, auf denen die EU beruht, werden durch ein Abkommen zwischen den Mitgliedstaaten und dem antragstellenden Staat geregelt. Das Abkommen bedarf der Ratifikation durch alle Vertragsstaaten gemäß ihrer verfassungsrechtlichen Vorschriften.

(http://eur-lex.europa.eu/de/treaties/index.htm)

M 7 Kopenhagener Kriterien

Der Europäische Rat hat im Juni 1993 in den sogenannten Kopenhagener Kriterien die Anforderungen für die Aufnahme neuer EU-Mitgliedstaaten formuliert.

Der Europäische Rat hat heute beschlossen, dass die assoziierten mittel- und osteuropäischen Länder, die dies wünschen, Mitglieder der Europäischen Union werden können. Der Beitritt kann erfolgen, sobald ein assoziiertes Land in der Lage ist, den mit einer Mitgliedschaft verbundenen Verpflichtungen nachzukommen und die erforderlichen wirtschaftlichen und politischen Bedingungen zu erfüllen.
Als Voraussetzung für die Mitgliedschaft muss der Beitrittskandidat eine institutionelle Stabilität als Garantie für demokratische und rechtsstaatliche Ordnung, für die Wahrung der Menschenrechte sowie die Achtung und den Schutz von Minderheiten verwirklicht haben; sie erfordert ferner eine funktionsfähige Marktwirtschaft sowie die Fähigkeit, dem Wettbewerbsdruck und den Marktkräften innerhalb der Union standzuhalten. Die Mitgliedschaft setzt außerdem voraus, dass die einzelnen Beitrittskandidaten die aus einer Mitgliedschaft erwachsenden Verpflichtungen übernehmen und sich auch die Ziele der politischen Union sowie der Wirtschafts- und Währungsunion zu eigen machen können.
Die Fähigkeit der Union, neue Mitglieder aufzunehmen, dabei jedoch die Stoßkraft der europäischen Integration zu erhalten, stellt ebenfalls ei-

nen sowohl für die Union als auch für die Beitrittskandidaten wichtigen Gesichtspunkt dar.

(EUROPÄISCHER RAT, KOPENHAGEN 21.–22. JUNI 1993 SCHLUSSFOLGERUNGEN DES VORSITZES; zit. nach: http://www.consilium.europa.eu/ue/Docs/cms_Data/docs/pressData/de/ec/72924.pdf)

M 8 Erweiterungspolitik der „Drei K"

Nach der EU-Erweiterung um Bulgarien und Rumänien im Jahr 2007 formulierte die Europäische Kommission drei einschränkende Bedingungen („Drei K") für die Fortsetzung des Erweiterungsprozesses der EU. Das Auswärtige Amt der Bundesrepublik Deutschland publiziert dazu auf seiner Homepage:

Deutschland hält an der Fortführung des Erweiterungsprozesses fest [...]; die Bundesregierung unterstützt die Politik der „drei K" der Europäischen Kommission:

- „Konsolidierung" eigener eingegangener Verpflichtungen,
- Einforderung der eingegangenen Verpflichtungen gegenüber den Beitrittskandidaten („Konditionalität"),
- „Kommunikation" mit den Bürgern, um für die Akzeptanz des Erweiterungsprozesses zu werben.

Dabei wird mit wachsender Mitgliederzahl die Aufnahmefähigkeit/Integrationsfähigkeit der EU größere Bedeutung erhalten, das heißt die Fähigkeit der EU, weitere Mitgliedstaaten erfolgreich integrieren zu können. Deutschland besteht auf der strikten Einhaltung der jeweiligen Kriterien, so wie die Europäische Kommission dies durch die Einführung von „benchmarks"[1] bei den Verhandlungen sowie durch das Stufenmodell („road map") bei der Heranführung der Staaten des Westlichen Balkan und durch den „Erneuerten Konsens zur Erweiterung" vom Dezember 2006 vorschlägt. Zeitziele und Automatismen lehnt Deutschland ab. Maßgeblich sind in allen Fällen sowohl die Beitrittsfähigkeit der Kandidaten als auch die Aufnahmefähigkeit der EU.

(Zit. nach: http://www.auswaertiges-amt.de/DE/Europa/Erweiterung/Bedingungen_node.html)

---

[1] „benchmark": engl. Maßstab für die vergleichende Analyse

EU-Beitritt der Türkei? – Dokumentation einer Kontroverse

M 9 Die Position des Historikers Hans-Ulrich Wehler

Seit mehr als einem Jahrzehnt wird kontrovers die Frage eines EU-Beitritts der Türkei diskutiert. In Deutschland hat der bekannte Historiker Hans-Ulrich Wehler, bis 1996 Professor für Allgemeine Geschichte an der Universität Bielefeld, in der ZEIT seine pointierte Ablehnung einer Aufnahme der Türkei vorgetragen:

Soll der Türkei tatsächlich der Weg in die EU frei gemacht werden? Ist es politisch klug, historisch begründet, vor allem aber vom Ergebnis her legitimierbar, sich auf dieses riskanteste Unternehmen in der Geschichte der europäischen Einigung einzulassen? [...]

Alle Gründe sind ganz und gar unzulänglich, wenn es um die gravierende Grundsatzentscheidung des EU-Beitritts geht, da doch zum ersten Mal ein Beitrittskandidat nicht als zweifelsfrei europäisch oder wenigstens als europakompatibel gilt.

1. Die EU hat bisher nicht riskiert, ihre Grenzen im Osten, im Südosten und Süden zu definieren. Im Norden und Westen gibt es keine Probleme, doch im Süden müsste klargestellt werden, dass weder die maghrebinischen Staaten noch der Nahe Osten und Israel zu Europa gehören. Die Hauptprobleme tun sich im Osten und Südosten auf. Die Ukraine, Weißrussland und Russland sollten zwar an Europa gebunden, ihre Stabilisierung nach Kräften unterstützt werden. Sie sind indes kein Teil Europas und gehören deshalb nicht in die EU. Sie haben Europa zwar manchmal massiv beeinflusst, aber die jüdisch-griechisch-römische Antike, die protestantische Reformation und die Renaissance, die Aufklärung und die Wissenschaftsrevolution haben diese Länder nicht geprägt. Diese Einwände gegen einen EU-Beitritt stechen noch mehr, wenn es um die Türkei geht.

2. Das muslimische Osmanenreich hat rund 450 Jahre lang gegen das christliche Europa nahezu unablässig Krieg geführt; einmal standen seine Heere sogar vor den Toren Wiens. Das ist im Kollektivgedächtnis der europäischen Völker, aber auch der Türkei tief verankert. Es spricht darum nichts dafür, eine solche Inkarnation der Gegnerschaft in die EU aufzunehmen. Das mag man noch als Vorurteil eines Historikers abtun. Doch ändert das nichts an dem Tatbestand, dass eine politische Union über Kulturgrenzen hinweg noch nie und nirgendwo Bestand gehabt hat. Überdies ist die Häme, mit der

jetzt gegen den „christlichen Klub" der EU polemisiert wird, ein Zeichen bestürzender Ignoranz, was 2 000-jährige Traditionen und die Tatsache angeht, dass die christlichen Konfessionen und Amtskirchen in Europa noch immer große Mächte des öffentlichen und privaten Lebens sind.

3. Warum sollte heutzutage ein muslimischer, von der fundamentalistischen Welle einer erkennbaren Mehrheit bedrohter Staat zu Europa hinzustoßen, das nun einmal durch seine völlig anderen Traditionen geprägt ist? In der Bundesrepublik werfen 32 000 in radikalen Organisationen vereinigte türkische Muslime bereits hinreichend Probleme auf. Das Konfliktniveau im Inneren würde unvermeidbar angehoben. Ist das Menetekel [Warnung, Mahnruf] des 11. September schon vergessen?

4. Warum sollte, da nach europäischen Kriterien rund 30 Prozent des türkischen Arbeitskräftepotenzials als arbeitslos gelten, einem anatolischen Millionenheer die Freizügigkeit in die EU eröffnet werden? Überall in Europa erweisen sich muslimische Minderheiten als nicht assimilierbar und igeln sich in ihrer Subkultur ein. Auch die Bundesrepublik hat bekanntlich kein Ausländer-, sondern ausschließlich ein Türkenproblem. Man kann nur durch die strikte Verpflichtung zum Sprachunterricht, zum Sprachtest vor der Einschulung, zum regelmäßigen Schulbesuch, zur Bindung der Staatsbürgerrechte an ein Examen (wie etwa in Holland) die starre Minderheitenlage allmählich auflockern. Aber warum sollte man diese Diaspora millionenfach freiwillig vermehren und damit die bisher willige Bereitschaft zum Zusammenleben einer extremen Belastungsprobe aussetzen? Die Zahl von 67 Millionen Türken (zur Zeit der Republikgründung waren es noch 12 Millionen), die sich aufgrund der demografischen Explosion mit einem Zuwachs von etwa 2,4 Prozent pro Jahr dramatisch weiter erhöht, übertrifft bereits die Anzahl der europäischen Protestanten. Im Fall eines Beitritts um 2012/14 stellten 90 Millionen Türken die größte Bevölkerung eines EU-Mitgliedstaates. Das könnte den Anspruch auf finanzielle Sonderleistungen und eine politische Führungsrolle begründen. [...]

8. Käme es trotz aller erdrückenden Gegenargumente dennoch zur Eröffnung von Beitrittsverhandlungen mit diesem muslimischen Großland, würde sich eine Euroskepsis ausbreiten, [...] das Projekt einer Einigung Europas wäre tödlich gefährdet. [...]

(Zit. nach: http://www.zeit.de/2002/38/200238_tuerkei.contra.xml)

M 10 „Keine Angst vor den Türken" – Eine Gegenposition zu Hans-Ulrich Wehler

Eine Gegenposition zu H.-U. Wehler vertritt Günter Seufert, Publizist und bis 2001 Leiter des Instituts der Deutschen Morgenländischen Gesellschaft in Istanbul:

Verwundert reiben sich dieser Tage die Europabefürworter in der Türkei die Augen. Sollten sie die Kopenhagener Kriterien für einen EU-Beitritt falsch verstanden haben? Geht es bei der Erweiterung der Union gar nicht um Demokratie, Rechtsstaatlichkeit und Menschenrechte? Sind für Europas Politiker der Schutz von Minderheiten, die Einrichtung leistungsfähiger Institutionen und die Durchsetzung der Marktwirtschaft gar nicht das Entscheidende?

Anfang August (2002) hatte das türkische Parlament per Verfassungsänderung die Todesstrafe abgeschafft und den Weg frei gemacht zum Unterricht von Minderheitensprachen, allen voran des Kurdischen. Natürlich hofften die Türken, dass sich die Tür zur EU-Mitgliedschaft damit ein Stück weiter öffnen werde. Doch die Politiker in Europa üben sich in Zurückhaltung. Sie überlassen das Feld konservativen Meinungsführern, die zum Zwecke der Ausgrenzung das alte Lied von der Exklusivität und Sublimität [Erhabenheit] der europäischen Kultur neu anstimmen.

Die Türken vor Wien, mal wieder

Hans-Ulrich Wehler hat diese Argumentationsfigur nachgemalt und aufgereiht, was der Türkei so alles fehle zum Europaformat: die jüdisch-griechisch-römische Antike, das Christentum, die protestantische Reformation, die Renaissance, die Aufklärung und die Wissenschaftsrevolution. Das sollen die historischen Bausteine sein, aus denen das gemeinsame Haus Europa errichtet worden ist. Wirklich?

Hätte die Union entstehen können, wenn ihre Gründungsväter sich einer solch selbstzufriedenen Nabelschau hingegeben hätten? War es nicht gerade das Wissen um die Katastrophen Europas, das sie sprachliche, kulturelle, religiöse und historische Gräben überwinden ließ und einen Neuanfang erst möglich gemacht hat? Ging es Robert Schuman und Konrad Adenauer tatsächlich um die Festschreibung von partikularen Traditionen oder vielmehr um die Formulierung von Werten, die keinem Land und keiner Region in die Wiege gelegt worden waren? Die wirklichen Werte Europas sind jene, zu denen auch Europa erst nach schrecklichen Fehlern gefunden hat, die keiner für sich reklamieren kann, die man nicht besitzt, sondern zu denen man sich nur bekennen kann! [...]

Überhaupt, das christliche Abendland. So richtig Kontur gewinnt es erst vor seinem Antipol: dem ach so despotischen wie islamischen Orient. Tatsächlich projizieren manche Europäer ihr Orientbild auf die Türkei. Wäre nicht Projektion am Werk, schnell würde den Grenzziehern auffallen, wie europäisch die Türkei gerade in ihren negativen Seiten ist.

Ihr allseits beklagtes Demokratiedefizit hängt unmittelbar mit der Ideologie des Nationalstaats zusammen, welche die junge Republik von Europa übernommen hat. Die jahrzehntelange Weigerung Ankaras, die Existenz von Kurden und anderen Gruppen anzuerkennen, ist der Lehre geschuldet, der Staat sei für sein Überleben auf eine kulturell homogene Nation angewiesen. An diese durch und durch europäische Vorstellung und ihre Konsequenzen will heute in Europa so recht keiner mehr erinnert werden.

Mit den jüngsten Verfassungsänderungen hat sich die Türkei nicht etwa vom Orient gelöst. Sie hat sich erstmals vom Auslaufmodell des europäischen Nationalstaats entfernt, der die kulturelle Identität seiner Bürger genauso kontrollieren und bestimmen will wie ihre Kommunikation und ihr wirtschaftliches Treiben. Das ist ein großer Schritt hin zur EU. Denn das Geheimnis der Union ist die vorsichtige Relativierung des Nationalstaats. So schwer dieser Weg der Türkei auch fällt – sie hat den ersten wichtigen Schritt getan. [...]

Europas Öl fließt durch die Türkei

Der Wert der Türkei für die EU liegt primär im Bereich der Außenpolitik. Die Stichworte sind Energiepolitik und Sicherheit. 2002 wurde in London jenes Konsortium gegründet, das die lange geplante Erdölpipeline vom aserbaidschanischen Baku nach Tiflis und von dort zum türkischen Mittelmeerhafen Ceyhan bauen wird. Damit haben sich Ankara und Washington nach achtjährigem Ringen um die Erdöl- und Erdgasvorräte in der kaukasischen Senke gegen Teheran und Moskau durchgesetzt. Bereits jetzt durchziehen Röhren mit turkmenischem, iranischem und sibirischem Gas die türkische Erde. Mittelfristig wird die Türkei zur wichtigsten Verteilerstelle der Öl- und Gasvorräte einer Region, deren Reserven Kuwait den Rang ablaufen. Pläne für den Weitertransport der Brennstoffe über den Balkan oder durch die Adria nach Europa liegen in der Schublade. Europa ist – stärker noch als die USA – einseitig von nahöstlichem Erdöl abhängig und hat ein vitales Interesse an sicheren Transportwegen. Und damit an der Türkei.

Ihre große Armee gründet sich nicht allein auf die Begeisterung der Türken für alles Militärische. Das Land ist von potenziellen Krisenregionen umgeben: Balkan, Kaukasus und Naher Osten, alles Gebiete, die für die Stabilität Europas eine Schlüsselrolle spielen. Sosehr die EU-Beamten die starke innenpolitische Stellung des Militärs kritisieren, sosehr loben die Soldaten der europäischen Armeen den kompetenten, überlegten und zuverlässigen Beitrag der Türkei bei der Eindämmung der Krisen auf dem Balkan. Gegen die Türkei ist eine effiziente europäische Außen- und Sicherheitspolitik weder in Südosteuropa noch im Nahen Osten möglich, wo unter anderem die Existenz Israels durch die Türkei mitgesichert wird. Auch der Ausbau der Europäischen Sicherheits- und Verteidigungsinitiative ist nicht ohne die Türkei zu haben. Sie ist ein Schlüsselmitglied der NATO, das sich aus verständlichen Gründen jedem Alleingang der EU in dieser Region widersetzt.

(Zit. nach: Der Fischer Weltalmanach aktuell – Die EU-Erweiterung, a. a. O., S. 110ff.)

M 11 „Für eine privilegierte Partnerschaft" – Die Position von Angela Merkel (CDU)

Angela Merkel, CDU-Parteivorsitzende und seit 2005 Bundeskanzlerin, formulierte im Jahre 2004 in einem Streitgespräch mit dem Schriftsteller Feridun Zaimoglu und der Anwältin Seyran Ates ihre Position zur Frage eines EU-Beitritts der Türkei:

Zeit: Also sind Sie doch für den Beitritt?

Merkel: Nein, ich bin für eine privilegierte Partnerschaft mit der Türkei. Die jetzige Erweiterung stellt

Europa – 27 Länder! – vor sehr harte Herausforderungen. Diese Kraftanstrengung können wir nur bewältigen, wenn wir die Menschen hierzulande mitnehmen. [...] Die Türkei kann in zehn Jahren das Land mit der größten Bevölkerung in Europa sein. [...] Ich befürworte spezielle Beziehungen zur Türkei, aber die volle Integration des Landes in alle europäischen Institutionen halte ich zum jetzigen Zeitpunkt für nicht möglich.

ATES: Erhöhen Beitrittsverhandlungen nicht den Druck auf die Reformbereitschaft der Türkei?

MERKEL: Das ist nicht mein Verständnis von einem Beitrittsprozess, dass ich Druck auf ein Land ausübe, um es zu verändern.

ATES: Aber die Achtung der Menschenrechte in der Türkei kommt doch sehr gut voran.

MERKEL: Dazu muss sich die Türkei aus innerem Antrieb selbst entscheiden. In der EU kann es nicht darum gehen, einander Druck zu machen. Ich möchte in der EU kein Land haben, bei dem ich mich fragen muss, ob dort noch gefoltert wird. Die Union ist ein Zusammenschluss von Staaten, die über die wesentlichen Grundwerte gleiche Vorstellungen haben und sie auch im Alltag umsetzen.

ZAIMOGLU: [...] Ich verstehe nicht, warum Sie mit der Linie der CDU in der Türkeifrage brechen. Adenauer und Kohl waren strikt für den Beitritt. Auf einmal stehen dem jetzt christlich-abendländische Werte entgegen.

MERKEL: Als Konrad Adenauer den Beitritt in Aussicht gestellt hat, war die EU eine Art Freihandelszone. Den Beitritt der Türkei zu dieser Zone haben wir mit dem Assoziationsabkommen längst erreicht. Es ging nicht um den Beitritt zu einer politischen Union, wie sich die EU heute darstellt. In der Zwischenzeit hat man keinen Bedarf gesehen, die ursprünglichen Äußerungen zu revidieren, weil niemand damit rechnen konnte, dass es eines Tages um Vollmitgliedschaft gehen würde. Nun hat die Türkei eine begrüßenswerte Entwicklung genommen ...

ZAIMOGLU: ... und diese Entwicklung hat Sie auf dem falschen Fuß erwischt!

MERKEL: Nein. Über Jahrzehnte hat man in Europa über die Beitrittsperspektive nicht neu nachgedacht, weil die Sache völlig illusorisch schien. Jetzt gibt es eine Situation, wo der Beitrittswunsch der Türkei zusammenfällt mit der Herausforderung durch das Ende des Kalten Krieges und die Beitrittswelle der mittel- und osteuropäischen Länder. Ein wichtiges Kopenhagener Kriterium befasst sich übrigens gar nicht mit der Fähigkeit der Türkei. Die Integrationskraft der EU, heißt es da, dürfe durch die Aufnahme weiterer Länder nicht gefährdet werden. Dies wäre im Moment nicht gewährleistet. Und die Folgen einer Vollmitgliedschaft, sei es die Beteiligung an den Strukturfonds oder die Freizügigkeit, lösen in weiten Teilen der Bevölkerung berechtigte Sorgen aus.

ZAIMOGLU: Sorgen und Ängste der Menschen hier – darum geht es in Wirklichkeit!

MERKEL: Natürlich. Ich muss mich damit doch auseinandersetzen.

ZAIMOGLU: Dann wäre es ehrlicher, wenn Ihre Partei nicht immer hehre demokratische Prinzipien als Gründe für die Ablehnung ins Feld führt.

MERKEL: Ich sage meinen türkischen Partnern: Wir erkennen an, dass ihr auf einem guten Weg seid. Aber ich muss mir auch über unsere Integrationskraft Gedanken machen und dies führt mich bei unserer jetzigen Lage zum Konzept der privilegierten Partnerschaft. Die entscheidende Frage ist: Kann die EU die Tiefe der Integration erreichen, die wir für nötig halten, wenn die Türkei Vollmitglied wäre? Ich verstehe die Sorgen der Leute in Deutschland, die bezweifeln, dass wir das schaffen können. Es geht um das Selbstverständnis der EU. Meine Partei versteht diese Europäische Union immer als eine politische Union mit einer ausgeprägten Integrationstiefe in den Bereichen Währung, Rechtspolitik, Innen- und Außenpolitik bis hin zur Forschungspolitik. Kann ich das bei beliebig großen ökonomischen Unterschieden für beliebig große Gebilde erreichen? Wir müssen uns – selbst bei formaler Erfüllung des Großteils der Kopenhagener Kriterien durch die Türkei – fragen, ob wir selbst die Kraft haben, zugleich die Vertiefung der Union voranzutreiben und weitere Mitgliedstaaten aufzunehmen.

(„Deutsch muss man lernen", in: Die Zeit, Nr. 41/30.09.2004, S. 47)

Die EU – „Superstaat“ mit „Demokratiedefizit“?

Im Februar 2009 hielt der tschechische Staatspräsident Václav Klaus im Europäischen Parlament eine provokante Rede, in der er vor einer Entwicklung der Gemeinschaft zu einer Art „Superstaat“ warnte. Die von Klaus geäußerten Vorbehalte gegenüber der EU sind in vielen Ländern der Gemeinschaft durchaus verbreitet – und in Referenden und bei Wahlen zum Europäischen Parlament beeinflussen sie das Abstimmungsverhalten der Wähler.

Mit dem Vorwurf des „Superstaates“ oder der Kritik an der „Brüsseler Superbürokratie“ verbindet sich häufig die Kritik am „Demokratiedefizit“ der Gemeinschaft.

Die Klage über das „Demokratiedefizit“ betrifft den gesamten institutionellen Aufbau der Gemeinschaft, zielt aber besonders auf die Mitbestimmungsmöglichkeiten des Europäischen Parlaments. Dieses hat zwar seit Gründung der Gemeinschaft durchaus an Kompetenzen gewonnen – dennoch sind seine Rechte im Vergleich zu nationalen Parlamenten eingeschränkt und es findet bisher in der Öffentlichkeit weniger Beachtung als die anderen Institutionen der Gemeinschaft.

Mit dem Vertrag von Lissabon, den Klaus nach langem Zögern Ende 2009 unterzeichnete, sind die Kompetenzen des Europäischen Parlaments noch einmal gestärkt worden. Abzuwarten bleibt, welche Rolle das Parlament bei der weiteren Entwicklung Europas spielen kann.

- **Worauf stützt sich die Kritik am „Superstaat“ EU? Hält die Kritik den Fakten stand?**
- **Worin besteht das oft beklagte „Demokratiedefizit“ in der EU?**
- **Welche Veränderungen im Aufbau der Gemeinschaft bringt der Vertrag von Lissabon mit sich?**

Formulieren Sie Thesenpapiere zu den drei Leitfragen und diskutieren Sie davon ausgehend im Kursgespräch Ihre Einschätzungen zu den Fragenkomplexen „Superstaat“ und „Demokratiedefizit der EU“ sowie „Weiterentwicklung der EU“.

So können Sie die Diskussionsrunde, die von ein oder zwei Mitschülerinnen oder Mitschülern moderiert werden sollte, vorbereiten:

EU-Viertel in Brüssel (Sitz der Kommission)

1. Bilden Sie Gruppen, innerhalb derer Sie arbeitsteilig die Materialien mithilfe der nachfolgenden Erschließungshinweise systematisch und gezielt jeweils unter einer der drei Leitfragen untersuchen und auswerten.
   a) **Zu Leitfrage 1:** Erläutern Sie, auf welche Aspekte des Integrationsprozesses sich die Kritik am „Superstaat“ EU bezieht.
   Ziehen Sie zur Beantwortung der Frage die Rede von Václav Klaus (M 1) heran. Orientieren Sie sich dabei an den empfohlenen Arbeitsschritten für die Interpretation einer politischen Rede. Achten Sie auf den Kontext der Rede und die in ihr hergestellten historischen Bezüge!
   Beschreiben Sie, was die Verfechter der Gemeinschaft der Kritik entgegenhalten. Aus M 2 und M 3 können Sie eine Reihe von Argumentationsansätzen erarbeiten.
   b) **Zu Leitfrage 2:** Erläutern Sie, was mit dem Stichwort „Demokratiedefizit“ der EU gemeint ist. Sie finden dazu Informationen im Infotext (S. 277 ff.) und können ferner M 2, M 4 und M 5 heranziehen. Beachten Sie, dass der Vorwurf des „Demokratiedefizits“ nicht ausschließlich auf das Europäische Parlament bezogen wird!
   Arbeiten Sie heraus, worin sich die Kompetenzen des Europäischen Parlaments von denen der meisten nationalen Parlamente in demokratischen Staaten unterscheiden.

c) **Zu Leitfrage 3:** Untersuchen Sie, welche Veränderungen im politischen Aufbau der EU und in der Kompetenzverteilung zwischen den Organen der EU durch den Lissabon-Vertrag eingetreten sind. Ziehen Sie dazu den Infotext (S. 279 ff.) sowie M 5 heran.

2. Formulieren Sie auf der Basis Ihrer jeweiligen Untersuchungsergebnisse ein Thesenpapier. Bestimmen Sie für Ihre Arbeitsgruppe eine Sprecherin oder einen Sprecher, die bzw. der auf dieser Grundlage mit einem kurzen einleitenden Statement die Diskussion im Plenum eröffnet.
➧ Tipp: Hilfreich ist, wenn sich zwei Mitschülerinnen oder Mitschüler bereitfinden, die zentralen Aussagen während der Diskussion und die – wahrscheinlich kontroversen – Positionen im Kurs in Stichworten protokollarisch festzuhalten.

MATERIALIEN

M 1 Rede des tschechischen Staatspräsidenten Václav Klaus im Europäischen Parlament (19.2.2009)

In dieser Rede kritisierte Klaus die EU massiv. Viele Abgeordnete verließen während der Rede das Parlament. Auszüge:

Sehr geehrter Herr Vorsitzender, sehr geehrte Damen und Herren,
[…]. In weniger als drei Monaten wird sich die Tschechische Republik an den 5. Jahrestag unseres Beitritts zur Europäischen Union erinnern; und wird das in würdiger Weise tun. Wir werden uns an den EU-Beitritt als ein Land erinnern, in dem – im Unterschied zu einigen anderen neuen Mitgliedstaaten – keine Enttäuschung über unerfüllte Erwartungen im Zusammenhang mit unserer EU-Mitgliedschaft zu spüren ist. Es ist aber keine Überraschung und es hat eine rationelle Erklärung. Unsere Erwartungen waren realistisch. Wir wussten genau, dass wir einer von Menschen geschaffenen und gebildeten Gemeinschaft beitreten, nicht einer idealen oder utopistischen Konstruktion, die ohne authentische menschliche Interessen, Visionen, Meinungen und Ideen zustande gekommen ist. Interessen, genauso wie Ideen, sind in der Europäischen Union immer und überall zu finden. Und das kann auch nicht anders sein.

Einerseits wurde der EU-Beitritt bei uns als äußere Bestätigung dessen interpretiert, dass wir uns relativ schnell, und zwar im Lauf von knapp 15 Jahren nach dem Fall des Kommunismus, wieder zu einem normalen europäischen Land entwickelt haben. Andererseits sahen wir (und sehen auch heute) die Möglichkeit einer aktiven Beteiligung am europäischen Integrationsprozess als Gelegenheit, die Vorzüge des hoch integrierten Europas auszunutzen und diesen Prozess gleichzeitig unseren Vorstellungen entsprechend mitzugestalten. Wir teilen eine Mitverantwortung für die Entwicklung der Europäischen Union. […]

Wenn ich gesagt habe, dass es für uns keine Alternative zu einer Mitgliedschaft in der Europäischen Union gab und gibt, ist das nur die Hälfte von dem, was dazu zu sagen ist. Die zweite Hälfte ist ganz logisch die Behauptung, dass es für die Methoden und Formen der europäischen Integration im Gegenteil eine Reihe möglicher und legitimer Varianten gibt, genauso wie es sie auch in der letzten Jahrhunderthälfte gegeben hat. Die Geschichte hat kein Ende. Den Status quo, d. h. die gegenwärtig vorhandene institutionelle Anordnung der EU, als ein für alle Male nicht kritisierbares Dogma zu betrachten, ist ein Irrtum, der sich leider immer mehr verbreitet, obwohl es im absoluten Widerspruch sowohl mit der rationellen Denkweise als auch mit der mehr als zwei Jahrtausende dauernden Geschichte der Entwicklung der Europäischen Union ist. Ebenso ein Irrtum ist die a priori postulierte, und deshalb ebenso nicht kritisierbare Annahme über eine einzige mögliche und richtige Zukunft der Entwicklung der europäischen Integration, die in der „ever-closer Union“ oder in dem Fortschreiten der immer tiefer gehenden politischen Integration der Mitgliedsländer besteht. […]

Das heutige System des Entscheidens in der Europäischen Union ist etwas anderes, als das von der Geschichte geprüfte und in der Vergangenheit erprobte System der klassischen parlamentarischen Demokratie. In einem normalen parlamentarischen System gibt es einen Teil der Abgeordneten, der die Regierung unterstützt und einen oppositionellen Teil. Doch das ist im Europäischen Parlament nicht der Fall. Hier wird nur eine Alternative durchgesetzt und wer über andere Alternativen nachdenkt, wird als Gegner der europäischen Integration angesehen. In unserem Teil Europas lebten wir noch bis vor kurzem in einem politischen System, in dem jegliche Alternative unzulässig war und wo es aus diesem Grund auch keine parlamentarische Opposition gab. Wir haben die bittere Erfahrung gemacht, dass dort, wo es keine Opposition gibt, die

Freiheit verkommt. Deshalb muss es politische Alternativen geben.

Und nicht nur das. Die Beziehung zwischen den Bürgern eines Mitgliedslandes und den Repräsentanten der EU ist keine normale Beziehung zwischen einem Wähler und dem Politiker, der ihn vertritt. Zwischen den Bürgern und den Repräsentanten der Union existiert ein Abstand (und zwar nicht nur im geographischen Sinne), der wesentlich größer ist als innerhalb der einzelnen Mitgliedstaaten. Dies wird mit verschiedenen Begriffen bezeichnet: Demokratiedefizit, der demokratische Accountabilitätsverlust, Entscheidungen nicht durch Gewählte sondern Auserwählte, Bürokratisierung der Entscheidungsprozesse, usw. Die Vorschläge zur Änderung des heutigen Zustandes, die in der abgelehnten Europäischen Verfassung oder in dem von der EU-Verfassung nur gering abweichenden Vertrag von Lissabon enthalten sind, würden diesen Defekt nur vergrößern.

Mit Bezug auf die Nichtexistenz eines europäischen Demos – europäischen Volkes – stellt auch eine eventuelle Stärkung der Rolle des Europäischen Parlaments keine Lösung für diesen Defekt dar. Im Gegenteil. Es würde das Problem nur verstärken und würde zu einem noch größeren Gefühl der Entfremdung der EU-Bürger von den Institutionen der Union führen. Weder das weitere Anfachen des Feuers unter dem „melting pot“ des bisherigen Typs der europäischen Integration noch die Unterdrückung der Rolle der einzelnen Mitgliedstaaten unter dem Motto einer neuen, multikulturellen und multinationalen europäischen bürgerlichen Gesellschaft sind eine Lösung dafür. Das sind Versuche, die in der Vergangenheit immer gescheitert sind, weil sie nicht ein Ausdruck der spontanen historischen Entwicklung waren.

Ich befürchte, dass die Versuche, die Integration immer weiter zu beschleunigen und zu vertiefen und die Entscheidungen über die Lebensbedingungen der Menschen in den EU-Ländern in immer größerem Umfang auf europäische Ebene zu verlagern, in der Folge alles Positive gefährden könnten, was in den letzten 50 Jahren in Europa erreicht worden ist. Wir sollten deshalb die Befürchtungen der Menschen in verschiedenen Mitgliedsländern, dass über ihre Angelegenheiten wieder woanders und ohne sie entschieden wird und dass ihre Möglichkeiten, diese Entscheidungen zu beeinflussen, nur sehr begrenzt sind, nicht unterschätzen. Die Europäische Union verdankt ihren bisherigen Erfolg unter anderem der Tatsache, dass die Ansicht und die Stimme eines jeden Mitgliedslandes bei Abstimmungen das gleiche Gewicht hatte und nicht überhört werden konnte. Lassen wir also nicht zu, dass eine Situation eintritt, in der die Bürger der Mitgliedstaaten mit dem Gefühl der Resignation leben müssen, dass das Projekt der Europäischen Union nicht ihr Projekt ist und dass sich das Projekt anders entwickelt, als sie es sich wünschen, und sie nur gezwungen sind, sich diesem unterzuordnen. Wir würden uns damit sehr schnell und leicht in den Zeiten finden, über die wir uns gewöhnt haben zu sagen, dass sie schon der Vergangenheit angehören.

(Zit. nach: http://www.klaus.cz/klaus2/asp/clanek.asp?id=WI8iTNb9vFCP)

M 2 Die Sicht eines EU-Parlamentariers

Interview der Frankfurter Allgemeinen Zeitung mit Elmar Brok (CDU), Mitglied des Europäischen Parlaments (Oktober 2009):

Frage: Präsident Klaus ist entschiedener Euroskeptiker. Aber hat er nicht hier und da recht? Legt er den Finger nicht auf Wunden, die nicht richtig versorgt wurden?

Brok: Nicht recht hat Klaus mit seiner Kritik an den institutionellen Bestimmungen des Lissabon-Vertrages. Die Stärkung des Subsidiaritätsprinzips [Übernahme von Aufgaben durch untergeordnete Einheiten, soweit möglich] müsste er eigentlich billigen. In manchem hat er aber schon recht. Wir haben seit 1989 eine Revolution erlebt: viele neue Mitglieder, den Binnenmarkt mit ungeheuer viel Gesetzgebung, die Währungsunion. Es muss jetzt eine Zeit der Konsolidierung geben.

Frage: Was heißen soll?

Brok: Kommission, Parlament und Rat sollten die Gesetzgebungsmaschinerie, die in den letzten Jahren heiß gelaufen ist, bremsen und abkühlen lassen. Wir dürfen nicht so weitermarschieren wie bisher und den Bürger immer mehr aus dem Blick verlieren. Wenn die Bürger nicht mehr das Gute an Europa sehen, sondern nur noch sehen, wo wir es übertreiben, dann haben wir ein Akzeptanz- und auf Dauer auch ein Legitimationsproblem.

Frage: Gilt die Konsolidierung auch für die Erweiterungspolitik?

Brok: Viele Länder des westlichen Balkans und auch Länder weiter im Osten sind nicht so weit, dass sie der EU beitreten können. Sie brauchen aber eine europäische Perspektive, weil die intern notwendig ist, um Veränderungen, etwa in der Wirtschaft, im Justizwesen, durchzusetzen. Wir brauchen deshalb Zwischenschritte auf dem Weg zur Mitgliedschaft, etwa den europäischen Wirtschaftsraum.

Frage: Ist es nicht an der Zeit, die Grenzen der Europäischen Union zu definieren?
Brok: Exakt definieren sollte man das nicht. Denn das hieße: Türen zuschlagen. Wir müssen vielmehr die Bedingungen definieren, die zu erfüllen sind. Ein wichtiges Beitrittskriterium ist nicht zuletzt die Erweiterungsfähigkeit der EU. Sie muss handlungsfähig bleiben. Wir wissen aus der Geschichte, dass der Niedergang großer Reiche im Augenblick ihrer größten Ausdehnung begonnen hat, weil die Bindekraft verloren gegangen war. […]
Frage: Wir haben in den vergangenen fünfzehn Jahren die Verträge von Amsterdam und Nizza, den gescheiterten Verfassungsvertrag und den Vertrag von Lissabon gehabt. Kann das so weitergehen?
Brok: Nein. So bald wird es keinen neuen Vertrag geben. Der neue Vertrag muss jetzt zum Funktionieren gebracht werden.
Frage: Sie sind seit 1994 an allen Reformrunden beteiligt gewesen. Noch einmal: Was ist der wesentliche Ertrag?
Brok: Aus Sicht des Parlamentariers die Demokratisierung der EU. Der Vertrag von Lissabon wird das demokratische Defizit der EU im Wesentlichen beseitigen. Der Wähler wird aber niemals institutionelle Reformen honorieren, sondern nur das, was wir dann damit machen.

(Frankfurter Allgemeine Zeitung, Nr. 238/14.10.2009)

M 3 Die Sicht einer Wissenschaftlerin

Prof. Dr. Ingeborg Tömmel, Universitätsprofessorin für Internationale und Europäische Politik an der Universität Osnabrück, setzt sich in dem Wissenschaftsmagazin „economag" mit typischen Vorwürfen gegen die EU auseinander (April 2009):

Wer kennt sie nicht, die Vorwürfe an die Adresse Brüssels und damit an die Adresse der EU: Da sitzt eine aufgeblähte und ineffiziente Bürokratie, die Kommission, die unsinnige Gesetze erlässt, unsere Steuergelder verschwendet und obendrein auch noch korrupt ist.
Und noch mehr der Vorwürfe: Ministerrat und Europäischer Rat sind nicht besser. Sie halten endlose Sitzungen ab und streiten sich, ohne vorwärts weisende Entscheidungen zu treffen. Von Gipfel zu Gipfel werden wichtige Themen aufgeschoben. […]
Das Parlament weckt nach Meinung vieler ebenfalls kaum Vertrauen: Es ist eine teure Schwatzbude, ohne weitreichende Kompetenzen, ohne ein wirkliches Mandat der Bürger, ohne Legitimation. Kurzum: Der EU fehlt es an Effizienz, Effektivität und demokratischer Verfasstheit.
Stimmt dieses Bild, das die Medien immer wieder heraufbeschwören und auf das sogar Politiker in Wahlkampfzeiten gerne zurückgreifen?
Sucht man eine Antwort auf diese Frage, so ist zunächst festzuhalten: Die EU ist kein (supranationaler) Staat. Ergo kann man sie auch nicht mit den Kriterien messen, die gewöhnlich an nationale Staaten angelegt werden. Die EU ist nach wie vor ein Staatenverbund, der allerdings ein einmaliges Ausmaß an Integration zwischen seinen Mitgliedern erreicht hat. Das bedeutet: Die Aufgaben der Union bestehen in erster Linie darin, gemeinsame Lösungen für Probleme zu finden, die sich aus der zunehmenden Interdependenz zwischen den Beteiligten und den dabei auftretenden Externalitäten [Auswirkungen auf Dritte] ergeben. Fragt man vor diesem Hintergrund, wie effizient, effektiv und demokratisch ist die EU, dann fällt das Bild etwas anders aus.

Wie effizient ist die EU?
Die Frage kann man dahingehend konkretisieren, ob die Struktur des EU-Systems den zu lösenden Problemen angemessen ist; ob die Verwaltung entsprechend ausgestattet ist – oder aufgebläht und ob die Entscheidungsverfahren adäquat organisiert sind. Die Union umfasst zwar eine Reihe von Organen, die in einem aufwendigen Ping-Pong-Verfahren Entscheidungen treffen. Die Kommission erarbeitet die Gesetzesvorlagen, Rat und Parlament entscheiden darüber. Auf den ersten Blick erscheint das aber nicht viel anders als Entscheidungen in einem Zweikammernsystem auf nationalem Niveau. Beispielsweise in der BRD erarbeitet die Regierung eine Vorlage und der Bundestag sowie der Bundesrat entscheiden. Allerdings ist der Rat der EU ein schwieriges Entscheidungsgremium und oft kommt es zu verzögerten oder gar Nichtentscheidungen; ein Konsens kommt meist erst nach längeren Verhandlungsphasen zustande.
Es wäre aber zu einfach, dies als Ineffizienz abzutun. Anders als nationale politische Systeme müssen EU-Regelungen inzwischen auf 27 teilweise sehr unterschiedliche nationale Systeme angewendet werden. Vor diesem Hintergrund ist es mehr als sinnvoll, die Folgen solcher Entscheidungen für die einzelnen Staaten so genau wie möglich einzuschätzen und somit die Gesetzesvorlagen abzuändern, bis sie für alle passend sind und damit ein Konsens gefunden ist.
Dass Letzterer nicht zwangsweise auf dem Niveau des kleinsten gemeinsamen Nenners zustande kommt, wie immer wieder behauptet wird, sondern wesentlich höher ausfallen kann, liegt daran,

dass die konsensorientierten EU-Gremien durchaus in der Lage sind, zögerliche oder skeptische Vertreter nationaler Staaten vom Nutzen weitergehender Regelungen zu überzeugen. Über den Umweg der EU gelingt es somit häufig, nationale Standards untereinander anzugleichen und insgesamt das Regelungsniveau zu erhöhen. Ein gutes Beispiel hierfür ist die Umweltpolitik der EU.

Trotzdem bleibt festzuhalten, dass die Entscheidungsfähigkeit der EU eingeschränkt ist, weil der Dissens zwischen den Beteiligten häufig groß ist. Umgekehrt wären allerdings einfache Mehrheitsentscheidungen alles andere als effizient, würden sie doch die Interessen einer Reihe von Mitgliedstaaten ignorieren und damit langfristig das EU-System destabilisieren und delegitimieren.

Residiert in Brüssel ein Wasserkopf?

Mit circa 23 500 Beamten verfügt die Kommission über den größten Verwaltungsapparat der EU. Das erscheint zunächst viel, entspricht aber in etwa nur dem Umfang eines großen Ministeriums in einem Mitgliedstaat oder der Verwaltung einer Großstadt. Alle anderen Organe der EU haben wesentlich kleinere Verwaltungen. Gemessen am Umfang der EU, der stetig wachsenden Aufgabenfülle und dem Sprachenproblem – ein Drittel der Kommissionsbeschäftigten entfällt auf den Übersetzungsdienst – ist die Kommission eher unzureichend ausgestattet. […]

Damit stellt sich als Letztes die Frage: Wie demokratisch ist die EU?

Entwickelt sie sich zum Superstaat, in dem politische Eliten hinter verschlossenen Türen gesetzliche Regelungen und bleibende Kompetenzübertragungen auf der europäischen Ebene aushandeln, die nicht im Interesse der Bürger sind? Auch hier fällt eine klare Antwort schwer.

Karikatur in der „Westdeutschen Zeitung" (8.6.2009)

Europäische Entscheidungen sind in der Regel durchaus demokratisch legitimiert, werden sie doch vom Europäischen Parlament gemeinsam mit dem Ministerrat getroffen. Allerdings ist die Legitimität beider Gremien eingeschränkt. Zudem fehlt es ihren Entscheidungen an Transparenz, womit deren Beurteilung durch die Bürger erheblich erschwert wird. Das Parlament fungiert als direkt gewählte Vertretung der Völker Europas als deren Repräsentant; die niedrige und weiterhin sinkende Wahlbeteiligung schmälert aber seine Legitimität. Der Rat setzt sich aus Regierungsvertretern zusammen, die zumindest indirekt legitimiert sind, da sie die gewählte Regierungsmehrheit der nationalen Ebene repräsentieren. Jedoch handelt es sich um Vertreter der Exekutive, womit in der europäischen Gesetzgebung das Prinzip der Gewaltenteilung verletzt wird.

(Zit. nach: http://www.economag.de/magazin/2009/4/206+(K)ein+Superstaat)

M 4 Der Bedeutungswandel des Europäischen Parlaments während der letzten Jahrzehnte

Diese Entwicklung beschreibt der Brüsseler Korrespondent der „Frankfurter Allgemeinen Zeitung" (Mai 2009):

BRÜSSEL, 28. Mai. Ingo Friedrich, ein CSU-Mann aus Mittelfranken, sitzt seit 1979 im Europäischen Parlament, seit es zum ersten Mal direkt von den Bürgern gewählt wurde. Damals, so erinnert sich Friedrich, konnte man froh sein, wenn man als Europaabgeordneter nicht vergessen wurde. „Auf einem Empfang wurden immer der Bundestagsabgeordnete begrüßt, der Stadtrat und der Apotheker – und, ach ja, hieß es dann, da ist ja noch ein Herr aus dem Europaparlament." Die Bonner Abgeordneten, die hätten damals auf die Kollegen in Straßburg herabgesehen. Heute passiert so etwas nicht mehr. Auch der letzte Bürgermeister in Deutschland hält sich bei offiziellen Anlässen ans Protokoll. Da werden Bundestags-, Landtags- und Europaabgeordnete korrekt nacheinander angesprochen.

Dieser Wandel spiegelt den Bedeutungsgewinn wider, den das Parlament in den vergangenen dreißig Jahren erfahren hat. In dem Haus, in das Friedrich 1979 gewählt wurde, wurde viel geredet, es hatte aber nichts zu sagen. Europäische Gesetze wurden auf Vorschlag der EU-Kommission vom Rat beschlossen, der Kammer der Mitgliedstaaten in Brüssel. Das Parlament wurde nur angehört, weshalb man seinen Mitgliedern anfangs noch nicht ein-

mal die übliche Büroausstattung zur Verfügung stellte. Telefone gab es nicht, die Abgeordneten standen an der Telefonzelle an. […]
Im Jahr 2009, 52 Jahre nach der Unterzeichnung der Römischen Verträge, ist das Europäische Parlament auf vielen Feldern ein selbstverständlicher Gesetzgeber geworden. […]
Dieser Kompetenzzuwachs, den die Mitgliedstaaten dem Parlament in den diversen Vertragsreformen der vergangenen Jahrzehnte oft nur zähneknirschend zugestanden haben, wird von den Abgeordneten selbstbewusst genutzt. Kaum eine Richtlinie oder Verordnung, wie die Gesetze in der EU heißen, gelangt so durch das Parlament, wie sie die Kommission vorgeschlagen hat. In der abgelaufenen Legislaturperiode lehnte das Haus sogar Vorlagen zur Liberalisierung der Hafendienste oder der Softwarepatente komplett ab. In anderen Fällen stürzten sich die Abgeordneten in eine Detailarbeit, wie sie manches nationale Parlament nicht kennen dürfte. Bei der Verabschiedung der Chemikalienrichtlinie Reach waren alleine 1500 gefährliche Stoffe zu bewerten. Das sei so komplex gewesen, dass die Mitgliedstaaten am Ende die Positionen des Parlaments übernommen hätten, sagt ein Abgeordneter.
Trotzdem ist das EU-Parlament keine gewöhnliche Volksvertretung, wie jeder schnell merkt, der es besucht. Ungewöhnlich ist schon, dass dieses hohe Haus zwei Sitze hat, einen in Straßburg und einen in Brüssel. Das führt zu einem aufwendigen Wanderzirkus, wenn nämlich die Abgeordneten, ihre Mitarbeiter, Rat, Kommission und Pressekorps in der Regel einmal im Monat für je eine Woche zur Plenarsitzung nach Straßburg reisen. Was von den Betroffenen als Mühsal und vom Wähler als Geldverschwendung wahrgenommen wird, bringt anschaulich zum Ausdruck, dass das EU-Parlament letztlich nicht souverän ist, weil es sich nicht einmal seinen Sitz selbst aussuchen kann. Darüber entscheiden die Mitgliedstaaten und Frankreich hat bis heute verhindert, dass das Haus ganz nach Brüssel umzieht, wo die meisten anderen EU-Einrichtungen ansässig sind.
In keinem anderen Parlament der Welt herrscht außerdem eine solche babylonische Sprachenvielfalt. Jedes Wort, das hier (offiziell) gesprochen oder geschrieben wird, ist in 23 Amtssprachen zu übertragen, was 1500 Übersetzer ernährt und jeden EU-Bürger im Jahr 2,30 Euro kostet. Selbst die Fraktionssitzungen werden vollständig verdolmetscht, weil die Abgeordneten sich nicht nach Nationen, sondern nach Parteienfamilien zusammengeschlossen haben. Nur im informellen und vertrauensvollen Zwiegespräch, das natürlich auch im EU-Parlament den Betrieb stützt, dominiert das Englische. Ein guter Redner zu sein, ist im EU-Parlament ein entbehrliches Talent, weil sowieso alles im gleichförmigen Gemurmel der Übersetzungskopfhörer landet. Über Witze lachen die Abgeordneten nacheinander, weil die Übersetzung nicht überall gleich schnell ankommt.
In all den Jahren konnte das Parlament seinen Mitgliedern auch nur teilweise die Karrierewege eröffnen, die auf nationaler Ebene üblich sind. Nach der ersten Wahl 1979 saßen für Deutschland abgedankte Honoratioren, unter anderen Willy Brandt, oder junge Anfänger in Straßburg, für die kein Platz in Bonn war. „Sie können doch Französisch?“ lautete ein Gesprächsbeginn, mit dem in allen Parteien manchem Nachwuchspolitiker zu seiner Enttäuschung der Weg nach Europa statt in den Bundestag gewiesen wurde.
In vielen kleineren Mitgliedstaaten hat sich das verändert, da gelten Europapolitiker heute automatisch als Anwärter auf die höchsten nationalen Ämter. In Deutschland ist es aber immer noch so, dass in der politischen Klasse das Amt eines Ministerpräsidenten in einem Bundesland mehr gilt als das eines EU-Kommissars, obwohl letzterer wahrscheinlich viel größere Gestaltungsmöglichkeiten hat. Und ein Wechsel aus dem Parlament in die Kommission, was dem aus dem Bundestag in die Bundesregierung entspricht, kommt in Brüssel immer noch relativ selten vor. Hans-Gert Pöttering, der Parlamentspräsident, sagt, er hoffe, dass es eines Tages normal sei, dass ein Fraktionsvorsitzender aus dem Europaparlament Präsident der EU-Kommission wird.
Das Parlament muss auch damit leben, dass es vom Wahlvolk mit Missachtung gestraft wird. Die Wahlbeteiligung an Europawahlen ist in den vergangenen dreißig Jahren kontinuierlich zurückgegangen, obwohl das Parlament immer mächtiger wurde. […]
Unbehagen über das Geschehen in Brüssel und Straßburg empfinden heute auch die Abgeordneten des Bundestages und der anderen nationalen Parlamente. Die Europaabgeordneten sagen das selten laut, aber den meisten ist bewusst, dass es da in den europäischen Hauptstädten ein Gefühl von Einflussverlust und Entmachtung gibt. Der Bundestag sah sich vor zwei Jahren sogar veranlasst, eine Vertretung in Brüssel zu eröffnen, um auf dem Laufenden zu bleiben. Das konnten sich 1979 vermutlich wenige vorstellen.

(Nikolas Busse, Unverdiente Missachtung, Frankfurter Allgemeine Zeitung, Nr. 123/29.5.2009)

M 5 Bürgerbeteiligung und die Rechte des Europäischen Parlaments nach dem Vertrag von Lissabon (1.12.2009)

Interview im „Deutschlandradio" mit Sylvia-Yvonne Kaufmann (Januar 2010). Sie war bis 2009 als Abgeordnete der Linkspartei Vizepräsidentin des Europäischen Parlaments. Aufgrund ihrer Befürwortung des in ihrer Partei mehrheitlich abgelehnten Lissabon-Vertrages wechselte sie zur SPD.

Meurer: Was ist für Sie der wichtigste Fortschritt, Frau Kaufmann?

Kaufmann: Der wichtigste Fortschritt für mich ist das Mehr an Demokratie. In dem Beitrag eben ist von den gestärkten Rechten des Europäischen Parlaments die Rede gewesen, von den gestärkten Rechten der nationalen Parlamente. Das ist richtig, aber für mich ist noch wichtiger, dass künftig die Bürgerinnen und Bürger selbst die Möglichkeit erhalten werden, europäische Politik mitzugestalten, denn der Vertrag von Lissabon sieht ein neues Instrument, die sogenannte europäische Bürgerinitiative, vor. Das heißt, eine Million Bürgerinnen und Bürger aus verschiedenen Mitgliedstaaten der Europäischen Union können künftig direkt die europäische Kommission auffordern, ein konkretes Gesetz auf den Weg zu bringen. Hier setze ich auf die Bürgerinnen und Bürger.

Meurer: Bekommen wir dann vielleicht Initiativen wie jetzt in der Schweiz bei den Minaretten?

Kaufmann: Wir werden auf jeden Fall pro und kontra unterschiedlichste Ideen über die Gestaltung der europäischen Integration erleben und wesentlich mehr öffentliche politische Debatte darüber und ich glaube, das ist auch etwas, was das europäische Projekt dringend braucht, denn leider haben viele Menschen noch immer so ein Stück weit das Gefühl, dass Europa eher ein Projekt von Eliten ist, und genau das soll es ja nicht sein, sondern es ist ein Projekt, das Staaten und Völker zusammenbringen soll und das Bürgerinnen und Bürger ermöglichen soll, dies auch selbst mitzugestalten.

Meurer: Weil es diese Vorbehalte in der Gesellschaft und in den Gesellschaften gibt, ist die Bürgerinitiative, von der Sie gesprochen haben – eine Million Unterschriften ist in einer EU mit über 400 Millionen Einwohnern nicht so viel –, ein Einfallstor für die EU-Skeptiker?

Kaufmann: Nein. Wissen Sie, ich finde es ganz großartig, dass erstmals ein Instrument direkter Demokratie auf supranationaler Ebene existieren wird. Der Vertrag von Lissabon tritt heute in Kraft. Das heißt, dieses Instrument wird es geben. Wie es konkret auszugestalten ist, das muss ja noch entschieden werden. Das heißt, es muss ein europäisches Gesetz, eine Verordnung geben, die das genau regelt. Ich persönlich setze darauf wirklich große Hoffnungen, denn ich denke, dass die Bürgerinnen und Bürger kluge Ideen haben werden, was sie mehr an Europa wollen.

Meurer: Es ist immer wieder die Rede vom Demokratiedefizit, das es in der EU gäbe. [...] Was ändert sich im Europaparlament zum Besseren?

Kaufmann: Das Europäische Parlament wird künftig quasi in 95 Prozent aller Fälle, wo es um Gesetzgebung geht, gleichberechtigt mit dem Ministerrat entscheiden. Das ist eine enorme Aufwertung des Europäischen Parlaments. Es wird quasi keine Politikbereiche mehr geben, wo ohne das Parlament entschieden werden könnte. Beispiel Haushalt der Europäischen Union; hier wird das Europäische Parlament mit zur Haushaltsbehörde. Energiepolitik, Fragen des geistigen Eigentums, Katastrophenschutz, Kontrolle von Europol, Datenschutz, Personenkontrollen an den Außengrenzen, in vielen, vielen Bereichen wird das Europäische Parlament künftig mitentscheiden und ich bin davon überzeugt, dass es diese neue Rolle auch selbstbewusst wahrnehmen wird.

Meurer: Das Europaparlament kann aber weiterhin keine eigenen Gesetze vorlegen. Wie sehr schmerzt Sie dieses Manko?

Kaufmann: Vielleicht werden wir in Zukunft ein Initiativrecht des Europäischen Parlaments haben. Mit dem Vertrag von Lissabon wird sich aber auch in dieser Hinsicht einiges ändern, denn das Parlament wird ein sehr starkes sogenanntes Aufforderungsrecht haben. Das heißt, das Parlament kann die Kommission auffordern, diese oder jene Gesetzesinitiative auf den Weg zu bringen. Bisher war das so, dass die Europäische Kommission sagen konnte, interessiert uns nicht, was das Parlament da vorlegt, sie musste darauf nicht reagieren. Künftig ist das nicht mehr möglich, denn die Kommission müsste für den Ablehnungsfall begründen, warum sie eine politische Initiative des Parlaments zurückweist. Also auch in der Frage ist die Rolle des Parlaments deutlich gestärkt worden.

(© 2010 Deutschlandradio; zit. nach: http://www.dradio.de/dlf/sendungen/interview_dlf/1079396/)

Der Euro – Garant oder Gefahr für die Stabilität der EU?

Die Einführung der gemeinsamen Währung war wesentlicher Bestandteil des Vertragswerks von Maastricht. Sie bedeutete – nach der Verwirklichung der Zollunion in den 1960er-Jahren und der Verwirklichung des Binnenmarkts in den 1990er-Jahren – um die Jahrtausendwende einen weiteren entscheidenden Schritt zur Integration in Europa. Der Euro machte die EU nun auch währungspolitisch zu einem globalen Akteur.
Rund ein Jahrzehnt später, ausgelöst von der Krise um gefälschte Haushaltszahlen und dem nur mit EU-Hilfe vermiedenen Staatsbankrott Griechenlands, ist die Diskussion um die Gemeinschaftswährung neu entfacht. Die schon bei der Euro-Einführung gestellten Fragen werden neu diskutiert.

- **Welche wirtschaftlichen Gründe und politischen Absichten standen hinter der Einführung der Gemeinschaftswährung?**
- **Haben sich die in den Euro gesetzten Erwartungen erfüllt?**
- **Ist der Euro eine Gefahr – oder umgekehrt der Garant für eine stabile Weiterentwicklung der EU in einer Welt der Globalisierung?**

Verfassen Sie Zeitungskommentare (alternativ: Leserbrief, kurze Rede, Beitrag zu einer Festschrift) aus Anlass eines Jahrestags der Einführung des Euro und stellen Sie sie im Plenum zur Diskussion.

Vorschlag, wie Sie mit einer Partnerin bzw. einem Partner oder in einem kleinen Arbeitsteam die inhaltlichen Grundlagen erarbeiten können:

1. Stellen Sie aus dem Infotext wesentliche Informationen zur Einführung des Euro zusammen.
   ➧ Tipp: Sie können diese Informationen durch aktuelle Fakten aus Tageszeitungen oder aus dem Internet ergänzen (z. B. zur aktuellen Kursentwicklung, zur Frage der Einhaltung der Stabilitätskriterien etc.).
2. Interpretieren Sie die Materialien M 1 und M 2 mit Blick auf die Leitfragen.
   a) Legen Sie dabei ein besonderes Augenmerk auf den Zeitpunkt bzw. Kontext der Äußerungen und achten Sie auf ausgesprochene oder verdeckte Absichten der Redner bzw. Interviewpartner.
   b) Beziehen Sie die ergänzenden Informationen, die den Grafiken zu entnehmen sind, ein.
3. Sichten Sie Ihre Interpretationsergebnisse und überlegen Sie, welche Sachverhalte und angeführten Argumente Sie für Ihren Kommentar (Leserbrief etc.) verwenden können bzw. verwenden wollen.
   Wichtig zu beachten: Bevor Sie an die Ausformulierung Ihres Kommentars (Gleiches gilt für Leserbrief etc.) gehen, sollten Sie sich über Ihre eigene Perspektive, aus der Sie argumentieren werden, sowie über Wert- und Sachurteile, die Sie vertreten möchten, und die ihnen zugrunde liegenden Kriterien und Maßstäbe im Klaren sein. Dazu könnten Sie sich u. a. folgende Fragen stellen:
   – Argumentieren Sie aus einer deutschen oder ausländischen Perspektive?
   – Wollen Sie stärker politische oder wirtschaftliche Argumente herausstellen?
   – Liegt Ihnen mehr an historischen oder aktuellen Bezügen?

MATERIALIEN

M 1 Die Einführung des Euro – „der wichtigste Integrationsschritt seit Gründung der europäischen Gemeinschaften"

In seiner Abschiedsrede im Deutschen Bundestag am 23. April 1998 ging der ehemalige Bundesaußenminister Hans-Dietrich Genscher auf die Motive für die Einführung des Euro ein:

Frau Präsidentin! Meine sehr verehrten Damen und Herren! Zusammen mit den Verträgen von Maastricht ist die heutige Entscheidung zur Währungsunion der wichtigste Integrationsschritt seit Gründung der Europäischen Gemeinschaften vor über 40 Jahren. [...]

Wir treffen eine Entscheidung, die in die historische Dimension der europäischen Einigung gehört. Diese europäische Einigung war nicht, wie manche heute fälschlich behaupten, eine Antwort auf die Bedrohung aus dem Osten. Diese Antwort haben wir durch die Gründung des westlichen Bündnisses gegeben. Nein, diese europäische Einigung war eine Antwort auf die europäischen Bruderkriege, auf die Irrwege der deutschen und der europäischen Geschichte. Sie ist die bleibende Antwort auf zwei schreckliche Weltkriege in diesem Jahrhundert.

(Beifall bei der F.D.P., der CDU/CSU, der SPD und dem BÜNDNIS 90/DIE GRÜNEN)

Diese Begründung wird immer gültig bleiben. Aber die Herausforderung der Globalisierung ist hinzugetreten. Es ist meine feste Überzeugung: Nur vereint werden die Völker Europas diese Herausforderung bestehen können. Nur vereint werden wir als Europäer in der Welt des 21. Jahrhunderts unseren Platz einnehmen können: in einer Welt, in der Grenzen immer mehr an Bedeutung verlieren, in der neue regionale Kraftzentren entstehen und in der Multipolarität bestimmend sein wird.

Die Vollendung der Währungsunion ist deshalb auch die Antwort Europas auf die Herausforderungen des neuen globalen Zeitalters. Die Erkenntnis sich abzeichnender globaler Veränderungen war auch der Grund für die deutsche Initiative in den Jahren 1987/88 für eine Europäische Währungsunion. So ist die Währungsunion keineswegs der Preis für unsere Vergangenheit, wie uns manche einreden wollen. Aber sie ist der Schlüssel zu unserer Zukunft.

(Beifall bei der F.D.P., der CDU/CSU, der SPD und dem BÜNDNIS 90/DIE GRÜNEN)

Das festzuhalten gebietet die historische Wahrheit. Die Legende, die deutsche Zustimmung zur Währungsunion sei der Preis für die Zustimmung insbesondere Frankreichs zur deutschen Einheit gewesen, ist Gift für die künftige Entwicklung in unserem gemeinsamen Europa.

(Beifall bei der F.D.P.)

Die Entstehungsgeschichte der Währungsunion ist eine andere. Als ich im März 1987, also zweieinhalb Jahre vor dem Fall der Berliner Mauer, vor den EG-Botschaftern dazu aufrief, das Europäische Währungssystem fortzuentwickeln, war ich davon überzeugt, der gemeinsame Binnenmarkt werde ohne eine gemeinsame Währung keinen Bestand haben. Ich war überzeugt, dass die sich abzeichnenden Veränderungen gar keine Alternativen ließen. Auch das EWS wäre langfristig nicht zu halten gewesen, wenn man die Perspektive der Währungsunion aus den Augen verloren hätte. [...]

Meine Damen und Herren, die Globalisierung der Finanzmärkte erlaubt nicht, noch länger an dem Anachronismus festzuhalten, dass wir in der Europäischen Union 14 verschiedene Währungen haben. Nur mit einer gemeinsamen Währung können wir auf den globalen Finanzmärkten bestehen. Es ist eine Illusion, zu glauben, der Gemeinsame Markt könne auf Dauer mit 14 verschiedenen Währungen und den dadurch ausgelösten Spannungen funktionieren. Wie oft haben wir solche Spannungen erlebt und immer gingen sie übrigens zum Nachteil unserer Exportwirtschaft aus.

(Beifall bei der F.D.P., der CDU/CSU und der SPD sowie bei Abgeordneten des BÜNDNISSES 90/DIE GRÜNEN)

Der Euro wird größere Kalkulationssicherheit für Bürger und Unternehmen in der Europäischen Union und für unsere Partner weltweit schaffen. Die gemeinsame Währung wird auch Einfluss auf die Weltwirtschaft haben, und zwar zu unseren Gunsten. Der Euro wird zu einer dem Dollar ebenbürtigen Weltreservewährung werden. Viele Länder warten geradezu auf die Möglichkeit der Diversifikation [hier: Reserven in verschiedenen Währungen].

Diese Währungsunion als Stabilitätsunion wird auch zum Nukleus [Kern] eines großen, eines gesamteuropäischen Wirtschafts- und Wachstumsraumes werden. Die Verschiebung der Währungsunion würde den europäischen Binnenmarkt und damit die Zukunftsfähigkeit Europas im Zeitalter der Globalisierung gefährden. Sie würde die neue, die gemeinsame Stabilitätskultur aufs Spiel setzen. [...]

Ungeachtet dessen, was uns manche Euro-Skeptiker glauben machen wollen, wird dieser Euro eine stabile Währung sein. Die Europäische Zentralbank steht der Bundesbank an Unabhängigkeit nicht nach.
(Joseph Fischer [Frankfurt] [BÜNDNIS 90/DIE GRÜNEN]: Im Gegenteil!)
Sie wird die Stabilität des Euro so gewährleisten, wie dies die Bundesbank jetzt für die D-Mark tut. Die Anforderungen an die Stabilität des Euro sind allerdings strenger als die, die die geltenden deutschen Gesetze hinsichtlich der D-Mark verlangen. Das wollen wir nicht vergessen.

(Zit. nach: http://www.genscher.de/16843.html; Zugriff am 29.8.2010)

M 2 Durão Barroso: „Manchmal haben Krisen auch ihr Gutes"

Im Mai 2010, kurz nach dem von der EU für Griechenland und weitere Länder beschlossenen Hilfspaket, äußerte sich der EU-Kommissionspräsident Barroso in einem Interview über die Euro-Krise:

Herr Präsident, in Deutschland fühlen sich viele Bürger regelrecht betrogen, weil ihnen versprochen wurde, der Euro werde eine stabile Währung sein. Können Sie das verstehen?
Barroso: Die Sorgen der Bürger verstehe ich sehr gut. Ich kenne die Stabilitätskultur Deutschlands, für die ich große Sympathie habe. Als ich noch Ministerpräsident in Portugal war, wurde mir vorgeworfen, ich sei geradezu besessen von der Idee, das Defizit abzubauen. Auf der anderen Seite glauben nach einer neuen Umfrage 76 Prozent der Deutschen an den Euro. Das zeigt, dass die Öffentlichkeit bei allem Ärger und aller Sorge über die jüngsten Vorkommnisse manchmal klüger ist als viele Politiker. Die Mehrheit der Deutschen zweifelt nicht an der Zukunft des Euros.
Trotzdem sind viele Deutsche empört darüber, dass sie die Zeche für andere zahlen sollen.
Barroso: Wir müssen den Leuten viel deutlicher sagen, was der Euro ihnen gebracht hat. Nehmen Sie den deutschen Handelsüberschuss von 134 Milliarden Euro. Weiß die deutsche Öffentlichkeit eigentlich, dass fast 86 Prozent von diesen 134 Milliarden, nämlich 115 Milliarden, aus dem Handel in der EU stammen? Sagen die deutschen Politiker der Öffentlichkeit, dass die deutschen Exporte in andere EU-Länder ständig gestiegen sind? Zwischen 1995 und 2008 betrug der Anstieg 7,4 Prozent im Jahr. Bei den deutschen Ausfuhren nach Japan waren das nur 2,2 Prozent. Deutschland war bisher ein großer Gewinner des Euros. [...] Die Deutschen vergessen manchmal, dass der Euro nicht nur aus politischen Gründen geschaffen wurde. Es sollten insbesondere Abwertungswettläufe und spekulative Angriffe verhindert werden, denn in einem Binnenmarkt mit verschiedenen Währungen machen sie den Unternehmen das Leben schwer. Das gilt vor allem für kleine und mittlere Betriebe.
Es ging schon auch um die Frage, wie das wiedervereinte Deutschland in Europa eingebettet wird.
Barroso: Ja, aber es ist nicht wahr, dass der Euro der politische Preis für die Wiedervereinigung war. Es gab gute ökonomische Gründe für ihn, auch wenn er natürlich darüber hinaus ein visionäres politisches Einigungsprojekt ist. Im Übrigen war der Euro keine Erfindung von Griechenland, Irland oder Spanien. Das war ein deutsch-französisches Projekt.
Hat die EU-Kommission nicht auch Schuld an der Krise, weil sie nicht energischer gegen die nationalen Defizite vorgegangen ist?
Barroso: Es gibt in Europa keine andere Institution, die der makroökonomischen Stabilität und der Beachtung des Stabilitätspakts so verpflichtet ist wie die Kommission. Das Problem sind doch einige Mitgliedstaaten, auch Deutschland. In den Jahren 2003 und 2004 hat es Deutschland zusammen mit Frankreich geschafft, eine Mehrheit unter den Mitgliedstaaten gegen den Versuch der Kommission zu mobilisieren, schärfere Sanktionen nach den Vorschriften des Stabilitätspakts zu verhängen. Die Kommission war sogar gezwungen, dagegen vor dem Europäischen Gerichtshof zu klagen. [...]
Die Bundeskanzlerin sagt, wenn der Euro scheitert, dann scheitert die EU. Das wäre eine bedrückende Konsequenz. Teilen Sie die Sorge?

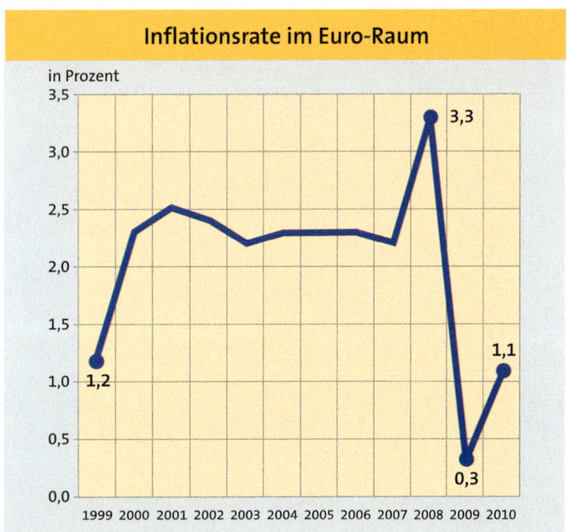

(nach: FAS, 2.5.2010; Quelle: Eurostat)

Barroso: Genau deshalb wird der Euro nicht scheitern. Er ist eine sehr starke Währung. Die Krise hat doch nicht in der Eurozone begonnen, sondern es gab eine globale Finanzkrise, die einige Schwächen der Währungsunion und der Mitgliedstaaten offenbart hat. Andere Länder haben höhere Defizite. Auch drei EU-Mitglieder außerhalb der Eurozone haben Hilfen vom Internationalen Währungsfonds erhalten. Island will dem Euro doch gerade beitreten, weil es einen Anker der Stabilität sucht. Das Problem ist nicht der Euro.

Sondern?

Barroso: Dass, wie ich gesagt habe, wir über unsere Verhältnisse gelebt haben. […]

Ist die Eurokrise nicht auch ein Beleg dafür, dass Europa der Verlierer des heraufziehenden multipolaren Zeitalters sein wird?

Barroso: Das ist falsch. Dass andere aufsteigen, heißt nicht, dass wir absteigen. Das europäische Modell der Sozialen Marktwirtschaft ist aus meiner Sicht immer noch das Beste. Aber wir alle, auch Deutschland, würden global viel an Glaubwürdigkeit und Einfluss verlieren, wenn es ein großes Problem mit dem Euro gäbe. Wie Amerikaner, Chinesen und andere uns beurteilen, wird zu einem großen Teil davon abhängen, wie wir mit der gegenwärtigen Krise umgehen. Auch Deutschland kann nur mit einer starken Währung und über die EU mit den Großmächten auf Augenhöhe diskutieren.

(Frankfurter Allgemeine Zeitung, Nr. 118/25.5.2010)

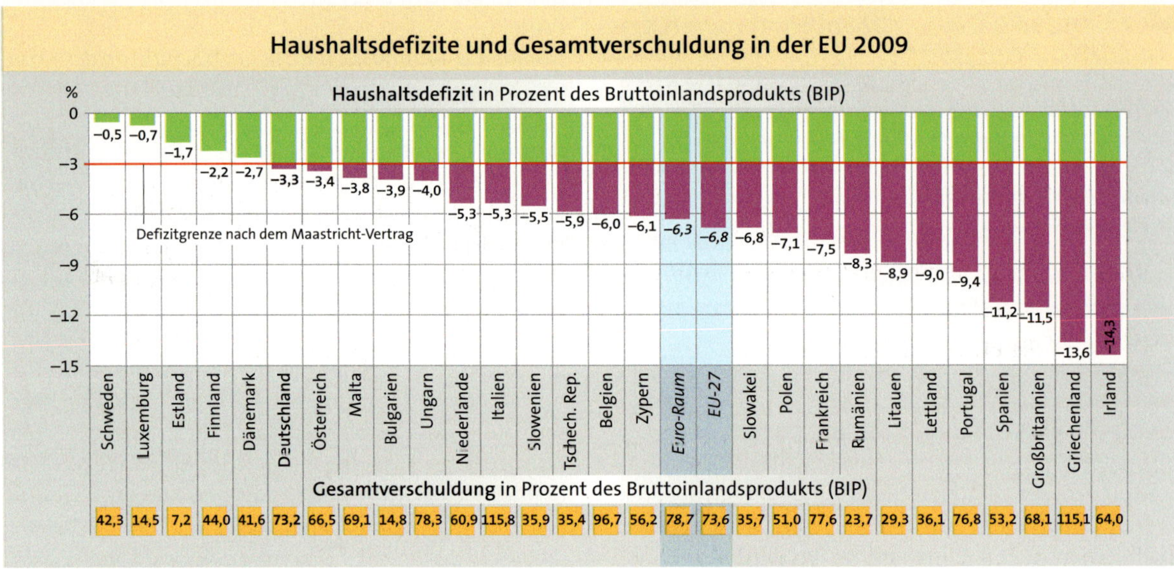

(nach: FAZ, 23.4.2010; Quelle: Eurostat)

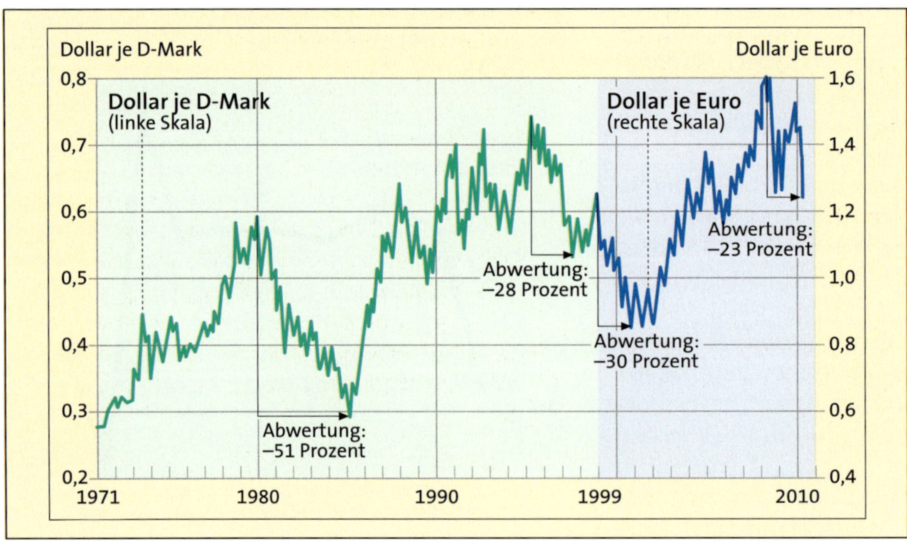

DM/Euro-Kursentwicklung zum Dollar

(Angaben nach verschiedenen Quellen)

Was wird aus Europa im 21. Jahrhundert?

Die sogenannte Griechenland-Krise im Frühjahr 2010 führte nicht nur zu Diskussionen um die Gemeinschaftswährung, sondern löste auch heftige Debatten um Zustand und Zukunft der EU insgesamt aus. In Tageszeitungen und anderen Medien war „Europa" plötzlich ein viel diskutiertes Thema. Historiker und namhafte Publizisten beteiligten sich an der Diskussion und stellten Bezüge zu früheren Debatten her.
Im Mittelpunkt vieler Diskussionsbeiträge steht die Frage nach dem Grad der anzustrebenden politischen Integration – eine Frage, die schon in den 1950er- und 60er-Jahren gestellt wurde. Auch die Rolle Deutschlands in der EU ist in diesem Zusammenhang wichtig.

- **Ist eine Weiterentwicklung der EU zu einer politischen Union notwendig und wünschbar?**
- **Welche globale Rolle kann und soll die EU spielen?**
- **Wie wird die EU von außen gesehen?**

Präsentieren Sie im Plenum kurze Statements zu Expertenmeinungen und diskutieren Sie davon ausgehend die Leitfragen im Kursgespräch.

Vorschläge, wie Sie sich auf die Diskussion vorbereiten können:

1. Lesen Sie die Textauszüge M 1 – M 4 zunächst kursorisch und entscheiden Sie, welchen Text/welche Texte Sie, ggf. in Partnerarbeit, bearbeiten möchten.
2. Analysieren Sie den gewählten Text/die gewählten Texte. Nutzen Sie die methodischen Hinweise der Basismethode „Historische Sekundärliteratur analysieren und sich kritisch mit ihr auseinandersetzen" (s. S. 372).
3. Notieren Sie wesentliche Analyseergebnisse – z. B. zu den Aspekten Argumentationsschritte, Begründungen, Schlussfolgerungen, Wertungen – auf Stichwortzetteln oder Karteikarten.

Karikatur in der FAZ, 1.12.2010

4. Formulieren Sie eine eigene Stellungnahme zur Position des von Ihnen gewählten Autors bzw. der von Ihnen gewählten Autoren.
   Tipps:
   – Suchen Sie nach Argumenten, die die jeweilige Position entweder stützen oder relativieren.
   – Überlegen Sie, wie Sie ein kurzes Eingangsstatement für die Diskussion formulieren können.
   – Dabei sollten Sie darauf achten, dass Sie Ihr Eingangsstatement in der späteren Diskussion mit zusätzlichen Ausführungen ggf. weiter vertreten oder „verteidigen" können, d. h. Sie sollten zusätzliche Argumente/Fakten/Details „parat haben".

MATERIALIEN

M 1 Wohin steuert die EU? – Die Sicht des deutschen Historikers Heinrich August Winkler

Heinrich A. Winkler, bis zur seiner Emeritierung Professor für Neueste Geschichte an der Humboldt-Universität/Berlin, äußerte in einem Beitrag 2010:

Große Krisen haben eine lange Vorgeschichte. Die Vorgeschichte der derzeitigen europäischen Krise, der politischen wie der monetären, reicht bis ins Epochenjahr 1989/90 zurück. [...]. Der französische Staatspräsident François Mitterrand sah die Gefahr, dass sich die Europäische Gemeinschaft nach einer Wiedervereinigung Deutschlands in eine DM-Zone verwandeln würde, was eine deutsche Hegemonie über den Kontinent bedeutet hätte. Wenn die Deutsche Mark in einer europäischen Währungseinheit aufging, ließ sich nach Mitterrands Überzeugung diese Gefahr bannen. Deshalb kam alles auf die rasche Bildung einer europäischen Wirtschafts- und Währungsunion an.

Die Bonner Position war bis dahin eine andere gewesen: Die europäische Währung sollte kommen, aber nur im Rahmen einer umfassenden supranationalen Einigung – einer Politischen Union, die diesen Namen verdiente. Dieses Junktim [Verknüpfung] konnte Bundeskanzler Helmut Kohl bei den Verhandlungen der EG im Frühjahr 1990 auch deshalb nicht durchhalten, weil die britische Premierministerin Margaret Thatcher einer Politischen Union im Sinne der deutschen Vorstellungen noch weniger abgewinnen konnte als Mitterrand. Auf einem Sondergipfel Ende April 1990 in Dublin wurden die Währungsunion und die Politische Union faktisch entkoppelt. Das war der Preis, den die Bundesregierung für die Pariser Zustimmung zur deutschen Einheit zahlen musste.

Am Ende stand der Vertrag von Maastricht vom Februar 1992, der aus der Europäischen Gemeinschaft die Europäische Union machte. [...]

Das Bundesverfassungsgericht hat in seinem Maastricht-Urteil vom Oktober 1993 die EU mit dem kaum in andere Sprachen übersetzbaren Begriff „Staatenverbund“ bezeichnet. Sie ist ein Zwischending zwischen Staatenbund und Bundesstaat. Es gibt kein europäisches Staatsvolk und nach wie vor sind die Mitgliedstaaten die Herren der Verträge. Die Mitglieder der EU sind nicht mehr klassische, also souveräne, sondern postklassische Nationalstaaten, die einige Hoheitsrechte gemeinsam ausüben, andere auf supranationale Einrichtungen übertragen haben.

Dem Staatenverbund namens Europäische Union ist Macht zugewachsen, die zwar von den Völkern ausgeht, aber von diesen sehr viel weniger kontrolliert werden kann als die den Staaten verbliebene Macht. Unter diesem legitimatorischen Defizit leidet die Akzeptanz der EU. [...]

[Die Euro-Krise] hat den Europäern fast über Nacht ins Bewusstsein gerufen, dass es inzwischen so etwas wie eine europäische Innenpolitik gibt. Wenn das Renteneintrittsalter, die Beamtenbezüge, die Haushaltsdisziplin und die Staatsverschuldung eines Landes zum Streitthema der anderen werden, ist das ein, obschon mitunter zu polemischen Verzerrungen einladender, Beitrag zur Herausbildung einer europäischen Öffentlichkeit. Dem Projekt Europa verschafft die Krise eine unverhoffte Chance: Es muss neu legitimiert werden. Es hört auf, das zu sein, was es allzu lange war: ein Elitenprojekt.

Der entscheidende kollektive Akteur auf europäischer Ebene ist zurzeit der Europäische Rat, nicht die Europäische Kommission. Ob mehr intergouvernementale Zusammenarbeit ausreicht, um das notwendige Maß an europäischer Einheit zu erreichen, ist aber höchst fraglich. Vielmehr spricht längerfristig alles für die Notwendigkeit eines neuen Integrationsschubs in Richtung einer Politischen Union, die in gewissem Umfang auch Wirtschafts-, Fiskal- und Sozialunion sein muss. Wenn dazu nicht alle 27 Mitglieder der EU bereit sind, wird sich ein engerer Bund herausbilden, der offen ist für die Mitgliedstaaten, die ihm erst später beitreten wollen und können.

Anders als 1990 und in den Jahren danach könnte jetzt der Druck der Verhältnisse der Erkenntnis zum Durchbruch verhelfen, dass eine Währungsunion auf den institutionellen Rahmen einer Politischen Union angewiesen ist, wenn sie Bestand haben soll. Für den qualitativen Sprung vom Staatenverbund in die Föderation wird diese Einsicht wohl noch immer nicht ausreichen. Aber Schritte in diese Richtung könnten früher unumgänglich werden, als die Skeptiker meinen.

Für Deutschland wird das eine Verfassungsdiskussion nach sich ziehen. Das Bundesverfassungsgericht hat in seinem Urteil zum Lissabon-Vertrag einer Weiterentwicklung des Staatenverbundes keinen Riegel vorgeschoben, sondern auf den Artikel 146 verwiesen. Danach verliert das Grundgesetz seine Gültigkeit an dem Tag, an dem eine neue Verfassung in Kraft tritt, die vom deutschen Volk in freier Entscheidung beschlossen worden ist. Eine Generalüberholung des Grundgesetzes in europäischer

Absicht bedarf also eines ausdrücklichen, direkt erteilten Mandats der stimmberechtigten Deutschen. Erst wenn dieser Auftrag erteilt ist, wird das Europäische Parlament einen Teil der Kontroll- und Legitimationsfunktionen übernehmen können, die heute Bundestag und Bundesrat zustehen und die von ihnen wahrgenommen werden müssen.
Die gegenwärtige Krise eröffnet Perspektiven, die vor kurzem noch undenkbar erschienen. Der Staatenverbund wird nicht das letzte Wort des europäischen Einigungsprozesses bleiben. Es gilt, sich auf ein Stadium der Integration vorzubereiten, in dem mehr gefragt ist als die Fortschreibung des Status quo. Und die Europäische Union muss in dieses Stadium eintreten, wenn es denn wirklich noch ihr Ziel ist, in wichtigen Fragen mit einer Stimme zu sprechen und eine eigenständige Rolle in der Welt zu spielen.

(H. A. Winkler, Europa an der Krisenkreuzung; in: Frankfurter Allgemeine Zeitung, Nr. 186/13.8.2010)

Karikatur in der FAZ, 26.8.2010

M 2 Eine Antwort auf H. A. Winkler

Der FAZ-Redakteur Klaus-Dieter Frankenberger setzte sich mit der Position H. A. Winklers (M 1) wie folgt auseinander:

In seinem Beitrag hat auch Winkler vom Druck der Verhältnisse geschrieben und damit von der „Notwendigkeit" eines neuen Integrationsschubs in Richtung einer Politischen Union, die in gewissem Umfang auch Wirtschafts-, Fiskal- und Sozialunion sein müsse. Die Euro-Krise, die in Wahrheit ja keine Krise der Gemeinschaftswährung gewesen ist, sondern eine der Staatsverschuldung, würde also nachholen, was bei der Entscheidung zugunsten einer europäischen Währung auf der Strecke geblieben ist und nicht gelang: eine Politische Union.
Die Frage aber ist – Druck der Verhältnisse hin oder her –, ob die Voraussetzungen dafür heute so viel günstiger sind als Anfang der Neunzigerjahre, als es immerhin das Epocheereignis der Wiedervereinigung Deutschlands gab, mit der die Einführung des Euro ja wesentlich zusammenhängt. Sind die Wähler heute wirklich geneigter als damals, einen neuen Integrationsschub wenn nicht zu wollen, dann wenigstens hinzunehmen? Sind die Kräfte des Widerstands in den Mitgliedstaaten, welche die Politische Union vor knapp zwanzig Jahren nicht erblühen ließen, heute weniger stark? Das scheint zumindest zweifelhaft zu sein. Gegner einer „immer engeren Union", wie sie auch in der Präambel des Vertrags von Lissabon proklamiert wird, lassen sich nicht einfach von der Behauptung der Alternativlosigkeit und der Unausweichlichkeit überzeugen. [...]
Bei der Einführung des Euro ist gesagt worden, in der Währungsunion würden sich fortan die einen, sagen wir die Österreicher, für die Sozialpolitik der anderen, zum Beispiel der Portugiesen, interessieren. In gewisser Weise ist es so gekommen und in diesem Sinne kann man auch von einer europäischen Öffentlichkeit sprechen. Die Deutschen schienen vor ein paar Monaten mit dem Renteneintrittsalter in Griechenland ziemlich vertraut zu sein. Aber das war kein akademischer Vergleich europäischer Rentensysteme; die Auseinandersetzung über die Kalamitäten [Notlage, Probleme] der Griechen, ihren Bedarf an europäischer Hilfe („Bailout") wurde mit einer Emotionalität, ja Aggressivität geführt, für die es wenige Beispiele gibt. Es wurden Ressentiments virulent und bedient und auf dem Boulevard wurde regelrecht gehetzt – was er aber nur konnte, weil die Vermutung, dass einer fortgesetzt über seine Verhältnisse gelebt habe und jetzt anderen die Rechnung präsentiere, verbreitet war. Und der Wahrheit ziemlich nahe kam. Mit anderen Worten: Auch die innereuropäische Solidarität ist begrenzt; zumindest in Fällen wie dem griechischen Bail-out, der hierzulande als Vertrauens- und Vertragsbruch aufgenommen wurde, den viele am liebsten mit dem Hinauswurf geahndet hätten. In der europäischen Öffentlichkeit wird richtig geholzt; hier haben auch die Deutschen ihr Fett wegbekommen, von wegen Hegemoniestreben. Ist das schicksalsgemeinschaftsbildend?
Dass die „Solidarität" ihre Grenzen hat, das hat das slowakische Parlament gezeigt: Es hat es trotz unmissverständlicher Ermahnungen aus Brüssel und den Partnerländern abgelehnt, dass sich die Slowakei am Hilfspaket für Griechenland beteiligt. Es wollte nicht in Haftung für jahrelange Verantwortungslosigkeit anderer genommen werden, während man der eigenen Bevölkerung eine harte Ross-

kur nicht ersparte. Ob die Entscheidung des slowakischen Parlaments politisch klug ist oder nicht – sie zeigt jedoch, dass die Appelle an das Solidaritätsgefühl und die Behauptung einer Alternativlosigkeit auch ins Leere laufen können. Auch in der EU ist nichts zwangsläufig, sondern hängt vom politischen Willen ab.

Ein eindeutiger politischer Wille, wohin sich die Union der Europäer entwickeln soll, lässt sich in den 27 Mitgliedstaaten nicht erkennen, in Mitgliedstaaten übrigens, die sich ungeachtet aller Rhetorik unterschiedlich nahe sind. Auch das hat Auswirkungen auf das Band der Solidarität. So gesehen, ist im Moment die Optimierung des Status quo nicht das Schlechteste. Mehr fände keine breite Akzeptanz, außer bei den Eliten vielleicht, aber ein Elitenprojekt soll die Einigung gerade nicht mehr sein.

(K.-D. Frankenberger, Die Rechte des Souveräns; in: Frankfurter Allgemeine Zeitung, Nr. 197/26.8.2010)

M 3 Eine globale Rolle für die EU?

Ludger Kühnhardt, Professor für Politische Wissenschaft und Direktor am Institut für Europäische Integrationsforschung an der Universität Bonn, schreibt über eine neue Rolle für die EU:

Die ursprüngliche Begründung der europäischen Integration hatte im Friedens- und Aussöhnungsprojekt ihren Kern, beginnend mit der deutsch-französischen Aussöhnung und endend in der friedlichen und freiheitlichen Vereinigung Europas nach dem Ende des Kalten Kriegs. In der nun begonnenen Phase ihrer zweiten Begründung findet die europäische Integration den stärksten Antrieb in der Behauptung Europas im Zeitalter der Globalisierung und in dessen Mitgestaltung durch eine weltfähig gewordene EU. [...]

In der Kulturgeschichte Europas standen die großen Leitbegriffe in Kultur, Theologie und Politik, in Kunst und Literatur stets für einen universalen Anspruch. Europa definierte Begriffe, Normen, Dogmen als inhärent universalistisch. Im Zeitalter des Relativismus, der Selbstzweifel und der postmodernen Kulturtheorien ist dieser Anspruch arg in die Defensive geraten, ja häufig sogar diskreditiert worden. Im Zeitalter der Globalität aber sollte auch in Europa neu nach dem Begriff des Universalismus und seiner Universalisierbarkeit gefragt werden.

Dabei präsentiert sich Europa heute in einem eigenwilligen Zwitterzustand. [...]

Es ist leicht, in China auf Normen für Steckdosen hinzuweisen, aber offenbar sensibel, die dort grassierende Kinderarbeit als Norm- und Wertproblem anzusprechen. Es ist leicht, im Gasgeschäft mit Russland auf technischen Normen zu achten, aber sensibel, auf Defizite im russischen Rechtssystem aufmerksam zu machen. [...]

Auf Dauer wird Globalität nur gelingen, wenn nicht nur technische, sondern in einer immer enger zusammenfindenden Welt auch normative, ethisch-moralische und geistig-kategoriale Standards etabliert werden können. Inmitten der Konsolidierung des politischen Projekts der europäischen Integration rückt mithin eine gewichtige geistig-kulturelle Frage in den Mittelpunkt der Aufgaben, vor denen Europa steht.

Es wird darauf ankommen, dass nicht rückwärtsgewandte Antworten gefunden werden, die Kultur in Antithese zum Politischen sehen. Es kommt vielmehr darauf an, den Blick nach vorne zu bewahren und die kulturelle Anfrage an Europa im Zeitalter der Globalität als eminent politische Frage, als zentrale Anforderung an die politische Kultur Europas zu begreifen. Antworten werden diskursiv erwachsen, wie üblich im Dialog, in der Kontroverse und in Bemühungen um synthetisierende Kompromisse. Aber eine EU als Wertegemeinschaft, die als Weltpartner globale Gestaltungsansprüche projiziert, wird sich im Bereich von Normen, Werten und Interessen nicht indifferent geben und auf technisch-funktionalistische Begriffe zurückziehen können. Europas Aufgaben sind noch längst nicht erfüllt – weder für sich selbst noch im Dialog mit den anderen Regionen, Kulturen und Partnern in aller Welt.

(Ludger Kühnhardt, Die zweite Begründung der europäischen Integration; in: Aus Politik und Zeitgeschichte/Beilage zur Wochenzeitung „Das Parlament", Nr. 18/2010, S. 3ff.)

M 4 Eine amerikanische Sicht zu Europa

Der amerikanische Ökonom Jeremy Rifkin, der zeitweilig auch als Berater der EU-Kommission tätig war, schrieb 2004 über den Erfolg der EU:

Alles in allem ist die EU ein bemerkenswerter Erfolg, vor allem wenn man bedenkt, dass noch nicht einmal ihre Architekten sich sicher sind, was sie genau ist. Das Problem besteht darin, dass es eine Regierungsinstitution wie die EU zuvor noch nie gegeben hat. Sie ist kein Staat, agiert aber wie einer. Ihre Gesetzgebung steht über den nationalen Gesetzen der 25 Einzelnationen. Mit Ausnahme Großbritanniens, Schwedens und Dänemarks haben die 15 „alten" Mitglieder eine gemeinsame Währung – den Euro. Die EU regelt Wirtschaft und

Handel und koordiniert Energie, Transport, Kommunikation und zunehmend das Bildungswesen über viele Nationalgrenzen hinweg. Ihre Bürger haben alle denselben EU-Pass. Es gibt ein Europäisches Parlament und einen Europäischen Gerichtshof, dessen Entscheidungen für alle EU-Bürger und -Mitgliedstaaten bindend sind. Sie hat einen Präsidenten und erste gemeinsame Streitkräfte. Die EU weist viele Charakteristika eines Staates auf. Allerdings kann sie keine Steuern eintreiben und die Mitglieder haben bei Entscheidungen über militärische Einsätze ein Vetorecht.

Vor allem aber ist die EU keine territoriale Entität. Sie koordiniert und reguliert zwar Aktivitäten innerhalb des Territoriums der Mitgliedstaaten, aber sie hat kein eigenes Land, ist also eine extraterritoriale Regierungsinstitution. Das macht sie so einzigartig. [...]

Die Mitgliedstaaten der EU kontrollieren weiterhin ihr eigenes Territorium, aber die absolute Gewalt darüber wird von legislativen Eingriffen der EU immer mehr durchlöchert. Beispielsweise ermächtigt das Schengener Abkommen von 1985 die EU, europaweit die Immigration zu regeln und die Außengrenzen polizeilich zu schützen. Wie viele Immigranten und aus welchen Nicht-EU-Ländern sie auf ihr Territorium lassen, entscheiden jedoch noch die Einzelstaaten. Wenn aber ein Zuwanderer Staatsbürger eines EU-Landes geworden ist, darf er sich überall in der Union niederlassen und bekommt den vollen Schutz seines Gastlandes. Die EU-Bürger genießen in der gesamten EU Freizügigkeit, können sich überall niederlassen und sogar an Lokalwahlen und den Wahlen zum Europäischen Parlament teilnehmen, nur nicht bei den nationalen Wahlen eines anderen als ihres Heimatlandes. [...]

Die EU ist de facto die erste postmoderne Regierungsinstitution. Sie wirkt amorph, weil sie in einer Welt ständiger Erneuerung und schnell wechselnder Realitäten agiert. In der globalen Ära ist Dauer fast auf Simultaneität reduziert und Geschichte ist ständigem Wandel gewichen. Geografie wird nicht länger in Form von Grenzen und Entfernungen wahrgenommen, sondern als Flickenteppich, der disparate Orte zu gemeinsamen Aktivitäten zusammenbringt. Beispielsweise sind Regionen wie Baden-Württemberg, Rhône-Alpes, die Lombardei und Katalonien jetzt in einem engen wirtschaftlichen, sozialen und politischen Netzwerk vereint, das nationalstaatliche Grenzen einfach überspringt. Viele europäische Regionen unterhalten gemeinsame Aktivitäten mit Partnerregionen, die geografisch weit entfernt sind.

Im Gegensatz zu Staaten und Reichen der Vergangenheit, die ihre Wurzeln in Mythen oder heroischen Siegen sahen, ist die EU die erste Mega-Regierungsinstitution der Geschichte, die aus der Asche auferstand. Sie rühmt sich nicht einer noblen Vergangenheit, sondern ist dafür gedacht, zu verhindern, dass Geschichte sich wiederholt. Nach einem Jahrtausend der Kriege und des Blutvergießens schüttelten die europäischen Nationen in weniger als einem halben Jahrhundert die Schatten zweier Weltkriege ab, die ihre Bevölkerung dezimiert, ihre alten Bauwerke und ihre Infrastruktur ruiniert, sie ihres Reichtums beraubt und ihre Lebensart zerstört hatten. Entschlossen, niemals wieder die Waffen gegeneinander zu erheben, suchten die europäischen Nationen nach einem politischen Mechanismus, der sie zusammenbringen und die alten Rivalitäten überwinden würde. [...]

Heute sagen zwei Drittel der EU-Bürger, sie würden sich als „Europäer" empfinden. Sechs von zehn fühlen sich Europa ziemlich oder sehr verbunden und ein Drittel der Europäer zwischen 21 und 35 Jahren betrachtet sich jetzt „mehr als Europäer denn als Angehörige ihres Vaterlands". Das Weltwirtschaftsforum stellte in einer Umfrage unter führenden Europäern fest, dass 92 Prozent von ihnen sich „zukünftig überwiegend oder teilweise europäisch, nicht national" definieren. Dieser außerordentliche Wandel der Selbstwahrnehmung vollzog sich in weniger als einem halben Jahrhundert.

(Jeremy Rifkin, Der Europäische Traum – Die Vision einer leisen Supermacht, Frankfurt/New York (Campus) 2004, S. 216ff.)

Üben – Vertiefen – Anwenden

Europa – Teilung und Integration von 1945 bis heute

Kernbegriffe:

- ★ Binnenmarkt
- ★ Demokratiedefizit der EU
- ★ EWG/EG
- ★ Europa der Vaterländer
- ★ Euro-Zone
- ★ Freihandelszone
- ★ Kopenhagener Kriterien
- ★ KSZE
- ★ Lissabon-Vertrag
- ★ Maastricht-Vertrag
- ★ Marshall-Plan
- ★ Montanunion
- ★ Osterweiterung
- ★ Paneuropa-Union
- ★ Politische Union
- ★ RGW
- ★ Schuman-Plan
- ★ Zollunion

Info, S. 258–266

1. Beschreiben Sie die Stationen der Integrationspolitik in Westeuropa vom Zweiten Weltkrieg bis in die 1980er-Jahre.

Info, S. 259–264
Thema, S. 289 ff.

2. Erläutern Sie die Gründe, die in den 1950er-Jahren und 1960er-Jahren weitergehende Integrationsfortschritte in Europa blockierten. Differenzieren Sie zwischen politischen und ökonomischen Interessen.

Thema, S. 286 f.

3. Erläutern Sie die Europa-Vorstellungen Coudenhove-Kalergis und Churchills: Wo sehen Sie Unterschiede oder Gemeinsamkeiten?

Info, S. 266–271

4. Auch in Osteuropa gab es Formen der politischen und wirtschaftlichen Integration: Worin liegen die wesentlichen Unterschiede zur westeuropäischen Integration?

Info, S. 271–273

5. Erläutern Sie Hintergründe, Ziele und politische Konsequenzen des Vertrags von Maastricht. Wie beurteilen Sie den Vertrag aus heutiger Sicht?

Info, S. 272
Thema, S. 309 ff.
Forum, S. 314 f.

6. Bis heute wird der Zusammenhang zwischen der europäischen Währungsunion und der Entscheidung zur deutschen Einheit diskutiert. Ziehen Sie die Aussagen, die Sie in diesem Kapitel finden, heran und formulieren Sie ein eigenes begründetes Urteil.

Info, S. 277–281
Klausurtraining, S. 319

7. Erläutern Sie die Hintergründe der Diskussion um eine EU-Verfassung und den Zusammenhang mit dem Vertrag von Lissabon.

Info, S. 278–281
Thema, S. 302 ff.

8. Nehmen Sie – unter Berücksichtigung der Vereinbarungen im Lissabon-Vertag – Stellung zur Frage des Demokratiedefizits in der EU.

Info, S. 263–266
sowie 274 u. 276
Thema, S. 294 ff.

9. Stellen Sie unter Berücksichtigung des jeweiligen historischen Hintergrunds dar, in welchen Schritten die EWG/EG/EU um neue Mitgliedstaaten erweitert wurde und welche Hauptprobleme dabei zu lösen waren.

Thema, S. 298 ff.

10. Diskutieren Sie die Gründe, die für oder gegen eine Aufnahme der Türkei in die EU sprechen.

Forum, S. 313 ff.

11. Vergleichen Sie die im Forum abgedruckten Positionen zur Rolle und zur Entwicklung der EU im 21. Jahrhundert; nehmen Sie begründet Stellung.

Klausurtraining

Interpretation einer sprachlichen historischen Quelle

1. Erarbeiten Sie die Argumentation der Rede.

2. Ordnen Sie die Rede in ihren engeren historischen Kontext ein und erläutern Sie wesentliche historische Bezüge, die der Redner herstellt.

3. Nehmen Sie zu der von Fischer vertretenen Position Stellung. Berücksichtigen Sie dabei auch die seither eingetretene Entwicklung der EU.

M Rede von Joschka Fischer in der Humboldt-Universität: „Vom Staatenverbund zur Föderation – Gedanken über die Finalität der europäischen Integration" (Berlin, 12. Mai 2000)

Joschka Fischer, Außenminister der Bundesrepublik Deutschland 1998–2005. In der hier gekürzt abgedruckten Rede legte Fischer Wert auf die Feststellung, dass er in seinem persönlichen Namen spreche.

Fast auf den Tag vor 50 Jahren stellte Robert Schuman seine Vision einer „Europäischen Föderation" zur Bewahrung des Friedens vor. Hiermit begann eine völlig neue Ära in der europäischen Geschichte. [...]

Ein halbes Jahrhundert später ist Europa, der europäische Einigungsprozess für alle beteiligten Staaten und Völker, die wohl wichtigste politische Herausforderung, da sein Erfolg oder Scheitern oder auch nur die Stagnation dieses Einigungsprozesses für die Zukunft von uns allen, vor allem aber für die Zukunft der jungen Generation, von überragender Bedeutung sein wird. [...]

Wir stehen damit in Europa gegenwärtig vor der enorm schwierigen Aufgabe, zwei Großprojekte parallel zu organisieren:

1. Die schnellstmögliche Erweiterung. Diese wirft schwierige Anpassungsprobleme für Beitrittsländer wie für die EU selbst auf. Sie löst zudem bei unseren Bürgern Sorgen und Ängste aus: Geraten ihre Arbeitsplätze in Gefahr? Wird durch die Erweiterung Europa noch undurchsichtiger und unverstehbarer für die Bürger? [...]

2. Die Handlungsfähigkeit Europas. Die Institutionen der EU wurden für 6 Mitgliedstaaten geschaffen. Sie funktionieren mit Mühe noch zu 15. [...]

Die Erweiterung wird eine grundlegende Reform der europäischen Institutionen unverzichtbar machen. Wie stellt man sich eigentlich einen Europäischen Rat mit 30 Staats- und Regierungschefs vor? 30 Präsidentschaften? Wie lange werden Ratssitzungen dann eigentlich dauern? Tage oder gar Wochen? Wie soll man in dem heutigen Institutionengefüge der EU zu 30 Interessen ausgleichen, Beschlüsse fassen und dann noch handeln? Wie will man verhindern, dass die EU damit endgültig intransparent wird, die Kompromisse immer unfasslicher und merkwürdiger werden und die Akzeptanz der EU bei den Unionsbürgern schließlich weit unter den Gefrierpunkt sinken wird?

Fragen über Fragen, auf die es allerdings eine ganz einfache Antwort gibt: den Übergang vom Staatenverbund der Union hin zur vollen Parlamentarisierung in einer Europäischen Föderation, die Robert Schuman bereits vor 50 Jahren gefordert hat. Und d.h. nichts geringeres als ein europäisches Parlament und eine ebensolche Regierung, die tatsächlich die gesetzgebende und die exekutive Gewalt innerhalb der Föderation ausüben. Diese Föderation wird sich auf einen Verfassungsvertrag zu gründen haben. [...]

Die klare Zuständigkeitsregelung zwischen Föderation und Nationalstaaten in einem europäischen Verfassungsvertrag sollte die Kernsouveränitäten und nur das unbedingt notwendig europäisch zu Regelnde der Föderation übertragen, der Rest aber bliebe nationalstaatliche Regelungskompetenz. Dies wäre eine schlanke und zugleich handlungsfähige Europäische Föderation, voll souverän und doch auf selbstbewussten Nationalstaaten als Gliedern dieser Föderation beruhend. Zudem wäre dies auch eine Föderation, die von den Bürgern durchschaut und verstanden würde, weil sie ihr Demokratiedefizit überwunden hätte.

Dies alles wird aber nicht die Abschaffung des Nationalstaates bedeuten. Denn auch für das finale Föderationssubjekt wird der Nationalstaat mit seinen kulturellen und demokratischen Traditionen unersetzlich sein, um eine von den Menschen in vollem Umfang akzeptierte Bürger- und Staatenunion zu legitimieren. Dies sage ich gerade mit Blick auf unsere Freunde in Großbritannien, denn ich weiß, dass der Begriff „Föderation" für viele Briten ein Reizwort ist. Aber mir fällt bis heute kein anderer Begriff ein. Es soll hier niemand gereizt werden.

Auch in der europäischen Finalität werden wir also noch Briten und Deutsche, Franzosen und Polen sein. [...]

(Zit. nach: http://www.ena.lu/rede_joschka_fischer_finalitat_europaischen_integration_berlin_12_mai_2000-3-17984)

Brennpunkte und Entwicklungen der Gegen-

Die „islamische Welt“ und die „westliche Moderne“ – Aspekte eines schwierigen Verhältnisses

Die „islamische Welt“ wird häufig vom Westen als rückständig, „unmodern“ empfunden. Ihrerseits lehnen viele Menschen in den islamischen Ländern das ab, was gemeinhin unter Moderne verstanden wird. Sie sehen darin ein vom Westen aufgezwungenes Modell, das im Widerspruch zur eigenen Tradition, ja zur eigenen Religion steht. Politische Bewegungen, aber auch einige Regierungen verweisen bewusst auf den Islam als Grundlage und Rechtfertigung für ihr Handeln. In vielem steht die islamische Welt in einem Konflikt mit der „westlichen Moderne“ und dem Westen generell.

Szene aus Dubai (Vereinigte Arabische Emirate)

Türkische Islamisten demonstrieren 1997 für private Koranschulen.

Afghanische Frauen, die auch nach dem Sturz der Taliban Burkas tragen, zeigen ihre neuen Wählerausweise.

Ein Anhänger der militanten Organisation Hamas.

Die türkische Boxerin und Muslima Fikriye Selen wirbt für ein Haarpflegemittel.

wart in historischer Perspektive

Der Nahost-Konflikt – ein internationaler Brennpunkt

Der Nahost-Konflikt ist nicht nur ein regional begrenztes Problem zwischen arabischen Palästinensern und Israelis. Der Konflikt, in den auch viele andere Staaten mit unterschiedlichen Interessen immer wieder eingegriffen haben, belastet auch grundsätzlich das Verhältnis der islamischen Welt zum Westen.

Christen und Muslime gedenken der Toten des Terroranschlags vom 11.9.2001 in den USA.

Muslim beim Gebet.

Israels Ministerpräsident Rabin und Palästinenserführer Arafat geben sich 1993 in Washington die Hand.

Militante Palästinenser.

Recherchieren und präsentieren: Die islamische Welt und der Westen – Der Nahost-Konflikt

Zwei Themenangebote, die Sie nach freier Wahl arbeitsteilig bearbeiten können. Das Kapitel ermöglicht es Ihnen, in selbstständiger Arbeit an diesen beiden ausgewählten Beispielen zentrale Vorgänge und Entwicklungen gegenwärtiger internationaler Politik aus historischer Perspektive zu untersuchen.
Präsentieren Sie ein Thema Ihrer Wahl.

Anregungen für eine mögliche Vorgehensweise:
Lesen Sie sich in Einzelarbeit auf der Grundlage der Infotexte und der zugehörigen Materialien in die beiden Themen ein und entscheiden Sie sich, welches Thema Sie bearbeiten möchten.
Bilden Sie Arbeitsgruppen zu beiden Themen.

Anregungen für mögliche Zugänge und Wege, wie Sie den gewählten Themenschwerpunkt selbstständig inhaltlich zielführend erarbeiten und als Präsentation gestalten können:

Thema: Die „islamische Welt" und die „Moderne" – Aspekte eines schwierigen Verhältnisses

- Nützen Sie die Bilder der Auftaktdoppelseite zu einer ersten Annäherung an das Thema. Tauschen Sie in einem Brainstorming in Ihrer Arbeitsgruppe Ihr Vorwissen und Ihre Einschätzungen zum Thema „Islamische Welt und der Westen" aus. Sammeln Sie anschließend Fragen, zu denen Sie gerne mehr wissen wollen.
- Erarbeiten Sie sich aus dem Infotext ein Grundlagenwissen über den Islam und die islamische Welt.
- Bearbeiten Sie die Materialien M 1 und M 2 sowie den Abschnitt im Infotext zum Thema Islamismus. Charakterisieren Sie den Islamismus allgemein, indem Sie dessen Ziele sowie Gründe für die islamistischen Bewegungen herausarbeiten.
- Erstellen Sie in arbeitsteiliger Gruppenarbeit das Porträt einer islamistischen Organisation/Bewegung (z. B. Muslimbruderschaft, Al-Qaida) oder eines konkreten Konfliktes (westliche Truppen in Afghanistan), bei dem der Aspekt des Islamismus eine Rolle spielt.

→ **Arbeitsalternative:** Sie können die Themenstellung erweitern und Länderporträts (z. B. Pakistan, Ägypten, Iran oder Saudi-Arabien) erstellen. Gestalten Sie in jedem Fall Ihre Kurzpräsentation problemorientiert, indem Sie auf eine/mehrere Ihrer eingangs gestellten Leitfragen Bezug nehmen.

- Führen Sie nach der Präsentation der Beiträge der Kursteilnehmer eine Abschlussdiskussion darüber, wie die Beziehungen des Westens zur islamischen Welt gestaltet werden können und welche Rolle der Religion dabei zukommen soll. Als Vorbereitung zu dieser Diskussion können Sie die Materialien M 3 – M 5 heranziehen.

Als Ausgangspunkt Ihrer Recherche können Sie folgende Internetportale benutzen:
- Bundeszentrale für politische Bildung, Deutsche Welle u. a.: QANTARA – Dialog mit der islamischen Welt (www.qantara.de).
- Bundeszentrale für Politische Bildung: Dossier Islamismus (www.bpb.de/themen/EHOBOY,0,0,Isla mismus.html).
- Georg-Eckert-Institut: 1001 Idee für den Unterricht über muslimische Kulturen und Geschichte(n) (www.1001-idee.eu).

Thema: Der Nahost-Konflikt – ein internationaler Brennpunkt

Stellen Sie den Nahost-Konflikt als Brennpunkt der internationalen Politik vor, indem Sie sich zunächst mithilfe des Verfassertextes und der Chronologie der Ereignisse einen Überblick über die Geschichte des Konfliktes verschaffen und anschließend z. B.:

- den aktuellen Stand der Friedensverhandlungen recherchieren;
- die Bedeutung der Propaganda für die Außenwahrnehmung dieses Konfliktes untersuchen;
- ein strukturiertes Schaubild gestalten, das zeigt, inwiefern der israelisch-palästinensische Konflikt immer wieder von anderen Staaten beeinflusst wurde (vgl. M 1 – M 9 und die Chronologie);
- aktuelle Akteure des Nahost-Konfliktes benennen und deren Interessen analysieren; Bedingungen und Probleme für einen gelingenden Friedensprozess im Nahen Osten erläutern (vgl. M 3 und M 7 – M 10) und dessen Verwirklichungschancen in absehbarer Zukunft diskutieren.

→ **Zur Erinnerung:** Eine gute Präsentation ist
- ▶ auf thematische Leitfragen konzentriert,
- ▶ klar gegliedert,
- ▶ fachlich korrekt,
- ▶ anschaulich und auch für Nichtinformierte verständlich gestaltet.

1. Die „islamische Welt" und die „westliche Moderne" – Aspekte eines schwierigen Verhältnisses

Die Sicht westlicher Beobachter auf die islamische Welt ist häufig negativ. Politik, Wirtschaft und Gesellschaft werden als rückständig wahrgenommen. Die Religion selbst gilt vielen als ein intoleranter und kompromissloser Glaube, der die Menschenrechte, insbesondere die Rechte der Frauen, missachtet und dessen fanatische Anhänger selbst vor Gewalt nicht zurückschrecken. Spätestens seit den Attentaten vom 11. September 2001 prägt auch der islamistische Terrorismus zunehmend das westliche Bild vom Islam.

Andererseits sieht sich die islamische Welt den vielfältigen Herausforderungen der Moderne gegenüber. Deren westliche Auffassung und westliche Beherrschung lehnen viele ab. Häufig unzufrieden mit der eigenen Regierung versuchen dagegen Islamisten, einen eigenen Weg, abweichend vom westlichen Modernisierungspfad, auf Grundlage des Islam zu propagieren.

Das Verhältnis zwischen Westen und islamischer Welt ist oft von gegenseitigem Unverständnis und von Ablehnung geprägt. Manche sehen schon ein Zeitalter eines vor allem religiös motivierten Kampfes der Kulturen heraufziehen. Das Verhältnis wird außerdem durch den islamistischen Terror und westliche Militäreinsätze – von Afghanistan, dem Irak bis Palästina – zusätzlich belastet.

Ein Konflikt der islamischen Welt mit der Moderne, ein Konflikt mit dem Westen. Auf welche historischen Wurzeln ist dieser Konflikt zurückzuführen? Und welche Entwicklungs- und Lösungsmöglichkeiten bieten sich an – für die innere Entwicklung der Staaten der islamischen Welt und für das Verhältnis zum Westen?

Die Kaaba (arab. ka'ba = Würfel) in Mekka (Saudi-Arabien) ist das zentrale Heiligtum des Islam. Sie ist das Ziel der islamischen Pilgerreise (Haddsch), die jeder Muslim einmal im Leben unternehmen sollte, und Orientierungspunkt aller Muslime beim Gebet.

Der Weg zur Weltreligion

Der Islam ist nach dem Judentum und dem Christentum die dritte der monotheistischen Religionen, die die Bibel als Grundlage haben. Er ist nach dem Christentum die größte und die am schnellsten wachsende Religionsgemeinschaft der Welt. Ein Fünftel der Menschheit sind Muslime (vgl. Karte S. 327). Als Kernraum der islamischen Welt gelten heute die arabischen Staaten, die Türkei und der Iran. Die Mehrheit der Muslime lebt dagegen in Südostasien. Indonesien ist der Staat mit den meisten Muslimen.

Der Staatsrat im Osmanischen Reich

Ausgangspunkt des Islam war die Arabische Halbinsel, wo in der wohlhabenden Handelsstadt Mekka um 570 n. Chr. der Religionsstifter Muhammad geboren wurde. Im Alter von 40 Jahren, so die Überlieferung, erschien ihm der Erzengel Gabriel und gab ihm den Auftrag, den polytheistischen Einwohnern seiner Heimatstadt die Botschaft von der Existenz des einen Gottes zu verkünden. Nach anfänglichen Schwierigkeiten – Muhammad musste 622 mit seinen Anhängern in die Stadt Yathrib auswandern – wuchs seine Anhängerschaft rasch und der islamische Herrschaftsbereich breitete sich auf der arabischen Halbinsel und weit darüber hinaus aus. Schon knapp ein Jahrhundert nach Muhammads Tod war das größte zusammenhängende Reich, das es bis dahin gegeben hatte, entstanden. Die „umma", d. h. die islamische Gemeinschaft, reichte bis nach Südfrankreich im Westen und Indien im Osten. Aus einer orientalisch-arabischen Religion war eine Weltreligion geworden, aus dem Arabischen eine Weltsprache.

Spaltungen der „umma". Nach Muhammads Tod sahen alle Muslime die Notwendigkeit, an die Spitze der „umma" einen Kalifen, d. h. einen Nachfolger des Propheten zu setzen. Schon nach dem Tod des vierten Kalifen Ali kam es aber zur ersten Spaltung. Die Anhänger Alis – er war wie sein Vorgänger ermordet worden – wollten sich nicht dem neuen Kalifen unterwerfen und bildeten die „Partei Alis" (arab. „schi'at Ali"). Als sogenannte Schiiten bildeten sie mit 10–15 % der Muslime fortan die größte Minderheit in der islamischen Gemeinschaft. Die übrigen 90 % wurden nach dem arabischen Wort Sunna (Brauch, Tradition) Sunniten genannt. Aber auch später gelang es keiner Herrscherdynastie mehr, die islamische Welt unter einem Kalifen zu vereinen. Selbst das Osmanische Reich, das das langlebigste und das an Macht und Ausdehnung bedeutendste Reich der islamischen Geschichte war, schloss wesentliche Teile der islamischen Welt (vor allem Indien und den Iran) nicht ein.

Religion und islamisches Recht

Muhammad war nicht nur Religionsstifter. Seine Stellung als Prophet, d. h. Gesandter Gottes, verlieh ihm auch in weltlichen Dingen Autorität. Er ergänzte das Gewohnheitsrecht der frühislamischen Gemeinde durch einige Regeln und fungierte bei Streitfragen als Schiedsrichter.

Als Grundlage des islamischen Rechts gilt zunächst der Koran. Die in ihm gesammelten Offenbarungen, die Muhammad wohl in einer Art Trance erhalten hat, gelten den Muslimen als Wort Gottes, gleichsam von Gott diktiert. Die übrigen Aussprüche Muhammads und Berichte über seine Handlungen, die im sogenannten „Hadith" (arab. Erzählung, Bericht) gesammelt sind, haben dagegen geringeren Status. Letztere sind Grundlage der Sunna (arab. Brauch, s. o.). Eine weitere rechtliche Richtschnur sind die Rechtsauslegungen der islamischen Gelehrten.

Das Ja-Wort – vor und nach der Reform.
Im Königreich Marokko fand 2004 eine Reform des Familienrechtes statt, das u. a. die Rechte der Frauen bei Scheidungen stärkte. In einer Broschüre wirbt das marokkanische Familienministerium für die Reform.

Uneinheitlichkeit des islamischen Rechtssystems. Im Laufe der Zeit entwickelte sich aus diesen unterschiedlichen Quellen ein islamisches Rechtssystem, die sogenannte „Schari'a" (arab. gebahnter Weg). Die unterschiedlichen religiös-politischen Strömungen im Islam brachten aber dabei unterschiedliche Rechtsschu-

len hervor und selbst innerhalb ein und derselben Rechtsschule kam und kommt es zu unterschiedlichen Rechtsauslegungen. Insofern war das Rechtssystem in der islamischen Welt nie einheitlich und die regionalen Unterschiede „der" Schari'a können daher sehr beträchtlich sein.
In mehreren Staaten wird heute zwar die Schari'a in der Verfassung als Grundlage des Rechts genannt (z. B. Ägypten, Syrien). Allerdings gehen nur wenige Staaten (z. B. Saudi-Arabien) so weit, dass sie die Schari'a, abgesehen von wenigen Bereichen, als unmittelbar geltendes Recht einsetzen. Alleinige Rechtsquelle war das islamische Recht nie, das Gewohnheitsrecht und zunehmend auch ein eigenes staatliches Recht ergänzten es zu jeder Zeit. Überhaupt wurde in dem Maße, wie sich der Staat um die Rechtsetzung kümmerte, der Einfluss des islamischen Rechtes zurückgedrängt. Vor allem der Ausbau und die Kodifizierung staatlichen Rechtes im 19. Jahrhundert führten dazu, dass die Schari'a weitgehend auf das Familien-, Ehe- und Erbrecht beschränkt wurde, nämlich den Bereich, der vor allem im Koran geregelt ist.

Universalität der Menschrechte oder westliches Konstrukt? Umstritten ist die Frage nach der universalen Gültigkeit der Menschenrechte. Hier reichen die Meinungen von Ablehnung – so bezeichnete der iranische Revolutionsführer Khomeini die Menschenrechte als eine „Sammlung verderbter Bestimmungen" des Westens zur „Zerstörung aller wahrer Religionen" – bis zur Argumentation, die Menschenrechte seien nichts anderes als das Ergebnis einer vernunftgeleiteten Interpretation des Islam.
Formal wird in den Staaten der islamischen Welt den Zielen der Menschenrechtsdeklarationen der Vereinten Nationen zugestimmt. Oft genug werden diese jedoch mit Hinweis auf die besonderen Verhältnisse in der islamischen Welt wieder ausgehöhlt. So bekräftigt beispielsweise die von der Organisation der Islamischen Konferenz verfasste „Kairoer Erklärung über Menschenrechte im Islam" von 1990 viele wichtige Menschenrechte, bleibt aber in mehreren Punkten vage und stellt darüber hinaus sämtliche bestätigte Rechte unter den Vorbehalt, dass sie im Einklang mit der Schari'a stehen müssen. Die Vielstimmigkeit der Meinungen zu den Menschenrechten zeigt jedoch: Die Orientierung am Islam und die Achtung der Menschenrechte müssen nicht notwendigerweise ein Widerspruch sein.

Regeln einer Beduinengesellschaft für die Ewigkeit? Viele der Regeln des islamischen Rechts, v. a. was die Familie, die Stellung der Frau oder das Wirtschaftsleben anbelangt, werden heute als unzeitgemäß empfunden. Das gilt auch für die wenigen Körperstrafen wie die Steinigung bei Unzucht, das Abtrennen der Hand für Diebstahl oder die Auspeitschung für das Trinken von Alkohol. Wie bindend sollen diese einmal formulierten Rechtsvorschriften sein? Inwieweit erlaubt der Islam eine Anpassung des Rechts der Beduinengesellschaft an die Bedingungen einer modernen Gesellschaft? Hier streiten sich die traditionalistischen, insbesondere fundamentalistischen, und die modernen Religionswissenschaftler. Das islamische Recht kann freilich nur dann diskutiert und weiterentwickelt werden, wenn man die entsprechenden Passagen von Koran und Sunna nicht wortwörtlich nimmt, sondern als offenen, d. h. zu interpretierenden und zudem historisch bedingten Text versteht. Dem steht die Auffassung entgegen, dass der Koran gleichsam von Gott diktiert wurde und buchstabengetreu befolgt werden soll.
Es bleibt festzuhalten: Es gab zu keiner Zeit ein ausschließlich islamisches Recht, erst recht nicht eines, das für die gesamte islamische Welt Gültigkeit beanspruchen konnte. Insofern ist die Forderung der Fundamentalisten und Islamisten nach einer Rückkehr zum islamischen Recht unhistorisch.

Einheit von Glaube und Reich oder staatliche Eigenständigkeit?

Eine weit verbreitete Formel in der islamischen Welt lautet „al-islam din wa daula", der Islam ist Glaube und Reich. Wie oben schon erwähnt, galt Muhammad auch in weltlichen Dingen als Autorität. Seine Nachfolger, die Kalifen, nahmen wie er die Stellung

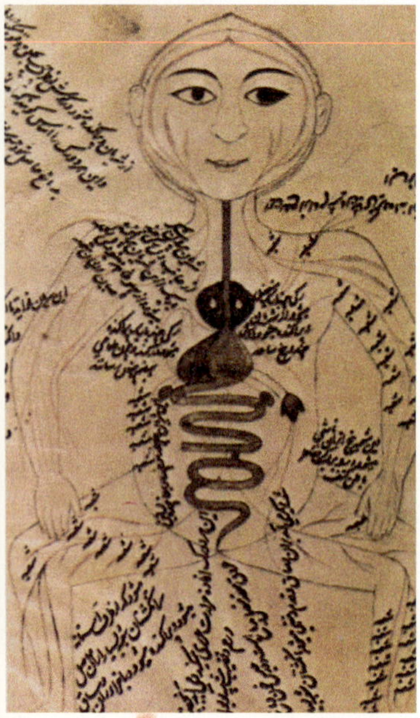

Anatomische Tafel aus einer persischen Schrift über die Medizin

eines geistlichen und weltlichen Führers ein. Der Islam bildete keine mit der christlichen Kirche vergleichbare organisatorische Struktur mit dem entsprechenden Eigenleben heraus. Es gibt – mit Ausnahme des schiitischen Islam – auch keinen Klerus (Priesterstand). Staat und Religion befanden sich im Einklang. Daraus folgte jedoch nicht, dass islamische Herrscher theokratisch (d. h. von der Religion bestimmt) geherrscht hätten. Im Zweifelsfall richteten die Herrscher ihre Herrschaft nach ihren politischen Bedürfnissen und nicht nach denen der Religion aus. Der osmanische Herrscher war nicht mehr und nicht weniger ein islamischer Herrscher, als der König von Frankreich ein katholischer König war. Der „Palast" hatte im Zweifelsfall stets Vorrang vor der „Moschee".
Es ist umstritten, welche Prinzipien für die Staatsführung direkt aus dem Islam abgeleitet werden können. Auch bei konservativer Interpretation sind es nur sehr wenige. Zum einen steht als Kalif ein geistlicher und weltlicher Führer der Gemeinschaft vor. Er sollte seine Macht nicht alleine, sondern zusammen mit einem Beratungsgremium (arab. schura) ausführen. Der Islam sollte Staatsreligion sein, was zumindest verlangt, dass das Staatsoberhaupt ein Muslim ist, und die Rechtsordnung sollte am Koran als oberstem Grundgesetz ausgerichtet sein.
Für viele Muslime erlauben diese Minimalanforderungen einen breiten Interpretationsspielraum. Reformorientierte Vertreter des Islam sind durchaus der Meinung, dass eine pluralistische und weitgehend säkulare Demokratie im Rahmen dieser Vorgaben als konform mit der Religion gelten kann.

Die islamische Welt und der Westen

Die Zeit vom 8. bis 13. Jahrhundert gilt als das „goldene Zeitalter" der islamischen Welt. Sie erlebte in dieser Zeit große politische Machtausdehnung, Wohlstand und kulturelle Blüte. Das Morgenland überflügelte in fast allen Bereichen das Abendland. Der Einfluss der islamischen auf die westliche Kultur zeigt sich an einer Vielzahl von Lehnwörtern aus dem Arabischen: von Alkohol über Schach bis Ziffer. Viele Werke der Antike wurden ins Arabische übersetzt und blieben bis kurz vor der Renaissance im Westen unbekannt. Diese Blütezeit ist ein wesentlicher Bestandteil des Geschichtsbildes der islamischen Welt. Viele Muslime wollen an diese, vielfach auch idealisierte Größe wieder anknüpfen.
Zwar gab es zwischen Abend- und Morgenland durchaus einen fruchtbaren Austausch, dennoch war das Verhältnis nie ungestört. In der Reconquista (span. Wiedereroberung) verdrängten christliche Heere zwischen dem 11. und 13. Jahrhundert Muslime (und Juden) von der iberischen Halbinsel. Einen wichtigen Platz im kollektiven Gedächtnis der Muslime nehmen die Kreuzzüge ein, während derer christliche Heere unter dem Zeichen des Kreuzes loszogen, um das „Heilige Land" Palästina von den „Ungläubigen" (d. h. den Muslimen) zu befreien. Die Kreuzzüge sind heute noch Dauerthema in der islamischen Welt. Insbesondere die religiöse Begründung der militärischen Auseinandersetzungen hat die Kluft zwischen Muslimen und Christen deutlich vertieft.
Die Zeit des kolonialen Imperialismus seit dem ausgehenden 19. Jahrhundert war eine Begegnung mit dem Westen, die nachhaltig das Geschichtsbewusstsein der islamischen Welt beeinflusst hat. Fast die ganze islamische Welt kam unter europäische Vorherrschaft. Die Selbstherrlichkeit, der Machthunger der Kolonialmächte, die wirtschaftliche Ausbeutung und die kulturelle Überfremdung durch den Westen wurden zum traumatischen Erlebnis. In der Zeit des Kolonialismus erfuhr die islamische Welt sich selbst als schwach, zerrissen und gedemütigt. Ein letzter Akt des europäischen Kolonialismus war schließlich in den Augen vieler Muslime die Gründung des Staates Israel 1948 in Palästina. Kreuzzüge, Imperialismus sowie die Gründung des Staates Israel verdichteten sich zu einem Bild eines überheblichen Westens, mit dem auch heute noch von vielen das Verhältnis des Westens zur islamischen Welt auf den Begriff gebracht wird. Neben den emotionalen Folgen können Unterentwicklung und politische Instabilität durch willkürliche Grenzziehungen als heute noch bestehende Hypotheken der Kolonialzeit gesehen werden.

Moderne Darstellung Saladins in Damaskus. Saladin, Sultan (arab. Herrscher) von Ägypten und Syrien, eroberte 1187 Jerusalem von den Kreuzrittern zurück. In der arabischen Welt wurde er fortan als Freiheitsheld und vorbildhafter islamischer Herrscher verklärt.

Staatsformen in der Moderne

Für die Staaten der islamischen Welt bedeutete die Dekolonisation einen Neuanfang. Nicht wenige Staaten wurden durch die Dekolonisation überhaupt erst geschaffen. Jeder Staat musste nun in Unabhängigkeit eine Antwort darauf finden, welche Staats- und Regierungsform er im 20. Jahrhundert wählen wollte und welche Rolle der Islam im Staatswesen spielen sollte. An eine Anknüpfung an das Kalifat war nicht zu denken. 1924 wurde das zuvor schon bedeutungslose Kalifat von der türkischen Nationalversammlung für abgeschafft erklärt. Auch in der islamischen Welt war der Nationalstaat das vorherrschende Denkmuster geworden.

Ebenso wie die Ausgangsbedingungen der Staaten in Hinsicht auf Politik, Wirtschaft und Kultur unterschiedlich waren, so sind die Wege, die sie genommen haben, vielgestaltig. Grob vereinfacht kann man allerdings sagen, dass sich die Entwürfe in einem Spannungsfeld entlang zweier Achsen bewegt haben. Zum einen wählten die Staaten entweder den republikanischen Weg, der häufig über eine Revolution führte, oder den monarchisch-dynastischen. Hinsichtlich der Religion stehen laizistische (weltliche) gegen nichtlaizistische Staatsformen.

Die islamische Welt zu Beginn des 21. Jahrhunderts

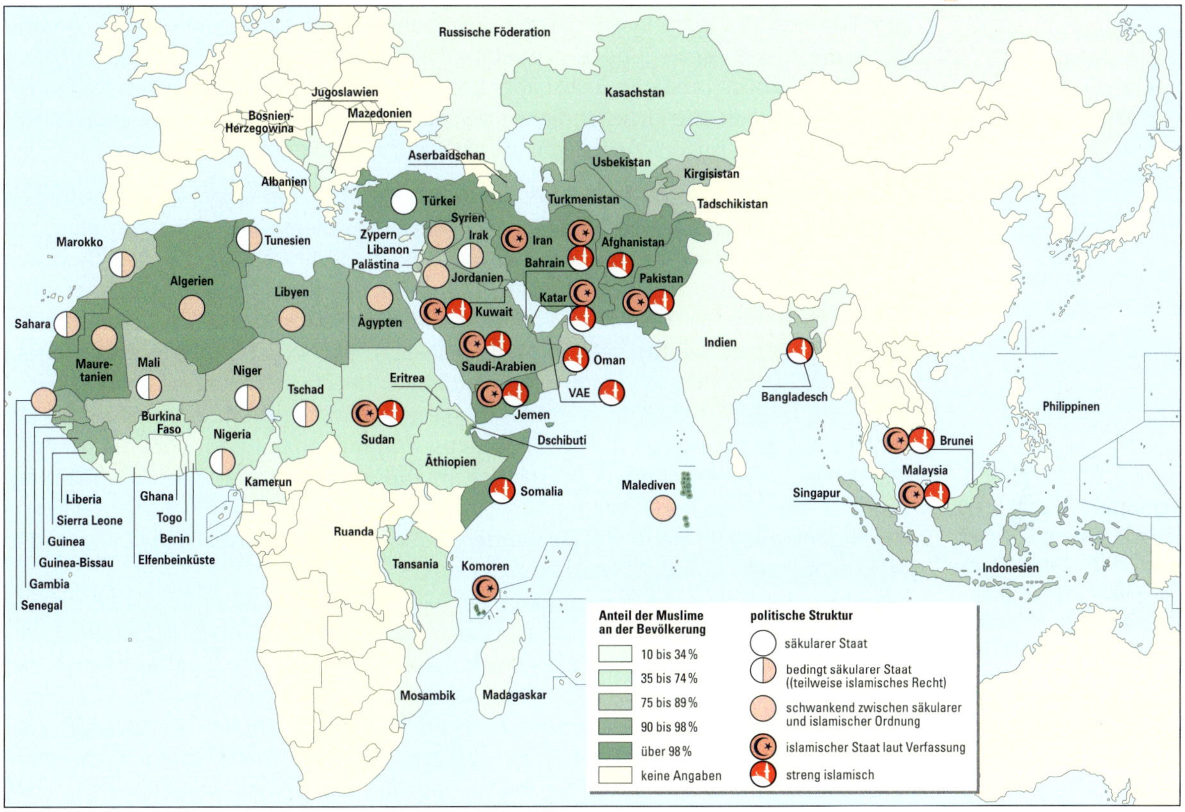

Laizistische Republik: Türkei. Ein Beispiel für den republikanisch-laizistischen Weg ist die Türkei. Unter Führung von Mustafa Kemal Pascha, später wegen seiner Verdienste Atatürk (türk. Vater der Türken) genannt, wurde 1923 das osmanische Sultanat gestürzt und die Republik ausgerufen. Atatürk schuf nach westlichem Vorbild einen türkischen Nationalstaat. Als Grundprinzip des neuen Staates gilt auch heute noch der sogenannte Kemalismus, der unter anderem Nationalismus, Republikanismus, eine starke Stellung des Staates und den Laizismus beinhaltet. Der Laizismus ist dabei ein zentrales Element des Kemalismus. Atatürk war der Ansicht, dass der Islam die Entwicklung zu einem modernen Nationalstaat behindere. Entsprechend wurden Staat und Kirche voneinander getrennt, Koranschulen und die Schari'a-Gerichtshöfe geschlossen, Schleier

Dieses Plakat zeigt die Ideologie des Kemalismus: Mustafa Kemal zu Pferde und neben ihm – symbolisiert durch eine unverschleierte Frau – die neue türkische Republik.

und islamische Kleidung aus dem öffentlichen Leben verbannt und schließlich die arabische durch die lateinische Schrift ersetzt. Frauen erhielten das Wahlrecht.

Monarchie auf islamischer Grundlage: Saudi-Arabien. Den Gegenpol zu den revolutionären Regimen (wie z. B. auch zu Ägypten, das unter Nasser 1952 zur Republik wurde) stellten die monarchischen Regime auf der arabischen Halbinsel dar. Die Verbindung von monarchischem Gedanken und Islam ist besonders stark in Saudi-Arabien etabliert. Schon im 18. Jahrhundert schloss der Herrscher Muhammad ibn Saud mit der islamischen Sekte des Muhammad ibn Abd al-Wahhab ein Bündnis. Dieser wollte den Islam zu seiner ursprünglichen Form zurückführen. Die fundamentalistische, d.h. möglichst buchstabengetreue Auslegung von Koran und Sunna führte zu einer besonders puritanistisch-strengen Form der Religionsausübung. Musik und Tanz werden verurteilt. Kino und Theater sind verpönt. Saudi-Arabien ist eine der wenigen absoluten Monarchien der islamischen Welt. Der dynastisch legitimierte König ist Staats- und Regierungsoberhaupt, darüber hinaus geistliches Oberhaupt der saudischen Muslime. Die Mitglieder einer beratenden Versammlung werden von ihm ernannt. An den Schlüsselpositionen sitzen Prinzen aus der Herrscherfamilie. Saudi-Arabien ist mit anderen Golfstaaten, begünstigt durch den wirtschaftlichen Wohlstand infolge der hohen Erdöleinnahmen, nicht allein zum Förderer des Islam in der ganzen Welt, sondern vor allem zum großen Förderer der islamistischen Bewegungen geworden. Die Doppelmoral der Führungsschichten, die Enthaltsamkeit predigen, selbst aber besonders im Ausland einen ausschweifenden Lebensstil pflegen, die Rückständigkeit der politischen Ordnung und die enge Anlehnung an die USA setzen das Regime immer mehr unter Legitimationsdruck.

Islamische Republik: Iran. Auch die islamische Republik Iran lehnt wie Saudi-Arabien die Trennung von Staat und Religion ab. Allerdings diente hier der Islam nicht zur Festigung der Monarchie, sondern trug wesentlich zu ihrem Sturz bei. Durch seinen revolutionär-republikanischen Charakter wurde auch der Iran zu einem Gegenentwurf zum saudi-arabischen Modell und zum Vorbild vieler Islamisten. Nach dem Sturz des Schah Reza Pahlewi wurde 1979 an Stelle des Kaiserreiches die Islamische Republik Iran ausgerufen. Unter dem Revolutionsführer Ruhollah Khomeini wurde das Land in Recht, Erziehung und Wirtschaft in islamisch-fundamentalistischem Sinne umgestaltet. Die Schari'a wurde Grundlage des Rechtssystems. Von nun an galten wieder die strengen islamischen Sittenvorschriften. Eine eigene Sittenpolizei kontrollierte deren Einhaltung. Verstöße wurden in der Regel mit Auspeitschung bestraft. Gegen Oppositionelle ging das Regime mit aller Härte vor. Sie wurden blutig verfolgt. Die neue Republik stand in vehementer Feindschaft zu Israel und zu den USA.

Filmtipp: Persepolis (Parronaud, Satrapi), Frankreich 2007. Die in Frankreich lebende Marjane Satrapi erzählt in dem Comic „Persepolis" ihre Kindheits- und Jugendgeschichte während der islamischen Revolution im Iran. 2007 kam der Comic als Zeichentrickfilm in die Kinos.

Das politische System des Iran ist durch ein Nebeneinander von republikanischen und theokratischen Elementen geprägt. Die Iraner wählen ein Parlament und einen Staatspräsidenten, höchste Autorität hat jedoch der Führer der islamischen Revolution, der zugleich auch Religionsführer ist. Ende der 1990er-Jahre setzte zwar ein Liberalisierungsprozess ein, bei dem die Bevölkerung große Hoffnungen auf den damaligen gewählten Staatspräsidenten, den liberalen Geistlichen Muhammad Khatami, setzte. Dennoch blockieren die konservativen Kräfte, gestützt auf Revolutionsführer Khamenei, durch Einschränkung der Wahlen und Repressionen erfolgreich den Reformprozess.

Die politischen Systeme der Staaten der islamischen Welt sind vielgestaltig und weisen viele Mischformen der aufgezeigten Staatsmodelle auf. Eine Sonderstellung nimmt z.B. auch Südostasien ein, wo die Muslime in einer Umwelt leben, die durch starke religiöse und ethnische Vielfalt geprägt ist. Hier bemüht sich z.B. Malaysia, eine wirtschaftliche Modernisierung mit einer modernisierten, flexiblen Islamisierung des öffentlichen Lebens zu verbinden. Indonesien dagegen versucht, sich im Staatswesen religiös weitgehend neutral zu geben. Insgesamt betrachtet ist allerdings das laizistische, liberal-demokratische Staatsmodell westlicher Prägung, wie zumindest in der Türkei im Großen und Ganzen realisiert, in der islamischen Welt eine Ausnahme.

Islamismus

Fast überall in der islamischen Welt haben während und nach der Kolonialzeit Säkularisierungsprozesse stattgefunden. Die Islamisten treten dieser Entwicklung entgegen. Mit der Devise „Der Islam ist die Lösung" sehen sie in einer „Rückkehr" zum wahren Islam ein Heilmittel für die wesentlichen Missstände der heutigen Welt. Konkret fordern sie, dass sämtliche staatliche und gesellschaftliche Bereiche auf der Grundlage des Islam gestaltet werden.

Demonstration muslimischer Gläubiger in London 2006: „Europe is the cancer – Islam is the answer".

Ursachen der islamistischen Bewegung. Der Islamismus kann als eine Reaktion auf verschiedene Krisensymptome der islamischen Welt verstanden werden. Die Islamisten befinden sich dabei meist in einer doppelten Oppositionsstellung. Auf der einen Seite lehnen sie die westliche Dominanz und die mit ihr einhergehende Verwestlichung der Gesellschaften der islamischen Welt ab. Auf der anderen Seite richten sich die Islamisten häufig gegen ihre eigenen Regierungen, denen sie mangelnde Demokratie, ökonomische und soziale Missstände anlasten.

Die Gründe für den starken Zulauf der Islamisten sind vielgestaltig. Sicher spielen soziale Probleme, die Verarmung großer Teile der Bevölkerung wie in Ägypten, korrupte politische Eliten und weitere Unzulänglichkeiten des politischen Systems eine große Rolle. Gerade im sozialen Bereich erreichen die islamistischen Bewegungen dadurch großen Zuspruch, dass sie durch ihre sozialen Dienste oft Defizite des Staates ausgleichen. Der Islamismus kann auch als Abwehrreaktion auf eine verunsichernde oder gar bedrohende Modernisierung verstanden werden. Und schließlich wird von vielen Muslimen nach wie vor das Verhältnis der islamischen Welt gegenüber dem Westen als schwach und demütigend empfunden, wobei Israel und die Palästina-Frage das emotional am stärksten aufgeladene Symbol dieses Problems sind. Der Islamismus bietet hier eine Identifikationsmöglichkeit und ein Gegenprogramm. In den 1950er- und 1960er-Jahren war der arabische Nationalismus für viele in der islamischen Welt eine säkulare Integrationsideologie, als der Ägypter Abd al-Nasser ('Abd an-Nasir) versuchte, die arabischen Staaten in einer Mischung aus Nationalismus und Sozialismus zur Unabhängigkeit von den westlichen Industriestaaten zu führen. Eine solches säkulares Alternativprogramm zum Islamismus ist im Moment nicht erkennbar.

Vordenker des Islamismus. Der Ägypter Hasan al-Banna (1906–1949) gilt als eigentlicher Begründer des Islamismus. Der Grundschullehrer gründete 1928 die „Gemeinschaft der Muslime", die sogenannte Muslimbruderschaft, die rasch zur Massenbewegung heranwuchs. Seine Schrift „Aufbruch zum Licht" legte er 1936 dem ägyptischen König Faruk und anderen islamischen Staatsoberhäuptern vor.

Er plädierte darin – entsprechend den Grundsätzen der Muslimbruderschaft – für eine Abwendung von der verwestlichten Kultur und die Rückbesinnung auf den Islam. Sein „islamisches System" erläuterte er durch sehr konkrete Reformvorschläge – von der Rückkehr zur arabischen Sprache im Schulunterricht über die Bekämpfung der Prostitution bis zur Stärkung der Sozialsteuer –, die sich auch heute noch in Forderungskatalogen islamistischer Organisationen wiederfinden. Die Idee der Erneuerung des Staates durch Rückbesinnung auf die religiösen Grundlagen war nicht sonderlich neu. Neu und nachhaltig wirksam war jedoch die Gründung der Muslimbruderschaft. In ihr

Fundamentalismus – Islamismus: Häufig wird für islamistische Bewegungen das Adjektiv fundamentalistisch verwendet. Der Begriff Fundamentalismus beschreibt jedoch ein innerreligiöses Phänomen. Geprägt wurde er für eine christlich-protestantische Bewegung in den USA, die sich gegen Tendenzen der modernen Zeit wandte und für eine strenge, vor allem aber buchstabengetreue Auslegung der Bibel eintrat. Die Islamisten treten dagegen dafür ein, den Islam zur Grundlage der staatlichen Ordnung zu machen. Ihre Zielrichtung ist vorrangig politisch. Allerdings vertreten sie häufig auch religiös fundamentalistische Positionen. Weil die Islamisten ein „islamisches System" fordern, das sämtliche Lebensbereiche von Mensch, Staat und Gesellschaft umfasst, werden sie auch als „Integristen" bezeichnet.

verbinden sich auf moderne Weise die Strukturen einer schlagkräftigen Massenorganisation mit konkreter Sozialarbeit und dem Kampf um politische Macht. Die Muslimbruderschaft hat in der ganzen sunnitischen Welt großen Einfluss erlangt und ist die größte und bedeutendste islamistische Organisation.

Der Indomuslim Al-Maududi (1903–1979) gründete den indo-pakistanischen Dschamaat-i Islami (islamische Gesellschaft). Er entwarf als erster ein theoretisch-systematisch geschlossenes Gedankengebäude des Islamismus. Zentral war seine Aussage, dass staatliche Souveränität ausschließlich von Gott ausgeübt werden könne.

Der Ägypter und Muslimbruder Sayyid Qutb (1906–66) übernahm diese Idee Maududis. Er lehnte folgerichtig alle staatliche Gewalt ab, die nicht auf dem Islam beruhte. 1953 trat er den Muslimbrüdern bei. Die Organisation hatte zunächst auf Kooperation mit den arabischen Regierungen gesetzt. Sie kam jedoch zusehends in Konflikt mit dem herrschenden politischen System. Unter dem ägyptischen Staatspräsidenten Nasser wurden die Muslimbrüder systematisch unterdrückt. Ihrerseits beteiligten sie sich an gewalttätigen Aktionen. Unter anderem wurde ihnen ein Mordanschlag auf Nasser zur Last gelegt. Man verhaftete Qutb in diesem Zusammenhang. Nach mehrjährigem Gefängnisaufenthalt, Freilassung und wiederholter Verhaftung wurde er schließlich 1966 hingerichtet. Unter dem Einfluss seiner Schriften radikalisierte sich die islamistische Bewegung. Sayyid Qutb wurde als Märtyrer zur Kultfigur der Islamisten in aller Welt. Während Al-Banna konkrete Reformvorschläge ausgearbeitet, Al-Maududi abstrakt philosophische Überlegungen angestellt hatte, schuf Qutb eine zur Aktion rufende Revolutionsideologie.

Der ägyptische Grundschullehrer Hasan al-Banna gründete 1928 die Muslimbruderschaft. Sie wurde zur größten und wichtigsten islamistischen Organisation. Deswegen wird Al-Banna von vielen als Vater des Islamismus angesehen. Die Muslimbruderschaft geriet recht schnell in Widerspruch zum herrschenden Regime. 1949 wurde Hasan al-Banna, vermutlich im Auftrag des Geheimdienstes, ermordet.

Unter dem ägyptischen Staatspräsidenten Nasser verbrachte der Literaturkritiker und Muslimbruder Qutb zehn Jahre im Gefängnis. Dort schrieb er einen Korankommentar und die „Wegmarken". Gleich nach seiner Entlassung aus dem Gefängnis 1964 wurde Qutb erneut verhaftet und schließlich hingerichtet. Im Zuge der „Reislamisierung" fanden seine Schriften eine sehr große Verbreitung in der ganzen islamischen Welt. Die „Wegmarken" werden von vielen als „kommunistisches Manifest" des Islamismus oder „Mao-Bibel der islamischen Revolution" bezeichnet.

Aufschwung islamistischer Bewegungen seit den 1970er-Jahren. Seit den 1970er-Jahren kann man in vielen islamischen Ländern eine verstärkte Hinwendung zum Islam beobachten. Die sogenannte Reislamisierung fand zum einen von unten her statt. Die Menschen begannen, mehr auf die Einhaltung der islamischen Kleidervorschriften zu achten. Man pflegte eine stärkere Frömmigkeit. In der Öffentlichkeit wurden vermehrt islamische Themen diskutiert. Fernsehprediger erfreuten sich großer Beliebtheit. Durch islamische Organisationen unterstützte Privatschulen, Kliniken und andere Wohlfahrtseinrichtungen wuchsen an Bedeutung. Die Diskreditierung des Westens im Zuge der letzten Dekolonisationskonflikte, die zunehmende Stärke der arabisch-islamischen Welt – erkennbar beispielsweise in der Ölkrise Mitte der 1970er-Jahre und in der erfolgreichen islamistischen Revolution 1979 im Iran – förderten diese Entwicklung.
Zum anderen wurden von oben her, also von staatlicher Seite, Ziele und Forderungen, die von islamistischer Seite vorgebracht wurden, stärker berücksichtigt. So öffnete sich Ägypten unter Sadat den konservativ-arabischen Kräften und liberalisierte seine Haltung gegenüber dem Islamismus.
Insgesamt sind die Islamisten inzwischen vielerorts zur tonangebenden Kraft geworden. Einerseits mussten sich die Regierungen dem Druck der islamistischen Bewegungen beugen. Andererseits sahen viele in einer Hinwendung zum Islamismus auch die Chance, den Islam als Integrationsideologie für die Stabilisierung ihres eigenen Regimes zu nutzen. Dennoch sind ausgesprochen islamistische Regime von wenigen Einzelfällen abgesehen, wie der islamischen Republik Iran, islamistischen Ansätzen unter der Militärregierung im Sudan sowie in der Diktatur der Taliban in Afghanistan, die 2001 durch eine Intervention unter der Führung der USA beendet wurde, die Ausnahme.

Gewaltbereitschaft und Terrorismus. Es gibt eine Vielzahl von islamistischen Organisationen. Manche lassen sich – natürlich unter anderen Vorzeichen – in der Tendenz mit christlich-konservativen Parteien in Europa vergleichen, andere vertreten radikale politische Positionen. Die letzteren wiederum sind nicht selten bereit, Gewalt einzusetzen. Obwohl die Muslimbrüder in den 1980er-Jahren offiziell der Gewalt abgeschworen hatten und sich darauf konzentrierten, über die Unterwanderung von politischen Parteien und anderen Organisationen legal auf das politische Leben einzuwirken, kam es immer wieder zu Gewaltakten aus ihrem Umfeld. Daneben entstanden aber – in Ägypten wie in anderen Staaten der islamischen Welt – weitaus extremistischere und gewaltbereitere Gruppen. Die Golfstaaten und allen voran Saudi-Arabien traten über lange Zeit als Förderer der islamistischen Bewegungen auf. Den Hang vieler islamistischer Gruppen zur Gewalt haben sie dabei lange Zeit billigend in Kauf genommen. Der Einfluss Saudi-Arabiens zeigt sich unter anderem an der extrem puritanischen Ausrichtung vieler islamistischer Gruppen. In letzter Zeit wurde Saudi-Arabien aber selbst, u. a. wegen seiner engen Beziehungen zu den USA, zur Zielscheibe des islamistischen Terrors. Unter den terroristischen Gruppen stellen die sogenannten Dschihadisten eine besondere Untergruppe der Islamisten dar. Sie wähnen sich in einer Art letztem Gefecht zwischen islamischer und feindlicher Welt. Zu ihnen gehört der aus Saudi-Arabien stammende Terrorist Usama bin Ladin. Er ist unter anderem für die Terrorangriffe gegen die USA vom 11. September 2001 verantwortlich.

Heiliger Krieg – Dschihad: „Dschihad" bedeutet das „sich Bemühen um Gott". Der Gläubige kann den Dschihad mit Herz, Zunge, Hand oder Schwert unternehmen. Der Begriff beschränkt sich mitnichten auf militärische Angelegenheiten. Die Hauptbedeutung ist friedlich. Sie zielt auf die gemeinschaftliche oder individuelle Selbstüberwindung und das Bemühen um ein gottgefälliges Leben. Daher führt die Übersetzung mit „Heiliger Krieg" in die Irre. Freilich kann der Dschihad auch mit aggressiv-gewalttätigen Mitteln geführt werden. Ob die Übersetzung „Anstrengung" oder „Kampf" angebracht ist, muss im Einzelfall entschieden werden. Eine Auffassung des Begriffes in der westlichen Öffentlichkeit, die die Gewalttätigkeit in den Vordergrund stellt, wird dadurch gefördert, dass militante Widerstandsgruppen sich auf den Dschihad berufen.

Europa und Islam

„Der Islam gehört inzwischen auch zu Deutschland." Mit dieser Äußerung setzte der Bundespräsident Christian Wulff zum 20. Jahrestag der deutschen Einheit ein Zeichen für Integration. Durch Einwanderung ist der Anteil der Muslime in Deutschland und in der Europäischen Union stetig gestiegen. In Frankreich gibt es beispielsweise mehr Muslime als Protestanten. In Deutschland beläuft sich der Anteil auf ungefähr drei Prozent.

Konflikte entstehen durch die sozialen Probleme, die häufig mit Einwanderung verbunden sind. Einwanderer haben oft nicht die gleichen Chancen auf Bildung und Wohlstand. Hier sind die europäischen Gesellschaften gefordert, Integration zu fördern, die nicht Anpassung um jeden Preis fordert, sondern die Wahrung der kulturellen Eigenständigkeit der Immigranten garantiert. Damit Integration gelingt, muss allerdings Integrationswilligkeit auf beiden Seiten vorhanden sein. Eine wesentliche Frage in jeder Gesellschaft ist die nach der Loyalität ihrer Mitglieder gegenüber der staatlichen Grundordnung. Demokratie und Menschenrechte sind Essentials der politisch-gesellschaftlichen Ordnung der Bundesrepublik und der Europäischen Union, die nicht mit dem Verweis auf kulturelle Vielfalt infrage gestellt werden dürfen.
Nicht nur innergesellschaftlich, sondern auch übernational muss Europa sein Verhältnis zur islamischen Welt überdenken. Die Türkei strebt danach, EU-Mitglied zu werden. Viele lehnen deren Mitgliedschaft ab, wobei einer der – neben anderen – angeführten Gründe für die Ablehnung die muslimische Bevölkerungsmehrheit des Landes ist, die nicht dem Charakter Europas als „christlichem Abendland" entspreche. Andere plädieren wiederum für den Eintritt der Türkei als Zeichen der kulturellen Offenheit der Europäischen Union und als Brücke zur islamischen Welt. Generell strebt die Europäische Union zunehmend danach, mit einer Stimme in den internationalen Beziehungen gehört zu werden. Dies verlangt letztendlich nach einer Abstimmung der Haltung der einzelnen EU-Mitgliedstaaten in der Außenpolitik auch gegenüber der islamischen Welt.

Muslimische Frauen demonstrieren gegen das Verbot religiöser Symbole an französischen Schulen.
(Transparente: Mädchen von unseren weltlichen Schulen auszuschließen: Skandal. Finger weg von meinem Schleier!)

MATERIALIEN

M 1 Der Islamwissenschaftler Guido Steinberg über die sozio-ökonomische Basis des Islamismus im Nahen und Mittleren Osten

Das rasche Bevölkerungswachstum der 60er-, 70er- und 80er-Jahre in fast allen islamisch geprägten Staaten schuf die Generationen, die heute die personelle Basis der islamistischen Bewegungen bilden. Ihre Regierungen stellte diese demografische Entwicklung vor fast unlösbare Probleme. Auch wenn die meisten Staaten eine materielle Grundversorgung der Bevölkerung sichern konnten, wuchs vor allem die Arbeitslosigkeit unter jungen Abgängern der Schulen und Universitäten. Dieses Problem verschärfte sich in vielen Staaten durch den enormen Ausbau der Bildungssysteme seit den 50er-Jahren. […] Die Erziehungssysteme der meisten arabischen Staaten produzieren heute […] Hunderttausende mehr schlecht als recht gebildete Akademiker und entlassen sie in die Arbeitslosigkeit. Diese Generation wird in arabischen Medien oft als Zeitbombe […] bezeichnet. […]
Die immer schlechter werdenden wirtschaftlichen Rahmenbedingungen trafen auf steigende Erwartungen an die eigene berufliche und soziale Zukunft. Dies betraf nicht nur die jungen Akademiker, die aufgrund ihrer Bildung einen substanziellen sozialen Aufstieg erhofften, ihre Ziele jedoch meist nicht verwirklichen konnten. Auch die breite Bevölkerung kam in Kontakt zu Lebensformen und Wohlstand der industrialisierten Länder. Zuerst Radio, vor allem aber Fernsehen und ab den 90er-Jahren Satellitenfernsehen und Internet weckten den Wunsch vieler Menschen der Region, ähnlich zu leben wie die Menschen im Westen. Tatsächlich aber wuchsen die Unterschiede zwischen Arm und Reich in den letzten Jahrzehnten und eine westlich geprägte Lebensweise blieb das Privileg kleiner, oft korrupter Eliten. Mehr noch als in Europa und den USA wird Reichtum in vielen dieser Länder ostentativ zur Schau gestellt, was Widerstand weckte. Da der Westen als Quelle dieser Form der Moderne wahrgenommen wurde und wird, richtet sich die Enttäuschung all derjenigen, die nicht daran teilhaben, auch gegen den Westen und dessen Verbündete in der Region. […]
Es waren jedoch nicht nur sozioökonomische Probleme, die den Islamisten Zulauf verschafften. Soziales Elend und enttäuschte Erwartungen gingen einher mit einem Streben nach kulturell-religiöser Authentizität und Eigenständigkeit. […] Denn seit der europäischen Expansion des 19. Jahrhunderts herrscht unter vielen Muslimen das Gefühl vor, von einer fremden und überlegenen Zivilisation beherrscht und fortwährend gedemütigt zu werden. Je enger die Kontakte zwischen Osten und Westen im Laufe des 20. Jahrhunderts wurden, umso stärker prägte sich dieses Gefühl aus. Dies erklärt die Suche der Islamisten nach einem identitäts- und sinnstiftenden Element in der eigenen Geschichte. In dieser Situation musste eine Ideologie besonders erfolgreich sein, die den Rückgriff auf die eigene, authentische Tradition forderte und Gerechtigkeit versprach. Liberalismus, Sozialismus und Nationalismus galten den meisten Menschen der Region als gescheitert, da alle diese importierten Ideologien beziehungsweise die sie tragenden Eliten innen- wie außenpolitisch versagt hatten. Also wandten sie sich an das Eigene und folgten den Islamisten, die seit den 1970er-Jahren mit der Parole „Der Islam ist die Lösung" vermehrt Gehör fanden. Seitdem dominieren die Debatten über die Rolle des Islam in der Gesellschaft die Innenpolitik fast aller Länder zwischen Marokko und Indonesien.
Die Islamisten sind unter all denjenigen Teilen der Bevölkerung erfolgreich, die die Probleme ihres Alltags nicht oder kaum bewältigen können, seien sie nun wirtschaftlicher, sozialer oder kultureller Art. Der Islamismus verspricht ihnen eine ganzheitliche und vergleichsweise simple Lösung für ihre vielfältigen Probleme. Sie stellen wirtschaftliche Gerechtigkeit in Aussicht, lindern soziale Missstände durch die Bereitstellung von Dienstleistungen und verschaffen Selbstbewusstsein und Halt durch aktive Mitarbeit. Oft sind es vor allem jüngere, meist männliche Angehörige der (unteren) städtischen

Aufnahme aus Kerbala (Irak), 2003

Mittelschichten, die nicht bereit sind, sich mit ihren eng begrenzten Möglichkeiten sozialen Aufstiegs abzufinden. So erklärt sich, dass die Islamisten in vielen Gesellschaften in weiten Kreisen populär sind, auch wenn ihre Unterstützer nur in Ausnahmefällen Mehrheiten darstellen. Unter den Studenten sind es häufig die Absolventen naturwissenschaftlich-technischer Studiengänge bescheidener Herkunft, die sich islamistischen Bewegungen anschließen. Oft leben sie erst in zweiter Generation in der Stadt und stammen aus den Randzonen der Städte, in denen die Einwanderer vom Land leben. Hier verbindet sich die Furcht vor sozialem Abstieg mit einer Identitätskrise, die für Migranten nicht untypisch ist. [...]

Verstärkt wird die Bindung dieser Schichten an islamistische Bewegungen durch deren soziale Dienste. Islamistische Gruppierungen veranstalten Korankurse, eröffnen islamische Schulen und bieten medizinische Versorgung an, wo sie am nötigsten ist. Diese Hilfestellungen machen sie zu Konkurrenten des meist schlechten staatlichen Sozialsystems und erlauben es ihnen, eine Art Parallelgesellschaft zu schaffen. Neben Hilfestellungen für die alltäglichen sozialen Probleme liefern diese in der Regel straff organisierten Gruppierungen die Möglichkeit, durch das Eingebundensein in eine umhegte Gemeinschaft neuen Sinn in einem ansonsten hoffnungsarmen Leben zu finden. Sie geben Halt, der nirgendwo sonst zu haben ist, vor allem nicht bei einem Staat, der meist nicht in der Lage und/oder nicht willens ist, die Probleme seiner Bewohner zu lösen. [...] Schon jetzt weisen die gemäßigten Bewegungen, wie beispielsweise die ägyptischen und jordanischen Muslimbrüder, die vor allem im sozialen Bereich aktiv sind, die größte politische Breitenwirkung auf.

(Guido Steinberg, Islamismus und islamistischer Terrorismus im Nahen und Mittleren Osten; in: Zukunftsforum Politik, Nr. 39, Sankt Augustin 2002, S. 23–30)

M 2 Der Hamburger Islamwissenschaftler Udo Steinbach über den militanten Islamismus

Qutb hatte es verstanden – ähnlich wie später Ayatollah Khomeini – bestimmte Elemente des Islams im Sinne einer „leninistischen" Handlungsorientierung schlagkräftig zu formulieren: Die bestehende Weltordnung wurde insofern als illegitim angesehen, als sie als „Heidenzeit": arabisch Dschahiliya, verstanden wurde, ein terminus technicus, der den Zustand der Arabischen Halbinsel vor der Ankunft des Propheten Mohammad kennzeichnet. So wie Mohammad im Namen des Islams die Welt verändert habe, würden die Muslime nunmehr dafür kämpfen müssen, die Dschahiliya der islamischen Welt durch den Dschihad, also auf kämpferische Weise, zu beenden, um letztendlich wieder eine legitime islamische Ordnung zu begründen. Diese Lehre erhielt eine beachtliche Dynamik und Reichweite; viele, die der Überzeugung waren, angesichts der desolaten Situation etwas für den Islam tun zu müssen, griffen auf jene ideologisierte Interpretation des Islams in leninistischer Attitüde zurück. Diese Neubesinnung war untrennbar verbunden mit dem weitgehenden Scheitern der säkularen Ansätze, nachdem die arabischen Nationalisten in Ägypten, Jordanien und Syrien im Juni 1967 den Krieg gegen Israel verloren hatten. Die Antwort auf dieses Scheitern war der Versuch, Religion und Gesellschaft einander wieder näher zu bringen – Voraussetzung für einen Wiederaufstieg der islamischen Welt. Im Widerstand gegen die des Unglaubens bezichtigten Machthaber ihrer Länder hoffte man, den Kampf gegen den Westen aufnehmen und am Ende gewinnen zu können. In diese Zeit fiel ein besonderer Erfolg, als Ayatollah Khomeini 1979 in Persien eine Ordnung zu stürzen vermochte, die zu Recht als eine zutiefst verwestlichte Ordnung in einem islamischen Land begriffen wurde. Zum ersten Mal schien der Westen getroffen zu sein. Amerikanische Diplomaten wurden im November 1979 im Namen des Islams gefangengesetzt und über 444 Tage als Geiseln genommen; die „Weltarroganz" war als verwundbar bloßgestellt.

Usama Bin Laden ist im Grunde wesentlich die Fortsetzung dieses Versuchs, die Arroganz des Westens zu bekämpfen und die Verwundbarkeit seiner Vormacht zu offenbaren. Die islamische Revolution von 1978/79 schien für einen historischen Augenblick die Richtigkeit des islamistischen – man mag es auch „fundamentalistisch" nennen – ideologischen Paradigmas zu zeigen. Die ideologische Radikalisierung des politischen Islams nach der Schwächung säkularer Entwicklungsstrategien war eine Voraussetzung dieses Prozesses.

Ein zweites Element liegt im Einfluss Saudi-Arabiens. Die Politik dieses Landes spielt eine zentrale Rolle, wenn vom politischen Islam die Rede ist. Das Geld, das Saudi-Arabien seit dem Beginn der siebziger Jahre verdient hat, ist in vielfältiger Weise dorthin geflossen, wo die islamische Welt sei es ein besonderes Problem oder ein besonderes Interesse hatte. Über vielfältige Personen und Organisationen, deren Zielsetzungen teils karitativer aber auch militanter Natur waren, haben der saudische Staat, Angehörige seiner Gesellschaft und einzelne

Angehörige eines Selbstmordkommandos der Hisbollah

Märtyrer: Ein Maler der südlibanesischen Hisbollah zeigt einen Attentäter des Heiligen Krieges.

Persönlichkeiten Bemühungen unternommen, sich „die Sache des Islams" angelegen sein zu lassen. […] Die Gründung der OIK [Organisation der Islamischen Konferenz, 1968] war der erste wesentliche Erfolg eines umfassenden Exports eines konservativen Islams durch die saudische Führung. Damit schien der Versuch geglückt, deren Legitimation, die in den Jahrzehnten zuvor durch linke Ideologien gefährdet schien, zurückzugewinnen. Im Namen einer defensiven Strategie war man bemüht, eine konservative Islamauslegung mit finanziellen Mitteln überall zu fördern und, wo dies möglich schien, an die Macht zu bringen. Die Öleinnahmen waren die Grundlage dieser Aktivitäten. […]

Khomeinis Sieg in Iran hatte weithin in Kreisen des politischen Islams die große Illusion befördert, wonach im Namen des Islams tatsächlich signifikante politische Wandlungen würden herbeigeführt werden können. Mit erheblicher finanzieller Unterstützung sunnitischer islamischer Organisationen sollten ähnliche Erfolge anderweit gefördert werden. Das Ergebnis freilich war nicht eine Revolution irgendwo in der sunnitischen Welt, sondern […] ein Terror von außerordentlicher Bestialität […]

In Palästina, wo die gegen den Friedensprozess gerichtete Gewalt durch Extremisten auf beiden Seiten eskaliert wurde, [kam es zu einer Verschärfung der Gewalttätigkeit]. Zunächst brachte ein zionistischer Terrorist im Februar 1994 in der Machpela-Höhle in Hebron 34 betende Palästinenser um – er hielt den Friedensprozess aus zionistischer Sicht für einen Verrat. Die palästinensische Antwort ließ nicht lange auf sich warten. Sie kam nach dem Tod von Ministerpräsident Rabin (November 1995), der übrigens auch von einem zionistischen Extremisten ermordet worden war. Der palästinensische Terror setzte unmittelbar nach diesem Attentat ein – auch er mit dem Ziel, den Friedensprozess zu blockieren.

Die letzte Dimension erreichte diese Entwicklung religiöser Mobilisierung zu extremistischen Gewalttaten in dem Selbstopfer, wie wir es nach dem Ausbruch der zweiten Intifada Ende September 2000 erlebt haben. Die Masse der Selbstmordattentäter sind junge Menschen; die letzte Motivation liegt in der Beraubung jeglicher menschlicher Würde durch die im Wesentlichen der israelischen Politik anzulastende Besatzungspolitik; an dieser änderte auch ein „Friedensprozess" nichts, der in der Praxis in einen „Unfriedensprozess"' umschlug. In letzter Verzweiflung sprengen sie sich und andere in den Tod.

[... Ein weiterer] Zusammenhang im Kontext von „Islam und Politik“ beginnt mit dem von einem Teil der islamischen Öffentlichkeit als Invasion wahrgenommenen Vorgehen der internationalen Allianz 1990/91 gegen Saddam Husain von saudischem Boden aus. [...] Die Präsenz zahlreicher Nichtmuslime im Rahmen der Allianz auf saudischem Boden hat auf ihre Weise das Selbstgefühl vieler Muslime mobilisiert. Auf heiligem Boden, auf dem Mekka und Medina liegen, sollten Ungläubige einen Waffengang gegen einen Muslim vorbereiten? Amerikanische Soldatinnen fuhren Auto, was den Frauen der Gläubigen aus Gründen der religiösen Moral verwehrt war?
Usama Bin Laden war in den Achtzigerjahren vom Westen unterstützt und nach Afghanistan geschickt worden, um dort den Widerstand gegen die Sowjets zu organisieren und damit einen Beitrag dazu zu leisten, dass diese das Land verließen. Nachdem dieses Geschäft 1989 „erledigt“ war, sahen sich derselbe Mann und sein Gefolge 1991 in der Kuwait-Krise[1] vor die Frage gestellt, wer jetzt der eigentliche Aggressor sei. Amerika hatten sie nie geliebt; jetzt aber schien ihnen dieses als der Aggressor. [...] Austragungsort der Auseinandersetzung wurde schließlich (nach 1994) Afghanistan, wo die Perversität der Verbindung von Islam und Politik kaum zu überbieten war.[2]

[...] Innerhalb dieses religiös-artifiziellen Fremdkörpers konnte Usama Bin Laden seinen Terrorakt vorbereiten und eine Interpretation des Islams zum politischen Programm machen, die mit „dem Islam“ wenig zu tun hatte. Verschärfend kam die ungelöste Kaschmirfrage hinzu. Kaschmir, weiterhin größtenteils unter indischer Herrschaft, ist ein mehrheitlich islamisches Land. Um seine „Befreiung“ wurde in den Achtziger- und Neunzigerjahren in wachsendem Maße in islamischer Dimension gekämpft. Dabei geriet Pakistan zunehmend unter den Einfluss religiös-fundamentalistischer Kräfte.

Der Westen kann also eine Mitverantwortung für das Entstehen eines außer Kontrolle geratenen monströsen „politischen Islams“ nicht von sich weisen. Ohne westliche „Züchtung“ hätte es die Taliban als Herrscher Afghanistans kaum gegeben. In dieser Phase, da die Verbindung von Islam und Politik auf einen perversen Höhepunkt zugesteuert hat, suchen andernorts Muslime einen Weg zurück aus Militanz und Autokratie, die sich aus dieser Verbindung ergeben haben.

(Udo Steinbach, Politische Strömungen im Islam; in: Fritz Hähle (Hg.), Schriftenreihe zu politischen, philosophischen und religiösen Fragen unserer Zeit, Bd. 25, Dresden 2002, S. 14–24)

[1] 1990 griff der Irak unter Saddam Hussein das benachbarte Kuwait an. Eine von den USA geführte Koalition trieb daraufhin die irakischen Truppen wieder zurück. Saudi-Arabien diente neben anderen Staaten als Stützpunkt für die militärischen Operationen.

[2] Die Taliban sind eine islamistische Bewegung, die Ende der 1990er-Jahre in Afghanistan über weite Teile des Landes die Kontrolle an sich gerissen hatte. Sie führten ein radikal islamistisches Regime unter Missachtung elementarster Menschenrechte ein. 2001 wurde ihre Herrschaft durch eine von den USA geführte Intervention gestürzt.

M 3 Der ägyptische Politologe Amr Hamzawy über den Umgang mit Islamisten

Es ist notwendig zwischen gemäßigten und radikalen Strömungen bei den Islamisten zu differenzieren. Westliche Regierungen tun das ebenso wenig wie die arabischen Regimes. Der ägyptische Informationsminister Safawat al-Schirif antwortete auf die Frage, ob die Muslimbruderschaft in den neuen nationalen Dialog einbezogen würden: „Gibt es in Ägypten eine Bewegung namens die Muslimbruderschaft?“ [...]
Marokko und Jordanien haben es dagegen geschafft mit islamistischen Bewegungen politisch umzugehen. Seit einigen Jahren wird dort versucht die Islamisten zu integrieren. In beiden Ländern beteiligen sie sich, obgleich in unterschiedlichen Formen, an der Regierung und an der parlamentarischen Arbeit. Die Wahl eines moderaten Islamisten[1] zum Ministerpräsidenten in der säkularen Türkei ist bisheriger Höhepunkt dieser für den gesamtislamischen Raum bedeutsamen Entwicklung. [...]
Aber auf der anderen Seite ist eine gefährliche Radikalisierung religiöser Gruppen vor allem im asiatischen Teil der islamischen Welt zu beobachten. Angefangen hatte diese jetzt zu beobachtende Tendenz mit der iranischen Revolution von 1979 und der Ermordung des ägyptischen Präsidenten Anwar as-Sadat durch radikale Islamisten. Die Formel „Der Islam ist Religion und Staat“ entwickelte sich länderübergreifend zum Wahlspruch religiöser Bewegungen und stellte die säkular orientierten politischen Systeme vor Herausforderungen. [...]
Bei der Suche nach eigenen Wegen, die zunehmend außerhalb staatlicher Strukturen stattfand, wurde in religiösen Kreisen der allgemein Protestruf „Der Islam ist die Lösung!“ geprägt. In den Achtzigerjahren verhärteten sich die Fronten zunehmend. Regierungen gingen gegen gewaltbereite islamistische Gruppierungen vor. Tausende aus dem Untergrund agierende Islamisten wurden inhaftiert, viele zu langjährigen Gefängnisstrafen oder zum Tode ver-

urteilt. Die Gewaltspirale schien unvermeidbar.

In der zweiten Hälfte der Neunzigerjahre entstanden neue Tendenzen: Aus der Erfahrung im Umgang mit der autoritären Staatsmacht waren innerhalb einiger islamistischer Gruppierungen allmählich „parlamentarische Demokratie“ und „Menschenrechte“ zu wichtigen politischen Zielvorstellungen geworden. Sie konnten sich in den Bürgergesellschaften engagieren. Dort, wo den religiösen Kräften die Politiksphäre vorenthalten blieb, konnten sich ihre moderaten Vertreter durch die Gründung islamischer Banken oder moderner Wohlfahrtseinrichtungen betätigen.

Einige radikale Bewegungen wie die ägyptische Jihad-Gruppe schworen der Gewalt ab. Die Reformbereitschaft der moderaten Islamisten sowie ihr soziales Engagement brachten ihnen in den vergangenen Jahren große gesellschaftliche Anerkennung.

Der Westen weicht oft der Frage aus, ob es einen Dialog mit islamistischen Gruppen geben soll oder ob diese gar in den politischen Reformprozess im Nahen Osten einbezogen werden sollen. Europäische wie amerikanische Intellektuelle und Politiker müssen sich fragen, ob der Ausschluss dieser Bewegungen, die für den Demokratisierungsprozess im Nahen Osten immens wichtig sind, nicht kontraproduktiv ist.

Oft sind diese Gruppen die einzig wirksame Opposition zu den autoritären arabischen Regimes. Und von den derzeit herrschenden Eliten ist meist nicht mehr als ein auf westliche Bedürfnisse zugeschnittenes Demokratisierungs-Theater oder eine Reduzierung demokratischer Inhalte auf technische Fragen wie gutes Regieren und Korruptionsbekämpfung zu erwarten. [...]

Nur die moderaten islamistischen Gruppen, traditionell wie modern, sind gesellschaftlich verankert und politisch in der Lage, weite Teile arabischer Gesellschaften zu mobilisieren. Sie sind die wahren Agenten demokratischer Transformationen, wenn sie nicht ausgeschlossen und ihre Mäßigungstendenzen gefördert werden.

Es ist an der Zeit, dass der Westen sich auf einen ernsthaften Dialog mit ihnen einlässt. Zwar werden die meisten Regierungen im Nahen Osten eine solche Neuorientierung kritisieren. Auch im Westen werden die säkularen Moralprediger sowie die Realpolitiker warnen. Sie werden es für ein irrationales Verhalten erklären oder die Destabilisierung der Region herbeireden. Dennoch ist der Dialog mit den moderaten Islamisten der einzige Weg, ein Momentum der Demokratie in der Region zu entfalten.

(Neue Zürcher Zeitung, 4.1.2004)

[1] Gemeint ist die Wahl des gemäßigten Islamisten und Parteiführers der AKP (Partei für Gerechtigkeit und Aufschwung) Recep Tayyip Erdoğan 2003 zum türkischen Ministerpräsidenten.

M 4 Der Sozialdemokrat Otto Schily über Islam und Demokratie

Der damalige Bundesinnenminister äußerte sich anlässlich des zweiten Irak-Krieges zur Diskussion über Demokratie und Islam:

Die behauptete Einheit von Religion und Politik ist ein nahezu unumstößliches Axiom der öffentlichen Debatte über die islamische Welt. Eine säkularisierte staatliche Herrschaft – wie in der christlichen Welt – sei, so die Argumentation, im Islam nicht möglich. Aus islamistischer Perspektive ist sie auch nicht wünschenswert. Dem europäischen Modell eines demokratisch verfassten, säkularen Rechtsstaats wird der Idealtyp des islamischen Systems gegenübergestellt, der sich primär auf religiöse Fundamente stützt.

Diese Weltsicht steht im eklatanten Gegensatz zur

Demonstration von Muslimen in Algerien für einen durch den Islam bestimmten Staat

tatsächlichen Vielfalt, die das Verhältnis von Politik und Religion in Europa und in der islamischen Welt charakterisiert. Trotzdem ist die Ansicht weit verbreitet, man müsse mehr vom Islam wissen, um sogenannte islamische Politik besser verstehen zu können. In diesem Zusammenhang erfreut es sich großer Beliebtheit, Aufschlüsse über die islamische Welt aus ausgewählten Koranversen zu beziehen – über Einstellungen zur Gewalt beispielsweise und zur Beziehung mit nichtislamischen Kulturen.
Dieses Pingpong-Spiel von Koransuren birgt kaum Erkenntnisgewinn für den aktiven Politiker. Müssen wir den Koran begreifen, um die islamische Welt besser zu verstehen? Lernen Fremde mehr über unseren Kulturraum, indem sie Bibelstudien betreiben? Ich denke, nein. Diese Beschäftigung sollten wir professionellen Theologen überlassen. Jeglicher so geartete Erkenntnisgewinn beruht auf einer falschen, weil deduktionistischen Haltung. Konstruierte Wesensunterschiede werden so zum Ausgangspunkt von Erkenntnis gemacht.
Kann uns der viel beschworene „kulturelle Dialog mit dem Islam“ den Weg weisen? Ich frage mich stets, mit wem ich im „Dialog mit dem Islam“ eigentlich in Kommunikation trete. Dialog ist immer der Gefahr ausgesetzt, politisch instrumentalisiert zu werden. Machen wir den interkulturellen Dialog zum Impulsgeber für Politik, dann „kulturalisieren“ wir gleichsam die Politik. Gemeint ist, dass politische Fragen nicht mehr als politische behandelt, sondern in den Bereich des Kulturellen transportiert werden. Dort sind sie einer adäquaten Klärung und Lösung entzogen.
Auf der islamischen Seite setzt sich die Kulturalisierung des Politischen fort in der Islamisierung der Politik. Die Aura des Unantastbaren, die Religion als überpolitische Gegebenheit genießt, wird auf die religiös geprägte Kultur übertragen. Politisches Handeln stellt sich damit unter den Schutz der Religion. Die so verstandenen Kulturen werden – ebenso wie die Religionen – nach dem Prinzip ihrer Gleichwertigkeit als sakrosankte Einheiten behandelt. Politik darf aber nie sakrosankt sein. Das ist gegen jegliches demokratisches Denken und kann nicht in unserem Sinne sein. Die Definition von Politik, Kultur und Religion als deckungsgleich führt dazu, dass man die vielfältigen Orientierungen von Individuen und Gesellschaften unterschlägt. [...]
Politische Probleme müssen im Reich des Politischen bearbeitet werden. Ich möchte daher einen Menschenrechtsdialog und einen Rechtsstaatsdialog. Ich möchte einen Dialog über die Legitimität politischer Herrschaft mit der islamischen Welt. Denn der repressiv-autoritäre Charakter vieler moslemischer Staaten ist eben nicht nur Erbe islamischer Geschichte und Kultur, sondern vor allem Ausdruck eines Mangels an politischer Legitimität. Jegliche Abkehr vom Anspruch auf die Universalität von Demokratie und Menschenrechten halte ich für gefährlich. Kein Mensch, dessen Menschenrechte verletzt wurden, sagt, dass diese ein westliches Konzept bar universeller Gültigkeit seien. Das bringen nur die vor, die Menschenrechte verletzen.

(Zit. nach: Pressestelle des Bundesinnenministeriums, 2003)

M 5 Hans Küng: Weltpolitik und Weltethos

Der Theologe Hans Küng ist Präsident der Stiftung Weltethos[1]. Die Stiftung bemüht sich seit Mitte der 1990er-Jahre um interkulturelle und interreligiöse Forschung, Bildung und Begegnung. Er wendet sich gegen die These von Samuel P. Huntington, der 1993 in seinem Artikel „The Clash of Civilizations?“ die vielbeachtete und vieldiskutierte These von einem drohenden Kampf der Kulturen aufgestellt hat.

[...] ein Kampf der Kulturen und Religionen ist nicht unvermeidlich! Mir erscheint es grundsätzlich fraglich, ob es nach dem Kalten Krieg und der bipolaren Verfestigung der Fronten in der neuen multipolaren Welt von heute überhaupt nur ein einziges einheitliches globales Erklärungsmodell geben kann. Eine nüchterne Beurteilung der globalen Situation wird die kulturell-religiöse Dimension der Weltpolitik zwar ernst nehmen, sie aber nicht allen anderen Dimensionen überstülpen. Hier ließe sich in der Diskussion vielleicht ein Konsens finden, den ich so formulieren möchte:
– Auch in den außenpolitischen Konflikten der nachmodernen Epoche geht es zuallermeist um Territorien, Rohstoffe, Handel und Geld, also um wirtschaftliche, politische und militärische Machtinteressen.
– Für territoriale Auseinandersetzungen, wirtschaftliche Konkurrenz und Machtinteressen aller Art bilden die ethnisch-religiösen Differenzen und Rivalitäten zwar nicht das alles erklärende Paradigma oder Koordinatensystem, wohl aber liefern sie als untergründige Strukturen jederzeit aktivierbare Bezugspunkte, von denen her politisch-wirtschaftlich-militärische Konflikte gerechtfertigt, inspiriert und dramatisiert, aber auch entschärft und befriedet werden können.
– Die Kulturen oder die Religionen bilden also nicht die leicht zu kartographierende Oberflächendimension aller Konflikte, vielmehr bilden sie mit ihren höchst verschiedenen Paradigmen die auf

keinen Fall zu vernachlässigende Tiefendimension, die als Resonanzboden für viele Antagonismen und Konflikte zwischen den Nationen dienen kann, innerhalb der Nationen, in den einzelnen Städten, Schulen, ja Familien.

Mein Fazit: Der von Huntington prognostizierte angeblich unausweichliche globale Zusammenprall der Kulturen kann bestenfalls als von Militärstrategen, Politikern und Propagandisten instrumentalisiertes neues Angstmodell für eine aggressive Außenpolitik und für „Präventivkriege“ dienen. Nein, die zukunftsweisende Vision für die Menschheit ist nicht der Zusammenprall, sondern der Dialog der Kulturen: ist der mit allen Kräften anzustrebende globale Frieden zwischen Kulturen und Religionen, der einzig Voraussetzung und Motor eines globalen Friedens zwischen den Nationen bildet.

(Hans Küng, Weltpolitik und Weltethos – Zur Problemstellung; in: Ders./Dieter Senghaas (Hg.), Friedenspolitik – Ethische Grundlagen internationaler Beziehungen, München/Zürich (Piper) 2003, S. 27–30)

---

[1] Nähere Informationen zur Stiftung Weltethos erhält man unter der Internetadresse www.weltethos.net.

Kirchenführer beim Welt-Friedensgebet in Aachen (9.9.2003)

2. Der Nahost-Konflikt – ein internationaler Brennpunkt

Die Geschichte des Nahost-Konfliktes reicht weit in das letzte Jahrhundert zurück. Die aktuelle politische und gesellschaftliche Situation in dieser Krisenregion ist einerseits nur vor dem Hintergrund dieser langen Geschichte zu erklären; andererseits ist der Konflikt aber auch so vielfältig, dass er unter vielen verschiedenen Gesichtspunkten betrachtet werden muss. Nicht zuletzt zeigt sich hier an einem recht kleinen Territorium, dass solche Konflikte, wenn sie im internationalen Spannungsfeld liegen und von unterschiedlichen Interessen beeinflusst werden, schwer durchschaubar sind und ihre Lösung größte internationale Anstrengungen erfordert.

So dokumentiert die Hisbollah den Konflikt auf einer Propagandawand am Rande einer Autobahn bei Sidon (Libanon), aufgenommen am 15.10.2006.
Die Hisbollah – „Partei Gottes" – ist eine dem Islamismus zugerechnete libanesische Organisation, die als paramilitärische Organisation durch den Zusammenschluss verschiedener schiitischer Gruppen im Rahmen des Widerstandkampfes gegen die damalige israelische Invasion ab 1982 entstanden ist. Seit 1992 ist die Hisbollah als politische Gruppierung auch im libanesischen Parlament vertreten. Das hier abgebildete Plakat verwendet einerseits ein Standbild aus einem Fernsehfilm, das die Erschießung eines palästinensischen Jungen zeigt, der neben seinem Vater Deckung sucht, und andererseits das Foto eines israelischen Soldaten, das mit dieser Situation nicht in unmittelbarer Beziehung steht. Die Authentizität der Filmaufnahmen wird bestritten, vielmehr soll es sich hier um ein Erzeugnis „Pallywoods" handeln. Mit diesem Begriff (einer Zusammenziehung aus „Palästina" und „Hollywood") werden palästinensische Propaganda-Produktionen bezeichnet, die das Ansehen Israels in der Weltöffentlichkeit beschädigen sollen.

Die Chronologie des Nahost-Konfliktes

1896	Theodor Herzls Schrift „Der Judenstaat“ erscheint in Wien.
1897	Baseler Programm der Zionistischen Weltorganisation: Beschluss zur Besiedelung Palästinas.
1916	Sykes-Picot-Abkommen: Aufteilung des Nahen Ostens in ein französisches und ein britisches Interessengebiet.
1917	Balfour-Deklaration: Zusage Großbritanniens, die Errichtung einer jüdischen „nationalen Heimstätte“ in Palästina durch die Zionistische Organisation zu unterstützen.
1920	Errichtung eines britischen Völkerbundmandats über Palästina; arabische Unruhen in Jerusalem.
1936–39	Großer arabischer Aufstand gegen die britische Mandatsmacht und jüdische Einwanderer.
1947	Beschluss der britischen Regierung, das Mandat zu beenden und das Palästinaproblem der UNO zu übergeben; die UN-Vollversammlung beschließt die Teilung Palästinas in einen jüdischen und einen palästinensischen Staat; seit 1916 sind ca. 520 000 jüdische Einwanderer nach Israel gekommen.
1948	14. Mai: Gründung des Staates Israel; 15. Mai: offizielles Ende des britischen Mandats und Beginn des Krieges arabischer Staaten gegen Israel.
1948/49	Gründungskrieg/1. Nahostkrieg: Flucht und Vertreibung der arabischen Bevölkerung; Sieg Israels und Fortführung der jüdischen Einwanderung (bis 1966 weitere ca. 1 250 000 jüdische Einwanderer).
1956	2. Nahostkrieg/Suez-Krise: Britisch/französisch – ägyptischer Konflikt um die Verstaatlichung des Suezkanals durch Ägypten; Israel besetzt den Gazastreifen und die Sinai-Halbinsel; Eingreifen der UN, besonders der USA und der UdSSR, beendet den Konflikt vorläufig.
1957	Rückzug Israels vom Sinai und aus dem Gazastreifen.
1959	Yassir Arafat, der spätere Führer der PLO, übernimmt die Führung der Fatah (palästinensische Kampforganisation).
1964	Gründung der Palästinensischen Befreiungsorganisation (PLO), deren Kern die Fatah bildet.
1967	Sechs-Tage-Krieg (3. Nahostkrieg): Israel siegt über Ägypten, Syrien und Jordanien; Besetzung des Westjordanlandes, der Sinai-Halbinsel, des Gazastreifens und der Golan-Höhen durch israelische Truppen; Beginn der israelischen Siedlungspolitik.
1968	Die PLO spricht Israel das Existenzrecht ab und fordert die Wiedergewinnung Palästinas durch bewaffneten Kampf.
1973	Jom-Kippur-Krieg: Sieg Israels über Ägypten und Syrien.
1979	Unterzeichnung des israelisch-ägyptischen Friedensvertrages (Camp-David-Abkommen); Räumung des Sinai (1982 abgeschlossen); Aufnahme diplomatischer Beziehungen.
1982	Einmarsch Israels in den Libanon, von dessen Staatsgebiet aus die PLO immer wieder Israel angegriffen hat; die PLO muss den Libanon verlassen.
1985	Gründung der Hisbollah (islamistische Kampforganisation).
1988	PLO-Chef Arafat erkennt das Existenzrecht Israels an und schwört dem Terrorismus ab.
1994	Unterzeichnung des Gaza-Jericho-Abkommens, in dem sich Israel und die PLO gegenseitig anerkennen; Vereinbarung palästinensischer Autonomie; Unterzeichnung des Friedensvertrages zwischen Israel und Jordanien.
2003	Die USA, die UNO, die EU und Russland legen Friedensplan („Roadmap“) vor; Ziel: Errichtung eines palästinensischen Staates im Jahr 2005; Israel beginnt mit dem Bau von Sperranlagen zur räumlichen Trennung von Israelis und Palästinensern.
2005	Israel beendet mit dem vollständigen Abzug die 38-jährige Besetzung des Gazastreifens; die jüdischen Siedler werden in Israel angesiedelt.
2006	Überfälle der Hisbollah auf israelische Grenzposten und Geiselnahme israelischer Soldaten.
2008	Angriff Israels auf den Gazastreifen wegen fortgesetzter Angriffe (Raketen) der Hamas auf israelisches Staatsgebiet.

Theodor Herzl (1860–1904)

Als **Zionismus** bezeichnet man die jüdische Bewegung, einen eigenen Staat für Juden in Palästina zu schaffen (nach dem Tempelberg Zion in Jerusalem)

Diaspora bedeutet im allgemeinen Sinne ein Gebiet, in dem die Anhänger einer Konfession gegenüber einer anderen in der Minderheit sind; im Besonderen ist damit die Tatsache gemeint, dass die jüdischen Siedlungen auf viele verschiedene Länder verstreut waren, was jedoch nicht dazu führte, dass sie ihre jüdische Identität völlig aufgaben.

Vorgeschichte des Nahost-Konfliktes

Der Konflikt zwischen Palästinensern und Israelis macht den Nahen Osten seit vielen Jahrzehnten zu einem Brennpunkt der internationalen Politik. Zahlreiche Versuche, diesen Konflikt mit Waffengewalt zu entscheiden, scheiterten bisher ebenso wie immer wieder neue Ansätze zu einer Lösung am Verhandlungstisch. Um den Konflikt verstehen und um die Möglichkeiten einer friedlichen Lösung in Gegenwart und Zukunft einschätzen zu können, ist eine genauere Betrachtung der historischen Wurzeln dieses Konflikts zwingend erforderlich.

Zionismus. Im Jahre 1896 erschien die Schrift „Der Judenstaat", verfasst von dem in Wien lebenden Journalisten Theodor Herzl, in der er die Meinung vertrat, dass nur die Gründung eines eigenen jüdischen Staates die schwierige Situation der Juden verbessern könne. Der Untertitel seines Buches lautete daher: „Versuch einer modernen Lösung der Judenfrage". Die Gründung eines jüdischen Staates verstand er nicht als utopischen Entwurf, sondern als ein „Weltbedürfnis", das unweigerlich realisiert werden würde. Wo dieser Judenstaat liegen solle, war für Herzl zunächst noch offen, er favorisierte Argentinien oder Palästina. Die Entscheidung fiel dann zugunsten Palästinas, wie es auf dem 1897 stattfindenden Ersten Zionistenkongress in Basel verkündet wurde. Die Verwirklichung dieses Vorhabens sollte sich dann allerdings noch bis 1948, als der Staat Israel gegründet wurde, hinziehen.

Palästina. In dem betreffenden Gebiet hatte sich um 1300 v. Chr. das Volk der Israeliten angesiedelt und ein Königreich gegründet. Erst ab dem 6. Jahrhundert vor Christus setzte sich die Bezeichnung „Land Israel" für dieses Gebiet durch. Unter römischer Besetzung kam es im Jahre 70 n. Chr. zur Zerstörung des Tempels in Jerusalem, dem zentralen Heiligtum der Israeliten, und zur Niederschlagung mehrerer Aufstände gegen die römische Besatzung, in deren Zuge die siegreichen Römer einen Großteil der Bevölkerung zur Emigration zwangen. Hier liegt die Wurzel für die Wanderung vieler Juden in alle Teile der Welt; die Durchsetzung des Christentums als Staatsreligion durch die Römer erhöhte den Auswanderungsdruck sogar noch weiter. Ab 135 n. Chr. bezeichneten die Römer diese Provinz ihres Reiches als „Palästina"; ein Gebiet, das im Jahr 638 von Arabern erobert wurde, die das Land anschließend religiös islamisierten und kulturell arabisierten, woran sich grundsätzlich auch nichts unter der darauf folgenden türkischen Herrschaft (1516–1918) änderte.

Situation der Juden in Europa. Die Geschichte der Juden in der Diaspora war durchaus wechselvoll; Zeiten eines guten Auskommens zwischen Juden und anderen Bevölkerungsgruppen wechselten mit Zeiten der Diskriminierung und Verfolgung ab. Als gegen Ende des 19. Jahrhunderts die Judenfeindschaft (Antijudaismus, Antisemitismus) in vielen Ländern Europas (z. B. Russland, Polen, Frankreich, Deutschland) zunahm, die Lebensbedingungen der Juden v. a. in Osteuropa sich verschlechterten (Ghettos) und es zu blutigen Pogromen kam, besannen sich viele Juden auf die alten, biblischen Überlieferungen vom durch Gott verheißenen Land Erez Israel (hebräisch: Land Israel). Vor diesem Hintergrund gelang es Herzl, seinen Vorschlag zur Gründung eines eigenen Staates tatsächlich in eine zionistische Massenbewegung münden zu lassen. Er erfand sozusagen die „Nation der Juden" und gründete als Präsident der Zionistischen Weltorganisation eine jüdische Bank und einen Fonds für den Ankauf von Land, sodass bis 1923 etwa 100 000 Juden aus Europa nach Palästina auswandern konnten. Die nationalsozialistische Machtübernahme in Deutschland führte anschließend zur größten Einwanderungswelle in Palästina: Von Anfang 1933 bis Ende 1935 reisten 130 000 Juden nach Palästina ein. Es kam in den folgenden Jahren zu Aufständen der arabischen Bevölkerung gegen diese massenhafte Einwanderung der Juden, da sich die Araber in ihrer traditionellen agrarischen Gesellschaftsstruktur und in der Erhaltung ihrer althergebrachten Lebensgrundlagen bedroht sahen.

Palästina unter britischem Mandat

Erster Weltkrieg. Bis zum Ersten Weltkrieg war es Theodor Herzl und der Zionistischen Bewegung nicht gelungen, die Großmächte für ihre Pläne zu interessieren. Doch im Laufe des Krieges, in dem das Osmanische Reich mit Deutschland verbündet war, bemühte sich Großbritannien darum, seinen Einfluss in der Region zu stärken. Einerseits signalisierten die Briten den Arabern Bereitschaft, sie bei ihrem Bemühen um nationale Autonomie zu unterstützen, andererseits schlossen sie mit den Franzosen das Sykes-Picot-Abkommen, das die Interessenssphären der beiden Verbündeten im Nahen Osten festlegte. Dieses Geheimabkommen, das erst 1917 bekannt gegeben wurde, führte auf Seiten der Araber zu großer Enttäuschung, da diese Aufteilung ihrem Wunsch nach Selbstbestimmung entgegenstehen musste. Darüber hinaus sagten die Briten in der sogenannten Balfour-Deklaration von 1917 auch die Unterstützung der jüdischen Bemühungen um die Errichtung einer jüdischen „nationalen Heimstätte" in Palästina zu. Die Briten betrieben zu diesem Zeitpunkt also aus strategischen Gründen eine Politik, die letztlich beide Seiten enttäuschen musste. Dennoch wurde nach dem Ende des Ersten Weltkrieges Großbritannien das Gebiet Palästina vom Völkerbund als Mandat übertragen.

Jüdische Einwanderung bis 1948. Von 1924 bis 1948 wanderten ca. 450 000 Juden nach Palästina ein, was im Sinne einer Abwehrreaktion mit zur Entwicklung eines arabisch-palästinensischen Nationalbewusstseins beitrug. Die Proteste der Araber gegen die zunehmende jüdische Einwanderung nach Palästina führten immer häufiger zu blutigen Zusammenstößen zwischen Arabern und Juden. Die Einwanderer mussten erkennen, dass sie als „Volk ohne Land" doch nicht – wie die zionistische Bewegung hatte glauben machen wollen – auf ein „Land ohne Volk" gestoßen waren, sondern ihre Einwanderung von der angestammten arabischen Gesellschaft abgelehnt und bekämpft wurde. So glaubten auf beiden Seiten immer weniger Menschen an die Möglichkeit einer friedlichen Koexistenz beider Bevölkerungsgruppen in einem Staat, im Gegenteil: Die Forderungen nach einem jeweils eigenen Staat nahmen beiderseits immer mehr zu.

Arabische Unruhen in Palästina werden von britischen Truppen niedergeschlagen (1930).

Einwanderungsbeschränkung. Um den zahlreichen Unruhen zu begegnen, entsandte die britische Regierung die sogenannte Peel-Kommission nach Palästina, die 1937 vorschlug, das Gebiet in einen arabischen Teil und einen eigenständigen jüdischen Staat zu trennen. Nur zwei Jahre später lösten die Briten mit der Veröffentlichung des sogenannten Weißbuchs eine Welle der Empörung unter den Juden in der Welt aus. Es sah das faktische Ende der jüdischen Einwanderung vor, um die arabische Seite zu besänftigen. Dieses Weißbuch versperrte fortan für viele Juden aus dem nationalsozialistischen Deutschland und dem übrigen Europa den Weg nach Palästina. So befanden sich die Juden in einer schwierigen Situation, die David Ben Gurion, der Vorsitzende des Zionistischen Kongresses, 1942 so formulierte: „Wir führen Krieg an Englands Seite, als gäbe es kein Weißbuch, und wir bekämpfen das Weißbuch, als gäbe es keinen Krieg."

Gründung des Staates Israel

Niederlegung des Mandats. Nach dem Ende des Zweiten Weltkrieges und der nationalsozialistischen Verbrechen wollten Tausende von jüdischen Überlebenden nach Palästina auswandern, was jedoch die britische Mandatsmacht aus Furcht vor arabischen Unruhen nicht zulassen wollte. So entwickelte sich eine zahlenmäßig beachtliche illegale Einwanderung; bis 1948 gelangten weitere 60 000 Juden nach Palästina, was die Konflikte weiter schürte. Jüdische und arabische bewaffnete Gruppen bekämpften sich gegenseitig und verwickelten auch immer wieder die britische Mandatsmacht in gewalttätige Konflikte. In dieser für Großbritannien ausweglosen Situation legte es das

Palästina-Mandat nieder und übergab die Verantwortung 1947 den Vereinten Nationen.

Staatsgründung. Nun sollten die UN eine Lösung finden, die von beiden Seiten akzeptiert werden konnte. Die Vollversammlung beschloss eine Teilung des Landes in einen palästinensischen und einen jüdischen Teil, wobei Jerusalem unter internationaler Verwaltung stehen sollte. Diese Teilung wurde jedoch besonders von den Palästinensern abgelehnt, die zu den Waffen griffen und weitere Aufstände schürten. Aber auch jüdische bewaffnete Organisationen wie die „Haganah" schlugen mit Waffengewalt zurück und besetzten Städte, die nach dem Teilungsplan eigentlich den Palästinensern gehören sollten. Viele Palästinenser ergriffen daraufhin die Flucht oder wurden vertrieben. Am 15. Mai 1948 endete die Mandatsmacht der Briten; einen Tag zuvor hatte David Ben Gurion, der zukünftige Ministerpräsident, den neuen Staat Israel ausgerufen. Bereits am folgenden Tag, dem 15. Mai, marschierten Soldaten aus sieben arabischen Ländern nach Israel ein, die gemeinsam den neuen Staat von der Landkarte tilgen wollten, da er ihrer Ansicht nach illegal auf arabischem Territorium gegründet worden war. Die Truppen aus Ägypten, Transjordanien, Syrien, dem Irak, aus Saudi-Arabien, dem Libanon und dem Jemen bedrohten nach anfänglichen militärischen Erfolgen die Existenz des neuen Staates Israel, der jedoch einen Waffenstillstand dazu nutzte, seine Truppen neu zu strukturieren und zusätzliche schwere Waffen, Kampfflugzeuge und neue Gewehre zu kaufen. Mit diesen Rüstungsanstrengungen konnten die arabischen Länder nicht mithalten, sodass schließlich dieser erste Krieg aus israelischer Sicht siegreich beendet werden konnte. Bei Abschluss von Waffenstillstandsvereinbarungen zu Beginn des Jahres 1949 hatten die Israelis die Gunst der Stunde genutzt und ihr Gebiet deutlich über die durch den UN-Teilungsplan vorgesehene Grenze hinausgeschoben, sodass nicht die ursprünglich vorgesehenen 55 Prozent des ehemaligen britischen Mandatsgebietes unter israelischer Verwaltung standen, sondern 78 Prozent. Doch auch auf arabischer Seite gab es Gewinner in diesem Krieg: Ägypten verwaltete fortan den palästinensischen Gazastreifen und Transjordanien nahm Gebiete westlich des Jordan (Westjordanland) und Ost-Jerusalem in Besitz, woraufhin es seinen Namen in Jordanien änderte.

David Ben Gurion ruft am 14. Mai 1948 in Tel Aviv den Staat Israel aus.

Weitere Kriege sichern die Existenz Israels

Flüchtlingsproblem. Dieser erste arabisch-israelische Krieg, dem in fast jeder Dekade mindestens einer folgen sollte, hat unterschiedliche Bezeichnungen gefunden. Auf israelischer Seite ist vom Unabhängigkeitskrieg die Rede, für die Palästinenser hieß und heißt er „al-Nakba", d. h. die Katastrophe. Viele Tausende von Palästinensern mussten ihre angestammte Heimat verlassen und in Flüchtlingslagern in den arabischen Nachbarländern Zuflucht suchen. Ihre Hoffnung, bald wieder zurückkehren zu können, wurde immer wieder enttäuscht, sodass viele palästinensische Familien für viele Jahre ihr Dasein in Flüchtlingslagern ohne Hoffnung auf eine Verbesserung ihrer Situation fristen mussten. Von den arabischen Nachbarn wurden sie einerseits häufig genug zum Spielball ihrer Machtpolitik gemacht, andererseits erlangten sie aber z. B. in Jordanien eine eigene Machtstellung, da sie hier bald die Mehrheit der Bevölkerung bildeten. Ihr Einfluss wurde so groß, dass der jordanische König einen Staatsstreich der Palästinenser befürchtete und gegen ihre politische Führung mit militärischen Mitteln vorging. Die palästinensischen Funktionäre wurden außer Landes getrieben und zogen sich in den Libanon zurück.

Palästinensisches Flüchtlingslager in Jordanien, 1969

Umstrittenes Rückkehrrecht. Alle folgenden Kriege verstärkten noch das Flüchtlingsproblem. Mit jedem neuen Militäreinsatz wurden weitere Palästinenser heimatlos und über die Grenze in arabische Länder getrieben. Eine Rückkehr dieser Flüchtlinge, die auch heute noch auf ihr „Rückkehrrecht" verweisen, schließen die Israelis, auch aus Angst vor terroristischen Anschlägen, aus. In ihrer Resolution 194 vom 11. Dezember 1948 bestätigten die Vereinten Nationen hingegen dieses Rückkehrrecht und sahen für diejenigen, die nicht in ihre angestammte Heimat zurückkehren wollten, ein Recht auf Entschädigung durch Israel vor. Die Knesset, das israelische Parlament, beschloss hingegen 1950 ein Gesetz, dem zufolge jeder Jude das Recht hat, in Israel zu leben. So sollte die jüdische Identität des Staates Israel, die durch eine palästinensische Rückwanderung bedroht wäre, erhalten und gesichert werden.

Suez-Krise. 1956 löste die Politik des ägyptischen Präsidenten Gamal Abdel Nasser, der sich zum Führer eines großen arabischen Reiches aufschwingen wollte und deshalb den arabischen Nationalismus schürte, einen neuen Konflikt mit Israel aus. Er beschloss, den bis dahin international kontrollierten Suezkanal zu verstaatlichen. Besonders Frankreich und Großbritannien, die zu den Großaktionären der internationalen Suez-Kanal-Aktiengesellschaft gehörten, fühlten sich durch diese Politik provoziert und verabredeten mit Israel einen Angriff auf die Sinai-Halbinsel, der von israelischen Truppen durchgeführt werden sollte. Frankreich und Großbritannien forderten dann in einem Ultimatum ein Ende der Kämpfe von Ägypten und Israel, auf das Nasser wie erwartet nicht einging, sodass sich Großbritannien und Frankreich zum Eingreifen gegen Ägypten legitimiert sahen. Auf Druck der UN beendete Israel 1957 die Kampfhandlungen und zog sich aus den eroberten Gebieten zurück, die anschließend von UN-Truppen, sogenannten Blauhelmen, kontrolliert werden sollten. Israel rüstete auch danach – wie die arabische Seite – weiter auf, es bezog seine Waffen v. a. aus Frankreich, das auch seine Atomwaffentechnologie an Israel weitergab, wodurch Israel seither zu den „heimlichen Atomstaaten" gehört. Vor allem die USA und die UdSSR, die beide auf ein

Gamal Abdel Nasser (1918–1970)

Während des Sechs-Tage-Kriegs im Juni 1967 begegnet ein israelischer Panzer palästinensischen Flüchtlingen, die versuchen, aus Israel zu entkommen.

Ende der Kämpfe gedrängt hatten, konnten ihren Einfluss im Nahen Osten durch die Suez-Krise ausbauen, während die alten Kolonialmächte Großbritannien und Frankreich deutlich an Ansehen verloren.

Sechs-Tage-Krieg. Zehn Jahre später, 1967, erreichte Nasser den Rückzug der UN-Blauhelme von der Sinai-Halbinsel und behinderte anschließend den israelischen Seehandel am Roten Meer durch eine Blockade. Syrien und Jordanien verbündeten sich mit Ägypten, während die USA bereits unter Präsident Kennedy seit 1961 damit begonnen hatten, Israel militärisch zu unterstützen. Diese Unterstützung wurde unter Kennedys Nachfolgern noch intensiviert. 1967 aber waren die US-Truppen in Vietnam gebunden, sodass Israel angesichts der aktuellen arabischen Drohungen nicht mit einem direkten Eingreifen der USA rechnen konnte. Am 5. Juni 1967 griffen israelische Kampfflugzeuge überraschend ägyptische Flughäfen und Stützpunkte erfolgreich an und kamen so einem ägyptischen Angriff zuvor. Auch gegen Syrien und Jordanien war die israelische Armee sehr schnell siegreich, sodass diese militärische Auseinandersetzung als Sechs-Tage-Krieg bezeichnet wird. Die Israelis besetzten den Gazastreifen, das Westjordanland, Ost-Jerusalem, die Golan-Höhen und die Sinai-Halbinsel (s. Karte). Nun standen wieder viele Palästinenser, die besonders von Ägypten und seinem Präsidenten Nasser enttäuscht waren, unter der Herrschaft der israelischen Besatzer, was für viele ein traumatisches Erlebnis bedeutete. Sie suchten nach neuen Führungspersönlichkeiten und neuen Ideen; ihre Widerstandsbewegung sollte bald regen Zulauf erfahren.

Yassir Arafat (1929–2004) war der bekannteste palästinensische Politiker und Führungsfigur der „Palästinensischen Befreiungsorganisation" (PLO).

Arafat und die PLO. Besonders die politische Gruppe der „Fatah" (arabisch für Sieg) und ihr Anführer, Yassir Arafat, gewannen an Einfluss. Nach dem Sechs-Tage-Krieg rekrutierte die Fatah junge Männer und Frauen in den palästinensischen Flüchtlingslagern und bildete sie militärisch und ideologisch aus; gleichzeitig betrieb sie soziale Projekte, die sie bei der Bevölkerung populär machte. Arafat gelang es, seine Macht weiter auszubauen, indem er die Führung der 1964 von mehreren arabischen Staaten gegründeten PLO, einem Dachverband für verschiedene palästinensische Parteien und Gruppierungen, übernahm. Die PLO war der Ansicht, dass der Staat Israel „völlig illegal" sei und einzig der bewaffnete Kampf zur Befreiung Palästinas führe. Ab den Siebzigerjahren bezog die PLO ihr Hauptquartier in der libanesischen Hauptstadt Beirut. Eine palästinensische Gruppierung erregte 1972 internationale Aufmerksamkeit, als sie während der Olympischen Sommerspiele in München in das Quartier der israelischen Sportler eindrang und elf Israelis als Geiseln nahm, die schließlich alle getötet wurden.

Jom-Kippur-Krieg. Am 6. Oktober 1973, dem jüdischen Versöhnungstag Jom Kippur, griff die ägyptische Armee israelische Soldaten auf der Sinai-Halbinsel an, während gleichzeitig syrische Einheiten die israelischen Besatzer auf den Golan-Höhen attackierten. Nach anfänglichen Niederlagen gelangen den israelischen Truppen schließlich militärische Erfolge; sie drangen in die Staatsgebiete der beiden verbündeten arabischen Länder ein. Dieser Jom-Kippur-Krieg wurde im Oktober 1973 durch einen Waffenstillstand beendet; die UN riefen in einer Resolution beide Seiten auf, einen gerechten und dauerhaften Frieden im Nahen Osten herzustellen. Darüber hi-naus wurde Israel erneut aufgefordert, sich aus den seit dem Sechs-Tage-Krieg besetzten Gebieten zurückzuziehen, während die arabischen Staaten ihrerseits die Existenz des Staates Israel anerkennen sollten.

26. März 1979, nach der Unterzeichnung des in Camp David, dem Landsitz des amerikanischen Präsidenten, ausgehandelten Vertrags zwischen Israel und Ägypten. Links der ägyptische Präsident Anwar as-Sadat, rechts der israelische Regierungschef Menachem Begin, in der Mitte US-Präsident Jimmy Carter. Es handelt sich um den ersten Friedensschluss des jüdischen Staats mit einem arabischen Land.

Camp-David-Verhandlungen. 1982 gab Israel den Sinai an Ägypten zurück, nachdem unter dem ägyptischen Präsidenten Anwar as-Sadat eine deutliche Kursänderung stattgefunden hatte. Er betonte, mit Israel Frieden schließen zu wollen, und war sogar bereit, vor dem israelischen Parlament, der Knesset, zu sprechen, was er schließlich auch – auf Einladung des israelischen Ministerpräsidenten Menachem Begin – als erster arabischer Staatsmann tat. Auf Initiative des US-Präsidenten Jimmy Carter kamen Sadat und Begin auf seinen Landsitz nach Camp David und führten dort weitere Friedensverhandlungen. Diese mündeten in den ägyptisch-israelischen Friedensvertrag von 1979; bereits ein Jahr zuvor hatten der israelische Ministerpräsident und der ägyptische Präsident gemeinsam den Friedensnobelpreis verliehen bekommen. Sadat, dessen Politik viele Menschen in der arabischen Welt nicht guthießen, fiel 1981 einem Attentat zum Opfer.

Libanon-Krieg. Die PLO, die sich im Südlibanon eine Art „Staat im Staate" geschaffen hatte, griff seit dem Ende der Siebzigerjahre immer wieder israelisches Territorium mit Artillerie und Raketen an. Am 6. Juni 1982 marschierte die israelische Armee in den Libanon ein und drang rasch nach Beirut vor, wo sie die PLO zerschlagen und eine israelfreundliche Regierung einsetzen wollte. Die PLO unter Arafats Führung zog sich allerdings noch rechtzeitig nach Tunis zurück; der von Israel protegierte neue libanesische Präsident Bashir Gemayel wurde ermordet und in Israel regten sich Massenproteste gegen die Kriegführung, besonders nachdem bekannt wurde, dass unter den Augen der israelischen Armee, vielleicht sogar mit ihrer Duldung, Anhänger des ermordeten Gemayel in den Beiruter Palästinenserlagern Sabra und Schatila blutige Massaker begangen hatten. Die israelische Armee blieb allerdings, auch wenn sie ihre Kriegsziele nicht erreicht hatte, bis 1985 im Libanon, in einer sogenannten Sicherheitszone im Süden des Libanon sogar bis zum Mai 2000. Dieser Krieg vergrößerte den Hass vieler Palästinenser auf Israel noch. In den Flüchtlingslagern rekrutierte die vom Iran geförderte neue israelfeindliche Gruppe „Hisbollah" viele Kämpfer, die sich nach Abzug der Israelis auf einen erneuten Krieg gegen den ungeliebten Nachbarn vorbereiteten.

Filmtipp: „Waltz with Bashir", Israel/Frankreich/Deutschland 2008. Der dokumentarische Trickfilm basiert auf Erinnerungen des Regisseurs Ari Folman, der selbst am Krieg im Libanon 1982 teilgenommen hat, und auf Interviews mit anderen israelischen Soldaten. Der Titel bezieht sich auf Bashir Gemayel, dessen Ermordung durch Massaker seiner Anhänger an Palästinensern gerächt werden sollte.

Intifada und erneute Friedensbemühungen

Erste Intifada. 1987 starben bei einem Zusammenstoß mit einem israelischen Lastwagen vier Palästinenser. Dieser Unfall löste Demonstrationen und Proteste der Palästinenser aus und wurde so zu einem Funken, der das Pulverfass Naher Osten erneut explodieren ließ: Schon in den Tagen und Wochen zuvor hatte es mehrere Auseinandersetzungen gegeben, doch am Tag nach dem Unfall brach plötzlich ein Aufstand los, der bald mit dem arabischen Wort „Intifada" (d. h. Erhebung, Abschüttelung) bezeichnet wurde. Israelische Soldaten versuchten, Versammlungen der Palästinenser aufzuheben und Proteste zu stoppen, und wurden dabei von jungen Palästinensern, teilweise noch Kindern, mit Molotow-Cocktails und Steinen beworfen. Man nennt diese Phase des Konflikts auch den „Krieg der Steine". Im Zuge der ersten Intifada übertrug König Hussein von Jordanien das Westjordanland an die Palästinenser, allerdings verfügte er de facto gar nicht über dieses Gebiet, da es noch von Israel besetzt war. Jedoch wurde im November 1988 von der PLO in Algier – mit Bezug auf die UN-Teilungsresolution von 1947 – der Staat Palästina ausgerufen und ein Verzicht auf Terrorismus erklärt. Dies bedeutete indirekt auch, dass die PLO bereit war, das Existenzrecht Israels anzuerkennen.

Molotow-Cocktails (nach einem sowjetischen Außenminister benannt) sind mit Benzin (und Phosphor) gefüllte Flaschen, die als explosive Wurfgeschosse verwendet werden.

„Krieg der Steine"

Golfkrieg. Als im August 1990 der irakische Diktator Saddam Hussein Kuwait überfiel und internationale Truppen unter der Führung der USA den Irak im 2. Golfkrieg bekämpften, stellte sich der PLO-Anführer Arafat auf die Seite Saddams, der seinerseits das israelische Territorium mit Raketen beschießen ließ. Obwohl dadurch der Graben zwischen Palästinensern und Israelis wieder tiefer geworden war, gelang es dennoch im Oktober 1991 dem US-Präsidenten George Bush Senior, Vertreter Israels, der Palästinenser und Jordanier zu Friedensverhandlungen in Madrid zu bewegen.

Oslo-Verträge. Zuvor hatte Israel jahrelang eine sehr umstrittene Siedlungspolitik betrieben, die dazu führte, dass inmitten der palästinensischen Gebiete streng bewachte israelische Siedlungen entstanden waren, die über eine eigene Infrastruktur versorgt werden mussten. Als 1992, die Madrider Verhandlungen waren ins Stocken geraten, Jitzchak Rabin zum israelischen Ministerpräsidenten gewählt wurde, verbot er zunächst den weiteren Siedlungsausbau und konnte die Friedensverhandlungen wieder neu beleben. Im September 1993 unterzeichneten Rabin und Arafat im Beisein des neuen US-Präsidenten Bill Clinton (s. Bild S. 321) ein Grundsatzabkommen, das nach seinem

Die jüdische Siedlung Beitar Illit nahe Jerusalem (2010)

Verhandlungsort Oslo-Verträge genannt wird. Allerdings konnten noch keine konkreten Beschlüsse gefasst werden, es ging eher um die gegenseitige Anerkennung und den Wandel der Beziehungen zwischen Israel und der arabischen Welt. Arafat und Rabin erhielten später den Friedensnobelpreis; Rabin wurde allerdings 1995 von einem ultrarechten israelischen Attentäter ermordet. Die Palästinenser erschütterten mit einer Reihe von Selbstmordattentaten die israelische Bevölkerung, was sich in den Wahlen im Mai 1996 darin äußerte, dass Benjamin Netanjahu vom rechten Likud-Block zum israelischen Ministerpräsidenten gewählt wurde, obwohl – oder gerade weil – er eine völlig andere Politik als der ermordete Rabin verfolgte; einen eigenen Palästinenser-Staat lehnte er ab, den Siedlungsbau ließ er weiter betreiben, sodass sich zusehends die Fronten zwischen Israel auf der einen Seite und den Palästinensern und den arabischen Staaten auf der anderen Seite verhärteten. In den sieben Jahren nach den Oslo-Verträgen verdoppelte sich beispielsweise die Zahl der Siedler von 100 000 auf 200 000. Dennoch konnten im Januar 1996 in den palästinensischen Gebieten zum ersten Mal Wahlen durchgeführt werden, bei denen sich 85 Prozent der Wähler für Yassir Arafat als Präsidenten der palästinensischen Autonomiebehörde aussprachen.

Zweite Intifada. Im Jahre 2000 kam es – erneut aus einem eher nebensächlichen Anlass – zur zweiten Welle von palästinensischen Aufständen, man spricht von der zweiten Intifada, auch wenn diese einen viel blutigeren Charakter annehmen sollte als die

Bergung eines israelischen Opfers nach einem Selbstmordattentat

erste Intifada. Während Israel den Siedlungsbau vehement weiter betrieb, versuchten viele palästinensische Aktivisten, die Situation mit Gewalt zu ändern; immer wieder kam es zu Angriffen auf das israelische Militär, auf die Siedlungen oder zu Selbstmordattentaten in den israelischen Städten. Zusehends verschlechterte sich die wirtschaftliche Situation in den palästinensischen Gebieten, die die Israelis rigoros abriegelten. So musste die internationale Gemeinschaft, vor allem auch die EU, fast den kompletten Haushalt der palästinensischen Autonomiebehörde bestreiten. Da die Fatah-Regierung unter Arafat als äußerst korrupt galt, gelang es einer anderen, politisch radikaleren Gruppe, der Hamas, neue Anhänger zu gewinnen und die Fatah zu diskreditieren.

Krieg gegen den Terror. Nach den Anschlägen vom 11. September 2001 verkündete US-Präsident George W. Bush den „Krieg gegen den Terror". Das Vorgehen des israelischen Militärs – unter dem neuen Ministerpräsidenten Ariel Sharon – mit aller Härte gegen palästinensische Gewaltaktionen wurde als Teil dieses „Krieges gegen den Terror" gesehen. Gegen die anhaltenden Anschläge ließ die Regierung Sharon ab 2003 eine 750 Kilometer lange Sperranlage zwischen den israelischen und palästinensischen Gebieten bauen, die stellenweise aus acht Meter hohen Betonwänden besteht. Diese Barriere schränkte die Bewegungsfreiheit der Palästinenser weiter stark ein. Zwar ging die Zahl der Selbstmordanschläge in der Folgezeit deutlich zurück, allerdings wurde Israel jetzt zunehmend aus dem Gazastreifen, wo die Hamas ihre Hochburgen hatte, mit sogenannten Qassam-Raketen beschossen. Die israelische Armee schlug immer wieder mit Luft- und Artillerie-Angriffen zurück.

Ein israelischer Posten patroulliert entlang der acht Meter hohen Barriere zwischen israelischen und palästinesischen Siedlungen.

Machtkampf zwischen Fatah und Hamas. Nach dem Tod Arafats im November 2004 entbrannte der Machtkampf zwischen der Fatah und der Hamas vollends und äußerte sich beispielsweise in nächtlichen Schießereien im Gazastreifen – eines der am dichtesten besiedelten Gebiete der Welt – ,in dem 1,4 Mio. Palästinenser auf engem Raum leben. Bei der Wahl im Januar 2006 erreichte die radikalere Hamas wider Erwarten die absolute Mehrheit, was das Aus für die bis dahin verfolgte „Road-Map" (sinngemäß Fahrplan) bedeutete, einem von Russland, den USA, der EU und den UN vorgelegten Plan, der eine Räumung der besetzten Gebiete vorsah; nachdem die Palästinenser dem Terror abgeschworen und Israel anerkannt hätten, sollten sie einen eigenen unabhängigen Staat erhalten.

Erneute Kämpfe im Libanon. Nachdem die radikal-islamische Hisbollah vom Libanon aus zwei israelische Soldaten entführt hatte, kam es 2006 zu einem Militäreinsatz der Israelis gegen den Libanon, wogegen sich die Hisbollah mit verstärktem Raketenbeschuss Israels wehrte. Nach Vermittlungen durch die UN wurde dieser Krieg nach einem Monat mit einem Waffenstillstand beendet.

Kämpfe im Gazastreifen. Nach jahrelangem Beschuss aus dem Gazastreifen bombardierte die israelische Luftwaffe den Landstrich zum Jahreswechsel 2008/2009, wobei mehrere hundert Palästinenser ums Leben kamen und viele Tausend verletzt wurden. Die israelische Flotte hatte über den Gazastreifen eine See-Blockade verhängt; hier kam es im Mai 2010 zu einem Zwischenfall, als die Israelis ein Schiff enterten und dabei mehrere Menschen ums Leben kamen. Dieses Vorgehen und die Blockade insgesamt wurden international scharf kritisiert; Israel hielt aber weiter daran fest.

Offene Fragen. Viele Fragen im Nahen Osten sind nach wie vor unbeantwortet und eine Klärung ist noch nicht in Sicht, auch wenn es immer wieder neue Friedensverhandlungen gibt: Wo verläuft die Grenze zwischen Palästinensern und Israelis? Gibt es das Recht auf Rückkehr für die palästinensischen Flüchtlinge? Kann der Staat Israel seine jüdische Identität bewahren? Kann die Gewalt auf beiden Seiten überwunden und können die schmerzhaften Erfahrungen aus diesem über hundert Jahre alten Konflikt irgendwann bewältigt werden? Was wird aus den jüdischen Siedlungen im Westjordanland? Wie können Israel und seine arabischen Nachbarn zu einem verlässlichen und dauerhaften Frieden kommen? Wird das Existenzrecht des Staates Israel eines Tages von der arabischen Welt grundsätzlich akzeptiert? Welche Rolle sollten die USA oder supranationale Organisationen wie die EU oder die UN bei dem zukünftigen Friedensprozess spielen? Wie lässt sich eine neue Eskalation der Gewalt durch Terroristen verhindern? – All diese Fragen zeugen von der Offenheit des Nahost-Konfliktes, weit über hundert Jahre nach der Idee Theodor Herzls, allen Juden der Welt zu ermöglichen, in einem Staat, nämlich in Israel bzw. Palästina, zu leben.

Flimtipp: „Das Herz von Jenin“, Deutschland 2008. Der Dokumentarfilm schildert die Geschichte des Palästinensers Ismail Khatib, dessen elfjähriger Sohn von einem israelischen Scharfschützen getötet wurde. Der Vater entschloss sich, die Organe seines Sohnes israelischen Kindern, die eine Organtransplantation benötigten, zu spenden. Der Film begleitet Ismail Khatib bei Besuchen der Familien, deren Kinder durch seine große menschliche Tat mit einem Organ seines toten Sohnes weiterleben konnten.

„Wir waren schon immer hier!“ (Karikatur von Fritz Behrendt; in: Der israelisch-arabische Konflikt, hg. v. der Bundeszentrale für politische Bildung, Bonn 1991)

MATERIALIEN

M 1 Theodor Herzl über seinen Plan für einen „Judenstaat" (1896)

Die Judenfrage besteht. Es wäre töricht, sie zu leugnen. Sie ist ein verschlepptes Stück Mittelalter, mit dem die Kulturvölker auch heute beim besten Willen noch nicht fertig werden konnten. Den großmütigen Willen zeigten sie ja, als sie uns emanzipierten. Die Judenfrage besteht überall, wo Juden in merklicher Anzahl leben. Wo sie nicht ist, da wird sie durch hinwandernde Juden eingeschleppt. Wir ziehen natürlich dahin, wo man uns nicht verfolgt; durch unser Erscheinen entsteht dann die Verfolgung. [...]

Ich glaube den Antisemitismus, der eine vielfach komplizierte Bewegung ist, zu verstehen. Ich betrachte diese Bewegung als Jude, aber ohne Hass und Furcht. Ich glaube zu erkennen, was im Antisemitismus roher Scherz, gemeiner Brotneid, angeerbtes Vorurteil, religiöse Unduldsamkeit – aber auch, was darin vermeintliche Notwehr ist. Ich halte die Judenfrage weder für eine soziale noch für eine religiöse, wenn sie sich auch noch so und anders färbt. Sie ist eine nationale Frage, und um sie zu lösen, müssen wir sie vor allem zu einer politischen Weltfrage machen, die im Rate der Kulturvölker zu regeln sein wird. Wir sind ein Volk, *ein* Volk. [...]

Palästina ist unsere unvergessliche historische Heimat. Dieser Name allein wäre ein gewaltig ergreifender Sammelruf für unser Volk. Wenn Seine Majestät der Sultan [gemeint ist der türkische Herscher] uns Palästina gäbe, könnten wir uns dafür anheischig machen, die Finanzen der Türkei gänzlich zu regeln. Für Europa würden wir dort ein Stück des Walles gegen Asien bilden, wir würden den Vorpostendienst der Kultur gegen die Barbarei besorgen. Wir würden als neutraler Staat im Zusammenhange bleiben mit ganz Europa, das unsere Existenz garantieren müsste. Für die heiligen Stätten der Christenheit ließe sich eine völkerrechtliche Form der Exterritorialisierung finden. Wir würden die Ehrenwache um die heiligen Stätten bilden und mit unserer Existenz für die Erfüllung dieser Pflicht haften. Diese Ehrenwacht wäre das große Symbol für die Lösung der Judenfrage nach achtzehn für uns qualvollen Jahrhunderten.

(Theodor Herzl, Der Judenstaat – Versuch einer modernen Lösung der Judenfrage, Zürich (Manesse Verlag) 1988, S. 15f. u. 40f.)

M 2 Englands Politik gegenüber Juden und Arabern

a) Gegenüber dem Scherif Hussein von Mekka erklärte der britische Hohe Kommissar in Ägypten, McMahon, in einem Briefwechsel 1915:

Was also jene Gebiete angeht, die innerhalb der Grenzen liegen, in denen Großbritannien Handlungsfreiheit hat, ohne den Interessen seines Verbündeten Frankreich zu schaden, bin ich im Namen der Regierung von Großbritannien ermächtigt, Ihnen folgende Zusicherung zu geben und damit folgende Antwort auf Ihren Brief:

1. Unter Beachtung der oben angeführten Änderungen ist Großbritannien bereit, die Unabhängigkeit der Araber in allen Gebieten innerhalb der durch den Scherif von Mekka geforderten Grenzen anzuerkennen und zu unterstützen.
2. Großbritannien wird die Heiligen Stätten gegen jede Aggression von außen schützen und ihre Unverletzlichkeit anerkennen.
3. Wenn es die Situation erlaubt, wird Großbritannien die Araber mit Rat unterstützen und ihnen helfen, die jeweils beste Regierungsform in den verschiedenen Territorien zu errichten.
4. Auf der anderen Seite gilt als vereinbart, dass die Araber Ratschlag und Führung einzig und allein bei Großbritannien suchen werden und dass Berater und Beamte, soweit sie zum Aufbau einer geregelten Verwaltung nötig sind, Briten sein werden.

(Böhme et. al., Kleine Geschichte des israelisch-palästinensischen Konfliktes, Schwalbach (Wochenschau Verlag) 2005, S. 16f.)

b) Gegenüber Baron Rothschild, dem Führer der britischen Zionisten und Geldgeber für jüdische Ansiedlungen in Palästina, versprach der englische Außenminister James Balfour in seiner sogenannten Balfour-Deklaration vom November 1917 Folgendes:

Mein lieber Lord Rothschild,

zu meiner Genugtuung übermittle ich Ihnen namens S. M. Regierung die folgende Sympathieerklärung für die jüdisch-internationalen Bestrebungen, die vom Kabinett geprüft und gebilligt worden ist.

Seiner Majestät Regierung betrachtet die Schaffung einer nationalen Heimstätte in Palästina für das jüdische Volk mit Wohlwollen und wird die größten Anstrengungen machen, um die Erreichung dieses Zieles zu erleichtern, wobei klar verstanden wird, dass nichts getan werden soll, was die bürgerlichen und religiösen Rechte und die politische Stellung nichtjüdischer Gemeinschaften in Palästina oder die Rechte und die politische Stellung der Juden in irgendeinem anderen Land beeinträchtigen könnte.

Ich bitte Sie, diese Erklärung zur Kenntnis der zionistischen Föderation zu bringen.

(gez.) James Balfour

(Böhme et. al., a. a. O., S. 15)

M 3 UN-Resolution 194 vom 11.12.1948

Die UN-Vollversammlung verabschiedete 1948 eine Resolution, in der es u. a. zum Problem der palästinensischen Flüchtlinge heißt:

Die Vollversammlung beschließt, dass den Flüchtlingen, die in ihre Heimat zurückkehren und in Frieden mit ihren Nachbarn zu leben wünschen, die Rückkehr zum frühestmöglichen praktikablen Zeitpunkt erlaubt werden solle; und dass denjenigen, die es vorziehen, nicht zurückzukehren, eine Entschädigung für ihr aufgegebenes Vermögen gezahlt und für den Eigentumsverlust oder -beschädigung Schadenersatz geleistet werden soll, der nach den Grundsätzen des internationalen Rechts oder nach Billigkeit von den verantwortlichen Regierungen oder Behörden getragen werden soll.

(Böhme et. al., a. a. O., S. 31)

M 4 Einwanderung nach Palästina bzw. Israel zwischen 1882 und 2000 (in Tausend)

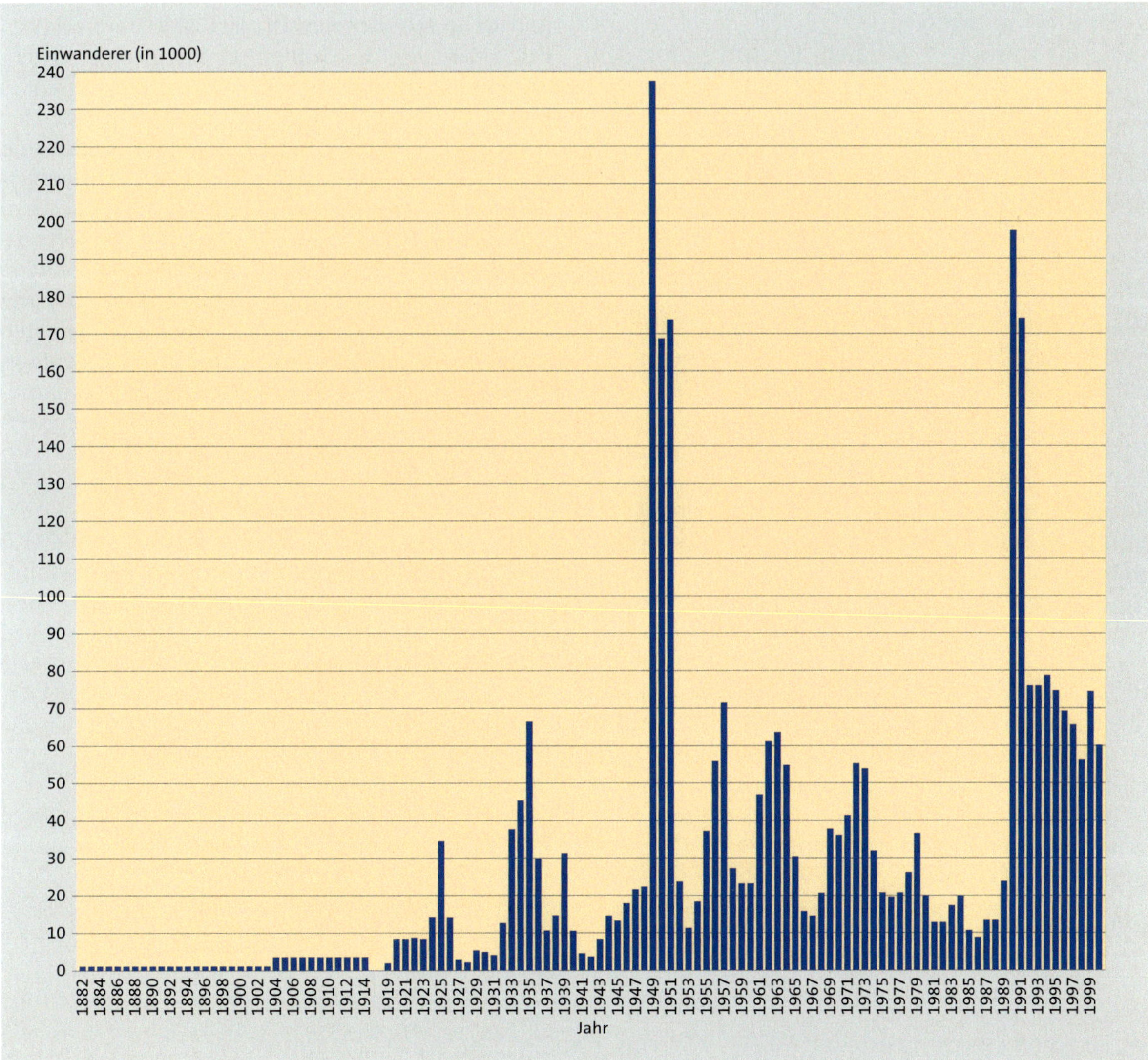

(zusammengestellt nach verschiedenen Quellen)

M 5 „Der Spiegel" über den Sechs-Tage-Krieg (1967)

In einem Bericht des Magazins „Der Spiegel" vom 12. Juni 1967 heißt es:

Das Volk Israel, derzeit 2,5 Millionen Menschen stark, schlug nicht nur die 80 Millionen Araber zwischen Atlantik und Persischem Golf aufs Haupt. Die Panzer mit dem Davidstern am Turm überrollten auf ihrem Marsch an den Suezkanal auch die Positionen der Sowjet-Union im Nahen Osten. In drei Tagen walzten sie nieder, was Moskau in jahrelanger Kleinarbeit mit Milliarden Rubel aufgebaut und Ende Mai als Entlastungsfront für Vietnam in Betrieb gesetzt hatte. In des Kremls Kausal-Kette fehlte ursprünglich ein Glied.

- Moskau ermunterte Nasser, den Golf von Akaba zu schließen, um Washington zum Engagement für Israel zu zwingen.
- Nasser schwang sich durch die Schließung des Golfes wieder zum Führer der Araber im Kampf gegen Israel auf. Ein Engagement der USA zugunsten Israels musste den panarabischen Nationalismus herausfordern.
- Washington zögerte und lief Gefahr, bei Israelis wie Arabern das Gesicht zu verlieren. Moskau schien zu gewinnen, ohne einen Mann aufs Spiel gesetzt zu haben.

Dann kehrte sich das vermeintlich meisterhafte politische Kalkül der Sowjets gegen die Meister und deformierte ihre Logik zum Widersinn. Der Aufmarsch der Araber trieb die Israelis so in die Enge, dass diese zum Präventivschlag gedrängt wurden. Ein Schießkrieg im Nahen Osten aber lag ebenso wenig im Interesse Moskaus wie eine direkte Konfrontation mit den USA. Am 25. Mai reiste Israels Außenminister Abba Eban in die USA und enthob Amerika der Sorge, im Nahen Osten eine zweite Front aufbauen zu müssen: In fünf Tagen würden die Israelis mit ihren Gegnern fertig – wenn man sie nur mit ihnen allein lasse. Das Pentagon bestätigte die Fünf-Tage-Rechnung. Damit war das Einverständnis zwischen Amerikanern und Israelis perfekt: Die einen konnten ihre Neutralität erklären, ohne Israel gegenüber Amerikas Juden preiszugeben; die anderen hatten bei ihrem Angriff am 5. Juni den Rücken frei.

(Der Spiegel, 12.6.1967; zit. nach: http://www.spiegel.de/spiegel/0,1518,111288,00.html)

M 6 „Der Spiegel" über den Sechs-Tage-Krieg (2007)

40 Jahre nach dem Sechs-Tage-Krieg kam Spiegel-Autor Christoph Schult zu folgender Einschätzung:

Der militärische Triumph von damals erwies sich für Israel als Pyrrhussieg. Der Sechs-Tage-Krieg hat die Radikalen auf beiden Seiten gestärkt. Waren die Vertreter eines Groß-Israels vor 1967 eine belächelte Minderheit, wurden sie nach dem Krieg erst geduldet, dann sogar in ihrem Siedlungsdrang gefördert. Auch auf arabischer Seite stärkte der Krieg die extremen Kräfte. Die nationalistischen Pan-Arabisten gerieten durch die Niederlage Nassers in Erklärungsnot. Das verschaffte den Islamisten Aufwind. Die PLO geriet in die Defensive, die Muslimbrüder wurden immer populärer, was letzten Endes zur Gründung der Hamas führte, die heute die palästinensische Autonomiebehörde regiert.

Doch das Erbe des Sechs-Tage-Kriegs birgt gleichzeitig auch die Lösung des Nahost-Konflikts. Wer immer heute von einer Friedenslösung für den Nahen Osten spricht, kommt an den Grenzen von 1967 nicht vorbei. Zwar pochen selbst die moderaten Politiker der Fatah-Bewegung von Präsident Machmud Abbas auf das Rückkehrrecht der Flüchtlinge nach Kern-Israel, aber in Wahrheit glauben sie nicht mehr, dass dies durchsetzbar ist. Die arabische Liga spricht in ihrem Friedensplan lediglich von einer „gerechten Lösung" der Flüchtlingsfrage, was im Kern einen finanziellen Ausgleich impliziert. Auch die Hamas fordert einen Rückzug Israels aus den 1967 besetzten Gebieten und hat sich längst von ihrer Rhetorik verabschiedet, „die Juden ins Meer zu treiben".

Auch in Israel gelten die Grenzen von vor 1967 für die große Mehrheit heute als Verhandlungsgrundlage. Selbst der Vorsitzende des nationalistischen Likud-Blocks, Benjamin Netanjahu, spricht mittlerweile von einer Zwei-Staaten-Lösung ebenso wie der noch weiter rechts stehende Russenführer Avigdor Liebermann. Auch sie können und wollen die demographische Wirklichkeit nicht länger ignorieren.

(Der Spiegel, 31.5.2007, zit. nach: http://www.spiegel.de/panorama/zeitgeschichte/0,1518,485656,00.html)

M 7 Karten zur Entwicklung des Nahost-Konfliktes

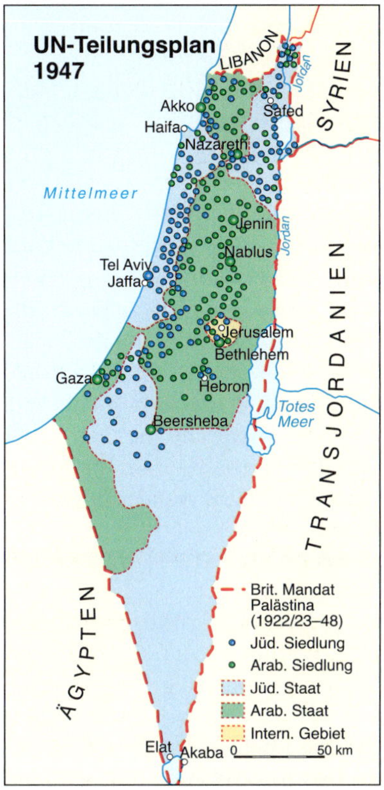

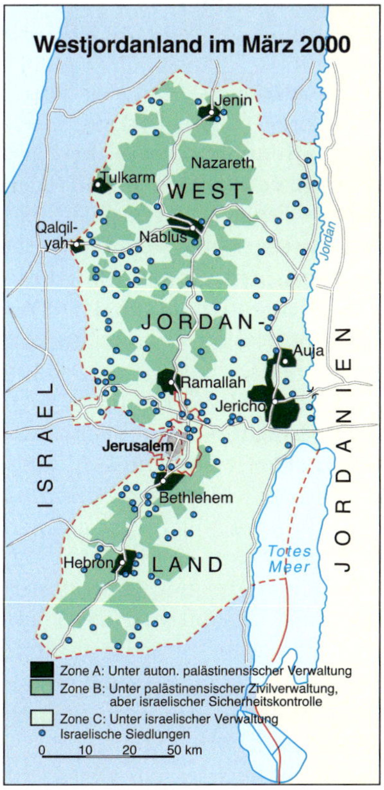

M 8 „Das muss 'ne Adressenverwechslung sein."

Karikatur von Horst Haitzinger, Ostsee-Zeitung, März 2009

M 9 Der israelische Schriftsteller Amos Oz über das Verhältnis von Deutschen zum Nahost-Konflikt und zu Israel

Hie und da tritt in Deutschland ein dunkler, beinahe zwanghafter Wunsch zutage, Vergleiche anzustellen, Parallelen zu ziehen oder kausale Verbindungen aufzuzeigen. Immer wieder schickt man mir freundliche Einladungen, zusammen mit palästinensischen Schriftstellern und Dichtern doch ein paar Tage an einem friedlichen, sorglosen deutschen Urlaubsort zu verbringen, im Grünen, an ruhigen Gewässern. Damit wir einander kennen lernen, Freunde werden, uns davon überzeugen können, dass wird doch alle Menschen sind, dass die Juden nette und gute Menschen sind, dass auch die Araber nette und gute Menschen sind, dass unsere deutschen Gastgeber nett und gut sind und dass mit dieser netten und guten Erkenntnis doch vielleicht ein für allemal dem hässlichen und überflüssigen Konflikt ein Ende gesetzt werden könnte und alle von nun an nett und gut zusammenleben würden.

All das stützt sich auf die in Deutschland, in ganz Europa heute weitverbreitete Annahme, dass jeder Konflikt im Grunde nichts anderes als ein Missverständnis sei. Ein bisschen Familienberatung, ein bisschen Gruppentherapie, ein bisschen gemeinsames Kaffeetrinken, und schon würden alle einander lieben. [...]

Die Grenze zwischen rationaler Kritik an Israel und irrationaler Feindseligkeit, die von Voreingenommenheiten zeugt, ist schwer zu ziehen. Vielleicht verläuft diese Linie ungefähr zwischen dem, der gegen die Taten der Juden oder die Taten ihres Staates opponiert, und dem, der sagt oder andeutet, dass diese Taten dem historischen, religiösen oder „mentalen" Charakter der Juden entspringen. [...]

Aber sollte ein Moment kommen, in dem der Staat Israel, behüte, durch einen gegen ihn gerichteten Krieg in seiner Existenz bedroht ist – dann müsste Deutschland sich daran erinnern, dass das jüdische Volk, wäre Deutschland nicht gewesen, heute größer wäre, als es ist, und besser befähigt seine Existenz zu verteidigen. Die Enkel der Mörder tragen natürlich kein Kainsmal, aber die Enkel der Ermordeten sind zumeist Menschen mit verletzter Seele. Von der moralischen Seite gesehen, sind zwanzig-, dreißig- oder fünfzigjährige Deutsche nicht anders als Norweger oder Neuseeländer ihres Alters. Aber die Lebensgeschichten von Juden ihres Alters sind immer noch auf vielerlei Weise, direkt und indirekt, davon beeinflusst, was die deutsche Großvätergeneration ihren Eltern und Großeltern angetan hat.

(Amos Oz, Israel und Deutschland, Frankfurt/M. (Suhrkamp) 2005, S. 36f., 51 u. 53f.)

M 10 Der Journalist Josef Joffe über die Situation im Nahen Osten (2010)

In einem Artikel wägt Josef Joffe die Chance für Friedensverhandlungen zwischen Israelis und Palästinensern in Washington ab. Er kommt dabei zu folgender Einschätzung der Lage:

Zuerst die guten Nachrichten. Der Terror sinkt gen null; anders als der ewige Zündler Arafat sind Präsident Abbas und Premier Fayad an einem halbwegs haltbaren Deal interessiert. Auch Netanjahu hat sich zur Zweistaatlichkeit durchgequält. Die Anrainer in Amman und Kairo werden das Geschäft zumindest nicht sabotieren wollen – anders als Iran und Syrien.

Die schlechten Nachrichten? So bizarr es auch klingt, haben weder die Israelis noch die Palästinenser einen überwältigenden Grund zum Positionswechsel. Ja, die Palästinenser leiden unter Besatzung und Besiedelung; sie wollen endlich den eigenen Staat. Nur sind die Kosten enorm. Sie müssten sich mit einem Drittel des Landes begnügen, wo ihnen doch das ganze gebührte. Sie müssten das Rückkehrrecht opfern, denn das wäre das demografische Ende des Staates Israel. Und sie müssten die militärische Oberaufsicht akzeptieren, weil schon weitreichende Artillerie Israels Herz treffen könnte.

Die Israelis hätten es nicht leichter: das halbe statt des ganzen Jerusalem; nie mehr „Judäa und Samaria"; Verlust des strategischen Puffers im Osten, die Zwangsumsiedlung aus dem Westjordanland, die den Bürgerkrieg heraufbeschwört. Im Inneren stünden beide Regierungen mit jeder Konzession als „Verräter" vor dem politischen Selbstmord. Netanjahu könnte schon morgen stürzen; zu labil sind alle israelischen Koalitionen. Abbas und Fayad dräut Schlimmeres: die Kugel oder Autobombe.

[...] Trotzdem wieder bessere Nachrichten. Noch nie sind Palästinenser und Israelis so geschäftsmäßig miteinander umgegangen wie heute. Vor der Weltöffentlichkeit geben sie die mürrischen Buben; hinter den Kameras praktizieren sie nie da gewesene Koexistenz – mit aufsteigender Tendenz.

Die Palästinenser unter Fayad bauen zum ersten Mal ein Gerüst staatlicher Institutionen. Der Premier hat es offenbar geschafft, das Gewaltmonopol zu sichern. Die Korruption – Arafats Herrschaftsprinzip – sinkt, die Wirtschaft wächst dreimal so schnell wie die deutsche. Im Westjordanland werden keine neuen Häuser gebaut, meldet Israels Statistik-Amt jedenfalls für das erste Quartal. Die Armee räumt Straßensperren ab. Und sie stellt die Lebensversicherung für Abbas und Kollegen aus. Auf dieser Bühne läuft das Erbauliche hinter den Kulissen ab.

Auf der Washingtoner Bühne aber wird jeder versuchen, dem anderen die Schuld am Scheitern aufzudrücken. Also steht auch der Wutanfall Obamas auf dem Programm. Er hat zu viel Prestige investiert – als ob das Wohl und Wehe seiner gesamten Nahost-Politik von Jerusalem und Ramallah abhinge, zwei Städten, die bequem Platz in Hannover fänden.

Was gern als „Kern" des Nahostkonflikts tituliert wird, ist an den Rand der Bühne gerückt, die von Ankara bis nach Afghanistan reicht. Ob Palästina gelingt oder nicht, wird Obamas eigene Albträume nicht verjagen. Iran greift nicht zur Bombe, um die Juden vom Tempelberg zu vertreiben. Teherans Feind ist der „Große Satan", sein Ziel die regionale Vorherrschaft. Geht Afghanistan verloren, dann nicht wegen der verkeilten Fronten zwischen Hebron und Haifa. [...]

Al-Quaida hat Palästina erst im Nachklapp entdeckt; „9/11" galt den Ungläubigen, die heiligen islamischen Boden entweiht hatten.

Damaskus betrachtet den Libanon nicht als Teil von Groß-Syrien, weil Israels Justizminister an der Saladinstraße von Ost-Jerusalem residiert. Der Anspruch besteht, seitdem Paris und London 1920 Nahost unter sich aufteilten, nicht erst seit dem Sechs-Tage-Krieg. Richtig ist, dass Arabiens Herrscher gern auf den „Kern" des Nahostkonflikts zeigen, um allerlei Unterdrückung zu rechtfertigen. Daraus folgt leider nicht, dass sie freie Wahlen nach der Proklamation eines Palästinenser-Staates ausrufen würden.

Die Palästinenser verdienen ihren Staat, aber er wird nicht in Washington entstehen. Seine Paten werden die Erschöpfung und das tägliche Geben und Nehmen sein. Sicherheit wird Vertrauen bilden und umgekehrt. Zu unseren Lebzeiten? Wir müssen es beiden wünschen. [...]

(Josef Joffe: „Der neunte Versuch", in: DIE ZEIT, 5.8.2010)

Wendepunkte des 20. Jahrhunderts

Auf der Grundlage des Infotextes und der Textmaterialien auf den folgenden Seiten können Sie an ausgewählten Entwicklungen und Wendepunkten die Problematik von Zäsuren und Umbrüchen sowie deren Bedeutung erörtern.

Zäsuren und Scheidewege: Das 20. Jahrhundert – ein Jahrhundert der Krisen und Umbrüche?
Halten Sie einen mediengestützten Kurzvortrag zu diesem Thema.

→ Arbeits- und Gestaltungsanregungen:

> Im Team mit mehreren Lernpartnerinnen bzw. Lernpartnern lässt sich ein solcher Vortrag leichter und kompetenter vorbereiten.

> Sie könnten dann gemeinsam auch in Form einer Stafettenpräsentation vortragen.

Stafettenpräsentation
- Wie bei einem Stafettenlauf wechseln Sie sich bei der Präsentation des Vortrags ab.
- Teilen Sie das Thema in thematische Blöcke auf.
- Tragen Sie diese nacheinander vor.

→ Möglichkeiten zur Visualisierung

Um Ihre Ausführungen anschaulich zu präsentieren, bieten sich mehrere Möglichkeiten an:

Medienunterstützung durch:
> **Handouts**
> **Plakate**
> **Flipchart**
> **Whiteboard**
> **(Metaplan-)Karten**
> **Folien**
> **Präsentationssoftware**

→ Strukturierungshilfe für Ihren Vortrag:

1. Charakterisieren Sie auf Grundlage des Infotextes den Begriff Wendepunkt und erklären Sie, von welchen Faktoren es abhängt, ob ein bestimmtes Datum bzw. Ereignis als Wendepunkt gesehen werden kann.

2. 1968 war ein wichtiges Jahr für die Geschichte der Bundesrepublik Deutschland. Erörtern Sie unter Bezug auf die Materialien M1 und M2, ob dieses Jahr einen Wendepunkt der deutschen Geschichte darstellt.

3. Recherchieren Sie die Bedeutung des Jahres 1968 für andere Länder (z. B. USA, Frankreich, Tschechoslowakei, Japan) und erörtern Sie, ob dieses Jahr einen Wendepunkt in der Geschichte des 20. Jahrhunderts darstellt.

4. Was sind nach Meinung namhafter Historiker (von 1968 abgesehen) weitere wirkmächtige Wendepunkte des 20. Jahrhunderts? Zeigen Sie auf, wie die Autoren dies begründen.

5. Formulieren Sie ein zusammenfassendes persönliches Fazit zur Problematik, in dem Sie ausführen, was für Sie entscheidende Wendepunkte des 20. Jahrhunderts waren. Stellen Sie dazu Pro- und Contra-Argumente einander gegenüber.

Wendepunkte des 20. Jahrhunderts

„Von hier und heute geht eine neue Epoche der Weltgeschichte aus, und ihr könnt sagen, ihr seid dabei gewesen." So sprach Goethe 1792 zu preußischen Offizieren, nachdem in der Schlacht bei dem Dorf Valmy (Marne) die als sicher geglaubte Überwältigung der französischen Revolutionstruppen ausblieb und das Heer der österreichisch-preußischen Koalition unterlag. Und er hatte Recht. Die berühmt gewordene „Kanonade von Valmy" wurde zu einem Symbol der durch das monarchische Ausland nicht mehr zu stoppenden Französischen Revolution und der Auftakt für die ausgreifenden Eroberungszüge der Revolutionstruppen: ein unmittelbar erfahrbarer Wendepunkt für die direkt betroffenen Zeitgenossen und wichtiger historischer Bezugspunkt für die anderen.

„Kanonade von Valmy" (Gemälde von Jean-Baptiste Mauzaisse)

Periodisierung in der Geschichte

Wendepunkt, Zäsur, Einschnitt, Bruch, Diskontinuität, Epochenwechsel oder Epochenschwelle – verschiedene Begriffe werden zur Bezeichnung solcher „großen historischen Momente" herangezogen. Sie alle beschreiben im Wesentlichen das Gleiche: einen Zeitpunkt, an dem etwas Neues entsteht oder sichtbar wird, an dem ein neuer Zeitabschnitt, eine neue Epoche (von griech. epoché: das Anhalten) beginnt.
Historiker „periodisieren" Geschichte, zerlegen sie in überschaubare Zeiteinheiten, stellen einschneidende Momente heraus und charakterisieren die dazwischen liegenden Phasen in ihrer Eigenheit. Durch Periodisierung macht man sich die Vergangenheit überschaubar, erfahrbar und letztlich auch verstehbar.

Unterschiedliche Arten von Wendepunkten

Was macht einen Zeitpunkt in der Vergangenheit zu einem historischen Wendepunkt? Wendepunkte der Geschichte können Ereignisse sein, die eine Strukturveränderung – etwa einen politischen Systemwechsel – bewirken. Das gilt zum Beispiel für politische Revolutionen, aber auch für Ereignisse wie das Attentat von Sarajewo, den Auslöser des Ersten Weltkriegs. Die Ursachen von solch heftigen Umschwüngen können dabei schon lange vor dem eigentlichen Ereignis liegen. So ist die Weltwirtschaftskrise in den 1930er-Jahren ein Krisensymptom einer hochindustrialisierten, marktliberalen Volks- bzw. Weltwirtschaft, wie sie die Industrialisierung hervorgebracht hat. Auch die Einführung des Frauenwahlrechts kann als Ergebnis des langfristigen Kampfes der Frauen um Gleichberechtigung gesehen werden.
Man kann aber auch von Wendepunkten sprechen, ohne dass zu diesem Zeitpunkt die Strukturveränderungen schon schlagartig erkennbar sind. Auch der Beginn eines Wandels kann als Zäsur angesehen werden. Die angestoßenen Prozesse wirken vielleicht

nur langfristig und langsam, können sich aber im Lauf der Zeit als sehr wirkungsmächtig herausstellen. So öffnete die Abdankung Bismarcks (und das Ende des Sozialistengesetzes) die Bahn für eine neue Art der politischen Auseinandersetzung, für Massenmobilisierung und moderne Agitationsformen, wie sie für die Politik in Deutschland erst seit der Jahrhundertwende charakteristisch ist. Auch technische Neuerungen wie die Dampfmaschine oder das Automobil entwickelten ihre epochemachende Wirkung erst nach und nach.
Schließlich können Wendepunkte auch lediglich Manifestationen oder Symbole eines kontinuierlichen Wandels sein. So stellen manche Historiker den ersten autofreien Sonntag in der Bundesrepublik im Herbst 1973 als Symbol für das Ende der Fortschrittsmoderne heraus.
Auch wenn ein Wendepunkt den Beginn einer neuen geschichtlichen Phase markiert, so heißt das nicht, dass alles abgebrochen wird. In der Regel ziehen sich viele Strukturen und Prozesse über die geschichtlichen Brüche hinweg. So war 1945 – obwohl es vielleicht einige Zeitgenossen so empfunden haben mögen – nicht die viel beschworene „Stunde Null" in Deutschland. Wendepunkte sind immer eine Mischung von Kontinuitäten und Brüchen. Auch vollzieht sich ein umfassender Wandel nicht in allen Bereichen gleichzeitig. Häufig ist ein Nebeneinander von Altem und Neuem zu beobachten, eine „Gleichzeitigkeit des Ungleichzeitigen", wie der Philosoph Ernst Bloch die Moderne charakterisiert hat.

Ursachen für Wendepunkte: Struktur, Prozess, Ereignis

Wenn man über Wendepunkte spricht, so geht es zunächst darum zu bestimmen, worin eigentlich das Bedeutsame dieses Wendepunktes besteht – was sich gegenüber der vorangegangenen Epoche verändert, aber auch welche Kontinuitäten sich über den Wendepunkt hinwegziehen. Dann stellt sich auch die Frage, was diesen Umschwung bewirkt hat. Auf den ersten Blick sind es die „epochemachenden Ereignisse", die man als Wendepunkte identifizieren kann. Aber die oben angeführten Beispiele zeigen, dass das zu kurz greift. Vielmehr müssen die Einflüsse von Strukturen, Prozessen und Ereignissen berücksichtigt werden.
In der Geschichtswissenschaft spricht man von Strukturen oder auch von Kontinuitäten, wenn man die Rahmenbedingungen meint, die sich nicht oder nur wenig über die Zeit hinweg ändern. Das gilt zum einen für die sogenannten anthropologischen Konstanten, z. B. die Bedürfnisse und Ängste des Menschen, aber auch für Rahmenbedingungen, die über geschichtliche Brüche hinweg erhalten bleiben wie eine bestimmte Produktionsweise, staatliche Verwaltungsstrukturen usw. Langfristige, langsame Veränderungen, die als Trend in eine bestimmte Richtung laufen (im Einzelfall aber durchaus zu stoppen oder umkehrbar sind), werden dagegen als Prozesse bezeichnet. Das Bevölkerungswachstum, die Veränderung der Familienstruktur, Industrialisierung oder Globalisierung wären Beispiele für solche Trends.
Schließlich wirken auch einzelne Ereignisse auf den Verlauf der Geschichte, Ereignisse, die möglich sind, aber auch nicht das notwendige Ergebnis langfristiger Strukturen und Prozesse. Lange Zeit tendierte die Geschichtswissenschaft in Abgrenzung von einer hauptsächlich auf die Politik ausgerichteten Ereignisgeschichte dazu, vorrangig Strukturen und Prozesse zu untersuchen und menschliches Handeln als von ihnen bestimmt oder sogar determiniert anzusehen. Kontingente Ereignisse (lat. contingere: sich ereignen), d. h. nicht determinierte, nicht notwendige Ereignisse, wurden dadurch in den Hintergrund gedrängt. Manche hofften, damit die Geschichtswissenschaft als eine den Naturwissenschaften vergleichbare Gesetzeswissenschaft etablieren zu können. Inzwischen hat man sich aber wieder vermehrt den Ereignissen zugewandt. Sie behalten ihren eigenen Stellenwert und zeigen besonders deutlich die Offenheit und Ungewissheit der Geschichte.
Strukturen, Prozesse und Ereignisse wirken vielmehr in einem komplexen Bedingungs-

gefüge zusammen. Der Mauerfall 1989 ist nicht ohne die Strukturprobleme des „real existierenden Sozialismus", die Erosion der Grundlagen des politischen Systems, die Veränderungen im Ostblock – von der polnischen Gewerkschaft Solidarność bis zu Gorbatschows Reformen – zu denken. Dazu gehören freilich auch kurzfristige Ereignisse wie das nachdrückliche, aber konsequent gewaltlose Auftreten der Demonstranten in der DDR und die Dynamik um den Auftritt des Politbüromitglieds Schabowski, dessen Ankündigung von Reiseerleichterungen massenhaft als Ankündigung der Öffnung der Mauer verstanden wurde. Das alles führte zum 9. November 1989, dessen strukturelle Auswirkungen wiederum noch gar nicht vollständig absehbar sind.

Perspektivität

Nicht immer decken sich historische Zäsuren mit der persönlichen Wahrnehmung der Zeitgenossen. Für den Einzelnen mögen andere biografische Einschnitte bedeutsamer sein. Periodisierungen und Zäsuren sind Interpretationen, (Re-)Konstruktionen der Vergangenheit und somit prinzipiell perspektivenabhängig. Bestimmte Daten – 1848, 1871, 1914, 1933, 1945/49, 1989/90 – werden von kaum jemandem als sinnvolle Strukturierungspunkte der deutschen Geschichte in Zweifel gezogen. Für Briten sieht die Geschichtseinteilung schon anders aus. Zur Periodisierung werden meist politische Systemwechsel herangezogen. Die Franzosen strukturieren ihre jüngere nationale Geschichte nach ihren fünf Republiken (und beiden Kaiserreichen) seit der Französischen Revolution. Diese nationale Vielfalt erschwert die Einigung auf markante Zäsuren in der europäischen Geschichte; noch schwieriger erscheint eine einheitliche weltpolitische Periodisierung. Die Geschichte verläuft nicht in allen Ländern oder Regionen gleichförmig und schon gar nicht im gleichen Takt. Selbst Prozesse und Ereignisse von globaler Bedeutung betreffen nicht alle Regionen und die dort lebenden Menschen gleichermaßen. Schon allein deshalb werden Zäsuren unterschiedlich gesetzt.

Die Perspektive auf Zäsuren wird aber auch dadurch bestimmt, welche Bereiche der Geschichte man als besonders wichtig erachtet. Früher war die Geschichtsschreibung vorrangig Politikgeschichte. Herrscherdaten und Kriege markierten wichtige Einschnitte. Zu ganz anderen Einteilungen kam und kommt die Sozialgeschichte, die einerseits nicht eine Geschichte „der Sieger", sondern auch der „Unterlegenen" schreiben will und andererseits sich aufmachte, vorrangig die sozioökonomischen Rahmenbedingungen in den Blick zu nehmen. Eine Frauen- und Geschlechtergeschichte kommt zu nochmals anderen Epocheneinteilungen, ebenso eine Technikgeschichte.

Aber selbst bei gleicher Betroffenheit und gleicher fachlicher Perspektive kann man sich immer noch über Periodisierung trefflich streiten. Unterschiedliche Sach- und Werturteile und die niemals abschließend zu klärende Frage nach den Kausalitäten führen zu unterschiedlichen Einschätzungen. Stellt das Jahr 1968 beispielsweise in der (west)deutschen Geschichte die „zweite Gründung" der Bundesrepublik dar oder war es nur ein vielleicht deutlich wahrnehmbares, aber nicht sonderlich wirkungsmächtiges Symbol eines längerfristigen kulturellen Wandels?

Neue Problemlagen, Entwicklungen und Erkenntnisse verändern die Sicht auf Vergangenes und führen unter Umständen zu neuen Periodisierungen. In unserem Medienzeitalter wird recht schnell das Attribut „historisch" vergeben und Ereignisse werden somit als „Geschichte machend" deklariert. Sie erweisen sich dann mit Abstand betrachtet oft weniger einschneidend als ursprünglich angenommen. „Nothing will ever be the same", so titelten viele Kommentatoren nach den Attentaten vom 11.9.2001 in den USA. Ob diese Interpretation Bestand haben wird, wird sich noch weisen.

Dies alles zeigt: Geschichte ist nicht nur ein ständig fließender Strom von langsamen Veränderungen, sondern zeigt wichtige Einschnitte und Brüche auf. Zäsuren und die damit verbundene Periodisierung helfen uns, Geschichte und Zeit erfahrbar, verstehbar zu machen. Als Interpretationen der Vergangenheit sind sie zwar nicht willkürlich zu setzen, aber stark von unserer Perspektive abhängig.

MATERIALIEN

M 1 Die 68er-Bewegung: Triumph oder Debakel?

Der Historiker Hans-Ulrich Wehler schreibt dazu in seiner „Deutschen Gesellschaftsgeschichte“:

Die Protestbewegung der 68er ist zu einem legendenumrankten Phänomen überhöht worden. Denn ehemalige Aktivisten, die ihre berufliche Karriere in der Medienwelt gemacht und aufgrund ihrer Teilnahmeerfahrungen ein Deutungsmonopol beansprucht haben, gelang es in einem erstaunlichen Maße, die öffentliche Erinnerung an den Aufbruch in ihren jungen Jahren zu prägen. Auf diese Weise konnte „68“ in grandioser Überschätzung geradezu zum „Ursprungsmythos“ erhoben werden, der nicht nur schlechterdings alles von der damaligen Linken ersehnte Neue in Politik und Kultur umhüllte, sondern auch „die Bewegung“ selber zur alles entscheidenden Antriebskraft stilisierte. Von wenigen Ausnahmen abgesehen ist an dieser heroischen Verklärung so gut wie nichts richtig.
So hat etwa der Wechsel zur Sozialliberalen Koalition […] kein Ergebnis der 68er-Bewegung bedeutet, vielmehr ist er trotz ihres tiefen Misstrauens gegenüber dem seit dem Godesberger Programm verachteten Parteiapparat der SPD und gegenüber der bürgerlich-konservativen FDP zustande gekommen. Auch die zwischen 1958 und 1964 vorgedrungene neuartige kritische Öffentlichkeit stellte kein Produkt der aufmüpfigen 68er dar, sondern war definitiv bereits vor ihrem Auftritt etabliert worden. Überdies setzten vor 1968 die Fischer-Kontroverse und Hochhuths „Stellvertreter“, Oswald Kolles populäre Aufklärungskampagne und die „Spiegel“-Affäre die Öffentlichkeit ganz so in Bewegung, wie das der Eichmann- und der Auschwitz-Prozess taten.
Der auffällige Schub an Reformgesetzen, der mit den 60er-Jahren verbunden ist, war längst vor 1968 in Gang gesetzt worden. Wohin man auch blickt: auf die Einführung des Jahreswirtschaftsberichts und des Sachverständigenrats, auf das Stabilitäts- und Wachstumsgesetz und die Mittelfristige Finanzplanung, auf die Haushaltsreform und die Finanzreform, auf die große Strafrechtsreform und den Übergang der Sozialpolitik zur Gesellschaftsreform – überall sind die Weichen vor 1968 gestellt worden. Das unterstreicht auch noch die seit zehn Jahren angelaufene Bildungsreform, die nach dem soeben von Georg Picht und Ralf Dahrendorf entworfenen Schreckensszenario einer herandräuenden „Bildungskatastrophe“, wenn nicht endlich gehandelt werde, zur Neugründung von Universitäten, zur Vermehrung der Gymnasiastenzahl und zur geforderten Steigerung der Bildungsausgaben geführt hat.
Nein, die Bundesrepublik war seit den frühen, nicht erst seit den späten 60er-Jahren „wach und in Bewegung“, sie erlebte mit einer ihrer „folgenreichsten Erneuerungsperioden“ ihre „zweite formative Phase“, die alles andere als das Etikett einer technokratischen Nachholreform verdient. Vielmehr gab es einen „politisch-moralischen Überschuss“ an Energien einschließlich der Überzeugung, dass Staat und Gesellschaft verändert werden müssten und könnten. Dieser Umbau wurde durchaus gewollt, da die Reformbedürftigkeit allgemein anerkannt war und eine verbreitete Planungseuphorie nährte.

(Hans-Ulrich Wehler, Deutsche Gesellschaftsgeschichte 1949-1990. München (C.H. Beck) 2008, S. 310–312)

M 2 Aus einem Gespräch zweier ehemaliger Berliner Studenten

Zur Eröffnung der Ausstellung „68 – Brennpunkt Berlin“ im Amerika Haus in Berlin trafen sich im Januar 2010 Peter Schneider, ein ehemaliger Wortführer und Organisator der Berliner Studentenbewegung, und Eberhard Diepgen, Mitglied der Berliner CDU und ehemaliger Regierender Bürgermeister, zu einem Gespräch über 68 und dessen Folgen:

Welche Bedeutung kommt dem Jahr 1968 heute noch zu?
Peter Schneider: ’68 war eine Umkrempelung des Lebens. Man kann ’68 überhaupt nicht verstehen, wenn man sich nicht mit den 50er-Jahren beschäftigt. Die 50er-Jahre waren emotional von absurden Verboten und Verklemmungen geprägt. Die meisten dürften noch mit dem wilhelminischen Handwerkszeug der Erziehung – nämlich Rute, Stock und Teppichklopfer – aufgezogen worden sein. In der Schule herrschte zwischen Lehrern und Schülern ein klares, nie angezweifeltes Obrigkeitsverhältnis: der Lehrer hatte immer Recht, der Schüler immer Unrecht. Wir sind damals mit dem Gefühl aufgewachsen, in einer Käseglocke zu leben, in der man keine Luft bekam und ein großes Schweigen herrschte. Dieses Schweigen betraf keineswegs nur die Nazivergangenheit, sondern jede Art von emotionalen Konflikten: ob es um Geld ging oder um den Anspruch, sich mit einem Liebespartner zu treffen. Einen Teil der Jugend hat damals das Ge-

fühl erfasst: raus aus diesem emotionalen Gefängnis, es muss etwas geschehen, was auch immer. Die 68er-Bewegung hat eine absolut notwendige und fällige Zäsur in der Geschichte der Bundesrepublik bewirkt. Ihr größtes Verdienst ist vielleicht, dass sie endgültig mit der Kultur des Gehorsams in Deutschland gebrochen hat. Die Frauenbewegung, die Kinderladenbewegung, die Bürgerinitiativen und eine – wie Cohn-Bendit bemerkt hat – Frau als Bundeskanzlerin wären ohne diese Bewegung kaum möglich. Das halte ich für Verdienste, die man nicht wegdiskutieren kann.

Eberhard Diepgen: In der Tat war die damalige Situation geprägt von Verkrustung und der Verweigerung des Establishments notwendige Reformen einzuläuten. Das hat angefangen an den Hochschulen. An diesem Beispiel wird auch deutlich, wie der Staat damals in seiner Reaktion total versagt hat. Statt eine notwendige Diskussion aufzunehmen, wurde zunächst bloß geblockt. Ich kann mich erinnern, wie an der FU Berlin renommierte Hochschullehrer Studentenvertreter am Jackett genommen haben, nur weil die Studenten konkrete Forderungen stellten. Erst wurde alles geblockt und später dann kapituliert. Das hatte für die Qualität der Hochschulen negative Auswirkungen über die nächsten 20 bis 30 Jahre. Besonders problematisch waren eine grundsätzliche Kritik an der parlamentarischen Demokratie und Thesen zur Anwendung von Gewalt in der politischen Auseinandersetzung. Andererseits hat die 68er-Bewegung neue Diskussionsformen durchgesetzt und bestimmte Themen und Diskussionen für den demokratischen Diskurs geöffnet. Das gilt etwa für die sexuelle Moralvorstellung, aber auch für Inhalte in der Bildungspolitik. Dabei waren natürlich nicht alle Lösungsvorschläge der 68er richtig und erfolgreich. Man denke nur mal an die antiautoritäre Erziehung. Damals war das ein Ideal für Schulen und Kindergärten. Heute sind fast alle Anhänger dieser These total frustriert und übertreiben manchmal in die andere Richtung. Aber die 68er haben Anstöße gegeben, da stimme ich ausdrücklich zu. Man muss trotzdem Acht geben, dass ein Teil der Anstöße aus '68 eben zu negativen Entwicklungen geführt hat. […]

Peter Schneider: Ich meine, nicht die Rebellen von damals haben sich zu rechtfertigen. Sondern diejenigen, die damals so taten, als könne man nach dem Zivilisationsbruch des Holocaust einfach seiner Karriere nachgehen. Ich leugne nicht, dass die Bewegung am Ende übergeschnappt ist. Übergeschnappt in einen revolutionären Wahn. Der größte Fehler dieser Bewegung ist, dass ihre Führer am Ende einer im Kern totalitären Ideologie verfallen sind. Das bleibt unverzeihlich und war auch ein Bruch mit den basisdemokratischen Anfängen der Bewegung. Beides hat diese Bewegung ausgemacht: der gerechtfertigte Protest am Anfang und die Verirrung in eine totalitäre Ideologie am Ende. Ich meine damit den Maoismus und die RAF. Ein anderer schwerer Defekt war der Verlust von Toleranz und Diskussionskultur. Ich weiß noch, wie erstarrt ich war, als Hans-Joachim Lieber (seit 1965 Rektor der TU Berlin) das Mikrophon entrissen wurde. Da war zum ersten Mal eine Grenze überschritten. Später hat man gar nicht mehr diskutiert, sondern Andersdenkende als Faschisten beschimpft.

(Zit. nach: Bundeszentrale für politische Bildung, Die Bedeutung von 1968 heute; online unter: http://www.bpb.de/themen/XZVVC3,0,0,Die_Bedeutung_von_1968_heute.html)

Das 20. Jahrhundert in der Sicht von Historikern

M 3 1917 – ein Epochenjahr

Der Historiker Michael Stürmer schrieb 1983 über die Bedeutung des Jahres 1917:

Wenig Zweifel, der Eintritt der USA in den Krieg war nur eine Frage der Zeit gewesen, und seit Kriegsbeginn hatte ein steigender Strom von Rüstungsgütern und Krediten die englische Kriegsanstrengung unterstützt. Der Chef des State Department, William Jennings Bryan, verlangte strikte Neutralität und wählte, als sie nicht zu haben war, den Rücktritt. Die amerikanischen Eliten, schon 1900 im Besitz der drittstärksten Flotte, hatten fast instinkthaft gegen die deutsche Kontinentalherrschaft und für die britische Seeherrschaft reagiert. Es bedurfte aber, um das gewaltige Land in den Massenkrieg zu stürzen und den Einsatz amerikanischer Landtruppen 4000 Meilen fernab zu rechtfertigen, der dramatischen Begründung. Sie wurde vorbereitet, als die deutsche Unbestimmtheit die amerikanische Friedensinitiative vom Dezember 1916 ins Leere laufen ließ, nicht anders als den Friedensappell Wilsons vom Januar 1917 – darin erstmals Umrisse der „14 Punkte" von 1918 –, und sie kam, als der deutsche Admiralstab die Torpedos gegen alles freigab, was sich bewegte. Seit der Samoakrise 1889, die die USA auf die Bedeutung von Seemacht verwiesen hatte, hatte die deutsche Führung das Potenzial Amerikas unterschätzt. Leichtfertigkeit, Arroganz und Ingenieursmentalität, die sich auf die Berechnung des Unberechenbaren verließ? Vor allem wohl Hybris und Ahnungslosigkeit des kontinentalen Denkens gegenüber der industriellen

Weltmacht und ihren Möglichkeiten der Machtprojektion. Die deutsche Militärführung, zu Wasser und zu Lande, hatte den Krieg ausgeweitet, um die Entscheidung zu erzwingen. Aber es war der Weg in den deutschen Zusammenbruch.
Europa hatte sich ausgekämpft, jetzt wurde der große europäische Krieg wahrhaft zum Weltkrieg. Als die Wende des Krieges eintrat, begann ein neues Weltstaatensystem, ja ein neues Weltsystem, wo quer durch die alt gewordenen Nationen die Fronten des Bürgerkriegs verliefen. So wenig Ludendorff begriff, dass der Sonderzug der Bolschewiki durch Deutschland den Weltbürgerkrieg auslösen würde, so wenig verstanden die Admirale, dass der freie Schuss der deutschen U-Boote den europäischen Krieg in die Dimension des Weltstaatensystems schleuderte und den USA die Entscheidung im Weltkrieg geben musste. Diese Entscheidungsmacht der USA aber beruhte auf industriellem Potenzial und unbegrenzter Menschenkraft einer Nation, die einen Kontinent besaß.
Das Jahr 1917, vom amerikanischen Kriegseintritt bis zur bolschewistischen Revolution, brachte die Wende im Krieg und veränderte die Welt. Aus dem Todeskampf Europas entstanden zwei Friedensvisionen, deren Wirkung bis heute anhält: aus dem Osten die Botschaft der Weltrevolution, aus dem Westen die Vision einer Welt freier Völker. Zwei globale Missionsideen traten gegeneinander an, während die ältere, europäische Weltordnung in sich verbrannte. Als die OHL noch von Triumphen träumte, wurden Lenin und Wilson Gegenspieler einer künftigen Welt: „Schluss mit dem Krieg!“ – „Alle Macht den Räten!“ – „Das Land der Gutsbesitzer den Bauern!“ – „Den Arbeitern die Macht in den Fabriken!“ So nutzte Lenin die Sehnsucht nach Frieden für die – vorerst vage und ausdeutbare – Verheißung der Sozialrevolution. Die USA aber wollten „a world safe for democracy“.
Wilson meinte diese Vision, als er am 8. Januar 1918 in 14 Punkten dem Kongress ein Programm des Weltfriedens vorlegte: offene Diplomatie, Freiheit des Handels und der Weltmeere, Abrüstung und Selbstbestimmung lautete die Verheißung, Abtretung Elsass-Lothringens, Auflösung der Donaumonarchie und des Osmanenreiches, ein freies Polen mit Zugang zum Meer die Drohung an den Kriegsgegner. Und über allem ein Völkerbund, um durch Garantien und Sanktionen die Welt zu stabilisieren. Der American Dream war Waffe im Krieg und Plan einer besseren Welt. Wilson wollte die alliierten Kriegsziele zügeln, die die Bolschewiki durch Veröffentlichung der zaristischen Geheimverträge aufgedeckt hatten, und den Krieg Amerikas ethisch untermauern. Wirksames Mittel des Ideenkriegs gegen die Mittelmächte, stand dahinter ein neuer Entwurf der Welt, weder Alteuropa noch Diktatur des Proletariats. Die Zeit war absehbar, da das ausgeglühte Europa nichts mehr sein würde als ein Brückenkopf, umkämpft zwischen den Weltmächten. Von hier und heute, wie einst von der Schlacht bei Valmy, ging eine neue Epoche der Weltgeschichte aus.

(Michael Stürmer, Das ruhelose Reich – Deutschland 1866–1918, Berlin (Siedler) 1998 (1983), S. 387f.)

M 4 Der amerikanische Historiker R. F. Smith (1968)

Ein Grundanliegen derer, die 1920 bis 1941 die Politik der Vereinigten Staaten bestimmten, war die Errichtung und Aufrechterhaltung einer der Prosperität und Macht der Vereinigten Staaten förderlichen Weltordnung. Seit Ausgang des 19. Jahrhunderts hatten Regierungsvertreter, Intellektuelle und Geschäftsleute verschiedene Mittel zur Erweiterung und zum Schutz der neuen Grenzen (new frontiers) zur Geltung gebracht, die durch die wirtschaftliche Expansion des Landes geschaffen worden waren. Um 1920 war eine dieser Taktiken modifiziert (der Kolonialismus), eine andere zurückgewiesen worden (internationale Organisation unter Leitung der Großmächte). Regierungsvertreter hatten unterdessen eine andere taktische Kombination entwickelt, von der sie sich die Sicherung einer „Welt der offenen Tür“ erhofften; eine stabile Weltordnung, in der die Vereinigten Staaten die Früchte einer imperialen Position ohne die militärischen, finanziellen und administrativen Lasten eines Kolonialreiches genießen können. „Dollar-Diplomatie“, Protektorate, Interventionen und die Ausbreitung des politischen und des Wertesystems der Vereinigten Staaten spielten allesamt eine Rolle in den Bemühungen, dieses umfassende Einfluss- und Kontrollsystem zu begründen. […]
Überzeugungen von der Mission und Bestimmung der Vereinigten Staaten fügten diesem Weltbild ein emotionales Ingrediens hinzu. Diese Überzeugungen waren verknüpft mit einem Glauben an den humanitären Charakter der Ziele der Vereinigten Staaten und dies war ein wichtiger Teil des Eigenbildes, das die Regierung in ihrer Außenpolitik zu projizieren versuchte.

(Zit. nach: B. J. Bernstein (Hg.), Towards a New Past – Dissenting essays in American History, New York 1968, S. 237)

M 5 Der deutsch-amerikanische Historiker Fritz Stern (1991)

Das Jahr 1989 war ebenso wichtig für die Geschichte Europas wie 1914 und 1917 – denn es beendete die Epoche, die damals ihren Anfang nahm. Mit dem Ersten Weltkrieg begann eine Kette des Grauens, ausgelöst von den Nationalstaaten, die bis ins Äußerste führte. Zwei große ideologische Bewegungen, in diesem Krieg geboren, brachten den Staat in ihre Gewalt und begründeten damit die für unser Jahrhundert charakteristische Form der Tyrannei, den Totalitarismus. Beginnend mit dem Ersten Weltkrieg schufen Techniker immer neue Tötungsformen und immer neue Mittel, die Menschen zu täuschen. […]

Der Bolschewismus wie der Nationalsozialismus waren tief in einander entgegengesetzten Denksträngen des 19. Jahrhunderts verwurzelt. Einmal an der Macht, predigten und praktizierten diese Bewegungen ideologische Kriegslust; Todfeinde mussten vernichtet werden, so glaubten sie, damit ihre utopischen Visionen – der neue Sowjetmensch bzw. der arische Herrenmensch – Wirklichkeit werden konnten. Beide Regime institutionalisierten den Staatsterror. […]

Ja, 1989 war diese Kette der Schrecken wirklich zerbrochen. Ich glaube nicht, dass wir das Ende der Geschichte oder den ewigen Frieden erreicht haben. […] Allerdings glaube ich, dass wir das Ende einer Epoche erreicht haben, in der Europa von Hegemonialkriegen in Schutt und Asche gelegt wurde […] und in der sich totalitäre Staaten ein Machtmonopol schufen, das auch ein Monopol der Wahrheit kontrollierte. […] Trotz aller Risiken und Gefahren, die vor uns liegen, […] sollten wir doch die Größe der Veränderungen anerkennen, die mit den Revolutionen von 1989 in Europa eingetreten sind. Die Wahrheit ist wieder eingesetzt. Die Werte liberaler Einrichtungen und eines liberalen Geistes sind nahezu spontan wieder zum Vorschein gekommen, nicht mit einem Fanfarenstoß, aber eben doch als die „selbstverständlichen Wahrheiten", als die sie den Architekten der amerikanischen Unabhängigkeitserklärung erschienen waren. Vielleicht kehren wir zu einigen der Werte des 18. Jahrhunderts zurück, der Aufklärung, eines Augenblicks in Europa, den Jean Starobinski „die Entdeckung der Freiheit" genannt hat. Die Verteidigung der Freiheit ist unsere nächste Aufgabe.

(Fritz Stern, Europa am Ende einer Ära des nationalen und ideologischen Wahns; in: Die Zeit, Nr. 51/13.12.1991)

M 6 Der englische Historiker Eric J. Hobsbawm (1995)

Die Welt (unterschied sich) am Ende des 20. Jahrhunderts qualitativ in zumindest dreierlei Hinsicht (von derjenigen an seinem Anfang).

Erstens war sie nicht mehr eurozentriert. Vielmehr hatten der Niedergang und der Untergang Europas stattgefunden, das zu Beginn des Jahrhunderts das unangefochtene Zentrum von Macht, Wohlstand, Intellektualität und „westlicher Zivilisation" darstellte. Europäer und ihre Nachkommen waren mittlerweile von etwa einem Drittel der Menschheit auf höchstens ein Sechstel reduziert und lebten in Ländern, die ihre Bevölkerungen kaum regenerierten. […] Die Großmächte von 1914 […] waren auf den Rang von regionalen oder provinziellen Mächten zurückgefallen, mit Ausnahme vielleicht von Deutschland. Gerade die Anstrengungen hin auf die Schaffung einer gemeinsamen, supranationalen „Europäischen Gemeinschaft" und die Bemühungen, […] die alten Loyalitäten gegenüber historischen Nationen und Staaten zu ersetzen, […] beweisen das ganze Ausmaß dieses Niedergangs.

Eine andere Transformation war von weitaus größerer Bedeutung. Zwischen 1914 und den frühen Neunzigerjahren war die Welt in viel höherem Maße zu einer einzigen Funktionseinheit geworden.

Die dritte […] Transformation war die Auflösung der alten Sozial- und Beziehungsstrukturen und, Hand in Hand damit, das Zerbersten der Bindeglieder zwischen den Generationen, zwischen Vergangenheit und Gegenwart also. Besonders deutlich trat dies in den fortgeschrittensten Staaten des westlichen Kapitalismus zutage, wo staatliche wie private Ideologien zunehmend von den Werten eines absolut asozialen Individualismus dominiert wurden. […] Aber diese Tendenz […] wurde nicht nur von der Erosion der traditionellen Gesellschaften und Religionen gefördert; sondern auch durch die Zerstörung oder Selbstzerstörung der Gesellschaften des real existierenden Sozialismus.

(Eric J. Hobsbawm, Das Zeitalter der Extreme – Weltgeschichte des 20. Jahrhunderts, München/Wien 1995, S. 29 ff.)

M 7 Der deutsche Historiker Eberhard Jäckel (1996)

Es war das deutsche Jahrhundert. Kein anderes Land hat Europa und der Welt im 20. Jahrhundert so tief seinen Stempel eingebrannt wie Deutschland, schon im Ersten Weltkrieg, als es im Mittelpunkt aller Leidenschaften stand, dann natürlich unter Hitler und im Zweiten Weltkrieg, zumal mit dem Verbrechen des Jahrhunderts, dem Mord an den europäischen Juden, und in mancher Hinsicht gilt es kaum weniger für die Zeit nach 1945. Die zweite Hälfte des Jahrhunderts war von den Nachwirkungen beherrscht, und noch an seinem Ende nimmt Deutschland wegen dieser Ereignisse einen herausragenden Platz im Gedächtnis der Völker ein.

Gewiss könnte man das 20. Jahrhundert auch das amerikanische nennen, denn in ihm vollzog sich der Aufstieg der Vereinigten Staaten zur schließlich einzigen Weltmacht. Oder auch das russische, von Lenins Revolution im Jahre 1917 bis zum Zerfall der Sowjetunion. Aber beide Vorgänge waren, in Herausforderung und Erwiderung, auf eigentümliche Weise durch Deutschland bedingt. Wer anders rief die Vereinigten Staaten zweimal auf die europäische Bühne? Wer schickte Lenin nach Petrograd, wer verschaffte Stalin seinen Ruhm und seine höchste Macht? Natürlich wird kein vernünftiger Betrachter die eigenen Voraussetzungen verkennen, die in beiden Ländern gegeben waren, und doch fällt es schwer, sich das Jahrhundert ohne den maßgeblichen Einfluss Deutschlands vorzustellen. [...]

(Unsere Bezeichnung rechtfertigt sich allein) aus dem, was Deutschland sich selbst und der Welt in diesem Jahrhundert angetan hat. Zweifellos ist es einen besonderen Weg gegangen. Die Herrschaft Hitlers war eine schreckliche Abweichung von den westlichen Traditionen der Demokratie und der Menschenrechte. [...]

Wenn das 20. Jahrhundert das deutsche Jahrhundert genannt werden kann, dann liegt die Begründung neben der Einzigartigkeit des Mordes an den europäischen Juden ganz besonders in dem deutschen Großmachtstreben. Zweimal versuchte Deutschland, die Vorherrschaft in Europa zu erringen. [...]

Das Jahrhundert hat mit einem überwältigenden Sieg des demokratischen Westens im Kalten Krieg geendet. Das wird jedoch nicht [...] das Ende der Geschichte sein. [...]

Es ist durchaus vorstellbar und sogar wahrscheinlich, dass auf der weltpolitischen Tagesordnung des 21. Jahrhunderts [...] andere Probleme stehen werden. Manches spricht dafür, dass sie eher in Asien als in Europa auftreten werden. Europa könnte vor einem allgemeinen Niedergang stehen, zumal wenn es nach dem Verlust seiner weltpolitischen Rolle noch mehr von seiner wirtschaftlichen Kraft und seiner kulturellen Dominanz einbüßt. Die deutsche Geschichte könnte hingegen zu einem gewissen Abschluss gekommen sein, und das berechtigt bei aller Skepsis immerhin zur Hoffnung, [...] dass das deutsche Jahrhundert zu Ende ist.

(Eberhard Jäckel, Das deutsche Jahrhundert – Eine historische Bilanz, Stuttgart 1996, S. 71, 342, 351, 355 f.)

Methodenkompetenz für Geschichte

Basismethode Sprachliche historische Quellen interpretieren

A. Historische Interpretation

Geschichte ist das Bild, das sich Menschen der Gegenwart von der Vergangenheit machen. Erfahrungen, Fragen, Erkenntnisinteressen der Gegenwart bestimmen somit die Beschäftigung mit der Vergangenheit.
Erkenntnisse über die Vergangenheit gewinnen wir, indem wir aus zeitgenössischer Gegenwartsperspektive Fragen an historische Quellen richten. Quellen sind Zeugnisse der Vergangenheit über menschliches Handeln und Leiden; sie sind die Materialien, die in der Vergangenheit entstanden sind und nun der Gegenwart vorliegen. Diese Quellen können verbal, bildlich oder gegenständlich sein.
Quellen sind nicht die Vergangenheit selbst, mit ihrer Hilfe erschließen wir die Vergangenheit. Sie sind Einzelstücke, gelöst aus ihrem ursprünglichen Zusammenhang, Mosaiksteine, aus denen die originale Wirklichkeit durch ein verlässliches Erkenntnisverfahren rekonstruiert werden muss. Dieses Verfahren wird historische Interpretation genannt. Die Interpretation erschließt aus Quellenmaterial Sinn, um die Fragen zu beantworten, die der Mensch der Gegenwart an die Vergangenheit richtet.
Gegenstand der historischen Interpretation sind für die Historiker alle Formen von Nachrichten, die Menschen unabsichtlich oder aber absichtlich über ihre Zeit hinterlassen haben. Ein so verstandener Quellenbegriff umfasst sowohl **Dokumente** als auch **Monumente**.

Dokumente

Überreste, die im Prozess der Geschichte hinterlassen wurden, ohne der Nachwelt gezielt Botschaften übermitteln zu wollen.

Dazu zählen:
- Urkunden
- Akten
- Allgemeine Inschriften
- Verfassungstexte
- Briefe
- Tagebücher, die nicht zur Veröffentlichung bestimmt waren
- Reden
- Flugblätter
- Streit- und Denkschriften
- Berichte und Kommentare in zeitspezifischen Massenmedien
- Literarische Zeugnisse aus einer Epoche

Monumente

Nachrichten, die mit Absicht für Betrachter geschaffen wurden. Sie sind bewusste Botschaften für eine spätere Zeit. Diese Quellen, die die Nachwelt bewusst beeinflussen wollen, werden in der Geschichtwissenschaft als **Tradition** bezeichnet.

Zu solchen sprachlichen Monumenten zählen zum Beispiel:
- Chroniken
- Viten
- Spezielle ereignis- oder personenbezogene Gedenkinschriften
- Memoiren
- Autobiografien
- Tagebuchaufzeichnungen, die bewusst zur Veröffentlichung bestimmt waren
- Gedenk- und Rechtfertigungsreden, die in klar erkennbarer Absicht an eine Nachwelt gerichtet sind

B. Schritte der Interpretation sprachlicher historischer Quellen

Eine historische Quelleninterpretation wird systematisch angelegt. Am Anfang steht die Frage, nicht die Quelle. Da Textquellen in der Regel Aussagen, Schlussfolgerungen und Rückschlüsse zu unterschiedlichen historischen Sachverhalten und Problemstellungen zulassen, gilt es zu Beginn, in einem ersten Schritt das eigene erkenntnisleitende Interesse – die Leitfrage(n), unter der/denen der Quellentext interpretiert werden soll – festzulegen. Daran schließen sich zwei weitere grundsätzliche Arbeitsschritte an. Zunächst die Analyse des Quellentextes. Sie dient dazu, die Textform zu bestimmen und die Inhaltserfassung sicherzustellen. In einem weiteren Schritt wird auf der Grundlage der Ergebnisse der Quellenanalyse die Interpretation der Quelle vorgenommen, die zwei Ebenen umfasst. Der Quellentext wird erläutert, gedeutet, kritisch gewürdigt (Interpretation im engeren Sinn) und es wird sein „Sinn" (die Erkenntnis) bezogen auf die formulierte(n) übergeordnete(n) Leitfrage(n) der Interpretation erschlossen.

1. Schritt – Leitfrage(n) festlegen:

Das eigene Erkenntnisinteresse bestimmen und eingrenzen und als Untersuchungsfrage formulieren, die dann für die Interpretation leitend ist.

2. Schritt – Analyse:

– Beschreibung und Klärung der formalen äußeren Merkmale

- Den Autor/die Autorin vorstellen (z. B. Angaben zur Biografie, zum sozialen Status, zur politischen Position u. Ä.).
- Die Textsorte benennen und in ihren spezifischen Merkmalen kurz charakterisieren.
  Es ist wichtig, Textsorten zu unterscheiden, da unterschiedliche Textsorten unterschiedliche Wirklichkeit erfassen und deshalb einen unterschiedlichen Aussagewert und bestimmte Aussagegrenzen haben, z. B.:
  - Normative schriftliche Quellen: Sie sind Ausdruck dessen, was sein soll, etwa eine Verfassung oder ein Vertrag.
  - Deskriptive Quellen: Sie beschreiben Wirklichkeit, wie sie der Quellenautor sieht, weshalb die Beschreibung in unterschiedlichem Grad subjektiv und parteiisch ausfallen kann.
  - Selbstzeugnis oder Fremdzeugnis.
  - Ein öffentliches, d. h. ein für die Öffentlichkeit bestimmtes Dokument.
  - Ein internes Dokument, d. h. ein eher für einen begrenzten Kreis von Privatpersonen verfasstes Schriftstück.
- Das Thema der Quelle präzise und knapp zusammengefasst formulieren.
- Den engeren situativen historischen Kontext der Quelle darstellen (den konkreten Ereigniszusammenhang, in dem die Quelle steht, den Zeitpunkt der Entstehung und des Anlasses sowie den Entstehungsort der Quelle knapp skizzieren).
- Den oder die Adressaten der Quelle benennen.
- Die Intention – erkennbare Ziele und Absichten, die der Autor mit Blick auf seine(n) Adressaten verfolgt – in knapper Form aufzeigen.

– Strukturierte Textwiedergabe

Drei alternative Möglichkeiten bieten sich an:
- Den Textinhalt auf der Grundlage einer Gliederung nach Sinnabschnitten im textdurchschreitenden Verfahren auf die Hauptaussagen beschränkt wiedergeben.
- Den Inhalt nach zentralen Aspekten reorganisiert zusammengefasst wiedergeben.
- Den Textinhalt entlang der erkennbaren Argumentationsstruktur auf die wesentlichen Aussagen beschränkt wiedergeben (z. B. Standpunkt, These(n), Argumente).

3. Schritt – Interpretation: Zusammendenken und problematisieren der in der Quellenanalyse gewonnenen Informationen auf der Ebene des Erläuterns, Deutens, Urteilens und Wertens im historischen Kontext auf textinterner und textexterner Grundlage

Methodisch wichtig und unverzichtbar ist es, die Interpretation durch konkreten Textbezug zu fundieren. Der Quellentext ist die Grundlage der Erkenntnisgewinnung. Für jeden der nachfolgend genannten Arbeitsschritte gilt, dass die Ausführungen immer zum Quellentext zurückführen und an ihm belegt werden müssen.
Grundlegend für die sachgerechte historische Interpretation ist auch, dass die formalen äußeren Merkmale bedacht und einbezogen werden.

– Ebene 1
Interpretation im engeren Sinne

- Die Intention des Autors unter Berücksichtigung von erkennbaren Motiven, Interessen und Perspektiven im historischen Gesamtkontext erklären und kritisch hinterfragen.
  (Z. B.: Zwischen offenen und verdeckten Absichten unterscheiden; seine Intentionen vor dem Hintergrund von eigener Biografie, Status und persönlicher Interessenlage erläutern; auffallende Rechtfertigungsmuster aufzeigen; darlegen, auf welche Weise der Quellenautor den oder die Adressaten zu beeinflussen versucht, sowie die Wirksamkeit und gewählte Strategie beurteilen.)
- Besonderheiten und Auffälligkeiten der zentralen Quellenaussagen benennen und erklären bzw. erläutern.
- Die gedankliche Schlüssigkeit der Ausführungen bzw. der Argumentation beurteilen.
- Auffallende sprachliche Besonderheiten erläutern, wenn dies für die Intention des Autors und/oder den Aussagegehalt und Erkenntniswert der Quelle von ganz entscheidender Bedeutsamkeit ist.
- Die Textaussagen unter Einbringung von eigenem historischen Umfeldwissen im größeren historischen Gesamtkontext und Problemzusammenhang, in dem die Quelle steht, beurteilen.
- Eine eigene persönliche Stellungnahme im Sinne eines Werturteils, das sich auf eigene Wertvorstellungen und Normen gründet, entwickeln, wenn dies quellenbezogen sinnvoll, ertragreich und zielführend für die Leitfrage(n) der Interpretation ist.

– Ebene 2
Zusammenfassendes Resümee der Erkenntnisse mit Blick auf die Leitfrage(n)

- Ein abwägendes differenziertes Gesamturteil mit Bezug auf die Leitfrage(n) formulieren.

Historische Sekundärliteratur analysieren und sich kritisch mit ihr auseinandersetzen

Basismethode

A. Historische Sekundärliteratur

Wenn wir von historischer Sekundärliteratur sprechen, denken wir in erster Linie an Darstellungen, in denen Geschichtsforscherinnen und Geschichtsforscher unter Beachtung genauer wissenschaftlicher Standards ihre Forschungsergebnisse, Schlussfolgerungen und Urteile darlegen. Das grundlegende Merkmal der Textart „historische Sekundärliteratur" ist, dass die jeweiligen Autorinnen und Autoren unter Verarbeitung von Quellen und anderer vorhandener Fachliteratur aus ihrer Sicht historische Wirklichkeit konstruieren. Das heißt, sie stellen unter Verarbeitung und wertender Einbeziehung dessen, was andere Historikerinnen und Historiker schon erforscht haben, sowie auf der Grundlage ihrer eigenen Quellenforschung und -interpretationen ihre Ergebnisse und Deutungen der Vergangenheit vor, indem sie Deutungen und Interpretationen von Fachkollegen ergänzen, sie weiterführen oder zu ihnen Stellung nehmen.

Der Karikaturist setzt die Spezifik des Texttyps „historische Sekundärliteratur" treffend ins Bild: Vorhandenen Deutungen von geschichtlichen Ereignissen und Zusammenhängen wird eine weitere perspektivisch gebundene Sichtweise und Bewertung von Sachverhalten hinzugefügt, der ein bestimmtes persönliches Erkenntnisinteresse zugrunde liegt.

Luis Murschetz (geb. 1939): „Der Eindringling" (Karikatur von 1996)

Wissenschaftliche Sekundärliteratur im engeren Sinne

Adressat ist ein fachwissenschaftlich gebildetes bzw. zumindest interessiertes Publikum, bei dem zumindest Grundkenntnisse des Faches, der Methoden und der Begrifflichkeit vorausgesetzt werden.
Kennzeichen wissenschaftlicher Sekundärliteratur sind detaillierte Belege und damit intersubjektive Nachvollziehbarkeit.

Textarten:
- Wissenschaftliche Abhandlungen zu historischen Themen und Fragestellungen
- Spezialuntersuchungen zu einzelnen Themen
- Wissenschaftliche Vorträge
- Wissenschaftliche Aufsätze
- Essays in historischen Fachzeitschriften und seriösen Wochenzeitungen

„Nichtwissenschaftliche" Sekundärliteratur

Adressat ist ein breiteres Publikum interessierter Laien. Im Vordergrund steht nicht so sehr die Darstellung von detailliert belegten Erkenntnissen über historische Befunde und Interpretationen, sondern es geht primär darum, komplexe geschichtliche Zusammenhänge vereinfacht und anschaulich darzustellen.

Wichtige Textarten, die diesem Typ zuzurechnen sind:
- Populärwissenschaftliche Literatur
- Historische Essays in Magazinen
- Schulbuchtexte
- Publizistische Texte zu historischen Themen

B. Arbeitsschritte zur Auswertung historischer Sekundärliteratur

Da es sich bei dieser Textsorte um perspektivisch gebundene Deutung von geschichtlichen Sachverhalten und Problemstellungen handelt, besteht die Aufgabe darin, die Intentionen und Ansprüche des jeweiligen Textes sowie die dargestellten Sachverhalte und Problembereiche zu erkennen und die Deutung mit ihren autorenbedingten Grundannahmen und Wertmaßstäben zu erschließen. Eine sachgerechte, abwägende Auseinandersetzung erfordert eine Tätigkeit auf zwei Ebenen: auf der Ebene der **Analyse** und auf der Ebene der darauf aufbauenden **Urteilsbildung**.

1. Schritt – Leitfrage(n) festlegen:

Das eigene, persönliche Erkenntnisinteresse festlegen und als Untersuchungsfrage(n) formulieren, die dann für die Analyse und kritische Auseinandersetzung mit dem Text leitend ist/sind.

2. Schritt – Analyse:

– Vorstellung des Textauszugs

Die äußeren formalen Textmerkmale und -daten beschreiben und charakterisieren:
- Den Autor/die Autorin des Textes vorstellen.
- Die spezifische Textsorte von Sekundärliteratur, der der Text zuzurechnen ist, benennen und die besonderen Merkmale dieser Textsorte kurz charakterisieren.
- Den genauen Fundort und das zeitliche Erscheinungsdatum des vorliegenden Textes benennen.
- Beschreiben, an welche(n) Adressaten die Publikation vornehmlich gerichtet ist.

– Strukturierte Textwiedergabe

Den Inhalt und den Gedankengang (Argumentationsstruktur) des Textes in seinen Hauptaussagen zusammengefasst wiedergeben.
Das verlangt:
- Präzise benennen, mit welchem Thema bzw. mit welcher Fragestellung der Autor/die Autorin sich beschäftigt.
- Schlussfolgerungen und Hauptthese(n), die vertreten werden, aufzeigen.
- Die zentralen Argumente, die von der Autorin/dem Autor als Beleg für seine/ihre Aussagen angeführt werden, herausarbeiten.

3. Schritt – Kritische Auseinandersetzung:

Die Textaussagen und Argumente auf textinterner und textexterner Grundlage erläutern, erörtern und auf diese Weise zu einem kritisch abwägenden eigenen Gesamturteil gelangen.
Dies kann unter folgenden Leitperspektiven geschehen:
- Für das Verständnis der Position und der Argumentation des Autors/der Autorin zentrale historische Sachverhalte und Problemzusammenhänge bzw. Erklärungsansätze erläutern.
- Aufzeigen, mit welchem Erkenntnisinteresse und aus welcher – möglicherweise sogar klar erkennbar einseitig ideologisch geprägten – Perspektive der/die Verfasser/in schreibt.
- Die Logik und Schlüssigkeit des Gedankengangs des Autors/der Autorin prüfen.
- Erörtern, ob die Ausführungen durch einseitige Sichtweise und Begründung (monokausal) geprägt sind oder ob auch andere konkurrierende fachliche Auffassungen und Perspektiven Eingang finden und ein mehrschichtiges Gesamtbild (multikausaler Erklärungsansatz) entwickelt wird.
- Sich vor dem Hintergrund eigener historischer Kenntnisse und im Vergleich zu anderen bekannten Historikerpositionen mit den inhaltlichen Hauptaussagen und der Argumentation des Autors/der Autorin zustimmend, die Thesen relativierend oder ablehnend auseinandersetzen und
- in differenzierter Abgrenzung oder Zustimmung zum Text unter Rückbezug auf die gestellte(n) Leitfrage(n) eine eigene begründete Sichtweise formulieren.

Bildquellen interpretieren

Basis-methode

A. Bildquellen

Auf dem Bild links oben ist nicht Karl der Große zu sehen, sondern – und das ist für den sachgerechten Umgang mit Bildern von entscheidender Bedeutung – ein Bild von Karl dem Großen. Denn dieses Bild zeigt uns, wie der Maler Albrecht Dürer – Jahrhunderte später – den Kaiser gesehen hat und wie er ihn seine Mitmenschen und die Nachwelt hat sehen lassen wollen. Bilder sind keine Abbilder der Wirklichkeit, sondern Deutungen von Wirklichkeit. Sie sind keine objektive Momentaufnahme historischer Wirklichkeit, sondern zeigen eine perspektivische Sicht auf die jeweilige Wirklichkeit.

Ganz gleich, ob es sich um eine griechische Vasenmalerei, ein Personenbild wie das Karls des Großen, ein historisches Gemälde zur Kaiserproklamation von 1871, um Karikaturen, Fotos, politische Plakate, Postkartenbilder, Mosaike, mittelalterliche Buchmalereien oder Kunstwerke der Bildenden Kunst handelt: Sie alle können als Bildquellen – d. h. Bilder, die in der Vergangenheit entstanden sind und uns in heutiger Zeit zugänglich sind – für historische Erkenntnisgewinnung genutzt werden. Da sie jedoch kein objektives Abbild historischer Realität bieten, sondern als perspektivische Darstellungen und Wahrnehmungen immer Interpretation von Wirklichkeit darstellen, müssen Bildquellen wie schriftliche Quellen als Überlieferungen von Vergangenheit nach quellenkundlichen Kriterien entschlüsselt werden. Dabei folgt das Interpretationsverfahren, dessen Ziel es ist, aus „bildlichen Zeichen Sinn zu entnehmen", dem dreistufigen Arbeitsschema Beschreibung – Analyse – Interpretation, das in dieser Grundstruktur auch bei der Interpretation schriftlicher Quellen angewendet wird.

B. Schritte der Interpretation von Bildern als historische Quelle

Der Grundsatz, dass eine **Frage** der Ausgangspunkt einer jeden historischen Interpretation ist, gilt auch für die Gattung Bild. Wie im Falle schriftlicher historischer Quellen schließt sich auch bei der systematischen Interpretation von Bildern als historische Quellen der Arbeitsschritt **Analyse** an, die die Voraussetzung für den dritten Arbeitsschritt, die **Bildinterpretation**, darstellt.

1. Schritt – Leitfrage(n) festlegen:

Aus der Vielfalt an möglichen Fragen, die an die Bildquelle gestellt werden können, das eigene Erkenntnisinteresse festlegen und als Untersuchungsfrage(n) formulieren, die dann als Leitfrage(n) zielführend den Interpretationsprozess steuert/steuern.

2. Schritt – Analyse:

– Beschreibung und Klärung formaler äußerer Merkmale der Bildquelle

- Die Bildart einschließlich ihrer gattungsspezifischen Merkmale kurz charakterisieren.
- Den Bildautor unter Einschluss bekannter biografischer Informationen vorstellen.
- Das Bildthema bzw. den Bildgegenstand und, soweit bekannt, die Situation, in der das Bild entstanden ist (d.h. Zeitpunkt der Entstehung, das Veröffentlichungsdatum, Entstehungsort), benennen.
- Den Anlass, den Auftraggeber und die Zielgruppe der Adressaten benennen.

– Bildbeschreibung und -erläuterung

- Die Einzelelemente der Darstellung beschreiben und die sachlichen historischen Zusammenhänge, auf die sich die Bildquelle bezieht, erläutern. Das bedeutet:
  - In einer zweckmäßigen Reihenfolge und Anordnung (z.B. vom Zentralen zu den Einzelheiten, vom Bildmittelpunkt zum Vorder-, Hintergrund, Bildrand) genau in allen Einzelheiten beschreiben, was auf dem Bild zu sehen ist und
  - im Zusammenhang der Beschreibung die historischen Sachverhalte, die ins Bild gesetzt werden, erläutern.
- Wesentliche Einzelelemente des Bildes, die Bildkomposition und verwendete bildliche Gestaltungsmittel (z.B. Perspektive, Darstellungstechnik, Bildgröße, Präsentationsform, Farbgestaltung, Verwendung von zeittypischen Symbolen und symbolhaften Darstellungsformen) darstellen und bildbezogen erläutern.

3. Schritt – Interpretation: Deuten und Urteilen im historischen Kontext

- Die zentrale(n) Bildaussage(n) in ihrem historischen Entstehungskontext und in ihrer Darstellungsabsicht unter Berücksichtigung des Zusammenspiels von Inhalt und gewählter Darstellungsform deuten.

– Ebene 1 Interpretation im engeren Sinne

Zentrale Fragestellungen, die für eine zusammenfassende Interpretation auf dieser Ebene hilfreich sein können:

- Welche Absicht(en) verfolgen der Bildautor und mögliche Auftraggeber des Bildes?
- Welche „Botschaft" bzw. Deutung zur gewählten Bildthematik wird vermittelt?
- Wie ist das Verhältnis von bildlicher Interpretation des historischen Sachverhalts durch den Bildautor und „historischer Wirklichkeit und Wahrheit" zu beurteilen?
- Sind klare zeittypische Deutungsmuster erkennbar?
- Wie überzeugend und wirkungsvoll sind die gewählten bildlichen Darstellungsmittel, um die gewollte Aussageabsicht und Wirkung beim Betrachter zu erreichen?

– Ebene 2 Zusammenfassendes Resümee mit Blick auf die Leitfrage(n)

- Auf der Grundlage der Arbeitsergebnisse im Bereich Analyse und der Ergebnisse der Interpretation im engeren Sinne belegbare Schlussfolgerungen mit Blick auf die gestellte(n) Leitfrage(n) für die Interpretation (1. Schritt s.o.) ziehen und tragfähige Antworten formulieren.

Arbeitsaufträge zielgerichtet und erfolgreich bearbeiten

„Wenn man nicht genau weiß, wohin man will, landet man leicht da, wo man gar nicht hin wollte." Dieser zugleich warnende und gut gemeinte Hinweis des amerikanischen Lernpsychologen R. Mager erscheint besonders hilfreich und einleuchtend für den richtigen Umgang mit Arbeitsaufträgen. Sie beinhalten durch die jeweils gewählten Formulierungen klare Aufträge, welche inhaltlich-thematischen Perspektiven zu behandeln sind und welche methodische Vorgehensweise gefordert ist. Solche Arbeitsanweisungen bestehen in der Regel aus einer eingeforderten Tätigkeit (Operation), z. B. etwas zusammenzufassen oder zu erklären, und aus inhaltlichen Vorgaben, auf die die Operation gerichtet ist. Die in der Tabelle aufgeführten Operatoren-Beschreibungen entsprechen dem verbindlichen „Basisoperatorenkatalog" für das schriftliche Abitur in Baden-Württemberg in den gesellschaftswissenschaftlichen Fächern.

nennen	Entweder Informationen aus vorgegebenem Material entnehmen oder Kenntnisse ohne Materialvorgabe anführen.
herausarbeiten	Informationen und Sachverhalte unter bestimmten Gesichtspunkten aus vorgegebenem Material entnehmen, wiedergeben und/oder gegebenenfalls berechnen.
beschreiben	Wesentliche Informationen aus vorgegebenem Material oder aus Kenntnissen zusammenhängend und schlüssig wiedergeben.
charakterisieren	Sachverhalte und Vorgänge mit ihren typischen Merkmalen beschreiben und in ihren Grundzügen bestimmen.
erstellen	Sachverhalte inhaltlich und methodisch angemessen graphisch darstellen und mit fachsprachlichen Begriffen beschriften (z. B. Fließschema, Diagramm, Mindmap, Wirkungsgefüge).
darstellen	Strukturen und Zusammenhänge beschreiben und verdeutlichen.
analysieren	Materialien oder Sachverhalte systematisch und gezielt untersuchen und auswerten.
ein-, zuordnen	Sachverhalte, Vorgänge begründet in einen vorgegebenen Zusammenhang stellen.
begründen	Komplexe Grundgedanken argumentativ schlüssig entwickeln und im Zusammenhang darstellen.
erklären	Informationen durch eigenes Wissen und eigene Einsichten begründet in einen Zusammenhang stellen (z. B. Theorie, Modell, Gesetz, Regel, Funktionszusammenhang).
erläutern	Sachverhalte im Zusammenhang beschreiben und anschaulich mit Beispielen oder Belegen erklären.
vergleichen	Gemeinsamkeiten und Unterschiede gewichtend einander gegenüberstellen und ein Ergebnis formulieren.
überprüfen	Vorgegebene Aussagen bzw. Behauptungen an konkreten Sachverhalten und innerer Stimmigkeit messen.
beurteilen	Aussagen, Behauptungen, Vorschläge oder Maßnahmen im Zusammenhang auf ihre Stichhaltigkeit bzw. Angemessenheit prüfen und dabei die angewandten Kriterien nennen.
bewerten	Aussagen, Behauptungen, Vorschläge oder Maßnahmen beurteilen, eine persönliche Stellungnahme abgeben und dabei die eigenen Wertmaßstäbe offenlegen.
erörtern	Zu einer vorgegebenen Problemstellung durch Abwägen von Für- und Wider-Argumenten ein begründetes Urteil fällen.
gestalten	Sich produkt-, rollen- bzw. adressatenorientiert mit einem Problem durch Entwerfen z. B. von Reden, Streitgesprächen, Strategien, Beratungsskizzen, Szenarien oder Modellen auseinandersetzen.

Glossar

ABM-Vertrag
(Anti-Ballistic Missile). Der 1972 im Rahmen der > SALT-Verhandlungen geschlossene Vertrag begrenzte den Rüstungswettlauf, indem er beiden Supermächten jeweils nur die Einrichtungen eines Raketenabwehrsystems erlaubte.

Abrüstung
Bezeichnung für Schritte der Begrenzung, Kontrolle und Verminderung militärischer Rüstung zur (präventiven) Friedenssicherung. In der Wende zum 20. Jh. wurden Abrüstungsfragen auf den großen Friedenskonferenzen in Den Haag (1899, 1907) – allerdings ohne Erfolg – verhandelt. Nach den beiden Weltkriegen wuchs die Einsicht in die Notwendigkeit internationaler Friedenssicherung und Abrüstung. Sie mündete in die Gründung des Völkerbundes (1919) und – nach dem Zweiten Weltkrieg – der > Vereinten Nationen (UN) am 26.6.1945. Durch die Herausbildung des Ost-West-Konfliktes nach 1945 und die mit ihm verbundene Atomrüstung wurden diese Bestrebungen jedoch zunächst vollständig überlagert. Beide Lager häuften riesige atomare, chemische, bakteriologische, aber auch konventionelle Waffenarsenale an (> Atomwaffen). Die irrationalen Aspekte und die ökonomische Belastung der Hochrüstung bis zum sogenannten „overkill" (die Möglichkeit, die Menschheit mehrfach auszulöschen) führten nach der Erfahrung der > Kuba-Krise zu vermehrten Abrüstungsanstrengungen der Supermächte, die insgesamt von dem Versuch geprägt waren, ein „Gleichgewicht des Schreckens" als zentrales friedenssicherndes Element im Kalten Krieg aufrechtzuerhalten. Die wichtigsten Stationen waren: das Atomteststoppabkommen (1963), der Atomwaffensperrvertrag (1968), der > SALT-Vertrag (1972), der > ABM-Vertrag (1972), die > KSZE-Schlussakte von Helsinki (1975), der > INF-Vertrag (1987), das > KSE-Abkommen (1990) sowie die > START-Abkommen I + II (1991/93).
Diese Abrüstungsverhandlungen waren mühselig und schwierig, weil keine der beiden Seiten ins Hintertreffen geraten wollte und es erhebliche Verifikationsprobleme zu überwinden galt. Sie wurden besonders in der Phase des „Second cold war" seit 1977 durch erneute Rüstungsanstrengungen und -drohungen (> NATO-Doppelbeschluss, > SDI-Programm) gefährdet. Ein substanzieller Durchbruch gelang erst mit der Reformpolitik Gorbatschows seit 1985 (> Glasnost) und der Selbstauflösung der Sowjetunion (1989/ 90). Nach dem Ende des Ost-West-Konfliktes sind Abrüstungsmaßnahmen einerseits einfacher geworden, stehen aber andererseits vor neuen Herausforderungen, wie vor allem labilen staatlichen Strukturen (besonders in den ehemaligen GUS-Staaten) und den damit verbundenen Gefahren des „Schwarzmarkthandels" mit Atomwaffen, der Herausbildung neuer Atommächte durch geheime Atomwaffenprogramme und der Gefahr des Terrorismus.

Atomares Patt
Der Begriff bezeichnet die durch die atomare Rüstung entstandene Unmöglichkeit beider Supermächte, über die jeweils andere Supermacht einen militärischen Sieg zu erringen („Gleichgewicht des Schreckens", > Zweitschlagskapazität).

Atomwaffen
Seit Beginn der 1940er-Jahre gezielt entwickelte, auf dem Prinzip der Kernspaltung bzw. der Kernfusion („Neutronenbombe") beruhende Waffengattung mit enormer Zerstörungskraft sowie tödlichen Strahlungsfolgen. Je nach Reichweite des Trägersystems (landgestützte Raketen, U-Boot-gestützte Raketen, Bomber, Artilleriekanonen etc.) unterscheidet man „strategische" (auch: „interkontinentale") Atomwaffen mit mehr als 5 000 km Reichweite und „taktische" Atomwaffen mit kurzer Reichweite.
Die ersten funktionsfähigen Atomwaffen wurden während des Zweiten Weltkrieges von den USA entwickelt und abgeworfen (Hiroshima und Nagasaki 6./8.8.1945). In der Epoche des > Kalten Krieges bildeten die Hochrüstung mit Atomwaffen und das > „atomare Patt" den militärstrategischen und sicherheitspolitischen Kern des Ost-West-Konfliktes; seit der > Kuba-Krise wurden zunehmend Versuche zur Rüstungsbegrenzung und > Abrüstung unternommen. Als Atommächte gelten heute folgende Staaten: USA, Großbritannien, Frankreich, Russland, China, Indien, Pakistan. Für andere Staaten, wie Israel, wird der Besitz der Atombombe angenommen (siehe Thema „Atombombe").

Außerparlamentarische Opposition
Als außerparlamentarische Opposition wird eine politische Bewegung bezeichnet, die weder im Parlament noch durch eine sonstige Partei vertreten ist. Als in Deutschland die Große Koalition von SPD und CDU/CSU zwischen 1966 und 1969 die > Notstandsgesetze durchsetzte, sammelten sich linke Strömungen in der A., da sie sich im Parlament nicht mehr vertreten fühlten. Ihr wichtigster Bestandteil war die Studentenbewegung, in der der SDS (Sozialistischer Deutscher Studentenbund) die führende Rolle hatte. Ausgehend von der Forderung, die Universitäten zu demokratisieren, weitete die A. ihre Kritik auf alle als undemokratisch empfundenen gesellschaftlichen Verhältnisse aus, die sie in einem sozialistisch-revolutionären Sinne verändern wollte. Sie erprobte neue Formen des Protestes (sit-ins, begrenzte Regelverletzungen) und des Zusammenlebens (Wohngemeinschaften). Mit dem Beginn der sozial-liberalen Koalition löste sich die A. auf. Viele ihrer Aktivisten fanden sich in den neuen sozialen Bewegungen der 70er- und 80er-Jahre wieder.

Berliner Mauer
Wurde am 13.8.1961 von der Regierung der DDR ent-

lang der Sektorengrenze zwischen dem sowjetischen Sektor und den Westsektoren Berlins errichtet und trennte beide Teile mithilfe von Betonmauern, Stacheldrahtzäunen, Selbstschussanlagen und Minen hermetisch voneinander ab. Der von der DDR-Regierung so bezeichnete „antifaschistische Schutzwall" sollte den Flüchtlingsstrom aus der DDR nach Westberlin bzw. in die Bundesrepublik unterbinden.
Beim Versuch, die Grenze zu überwinden, kamen 178 Menschen ums Leben, davon 79 durch Schüsse von Grenzsoldaten der Nationalen Volksarmee der DDR. Die friedliche Revolution in der DDR führte am 9.11.1989 zur Öffnung der Berliner Mauer, am 1.7.1990 wurden die Grenzkontrollen vollständig abgeschafft. Heute existieren nur noch einzelne Reste der Berliner Mauer, die als historische Denkmäler genutzt werden.

Besatzungszonen
Auf der > Potsdamer Konferenz im Juli/August 1945 wurde zwischen den drei Siegermächten (England, Amerika, Russland) über den Umgang mit dem besiegten Deutschen Reich verhandelt. Ein wichtiges Ergebnis war die Festschreibung der Aufteilung in vier Besatzungszonen. Neben den drei Verhandlungspartnern bekam auch Frankreich eine Zone zugewiesen. Trotz der Einteilung in Zonen sollte „in allen Deutschland als Ganzes betreffenden Fragen" eine gemeinsame Herrschaft erfolgen. Aber von Anfang an entwickelte sich ein Konflikt zwischen dem auf dem Papier angestrebten gemeinsamen Handeln und den unabhängigen Befugnissen für die eigene Besatzungszone. Mit dem Beginn des Kalten Krieges rückte somit die Vereinigung der vier Besatzungszonen zu einem deutschen Staat in immer weitere Ferne. 1947 schlossen sich die britische und die amerikanische Zone zur Bizone zusammen, 1948 vereinigten sie sich mit der französischen Zone zur Trizone. Diese Entwicklung mündete dann 1949 in die Gründung zweier Staaten, der DDR auf dem Gebiet der sowjetischen Besatzungszone und der BRD auf dem der Trizone.

Birthler-Behörde
Siehe Gauck-Behörde.

Bi-Zone
Siehe Besatzungszonen.

Blockfreiheit
Auf einer Konferenz in Kairo am 12.12.1952 schlossen sich zwölf Staaten Asiens und Afrikas zur „Bewegung blockfreier Staaten" zusammen. Sie erklärten, im Ost-West-Konflikt neutral zu bleiben und eng miteinander zusammenzuarbeiten. Der Bewegung schlossen sich rasch weitere Staaten an. 1973 umfasste sie 75 Staaten, u. a. Indien, Jugoslawien, Algerien, Nigeria und Kuba. Die blockfreien Staaten wehrten sich gegen die Hegemonialbestrebungen der beiden Supermächte und ihrer Klientelstaaten, gegen die neokoloniale Ausbeutung der sog. „Dritten Welt" und gegen den Rüstungswettlauf zwischen Ost und West. Der Schwerpunkt lag auf der Wirtschaftspolitik und der Forderung nach einer neuen gerechteren Weltwirtschaftsordnung. Mit dem Ende des Ost-West-Konfliktes 1989/1991 verlor die Bewegung an Bedeutung.

Blockparteien
Formal selbstständige, aber dem Führungsanspruch der > SED unterworfene „bürgerliche" Parteien in der DDR (Christlich Demokratische Union/CDU, Demokratische Bauernpartei/DBP, Liberaldemokratische Partei/LDPD, Nationaldemokratische Partei/NPD). Die B. bildeten gemeinsam mit der SED eine Einheitsliste der sogenannten „Nationalen Front" und erhielten eine festgelegte Zahl von Sitzen in der Volkskammer. Sie dienten der Integration bestimmter Bevölkerungsgruppen in das sozialistische System des > „SED-Staates".

Bodenreform
Die seit September 1945 durchgeführte Bodenreform in der sowjetischen > Besatzungszone stand im Kontext der > Entnazifizierung. Nach der kommunistischen Faschismustheorie waren es vor allem die Großgrundbesitzer gewesen, die als treibende Kraft hinter der NS-Bewegung gestanden hatten. Deren Ausschaltung wurde dadurch zu einem wichtigen Bestandteil, um Kräften, die den Nationalsozialismus ermöglicht hatten, die Basis zu entziehen. Die Durchführung sah so aus, dass Großgrundbesitz in einen sogenannten Bodenfonds überführt und anschließend in kleinen Einheiten verteilt wurde. Allerdings wurde ca. 1/3 der Fläche in „Volkseigentum" – also staatliches Eigentum – überführt. Außerdem mussten langfristig viele Neueigentümer durch Zwang des Staates ihr Land an die kollektiven Großbetriebe (LPG's) wieder abgeben. Ein wichtiges Ergebnis der Bodenreform in der Ostzone war die Auflösung der sozialen Schicht des großgrundbesitzenden Adels.

Breschnew-Doktrin
Vom Generalsekretär der KPdSU im November 1968 formulierte Lehre einer „beschränkten Souveränität" der sozialistischen Staaten. Breschnew leitete daraus ein Interventionsrecht der Sowjetunion im Falle einer „Gefährdung des Sozialismus" in den Staaten des Warschauer Pakts ab. Die Breschnew-Doktrin rechtfertigte nachträglich den Einmarsch von Truppen des Warschauer Paktes in die Tschechoslowakei und die gewaltsame Beendigung des „Prager Frühlings".

Containment
(engl. Eingrenzung), Bezeichnung für die Politik der USA und ihrer Verbündeten zu Beginn des > Ost-West-Konfliktes mit dem Ziel, eine Ausdehnung des Einflussbereiches der Sowjetunion und ihrer Verbündeten zu verhindern. Zentrales Element der „containment"-Politik der USA ist die sogenannte „Truman-Doktrin" (1947).

Dekolonisation
Auflösung kolonialer Herrschaft der europäischen Mächte in Asien und Afrika vor allem nach dem Zweiten Weltkrieg

durch den Aufstieg früherer Kolonien zu unabhängigen Nationalstaaten. Die Dekolonisation wurde in der Regel auf Druck einheimischer Nationalbewegungen erreicht, oft unterstützt durch die Sowjetunion. Teilweise wurde die Dekolonisation erst nach blutigen Befreiungskriegen erreicht. Einige der nun formal unabhängigen Staaten hatten und haben bis heute mit innenpolitischer Instabilität, Grenzkonflikten mit Nachbarstaaten und neuen Abhängigkeiten zu kämpfen.

Demokratiedefizit der Europ. Union
Der Vorwurf des Demokratiedefizits beruht darauf, dass die EU im Zuge der Einigung den nationalen Parlamenten Kompetenzen entzog, ohne selbst demokratisch legitimiert zu sein. Es gibt in der EU z. B. keine Regierung, die aus demokratischen Wahlen hervorging. Die Entscheidungen trifft im Wesentlichen der Rat der EU. Andererseits wurden schrittweise die Rechte des direkt gewählten Europäischen Parlaments, zuletzt im Lissabon-Vertrag 2009, ausgebaut.

Demontage
Zur Befriedigung von Reparationsansprüchen und zur Verminderung der deutschen Wirtschaftskraft beschlossen die Alliierten auf der > Potsdamer Konferenz den Abbau von Industriebetrieben und Infrastruktur-Einrichtungen, wie z. B. Eisenbahnlinien. Ungefähr die Hälfte aller Demontagen erfolgte in der sowjetischen Besatzungszone. In den Westzonen wurden sie frühzeitiger eingestellt, weil die negativen Einflüsse auf die Wirtschaft dem seit 1947 zunehmend in den Mittelpunkt rückenden Ziel des Wiederaufbaus widersprachen. Paradoxerweise sollten sich die ursprünglich als Strafen gedachten Maßnahmen langfristig als Vorteil für Deutschland herausstellen, weil alte Betriebe durch neue moderne Anlagen ersetzt wurden und so eine starke Modernisierung in Gang kam.

Deutsche Frage
Mit der „deutschen Frage" war ein zentrales auf der > Potsdamer Konferenz ungelöstes Problem gemeint: der endgültige noch abzuschließende Friedensvertrag, in dem die territoriale und staatliche Zukunft Deutschlands als Ganzes geregelt werden würde. Eine Außenministerkonferenz sollte diesen vorbereiten. Aber die zunächst als Provisorien eingerichteten > Besatzungszonen sollten sich hinsichtlich der Trennung zwischen West- und Ostzonen als Dauerzustand erweisen, da die einstigen gemeinsamen Kriegsgegner Deutschlands bald nicht mehr zur Kooperation bereit waren und das besetzte Land zum Austragungsort des Ost-West-Konflikts wurde. Erst mit dem Mauerfall 1989 und dem anschließenden 2+4-Vertrag sollte die „deutsche Frage" der Nachkriegszeit ein definitives Ende finden.

Deutscher Volkskongress
Im Dezember 1947 versuchte die SED, auf gesamtdeutscher Ebene eine Bewegung „Deutscher Volkskongress für Einheit und gerechten Frieden" zu initiieren. Aber die Initiativen blieben wegen der Ablehnung durch die Westalliierten auf die SBZ beschränkt. Diese befürchteten bei einer gesamtdeutschen Staatsgründung, dass die Sowjetunion massiv Einfluss nehmen würde, um ihr Gesellschaftskonzept gegen eine > parlamentarisch-demokratische Entwicklung durchzusetzen. Der Dritte Volkskongress, der den Staatsbildungsprozess in der Ostzone zum Abschluss bringen sollte, wurde in der SBZ im Mai 1949 gewählt. Die Wahl erfolgte nach dem Prinzip der Einheitsliste – einem pseudodemokratischen Verfahren.

Einheitliche Europäische Akte (EEA)
Die EEA trat im Jahre 1987 in Kraft. Sie ergänzte und modifizierte die Römischen Verträge. Die Kompetenzen der Gemeinschaft wurden erweitert. Politisch stand das Binnenmarktziel im Vordergrund.

Einigungsvertrag
„Vertrag zur Herstellung der Einheit Deutschlands", der zwischen der Bundesrepublik Deutschland und der Deutschen Demokratischen Republik geschlossen wurde. Die DDR-Volkskammer und der Deutsche Bundestag stimmten dem Vertrag am 20. September 1990 zu, womit die rechtliche Grundlage für die Wiedervereinigung der beiden deutschen Staaten geschaffen war. Am 3. Oktober 1990 erfolgte der Beitritt der „neuen Länder" zur Bundesrepublik Deutschland.

Entnazifizierung
Die Entnazifizierung war ein Komplex von Maßnahmen zur Beseitigung des nationalsozialistischen Einflusses in Deutschland nach 1945. Grundlage hierfür waren Beschlüsse der Siegermächte auf den Konferenzen von Jalta und > Potsdam. Neben den gemeinsam durch die Siegermächte durchgeführten Nürnberger Kriegsverbrecherprozessen (Aburteilung der NS-Führungspersonen und -Organisationen) entwickelten die USA in ihrer Besatzungszone ein System der politischen Säuberung, das in unterschiedlicher Intensität auch in den anderen Besatzungszonen angewandt wurde. Seit 1946 hatten speziell eingerichtete deutsche Spruchkammern Betroffene in fünf Kategorien von „Hauptschuldige" bis „Entlastete" einzustufen. Die damit gekoppelten Strafen reichten von der Inhaftierung bis zu Geldbußen. Die Wirksamkeit der Entnazifizierung litt unter der Menge der Verfahren. Eine Flut von Bagatellfällen blockierte die Beschäftigung mit schwerwiegenden Fällen, die oft keinen Abschluss fanden. Oftmals konnten sich Belastete durch „Persilscheine" (positive Bescheinigungen von Freunden etc.) gegenseitig entlasten. Nach dem Rückzug der Alliierten aus den Verfahren lief die Entnazifizierung schrittweise aus und wurde 1954 ganz beendet (in der SBZ schon 1948). In den Westzonen betraf die Entnazifizierung ca. 6 Millionen Menschen, wovon fast 1 700 Personen als Hauptschuldige, 23 000 als Belastete, 150 000 als Minderbelastete und 1,6 Millionen als Mitläufer eingestuft wurden. (Vgl. zur Entnazifizierung > Reeducation und für die SBZ > Bodenreform.)

Euro
Name für die gemeinsame Europäische Währung, die vom > Europäischen Rat am 15. und 16. Dezember 1995 in Madrid beschlossen wurde. Am 1 . Januar 2002 wurde der Euro in allen damaligen EU-Staaten außer Dänemark, Schweden und Großbritannien als Bargeld eingeführt.

Europäische Gemeinschaft (EG)
Frühere Gemeinschaftsbezeichnung für die > Europäische Gemeinschaft für Kohle und Stahl, die Europäische Wirtschaftsgemeinschaft (EWG) und die Europäische Atomgemeinschaft (EURATOM). Durch den > Vertrag von Maastricht wurde 1993 die bisherige EG in die > Europäische Union (EU) umgewandelt. Die EG besteht als eine Säule der EU im Sinne einer Rechtsgemeinschaft fort.

Europäische Gemeinschaft für Kohle und Stahl (EGKS)
Die EGKS oder Montanunion wurde 1951 als erste der europäischen Gemeinschaften zwischen der Bundesrepublik Deutschland, Frankreich, Italien und den Benelux-Staaten geschlossen. Es wurde ein gemeinsamer Markt für Kohle- und Stahlprodukte geschaffen, u. a. mit dem Ziel, Deutschland in das Nachkriegseuropa einzubinden und den Frieden zu sichern. Der Vertrag über die EGKS ist 2002 ausgelaufen.

Europäische Kommission
Die Kommission besteht zurzeit aus 25 Mitgliedern, die durch den > Europäischen Rat nach Zustimmung durch das > Europäische Parlament ernannt werden. Die Kommission ist eine Institution, die es sonst nirgendwo gibt. Sie hat drei Aufgaben: Sie ist Hüterin der EG-Verträge, d. h. sie sorgt dafür, dass alle Rechtsvorschriften eingehalten werden. Neben dieser Kontrollaufgabe hat sie eine Exekutivfunktion, ist also ein ausführendes Organ und als solches zuständig für die Umsetzung der Gemeinschaftspolitik. Drittens ist sie Motor der Integration, indem sie Vorschläge zur Weiterentwicklung der Integration macht.

Europäische Union (EU)
Bezeichnung der bisherigen > Europäischen Gemeinschaft. Die Umwandlung erfolgte durch den > Vertrag von Maastricht von 1993.

Europäischer Rat
Regelmäßiges Treffen der EU-Staats- und Regierungschefs sowie des Präsidenten der > Europäischen Kommission. Das Ziel der in der Regel zwei Treffen pro Jahr ist es, der EU neue Impulse zu geben und neue Zielvorstellungen zu entwickeln.

Europäisches Parlament
Das Europäische Parlament entstand mit dem Inkrafttreten der EWG 1958. Es zählte zunächst 142 Mitglieder. Seit der Europawahl 2009 umfasst es 736 Abgeordnete, die nach einem bestimmten Schlüssel auf die Einzelstaaten verteilt werden. Ab 2014 wird die Zahl der Sitze 751 betragen. Die Abgeordneten der Einzelländer gruppieren sich nicht nach ihrer nationalen Herkunft, sondern schließen sich zu länderübergreifenden Fraktionen zusammen. Im Vergleich zu nationalen Parlamenten sind ihre Befugnisse begrenzt. Seit den Verträgen von Maastricht, Amsterdam und Lissabon sind die Rechte des Europäischen Parlaments ausgeweitet im Sinne der Mitgestaltung und Mitentscheidung.

Europarat
Zusammenschluss von 42 europäischen und zwei vorderasiatischen Staaten, gegründet 1949; Gründungsmitglieder waren Belgien, Dänemark, Frankreich, Großbritannien, Irland, Italien, Luxemburg, die Niederlande, Norwegen und Schweden.

Europa-Symbole
Symbole erleichtern die Identifikation der Bürger mit einem politischen System und sind deshalb für das Selbstverständnis von großer Bedeutung. Die EG/EU benutzt seit 1986 die blaue Fahne mit zwölf goldenen, kreisförmig geordneten Sternen. Als Hymne verwendet sie Beethovens „Ode an die Freude". Der 9. Mai ist der Europatag, er erinnert an die Erklärung Robert Schumans. Hohe Symbolkraft hat die gemeinsame Währung, die seit 2002 Scheine und Münzen mit europäischen Symbolen verwendet.

EWG-Vertrag
Am 25.3.1957 wurden in Rom die Verträge zur Gründung der Europäischen Wirtschaftsgemeinschaft (EWG) und der Europäischen Atomgemeinschaft (EURATOM) von den Mitgliedern der > EGKS unterzeichnet. Das Ziel war die Schaffung eines europäischen Binnenmarktes. Die sog. Römischen Verträge bildeten den Kern der europäischen Einigung. Durch die > Einheitliche Europäische Akte (1987) sowie die > Verträge von Maastricht (1993), Amsterdam (1999), Nizza (2003) und Lissabon (2009) erfuhren die Verträge vier größere Reformen. Mit dem Vertrag von Maastricht wurde der EWG-Vertrag in EG-Vertrag umbenannt.

Freizügigkeit
Arbeitnehmer und Selbstständige haben das Recht, in jedem EU-Land ohne jede Beschränkung aufgrund ihrer Staatsangehörigkeit unter den gleichen Bedingungen tätig zu sein und zu leben wie einheimische Arbeitskräfte.

Friedliche Koexistenz
Ursprünglich aus der Sowjetunion stammender Begriff für die Idee eines friedlichen Nebeneinanders der beiden konkurrierenden Machtblöcke im > Ost-West-Konflikt. Unter den Bedingungen des > atomaren Patts sollte sich die Konkurrenz der Systeme auf die Bereiche der Ideologie, Wirtschaft und Gesellschaft beschränken und auf kriegerische Mittel verzichten.

Gauck-Behörde
„Behörde der Bundesbeauftragten für die Unterlagen des Staatssicherheitsdienstes der ehemaligen DDR" (BStU); Bundesbehörde, die für die „Erfassung, Erschließung, Verwaltung und Verwendung" der personenbezogenen Akten des Staatssicherheitsdienstes (> Stasi) der ehemaligen DDR verantwortlich ist. Benannt ist die Behörde nach ihrem ersten Leiter Joachim Gauck; er wurde im Oktober 2000 nach zwei Amtsperioden an der Spitze der Behörde von Marianne Birthler abgelöst, die wiederum Anfang 2011 von Roland Jahn abgelöst wurde.

Glasnost
(russ. Offenheit), neben dem Begriff „Perestroika" (russ. Umbau) eines der beiden Schlagworte zur Kennzeichnung der Reformpolitik des Generalsekretärs der KPdSU und späteren Präsidenten der Sowjetunion, Michail Gorbatschow. Das Konzept der „Perestroika" zielte auf die wirtschaftliche Umstrukturierung (im Sinne des Abbaus staatlicher Lenkung und stärkerer Dezentralisierung) der Sowjetunion, während gleichzeitig das Konzept des „Glasnost" Gesellschaft, Politik und Kultur offener und freier gestalten sollte. In der Praxis bedeutete dies die Aufhebung von Zensurbestimmungen und die Zulassung offener Kritik. Obwohl ursprünglich von M. Gorbatschow nicht beabsichtigt, hatte die Dynamik dieser Reformpolitik innenpolitisch letztlich die Abkehr vom sozialistischen System und die territoriale Auflösung der Sowjetunion zur Folge. Außenpolitisch führte sie zu stärkerer Unabhängigkeit der anderen Staaten im kommunistischen Machtbereich und neuen Freiräumen für dortige Oppositionsbewegungen sowie zu weitreichenden Entspannungs- und Abrüstungsschritten im Verhältnis zur USA.

Grundgesetz
Das G. wurde vom > „Parlamentarischen Rat" als verfassungsrechtliche Grundlage der Bundesrepublik Deutschland am 8.5.1949 beschlossen und trat nach der – unter Vorbehalten gegebenen – Zustimmung der drei Westalliierten und der Ratifizierung durch alle Landtage – außer Bayern – am 24.5.1949 in Kraft. Der Begriff „Grundgesetz" betonte bewusst den provisorischen Charakter des Verfassungswerkes vor dem Hintergrund der deutschen Teilung. Seit der Wiedervereinigung der „alten" mit den „neuen" Bundesländern am 3.10.1990 gilt das G. für ganz Deutschland.

Grundlagenvertrag
Als zentraler Bestandteil der > neuen Ostpolitik der sozialliberalen Regierung wurde 1972 der Grundlagenvertrag zwischen der DDR und der Bundesrepublik geschlossen, der ein geregeltes Nebeneinander der beiden deutschen Staaten auf der Grundlage der Gleichberechtigung und eine allmähliche Normalisierung ihrer Beziehungen ermöglichte. Die bayerische CSU-Landesregierung focht den Vertrag als mit dem Grundgesetz nicht vereinbar an. Das Bundesverfassungsgericht wies jedoch diese Klage zurück.

Imperalismus
Allgemein wird die Bezeichnung für alle Bestrebungen benutzt, die Herrschaft über andere Länder und Völker zu erlangen. In der Regel ist Imperalismus die Bezeichnung für die weltweite Ausbreitung, Konkurrenz und direkte oder indirekte Herrschaft über fremde Länder durch die europäischen Großmächte, Japan und die USA für den Zeitraum zwischen 1880 und dem Ersten Weltkrieg. Der Imperalismus war darauf ausgerichtet, besonders in Afrika und Asien neue Kolonien zu gründen und Interessensphären abzustecken, um Rohstoffquellen und Absatzmärkte zu erschließen, aber auch um nationales Prestige als Großmacht zu festigen und zum Teil von einigen innenpolitischen Spannungen abzulenken. Der Imperalismus fand sein Ende in der Phase der Dekolonisation.

INF-Vertrag
1987 zwischen den USA und der UdSSR geschlossener Vertrag zur völligen Beseitigung atomarer Mittelstreckenraketen (INF, Intermediate Range Nuclear Forces), die bis 1991 erfolgte. Der Vertrag beendete die Auseinandersetzung um die Aufstellung sowjetischer Mittelstreckenraketen (SS-20) und den darauf folgenden > NATO-Doppelbeschluss (1979).

Innere Reformen
Allgemeine Bezeichnung für bedeutsame innenpolitische Reformen. Im engeren Sinne werden unter dem Begriff neben dem > Lastenausgleichsgesetz (1952) und der Rentenreform (1957) der Regierung Adenauer vor allem die Reformen der sozial-liberalen Koalition seit 1969 bezeichnet, die wesentliche Impulse der > Außerparlamentarischen Opposition aufnahmen und zu einer Modernisierung der westdeutschen Gesellschaft führten. Dazu zählen insbesondere: die Strafrechtsreform (1969), das Betriebsverfassungsgesetz (1972), die Reform der gymnasialen Oberstufe (1972), das Gesetz zur „Neuregelung der elterlichen Sorge" (1973), ein neues Namensrecht (1976), das Mitbestimmungsgesetz (1976), die Reform des Abtreibungsrechts (1974/1976).

Integration, europäische
Der Begriff „Integration" bezeichnet den Zusammenschluss einzelner Teile zu einer übergeordneten Einheit, in der die Teile ihre Fähigkeiten und Möglichkeiten besser nutzen können. Im Falle der europäischen Integration schließen sich Staaten zusammen, die einen Teil ihrer nationalstaatlichen Hoheitsrechte, z. B. im Bereich der Wirtschaftspolitik, auf gemeinsame Organe übertragen, die dann die Staaten repräsentieren.

Islam
Der Islam (arab. Hingabe) ist nach dem Christentum die zweitgrößte Religion der Welt. Wie das Judentum und das Christentum ist er eine monotheistische Religion. Er sieht sich in der Tradition dieser beiden Buchreligionen. Religionsstifter ist der um 570 in Mekka im heutigen Saudi-Arabien geborene Muhammad.

Die Sunniten bilden die größte Gruppierung innerhalb des Islam (ca. 90 % der Gläubigen), gefolgt von den Schiiten, die vor allem im Gebiet des Irak und des Iran leben.

Kalter Krieg
1947 in den USA („Cold war") geprägte Bezeichnung für die Konfrontation der Machtblöcke im > Ost-West-Konflikt am Rande eines Atomkrieges.

Kommunismus
Sammelbegriff einerseits für auf den Werken von Karl Marx, Friedrich Engels und W. I. Lenin aufbauende „kommunistische" Ideologien, die im Detail sehr unterschiedlich ausgeprägt sein können, und andererseits für politische Bewegungen oder Staaten, die sich in ihrer praktischen Politik auf eine solche Ideologie berufen.

Kreuzzüge
Kriegszüge der abendländischen Christen hauptsächlich zur Befreiung Jerusalems und des „Heiligen Landes" von den „Ungläubigen", d. h. den Muslimen. Die Initiative dazu ging 1095 auf dem Konzil im französischen Clermont von Papst Urban II. aus. Neben dem Imperialismus haben sich die Kreuzzüge als negative Begegnung „der islamistischen Welt" mit „dem Westen" im kollektiven Gedächtnis eingegraben.

KSE-Abkommen
(KSE = Konventionelle Streitkräfte in Europa). Ende 1990 zwischen den Ländern des ehemaligen > Warschauer Paktes und der > NATO geschlossenes Abkommen zur Reduzierung und Begrenzung konventioneller Rüstung in Europa.

KSZE-Schlussakte
1975 unterzeichneten 35 Staaten in Helsinki die Schlussakte der KSZE (Konferenz für Sicherheit und Zusammenarbeit in Europa). Die wichtigsten Bestimmungen der Schlussakte (Gewaltverzicht, friedliche Lösung von Streitfällen, Nichteinmischung in innere Angelegenheiten, Anerkennung der Menschenrechte) sollten Stabilität und Frieden in Europa sichern helfen. Die offizielle Anerkennung der Menschenrechte in der KSZE-Schlussakte ermutigte osteuropäische Oppositionsbewegungen im Kampf gegen ihre Regierungen und beförderte die revolutionäre Entwicklung in Osteuropa. Die friedenssichernde Kraft der KSZE wurde durch eine Reihe von Folgekonferenzen gestärkt. Nach dem Ende der Sowjetunion gehören der KSZE 53 Staaten (seit 1993) an, 1995 ging sie in die OSZE (Organisation für Sicherheit und Zusammenarbeit in Europa) über.

Kuba-Krise
Konflikt zwischen den USA und der UdSSR im Jahr 1962, ausgelöst durch die Stationierung sowjetischer Atomraketen auf der Karibikinsel Kuba. Die Kuba-Krise gilt als Höhe- und Wendepunkt des > Kalten Krieges. Die UdSSR unter Nikita Chruschtschow versuchte, sich durch die Raketenstationierung einen strategischen Vorteil zu verschaffen. Aufklärungsflugzeuge der USA entdeckten die Raketen im Oktober 1962, am 22.10.1962 forderte US-Präsident Kennedy ultimativ ihren Abzug und verhängte eine Seeblockade um Kuba. Der Konflikt drohte in einen Atomkrieg zu eskalieren, aber nach intensiven Verhandlungen erklärte sich Chruschtschow am 28.10. zum Abzug der Raketen bereit, während die USA auf eine Invasion Kubas verzichteten und ihre auf die UdSSR gerichteten Mittelstreckenraketen aus der Türkei abzogen. Im Anschluss an die Kuba-Krise begannen beide Supermächte, ihr Krisenmanagement – z. B. durch die Einrichtung eines „heißen Drahtes" – systematisch zu verbessern, und leiteten erste Schritte zur Rüstungskontrolle und Entspannungspolitik ein (> Abrüstung).

Laizismus
Antiklerikale (gegen Geistliche und deren Einfluss gerichtet) oder antireligiöse Bewegung, die die Trennung von Staat und Kirche einfordert und generell für eine säkulare (weltliche) Ausrichtung von Gesellschaft und Politik eintritt. Diese Bewegung hat sich im 19. Jahrhundert vor allem in Frankreich und Belgien entwickelt. Im Bereich der islamischen Welt wurde der Laizismus durch Atatürk zum Staatsgrundsatz der modernen Türkei.

Lastenausgleich
Durch das „Lastenausgleichsgesetz" (1952) garantierte materielle Unterstützung der Kriegsbeschädigten, Heimatvertriebenen und Flüchtlinge in der Bundesrepublik. Der L. dokumentierte die Solidarität der Gesamtgesellschaft für diese Bevölkerungsgruppen und trug erheblich zu ihrer Integration in die Gesellschaft bei.

Marshallplan
Der Marshallplan war ein umfassendes Hilfsprogramm für Europa (im Juni 1947 durch den amerikanischen Außenminister G. C. Marshall angekündigt). Es war durch die Einsicht motiviert, dass nur eine funktionierende Marktwirtschaft in Europa profitable Absatzmärkte für Amerika bringen würde, und durch die Angst vor einer weiteren Ausbreitung der kommunistischen Einflusssphäre. Die in vielen Ländern Europas Not leidende Bevölkerung sollte durch die Verbesserung der Wirtschaftslage gegen den Kommunismus immunisiert werden. Die Strategie war dabei eine Hilfe zur Selbsthilfe in Form von Krediten zur Wiederherstellung der Fähigkeit zu eigener Güterproduktion. Die sowjetische Besatzungszone durfte sich auf Druck der Sowjetunion wie die anderen unter russischem Einfluss stehenden Länder nicht an dem Programm beteiligen, obwohl es ihnen von amerikanischer Seite aus offen gestanden hätte.

Marxismus
Der Begriff bezeichnet die Gesamtheit der von Karl Marx (1818–1883) entwickelten ökonomischen, politischen und geschichtsphilosophischen Ideen und Vorstellungen. Im Kern behauptet der M., die menschliche Geschichte sei eine Abfolge von jeweils durch Revolutionen eingeleiteten Epochen (Sklavenhaltergesellschaft, Feudalismus,

Kapitalismus, Sozialismus und Kommunismus), in denen jeweils eine herrschende „Klasse" (die Produktionsmittel besitzt) eine andere unterdrückte „Klasse" (die keine Produktionsmittel besitzt) ökonomisch und politisch ausbeutet. Diese Entwicklung läuft – nach Ansicht des M. – letztlich auf die Phase „Kommunismus" hinaus, in der es kein Privateigentum, sondern nur noch Gemeineigentum an Produktionsmitteln geben werde und in der eine gerechte Gesellschaft ohne Ausbeutung entstehen könne. Der M. versteht sich selbst als wissenschaftliche Theorie und bildete die gedankliche Grundlage des > real existierenden Sozialismus.

Ministerium für Staatssicherheit

Siehe Stasi.

Montagsdemonstrationen

Wöchentliche Demonstrationen während des Jahres 1989 in Leipzig im Anschluss an das Montagsgebet in der Nicolaikirche, deren Teilnehmerzahl stetig zunahm und die sich zu einem zentralen Ausdrucksmittel der Oppositionsbewegung in der DDR entwickelten. Den Höhepunkt der M. bildete die Montagsdemonstration vom 9.10.1989 mit etwa 90 000 Teilnehmern. Die – nach dem Ende der offiziellen Feierlichkeiten zum 40. Jahrestag der DDR (7.10. 1989) – von vielen erwartete blutige Konfrontation mit der Volkspolizei und der NVA blieb aus; die Opposition hatte ihr Demonstrationsrecht durchgesetzt.

NATO

(engl. North Atlantic Treaty Organization). Westliches Verteidigungsbündnis unter Führung der USA, das sich selbst auch als politisches und kulturelles Bündnis mit gemeinsamen Wertvorstellungen versteht. Die NATO wurde 1949 gegründet und bildete im > Kalten Krieg den westlichen Gegenpol zum von der UdSSR dominierten > Warschauer Pakt. Die Bundesrepublik trat der NATO 1955 bei. Mit der Auflösung des Warschauer Paktes (Juli 1991) und dem Ende der UdSSR (Dezember 1991) verlor die NATO einen wesentlichen Teil der mit ihrer Gründung verbundenen Zielsetzung und entwickelte 1991 ein neues strategisches Konzept. Im Rahmen der sogenannten „Osterweiterung" traten eine Reihe osteuropäischer Staaten als neue Mitglieder bei.

NATO-Doppelbeschluss

Bezeichnung für den im Dezember 1979 getroffenen Beschluss der NATO, in vier Jahren mit der Stationierung von modernen, atomaren Mittelstreckenraketen (Pershing II) in Westeuropa zu beginnen, falls die UdSSR bis dahin nicht ihre atomaren Mittelstreckenraketen aus Osteuropa („SS-20") abgebaut hätte. Der N. enthält also eine doppelte, kombinierte Zielrichtung: Rüstungsdrohung und Abrüstungsangebot. Die Auseinandersetzung um den N. bildete einen der Höhepunkte der Phase des „second cold war" der 1970er- und 1980er-Jahre.

Neue Ostpolitik

Bezeichnung für die Ostpolitik der sozial-liberalen Koalition (1969–1982), die das Verhältnis zu den Ostblockstaaten, insbesondere zu Polen, der UdSSR und der DDR, durch Vertrauen bildende Maßnahmen, Verträge und wirtschaftliche Zusammenarbeit normalisierte. Diese Ostpolitik bildete das Gegenstück zur > Westintegration in der Ära Adenauer. Die neue Ostpolitik ging von der Anerkennung der territorialen und politischen Verhältnisse aus, die als Folge des Zweiten Weltkriegs entstanden waren. Ziel dieser Politik war es, die Teilung Deutschlands und Europas für die betroffenen Menschen erträglicher zu machen und zur Entspannung zwischen den Blöcken beizutragen. Die Ostpolitik wurde vor allem von den Vertriebenenverbänden heftig bekämpft und führte zu einer der schärfsten innenpolitischen Kontroversen in der Geschichte der Bundesrepublik.

1968

Das Jahr 1968 stellte einen zentralen Wendepunkt politischer Kultur dar, der durch die Studentenbewegungen in den westlichen Industrienationen erzwungen wurde. Die Proteste – Massendemonstrationen, „sit ins", ziviler Ungehorsam, aber auch Gewalt gegen Sachen und Personen – richteten sich einerseits gegen den sog. „imperialistischen Neokolonialismus" des Westens, z. B. gegen die militärische Intervention der USA in Vietnam, und andererseits gegen die als undemokratisch und repressiv empfundenen bürgerlichen Herrschaftseliten im eigenen Land wie auch gegen ihre Werte und Normen. Die Revolte führte zu einer Demokratisierung und Liberalisierung der Gesellschaft. Sie eskalierte im politischen Terrorismus kleiner radikaler Splittergruppen, z. B. der Roten Armee Fraktion in der BRD, die eine Vielzahl an Mordanschlägen verübte.

Nischengesellschaft

Bezeichnung für die in der Bevölkerung der DDR weit verbreitete Tendenz, sich zwar äußerlich – z. B. in der Schule oder im Betrieb – staatskonform zu verhalten, aber in geschützten Bereichen, wie in der Familie oder im Freundeskreis, die „wirkliche" Meinung zu vertreten. In diesem Sinne besonders bedeutsame „Nischen" stellten die beiden Kirchen dar, denen ein gewisser Freiraum erhalten geblieben war. Dennoch unternahm die Staatsführung insbesondere seit den 1970er-Jahren durch den massiven Ausbau des Spitzelsystems der > Stasi den Versuch, die N. unter Kontrolle zu halten.

Notstandsgesetze

Die Notstandsgesetze wurden 1968 von der Großen Koalition in das > Grundgesetz eingefügt. Sie sollen die Handlungsfähigkeit des Staates in Krisensituationen (innere Unruhen, Krieg, Naturkatastrophen) gewährleisten. Durch die Notstandsverfassung wird die Stellung der Exekutive auf Kosten des Parlaments gestärkt. Selbst Grundrechte können unter bestimmten Bedingungen außer Kraft gesetzt werden. Aufgrund der verhängnisvollen Erfahrungen mit dem Notstandsartikel (Art. 48) der Weimarer Verfassung, der die Aushöhlung der parlamentarischen Demokratie ermöglicht und den Aufstieg Hitlers begünstigt hatte, stießen die Notstandspläne der Bundesregierung (seit 1958) auf heftigen Widerstand bei der FDP, den Gewerkschaften und der > außerparlamentarischen Opposition. Erst durch die Große Koalition von SPD und CDU/CSU und nach Berücksichtigung einiger Vorbehalte der SPD konnten sie verabschiedet werden. Die Notstandsgesetze waren Voraussetzung für die volle Souveränität der Bundesrepublik, da sie die Vorbehaltsrechte der Alliierten zum Schutz ihrer in Deutschland stationierten Truppen ablösten. Bis jetzt wurde die Notstandsverfassung noch nicht angewendet.

Ost-West-Konflikt
Bezeichnung für den weltumspannenden, letztlich ideologisch begründeten, dann aber alle Lebensbereiche (Wirtschaft, Politik, Gesellschaft, Kultur) umfassenden Konflikt zwischen der kommunistischen (östlichen) Welt unter Führung der Sowjetunion und der kapitalistisch-liberalen (westlichen) Welt unter Führung der USA. Der OWK prägte das gesamte „kurze“ 20. Jahrhundert seit der russischen Oktoberrevolution 1917 bis zum Ende der Sowjetunion 1989/90, wurde aber während des Zweiten Weltkrieges durch die Allianz gegen die Achsenmächte und insbesondere das nationalsozialistische Deutschland überlagert. Nach 1945 eskalierte der OWK vor dem Hintergrund der Entwicklung von > Atomwaffen zu einem den gesamten Globus bedrohenden > Kalten Krieg und führte zu einer bipolaren Ordnung, die die Weltpolitik bis 1989/90 bestimmte.

Parlamentarische Demokratie
Die parlamentarische Demokratie beruht auf dem Selbstbestimmungsrecht des Volkes, der Volkssouveränität, und stellt ein freiheitliches, selbstbestimmtes und offenes politisches System dar. Die größte Macht liegt beim Parlament, d. h., dass ohne eine Mehrheit im Parlament keine weiter reichenden politischen Entscheidungen getroffen werden können (Mehrheitsprinzip).

Parlamentarischer Rat
Im Zuge des Staatsbildungsprozesses in den Westzonen beauftragten die westlichen Alliierten im Juli 1948 die Deutschen damit, eine Verfassung auszuarbeiten. Daraufhin trat im September 1948 ein „Parlamentarischer Rat“ zusammen, der indirekt aus freien, allgemeinen und geheimen Wahlen hervorgegangen war. Dieser erarbeitete nicht eine Verfassung – wie von den Alliierten formuliert –, sondern nur ein > „Grundgesetz“, um auf die Vorläufigkeit dieses Vorganges hinzuweisen (letztliches Ziel Verfassung für Gesamtdeutschland). Besonders berücksichtigt wurden historische Lehren aus der Zeit der Weimarer Republik, wie zum Beispiel die deutliche Beschneidung der rechtlichen Vollmachten des Reichspräsidenten zugunsten repräsentativer Aufgaben zeigt. Am 24. Mai 1949 trat das Verfassungswerk in Kraft.

Perestroika
Siehe Glasnost.

Planwirtschaft
Auch Zentralverwaltungswirtschaft; Wirtschaftsordnung der kommunistischen Staaten, z. B. der UdSSR und der DDR. In der P. werden zentrale ökonomische Entscheidungen (z. B. über Produktionsmengen oder -preise) nicht dezentral durch Angebot und Nachfrage auf dem Markt, sondern von einer zentralen Planungsbehörde getroffen und angeordnet. Die P. geht vom Grundsatz des Vorrangs der Politik gegenüber der Ökonomie aus, d. h. wirtschaftliche Entscheidungen sollen politisch begründet sein. Die zentrale Voraussetzung der P. ist die Verstaatlichung der Produktionsmittel.

Politbüro
Siehe SED.

Potsdamer Konferenz
Auf der Potsdamer Konferenz vom 17. Juli bis zum 2. August 1945 wurden von den Siegermächten Amerika, England und Russland die zentralen Beschlüsse für den Umgang mit dem besiegten Deutschen Reich gefasst. Ein Alliierter Kontrollrat sollte während der Besatzungszeit die oberste Regierungsgewalt übernehmen, die Entmilitarisierung und > Entnazifizierung überwachen und übergreifende Verwaltungseinheiten bilden. Eine zentrale deutsche Regierung war nicht vorgesehen, allerdings wollten die Besatzungsmächte die wirtschaftliche Einheit des Landes bewahren. Die Pläne zur „Demilitarisierung, Denazifizierung, Dekartellisierung und Demokratisierung“ Deutschlands erwiesen sich sehr bald als bloße Worthülsen, da sich die Vorstellungen der Westmächte über Inhalt und Durchführung der Vorhaben von jenen der UdSSR grundlegend unterschieden.

Real existierender Sozialismus
Als „real existierender Sozialismus“ wurde das Wirtschafts- und Gesellschaftssystem in der UdSSR und den anderen Staaten des Ostblocks bezeichnet, die für sich in Anspruch nahmen, den Sozialismus in die Praxis umgesetzt zu haben. Sozialistische Theorien waren aus den Erfahrungen mit der Industrialisierung und dem Frühkapitalismus entstanden und zielten auf die Herstellung sozialer Gerechtigkeit. In der Tradition der Aufklärung vertrauten sie auf die Möglichkeit, Wirtschaft und Gesellschaft rational zu planen und harmonisch zu gestalten. Von den verschiedenen sozialistischen Theorien war es vor allem die von Karl Marx und Friedrich Engels (> Marxismus), auf die sich die Staaten des „real existierenden Sozialismus“ beriefen. Mit dem Begriff „real existierender Sozialismus“ wurde Kritik abgewehrt, die auf die Diskrepanz zwischen der sozialistischen Theorie und der Praxis in diesen Staaten hinwies. Seit der Wende 1989 gilt der Realsozialismus, insbesondere wegen der massiven Verstöße gegen Menschenrechte in realsozialistischen Ländern, als diskreditiert.

Reeducation
Eine wichtige Säule der auf der > Potsdamer Konferenz beschlossenen > Entnazifizierung Deutschlands war neben der Säuberung des Landes von ehemaligen Verantwortlichen des NS-Regimes die ,,Reeducation" – die „Umerziehung" – der Deutschen. In diesen Bereich fielen die Reformen im Schulwesen, in der Kulturpolitik und im Presse- und Rundfunkwesen. Die Maßnahmen stießen vielfach auf große Ablehnung in der deutschen Bevölkerung, wie die sofort durchgeführte Schließung aller Schulen oder der Zwang, Dokumentarfilme über die geöffneten Konzentrationslager anzusehen oder sie zu besichtigen. Viele Maßnahmen hatten auch nur kurzen Bestand. So wurden die Schulen in allen Zonen – ohne vorherige Durchführung von Reformen – schon im Herbst 1945 aus pragmatischen Gründen wieder eröffnet.

Reparationen
Nach dem Zweiten Weltkrieg verlangten die Alliierten vom besiegten Deutschland die Wiedergutmachung von Kriegsschäden. Diese sollte durch > Demontage von Industrieanlagen und Infrastruktur-Einrichtungen und deren Abtransport ins Ausland erfolgen. Nach dem > Potsdamer Abkommen sollten die alliierten Mächte drei Viertel der Sachleistungen aus den Beständen der eigenen Besatzungszonen entnehmen. Über den Rest sollte zwischen den einzelnen Zonen verhandelt werden. Die letztere Regelung führte jedoch bald zu Meinungsverschiedenheiten zwischen den westlichen Alliierten und der Sowjetunion. Die Folge war, dass die Verhandlungen auf der im April 1947 stattfindenden Konferenz der Außenminister vollends scheiterten. Insgesamt am schwersten betroffen von den Reparationen war die SBZ, da sich in den Westzonen mit der Umsetzung des > Marshallplans 1948 die Einforderung der Reparationsleistungen sehr schnell verringerte.

RGW-Staaten
Rat für gegenseitige Wirtschaftshilfe (engl.: Comecon – Council for Mutual Economic Assistance). Der RGW wurde 1949 unter Führung der Sowjetunion als Reaktion auf den Marshallplan gegründet und umfasste neben der Sowjetunion die sozialistischen Staaten Mittel- und Osteuropas sowie später einige außereuropäische Staaten mit planwirtschaftlichen Wirtschaftssystemen. Nach den Umwälzungen in Osteuropa 1989 wurde der RGW 1991 aufgelöst.

Roll-Back
(engl. Zurückdrängen). Strategisches Konzept der USA und des Westblocks, das – über das Konzept des „containment" hinausgehend – nicht nur die Eindämmung, sondern die aktive Zurückdrängung des Einflusses des kommunistischen Machtblocks zum Ziel hatte. Das Konzept des R. gewann in den 1950er-Jahren an Bedeutung und ist insbesondere mit der Politik John Foster Dulles (US-Außenminister 1953–1959) verbunden.

Runder Tisch
Bezeichnung für ein politisches Gremium, das aus mehreren gesellschaftlichen Gruppen zusammengesetzt ist und das um den Ausgleich divergierender Interessenlagen bemüht ist. Geprägt wurde der Begriff zuerst für die Gespräche am „Runden Tisch" in Polen in der Übergangsphase vom kommunistischen Regime zur demokratischen Republik 1989. In der DDR entstanden „Runde Tische" 1989 als neue informelle Gremien. Am 7.12.1989 wurde der Zentrale Runde Tisch in Ost-Berlin etabliert, der bis zum 12.3.1990 die Arbeit der Übergangsregierung stark beeinflusste.
Heute kommt es immer dann zu Runden Tischen, wenn Vertreter von verschiedenen Institutionen, die sich auf verschiedenen Hierarchie-Ebenen befinden können, eine von allen Seiten anerkannte Kompromiss-Lösung finden sollen.

SALT-Abkommen
(SALT = Strategic Arms Limitation Talks). Verhandlungen zur Begrenzung strategischer Atomrüstung (interkontinentale Raketensysteme) zwischen den USA und der UdSSR. Das erste Abkommen (SALT I) wurde 1972 unterzeichnet. Das zweite (SALT II) wurde 1979 unterzeichnet, vom US-Kongress wegen des Einmarsches der UdSSR in Afghanistan zwar nicht ratifiziert, aber de facto von beiden Supermächten eingehalten.

Schiiten
Religiöse Gruppierung im Islam. Nach dem Tod des vierten Kalifen, Ali, kam es zum Bruch zwischen Schiiten und Sunniten. Die Anhänger Alis wollten sich nicht dem neuen Kalifen unterwerfen und bildeten die „Partei Alis" (arab. „schi'at Ali") Sie umfasst 10–15 % der Muslime, wobei unter den Schiiten wiederum mehrere Gruppen unterschieden werden können. Ihre Zentren liegen im Iran, im Südirak und in dem indischen Subkontinent. Die Unterschiede zu den Sunniten sind vielfältig und hängen auch davon ab, von welcher Untergruppe der Schiiten man spricht. Die Schiiten haben andere Vorstellungen über die Rechtmäßigkeit der Nachfolge Muhammads. So verehren sie Ali und dessen Nachfolger, insbesondere seinen ebenfalls ermordeten Sohn Husain. Als Zeichen ihrer Trauer geißeln manche Schiiten sich selbst und beleidigen die Rivalen Alis, die wiederum von den Sunniten verehrt werden. Auch stimmen der schiitische und sunnitische Hadith nicht überein. Es gibt Beispiele für eine enge Kooperation zwischen Sunniten und Schiiten – ebenso wie für erbitterte Konflikte, etwa im Iran-Irak-Krieg (1980–88) oder in den inneren Konflikten im Irak seit dem Sturz Saddam Husseins (2003).

Schuman-Plan
Im Mai 1950 legte der französische Außenminister Robert Schuman seinen Plan zur europäischen Teilintegration vor. Der Plan gab den Anstoß zur > EGKS von 1951. Frankreich verfolgte darin das Ziel, zum Zweck der Friedenssicherung die deutsche Kohle- und Schwerindustrie unter eine gemeinsame Kontrolle zu stellen. Andererseits wur-

de Deutschland nur wenige Jahre nach Kriegsende als gleichberechtigter Partner anerkannt und erhielt die Chance zur Aussöhnung.

Schwarzmarkt
Nach dem Ende der Kriegshandlungen im Mai 1945 war der Höhepunkt der wirtschaftlichen Notlage noch nicht erreicht, sondern erst im extrem strengen Winter 1946/47. Im Alltag trat als brennendstes Problem die Unterversorgung mit Nahrungsmitteln in den Vordergrund. Das Bewirtschaftungssystem der alliierten Besatzungsmächte mit genau festgelegten Rationierungen sicherte nicht die Versorgung der Bevölkerung mit den lebensnotwendigen Produkten. Da das Geld und die Lebensmittelkarten nur von geringem Wert waren, begann sich überall ein „schwarzer Markt" zu entwickeln, auf dem Zigaretten bald eine eigene Währung waren. Außerdem kehrten die Menschen weitgehend zur Naturalwirtschaft zurück, sodass ein reger Tauschhandel einsetzte.

SDI
Vom amerikanischen Präsidenten Ronald Reagan 1983 initiiertes Programm zum Aufbau eines satellitengestützten Raketenabwehrsystems (SDI, Strategic Defense Initiative). Das Programm bildete einen wichtigen Schwerpunkt der Verteidigungspolitik der ersten Reagan-Administration, wurde aber über erste Planungsansätze hinaus nie in die Realität umgesetzt.

SED
Sozialistische Einheitspartei Deutschlands. Tragende Staatspartei der DDR, gegründet im April 1946 durch die von der sowjetischen Besatzungsmacht betriebene Vereinigung von KPD und SPD. Die SED war keine demokratische, sondern eine zentralistisch strukturierte Partei. Formell oberstes Organ war der seit 1971 alle fünf Jahre stattfindende Parteitag, der das Zentralkomitee (ZK) wählte, das wiederum die eigentlichen Machtzentren der Partei, das Politbüro und das Sekretariat des ZK, bestimmte. Tatsächlich wählte das Politbüro sich immer selbst, denn ohne Ausnahme in der gesamten Geschichte der SED folgte das ZK den Wahlvorschlägen des Politbüros. Mächtigste Person waren die Generalsekretäre des ZK der SED Walter Ulbricht (1946–1971) und Erich Honecker (1971–1989). Nach der friedlichen Revolution in der DDR ging die SED in die PDS (Partei des Demokratischen Sozialismus) über.

SED-Staat
Abwertende Bezeichnung für das von der > SED dominierte Staatssystem der DDR. Formal basierte die DDR zwar auf allgemein anerkannten Grundsätzen der Demokratie, faktisch aber handelte es sich um einen diktatorisch regierten Einparteienstaat.
Die SED begründete ihre „führende Rolle in Staat und Gesellschaft" mit einer angeblich wissenschaftlich erwiesenen, besonderen historischen Aufgabe der marxistisch-leninistischen Arbeiterpartei in der Phase des Sozialismus.

Soziale Marktwirtschaft
Nach dem Zweiten Weltkrieg in der Bundesrepublik vor allem von Alfred Müller-Armack (1901–1978) entwickelte und von Ludwig Erhard (1897–1977) politisch umgesetzte Wirtschaftsordnung, die den Grundgedanken der freien Marktwirtschaft (die Koordination von Angebot und Nachfrage durch den Marktpreis) durch Maßnahmen des sozialen Ausgleichs ergänzt. Nach dem Konzept der S. ist schon die Wirkung des freien Marktes „sozial", da er die Warenproduktion an der Nachfrage der Bevölkerung ausrichtet; in bestimmten Bereichen reiche allerdings der Marktmechanismus nicht aus und müsse durch sozialpolitische Maßnahmen korrigiert werden.

Stalinismus
Der Begriff wird mit mehreren Bedeutungen verwendet. Er meint einerseits eine historische Periode in der Entwicklung der Sowjetunion und der Ostblock-Staaten, die von 1924, als Stalin die Führung der Kommunistischen Partei der Sowjetunion (KPdSU) übernahm, bis 1956 währte, als der XX. Parteitag der KPdSU eine Entstalinisierung einleitete. Er meint andererseits eine totalitäre Gesellschafts- und Staatsverfassung, zu deren markanten Merkmalen Terror, willkürliche Verfolgungen, Straflager, straffe wirtschaftliche Organisation und Personenkult gehören. Außerdem meint er eine politische Theorie, in der Elemente der Theorien von Marx, Engels und Lenin kanonisiert und dogmatisiert wurden, sodass sie eine theoretische Rechtfertigung für alle praktisch-politischen Maßnahmen der stalinistischen Parteiführung liefern konnte.

START-Abkommen
(START = Strategic Arms Reduction Talks). Verhandlungen zur Reduzierung strategischer Atomwaffen wurden zwischen den Supermächten aufgrund der seit 1985 veränderten Rahmenbedingungen (> Glasnost) möglich und mündeten in zwei Abkommen: 1991 (START I) und 1996 (START II).

Stasi
Abkürzung für das Ministerium für Staatssicherheit (MfS) der ehemaligen DDR. Die Stasi verstand sich als „Schild und Schwert" der > SED. Sie verfügte über einen militärisch organisierten Apparat von ca. 91 000 hauptamtlichen Mitarbeitern und 173 000 inoffiziellen Mitarbeitern (IM), die die 17 Millionen Einwohner der DDR bespitzelten und z. T. terrorisierten. Die zentrale Aufgabe der Stasi war die Überwachung und Bekämpfung oppositioneller Bestrebungen in der DDR.

Stunde Null
Das „Dritte Reich", woran viele Deutsche bis zum Schluss geglaubt hatten, war im Mai 1945 untergegangen, nachdem jahrelang durch die NS-Propaganda ein Sieg verheißen worden war. Die Vergangenheit erschien mit einem Schlag in einem neuen Licht, die Gegenwart war durch ungeheure Verluste geprägt und die Zukunft gänzlich ungewiss. In dieser Situation empfanden viele Menschen in Deutschland ein besonderes Gefühl, für das später der

Begriff „Stunde Null" geläufig wurde. Aus heutiger Sicht ist diese Chiffre allerdings problematisch. Das Jahr 1945 bedeutete zwar einen deutlichen Kontinuitätsbruch in der deutschen Geschichte, auf lange Sicht werden aber auch Kontinuitäten deutscher Geschichte, z. B. aus der Weimarer Republik, aber auch aus der Zeit des Nationalsozialismus, sichtbar.

Sunniten
Name für die größte Gruppierung im Islam. Die Sunniten stellen seit der Trennung der „umma" in Sunniten und Schiiten ca. 90 % der Muslime. Ihr Name geht auf die Sunna (arab. Brauch, Tradition) zurück und bedeutet soviel wie „das Volk, das nach dem Brauch des Propheten lebt". Ein Anspruch, den natürlich die Schiiten ebenfalls erheben.

Treuhandgesellschaft
„Öffentlich-rechtliche Deutsche Treuhandanstalt" (DTA). Sie wurde in Deutschland nach der Wiedervereinigung gegründet, um die Privatisierung der DDR-Staatsbetriebe durchzuführen.

Umma
(arab. Gemeinschaft, Volk). Bezeichnung für die politisch-religiöse Gemeinschaft aller Muslime.

UN/UNO
Siehe Vereinte Nationen.

Vereinte Nationen
Auch UN (engl. United Nations) oder UNO (United Nations Organization), 1945 gegründete weltweite Staatenorganisation zur Erhaltung des Weltfriedens, zur Durchsetzung der Menschenrechte und zur Förderung der internationalen Zusammenarbeit und Entwicklung. Die V. wurden als Nachfolgeorganisation des weitgehend erfolglosen „Völkerbundes" mit der Unterzeichnung der „Charta der Vereinten Nationen" am 26.6.1945 in San Francisco von 50 Gründerstaaten gegründet.
Hauptorgane der V. sind: die „Generalversammlung" aller Mitgliedstaaten (2005: 191 Staaten), der „Sicherheitsrat", der aus zehn wechselnden Staaten und fünf „ständigen Mitgliedern" mit Vetorecht (USA, UdSSR bzw. Russland, Frankreich, England, China) besteht, der jeweils für fünf Jahre von der Generalversammlung gewählte „Generalsekretär" als Leiter der Administration der Weltorganisation sowie der „Internationale Gerichtshof" in Den Haag. Daneben unterhalten die V. eine Reihe von bedeutsamen Sonderorganisationen, wie z. B.: der „Hohe Kommissar für Menschenrechte" (UNHCHR), der „Hohe Kommissar für Flüchtlinge" (UNHCR), das „Weltkinderhilfswerk" (UNICEF), die „Weltgesundheitsorganisation" (WHO) oder der „Internationale Währungsfonds" (IWF).
In der Zeit des > Kalten Krieges war die Arbeit der V. durch das Vetorecht der verfeindeten Supermächte weitgehend blockiert, sicherte jedoch ein Mindestmaß an internationaler Kommunikation. Seit den 1960er-Jahren wurden die V. durch die Aufnahme vieler Staaten aus der sogenannten „Dritten Welt" zunehmend auch zu einem Forum des Nord-Süd-Konfliktes. Seit dem Ende der bipolaren Weltordnung 1989/90 spielen die V. eine aktivere Rolle in der Friedenssicherung (z. B. Namibia 1989, Irak 1991), der sie allerdings vor allem aufgrund nur unzureichend entwickelter Strukturen und finanzieller Mittel zum Teil noch nicht immer gewachsen waren (Ruanda 1994, Bosnien 1995, Kosovo 1998/99). Zurzeit (2005) werden Reformvorschläge für die V. diskutiert, die sie in die Lage versetzen sollen, die Herausforderungen des 21. Jahrhunderts (vor allem Terrorismus, Menschenrechtsverletzungen, ethnische Konflikte) zu bewältigen.

Verfassung der DDR
Die Verfassung der DDR trat am 7.10.1949 in Kraft und bildete das verfassungsrechtliche Gegenstück zum > „Grundgesetz" der Bundesrepublik Deutschland. Zentrale Verfassungsorgane waren die Volkskammer, der Ministerrat und der Staatsrat. Die späteren Neufassungen (1968 und 1974) dokumentierten den Wandel des Selbstverständnisses der DDR hin zu einer „entwickelten sozialistischen Gesellschaft". (Vgl. auch > SED-Staat.)

Vertrag von Lissabon
Der Vertrag von Lissabon wurde Ende 2007 unterzeichnet und trat nach der Ratifikation in den 27 Mitgliedstaaten der EU am 1. Dezember 2009 in Kraft. Durch den Vertrag, der viele Bestimmungen des 2005 gescheiterten EU-Verfassungsvertrages aufnahm, wurde der institutionelle Aufbau der EU reformiert. Ziel war, die Handlungsfähigkeit der auf 27 Mitglieder angewachsenen EU zu verbessern. An der Spitze des Europäischen Rates steht nunmehr ein für zweieinhalb Jahre gewählter Präsident. Ab 2014 wird die Beschlussfassung im Ministerrat durch neue Regelungen (sog. „doppelte Mehrheit") erleichtert und gestrafft. Das Europäische Parlament erhielt erweiterte Kompetenzen. Dem Vertrag wurde außerdem eine „Charta der Grundrechte" angeführt.

Vertrag von Maastricht
Der Vertrag über die Europäische Union wurde am 7.2. 1991 in Maastricht unterzeichnet und trat am 1.11.1993 in Kraft. Der Vertrag begründete die Europäische Union, die auf drei Säulen beruht: auf der > Europäischen Gemeinschaft, auf der gemeinsamen Außen- und Sicherheitspolitik und auf der Zusammenarbeit im Bereich Justiz und Inneres. Die wichtigste Neuerung war die Schaffung einer Wirtschafts- und Währungsunion. Ferner wurde die Unions-Bürgerschaft eingeführt, sodass die Unionsbürger ein EU-weites Aufenthaltsrecht und das Wahlrecht bei Kommunal- und Europawahlen erhielten.

Volksdemokratie
Bezeichnung für die Staatsform der kommunistischen Länder, die nach dem Zweiten Weltkrieg in Osteuropa und Asien entstanden. Sie galt als eine Form der „Diktatur des Proletariats" und unterschied sich von der Staatsform der UdSSR u. a. dadurch, dass neben der Kommunistischen Partei weitere Parteien formal fortbestanden, die

sich jedoch deren Führung unterordnen mussten (z. B. Blockparteien in der DDR). Die Volksdemokratien hatten wenig mit dem in England oder Amerika vorhandenen Typus der > parlamentarischen Demokratie zu tun. Der „Kampf um eine wirkliche Demokratie" bedeutete in kommunistischer Lesart, dass den kommunistischen Parteien die führende Stellung gesichert und ein kommunistisches Staats- und Gesellschaftssystem aufgebaut wurde, sodass eine sowjetfreundliche Politik gesichert war. Die Gestaltung des politischen Systems wurde von der Sowjetunion gesteuert und überwacht. Die oft in Russland schon geschulten neuen Führungskader bezogen ihre Legitimation nicht durch das Volk, sondern waren durch die Besatzungsmacht eingesetzt. Ein pluralistisches politisches System wurde nicht angestrebt.

Währungs-, Wirtschafts- und Sozialunion
Staatsvertrag zwischen der DDR und der Bundesrepublik zur Herstellung der Währungs-, Wirtschafts- und Sozialunion. Die Währungs-, Wirtschafts- und Sozialunion markiert die Übergangsphase im Prozess der deutschen Vereinigung zwischen dem 1. Juli 1990 und dem Beitritt der Deutschen Demokratischen Republik zur Bundesrepublik Deutschland am 3. Oktober 1990. Gemäß dem am 16. Mai 1990 von den beiden deutschen Staaten unterzeichneten Staatsvertrag übernahm die DDR zum 1. Juli 1990 das währungs-, wirtschafts- und sozialpolitische System der BRD, alle auf der sozialistischen Planwirtschaft der DDR beruhenden Vorschriften traten außer Kraft.

Währungsreform
Die westlichen Alliierten führten in ihren > Besatzungszonen am 21. Juni 1948 eine Währungsreform durch, bei der die Reichsmark durch die Deutsche Mark (DM) ersetzt wurde. Jeder Westzonenbürger wurde mit 60 Mark Bargeld ausgestattet, die Umwertung von Spareinlagen und Guthaben erfolgte im Verhältnis 1:10, Gehälter und Zahlungen blieben im Verhältnis 1:1. Mit der einseitigen Währungsreform in Westdeutschland und Westberlin legten die Westmächte und der ihnen unterstellte Direktor des Amtes für Wirtschaft, Ludwig Erhard, den Grundstein für die wirtschaftliche Spaltung Deutschlands. Als Reaktion begann die Sowjetunion am 23. Juni mit der Blockade Berlins und führte in der sowjetischen Besatzungszone eine eigene Währungsreform durch.

Warschauer Pakt
Auch WVO (Warschauer Vertragsorganisation), Verteidigungsbündnis des Ostblocks unter Führung der UdSSR. Der W. wurde am 14.5.1955 als Reaktion auf den Beitritt der Bundesrepublik zur > NATO gegründet. Er bildete im > Kalten Krieg das Gegenstück zur NATO, diente aber auch der inneren Disziplinierung der Gesellschaften des Ostblocks durch die Niederschlagung von Reformbewegungen (DDR 1953, Ungarn 1956, Tschechoslowakei 1968). Mit der Reformpolitik Gorbatschows seit 1985 und dem Zusammenbruch der UdSSR 1989/90 verlor der W. seine Grundlage und wurde am 1.7.1991 endgültig aufgelöst.

Wende
Bezeichnung für eine tief greifende Veränderung in der Gesamtpolitik eines Staates. Als Wende wurde – insbesondere von der CDU/CSU – der Übergang von der sozial-liberalen Regierungskoalition unter Helmut Schmidt zur konservativ-liberalen Regierung unter Helmut Kohl 1982 bezeichnet. Inzwischen wird der Begriff vor allem für das Ende der SED-Herrschaft in der DDR 1989 benutzt, weil damit das Wirtschafts- und Gesellschaftssystem der DDR zusammenbrach, was schließlich zum Beitritt der DDR zur Bundesrepublik führte.

Westintegration
Bezeichnung für die politische, wirtschaftliche und militärische Integration der Bundesrepublik Deutschland in die Gemeinschaft der westeuropäischen Staaten und der USA. Wichtige Stationen der W. waren: die Bildung der Montanunion (18.4.1951), der „General- oder Deutschlandvertrag" (27.5.1952), die (später am Einspruch des französischen Parlamentes gescheiterte) Vereinbarung einer Europäischen Verteidigungsgemeinschaft (EVG, 27.5.1952) sowie der Beitritt zur WEU und zur > NATO in den „Pariser Verträgen" (19.–23.10.1954), die am 5.5.1955 in Kraft traten. Die Politik der W. wurde vor allem von dem damaligen Bundeskanzler Konrad Adenauer (CDU) betrieben, um zu einer schrittweisen Wiedererlangung staatlicher Souveränität zu gelangen und um die Bundesrepublik vor machtpolitischen Einflussversuchen der Sowjetunion zu schützen. Sie war vor allem wegen ihres Widerspruches im Hinblick auf das Ziel der deutschen Einheit umstritten.

Zehn-Punkte-Plan
Plan zur Wiedergewinnung der staatlichen Einheit Deutschlands, den Bundeskanzler Helmut Kohl in einer Regierungserklärung am 28. November 1989 dem deutschen Bundestag vorstellte.

Zionismus
Während des 19. Jahrhunderts entstandene jüdische Nationalbewegung. Die Bewegung geht vor allem auf Theodor Herzl (1860–1904) zurück, der sich zum Ziel gesetzt hatte, eine „nationale Heimstätte" für die in aller Welt verfolgten Juden zu schaffen. Der Zionismus führte schließlich zur Ansiedlung von Juden in Palästina und zur Gründung des Staates Israel.

Zwei-plus-Vier-Gespräche
Siehe Zwei-plus-Vier-Vertrag.

Zwei-plus-Vier-Vertrag
„Vertrag über die abschließende Regelung in Bezug auf Deutschland", von den Außenministern der vier ehemaligen Besatzungsmächte in Deutschland (USA, UdSSR, Frankreich und Großbritannien) sowie den Außenministern der beiden deutschen Staaten (Bundesrepublik Deutschland und Deutsche Demokratische Republik) am 12. September 1990 in Moskau unterzeichnetes Abkommen, das die äußeren Aspekte der Herstellung der deut-

schen Einheit sowie die Fragen der Sicherheit der Nachbarstaaten behandelt. Auf der Grundlage des Zwei-plus-Vier-Vertrages wurde die deutsche Wiedervereinigung vollzogen.

Zweitschlagskapazität
Bezeichnung für die Fähigkeit beider Supermächte, im > „Kalten Krieg" auf einen Atomangriff der Gegenseite („Erstschlag") selbst unter der Bedingung einer vollständigen Zerstörung des eigenen Territoriums mit einem automatisch ausgelösten Gegenangriff auf das gegnerische Territorium („Zweitschlag") zu antworten. Die Z. begründete und stabilisierte das > „atomare Patt".

Register

Bildquellenverzeichnis

Agence photographique de la Réunion des musées nationaux: S. 360; akg-images/Archiv für Kunst und Geschichte: S. 84, S. 94, S. 151 o.l., S. 169, S. 342, S. 373 l.u.; Anschläge/Verlag Langewiesche-Brandt: S. 134; AP Photo: S. 22 o. (Nick Ut), S. 53 o., S. 320 o.l. (Kamran Jebreili), S. 329 (Lefteris Pitarakis); Archiv der Sozialen Demokratie/Friedrich-Ebert-Stiftung: S. 93/2.v.l., S. 172, S. 222 l.M.; Avenue Images GmbH: S. 13; A. Bastian/Caro, MDR: S. 228 u.; Bergmoser+Höller Verlag: S. 218; Paul Bernharend: S. 173; Bibliographisches Institut GmbH: S. 261; Thomas Billhardt/Kerstin Hensel, Alles war so. Alles war anders., © Aufbau Verlag GmbH & Co. KG, Berlin 1999 (dieses Werk erschien erstmals 1999 im Gustav Kiepenheuer Verlag; Gustav Kiepenheuer ist eine Marke der Aufbau Verlag GmbH & Co. KG): S. 123 o., S. 152 o., S. 154 u., S. 155, S. 202; Jim Borgman/Cincinnati Enquirer: S. 240 u.; bpk/Bildarchiv Preußischer Kulturbesitz: S. 100, S. 133 u.l. (Hans Hubmann), S. 135 u., S. 139; British Museum, London: S. 373 M. (Vase); Peter Brookes/The Spectator: S. 240 o.; Bundesarchiv, Koblenz: S. 17 l., S. 165 u., S. 358/3. Reihe von o.l.; Bill Caldwell/Distr. Bulls: S. 239 r.u.; Cartoon Caricature Contor: S. 22 u. (LUFF/CCC, www.c5.net), S. 25 (Horst Haitzinger/CCC, www.c5.net), S. 35 (Gerhard Mester/CCC, www.c5.net), S. 37 (Oliver Schopf/ CCC, www.c5.net), S. 189 (Gerhard Mester/CCC, www.c5.net), S. 220 (Horst Haitzinger/CCC, www.c5.net), S. 223 (LUFF/CCC, www.c5.net), S. 225 o. (Horst Haitzinger/CCC, www.c5.net), S. 228 o. (Jürgen Tomicek/CCC, www.c5.net), S. 230 (Burkhard Mohr/CCC, www.c5.net), S. 231 (Gerhard Mester/ CCC, www.c5.net), S. 232 (Walter Hanel/CCC, www.c5.net), S. 243 (Walter Hanel/CCC, www.c5.net), S. 244/beide (Walter Hanel/CCC, www.c5.net), S. 245 (Hans-Jürgen Starke/CCC, www.c5.net), S. 264 (Felix Mussil/CCC, www. c5.net), S. 266 (Horst Haitzinger/CCC, www.c5.net), S. 272 (Walter Hanel/CCC, www.c5.net), S. 276 (Walter Hanel/ CCC, www.c5.net), S. 296 o. (Horst Haitzinger/CCC, www.c5.net), S. 299 (Felix Mussil/CCC, www.c5.net), S. 306 (Martin Erl/CCC, www.c5.net), S. 315 (Johann Mayr/CCC, www.c5.net), S. 351 (Fritz Behrendt/CCC, www.c5.net), S. 356 (Horst Haitzinger/CCC, www.c5.net), S. 371 (Luis Murschetz/CCC, www.c5.net); Patrick Chapatte: S. 282 M.; CHURCHILL – His Life in Photographie, by Randolf Churchill & Helmut Gernsheim: S. 259; Civil Defense Museum: S. 24 u.; CORBIS: S. 31 (Reuters), S. 33 (Sygma/Jacques Langevin), S. 85 u. (Hulton Deutsch-Collection/Frederick Ramage), S. 269 o. (Bettmann); Michael Cummings/Daily Express: S. 216 o.; J. H. Darchinger: S. 154 o.; DHM/Deutsches Historisches Museum, Berlin: S. 104 (Herbert Hensky), S. 125 l., S. 217 u.r., S. 289; Nick Ebert/Rheinische Post: S. 222 u.; EU-Kommission: S. 263; EU-Parlament: S. 280 u.; Yaácov Farkas/Haáretz: S. 239 r.o.; Fischer Weltalmanach 2003, © Fischer Taschenbuch Verlag, Frankfurt/ Main 2002, Farbtafel XXIV: S. 327; Fondation Jean Monnet pour l'Europe, Lausanne/Charly Keuffer, St. Saphorin: S. 262; Fototeca Museo Correr, Venedig: S. 324 o.; Friedrich-Naumann-Stiftung: S. 93/2.v.r.; Nick Garland/The Independent: S. 28 u.; GEO: S. 335 r.; Germanisches Nationalmuseum, Nürnberg: S. 373 l.o.; Getty Images: S. 349 o. (AFP/Ahmad Gharabali); Historisches Archiv der Stadt Köln: S. 93 r.; Israel Ministry of Foreign Affairs: S. 344; Jürgens Ost+Europa-Foto: S. 152 u., S. 358 o.r.; Keystone Pressedienst: S. 53 u., S. 133 o., S. 138, S. 140, S. 148 o., S. 347 (Bob Daugherty), S. 358 u.M. und r.; Szymon Kobylinski: S. 147; Konrad-Adenauer-Stiftung: S. 93 l., S. 222 l.o.; Landesbildstelle, Berlin: S. 82/83; Sieghard Liebe: S. 129; Lubomir Lichy, Tschechien: S. 296 u.; Museum Karykatury Warszawie, Warschau: S. 239 l.o.; NAS/Scott Camazine/Okapia: S. 8/9; Panstwowe Muzeum, Auschwitz: 358/2.Reihe von o.r.; Gustav Peichl/IRONIMUS, Wien: S. 246 o.; picture alliance: Umschlag hinten (dpa-Fotoreport), S. 16 (dpa), S. 23 (dpa-Bildarchiv), S. 28 o. (dpa-Fotoreport/Stephanie Pilick), S. 30 (dpa-Bildarchiv), S. 40 (dpa-Fotoreport/Getty Platt), S. 45 (dpa), S. 46 (dpa), S. 52 o. (dpa-Bildarchiv), S. 64 (dpa-Bildarchiv), S. 96 (dpa), S. 114/115 (dpa-Bildarchiv), S. 121 u. (dpa/Rohwedder), S. 133 u.r. (dpa-Bildarchiv), S. 137 (dpa-Bildarchiv), S. 144 (dpa/Heinz Wieseler), S. 145 o. (dpa-Bildarchiv) und u. (dpa-Fotoreport), S. 146 (dpa-Bildarchiv), S. 148 u. (dpa-Bildarchiv), S. 158 (dpa-Bildarchiv), S. 161 u. (dpa-Bildarchiv), S. 162 u. (dpa-Fotoreport), S. 163 (dpa-Fotoreport), S. 164 l. (dpa-Bildarchiv) und r. (dpa-Fotoreport), S. 216 u. (dpa), S. 219 o.(dpa), S. 229 (dpa), S. 234 (dpa-Infografik), S. 241 (dpa), S. 260 (dpa), S. 269 u. (dpa), S. 273 r. (dpa-Fotoreport), S. 283 M. (dpa-Infografik), S. 284 (dpa-Infografik), S. 286 (dpa-Bildarchiv), S. 287 (dpa), S. 309 (dpa/DB Handout), S. 320 o.r. und u./alle (dpa-Fotoreport), S. 321 o.l. (dpa-Fotoreport) und o.r. (Godong) und u./beide (dpa-Fotoreport), S. 323 (dpa), S. 332 (Godong), S. 333 (dpa/Suki), S. 335 l. (dpa/ Ramzi Haidar), S. 337 (dpa), S. 339 (dpa), S. 345 o. (dpa/UPI), S. 346 o. (dpa-Bildarchiv), S. 348 (dpa), S. 349 u. (dpa-Fotoreport), S. 350 (dpa), S. 355 u.r. (dpa-Infografik), S. 358 o.M. (dpa-Fotoreport/Getty Platt) und 2.Reihe von o.M. (dpa) und 3. Reihe von o.M. (dpa/ZB-Fotoreport) und r. (dpa-Bildarchiv); Picture Press, Hamburg: S. 142; Jean Plantureux/Le Monde: S. 240 M.; Presse- und Informationsamt der Bundesregierung/Bundesbildstelle: S. 118, S. 121 o., S. 122, S. 135 o., S. 136, S. 141, S. 143, S. 151 o.r., S. 212/213, S. 358 u.l.; Reuters: S. 273 l. (Arnd Wiegmann), S. 340 (Desmond Boylan); Robert-Havemann-Gesellschaft: S. 161 o. (Hans-Helmut Kurz); Wolfgang Schubert: S. 246 u.; Sektkellerei Rotkäppchen, Freyburg/Unstrut: S. 227; Wieslaw Smetek: S. 38; DER SPIEGEL: S. 242, S. 275, S. 294; Ivan Steiger/FAZ: S. 283 r.o., S. 313; Stiftung Haus der Geschichte der Bundesrepublik Deutschland, Bonn: S. 12 u., S. 128,

S. 149 o., S. 185, S. 188 u. (Peter Leger), S. 219 u. (Vladimir Motchalov), S. 255 (Jupp Wolter); Sven Simon, Essen: S. 179; SZ-Photo/Süddeutscher Verlag – Bilderdienst: Umschlag vorne (AP), S. 20, S. 47, S. 85 o., S. 358/2. Reihe von o. l.; tridesign: S. 222 l.u., S. 358/2.Reihe von o.l.; Truman Library Photographs: S. 88; ullstein bild: S. 11, S. 15 (Henry Ries), S. 24 o., S. 89 (dpa), S. 90, S. 91 (dpa), S. 149 u., S. 156 (Mehner), S. 162 o. (Kucharz), S. 175 (AKG-Pressebild), S. 221 (ADN-Bildarchiv), S. 226 (Rieth), S. 267 (dpa), S. 330 r. (TopFoto), S. 358 o.l. (rps); Marc-Steffen Unger: S. 302; Universitätsbibliothek Heidelberg: S. 373 r.M.; USIA: S. 217 o. (Barry Fitzgerald); VISUM: S. 165 o. (Heiko Specht), S. 256/257 (Sven Picker); Christopher Vorlet/New York Times: S. 239 l.u.; Wikimedia Commons: S. 326 u.; Wilhelm-Busch-Gesellschaft, Hannover: S. 117; Katja Worch: S. 186; Zeitgeschichtliches Forum, Leipzig: S. 125 r., S. 188 o.; Zenit: S. 225 u.; Adomas Zilinskas, Litauen: S. 297; weitere: Verlagsarchiv Schöningh.

Sollte trotz aller Bemühungen um korrekte Urheberangaben ein Irrtum unterlaufen sein, bitten wir darum, sich mit dem Verlag in Verbindung zu setzen, damit wir eventuell notwendige Korrekturen vornehmen können.